VOLEIBOL

A excelência na
formação integral de atletas

VOLEIBOL

A excelência na
formação integral de atletas

Carlos "Cacá" Bizzocchi

Manole

Copyright © Editora Manole Ltda., 2018, por meio de contrato com o autor.

Editora gestora: Sônia Midori Fujiyoshi
Editora: Eliane Usui
Projeto gráfico: Departamento de Arte da Editora Manole
Editoração eletrônica: HiDesign Estúdio
Ilustrações: Alexandre Bueno e HiDesign Estúdio
Capa: Rubens Lima
Imagem de capa: istockphoto.com

Dados Internacionais de Catalogação na Publicação (CIP)
(Câmara Brasileira do Livro, SP, Brasil)

Bizzocchi, Carlos "Cacá"
    Voleibol : a excelência na formação integral de atletas / Carlos "Cacá" Bizzocchi. -- Barueri, SP : Manole, 2018.

    Bibliografia.
    ISBN 978-85-204-5402-2

    1. Atletas 2. Atletas - Treinamento 3. Formação profissional 4. Metodologia 5. Voleibol I. Título.

17-10795   CDD-796.325

Índices para catálogo sistemático:
1. Voleibol : Atletas : Formação : Esporte   796.325

Todos os direitos reservados.
Nenhuma parte deste livro poderá ser reproduzida, por qualquer processo, sem a permissão expressa dos editores.

A Editora Manole é filiada à ABDR – Associação Brasileira de Direitos Reprográficos.

1ª edição – 2018

Editora Manole Ltda.
Avenida Ceci, 672 – Tamboré
06460-120 – Barueri – SP – Brasil
Tel.: (11) 4196-6000
www.manole.com.br | info@manole.com.br

Impresso no Brasil | *Printed in Brazil*

Durante o processo de edição desta obra, foram tomados todos os cuidados para assegurar a publicação de informações precisas e de práticas geralmente aceitas. Do mesmo modo, foram empregados todos os esforços para garantir a autorização das imagens aqui reproduzidas. Caso algum autor sinta-se prejudicado, favor entrar em contato com a editora.
Os autores e os editores eximem-se da responsabilidade por quaisquer erros ou omissões ou por quaisquer consequências decorrentes da aplicação das informações presentes nesta obra. É responsabilidade do profissional, com base em sua experiência e conhecimento, determinar a aplicabilidade das informações em cada situação.

Sobre o autor

Carlos Eduardo Bizzocchi, "Cacá", é formado em Educação Física pela Universidade de São Paulo (USP), onde também se especializou em Voleibol e atuou como docente da graduação e da especialização. Também é formado em Jornalismo, com especialização em Jornalismo Multimídia, e mestre em Educação.

Foi atleta da Sociedade Esportiva Palmeiras e do Esporte Clube Pinheiros. Como técnico e assistente-técnico atuou em grandes clubes do Brasil, como Colgate-Pão de Açúcar, São Caetano, Banespa, BCN-Osasco, Sollo-Tietê, Palmeiras e Medley/Campinas, nos quais conquistou vários títulos estaduais, nacionais e continentais.

Foi assistente-técnico nas seguintes seleções brasileiras femininas: infantojuvenil (1991), juvenil (1991) e adulta (2003-2004). Com as duas primeiras, conquistou os títulos de vice-campeão mundial; e com a principal, a medalha de prata na Copa do Mundo de 2003 e a de ouro no Grand Prix de 2004. Exerceu o mesmo cargo entre 1992 e 1994 na seleção adulta masculina que conquistou o ouro nos Jogos Olímpicos de Barcelona em 1992 e na Liga Mundial em 2003.

Foi coordenador pedagógico do Projeto Positivo de Voleibol, em Curitiba (PR) de 2005 a 2008. Atualmente é professor de Voleibol na UNIP.

Sumário

Apresentação IX
Agradecimentos XI
Introdução XIII
Orientações para utilização do livro XVII

SEÇÃO 1 – PRINCÍPIOS METODOLÓGICOS DO PROGRAMA DE FORMAÇÃO CONTINUADA DE ATLETAS DE ALTO DESEMPENHO (PFCAAD)

Capítulo 1. Introdução 3
Capítulo 2. Idade ideal e divisão por categorias 5
Capítulo 3. Aprendizagem, aperfeiçoamento e treinamento 8
Capítulo 4. Processos metodológicos e pedagógicos 11
Capítulo 5. Distribuição do conteúdo técnico 17

SEÇÃO 2 – PREPARAÇÃO TÉCNICA

Capítulo 1. Introdução 27
Capítulo 2. Posições básicas 31
Capítulo 3. Movimentações específicas 33
Capítulo 4. Toque por cima 41
Capítulo 5. Levantamento 69
Capítulo 6. Manchete 79
Capítulo 7. Recepção do saque 105
Capítulo 8. Saque 117
Capítulo 9. Cortada 142
Capítulo 10. China 154
Capítulo 11. Bloqueio 166

Capítulo 12. Defesa 208
Capítulo 13. Quedas 220
Capítulo 14. Recursos 251

SEÇÃO 3 – PREPARAÇÃO TÁTICA
Capítulo 1. Introdução 265
Capítulo 2. Tática nas categorias iniciantes 268
Capítulo 3. Tática nas categorias competitivas 275

SEÇÃO 4 – PREPARAÇÃO FÍSICA
Capítulo 1. Introdução 375
Capítulo 2. Capacidades coordenativas 378
Capítulo 3. Capacidades condicionais (ou condicionantes) 380

SEÇÃO 5 – PREPARAÇÃO PSICOLÓGICA
Capítulo 1. Introdução 419
Capítulo 2. Desenvolvimento psicológico nas categorias iniciantes 423
Capítulo 3. Desenvolvimento psicológico na puberdade e na adolescência 429

SEÇÃO 6 – PLANEJAMENTO
Capítulo 1. Introdução 451
Capítulo 2. Ciclos de treinamento 453

SEÇÃO 7 – FUNÇÕES E RESPONSABILIDADES
Capítulo 1. Introdução 461
Capítulo 2. Funções 463

SEÇÃO 8 – CONTROLE DO PFCAAD
Capítulo 1. Introdução 475
Capítulo 2. Controles administrativos 478
Capítulo 3. Controle de verificação evolutiva e de desempenho 480

Anexos 515
Referências bibliográficas 525
Índice remissivo 527

Apresentação

Este livro é destinado a profissionais do Esporte e da Educação Física e treinadores de voleibol que:

- Pretendam implementar um programa de formação continuada de atletas de alto desempenho em voleibol dentro de instituições de ensino, clubes, empresas, centros esportivos, municípios, projetos socioesportivos, etc.; e/ou
- Desenvolvam trabalhos com escolinhas de esporte ou categorias iniciantes; e/ou
- Treinem equipes competitivas de base; e/ou
- Ministrem aulas de voleibol em escolas, clubes ou outras instituições; e/ou
- Sejam professores de Educação Física da rede de ensino, em especial dos ensinos fundamental e médio; e/ou
- Desejem ampliar seus conhecimentos na área de formação esportiva.

O objetivo principal do livro é propor uma metodologia pedagógica que conduza a resultados efetivos de excelência na formação integral de atletas de voleibol, desde a sua iniciação até a chegada à categoria adulta. Qualidade, uniformidade, gradação, linearidade e integração de todas as áreas afins e etapas de desenvolvimento do trabalho conduzem as diretrizes aqui expostas. O conteúdo do livro não apenas permite estruturar um projeto de longo prazo como conduzi-lo no campo didático e pedagógico.

A maneira como ele foi organizado faz que sirva, ainda, como uma espécie de guia metodológico, uma fonte constante e sistemática de consulta e referência a treinadores e demais profissionais envolvidos em um projeto de longo prazo ou outros que desenvolvam qualquer processo de ensino-aprendizagem da modalidade. Com ele é possível aferir o desenvolvimento individual ou coletivo, avaliar o estágio evolutivo alcançado nas etapas percorridas, elaborar conteúdos condizentes com a faixa etária em questão e alimentar-se de elementos teóricos e sugestões práticas para reconstruir caminhos que não propiciaram o atingimento do rendimento desejado.

Durante sua elaboração, transitei por vários modelos. A última versão acabou sendo algo próximo do que me motivou a começar a escrever sobre o assunto quando coordenei até 2008 um projeto de formação com cerca de 200 alunos-atletas nas Escolas Positivo em Curitiba (PR).

Para escrevê-lo, quase foi firmada uma parceria com a professora Irma Conrado, uma das mais respeitáveis formadoras de atletas de voleibol do Brasil. No entanto, diferenças metodológicas nos levaram a recuar da iniciativa, apesar de os laços de respeito e amizade terem sido mantidos intactos. Aliás, a publicação do trabalho de Irma – do qual me alimentei com conhecimentos – em muito contribuirá para complementar e contrabalançar algumas opiniões e ideias expostas neste livro, assim como a opinião de todos os demais autores e profissionais da área, que certamente têm visões diferentes dentre as múltiplas que se apresentam possíveis no campo das experimentações.

Embrenhei-me, no início, para que ele fosse fundamentado por fontes atuais do treinamento desportivo e das ciências diretamente relacionadas à formação desportiva de longo prazo.

No entanto, deparei-me com uma literatura tão vasta e aprofundada nos variados campos que compõem o assunto, que incorreria em uma abordagem multifacetada, porém superficial. Diante disso, tomei a providência de eliminar os excessos teóricos – sem me abster de autores que pudessem contribuir com definições e classificações importantes ao entendimento do assunto ou à continuidade das discussões – e fixar-me na sugestão de uma metodologia e em suas implicações práticas para o desenvolvimento de um modelo de formação continuada especificamente voltado para o voleibol.

Agradecimentos

Alguns grupos que dirigi no passado promoveram reuniões ao longo do tempo. Naquelas às quais compareci nos últimos anos, sempre comentei que gostaria de saber então o que sei hoje, para que pudesse ser, naquela época, um técnico mais competente e dar aos meus atletas condições mais plenas de evoluir.

Infelizmente, o tempo não nos permite adquirir experiência e conhecimento a não ser submetendo-nos a suas regras inexoráveis. Por isso, espero que este registro sirva para levar aos novos treinadores e professores o conhecimento que colhi com minhas vivências.

Dedico este livro, enfim, a todos os atletas que fizeram parte das equipes de base que dirigi e das que coordenei nos mais de 30 anos que dediquei à profissão.

Faço um agradecimento especial ao amigo José Raimundo Leite, ao qual recorri para uma leitura crítica da Seção "Preparação Física", sua especialidade.

Carlos "Cacá" Bizzocchi

Introdução

É cada vez mais comum que termos como "treinamento de longo prazo", "planejamento esportivo" ou "projeto de descoberta de talentos" povoem as discussões promovidas pela mídia esportiva a fim de entender ou propor soluções para a escassez de programas sólidos de formação de atletas nas diversas modalidades. Nas publicações específicas e técnico-didáticas, o assunto ocupa partes consideráveis de livros, periódicos e ensaios, sem ter, no entanto, sua aplicação efetivamente implantada nos campos, pistas e quadras do país. O discurso tem ficado constantemente no campo das ideias, nos redutos acadêmicos, nas mesas dos que aprovam patrocínios ou nos gabinetes políticos das diversas esferas de poder.

As sistematizações de treinamento que têm por objetivo a preparação contínua, baseada na cientificidade e no planejamento de longo prazo, recebem várias denominações. Ao longo deste livro, utilizaremos o termo Programa de Formação Continuada de Atletas de Alto Desempenho (PFCAAD). A nosso ver, todo programa de formação deve ser sustentado por um planejamento cuidadosamente elaborado que estabeleça objetivos de longo prazo e vise à formação integral do indivíduo. A trajetória do aluno-atleta deve transcorrer harmoniosamente por um caminho contínuo e linear, desde quando ele se interessa em começar a aprender os primeiros fundamentos do esporte até tornar-se um atleta pronto a ingressar em equipes profissionais – ou ao menos que obtenha, durante o processo, todos os subsídios para isso.

O respeito ao tempo é condição indispensável para desenvolver iniciativas desse tipo. Bompa (2002) diz que, se o interesse real for o desenvolvimento de atletas bem-sucedidos de alto desempenho, é necessário dispor-se a retardar a especialização e sacrificar resultados a curto prazo.

O modelo sugerido neste livro é fruto de estudos, observações e experimentações ao longo dos mais de 30 anos que o voleibol faz parte de minha vida profissional. Ele pressupõe um período total de onze anos (dos 9 aos 19 anos de idade dos participantes) subdividido em categorias e baseia-se na abordagem dos aspectos didático-pedagógico, técnico, tático, físico e psicológico. A orientação geral do modelo segue os três estágios do processo de aquisição de habilidades motoras aqui denominados: aprendizagem, aperfeiçoamento e treinamento. Por meio de uma padronização técnica e metodológica, o PFCAAD proposto tem como objetivo principal a formação integral do atleta.

A multi e a transdisciplinaridade são pontos fundamentais da proposta. Todos os treinadores, preparadores físicos e demais profissionais envolvidos devem fazer parte ativa do planejamento e da tomada de decisões do PFCAAD.

Nada deve ser decidido isolada e individualmente, já que, por se tratar de um projeto de longo prazo, as peças são interdependentes e as decisões e alterações interferem diretamente no trabalho de cada área em particular e no resultado conjunto final.

A necessidade da coordenação dos diversos fatores envolvidos é ressaltado por Weineck (2003, p.22): "A capacidade de desempenho esportivo é, devido à sua composição multifatorial, de difícil treinamento. Somente o desenvolvimento harmônico de todos os fatores determinantes do desempenho possibilita que se obtenha um alto desempenho individual". Para o autor, a capacidade de desempenho esportivo depende dos potenciais físicos, psíquicos, técnicos, táticos e cognitivos do atleta. Somente com o treinamento equilibrado e coordenado, em que todos os aspectos estejam sob controle, será possível vislumbrar a chance de sucesso de um programa de formação.

Em razão dessas características, a escolha de uma metodologia que fundamente o projeto é indispensável para a linearização do processo de ensino-aprendizagem e para a aquisição do alto desempenho. As práticas pedagógicas podem mudar de um ano para o outro ou apresentar, entre os profissionais envolvidos no projeto, variações e adaptações que respeitem a identidade e as concepções individuais, porém a linha mestra deve ser uma só, na qual todos possam se apoiar para dar continuidade ao trabalho ou se reequilibrar, caso necessário. Para o sucesso de um PFCAAD é fundamental que as pessoas envolvidas no processo compartilhem dos mesmos objetivos, dediquem-se com igual empenho para alcançá-lo e desenvolvam metodologias de trabalho coordenadas. Se levarmos em consideração que durante os anos em que o aluno-atleta se dedica à sua formação vários serão os técnicos a conduzir seus treinamentos, o estabelecimento de uma metodologia, o uso de uma linguagem padronizada e o conhecimento prévio dos objetivos para cada faixa etária permitirá que se desenvolva um trabalho gradativo, conjunto, inter-relacionado, associado e constante.

O livro é um orientador metodológico, não um cronograma de atividades a ser seguido à risca. Recomendamos que a leitura seja feita sempre de forma crítica, pois é impossível propor um projeto de longo prazo em que não haja a necessidade de adaptações e reformulações periódicas. Por essa razão, a proposta não pode estar engessada e mecanismos de controle devem servir como orientação para as retomadas de caminho.

Entre os casos que merecem considerações especiais, lembramos que é imperativo individualizar o treinamento. Mesmo em grupos que pareçam homogêneos, em que todos seus membros parecem evoluir de forma constante e semelhante, há diferenças individuais que deverão ser atendidas e podem requerer passos mais lentos ou mesmo retornos a pontos que já se julgava cumpridos, da mesma forma que não é raro um aluno-atleta mostrar uma evolução acima do esperado e dos demais e "clamar" por estímulos mais adiantados.

Essas questões serão debatidas ao longo do livro, assim como algumas práticas habituais usualmente adotadas, com as quais o professor-treinador pode deparar-se, mas que não se conciliam com um PFCAAD: a imposição de sobrecargas demasiadas ao indivíduo talentoso que atua em duas categorias; a utilização em categorias de base de modelos táticos ou métodos de treinamento próprios de equipes adultas; o desgaste psicológico, físico e fisiológico da criança ou do adolescente que se destaca e é submetido a uma carga incompatível com sua idade; a defasagem no aperfeiçoamento de habilidades que serão a base de táticas mais avançadas; a adoção de concepções táticas inadequadas à evolução técnica do grupo; etc.

Apesar de este livro mencionar o treinamento competitivo e de alta *performance* constantemente, entendemos que o trabalho de longo prazo deve ser absorvido também pelas práticas escolares. A Educação Física escolar deve primar, a exemplo do que ocorre com as outras disciplinas, pela busca de um planejamento continuado, com o qual as crianças e os adolescentes sejam respeitados e a eles seja oferecido o mais adequado plano de aprendizagem das habilidades motoras e qualidades físicas, independentemente da modalidade esportiva escolhida como tema pelo professor em determinado período. Enquanto algumas vertentes da Educação Física limitarem-se a divertir a criança e a utilizar o jogo de maneira displicente e corriqueira, muitas das potencialidades serão desperdiçadas e gerações se frustrarão por não ter recebido subsídios para desenvolver seus talentos naturais. O aluno deve ter na escola um ambiente propício ao desenvolvimento com qualidade de todas as suas capacidades e habilidades, seja na sala de aula ou na quadra esportiva.

É bom ressaltar que a metodologia aqui sugerida não pretende reduzir a um único caminho verdadeiro todos os demais possíveis. A intenção é fornecer um apoio teórico e prático no qual os técnicos possam se basear para adaptar e incluir suas formas próprias de conduzir os processos de aprendizagem, aperfeiçoamento e treinamento.

Não se pode negar o viés tecnicista da proposta, pela forma como prioriza os métodos e a avaliação formativa como condutora da verificação da eficiência do processo de ensino-aprendizagem, porém, a possibilidade de adaptações é perfeitamente viável e estimulada. Uma proposta de PFCAAD que busque ser definitiva ou completa incorrerá em grave e essencial equívoco. Por essa razão, este livro também não se basta como fonte de consulta. A multidisciplinaridade de um PFCAAD exige a busca por literatura afim que permita o aprofundamento em outras ciências e disciplinas, não só no campo da atividade física, da aprendizagem motora, do treinamento ou da fisiologia, mas também em áreas relacionadas à administração (como gerir um projeto esportivo), à legislação (como conseguir verbas para implantar uma ideia) e outras tantas.

Faz-se necessário ainda afirmar que a adoção de um modelo como o aqui sugerido ou outro qualquer com finalidade semelhante não é garantia de sucesso nem individual, nem coletivo. Não são poucos os fatores que interferem no processo e podem determinar desvios que culminam, não raramente, na interrupção da formação do atleta, tanto no âmbito individual – desmotivação, abandono, mudanças domiciliares, estagnação da evolução, alterações de rotina, problemas de saúde definitivos, etc. – como estruturais do projeto – descontinuidade, interrupção, etc.

No entanto, temos certeza de estar oferecendo ao leitor uma proposta viável de formação integral de excelência a atletas de voleibol em um planejamento de longo prazo. Esperamos com o livro contribuir para a estruturação tanto do voleibol quanto de outras modalidades esportivas em um país de tamanho potencial esportivo e tão carente de políticas de fôlego com essa finalidade.

Orientações para utilização do livro

O livro pode ser lido, *a priori*, do início ao fim, em toda sua extensão para o entendimento da proposta metodológica como um todo. Dessa forma, o leitor poderá tomar conhecimento da evolução gradativa do conteúdo técnico, tático, físico e psicológico a ser implantado no PFCAAD ao longo dos onze anos sugeridos.

No entanto, procuramos seguir um padrão de desenvolvimento dos capítulos e tópicos, para que a consulta pudesse ser ágil, atendendo à necessidade imediata do leitor ou a uma consulta pontual. Para isso, a maioria das seções, dos capítulos, itens e subitens aborda em separado questões próprias sobre os estágios de aprendizagem, aperfeiçoamento ou treinamento, mas sempre relacionando-os a cada categoria e levando à interligação com os períodos subsequentes.

O leitor pode, dessa forma, retornar a trechos que lhe são de maior interesse e verificar, por exemplo, como e quando deve ocorrer a aprendizagem do saque tipo tênis, como promover a correção de um desvio do padrão motor do toque de costas ou qual o conteúdo ideal para ser desenvolvido com crianças de 14 anos. Para facilitar a consulta, há referências icônicas nas margens das páginas, com a indicação da faixa etária a que se associa o conteúdo que ali se inicia.

A primeira seção trata da metodologia e da didática a serem utilizadas no ensino dos fundamentos e estrutura a sequência da aplicação dos pontos principais do processo. Em suma, essa seção tem como objetivo propor métodos que possam facilitar a aprendizagem, o aperfeiçoamento e o treinamento das habilidades específicas, das capacidades motoras e das concepções táticas por meio de processos lineares.

Na segunda seção, cada fundamento é descrito minuciosamente para que eles sejam ensinados, corrigidos, aperfeiçoados e treinados em qualquer categoria, de acordo com o padrão motor. Em seguida, são apresentadas estratégias, sugestões e considerações sobre "como" e "quando" ensinar, aperfeiçoar e treinar os fundamentos.

Por razões organizacionais e de classificação, a ordenação dos fundamentos nas seções iniciais – onde estes são definidos e descritos – não segue a sequência proposta de aprendizagem, mas eles são compactados em blocos. Sendo assim, todas as variações do toque por cima, por exemplo, são apresentadas em um só capítulo, apesar de serem ensinadas cada uma a seu tempo. Na sequência, ao discorrer sobre o desenvolvimento dos fundamentos e suas variações, há a aplicação deles como elemento do jogo. O levantamento, por exemplo, complementa e finaliza o Capítulo "Toque por cima". Para efeitos de localização, o leitor, sempre que desejar saber sobre descrição, aprendizagem, aperfeiçoamento ou treinamento de determinado fundamento, encontrará tais informações em uma única sequência devidamente especificada.

A terceira seção define os objetivos táticos a serem atingidos em cada categoria. Da mesma forma que a técnica, a evolução tática também será gradativa, buscando adaptar as concepções ao grau de desenvolvimento técnico e ao estágio cognitivo de cada grupo. Isso se dará desde a aplicação das formas simplificadas de jogo, passando pelo minivôlei e chegando às concepções mais adiantadas do jogo de seis contra seis.

A quarta seção trata da preparação física. Estabelece objetivos para cada faixa etária e sugere métodos de treinamento compatíveis com a idade biológica em que o aluno-atleta* encontra-se e em consonância com o desenvolvimento técnico e tático do grupo.

A preparação psicológica está na quinta seção e procura levar informações pertinentes sobre o desenvolvimento psicológico da criança, do púbere e do adolescente, fornecendo orientações para lidar com o aluno-atleta em cada uma das etapas.

A sexta seção refere-se ao planejamento e orienta a elaboração do plano plurianual de formação de longo prazo e também dos planos anuais, periódicos, semanais e diários de cada categoria.

Na sétima seção sugerimos um modelo de organização administrativa ao PFCAAD, com o estabelecimento de funções e responsabilidades de todas as pessoas que podem nele estar envolvidas. No entanto, oferecemos condições para que iniciativas com menos recursos financeiros e humanos possam desenvolver um trabalho de qualidade com a especificação das necessidades básicas para seu funcionamento burocrático.

A oitava e última seção aborda o controle do PFCAAD e as avaliações de modo geral, tanto técnicas quanto táticas e físicas, mas também antropométricas, médicas e administrativas. Periodicamente, os alunos-atletas e o próprio projeto devem ser avaliados, para que treinadores e coordenadores possam acompanhar a evolução do trabalho realizado. A correção de rumos é corriqueira, inevitável e crucial para o sucesso de qualquer planejamento, e as avaliações formativas são importantes parâmetros para essas retomadas.

Nos Anexos, o leitor encontra modelos de fichas de avaliação técnica e física, além de outras sugestões que podem ser úteis e adaptadas.

No final da maioria dos capítulos há uma lista de recomendações e/ou considerações importantes de serem abordadas novamente em forma de reforço ou novas, que complementam as informações do capítulo.

---

* O livro adotará a denominação aluno-atleta para referir-se ao participante do projeto, por entender que a formação esportiva é fundamentalmente educativa. Antes de ser um atleta, ele é um indivíduo a ser educado em sua integralidade. Por essa mesma razão, o técnico será, em sua função prática, chamado de professor-treinador.

Seção 1

Princípios metodológicos do Programa de Formação Continuada de Atletas de Alto Desempenho (PFCAAD)

Capítulo 1
Introdução

Antes de abordar diretamente o tema desta seção, vamos estabelecer alguns critérios conceituais para que o entendimento dos termos e das ideias constantes no livro possa estar de acordo com a intenção do autor e não haja interpretações difusas em razão da ampla variedade de nomenclaturas e significados disponíveis na literatura.

Podemos, inicialmente, entender metodologia, neste caso, como um conjunto de procedimentos organizados com a finalidade de facilitar a aprendizagem dos fundamentos técnicos e das concepções táticas do voleibol e, consequentemente, oferecer ao aluno-atleta a excelência na aplicação das habilidades aprendidas em situações coletivas de competição. Como as etapas de um PFCAAD são interligadas e interdependentes, somente a adoção de uma metodologia única pode alinhavá-las e proporcionar um planejamento uniforme de excelência, que resulte em alunos-atletas formados integralmente.

Para atingir seus propósitos, a metodologia requer processos não apenas metodológicos, mas também pedagógicos que conduzam a aprendizagem de maneira eficiente, fluida e coordenada. Faz-se assim necessária a diferenciação entre eles. Entende-se por processo metodológico a ordenação dos fundamentos do voleibol – com base principalmente nas áreas da biomecânica e da aprendizagem motora –, de forma a proporcionar uma aprendizagem sequencial facilitada dessas habilidades. O processo pedagógico, por sua vez, é a organização dos procedimentos gradativos e subsequentes para ensinar da forma mais eficiente cada uma das habilidades específicas. Os processos aqui sugeridos são comprovadamente seguros e eficientes para formar o aluno-atleta em sua mais ampla possibilidade técnica e capacitar a equipe esportiva a aplicar táticas que proporcionem um rendimento coletivo plenamente apropriado às suas condições.

ESTRUTURAÇÃO DE UMA METODOLOGIA

Procurou-se estabelecer períodos de desenvolvimento dentro dos quais ciclos de trabalho possam ser definidos, concluídos e avaliados como parte do todo que compõe um PFCAAD. Para que a metodologia possa fundamentar um processo de longo prazo, esses períodos precisam estar devidamente delimitados no tempo e encadeados entre si para ocorrerem de forma sequencial. Buscou-se então adaptar o voleibol às diversas abordagens generalizadas sobre os esportes coletivos constantes na literatura, propondo uma metodologia apropriada e específica de formação de alunos-atletas desde a iniciação até a categoria juvenil – a última antes da adulta.

Estudos diversos e consagrados sobre crescimento e desenvolvimento humano e as divisões usuais utilizadas no país e em todo o mundo alicerçaram a categorização. A divisão dos ciclos de acordo com a faixa etária – denominados "categorias" – considerou ainda a idade ideal para a iniciação esportiva e o estado de prontidão para receber estímulos motores específicos. Por fim, o conteúdo próprio da modalidade a ser ensinado, aperfeiçoado e treinado foi distribuído por cada categoria, com o estabelecimento de metas e prazos de realização. Em resumo, consideramos quatro aspectos básicos para a estruturação metodológica do PFCAAD:

- Determinação das categorias por faixas etárias.
- Estabelecimento dos estágios de aprendizagem, aperfeiçoamento e treinamento dentro do processo de ensino-aprendizagem.
- Escolha dos processos metodológico e pedagógico.
- Distribuição do conteúdo entre as categorias.

Sendo assim, os próximos capítulos referem-se a cada um desses aspectos e procuram apresentar a estruturação administrativa, metodológica e pedagógica do PFCAAD.

Capítulo 2

Idade ideal e divisão por categorias

Vários são os autores que, principalmente desde a década de 1970, vêm pesquisando sobre a idade ideal para a iniciação aos esportes competitivos; no entanto, as particularidades de cada modalidade acabam por determinar respostas com diferenças consideráveis a perguntas como: "qual a idade ideal para se começar a praticar determinado esporte?"; "quais os estágios de desenvolvimento motor mais propícios a receber determinados estímulos?"; "quando é possível introduzir a criança ou o adolescente a um regime de treinamento mais intenso?"; "como saber quando o aluno-atleta está apto a aprender habilidades mais complexas?", etc.

As diretrizes propostas por este PFCAAD para a divisão das categorias e os objetivos gerais competitivos são baseadas em Almeida (1996) e Weineck (2003) e na experiência pessoal do autor.

Almeida considera que a prática esportiva com finalidade de desenvolvimento do desempenho pode ser dividida em três estágios: iniciação, aperfeiçoamento e introdução ao treinamento*.

Para Almeida, a iniciação ocorre entre 8 e 9 anos de idade e tem por objetivo a aquisição de habilidades motoras e destrezas globais. Esse período deve proporcionar ao aluno a possibilidade de vivenciar habilidades gerais que lhe poderão ser úteis não apenas na modalidade em questão. O autor ressalta que a criança nessa idade não está apta a participar de competições e apresenta limitações cognitivo-sociais para fazer parte de equipes.

A partir dos 10 anos, a criança pode ser introduzida na fase de aperfeiçoamento. Nessa etapa, os gestos técnicos específicos da modalidade são ensinados com a intenção de ampliar e aprimorar o repertório de movimentos dos fundamentos básicos e permitir sua utilização em situações próprias do jogo, que ganha componentes táticos gradativamente mais elaborados.

Na terceira etapa, chamada de introdução ao treinamento, a criança entre 12 e 13 anos encontra-se em um estágio de desenvolvimento físico e motor altamente apropriado para aperfeiçoar as habilidades específicas, ser apresentada a táticas mais elaboradas e receber estímulos mais avançados para a aquisição de qualidades físicas.

Weineck (2003, p. 58) faz também uma divisão em três fases do treinamento de longo prazo (TLP):

---

* Apesar de a nomenclatura utilizada por Almeida coincidir com os termos usados neste livro, é preciso deixar claro que as etapas sugeridas para o PFCAAD não se referem exatamente a essa classificação do autor, como ficará mais claro adiante.

- Treinamento básico, de 10 a 12 anos.
- Treinamento de formação, de 13 a 14 anos.
- Treinamento de conexão, de 15 a 19 anos.

O treinamento básico, para o autor, não pode se restringir a ensinar habilidades específicas de um determinado esporte. O desenvolvimento integral do indivíduo baseia-se no estabelecimento de objetivos que devem buscar a aprendizagem de habilidades esportivas básicas sem a preocupação de rendimento, a formação de uma ampla base motora por meio de atividades lúdicas, o condicionamento físico geral, o relacionamento social e afetivo, o desenvolvimento cognitivo e a iniciação ao espírito competitivo ético.

Os objetivos do treinamento de formação, por sua vez, devem estar voltados para o aprimoramento esportivo em geral, a competitividade e a aquisição de pré-requisitos para o alto desempenho, o reforço das especificações da modalidade, a aprendizagem de formas de aplicação das técnicas específicas, a definição quanto às funções táticas, o desenvolvimento tático coletivo e individual mais apurado e o aperfeiçoamento da condição física geral e especial.

Por fim, o treinamento de conexão caracteriza-se, na opinião de Weineck, pelo início da especialização de todos os componentes do desempenho esportivo adulto: variação e combinação dos fundamentos e das formas mais elaboradas de jogo, raciocínio tático mais apurado, correções técnicas buscando o refinamento total, preparação física geral e específica, aumento da treinabilidade, aprimoramento da personalidade competitiva e ampliação da abrangência das competições – com a introdução efetiva destas como determinantes da periodização geral.

Entendemos que esses dois autores apresentam concepções muito próximas do que é sugerido neste PFCAAD; no entanto, as denominações e categorizações propostas por ambos precisam ser adaptadas para o voleibol, dada a diversidade de habilidades específicas e o grau de dificuldade de aprendizagem de algumas delas. A automatização de algumas habilidades, tal como é proposto por Weineck, não se completa no PFCAAD dentro dos ciclos propostos por ele, podendo o processo ter início mais adiante ou avançar ao nível seguinte. Há também outros fundamentos que, pelo grau de dificuldade e necessidade de maior maturidade motora e física para serem iniciados, só serão ensinados em níveis futuros, como é o caso dos mergulhos, que aconteceriam já no treinamento de conexão de Weineck. Ou ainda, se considerarmos o aperfeiçoamento como condição para o aprimoramento de uma habilidade em especial e para a aplicação da técnica em situações de jogo, muitos dos fundamentos vão se encontrar nesta etapa de desenvolvimento ainda durante o treinamento de formação ou mesmo no de conexão.

Levando em conta todas essas considerações, as etapas do PFCAAD foram divididas em três níveis e subdivididas em sete categorias:

1. Categorias iniciantes (CI):
   - Iniciantes 1 (9 e 10 anos) – I1.
   - Iniciantes 2 (11 e 12 anos) – I2.
2. Categorias competitivas intermediárias (CCI):
   - 13 anos (pré-mirim) – C13.
   - 14 anos (mirim) – C14.
3. Categorias competitivas avançadas (CCA):
   - 15 anos (infantil) – C15.
   - 16/17 anos (infantojuvenil) – C16/17.
   - 18/19 anos (juvenil) – C18/19.

Apesar do estabelecimento arbitrário das idades, é importante ressaltar a permeabilidade que existe naturalmente entre as categorias. Em razão do diferente grau de desenvolvimento motor e físico, da idade biológica, do histórico de aprendizagem motora e do tempo de dedicação à aprendizagem específica entre as crianças e os adolescentes participantes do projeto, faz-se necessária uma flexibilização do ingresso e da saída das diferentes categorias.

Deve ser permitida a inserção dos iniciantes, por exemplo, em uma ou em outra divisão em razão do nível de habilidade geral e específica, da idade biológica e do histórico motor que cada aluno-atleta apresenta ao se inscrever para a modalidade. É interessante, por exemplo, que algumas crianças de 12 anos, carentes de vivências motoras básicas, façam parte do grupo Iniciantes 1. A inclusão de crianças de 13 anos no Iniciantes 2, quando já poderiam fazer parte da categoria pré-mirim, pode ser conveniente, pois alunos que iniciam tardiamente a prática do voleibol e retornam a um estágio inicial vivenciam técnicas básicas, além de participar da dinâmica mais ativa do minivôlei. Esse retorno traz mais benefícios do que submetê-los a desdobramentos técnico-táticos mais elaborados nas CCI, junto a colegas que já passaram pelas etapas anteriores. Se fizermos uma analogia com o ensino escolar, é o que podemos chamar de processo de recuperação, capacitando o aluno para acompanhar o grupo na sequência do ano letivo. A partir das CCI, o manejo dos alunos--atletas segue uma razão técnica, que visa ao desenvolvimento de habilidades e valências que, se não assimiladas, os impedem de participar das atividades coletivas, seja em jogos ou mesmo exercícios. Nas CCI, é fundamental que se considere não a idade cronológica, mas a idade biológica do aluno-atleta, já que ele pode demonstrar maior ou menor facilidade, dependendo do estágio desenvolvimental em que se encontra, caso tenha ingressado ou esteja passando pelo processo pubertário.

Seja por apresentar uma idade biológica diferente dos demais ou por naturalmente mostrar um nível de habilidade motora mais desenvolvido, não é raro que determinados alunos--atletas ou mesmo um grupo inteiro apresentem condições de desenvolver conteúdos mais adiantados listados neste livro para categorias superiores. O PFCAAD aqui proposto abre a possibilidade de avançar a estágios mais avançados, mas considera que o aperfeiçoamento e treinamento dos fundamentos constantes como ideais a cada categoria levam o indivíduo e a equipe a patamares de rendimento futuro que dificilmente serão atingidos caso o processo seja acelerado. De qualquer forma, se os treinadores-professores julgarem sensato avançar etapas, com base em indicadores válidos e desde que isso não interfira no resultado final do PFCAAD como um todo, assim podem proceder.

Capítulo 3

Aprendizagem, aperfeiçoamento e treinamento

O processo de ensino-aprendizagem de cada habilidade específica do voleibol envolve três estágios distintos que se sucederão, para que ela possa ser apreendida, refinada, diversificada e, por fim, devidamente aplicada às exigências da dinâmica do jogo. São eles:

A. Aprendizagem.
B. Aperfeiçoamento.
C. Treinamento.

A dinâmica metodológica do PFCAAD proposto faz que os estágios quase sempre se sobreponham, ou seja, que a aprendizagem de um fundamento aconteça enquanto outro esteja sendo aperfeiçoado e um terceiro já se encontre em fase de treinamento. Da mesma forma, é difícil, por vezes, diferenciar as etapas dentro do processo de uma mesma habilidade, pois à medida que o aluno-atleta aprende e a pratica, ele naturalmente começa a aperfeiçoá-la.

É importante ressaltar que essa diferenciação em estágios tem relação direta com o fundamento em si, não com as categorias. As habilidades é que são submetidas a eles de forma sequencial. Apesar de haver uma natural tendência dos períodos de treinamento se intensificarem e ganharem mais volume à medida que os grupos evoluem e chegam às CCA, convém dissociar a passagem de um estágio para outro da mudança de categorias e relacioná-los aos processos de aquisição e evolução gradativa da aprendizagem motora específica.

APRENDIZAGEM

Envolve o primeiro contato do aluno-atleta, sob orientação, com a habilidade em questão. Nela, o professor-treinador propiciará ao aprendiz as melhores condições para que ele vivencie o fundamento e o aprenda da forma mais adequada e eficaz, atingindo o padrão motor no tempo ideal e sem imperfeições (desvios). O processo ensino-aprendizagem segue um padrão geral e atende a todos os alunos-atletas, mas não é hermético. Por questões individuais que vão desde capacidade de apreensão até defasagens no desenvolvimento motor, o aprendizado não se consolida para todos ao mesmo tempo. Cada aprendiz apresentará um quadro evolutivo próprio e necessitará, neste ou naquele fundamento, de atenção redobrada do treinador, assim como apresentará uma evolução mais fluida em outros.

Durante a aprendizagem de qualquer fundamento, o aprendiz apresenta rendimentos motores diferentes, que podem ser enquadrados em um dos três estágios de desenvolvimento motor (conforme classificação de Gallahue e Ozmun, 2005, p. 60-61):

1. Inicial.
2. Elementar.
3. Maduro.

No *estágio inicial*, o aprendiz recebe as primeiras informações sobre o fundamento e o vivencia de forma rudimentar, sem apresentar domínio motor. A imagem mental que ele tinha da habilidade é experienciada de forma livre. Ele então é conduzido ao processo pedagógico para aprender corretamente o fundamento.

No *elementar*, o aluno demonstra conhecimento motor, mas comete muitos erros sem apresentar regularidade nas ações. Ele está sendo submetido à sequência pedagógica e a exercícios educativos e formativos de correção e, como ainda não se deu o processo de automatização, a execução correta não é constante, tampouco precisa.

Por fim, no *estágio maduro* o processo de aprendizagem se estabelece definitivamente. O aluno está apto a aperfeiçoar o fundamento já automatizado, ou seja, receber novas informações em relação ao uso da habilidade aprendida em situações de jogo e descobrir formas de adaptar-se às novas necessidades. É quando, por exemplo, a cortada como foi aprendida não basta para passar por um bloqueio, exigindo, para fugir da marcação, movimentos que diferem do padrão motor estabelecido.

É importante que o professor-treinador saiba identificar em qual estágio de aprendizagem se encontra cada aluno, para prescrever com exatidão o tipo de exercício próprio a cada caso. Por exemplo, é contraproducente associar os fundamentos quando o aprendiz se encontra no estágio inicial, assim como submeter o aluno a situações plenas de jogo durante o estágio elementar. No primeiro caso, a busca por realizar a tarefa proposta desvirtuará o movimento; enquanto no segundo, os chamados vícios motores se estabelecem mais rapidamente, pois, na ânsia de conseguir o sucesso, o aluno-atleta vale-se de gestos incompatíveis com a boa técnica.

APERFEIÇOAMENTO

Tem início quando o estágio maduro se concretiza. O desempenho do aluno-atleta adquire o padrão motor definido e passa a aplicar o fundamento aprendido em forma de jogo. O aprimoramento da habilidade dá ao indivíduo, primeiro, condições de diminuir a quantidade de erros e aumentar os sucessos. A habilidade é incrementada com a crescente associação das valências físicas – força, potência, velocidade – e ganha regularidade, além de levar o executante a se desvencilhar das dificuldades de forma criativa e múltipla.

Esta etapa é uma evolução natural do processo de aprendizagem de todas as habilidades. Inclui, por exemplo: na cortada, o ataque para não apenas uma direção; no bloqueio, a utilização de tipos diferentes de passada para cada situação específica; no saque, variações de força e direção, etc.

O aperfeiçoamento deve priorizar a aquisição de ritmo de execução do fundamento, o aumento gradativo de constância na execução correta, além da precisão e versatilidade de aplicação do gesto básico já aprendido. Nesta etapa, o aluno-atleta descobre meios para se adaptar às situações que aparecem com base nas habilidades já aprendidas e no aprimoramento das combinações entre elas, especialmente com as posições básicas e as movimentações específicas. Afloram, também, a criatividade e a versatilidade para buscar meios próprios de solucionar problemas decorrentes da dinâmica do jogo.

É também quando o professor-treinador busca homogeneizar o grupo tecnicamente, alcançando a excelência no desempenho de todos os componentes em relação ao padrão motor da habilidade em questão, por meio de correções pontuais. Neste estágio, a defasagem muito acentuada entre os integrantes da equipe e não devidamente cuidada pelo professor-treinador pode levar a um desenvolvimento caótico do PFCAAD. Treinos extras de reforço e correção são indicados para sanar essas diferenças.

TREINAMENTO

É a etapa em que não só o padrão de movimento está estabelecido, mas também a utilização coordenada das habilidades aplica-se de maneira cada vez mais eficaz, consciente e constante em situações de jogo. Ela visa ao aprimoramento dos elementos de jogo, principalmente quanto a eficácia e regularidade da eficácia, além de aprimorar as valências físicas que a tornam mais veloz ou potente.

Tal incremento é incorporado às funções que o aluno-atleta passa a ter em quadra, dentro da especificidade do jogo e, futuramente, do processo de especialização. A manchete, por exemplo, passa a ser treinada com as especificidades das posições em que ele atua e complementada pela transição para a ação seguinte – ataque ou proteção de ataque. Em um estágio mais avançado, os diferentes tipos de toque são incluídos nas variações de levantamento; as técnicas de rolamento e mergulho devem associar-se aos fundamentos de defesa (manchete em rolamento, com uma das mãos, etc.); a manchete à altura dos ombros nas sessões de recepção, etc. É o caso também das posições básicas e das movimentações específicas, que passam a fazer parte efetiva do elemento que elas antecedem, devendo ser treinadas de maneira integral e integradas aos fundamentos, com a finalidade de lhes dar maior eficácia. O treinamento deve condicionar o aluno-atleta a realizar as ações próprias de jogo de acordo com suas especificidades.

Exercícios com tempo maior de duração e exigências quanto a rendimento e concentração também caracterizam esta etapa. Em fases mais adiantadas, começam também os treinos específicos para determinados grupos, caso dos levantadores, líberos, centrais e outros.

O planejamento, em especial a organização dos microciclos, deve considerar os objetivos específicos das etapas e das sessões de treinamento. Podemos diferenciar o treinamento de acordo com seus objetivos:

1. Técnico.
2. Técnico-tático.
3. Tático.

Resumidamente, o treino técnico refere-se ao desenvolvimento da habilidade específica, sem que haja necessariamente integração de sua realização às especificidades do jogo em si. Por exemplo: toques na parede ou recepções de saque desferidos pelo colega em exercícios em duplas. Já o treino técnico-tático associa a realização do fundamento a um determinado componente do jogo, sendo essencialmente este seu propósito: por exemplo, a recepção do saque vindo da outra quadra, com o objetivo de direcioná-lo às mãos do levantador – estes exercícios podem ainda ser complementados com ações subsequentes, no caso, um ataque. Os treinos táticos, por fim, são realizados em forma de jogo – coletivos dirigidos ou normais – em que os vários elementos coletivos associam-se, amparados por uma ou mais concepções táticas que constituem o objetivo principal da sessão. Essa divisão, porém, é muitas vezes permeável, pois o aluno-atleta desenvolve sua técnica ao participar de treinos táticos, assim como será de muita utilidade nos jogos o quanto houver de evolução individual nas sessões exclusivamente técnicas.

As sugestões aqui presentes proporcionarão ao leitor identificar qual a dinâmica mais adequada para enfatizar um ou outro objetivo. No entanto, é importante que fique claro que os objetivos específicos serão alcançados em sua plenitude se o aluno-atleta for submetido ao tipo de treino mais adequado para tal finalidade. Ou seja, o indivíduo não terá um fundamento corrigido ou aperfeiçoado se for submetido apenas a treinos táticos, pois a carga de repetições a que estará sujeito não será adequada ao alcance dessa finalidade. Do mesmo modo, fazê-lo atacar contra a parede não vai capacitá-lo a enfrentar as dificuldades de um jogo ou a integrá-lo à equipe.

Capítulo 4
Processos metodológicos e pedagógicos

A estruturação da aprendizagem das habilidades específicas deve levar em consideração duas questões: em que ordem ensiná-las e de que maneira. O processo metodológico ordena os fundamentos, enquanto o pedagógico propõe formas de facilitação da aprendizagem. O PFCAAD aqui proposto fez a opção por dois modelos – o processo metodológico progressivo-associativo e o processo pedagógico sintético-analítico-sintético – que se complementam com a escolha da metodologia estruturalista, que tem como característica principal a possibilidade de mudanças na estrutura do jogo, com o objetivo de motivar a aprendizagem.

PROCESSO METODOLÓGICO

Entre os processos metodológicos citados na bibliografia específica, o modelo proposto neste livro baseia-se na utilização do conhecido como progressivo-associativo. Recebe este nome porque desenvolve os fundamentos do voleibol seguindo uma ordem baseada na associação de posturas e movimentos semelhantes. Além disso, diferentemente do método dinâmico-paralelo, que obedece à ordem que os elementos do jogo sucedem-se em uma partida, o sistema integra os fundamentos durante o processo de aprendizagem de acordo com possibilidades mais harmônicas de associação entre eles e com a aplicação a situações de jogo. Ou seja, ele permite ricas combinações de tarefas e exercícios por meio da associação dos fundamentos, o que aumenta, consequentemente, a possibilidade de variações lúdicas em jogos pré-desportivos ou adaptados. Por exemplo, o toque por cima e a manchete são ensinados antes do saque por baixo, porque possibilitam ao iniciante mais contato com a bola e não incluem uma habilidade mais vigorosa – o saque – antes que a criança possa ter controle das formas para recebê-lo.

Na literatura, o método progressivo-associativo é dividido normalmente em três ou quatro grupos, como apresentado na Tabela 1 – alguns autores não isolam os recursos em um grupo à parte.

Esta classificação é aqui apresentada com motivação muito mais didática do que prática, pois a metodologia proposta pelo PFCAAD adota uma sequência mais pormenorizada, flexibiliza e incrementa a divisão anterior com a inclusão das variações dos fundamentos em momentos diversos e inverte (por motivos que serão explicados oportunamente) a ordem apresentada a seguir para o desenvolvimento das habilidades técnicas. Essa redistribuição antecipa a aprendizagem de alguns fundamentos por razões circunstanciais (os padrões aprendidos precisam ser modificados para que a eficácia da ação de jogo seja alcançada) ou por predisposição

Tabela 1 Divisão dos fundamentos – método progressivo-associativo

Grupo 1
1. Posições básicas
2. Movimentações específicas
3. Toque por cima
4. Manchete
5. Saque por baixo
Grupo 2
1. Cortada
2. Bloqueio
3. Saque tipo tênis
Grupo 3
1. Defesa
2. Rolamentos
3. Mergulhos
Grupo 4
1. Recursos

motora (a aprendizagem motora de uma variação é oportuna e ofertará ao aluno-atleta chances de alcançar melhores resultados práticos nas ações de jogo). Além disso, preocupa-se com o encadeamento dos estágios de aprendizagem, aperfeiçoamento e treinamento, com a aplicabilidade de acordo com a dinâmica de jogo própria da categoria em que ela é ensinada e com a perspectiva evolutiva do aluno-atleta. Outra razão implícita nessa organização é a prioridade ao desenvolvimento de determinado fundamento que, se for antecedido por outro, perderá muito de sua relevância.

Na Tabela 2 estão relacionadas todas as habilidades específicas, na ordem proposta para que sejam ensinadas ao longo deste PFCAAD. Ela permite uma visão geral da progressão da aquisição motora do aluno-atleta ao longo do plano de formação. Cada habilidade específica será detalhada na sequência do livro, assim como sua mecânica de execução, as categorias nas quais devem ser ensinadas, aperfeiçoadas e treinadas, suas particularidades, formas e sugestões referentes aos estágios de ensino-aprendizagem, etc.

O PFCAAD, em relação à distribuição do conteúdo, é altamente dinâmico e apresenta certas etapas em que ocorrem simultaneamente aprendizagem, aperfeiçoamento e treinamento de três ou mais fundamentos. Há também algumas habilidades que têm o início da aprendizagem em um determinado ciclo e sua continuação em outro. Isso pode ocorrer por dois motivos: o processo ensino-aprendizagem é mais lento, em virtude da dificuldade do fundamento, ou o cronograma o inseriu no final do ano letivo anterior. Assim, a aprendizagem estende-se, para que ela ocorra sem atropelos. Por essa natureza dinâmica, o plano torna-se flexível o suficiente para que as particularidades do processo e as diferenças individuais de desempenho possam ser atendidas.

Os recursos podem ser ensinados quando o professor-treinador notar que sua não utilização está impedindo o aluno-atleta de solucionar um problema frequente nas situações de jogo. É preciso atentar, todavia, se o ensino do recurso não facilitará a atuação do aluno-atleta a ponto de ele abandonar a prática do fundamento de acordo com o padrão motor desejado. Quase sempre o aperfeiçoamento da habilidade, e não a utilização de um recurso, soluciona o problema. Em longo prazo, o aluno-atleta ao qual foi ensinado um recurso facilitador antes de ser corrigido o padrão motor deficiente terá dificuldade para utilizar a técnica, vital em um estágio superior. Um exemplo claro é a manchete como recurso de levantamento. Ela só deve ser utilizada quando se esgotarem as tentativas de chegar à bola em toque por cima por meio de deslocamentos mais eficientes e posturas mais baixas e ágeis.

Podemos promover mais uma divisão dos fundamentos, a fim de compreender as prioridades, primeiro para a I2 e a C13, quando se dá a aprendizagem das habilidades básicas para o desenvolvimento do jogo de voleibol, e depois para as categorias subsequentes, quando a complexidade da prática aumenta consideravelmente e o arsenal técnico é ampliado. Assim, classificamos as habilidades específicas em dois grandes grupos, o primeiro indispensável para

Tabela 2 Processo metodológico do PFCAAD

1. Posições básicas e movimentações específicas
2. Toque por cima para a frente
3. Manchete normal
4. Saque por baixo
5. Manchete de costas
6. Cortada
7. Defesa
8. Toque de costas
9. Saque lateral
10. Bloqueio
11. Saque tipo tênis
12. Manchete alta
13. Toque lateral
14. Saque com rotação em suspensão
15. Rolamento sobre as costas
16. Meio-rolamento
17. China
18. Manchete com um dos braços
19. Rolamento sobre o ombro
20. Manchete em rolamento
21. Toque em rolamento
22. Toque em suspensão
23. Saque flutuante em suspensão
24. Toque com uma das mãos
25. Deslize lateral
26. Mergulho lateral
27. Mergulho frontal

a prática do jogo e o segundo, complementar ao anterior e que vai ao encontro das exigências crescentes com que o praticante se depara nas formas mais evoluídas de jogo.

- HFDJ 1 – habilidades fundamentais à dinâmica do jogo 1:
  - Posições básicas e movimentações específicas.
  - Toque por cima.
  - Manchete.
  - Saque por baixo.
  - Cortada.
  - Defesa.
- HFDJ 2 – habilidades fundamentais à dinâmica do jogo 2:
  - Bloqueio.
  - Outros tipos de toque, manchete e saque.
  - Rolamentos e mergulhos.
  - Recursos diversos.

PROCESSO PEDAGÓGICO

O processo pedagógico, por sua vez, sugere as etapas a serem seguidas para a aprendizagem de cada habilidade. O mais indicado para a maioria dos fundamentos do voleibol é o sintético-analítico-sintético, que depois de permitir ao aprendiz experimentar livremente a habilidade apresentada (sintético), a divide em fases (analítico), reunidas novamente no todo (sintético). No entanto, algumas poucas habilidades menos complexas não necessitam ser fracionadas para que o aluno-atleta as aprenda, bastando para isso ensiná-las tão somente pelo método sintético, que é a prática livre após a apresentação com o uso eventual e pontual de educativos.

O processo sintético-analítico-sintético apresenta a seguinte ordem:

1. Apresentação do fundamento.
2. Importância do aprendizado correto e da utilização em jogo.
3. Experimentação.
4. Sequência pedagógica.
5. Exercícios educativos e formativos.
6. Automatização (ou fixação).
7. Aplicação do fundamento à realidade do jogo.

APRESENTAÇÃO DO FUNDAMENTO

Muitas vezes, o primeiro contato do aprendiz com o fundamento acontece nesse momento. Quando a habilidade não é inédita para a criança, nem sempre a imagem que ela retém na memória é a correta do ponto de vista motor. Por esse motivo, o professor-treinador deve usar um modelo perfeito de apresentação do fundamento, pois é ele que será seguido pelo aprendiz para a execução.

A demonstração deve atentar a todos os detalhes (segmentos corporais, postura adequada, finalização do movimento, etc.). Se o próprio professor-treinador não tiver capacidade para realizá-la, deve valer-se de fotos, filmes ou até mesmo outras pessoas que saibam demonstrar o fundamento corretamente.

IMPORTÂNCIA DO CORRETO APRENDIZADO E DA UTILIZAÇÃO EM JOGO

Depois de demonstrar *como* se realiza o fundamento, o técnico deve instruir seus atletas sobre o *porquê* de aprender o fundamento corretamente.

O uso de imagens e filmes surte efeito positivo mais uma vez. A apresentação de jogos em que atletas conhecidos executam os fundamentos com qualidade ajuda o iniciante a compreender que não adianta simplesmente praticá-los, mas deve realizá-lo corretamente para alcançar sucesso na ação.

A aplicação da habilidade em situações de jogo nem sempre é imediata e, quando ela é utilizada, o resultado, em razão do baixo nível técnico e da consequente ineficácia, invariavelmente não é o desejado pelo aluno-atleta, o que dificulta a compreensão sobre sua importância. O professor-treinador deve criar situações nas quais o aluno-atleta perceba a importância do correto aprendizado do fundamento na prática, experimentando-o em jogos adaptados e tarefas que possam ser realizadas com relativo sucesso.

Um projeto que congrega várias categorias possibilita que os mais jovens assistam a treinos e jogos dos mais velhos. Com isso, o aprendiz pode antever a aplicação das habilidades que naquele momento ainda estão sendo aprendidas por ele.

Experimentação

Após a apresentação do fundamento, há uma natural ansiedade dos aprendizes de tentar executá-lo. A curiosidade deve ser atendida, permitindo-se que eles pratiquem livremente o fundamento, vivenciando as facilidades e dificuldades motoras para realizá-lo.

A livre experimentação permitirá que o professor-treinador avalie o desempenho do aluno-atleta. Com base nessa análise, poderá definir antecipadamente alguns tratamentos individuais diferenciados durante o processo, para que o aprendizado se dê de forma mais direta e objetiva. Dentro do grupo haverá crianças que precisarão ser submetidas a um processo pedagógico mais detalhado e demorado, enquanto outras poderão passar mais rapidamente por certas etapas. Nesta primeira prática é possível, muitas vezes, identificar essas diferenças.

A livre experimentação deve apenas alimentar a curiosidade do aprendiz, já que a prática prolongada pode incorrer em desvios antecipados do padrão motor e de demorada correção.

Sequência pedagógica

Apesar da resistência de alguns educadores em relação à sequência pedagógica, ela é de fundamental importância para o ensino de um esporte como o voleibol – constituído por habilidades não naturais e seriadas. A maioria das habilidades específicas não pode ser ensinada com excelência de outra forma senão a partir da decomposição dos gestos motores.

A habilidade é decomposta em partes que possam ser isoladas do ponto de vista motor.

Parte-se de movimentos com grau de complexidade baixo, que aos poucos se tornam mais elaborados e, coordenados entre si, componham etapas sucessivas da realização do fundamento como um todo.

Há variados recursos para facilitar a apreensão do movimento correto e desenvolver uma sequência pedagógica eficiente e criativa, devendo o professor-treinador idealizar exercícios com ou sem a bola de voleibol e utilizar meios auxiliares (paredes, mesas, outros tipos de bola, etc.).

O aprendiz deve realizar todas as tarefas propostas na ordem em que são passadas e retomar, depois, o fundamento como um todo. A última etapa da sequência pedagógica conduz o aprendiz a novamente praticar a habilidade em sua totalidade.

Para alguns fundamentos menos complexos, abriremos mão da sequência pedagógica; no entanto, a maioria deles deverá tê-la como parte integrante do processo.

Exercícios educativos e formativos

Exercícios educativos são específicos para correção de um desvio de ordem motora, enquanto os formativos aprimoram alguma capacidade física que limita a eficiente execução. Ambos são ferramentas indispensáveis na reeducação do movimento.

Depois de passar pela sequência pedagógica e retornar à execução global do fundamento, o aprendiz geralmente apresenta alterações pontuais do padrão motor desejado. A capacidade para diagnosticar movimentos equivocados é uma das virtudes mais valorizadas do técnico formador e fundamental para o processo de ensino-aprendizagem. Sensibilidade, atenção, dedicação, conhecimento e experiência auxiliam na detecção e consequente prescrição correta do exercício educativo e/ou formativo.

As habilidades complexas ou seriadas exigem análise mais minuciosa, pois muitas vezes o problema encontra-se no encadeamento das fases do movimento ou em uma etapa anterior àquela em que o desvio se mostra de maneira mais evidente. Nesse caso, um educativo aplicado equivocadamente, além de acarretar perda de tempo e energia, não surtirá efeito.

O professor-treinador deve valer-se de exercícios educativos e formativos não só durante o processo pedagógico, mas sempre que necessário, em qualquer etapa da aprendizagem ou do aperfeiçoamento, para corrigir desvios motores adquiridos ou já automatizados. Por mais cuidadoso que seja o professor-treinador, não estaremos, jamais, isentos de precisar retomar caminhos individuais.

Devem ser aplicados em sessões isoladas, antes, durante ou após o treino. A aplicação de educativos e formativos é recurso constante, pois o aprimoramento dos fundamentos sempre requer reajustes motores. Mesmo no estágio de aperfeiçoamento é comum retomar o uso de educativos para, por exemplo, corrigir o ataque para a diagonal ou para a paralela. Logicamente, o processo é mais curto, mas indispensável. Em um estágio mais avançado, os desvios não reparados limitarão a participação do aluno-atleta em grupos mais evoluídos e jogos de nível mais complexo.

Tais exercícios devem ter prescrição e tratamento individual, pois têm relação direta com os desvios apresentados e precisam atender às reais necessidades daquele aprendiz em particular. O uso de materiais diversos (paredes, bolas pesadas, mesas, elásticos, bastões, etc.) é especialmente interessante para esse fim.

Automatização (ou fixação)

O processo de aprendizagem só é concluído quando ocorre a automatização do fundamento em nível neuromotor. A repetição é a principal ferramenta para que o aprendiz fixe o movimento.

O ambiente externo deve ser facilitado para que a automatização se concretize. Não se deve, por exemplo, utilizar paredes com irregularidades para fixar a manchete. A alteração das condições externas compõe um quadro interessante para o período de aperfeiçoamento, mas não para a aprendizagem.

Uma das principais características cognitivas dessa fase é a realização do movimento "sem pensar". Quando a habilidade está devidamente fixada, não há ocorrência de erros constantes e a fluidez das fases de execução é absoluta.

Melhor seria que todos os desvios fossem sanados antes de o aluno entrar na fase de fixação, pois o fundamento precisa ser fixado de acordo com o padrão ideal. Caso o professor-treinador detecte um problema quando o processo de fixação já foi iniciado, o aluno-atleta deve receber orientações extras – educativos e formativos, afora os treinos específicos – até que o padrão ideal se estabeleça, para depois retornar ao processo de fixação.

Somente após a fixação deve-se aumentar a complexidade de execução: velocidade, força, oscilações da bola, etc.

Aplicação do fundamento à realidade do jogo

O processo pedagógico finaliza-se quando o aprendiz aplica a habilidade aprendida com eficiência no jogo de voleibol (seja no minivôlei ou no seis contra seis). A mera realização do fundamento não garante sua imediata aplicação ao jogo nem sua eficiência diante das diversas situações competitivas. É importante "colocar o fundamento à prova", porém gradativamente e, de início, de forma adaptada. A própria fixação não se completa antes de o aluno-atleta conseguir realizar o fundamento automaticamente nas situações básicas que se apresentam em jogo. Por exemplo, o aprendiz pode conseguir realizar o toque por cima para a frente em linha reta, recebendo de um companheiro à sua frente e reenviando a bola a ele; no entanto, ao ser introduzido o toque aos jogos (mesmo que adaptados), as referências de recebimento e envio da bola são outras, o que exige que essas novas adaptações sejam realizadas com desenvoltura.

O professor-treinador deve facilitar a transição da prática em exercícios para a utilização em jogo, associando, durante as sessões, os fundamentos aprendidos a tarefas coletivas que sejam como recortes da dinâmica de uma partida.

METODOLOGIA ESTRUTURALISTA

A metodologia estruturalista é de certa forma uma apropriação de um método da pedagogia que defende a utilização de jogos para o desenvolvimento de habilidades cognitivas. No nosso caso, sua utilização visa à facilitação, por meio de jogos adaptados e pré-desportivos, da compreensão da dinâmica da modalidade. De modo geral, ela permite, por meio da prática lúdica, a gradativa adaptação à complexidade tática que envolve o jogo de voleibol oficial e de nível elevado, assim como a motivação do aluno-atleta em todas as fases do PFCAAD a praticar a modalidade com prazer e desenvoltura por meio da utilização das habilidades aprendidas. Permite à criança utilizar, em situações menos complexas e bem mais dinâmicas e lúdicas, o gesto motor aprendido e praticado até então isoladamente. Voltada de forma mais descompromissada para as categorias iniciantes (CI), segue sendo aplicada nas categorias subsequentes em forma de jogo ou tarefas em que se propõem desafios.

Esse PFCAAD acredita que o professor-treinador deve elaborar formas adaptadas de jogo, em que os objetivos técnicos, físicos, táticos e psicológicos possam ser alcançados por meio da prática prazerosa. Com a finalidade de facilitar a compreensão da dinâmica do jogo e aplicar o que já foi aprendido, é possível alterar as regras, as dimensões da quadra, a altura da rede ou o número de participantes, além de utilizar bolas menores ou até outros materiais. Tudo isso para permitir ao aprendiz uma repetição maior dos movimentos, uma participação mais efetiva e o entendimento da transferência do que está sendo praticado isoladamente para uma realidade mais próxima do jogo.

O prazer da prática é a principal razão da utilização da metodologia estruturalista. Por meio de jogos e brincadeiras devidamente idealizados para atingir os objetivos da aula ou do período, o aluno é levado a praticar o voleibol de forma adaptada e interessante, fugindo da repetição enfadonha unicamente de exercícios. Nas CCA, o espírito competitivo é conduzido de forma a atender os objetivos do técnico, que se vale da criatividade para propor formas de jogo ou disputa que possam levar o aluno-atleta a evoluir técnica, física e psicologicamente.

Capítulo 5

Distribuição do conteúdo técnico

Com base no método progressivo-associativo adaptado para este PFCAAD, arrolamos a seguir todos os fundamentos a serem ensinados, exceto os recursos. Nessa nova relação, promovemos uma diferenciação mais detalhada de cada habilidade específica e as ordenamos de acordo com a sequência ideal a ser utilizada no plano proposto. Como já ressaltamos, o processo é dinâmico e, portanto, não deve ser entendido de forma compartimentada e estanque, por isso ocorrerá a superposição dos processos de aprendizagem e aperfeiçoamento ao longo da planificação, já que essas fases não ocorrem isoladamente, podendo o aprendiz estar aprendendo o saque por baixo e aperfeiçoando o toque por cima ou aprendendo o bloqueio e aperfeiçoando a cortada.

O leitor notará a presença de fases intituladas "continuação da aprendizagem". Por razões próprias do desenvolvimento motor ou outras circunstanciais, motivadas por contratempos ou baixo volume de treinamento, a complementação da aprendizagem de determinado fundamento não ocorre senão no ano seguinte. Isso não determina, todavia, que o processo não possa ser finalizado antecipadamente, caso as condições sejam favoráveis e o aproveitamento do grupo satisfatório.

Na sequência, em linhas gerais, serão feitas algumas considerações pontuais sobre as características gerais da categoria em questão e breves observações sobre os fundamentos, seja sobre a razão de eles estarem ali inseridos ou em relação à forma como devem ser abordados naquele momento em especial. Outras especificações serão tecidas na Seção 2, "Preparação Técnica".

CATEGORIAS INICIANTES (CI)

Primeiro é necessário entender o porquê da subdivisão da iniciação em duas categorias. Não são poucos os casos de pais que inscrevem seus filhos em escolinhas de voleibol, independentemente da idade em que as crianças se encontram. Por comodidade e ajuste às rotinas familiares ou pedido dos próprios filhos, não há, por parte deles, consideração alguma em relação à idade ideal para iniciar a aprendizagem dos fundamentos do vôlei. Por essa razão, em vez de a criança ser impedida de participar das atividades ou transferir-se para outro local em que talvez não haja consciência por parte do técnico em relação aos estágios de desenvolvimento e às necessidades e possibilidades reais da criança, é preferível que ela faça parte do grupo e receba estímulos diferenciados e apropriados à sua faixa etária. Ao ingressar na Iniciantes 2, possuidora de uma gama maior de habilidades motoras e com uma maturidade neuromotora compatível, a criança já pode praticar o voleibol de forma mais direta, sendo introduzida à prática da modalidade por meio do minivôlei, ainda sob supervisão criteriosa dos professores-treinadores do projeto.

Em termos gerais, o grupo Iniciantes 1 deve aprender habilidades não específicas que contribuirão para enriquecer o acervo motor do aprendiz de forma geral e, indiretamente, favorecer a aprendizagem futura das técnicas básicas do voleibol, enquanto o Iniciantes 2 introduz o praticante a uma realidade mais próxima do jogo de voleibol, por meio do minivôlei. A divisão da iniciação nesses dois grupos justifica-se não somente por razões de diferenças maturacionais próprias da idade, mas também por questões relativas a prováveis históricos diferenciados de vivências motoras entre os praticantes.

Iniciantes 1 (9 a 10 anos) – I1

Na categoria Iniciantes 1 deve-se priorizar a variação de estímulos motores, incluindo atividades relacionadas a outras modalidades esportivas, brincadeiras em geral e pouca ênfase no rendimento ou na dedicação à aprendizagem pormenorizada dos fundamentos do voleibol. A prática deve ser estimulada sem que haja cobrança quanto à técnica correta nem especificidade do conteúdo a ser desenvolvido com o grupo. Grosso modo, a Iniciantes 1 é uma escolinha de esportes na qual o voleibol tem ligeira preferência sobre as demais modalidades nas atividades lúdicas e, mesmo assim, sempre aplicado de forma adaptada.

Especificamente, o planejamento dessa categoria deve visar a estimular os alunos a gostarem do voleibol praticado de forma lúdica e adaptada, levando-os a utilizar os fundamentos de maneira rudimentar em atividades adaptadas às possibilidades do grupo. As habilidades isoladas de deslocamento, o saltar e o rebater de diversas formas devem ser estimulados para facilitar a aprendizagem de todos os demais fundamentos que serão ensinados na sequência do PFCAAD.

Conteúdo técnico a ser desenvolvido
Guardadas todas as considerações anteriores:

1. Posições básicas e movimentações específicas.
2. Toque por cima.
3. Manchete.
4. Saque por baixo.

Iniciantes 2 (11 e 12 anos) – I2

Esse grupo entra efetivamente na aprendizagem das habilidades básicas do voleibol e na busca pelo padrão motor sem, todavia, deixar de praticar outras atividades variadas. Sem renegar a motivação por meio da ludicidade, o professor-treinador deve estimular a prática correta dos fundamentos. Por isso, a aprendizagem dos fundamentos, praticados anteriormente sem muita pretensão, é agora especificada e enfatizada.

A utilização do minivôlei levará o aluno-atleta a vivenciar as habilidades aprendidas de forma mais dinâmica e participativa. Com regras mais flexíveis e diminuídas as dimensões da quadra, o minivôlei permite uma quantidade de repetições das ações que o vôlei de seis contra seis não possibilita, além de introduzir o aluno-atleta ao jogo coletivo.

A transição de I2 para C13 ocorrerá quando as habilidades básicas já estiverem assimiladas, o desenvolvimento motor e físico atingir um estágio favorável e o raciocínio tático exigido pelo minivôlei tiver contribuído para a iniciação no jogo de seis contra seis.

Conteúdo técnico a ser desenvolvido
Aprendizagem:

1. Posições básicas e movimentações específicas.
2. Toque por cima.
3. Manchete.
4. Saque por baixo.
5. Manchete de costas.
6. Cortada.
7. Defesa.

CATEGORIAS COMPETITIVAS INTERMEDIÁRIAS (CCI)

Nas CCI, o aluno-atleta iniciará efetivamente a aprendizagem do grupo 2 de fundamentos, além de aperfeiçoar as habilidades básicas do grupo 1 e da defesa. Com tal alicerce técnico e com o desenvolvimento dos aspectos cognitivo, social e psicológico próprios da idade, é possível ao aluno-atleta praticar o voleibol de seis contra seis com desenvoltura e segurança relativas e crescentes.

Os elementos aprendidos passam a ser associados entre si com mais frequência e volume e as variações de combinação entre eles são naturalmente exigidas pela dinâmica do jogo. O melhor desempenho e aumento do acervo motor específico tornam o jogo gradativamente mais bem jogado e atraente. Consequentemente, as chances de sucesso do aluno-atleta aumentam com a aplicação dos fundamentos técnicos às diferentes situações que se apresentam em jogos e coletivos.

Essa fase caracteriza-se também pela rápida melhora dos gestos técnicos e a vontade crescente de aprender outras habilidades. É o período em que o professor-treinador mais deve dar atenção ao aprimoramento dos fundamentos do grupo 1, em especial às posições básicas, movimentações específicas e aos fundamentos de toque por cima e manchete, aplicando-os à realidade do jogo, ou seja, aprimorando-os como elementos. A exigência crescente nos jogos das CCI faz com que essas habilidades ganhem importância também para que os demais fundamentos delas dependentes sejam realizados com eficiência e desenvoltura, afinal elas constituem a base para a recepção do saque, o levantamento e a defesa, elementos fundamentais para a realização de ações defensivas e ofensivas e, consequentemente, da sequência dos ralis. Ao mesmo tempo, tem início a aplicação tática das habilidades técnicas.

Categoria 13 anos (pré-mirim) – C13

Dá-se nessa categoria a transição do minivôlei para o jogo de seis contra seis, o que acarreta todo tipo de adaptações, sejam técnicas, táticas ou físicas, além das implicações psicológicas decorrentes da entrada na puberdade e da ênfase maior na competição. No aspecto técnico, essas alterações provocam a necessidade de aprendizagem de novas técnicas e o aperfeiçoamento das habilidades já aprendidas; no físico, o aprimoramento das capacidades motoras para realizar saques mais potentes e ataques mais eficientes, além de cobrir a quadra de forma mais ampla com deslocamentos diferenciados; e, no tático, a rápida adaptação a novas concepções de jogo em espaços ampliados.

Apesar de ser um elemento de jogo predominantemente tático, em função de seus objetivos, a proteção de ataque é desenvolvida tão logo o bloqueio comece a ser ensinado. Exercícios de aprendizagem deste podem incluir a proteção como elemento complementar.

Conteúdo técnico a ser desenvolvido
Continuação da aprendizagem:

1. Cortada.
2. Defesa.

Aprendizagem:

1. Toque de costas.
2. Saque lateral.
3. Bloqueio.
4. Saque tipo tênis.

Aperfeiçoamento:

1. Posições básicas e movimentações específicas.
2. Toque por cima para a frente.
3. Manchete normal e de costas – recepção em manchete normal.
4. Saque por baixo.
5. Cortada.
6. Defesa.
7. Toque por cima de costas.
8. Saque lateral.

Categoria 14 anos (mirim) – C14

O voleibol seis contra seis começa a ser praticado com mais facilidade e os ralis já se tornam mais dinâmicos. Os fundamentos do grupo 2 e alguns do 3 passam a fazer parte das sessões diárias de treinamento e o aperfeiçoamento é geral. Depois de assimilados os fundamentos básicos, as variações possibilitarão uma riqueza bem maior de possibilidades tanto para a elaboração dos treinamentos quanto para a aplicação em jogos. As táticas mais elaboradas também passam a exigir desempenho técnico mais apurado.

O espírito competitivo é constante nos treinos e a evolução do grupo é visível, pois o empenho individual leva a um desenvolvimento geral nos aspectos técnicos e táticos. As combinações dos fundamentos passam a ser baseadas nas situações próprias de jogo e seu aprimoramento reflete diretamente no desempenho da equipe.

Todos os fundamentos farão parte do repertório do aluno-atleta, ainda que alguns de modo rudimentar. No entanto, o tempo que o indivíduo dedicou-se ao esporte até agora facilita a aquisição de novas habilidades, algumas até já praticadas de maneira eventual e agora devidamente inseridas entre aquelas a serem ensinadas sob supervisão do professor-treinador.

A proteção de ataque passa a fazer parte efetiva das sessões em que o bloqueio for introduzido isoladamente e, principalmente, quando associado ao ataque.

Conteúdo técnico a ser desenvolvido
Continuação da aprendizagem:

1. Bloqueio.
2. Saque tipo tênis.

Aprendizagem:

1. Manchete alta (à altura dos ombros).
2. Toque lateral.
3. Saque com rotação em suspensão.
4. Rolamento sobre as costas (com manchete).
5. Meio-rolamento (com manchete e toque por cima).

Aperfeiçoamento:

1. Posições básicas e movimentações específicas.
2. Toque por cima para a frente.
3. Manchete normal e de costas – recepção em manchete normal.
4. Cortada.
5. Defesa.
6. Toque de costas.
7. Bloqueio.
8. Saque tipo tênis.

Treinamento:

1. Levantamento (incluindo as variações de toque por cima aprendidas).
2. Recepção em manchete.

CATEGORIAS COMPETITIVAS AVANÇADAS – CCA

Ao ingressar nas CCA, inicia-se a complementação da aprendizagem dos fundamentos do grupo 3 e do aperfeiçoamento de todos os demais, dando-se início ao estágio de treinamento total, que se completará aos 19 anos.

Categoria 15 anos (infantil) – C15

O aluno-atleta já possui um arsenal técnico quase completo que está em fase de aperfeiçoamento ou de treinamento, podendo ser incrementado a qualquer momento e de forma altamente assimilável pelo aluno-atleta. No entanto, como o PFCAAD visa ao treinamento em longo prazo, prioriza-se o aperfeiçoamento de todas as habilidades e elementos de jogo, proporcionando ao aluno-atleta o mais apurado rigor técnico para sua futura utilização em condições muito mais exigentes do que as que até então se apresentaram. Os fundamentos ainda não aprendidos surgem espontaneamente em jogos ou coletivos, por imitação ou por vontade de resolver determinadas situações, como pode acontecer com um mergulho frontal na ânsia de não deixar a bola tocar o solo. Por isso, essa etapa é tão importante para a consolidação do estado de excelência que se busca ao final do PFCAAD. Apesar das iniciativas individuais, o professor-treinador deve submeter os alunos-atletas a todas as etapas de aprendizagem dos novos fundamentos, mesmo que algumas sejam abreviadas por uma eventual facilidade de assimilação.

Os mergulhos começam a ser ensinados somente nessa categoria, para que haja anteriormente uma ênfase maior nas posições básicas e movimentações específicas, que farão que o aluno-atleta acostume-se primeiro a deslocar-se e posicionar-se adequada e eficientemente para a bola.

Conteúdo técnico a ser desenvolvido
Continuação da aprendizagem:

1. Manchete alta (à altura dos ombros).
2. Toque lateral.
3. Saque com rotação em suspensão.
4. Rolamento sobre as costas (com manchete normal e com um dos braços).
5. Meio-rolamento (com manchete e toque por cima).

Aprendizagem:

1. China.
2. Manchete com um dos braços.
3. Rolamento sobre o ombro (com manchete e com toque por cima).
4. Toque em suspensão.
5. Saque flutuante em suspensão.

Aperfeiçoamento:

1. Cortada.
2. Defesa.
3. Toque de costas.
4. Bloqueio.
5. Saque tipo tênis.
6. Manchete alta (à altura dos ombros) – recepção em manchete normal e alta.
7. Toque lateral.
8. Saque com rotação em suspensão.
9. Rolamento sobre as costas (com manchete normal e com um dos braços).
10. Meio-rolamento (com manchete e toque por cima).
11. China.

Treinamento:

1. Levantamento (incluindo as variações de toque por cima aprendidas).
2. Recepção em manchete (incluindo a manchete alta como parte do acervo motor).
3. Defesa (principalmente leitura das ações de ataque e reação a partir da interpretação).
4. Saque tipo tênis (variações em relação às posições da quadra a serem atingidas e da origem do saque).
5. Ataque (cortada e china, preponderantemente com variações de velocidade de levantamento).
6. Proteção de ataque (desenvolvimento da disponibilidade e disposição em participar).

Categoria 16/17 anos (infantojuvenil) – C16/17

É a penúltima etapa na preparação do futuro atleta adulto. Nela devem ser eliminados todos os vícios e desvios do padrão motor, assim como todos os fundamentos aprendidos devem estar devidamente desenvolvidos para serem aplicados às situações de jogo. Muitos dos recursos já surgiram espontaneamente ou as exigências do jogo pedem que sejam ensinados. É também o início do processo de especialização, que deve ser estabelecido sem pressa nem antecipações, mas que já começa a ter determinados conteúdos do treinamento especificados.

As concepções táticas a serem desenvolvidas devem ter o pleno entendimento do aluno-atleta e adequar-se às características individuais, sem, no entanto, deixar de vislumbrar possibilidades futuras de utilização diferentes das perspectivas atuais, que serão potencializadas com a evolução de cada aluno-atleta e do grupo como um todo.

Conteúdo técnico a ser desenvolvido
Aprendizagem:

1. Toque com uma das mãos.
2. Deslize lateral.
3. Mergulho lateral.
4. Mergulho frontal.

Aperfeiçoamento:

1. Rolamento sobre o ombro (com manchete e com toque por cima).
2. Toque em suspensão.
3. Saque flutuante em suspensão.
4. Toque com uma das mãos.
5. Deslize lateral.
6. Mergulho lateral.

Treinamento:

1. Levantamento (incluindo o levantamento em suspensão como padrão a ser buscado habitualmente).
2. Recepção em manchete (incluindo a manchete alta como recurso efetivo).
3. Defesa (principalmente leitura das ações de ataque e reação a partir da interpretação).
4. Saques tipo tênis, com rotação em suspensão e flutuante em suspensão (variações em relação às posições da quadra a serem atingidas e da origem do saque).
5. Ataque (com variações que levem à facilitação diante de situações diversas de jogo e diferentes enfrentamentos de bloqueio e defesa).
6. Bloqueio (variadas situações de enfrentamento e contra levantamentos e atacantes igualmente ricos em repertório) com a inclusão da proteção de ataque.
7. Manchete em rolamento (recepção e defesa).

Categoria 18/19 anos (juvenil) – C18/19

Na prática, chega-se ao treinamento total e especializado, a preparação do atleta adulto em seu último estágio. As condições de cobrança e expectativa sobre a continuidade da carreira geram a necessidade de um cuidado especial em relação à preparação física e psicológica.

Gradativamente, a técnica evolui para um maior refino motor, um arsenal mais amplo de recursos e um aprimoramento das capacidades motoras condicionais. A preparação física começa a ser mais específica e a gerar algumas modificações no padrão motor dos gestos técnicos de ataque, bloqueio e saque, principalmente.

A especialização permite a especificação do treinamento e, com isso, a evolução individual torna-se mais visível e benéfica para a equipe.

Conteúdo técnico a ser desenvolvido
Aperfeiçoamento:

1. Mergulho lateral.
2. Mergulho frontal.

Treinamento:

1. Levantamento (levantamento em suspensão como prática usual e eficaz).
2. Recepção em manchete (incluindo a manchete alta e o toque por cima como recurso efetivo).
3. Defesa (principalmente leitura das ações de ataque e reação a partir da interpretação, junto à utilização dos diversos recursos disponíveis).
4. Líberos (treinamento específico para a função, incluindo recepção, defesa, levantamento, proteção de ataque e liderança nas situações de jogo).
5. Saques tipo tênis, com rotação em suspensão e flutuante em suspensão (variações em relação às posições da quadra a serem atingidas e da origem do saque, além do apri-

moramento do efeito da ação técnica e das fintas individuais).
6. Ataque (com variações que levem à facilitação diante de situações diversas de jogo, os diversos enfrentamentos, as exigências diante de situações de inferioridade) e a diversidade dos levantamentos.
7. Bloqueio (variadas situações de enfrentamento e contra levantamentos e atacantes igualmente ricos em repertório).
8. Manchete e toque em rolamento (recepção, defesa e levantamento).
9. Mergulho lateral e frontal (em situações diversas de defesa e de exigência do fundamento).

Considerações extras e de reforço:

- O encadeamento do processo geral do PFCAAD deve contar com todos os profissionais do projeto e estar conectado ao objetivo maior da proposta: a formação integral do atleta de alto desempenho.
- A formação integral não se restringe à quadra de voleibol. Formação escolar de qualidade e exercício pleno da cidadania fazem parte da construção do ser humano e devem fazer parte dos objetivos paralelos do PFCAAD.
- Não hesite em inserir uma criança mais velha em um grupo anterior à sua faixa etária, caso ela necessite de estímulos que não terá em sua categoria. Todavia, não retarde seu reingresso, caso a desmotivação comece a se manifestar.
- Aceite crianças mais novas, caso necessário, mas não as exponha a estímulos incompatíveis com sua idade.
- Baseie-se na idade biológica e não cronológica para a prescrição de treinamento com crianças, púberes e adolescentes. A literatura específica e algumas das avaliações sugeridas na Seção 8, "Controle do PFCAAD", indicam como pode ser feita essa análise.
- Promover alunos-atletas mais adiantados a categorias superiores deve ser acompanhado de um planejamento individual elaborado pelos técnicos e preparadores físicos de ambas as faixas etárias, respeitando os limites fisiológicos e físicos e dosando volume e intensidade do treinamento a que ele será submetido.
- É fundamental, durante todo o processo, dosar intensidade e duração, aumentando gradativamente a dificuldade de execução, o número de repetições dentro do exercício proposto e o tempo destinado a cada tarefa.
- O lúdico tem papel decisivo na motivação para o aprendizado dos fundamentos, principalmente na iniciação e nas CCI. Cabe ao técnico criar jogos em que o aprendiz possa vivenciar e aplicar o que já foi aprendido em situações agradáveis.
- Os jogos adaptados devem servir ao objetivo da sessão ou da fase de aprendizagem.
- O minivôlei possibilita variações que atendem às necessidades individuais e coletivas ao longo do período em que for aplicado. Use e abuse dessas possibilidades.
- Nas CCA, o jogo ganha caráter competitivo mais intenso e exige formas de disputa e desafio inseridos nas tarefas cotidianas e nas formas dirigidas de coletivo.
- As fases de aprendizagem, aperfeiçoamento e treinamento são bem determinadas e perceptíveis quanto ao desempenho motor e assimilação das exigências próprias de cada fundamento. Não submeta o aprendiz ao aperfeiçoamento se a habilidade não tiver atingido o padrão motor nem a repetição automática, assim como não se deve promover o treinamento de atividades que não foram devidamente associadas às anteriores e nem aplicadas à realidade de jogo de forma facilitada.
- O professor-treinador deve retirar sistematicamente dos exercícios aplicados à maioria o aprendiz que necessita de corretivos e colocá-lo à parte do grupo para receber reforços educativos ou formativos. Essa prática, criticada por alguns educadores, é de

extrema importância para a evolução individual do aluno-atleta. A maneira como o técnico comunica o reforço, conduz os exercícios e trata a questão perante o grupo é que permitirá a aceitação por parte do indivíduo e a eficácia da estratégia.
- Não há aluno-atleta que não precise de correções, portanto, a prática de ministrar exercícios corretivos extras à margem da quadra deixa de ser uma atitude constrangedora quando é aplicada a todos e conscienciosamente.
- Naturalmente, haverá alguns aprendizes que necessitarão de mais atenção e cuidados que outros. A evolução dos alunos-atletas com mais dificuldade dependerá do quanto o professor-treinador está interessado em se dedicar a eles. Uma criança que é instruída a lançar bolas contra a parede e percebe que o orientador está atento a suas ações certamente evoluirá, diferentemente daquela que não recebe a atenção e o incentivo do mestre.
- O interesse do professor-treinador durante a etapa de aprendizagem é o fator mais importante para o rendimento presente e futuro do aprendiz. O olhar clínico que detecta cansaço, fastio, dificuldade, facilidade extrema, desatenção, displicência, atitudes de desprezo ou discriminação para com o colega pode interferir pontualmente e determinar a sequência de qualidade de uma sessão e do próprio PFCAAD.
- A sequência de aprendizagem dos fundamentos adotada nesse modelo de PFCAAD pode ser alterada, caso o professor-treinador vislumbre a necessidade de ensinar habilidades que começam a fazer parte constante dos jogos ou a evolução natural de certo gesto motor. No entanto, essa flexibilização não deve considerar a vontade dos alunos-atletas nem conduzir a uma facilitação ou atender a terceiros (pais, dirigentes etc.). A ordem proposta baseia-se numa lógica multifatorial que não pode ser subestimada.
- É possível avançar etapas e ensinar fundamentos antes do tempo proposto, porém a inclusão de novos conteúdos não pode interferir na qualidade final que se busca na execução do movimento. Toda a planificação aqui proposta é seguramente eficiente para a formação integral em um planejamento de longo prazo.
- Estudo, dedicação, experiência e criatividade são qualidades indispensáveis àqueles que trabalham com a aprendizagem do voleibol. De nada adianta, porém, conhecimento teórico amplo se não houver interesse pela criança ou adolescente nem capacidade para criar situações favoráveis ao desenvolvimento do aprendizado.
- Não perca tempo com as etapas propostas pelo processo pedagógico analítico-sintético-analítico se a aprendizagem de determinado fundamento requerer o método global. Lembre-se, no entanto, de que a opção por esse método incorrerá na utilização imediata de educativos e/ou formativos.

Seção 2

Preparação técnica

Capítulo 1
Introdução

Podemos considerar as habilidades motoras específicas como o principal alicerce do voleibol, assim como acontece em todas as modalidades esportivas. Baseadas em princípios biomecânicos, elas possuem uma dinâmica de movimento ideal, conhecida como padrão motor. O ensino dos fundamentos deve visar ao desenvolvimento pleno desse padrão. Adaptações a partir do padrão motor alcançado servirão para a aplicação em diferentes situações de jogo.

Bompa (2005) é enfático ao defender a busca pelo padrão motor. Para o autor, toda modalidade tem um padrão motor definido como técnica perfeita a ser buscada por treinadores e atletas na aprendizagem e no aperfeiçoamento da habilidade em questão. Esse modelo deve ser biomecanicamente correto e psicologicamente eficiente. O autor afirma ainda que o domínio da técnica perfeita é o fator determinante do sucesso no esporte, pois sua realização eficiente e racional demanda um gasto de energia menor. Por essas razões, a concentração maior do treinador, durante o período de aprendizagem, deve voltar-se para o desenvolvimento técnico. A busca pela excelência motora norteia o trabalho que visa ao aprendizado das habilidades específicas.

As condições básicas de força, velocidade e resistência específicas são inatas e suficientes para que o aprendiz as utilize de modo satisfatório a fim de executar qualquer habilidade durante a aprendizagem, além do fato de, concomitantemente à aprendizagem da técnica, acontecer o desenvolvimento relativo das capacidades físicas envolvidas e necessárias ao gesto técnico.

É somente a partir da harmoniosa coordenação de movimentos que as capacidades motoras condicionais próprias serão desenvolvidas como forma de potencializá-los.

Fazendo uma analogia, de nada vale um motor potente em um carro com a direção desalinhada ou as rodas desbalanceadas, da mesma forma que não haverá treinamento físico que compense uma aprendizagem motora deficiente. A combinação desses dois elementos – precisão técnica e aprimoramento físico – permitirá que os gestos sejam realizados com eficiência a partir do estágio de aperfeiçoamento. E é apenas a partir dessa etapa que as questões físicas e técnicas dividem o protagonismo nas diretrizes do PFCAAD.

Há indivíduos que apresentam alguns aspectos físicos mais desenvolvidos em determinadas épocas – por questões genéticas ou por apresentarem idade biológica avançada – e valem-se naturalmente deles para um desempenho esportivo mais destacado. Conscientes dessa superioridade, muitos acabam por priorizar seu uso em detrimento da técnica. Essa estratégia mantém-se eficaz durante certo tempo, enquanto as baixas exigências do jogo permitem que o indivíduo precoce obtenha ganhos momentâneos de sucesso e popularidade. Porém, quando os demais adquirirem qualidades físicas suficientes para equilibrar a disputa outrora favorável àquele colega, a força já não fará diferença a favor dele, pois o conjunto habilidade + força lhe será então desfavorável. Restará submetê-lo a um processo de correção, que exigirá paciência e determinação tanto do professor-treinador quanto do aluno. Por essas consequências, convém que o professor-treinador atente para essas atitudes e priorize a técnica à força, mesmo que o estilo "truculento" ofereça vantagens momentâneas ao grupo; afinal, o objetivo do PFCAAD é a formação excelente de longo prazo e não a vitória imediata a custo da exploração espúria de um púbere precoce.

Nos períodos iniciais da aprendizagem, principalmente dos fundamentos mais complexos, como a cortada, é comum a heterogeneidade do grupo. O padrão motor de alguns ficará um pouco distante do ideal em razão de as valências físicas ainda não estarem devidamente associadas ao movimento. Porém, a falta de refinamento técnico não significa que haja necessariamente desvios motores na execução das habilidades nem necessidade de prescrição de formativos. Trata-se apenas de uma etapa intermediária de desenvolvimento absolutamente normal e anterior à aquisição do padrão maduro.

Esse quadro é particularmente marcante naqueles que passam pelo estirão de crescimento. Eles apresentam (utilizando mais uma vez o exemplo da cortada) um padrão em que o tronco não se estende o suficiente na preparação do golpe nem o salto se apresenta potente para que a bola seja dirigida de cima para baixo. A prescrição equivocada de cargas nesse caso pode acarretar sérios problemas, inclusive possíveis fraturas da fise de crescimento provocadas por exercícios com peso excessivo em movimentos de tração (*pullover*) ou lançamentos por sobre a cabeça (bola medicinal).

A correção biomecânica do gesto potencializa a utilização dos vetores de força com máxima eficiência. As dificuldades do aluno-atleta durante o processo de aprendizagem devem ser prontamente solucionadas pelos treinadores, primeiro com a aplicação de exercícios educativos (correção motora), depois, quando necessários, com formativos (aprimoramento das capacidades físicas necessárias ao movimento), por meio de treinos extras e outras estratégias adequadas para o aprimoramento da técnica.

Quando o processo é seguido com dedicação por ambos os lados – professor-treinador e aluno-atleta –, o resultado final é o que comumente se chama de "jogador técnico". Ele, por ter desenvolvido os fundamentos com excelência, apresenta uma coleção de recursos capaz de tirá-lo de situações complicadas de jogo com resultados favoráveis.

O aprendizado correto, concretizado com o padrão motor específico, dependerá do conhecimento geral de treinadores, preparadores físicos e assistentes sobre temas relacionados a crescimento, desenvolvimento humano, biomecânica, fisiologia do exercício, treinamento desportivo, aprendizagem motora, entre outros. Somente a associação da prática com o conhecimento teórico pode gerar a garantia da excelência no processo ensino-aprendizagem.

Antes de abordar diretamente as habilidades específicas, vamos recorrer à aprendizagem motora para promover uma breve introdução teórica ao tema e procurar compreender como os fundamentos do voleibol diferenciam-se de alguns comuns em outras modalidades esportivas e por que é tão difícil aprendê-los imediata e corretamente. A principal diferença reside na utilização das habilidades manipulativas de volear e rebater com partes do corpo que habitualmente não estão acostumadas a fazê-lo e talvez nunca tenham sido estimuladas anteriormente. Diferentemente da maioria das modalidades esportivas coletivas, não é permitido segurar a bola nem mantê-la sob controle, obrigando o praticante a livrar-se imediatamente dela, o que exige raciocínio rápido e coordenação dos movimentos, de modo a posicionar o corpo no tempo e no local certo para a execução da ação de acordo com as regras.

Recorremos a Schimidt e Wrisberg (2010) para entender como os fundamentos do voleibol podem ser classificados e mais bem ensinados. Os autores classificam as habilidades de acordo com as características das tarefas motoras em função: (1) da organização da tarefa; (2) da importância relativa dos elementos motores e cognitivos; e (3) do nível de previsibilidade ambiental (p. 26-31).

1. Habilidades classificadas pela organização da tarefa:
   - Habilidades discretas: de duração breve, apresentam início e fim definidos (por exemplo, uma defesa simples do goleiro de futebol).
   - Habilidades seriadas: apresentam uma sequência elaborada de elementos, da qual depende o sucesso da ação (p. ex., o arremesso no handebol precedido de corrida e salto).
   - Habilidades contínuas: a repetição ou a natureza rítmica da ação são mantidas por um tempo considerável (p. ex., corrida ou natação).
2. Habilidades classificadas pela importância relativa dos elementos motores e cognitivos:
   - Habilidade motora: a qualidade do próprio movimento determina o sucesso da ação (p.ex., o golpe *backhand* no tênis).
   - Habilidade cognitiva: a decisão ou estratégia do executante da ação motora determina seu sucesso (p. ex., o efeito dado à bola no *backhand*, baseado na análise das possibilidades, com o objetivo de afastar a chance de o adversário rebatê-la).
   Em termos práticos, habilidade motora é "saber fazer" e habilidade cognitiva é "saber o que fazer".
3. Habilidades classificadas pelo nível de previsibilidade ambiental:
   - Habilidade aberta: realizada em ambiente variável e imprevisível (p. ex., esportes em geral, em que há alternância de ações entre os adversários e geralmente um elemento – bola, peteca, etc.).
   - Habilidade fechada: realizada em ambiente invariável e previsível (p. ex., xadrez, tiro, etc.).

De acordo com as classificações já expostas, podemos afirmar que o voleibol é uma modalidade coletiva com predominância de habilidades:

1. Discretas (p. ex., saque por baixo) ou seriadas (p. ex., saque em suspensão, cortada, bloqueio com deslocamento prévio, etc.).
2. Motoras (p. ex., cortada em si) e cognitivas (p. ex., saber para onde cortar ou como escapar da marcação do bloqueio).
3. Abertas (p. ex., troca de ações entre os adversários, com total variabilidade de velocidade, altura e dificuldade na realização da contra-ação e no encadeamento das jogadas – recepção, levantamento, etc.).

Essa fundamentação teórica estará presente explícita ou implicitamente na abordagem deste capítulo principalmente. As opções pedagógicas dos treinadores devem, o tempo todo, considerar as características envolvidas nas classificações apresentadas.

Na maioria dos casos, a organização de cada item foi elaborada da seguinte forma (salvo a necessidade pontual de inclusão ou exclusão de um ou outro tópico):

- Breve introdução, com definição resumida da habilidade e, caso seja necessário, algumas considerações pontuais.
- Descrição do padrão motor correspondente – detalhes de cada fase do movimento e a construção do fundamento como um todo. Cada fundamento tem suas particularidades e é importante que o técnico as identifique, para conduzir o desenvolvimento do aluno-atleta e os processos pedagógicos e didáticos sugeridos com segurança e pragmatismo.
- Aprendizagem – será tratada de maneira detalhada, de acordo com o processo pedagógico indicado para cada fundamento. As etapas serão discriminadas com a intenção de

fornecer subsídios para que o aprendizado ocorra da maneira mais fluida possível, com sugestão de exercícios e levantamento das ocorrências mais comuns em cada etapa de desenvolvimento.
- Alguns fundamentos apresentarão a aprendizagem, o aperfeiçoamento e o treinamento agrupados num mesmo item, por razões específicas que serão devidamente explicadas.
- Erros comuns na execução – levantamento dos desvios mais recorrentes, além de considerações sobre como e por que evitá-los e corrigi-los. Este item servirá para que o professor-treinador possa identificar os desvios e ministrar exercícios educativos condizentes.
- Aprendizagem, aperfeiçoamento e treinamento – orientações sobre procedimentos metodológicos, exercícios e diferenciações nessas três etapas. O encadeamento de ações culminará seguramente no aprendizado e na aplicação adequados da habilidade em questão.*
- Considerações extras e de reforço – dicas e observações pontuais ou de reforço importantes para o desenvolvimento das etapas do processo ensino-aprendizagem, da biomecânica envolvida na realização do fundamento ou outros fatores relevantes.

---

* Em razão das especificações de cada habilidade técnica, algumas delas terão esses processos abordados separadamente, assim como em outras haverá a associação de dois ou até três.

Capítulo 2

Posições básicas

As posições básicas – assim como as movimentações específicas e as quedas – são consideradas fundamentos-meios, pois não se caracterizam como uma habilidade específica do voleibol, mas, sim, como meios de realizar o contato com a bola de modo mais eficaz e de acordo com a técnica apropriada.

Não existe uma única posição básica no voleibol, tampouco apenas um momento específico do jogo em que ela é necessária. Geralmente, considera-se a postura de espera para bolas atacadas pelo adversário como a única que merece atenção ou destaque. Todavia, a posição básica é toda e qualquer postura corporal que predisponha o executante a reagir prontamente para uma ação de jogo – com bola. Ela é adaptada a cada situação específica de jogo e ao fundamento que ela antecede, sendo de capital importância para sua realização coordenada, harmoniosa e eficaz.

DESCRIÇÃO

Há três tipos de posição básica: 1. alta; 2. média; e 3. baixa. A escolha por uma ou outra varia não apenas em razão do fundamento que a sucede, mas também da dificuldade circunstancial da situação de jogo.*

1. Posição básica alta:
   - Depende dos fundamentos que ela antecede (cortada ou bloqueio). Será detalhada quando esses dois fundamentos forem apresentados.
2. Posição básica média:
   - Pernas afastadas lateralmente (em uma distância pouco maior que a dos ombros). Pode haver um ligeiro afastamento no sentido anteroposterior, dependendo da situação e do fundamento que a sucede.
   - Pés apoiados naturalmente no chão.
   - Membros inferiores semiflexionados, guardando uma flexão de 110° a 130° entre coxas e pernas.
   - Joelhos na mesma linha dos pés e ligeiramente voltados para dentro.

---

* As ilustrações referentes a cada uma delas serão apresentadas nos fundamentos com bola em que elas se inserem, assim como as movimentações específicas.

- Tronco ligeiramente fletido sobre as coxas, formando com elas uma angulação de aproximadamente 100° e alinhando o quadril com os calcanhares.
- Ombros na linha dos joelhos.
- Cabeça erguida e rosto voltado para a bola.
- Membros superiores soltos naturalmente à frente do tronco.
3. Posição básica baixa:
   - Pernas afastadas lateralmente (em uma distância pouco maior que a dos ombros). Pode haver um ligeiro afastamento no sentido anteroposterior, dependendo da situação e do fundamento que a sucede.
   - Pés apoiados na metade anterior, com os calcanhares fora do chão e com as pontas voltadas levemente para dentro.
   - Membros inferiores semiflexionados, guardando uma flexão de 90° a 100° entre coxas e pernas.
   - Joelhos projetados à frente dos pés e ligeiramente voltados para dentro.
   - Tronco fletido sobre as coxas, formando com elas uma angulação de aproximadamente 90°, de modo que os ombros fiquem à frente dos joelhos (proporcionando leve desequilíbrio do corpo) e o quadril se alinhe com os calcanhares.
   - Cabeça erguida e rosto voltado para a bola (que virá quase sempre de uma altura superior).
   - Membros superiores semiflexionados à frente do tronco, de maneira que as mãos (ligeiramente contraídas) se posicionem mais adiante que os demais segmentos, entre os joelhos e os ombros, podendo estar mais afastadas ou mais próximas, conforme a situação.

APRENDIZAGEM, APERFEIÇOAMENTO E TREINAMENTO

As posições básicas serão ensinadas, aperfeiçoadas e treinadas em associação com as movimentações específicas e com os respectivos fundamentos com bola. Portanto, o processo de ensino-aprendizagem será destrinchado nos próximos itens, assim como os erros mais comuns e as correções sugeridas.

Considerações extras ou de reforço:

- As posições básicas devem ser ensinadas juntamente às movimentações específicas.
- Elas fazem parte do fundamento-fim. O técnico não deve permitir a execução de qualquer habilidade sem a prévia preparação, mesmo que o aprendiz domine a técnica em questão.
- Posições assumidas com muita antecedência são desgastantes e desnecessárias. Obrigar o iniciante a permanecer em uma postura desconfortável sem necessidade o levará ao abandono da posição, ao relaxamento e à desconcentração. Deve-se evitar a prática, por exemplo, da posição baixa enquanto o sacador adversário se prepara para realizar a ação.
- O aprendiz não deve apoiar as mãos nos joelhos enquanto guarda a posição básica.
- O executante não pode desvirtuar o padrão da posição baixa para compensar o desconforto da flexão dos membros inferiores. A extensão deles e a flexão do tronco não substituem a posição ideal de aproximação dos braços do chão e torna-se um hábito que deve ser eliminado.
- O estado de atenção e a predisposição em executar as movimentações necessárias devem estar sempre associados à posição corporal.
- A facilidade para executar os fundamentos com bola, aprimorada com o tempo, não pode tornar o aluno-atleta negligente com as posições básicas. O grau de exigência de uma partida ou treino aumenta proporcionalmente à dificuldade para se executar as ações de jogo, ficando o sucesso da ação, por consequência, relacionado tanto à predisposição do aluno-atleta em assumir uma postura de espera adequada quanto à capacidade técnica de executar a habilidade subsequente.

Capítulo 3

Movimentações específicas

São os deslocamentos apropriados e específicos para levar o jogador aos locais em que serão realizados os fundamentos. Por não envolverem o contato com a bola, são considerados fundamentos-meio.

Cada situação de jogo exige uma velocidade de deslocamento, limitada pela consequente necessidade de reequilíbrio e aprontamento para a realização da ação com bola. Assim como a posição básica auxilia na tomada de decisão e no início antecipado da movimentação necessária, a escolha do deslocamento mais apropriado levará a uma realização mais eficiente e no tempo devido do fundamento subsequente.

As movimentações específicas devem buscar:

- Associar velocidade e amplitude – diferenciando a necessidade prioritária de uma ou outra, de acordo com as diversas situações próprias do jogo.
- Dar equilíbrio ao executante durante o trajeto até a chegada ao ponto desejado.
- Levar o executante no tempo devido ao local de execução.
- Permitir que o jogador se posicione para executar o fundamento de acordo com a técnica apropriada.

Assim como as posições básicas, as movimentações têm diferenciações em relação às várias situações de jogo, como: fundamento a ser realizado na sequência, distância que o jogador se encontra do local em que realizará a ação, tempo que dispõe para o deslocamento, condições de equilíbrio, etc.

Como em quase todas as situações de jogo o indivíduo precisa movimentar-se para alcançar a bola, os deslocamentos ocupam espaço corriqueiro, apesar de nem sempre ganharem o merecido destaque. Aos mais desatentos, um erro de execução de uma recepção ou de um levantamento nem sempre tem relação com a movimentação que o precedeu, mas, sim, com o contato deficiente com a bola. No entanto, sabemos que a excelência no manejo da bola só será possível se o executante conseguir chegar a tempo, em equilíbrio e com postura adequada ao local em que a ação ocorrerá. Muito raramente os deslocamentos são idênticos aos anteriores ou posteriores, o que exige do executante pleno domínio dessas habilidades-meio. Sendo assim, as movimentações específicas podem ser classificadas de várias formas, pois são múltiplas as maneiras e as circunstâncias nas quais elas são realizadas.

Para efeito principalmente de elaboração de exercícios, a partir de diversas variantes, apresentamos a Figura 1. Divididas em quatro classificações que devem ser sempre associadas pelo treinador, é possível promover as combinações

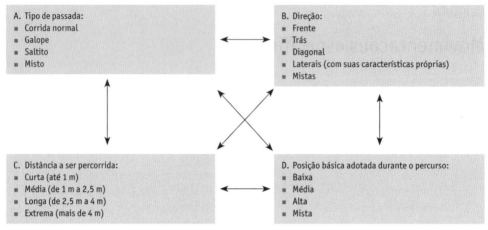

Figura 1 Classificação das movimentações específicas.

de movimentações quanto a tipo, distância, direção e posição básica a ser mantida durante o percurso.

Utilizando a Figura 1, o professor-treinador não se deixa levar pela memória e acabar por negligenciar combinações que são usuais e devem ser treinadas igualmente. Por exemplo: os exercícios podem abranger séries de passadas em galope (para os lados) em distâncias médias – em posição média; alternando com corrida normal (para as diagonais) em curtas distâncias – em posição baixa; e assim por diante.

Convém lembrar que, como será especificado a seguir, algumas combinações não são recomendadas, pois não são usuais, como a distância extrema em posição baixa ou em galope.

As posições básicas e as movimentações específicas guardam estreita relação entre si. Em alguns momentos, a realização do fundamento parte imediatamente da posição básica, bastando um afundo à frente ou lateral para posicionar o corpo sob ou atrás da bola, sem necessidade de deslocamentos que levem o executante a outros locais, pois a bola vem, nesse caso, ao seu encontro. No entanto, na maioria das vezes, é necessário que o executante se afaste do local onde está posicionado para colocar-se adequadamente para a bola que chega. Assim, alguns tipos de deslocamento se coordenam e são priorizados em relação a outros, dependendo das situações de jogo em que eles se inserem e das distâncias a serem percorridas.

A aprendizagem das movimentações específicas é associada à das posições básicas. Portanto, a riqueza do treino em si está em proporcionar interesse, ludicidade e variabilidade às combinações propostas, além da sensatez em dosar os estímulos de modo a não sobrecarregar o aluno-atleta física e fisiologicamente. Todas as formas de deslocamento e posturas corporais aprendidas durante o PFCAAD são naturalmente aperfeiçoadas com a contínua estimulação e com a decorrente especificação delas aos fundamentos com bola que são aprendidos durante o processo.

Mesmo em categorias mais adiantadas, as movimentações específicas e as posições básicas podem ser inseridas no aquecimento e nas sessões de treino físico, principalmente em circuitos físico-técnicos. Além desses momentos, é interessante que nos exercícios rotineiros que precedem a parte principal do treino, principalmente em duplas, sejam incluídas formas variadas de deslocamento e exigência por posturas adequadas.

DESCRIÇÃO

O PFCAAD apresenta a seguir algumas considerações básicas sobre as movimentações específicas, relevantes a todas as demais especificações que se seguirão quando elas forem associadas aos fundamentos com bola.

Baseamos inicialmente a classificação no tipo de passada: 1) normal; 2) galope; 3) saltito; 4) lateral simples; 5) cruzada; e 6) mista. A partir dessas especificações, as associamos às distâncias a serem percorridas e às posições básicas a serem mantidas.

1. Normal:
   - Deslocamento em andadura ou corrida, dependendo da necessidade em relação ao tempo e espaço a ser percorrido.
   - É utilizada em deslocamentos curtos ou de média distância quando a bola viaja lentamente, concedendo tempo suficiente para a chegada antecipada e o posicionamento sem pressa para a execução do fundamento.
   - Também usada para deslocamentos longos em corridas velozes para recuperação de bolas que fogem do raio próximo de ação.
   - É utilizada para a frente e para trás.
2. Galope:
   - Ao contrário da passada normal, os pés não se cruzam.
   - Há um "chute" intermediário entre as passadas – os pés se tocam no ar, rente ao chão –, com o objetivo de impulsionar o corpo.
   - Permite um ajuste sutil imediato para executar o fundamento.
   - Pode ser realizado em qualquer direção.
   - A escolha da perna que iniciará o deslocamento dependerá da distância a ser coberta. No caso de deslocamentos muito curtos ou de ajustes, em que o tempo disponível é breve, geralmente a perna que se encontra mais distante do ponto a ser alcançado impulsiona a outra, de forma a deixar o corpo em equilíbrio e atrás da bola. Para bolas que se afastam cerca de 1 metro, a perna mais próxima do local da ação técnica se afasta um pouco e recebe, logo depois, a ajuda (o chute aéreo) da perna que estava mais distante.
   - Utilizado em deslocamentos que permitem ajustes posturais e/ou de equilíbrio.
   - Também aplicado em deslocamentos curtos e rápidos, tanto para os lados quanto para a frente, para trás ou para as diagonais.
3. Saltito:
   - Pequeno salto, geralmente lateral.
   - Quase sempre é antecedido por uma passada mais larga (lateral ou cruzada).
   - É muito utilizado na última passada do bloqueio, em um nível mais avançado.
   - Não antecede fundamentos em que é necessário o afastamento imediato de pernas (o galope é preferido nesse caso).
   - É recurso para chegar ao local de realização rapidamente, quando não há tempo para se realizar passadas completas ou reequilíbrios por meio de passadas.
4. Lateral simples:
   - Os pés não se cruzam nem se impulsionam, apenas se afastam o suficiente para deslocar o corpo.
   - As pernas se ajustam ao chegar ao local de execução do fundamento, para equilibrar o corpo e executar o gesto conforme as exigências técnicas.
   - Difere do galope lateral por não possuir a fase aérea em que um pé impulsiona o outro; na passada simples, há tempo para unir os pés e iniciar uma nova passada sem a necessidade premente de ganho de tempo.
   - Utilizada para deslocamentos curtos, médios ou de ajuste, principalmente durante a recepção, a defesa e o bloqueio.
   - É combinada em galope lateral quando há necessidade de ganhar velocidade em deslocamentos curtos ou médios.
5. Cruzada:
   - Passada lateral com as pernas se alternando na dianteira do deslocamento.

A perna que cruza à frente é a contrária à direção do deslocamento (p. ex., se a movimentação é para a esquerda, a perna que cruza à frente é a direita, e vice-versa).
- A chegada à posição de execução do fundamento não deve coincidir com o momento em que as pernas se cruzam, mas, sim, com o afastamento posterior ao deslocamento, que visa a posicionar o executante atrás da bola e à busca do equilíbrio do corpo para a realização da habilidade em questão.
- Apesar de ser uma passada lateral, o tronco deve girar um pouco (sem exagero) para o lado em que o executante se dirige, de modo a tornar o deslocamento mais fácil, equilibrado e natural.
6. Mista:
- Deslocamento que associa, geralmente, dois tipos das passadas citadas anteriormente.
- Para distâncias maiores, em situações nas quais é preciso primeiro ganhar velocidade e, depois, ajustar-se à bola. Ou para deslocamentos breves em que a primeira passada impulsiona o executante e a segunda o posiciona para a realização do fundamento em si.
- O tipo de deslocamento a ser utilizado na combinação depende do fundamento a ser executado e, principalmente, da distância da bola em relação ao executante e da velocidade a ser imprimida para alcançá-la.
- Em geral, a corrida normal (ou a passada lateral simples) é utilizada para ganho de velocidade e amplitude, complementando-se com as passadas de ajuste para a realização do fundamento.
- O bloqueio guarda particularidades que serão discutidas posteriormente.

Estes são os tipos de deslocamento a serem desenvolvidos desde as CI. De forma variada, lúdica e prazerosa, o aprendiz deve experimentar todas as variações possíveis e dominar os deslocamentos com fluidez, equilíbrio e coordenação.

De modo geral, a posição básica mais exigente deve ser assumida apenas momentos antes de a ação com bola ser realizada. Para chegar ao local onde realizará o levantamento, o jogador não precisa, na maioria das vezes, abaixar-se exageradamente durante o deslocamento, afinal esse procedimento acarretará desgaste articular, fadiga muscular e perda da velocidade de deslocamento. Nesse caso, deve-se orientar o executante a manter uma postura mais confortável durante o percurso, assumindo uma posição mais baixa apenas quando a ação estiver prestes a ser realizada ou a acomodação do corpo sob a bola exigir.

APRENDIZAGEM

Durante a iniciação serão desenvolvidas simultaneamente as posições básicas e as movimentações específicas, independentemente do fundamento que possa ser associado a elas. Na Iniciação 1, o objetivo é desenvolver ao máximo as habilidades de andar, correr, galopar e saltitar de variadas formas e em todas as possíveis direções e distâncias. Em nível cognitivo é importante que o aprendiz comece a discernir quais as formas mais adequadas e eficazes para realizar algumas tarefas subsequentes ou chegar mais rapidamente a determinado local. A partir da Iniciação 2, as posições básicas e as movimentações específicas são ensinadas de forma mais dirigida, coordenada e inter-relacionada, buscando uma relativa aproximação à futura utilização em situações de jogo.

O método sintético (global) é indicado para o aprendizado dessas duas habilidades que já são familiares – mesmo que em nível rudimentar – aos aprendizes e apenas adaptadas ao voleibol. Basta apresentar o fundamento, explicar a importância da correta utilização em jogo e promover a experimentação. Corrija os desvios, isolando o movimento em casos individuais que requeiram atenção especial.

O ideal é que todas as movimentações sejam apresentadas e experimentadas primeiro associando-as à posição alta, depois à posição média e, por fim, à baixa. Com isso, não há cansaço imediato que possa abreviar a sessão e levar o aprendiz a sentir dores e desconfortos desnecessários e desmotivantes.

A seguir, sugerimos uma ordenação a ser desenvolvida a partir da Iniciação 2 de movimentações específicas, primeiro em posição alta:

1. Para a frente e para trás em corrida normal.
2. Laterais simples.
3. Laterais com passada cruzada.
4. Para a frente e para trás em galope.
5. Laterais em galope.
6. Laterais com passada mista.
7. Diagonais.

Obs.: o saltito específico será ensinado em um momento posterior como recurso aos deslocamentos de bloqueio.

- O mais importante nas CI é promover a variedade de deslocamentos, os reequilíbrios e a adoção das posições básicas variadas antes, durante e após as movimentações.
- É interessante iniciar a criança na aprendizagem das posições básicas e movimentações específicas utilizando os espaços da quadra como um todo, mas sem se prender às suas dimensões ou marcações oficiais, permitindo que os alunos descubram suas possibilidades e limitações vivenciando todo o espaço disponível.
- Brincadeiras em grandes grupos, sob o comando do treinador, nas quais os alunos vão para o lado indicado de acordo com a posição e tipo de deslocamento estabelecidos também levam a bons resultados. Essa atividade lúdica – também conhecida como "guarda de trânsito" – pode sofrer variações, como: alunos assumem a postura de acordo com a altura indicada pelo professor; o deslocamento deve tomar o sentido contrário ao apontado pelo mestre; o aluno tem uma bola nas mãos, rolando-a pelo chão enquanto se desloca, etc.

- As estratégias das sessões devem considerar que a simples execução das posturas e deslocamentos por tempo superior a 30 segundos, sem pausas que possam redisponibilizar as fontes energéticas, leva ao cansaço físico e psicológico.
- Brincadeiras de estafetas, com distâncias variadas a serem percorridas de diferentes formas e posturas, criam uma atmosfera dinâmica e motivante.
- O uso de objetos para volear (bexigas, bolas mais leves) ou mesmo equilibrar (bolas em raquetes ou cones na cabeça) em forma de gincana também é uma ótima estratégia.
- A organização em forma de estações, em que variadas distâncias devem ser percorridas, oferece a vivência e a descoberta de novas formas de deslocamento e também enriquece o acervo motor da criança.
- É interessante criar situações em que o aprendiz precise chegar a determinadas regiões para realizar tarefas específicas, como segurar ou rebater uma bola que é lançada quando ele inicia seu deslocamento, desenvolvendo assim a orientação espaço-temporal, sem necessariamente promover a especialização.
- A fixação, principalmente das movimentações específicas, depende de um componente cognitivo-motor que só será ativado quando da aprendizagem e do aperfeiçoamento dos demais fundamentos, que ocorrerão a seu tempo, de forma específica.
- A aplicação deverá ser feita em jogos pré-desportivos adaptados de bola agarrada ou outras estratégias lúdicas que estimulem as movimentações e as posições aprendidas. Não utilize a quadra oficial ou grandes jogos, nos quais o aluno pouco participa ou não tem domínio do espaço.
- Nos jogos, dê preferência a disputas de 1 × 1, 2 × 2 ou, no máximo, 3 × 3, o que propiciará um maior contato com a bola, dado o menor número de participantes e o menor espaço a ser ocupado.

Erros comuns na execução das posições básicas e movimentações específicas e correções sugeridas

Procure seguir as orientações gerais constantes na descrição dos tipos de passada. Os desvios e correções serão incluídos no item referente ao fundamento que cada movimentação específica antecede.

CCI APERFEIÇOAMENTO

O aperfeiçoamento das posições básicas e movimentações específicas se dá de forma mais incisiva quando forem aplicadas aos fundamentos antecedidos por elas. Além disso, deve-se promover o ganho contínuo do domínio motor sobre todas as movimentações, o aumento da amplitude e os equilíbrios dinâmico e recuperado.

À medida que as diferentes formas de posições básicas e movimentações específicas forem sendo desenvolvidas, deve-se intensificar os estímulos de variação das distâncias, direção dos deslocamentos e velocidade e amplitude das passadas, além de estimular mudanças rápidas de direção e de postura corporal. O domínio das diferentes formas de movimentação propiciará uma maior facilidade quando elas forem associadas à especificidade dos fundamentos.

Em um segundo momento, deve-se apurar a finalização do movimento, com ajustes mais precisos da última passada para a execução de fundamentos (afastamento de pernas, equilíbrio, postura corporal, etc.), ainda que durante a iniciação promova-se a simulação do fundamento (segurando a bola na altura proposta pelo técnico ou rebatendo um objeto, por exemplo).

- Convém lembrar que tanto a amplitude excessiva quanto a alta velocidade não são metas absolutas. O desenvolvimento dessas duas valências deve considerar que elas guardam uma relação estreita com a execução posterior do fundamento. A necessidade de se chegar rápido à posição em que se realizará o gesto técnico deve buscar velocidade e amplitude compatíveis com a garantia de que o executante se reequilibrará para realizar a ação com eficiência.
- O técnico pode utilizar o início das aulas para fixar as movimentações e as posições básicas, seja em forma de aquecimento ou de exercícios com bola, mesmo que não se utilizem os demais fundamentos do voleibol.
- Circuitos de deslocamentos são uma boa estratégia para conseguir variação e repetição com qualidade.
- Caso se utilize pontos de referência na quadra (bolas, cones, etc.), deve-se procurar traçar como meta a chegada com o corpo atrás do objeto. Dessa forma, o aprendiz se habitua a colocar-se atrás da bola, e não deixá-la ao seu lado, fora do alcance.
- Exercícios de "siga o mestre" (em que um comanda e o outro deve seguir a direção e velocidade de deslocamento do primeiro) são interessantes, principalmente nas CI e CCI.
- Os estímulos no voleibol são quase exclusivamente visuais. Sempre que possível, procure não utilizar comandos sonoros em tarefas e exercícios.
- O aperfeiçoamento dessas habilidades deve considerar também a quadra de jogo, inicialmente a de minivôlei e depois a oficial.
- À medida que o jogo de seis contra seis é apresentado ao aluno, ele precisa ambientar-se às posições em que atuará e criar suas referências espaciais. Por exemplo, os deslocamentos na posição 6 são diferentes dos realizados pelos defensores que atuam nas laterais; assim como as movimentações de ataque guardam referenciais de acordo com a posição ocupada pelo executante. Permita que o aluno vivencie todas as possibilidades.
- O técnico deve exigir posição e movimentação adequadas para cada situação, não permitindo que o aprendiz execute deslocamentos equivocados, mesmo que em uma etapa inicial a escolha não prejudique a execução do fundamento. Deve-se sempre ter em mente que estamos construindo uma base mo-

tora e física que capacitará o aluno-atleta para uma realidade futura, na qual as exigências serão maiores e somente determinadas formas de realização do fundamento serão eficientes.
- Muitas dificuldades posteriores na execução de fundamentos com bola são decorrentes de um ensino descuidado dessas duas habilidades. A atenção constante do professor-treinador quanto à realização das posições básicas e movimentações específicas se reverterá em melhores passadores, defensores, levantadores e bloqueadores.

TREINAMENTO

À medida que o aluno-atleta e o grupo se desenvolvem, as exigências do jogo aumentam. O treinamento das posições básicas e movimentações específicas deve capacitar o aluno-atleta a adaptar-se a essas dificuldades de maneira consciente e eficiente.

- Os principais objetivos do treinamento desses dois fundamentos são:
  - Predispor o aluno-atleta para a ação subsequente.
  - Aumentar a eficácia da combinação entre velocidade de deslocamento e amplitude das passadas.
- A criação de situações semelhantes às que o aluno-atleta encontrará no jogo durante o treinamento propiciará o aprimoramento dessas habilidades. A repetição de ações sem que elas sejam antecedidas por movimentações e posições básicas geralmente não gera ganho de desempenho físico-técnico nem sucesso da ação motora.
- Muitas vezes, convém propor ao aluno-atleta desafios que extrapolem as exigências normais de jogo. Por exemplo, ampliar as distâncias que normalmente ele percorrerá para bloquear, criar situações de extrema dificuldade para defender (para que ele assuma uma posição básica mais baixa), etc. Cuidado, no entanto, para não criar metas impossíveis de serem alcançadas e, assim, desmotivá-lo.
- Fazem parte do treinamento dessas habilidades:
  - A automatização das movimentações para as regiões a serem ocupadas nos sistemas defensivos.
  - A fixação dos padrões de deslocamento para o bloqueio coletivo.
  - Os deslocamentos de transição (da recepção para o ataque; da defesa ou do bloqueio para o contra-ataque, etc.).
  - Os ajustes do levantador para as diferentes condições de passe.
  - As variações de velocidade e ajustes à bola para os atacantes.
  - As proteções de ataque.

Considerações extras ou de reforço:

- As movimentações específicas devem ser estimuladas durante todo o processo de aprendizagem, aperfeiçoamento e treinamento, independentemente do fundamento com bola em questão e da categoria.
- O ensino dos vários tipos de deslocamento possíveis deve ocorrer simultaneamente, para que o aprendiz possa diferenciar a utilização de cada um deles de acordo com as situações que se apresentarem.
- A escolha da posição básica durante a movimentação deve respeitar dois princípios:
  - A posição básica baixa deve ser mantida durante o percurso quando houver pouco tempo para se chegar à bola (defesa, proteção de ataque e em algumas ações de recepção) e para cobrir curtas distâncias.
  - A posição básica baixa deve ser preterida pela média (ou até pela alta) quando houver tempo suficiente para o deslocamento ou necessidade de ganho de velocidade em espaços maiores a serem percorridos.
- Cada situação de jogo requer um tipo de movimentação.

- As movimentações específicas devem fazer parte de todas as sessões – independentemente da categoria –, seja no aquecimento ou inseridas no treino específico do fundamento em questão.
- A execução isolada das movimentações, principalmente nos estágios de aperfeiçoamento e treinamento, sem a referência à dinâmica do jogo, apesar de proporcionar ganho e/ou manutenção dos componentes físicos e motores envolvidos, não capacita o aluno-atleta à eficiência na realização dos elementos de jogo. É imprescindível a associação da posição básica à movimentação específica e ao fundamento com bola subsequente.

Capítulo 4

Toque por cima

Chamado também apenas de toque, consiste em impulsionar com os dedos das mãos a bola que se encontra à altura da cabeça.

Entre os principais tipos de toque estão:

1. Para a frente.
2. Para trás.
3. Lateral.
4. Em rolamento.
5. Em suspensão.
6. Com uma das mãos.

Relacionaremos primeiramente a descrição e o processo de aprendizagem de todos os tipos de toque por cima, na ordem em que devem ser ensinados, para que o leitor tenha mais facilidade de localizá-los.

Após analisar o processo de aprendizagem de cada tipo, deixaremos os itens aperfeiçoamento e treinamento para o final, quando englobaremos todas as formas já aprendidas e suas relações com os elementos de jogo.

O padrão de movimento de todos os tipos de toque por cima baseia-se, inicialmente, naquele que é realizado diante do corpo e para a frente. As diferenças serão explicadas a seu tempo.

TOQUE POR CIMA PARA A FRENTE

Descrição

Como o leitor poderá acompanhar a partir deste primeiro fundamento com a bola, a ação não se limita ao contato com ela, sendo precedida de uma preparação e tendo sempre uma finalização que costuma se relacionar à sequência do jogo após a realização do elemento. Portanto, a descrição da habilidade apresenta sempre mais de uma fase, todas de suma importância para a sua correta aprendizagem.

É importante ressaltar também que as habilidades, quando aplicadas, tornam-se elementos do jogo, com características próprias e que requerem adaptações circunstanciais para solucionar os problemas advindos da incomensurável variabilidade de situações. Todavia, é nos padrões motores da habilidade, como aqui são descritos, que o executante se apoia para realizar as ações de jogo, dependendo da qualidade de seu aprendizado para jogar de acordo com as necessidades que se apresentam.

A descrição do toque por cima, apesar de ele poder ser realizado em outras situações de jogo, seguirá o padrão mais refinado utilizado para levantamentos.

Há quatro fases de execução do toque:

1. Posição básica e deslocamento para a bola:
   - Variam conforme a dificuldade para recuperar a bola endereçada ao executante.
   - Deve-se habituar o iniciante a guardar a posição básica média para a maioria das situações, porém é importante que a posição baixa também seja exigida, pois ela será utilizada em momentos de maior dificuldade, por exemplo, por causa de recepções ou defesas imprecisas.
   - Os deslocamentos para a bola devem seguir as orientações constantes em cada tipo de movimentação específica (ver Capítulo "Movimentações específicas"), dependendo de o quanto a bola se afasta do executante, em que direção e qual o tempo disponível para alcançá-la.

2. Posicionamento do corpo sob a bola e preparação para o toque:
   - O deslocamento e o posicionamento do corpo antecedem o posicionamento sob a bola.
   - Quando a bola chegar ao local em que será tocada, o executante deve estar totalmente sob ela, em posição básica baixa ou média, dependendo da altura do passe.
   - Membros inferiores afastados sem exagero, geralmente mais no sentido anteroposterior do que no lateral, o suficiente para dar equilíbrio ao corpo e permitir pequenos ajustes anteriores ao toque.
   - Braços semiflexionados, de modo que os cotovelos fiquem ligeiramente acima da linha dos ombros e à frente do corpo.
   - Mãos estendidas para trás e próximas à cabeça, acima dos olhos, aguardando a chegada da bola.

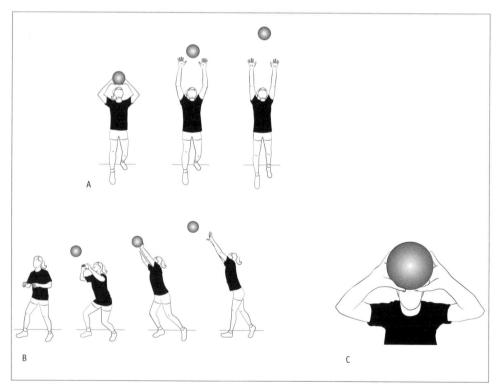

Figura 1   Toque para a frente. (A) De frente. (B) De lado. (C) Posição das mãos.

- Dedos quase na posição natural quando relaxados, um tanto mais estendidos, mas não completamente.
3. Execução do toque:
    - Os dois polegares são a base principal, auxiliados pelos indicadores (formando quase um triângulo com eles) e pelos médios.
    - Os anulares e os mínimos também participam do toque, mas com função mais de direcionamento do que de impulsão à bola.
    - A bola não toca a palma das mãos.
    - O toque deve seguir uma cadeia ritmada de movimentos do corpo todo para a direção a ser tomada pela bola, com a extensão de braços, pernas e até dos pés.
    - Ao final do toque, os polegares estendem-se na direção tomada pela bola (como se houvesse uma linha presa a ela e à ponta deles). As mãos também pronam, acentuando os vetores que impulsionam a bola.
4. Pronta ação para o prosseguimento do jogo:
    - A todo levantamento sucede um ataque, portanto, quem o realizou deve aprontar-se imediatamente para a proteção do ataque.

Aprendizagem

Ao contrário do que ocorreu na aprendizagem das posições e movimentações, o processo pedagógico sintético-analítico-sintético deve ser seguido em todas as etapas para o ensino do toque por cima.

Por se tratar do primeiro fundamento com bola a ser ensinado, a fragilidade e a sensibilidade maiores das crianças exigem a utilização de bolas mais leves, para que a aprendizagem se dê sem traumas musculares e articulares e a realização do toque seja facilitada – sobretudo em razão da maior permanência da bola no ar e da impulsão que se pode dar a ela. Há algumas bolas próprias para a iniciação, mas outras similares e mais baratas podem ser usadas com sucesso, desde que se aproximem do tamanho da bola oficial*.

Vamos então ao processo pedagógico.

Apresentação do fundamento:

- Todas as possíveis utilizações do toque devem ser mostradas ao aprendiz, porém a ênfase deve recair sobre a técnica básica do toque para a frente, pois o padrão dele repete-se para todas as variações do fundamento.
- É importante também relacioná-lo desde então à aplicação para o levantamento, situações de jogo que exigem mais precisão.
- Escolha modelos em que o movimento se dá por inteiro, encerrando as quatro fases de execução, desde o posicionamento para a espera da bola até a finalização do movimento e a movimentação para a direção tomada por ela.
- Inclua na apresentação os deslocamentos e as dificuldades para se posicionar adequadamente sob a bola em função das variações que antecedem o toque em si – recepções altas e baixas, passes defeituosos, distâncias da rede, etc.
- Modelos ideais de toque nem sempre são jogadores famosos. Às vezes, a escolha recai sobre atletas que já adquiriram um estilo particular de levantamento que não corresponde ao padrão que será ensinado. Outras vezes, a imagem ou o vídeo escolhidos mostram o toque adaptado a situações que o desfiguram tecnicamente.

Importância do correto aprendizado e utilização em jogo:

- Nesse momento, a precisão do toque e as possibilidades favoráveis de ataque quando o levantamento é realizado com técnica e

---

* Não recomendamos o uso de bolas menores, pois a adaptação posterior à bola de voleibol oficial fica prejudicada.

esmero ajudam a conscientizar o aprendiz sobre a importância do correto aprendizado.
- Inserir vídeos ou imagens em que atacantes levantam com qualidade e plasticidade é igualmente interessante para demonstrar que a utilização dessa técnica não se restringe aos levantadores.

Experimentação:

- Pode ser realizada individualmente, com os alunos tocando para si mesmos e movimentando-se pela quadra, tentando encestar a bola ou acertar outros alvos, tocando contra a parede, etc.
- Nesse momento, é importante ter o controle das próprias ações e explorar as possibilidades de tocar para cima, para a frente, em variadas alturas, etc.

Sequência pedagógica:

1. Posições básicas e movimentações específicas:
   - A colocação adequada do executante sob a bola, no tempo devido, requer o uso cada vez mais aprimorado das movimentações específicas e das posições média e baixa.
   - A execução do toque por cima requer uma retomada das posições básicas e movimentações específicas, aproximando-as agora das situações próprias que antecedem a realização do toque. Inicialmente, elas podem ser demonstradas e experimentadas isoladamente.
   - Na sequência, inclua a bola nos exercícios, associando movimentações e posicionamento sob ela. Porém, em um primeiro momento, o aluno segura a bola acima da cabeça, em vez de tocá-la. É importante que a variação dos lançamentos leve o aluno a realizar a leitura dos acontecimentos anteriores ao envio da bola em sua direção e, a partir da análise, escolher adequadamente o tipo, a amplitude e a velocidade das passadas para se colocar sob ela no tempo devido.
2. Posicionamento de dedos, mãos e braços + extensão de pernas:
   - Um bom exercício introdutório é fazer que o aluno, repetidamente, retire a bola do chão com dedos, mãos, punhos e cotovelos na posição correta e erga-a acima da cabeça. O movimento é repetido algumas vezes com ênfase na flexão e extensão das pernas, evitando a flexão exclusiva do tronco sobre a bola.
   - Em seguida, após erguer a bola acima da cabeça, o aprendiz estende os braços e lança a bola para o alto, recuperando-a acima da cabeça e levando-a ao chão novamente.
   - Receber e lançar para si mesmo, repetidamente, sem precisar levar a bola ao chão.
3. Toque para si:
   - Tocar para si mesmo mantendo a bola cerca de 25 cm acima da cabeça.
   - Aumentar gradativamente a altura do toque, sem modificar o padrão adquirido. Caso o movimento seja desvirtuado, não ultrapassar a altura a partir da qual o toque começa a se modificar, executando o movimento repetidamente apenas nesse limite.
4. Toque para o companheiro:
   - O mesmo processo (desde o lançamento) é repetido em duplas, desde o início. A finalização do movimento de lançar é realizada em direção ao companheiro. Uma distância entre 5 m e 6 m entre os executantes garante a chegada da bola em condições em que ambos possam realizar o lançamento e colocar-se sob a bola adequadamente. Evitar o toque direto de um para o outro até que haja homogeneidade no padrão de lançar – a vontade de manter a bola sob controle provoca modificações no padrão motor ideal.
   - Antes de enviar a bola em toque diretamente para o companheiro, deve-se segurá-la na posição correta, lançar para

si (em forma de toque) e depois tocá-la para o companheiro.
- Quando o padrão de lançar estiver instalado no grupo, inicia-se a troca de bolas em toque por cima, porém sempre partindo de distâncias curtas (inicialmente de 2 m a 3 m), de modo a não acarretar desvios motores na tentativa de impulsionar a bola a uma distância maior. Deve-se permitir que o aprendiz realize dois toques (ou mais), a fim de se posicionar de acordo com o padrão motor desejado para devolver a bola.
- Gradativamente, os parceiros podem se afastar, à medida que conseguem realizar o toque de modo correto com mais desenvoltura. Quando os aprendizes chegarem a distâncias maiores, o recurso de tocar duas vezes (uma para si mesmo e a segunda para o companheiro) é altamente positivo e eficiente.
- Os exercícios em duplas permitem variações que desenvolvem as movimentações, a partir da dinâmica de tocar duas vezes: toca-se para os lados, desloca-se e devolve-se a bola ao companheiro; idem para a frente e para trás; idem, deixando a bola quicar uma vez no chão entre o primeiro e o segundo toque, etc.
- Pode-se também orientar o sujeito que não está de posse da bola a realizar deslocamentos que serão utilizados para o toque – para a frente, para trás, para os lados e para as diagonais.
- O professor-treinador deve criar tarefas e exercícios novos e desafiadores, desde que a dificuldade para executá-los não desvirtue o padrão de movimento.

Educativos e formativos:

- Durante a sequência pedagógica já é possível identificar a necessidade de aplicar exercícios educativos (correção motora) e/ou formativos (aprimoramento das capacidades físicas envolvidas na realização do movimento) a determinados aprendizes.
- Exercícios individuais e em duplas são preferíveis, pois o número de repetições é maior, tornando a correção mais rápida e eficiente. Exercícios com companheiros são mais dinâmicos que os individuais e promovem a socialização, fator importante a se estimular em um esporte coletivo, porém a prática individual permite ajustes mais precisos e uma sequência de ações interessante à correção do movimento.
- O professor-treinador deve evitar a organização do treino em colunas numerosas ou grandes grupos, ao menos nesta fase, pois o aprendiz não terá chance de tocar repetidas vezes (o que torna a correção mais demorada), além de esse tipo de organização estimular a desconcentração, enquanto ele espera sua vez de realizar a ação.

Automatização:

- O uso da parede auxilia na fixação do movimento, assim como o trabalho em duplas. No entanto, somente exercícios mais dinâmicos, que simulem situações reais de jogo, levarão à automatização aplicada à realidade de jogo.
- É fundamental para a fixação do gesto motor a repetição com a interferência mínima de fatores externos, mas a partir de um determinado momento a prática deve ser transferida para situações mais próximas da realidade.
- O movimento pode estar perfeito para uma exigência baixa, por exemplo, receber a bola de frente e tocá-la para quem a enviou; no entanto, ao aplicar o toque em situações de jogo, a dificuldade é flagrante e limitante. Por isso, o professor-treinador deve buscar formas aproximadas de adaptação gradativa da aplicação da habilidade, de modo a buscar o padrão motor a partir dessas novas referências.
- A dinâmica da tarefa deve fazer que o aluno-atleta receba a bola de um ponto e precise

transferi-la para outro. Exercícios em trios ou quartetos, em que os integrantes formam triângulos ou quadrados para recebimento da bola de um lado e envio para outro, alcançam esse objetivo.

- Evite, no entanto, criar fatores de interferência externa muito acentuados. Não será, por exemplo, em formas recreativas nem de jogo adaptado que ela se dará, mas em exercícios e tarefas bem elaborados de maneira a oferecer graus de dificuldade crescentes. Esses exercícios podem ter o professor-treinador no controle dos lançamentos ao executante.

Aplicação:

- O toque por cima deve ser inserido em jogos adaptados e pré-desportivos especialmente escolhidos pelo professor-treinador para atender a essa etapa do processo. A elaboração das regras deve considerar o fundamento como principal elemento do jogo, por exemplo, com saques e recepções sendo realizados em toque.
- Evite o voleibol de seis contra seis ou jogos adaptados em quadra oficial nessa fase inicial, pois o baixo número de ações a que o aprendiz estará sujeito e a alta variação das formas de envio da bola não proporcionarão nem repetição do que foi aprendido anteriormente nem adequação das possibilidades motoras.

Erros comuns na execução do toque por cima e correções sugeridas

1. Aprendiz não se posiciona sob a bola com equilíbrio, chegando junto ou depois dela ao local de execução da habilidade.
   Correção sugerida: a colocação sob a bola deve ocorrer antes do toque, com tempo para reequilíbrios e posicionamento adequado de tronco, braços e mãos. É extremamente importante que ele espere pela bola em uma posição mais baixa, com braços e pernas semiflexionados de modo adequado, para utilizar toda a alavancagem possível e conseguir, posteriormente, adotar as variações do toque quando estas forem aprendidas. O contato com a bola é realizado de maneira simultânea ao início da extensão de braços e pernas, para transferir o peso do corpo à bola, ajudando assim na sua impulsão. Exercícios que obriguem o iniciante a se deslocar e a segurar a bola sobre a testa ou mesmo cabeceá-la são válidos, porém convém exigir do aprendiz equilíbrio, que ele sempre pare sob a bola.

2. Entrada sob a bola com o quadril recuado.
   Correção sugerida: com o objetivo de se posicionar sob a bola, o aprendiz muitas vezes flexiona o tronco sem fletir os joelhos. Com isso, o quadril projeta-se para trás, o que desvirtua totalmente o posicionamento dos segmentos e impede que o levantamento ganhe altura. A correção do professor, por meio de *feedback* externo, é válida, todavia tarefas de envio da bola para si próprio ou apenas para o alto obrigam o executante a encaixar adequadamente o quadril sob a bola.

3. O executante posiciona-se com os pés afastados lateralmente.
   Correção sugerida: o afastamento lateral dos pés é indicado para a realização da manchete, não do toque. É importante atentar para esse detalhe, pois nem sempre ele é entendido como erro. O toque exige o afastamento anteroposterior (não exagerado) das pernas, para dar equilíbrio ao corpo e força e direção à bola, além de outras razões que serão abordadas quando se falar sobre o levantamento. Lançamentos em sequência sempre à frente do aluno, fazendo que ele se desloque continuamente, mantendo o pé direito à frente ao tocar, ajudam a corrigir esse defeito. A mesma coisa se dá com lançamentos que o façam deslocar-se lateralmente e promover o afastamento correto de pernas ao tocar.

4. Não há preparação dos braços para o toque.
   Correção sugerida: a negligência com o posicionamento dos membros superiores na etapa que antecede a realização do toque

propriamente dito acarreta um toque batido, sem precisão e passível de infração de acordo com as regras do jogo. Apesar de muitas vezes esse posicionamento acarretar certa fadiga muscular da cintura escapular, ele deve ser enfatizado e incluído nos exercícios propostos. A manutenção dos braços elevados mesmo durante a espera pela bola alcança bons resultados, mas convém depois fazer que o executante aproxime-se da realidade, ou seja, traga os braços para a posição correta instantes antes do toque. Outra estratégia (válida também para a correção dos polegares que não se voltam para os olhos – item 5) é fazer que o aluno bata palmas com as mãos e os dedos na posição que assumirão durante o toque, ou seja, punhos fletidos para trás e polegares voltados para os olhos.

5. Cotovelos muito abertos e polegares para cima.
Correção sugerida: os cotovelos abertos acabam por posicionar incorretamente os polegares, que devem ser a base do toque, onde a bola repousará por frações de segundo antes de ser impulsionada. Os braços devem formar um ângulo de 45° com a linha dos ombros na espera pela bola e assim manter-se quando ela toca os dedos. Orientações como "posicionar os polegares voltados para os olhos" ou mesmo realizar toques curtos apenas com os polegares (quase sem que a bola saia das mãos) ajudam na conscientização da necessidade dessa base específica. Ver também sugestão do item 4.

6. Aluno bate na bola com as mãos espalmadas.
Correção sugerida: a palma das mãos não deve tocar a bola. As duas falanges distais da maioria dos dedos é que mantêm contato com ela. Os polegares devem servir de base ao toque, posicionados entre a parte de baixo e de trás da bola. Permitir que a bola se acomode na forma dos dedos por breves instantes ajuda na consciência motora. O uso da terminologia "tocar a bola com as pontas dos dedos" deve ser evitado, pois pode induzir a uma técnica incorreta.

As correções sugeridas nos itens 4 e 5 também servem à correção desse desvio.

7. Projeção do quadril para trás no momento do toque.
Correção sugerida: projetar o quadril para trás ao realizar o toque difere do erro comentado no item 2, pois ocorre no momento de impulsionar a bola. Com a intenção de utilizar o corpo para impulsionar a bola, o executante realiza um movimento de quadril totalmente inverso à direção que ele quer imprimir ao levantamento. Isso faz que a bola não adquira força e não alcance o alvo. O quadril deve ser encaixado juntamente ao tronco e acompanhar o corpo à frente, alinhado a ele, na direção tomada pela bola. Uma orientação interessante é imaginar uma linha presa à bola e ao corpo, que puxa todos os segmentos em direção a ela quando esta toma o caminho desejado (como o quadril faz parte do corpo, ele não pode ir em sentido contrário, já que também é puxado pela linha imaginária). Um exercício interessante é lançar bolas para o aprendiz que está em pé encostado à parede. Ele deve tocá-la para a frente o mais distante possível sem desencostar da parede.

8. A bola permanece nas mãos por muito tempo.
Correção sugerida: a tendência é que o executante, com a intenção de ganhar força no envio ou na tentativa de não espalmar a bola, segure-a nas mãos mais do que o permitido pelas regras e o recomendado pela técnica apurada. O toque deve ser imediato, sem, no entanto, incorrer em precipitação que o torne batido. Lançamentos repetidos (séries de 20 repetições) ao executante de distâncias muito próximas de suas mãos (0,5 m, aproximadamente) ajudam na aquisição da técnica adequada. O professor-treinador pode também arremessar a bola com uma velocidade acima do normal (sem parábola e diretamente na testa do executante) repetidas vezes para o aluno devolvê-la corretamente. Evite exercícios formativos com bola

pesada nesse caso, pois ocorre um reforço do desvio.

9. Braços afastam-se lateralmente depois do toque.
   Correção sugerida: afastar os braços após o toque leva à perda da precisão e da potência da ação. Os braços, assim como todo o corpo, devem seguir a trajetória da bola (lembrar da linha imaginária que também está presa à ponta dos dedos do executante e à bola). Pedir ao aluno que observe se os antebraços estão paralelos depois que a bola tomou sua direção. Tocar ao lado da rede ajuda a tomar consciência do erro e do movimento correto, pois, ao afastar os braços, um deles tocará a rede.

10. Braços giram sobre o ombro para baixo e não seguem a bola.
    Correção sugerida: alguns aprendizes, em vez de afastar os braços lateralmente após o toque, os giram sobre o ombro, como se estivessem arremessando a bola por sobre a cabeça – o movimento é semelhante ao final da cobrança de lateral no futebol. Para esse caso também vale a observação dos antebraços citada no item anterior. Pode-se também colocar objetos (não contundentes) sob os braços do executante para impedir estes de baixarem após o toque.

11. Falta de coordenação e de tempo de bola deixam o movimento desconexo.
    Correção sugerida: enquanto não ocorre a automatização do movimento, a desconexão entre os segmentos envolvidos na ação é comum, porém é a coordenação entre eles que dará fluidez e precisão ao toque. Com o tempo (e com os corretivos pontuais) ele se torna natural e o aprendiz passa a utilizar todos os segmentos para impulsionar a bola, sem a necessidade de aplicar reforços isolados.

12. A bola assume trajetória para cima, e não para o alvo.
    Correção sugerida: o executante deve direcionar a bola para a frente, utilizando-se da extensão adequada dos membros inferiores e superiores, transferindo a força proporcionada pela extensão de membros inferiores e superiores para a bola, e mantendo a parte superior do corpo em ligeira inclinação, direcionando dedos, mãos e braços à zona-alvo. É importante que o professor-treinador observe atentamente em qual momento o aprendiz está sendo prejudicado em sua intenção. Fazer que o executante continue andando em direção à região para a qual deseja enviar a bola ajuda na correção desse desvio.

13. Corpo estanca depois do toque.
    Correção sugerida: frear o movimento logo após o contato com a bola, não deixando que o corpo finalize naturalmente a ação, acarreta levantamentos em geral batidos, curtos, sem altura e imprecisos. Ver correções sugeridas nos itens 9, 10 e 12.

14. Imprecisão por conta da falta de controle e inconstância do movimento.
    Correção sugerida: a fixação do movimento ocorrerá com o tempo, porém, mesmo depois da automatização, a precisão só será alcançada com o aperfeiçoamento e o treinamento. A motivação com o uso de alvos é válida, porém deve-se tomar cuidado para não buscar metas muito difíceis de serem alcançadas. O tamanho e a distância dos alvos devem ser compatíveis com o nível de habilidade do grupo e do aprendiz em particular. O aluno-atleta que se desenvolve tendo estímulos de precisão compatíveis com seu nível durante o aperfeiçoamento tem melhor domínio das habilidades.

TOQUE PARA TRÁS (OU DE COSTAS)

A execução se diferencia da do toque para a frente apenas no momento de impulsionar a bola. Todos os estágios iniciais de entrada sob a bola, posicionamento de braços, mãos e tronco são idênticos aos descritos anteriormente. Com o tempo, o executante não precisará de todos os movimentos acentuados, necessitando menos do trabalho de quadril e tronco, valendo-se apenas de mãos e punhos para direcionar a bola e fintar bloqueadores adversários, porém o padrão a ser desenvolvido na aprendizagem deve ser o descrito a seguir.

O toque de costas, quando o levantador recebe o passe preciso, requer apenas a transferência da bola para trás. No entanto, toda vez que o executante precisa se deslocar para realizar o toque de costas, o giro corporal precisa ser feito antes de a bola chegar às mãos do executante. É importante que o aprendiz consiga realizá-lo com rapidez e equilíbrio e tenha consciência de sua localização em quadra (distância da rede, do alvo, das linhas laterais, etc.) e da exata localização do alvo para o qual quer dirigir a bola.

Nos estágios de aprendizagem e aperfeiçoamento é fundamental que o toque de costas seja realizado a partir do padrão inicial do toque de frente, portanto, com o pé direito à frente do esquerdo. Muitos aprendizes terão mais facilidade em realizá-lo com os pés paralelos, pois o tronco estende-se com mais facilidade, tornando o movimento mais fluido. No entanto, essa diferenciação de preparação para um tipo e outro levará a um problema futuro, a caracterização da intenção do levantador, ou seja, o adversário se antecipará à ação do levantador ao vê-lo se posicionar de um ou outro jeito para tocar. Sendo assim, o bloqueador se deslocará antecipadamente para a direita toda vez que o executante do toque promover um afastamento anteroposterior das pernas, ou para a esquerda, quando o afastamento for lateral.

No futuro, quando o toque em suspensão for aprendido e sistematicamente for a forma preferida para todos os levantamentos, esse fator perderá intensidade, mas, enquanto isso não acontece, deve haver uma padronização nessa questão, realizando-se o toque tanto para a frente quanto para trás sempre com o pé direito ligeiramente à frente.

Descrição

Seguem as etapas iniciais 1 e 2 já apresentadas no item "Toque por cima para a frente". Após a acomodação da bola nas mãos do executante, o fundamento desenrola-se da maneira descrita a seguir:

1. Execução do toque:
   – Há uma rápida projeção do quadril à frente.
   – Segue-se uma extensão gradativa e rápida do tronco em direção à trajetória tomada pela bola.
   – Os braços e os polegares também se estendem na direção da bola.
   – A cabeça acompanha igualmente o movimento.

Figura 2   Toque de costas (de lado).

- O executante deve acompanhar com o olhar a bola o máximo de tempo possível.
- O quadril completa sua projeção naturalmente para a frente.
- Todo o corpo estende-se para cima e para trás.
2. Pronta ação para o prosseguimento do jogo:
- Em situações de jogo, sem deixar de olhar a bola, o executante gira o corpo após a definição do levantamento e se desloca de frente, para proteger o ataque que será realizado.

Aprendizagem

A aprendizagem do toque de costas ocorre enquanto se promove o aperfeiçoamento do toque à frente para a C13. Apesar da dificuldade maior em realizar o toque de costas, a intenção de incluí-lo anteriormente ao lateral justifica-se por três motivos principais: transferência da aprendizagem do toque para a frente; utilização imediata em situações de jogo de seis contra seis; e impedimento de que a maior facilidade de tocar lateralmente substitua o toque de costas.

Em relação a este último motivo, o toque lateral pode levar o aluno-atleta a posicionar-se de costas para a rede à espera da recepção e utilizar sempre o toque lateral. Esse vício impedirá que nas categorias subsequentes o levantador enxergue o bloqueio adversário e ainda atrapalhará a movimentação dos atacantes mais próximos.

Os giros corporais necessários para um adequado posicionamento corporal, que podem chegar a 180°, além do direcionamento da bola para fora do campo da visão do executante, são os principais dificultadores do aprendizado do toque de costas.

A utilização do toque de costas torna-se importante tão logo o jogo de seis contra seis é incluído no planejamento, pois, como o primeiro sistema de jogo a ser utilizado será o seis contra seis com o levantamento sendo realizado por quem ocupa a posição 3, esse tipo de toque precisa ser desenvolvido para que o jogo flua com mais dinamismo e o acervo técnico do aluno-atleta seja ampliado.

Apresentação, importância do aprendizado correto e de sua utilização no jogo e livre experimentação:

- Seguem as orientações relativas ao toque para a frente.

Sequência pedagógica:

- O processo é abreviado, pois parte do fundamento é idêntica ao aprendido anteriormente. A facilitação de transferência gera um caminho menos fragmentado, porém exige os mesmos cuidados.
- Exercícios introdutórios sem a bola podem auxiliar na aquisição de uma maior consciência corporal e consequente facilitação do aprendizado. O aprendiz deve vivenciar giros diversos (em contato com o solo, em suspensão, em diferentes planos posturais, com os olhos abertos ou fechados, segurando um objeto lançado, etc.).
- A inclusão do lançamento da bola (sem tocá-la) pelo aprendiz para diferentes direções – obrigando-o a ficar de costas para o destino que quer dar à bola – proporcionará maior riqueza motora, diversidade na capacidade de análise e possibilidades neuromotoras.
- Quando se dá a introdução do toque de costas, a dificuldade inicial é adaptar-se ao fato de a bola chegar ao lado do corpo do executante e este precisar transferi-la para trás de si. Esse problema pode ser minimizado nesse primeiro momento optando-se pela organização de exercícios em trios, porém em linha reta, conforme a Figura 3 – A está a 1 m de distância de B e a 3 m de C.
- As distâncias são ampliadas, ainda lançando-se a bola, à medida que o movimento é realizado com facilidade e técnica apropriada.
- Idem, com variação do lançamento, de modo a deslocar B para a frente e para trás.
- É permitido que a bola toque uma vez no solo antes de o executante posicionar-se para segurá-la e lançá-la.

Figura 3 A (de frente para B) lança para B, que toca de costas para C, que toca de frente para A.

- O lançamento de A é substituído pelo toque, sendo permitido segurar a bola sempre que o alinhamento entre os três elementos ficar desfigurado.
- Volta-se ao lançamento, e o lançador vai se deslocando gradativamente para o lado, aproximando o exercício da realidade a ser encontrada no jogo, em que a bola chegará do fundo de quadra para o levantador que se encontra inicialmente junto à rede. A distância entre lançador e executante e entre este e o alvo é ampliada gradativamente, desde que não haja prejuízo da técnica.
- Em duplas, há lançamentos para si e toque posterior para o companheiro que está cerca de 2 m atrás do executante. Ainda não há giro, o executante posiciona-se antecipadamente de costas para o companheiro. A distância vai aumentando de modo gradativo, sem exceder um limite que provoque desvirtuamento do padrão motor.
- Idem, incluindo o giro após o lançamento para si.
- Em duplas, faça que o aprendiz desloque-se com a bola nas mãos (em posição de toque) para a esquerda e depois para a direita e lance de costas para o companheiro que está atrás. Este a recebe e realiza sequência idêntica, enviando-a para o primeiro, que já retornou ao lugar inicialmente ocupado. Ambos trocam depois de lugar, para que as referências espaciais se alterem. Esse exercício pode ser realizado em trios ou quartetos, com livre movimentação pela quadra.
- Idem, com o próprio executante promovendo o lançamento para o local onde realizará, então, um toque para trás. As distâncias (a serem percorridas pelo executante e desse ponto para o alvo) devem ser alteradas de modo aleatório. Variações quanto aos locais da quadra também devem ser buscadas.
- Idem, utilizando dois toques, um para si (obrigando a um deslocamento prévio) e outro para o companheiro.
- Exercícios em trios dispostos em triângulo são incluídos, juntamente a variações nas formas de envio da bola, em relação a distância, altura do toque, etc.
- Lembre-se de que nesse momento a manchete e o toque para a frente estão devidamente aprendidos e podem ser incluídos nos exercícios combinados.

Educativos e formativos:

- Para correção de posturas e direcionamentos equivocados, o aprendiz pode ser orientado a segurar a bola antes de realizar o toque de costas para o companheiro, verificar se a posição do corpo está correta, e depois lançá-la. Esse expediente é válido também em exercícios que simulem situações de jogo. O professor-treinador pede ao levantador que, em vez de tocar a bola, segure-a e, depois de verificar sua postura e sua posição na quadra, empurre-a para o alvo.
- É importante verificar se o desvio ocorre por uma questão ligada mais diretamente ao movimento ou à exigência de acomodação e redirecionamento da bola. Por exemplo, se o problema ocorre na projeção do quadril à frente, é indicada a facilitação da ação corretiva no sentido de lançar a bola para o aprendiz à sua frente e fazer que ele

execute o movimento correto dirigindo a bola para trás, em linha reta.

No entanto, se o desvio está relacionado ao posicionamento anterior e/ou posterior de corpo em relação à bola em situações mais complexas – o lançamento vem em diagonal e o levantamento deve ser para outra direção –, a correção precisa partir da criação de situações semelhantes.

- Evite, para essa finalidade, bolas pesadas, a menos que o desvio seja de ordem física e necessite de um exercício formativo.

Automatização:

- O uso da parede para a automatização do toque de costas não se justifica, a menos que haja um companheiro à frente do executante – este de costas para a parede – lançando-lhe bolas.
- O ideal é trabalhar em trios, em linha, com o elemento central tocando de costas.
- Ou em duplas, com cada elemento tocando duas vezes – a primeira para si e a segunda para o companheiro, após girar 180° e ficar de costas para este.
- Todavia, vale a observação feita no toque para a frente: só exercícios em quadra, nos quais o levantador recebe passes de diversos locais, levarão à fixação do fundamento para a aplicação em situações variadas de jogo.

Aplicação:

- O processo de aprendizagem do toque de costas coincide com a introdução do sistema de jogo seis contra seis com o levantamento sendo realizado da posição 3.
- A aplicação pode se dar também naturalmente no minivôlei. Crianças com facilidade já ousam levantar de costas nesse estágio. Não cabe ao professor-treinador inibir esse tipo de iniciativa, desde que a qualidade do movimento seja, se não perfeita, ao menos apropriada.

- Sempre é bom lembrar que jogos adaptados, com regras que visem ao desenvolvimento da habilidade em questão, são mais valiosos que o próprio jogo oficial.

Erros comuns na execução do toque para trás e correções sugeridas

A grande maioria dos erros comentados no item "Toque para a frente" valem ao toque para trás. Portanto, quanto mais cuidadoso for o processo de ensino-aprendizagem daquele, menos resquícios haverá quando o aluno aprender a tocar para trás. Assim, vale consultar as correções sugeridas anteriormente, caso o desvio se assemelhe àqueles, e aplicar as mesmas sugestões lá inseridas. Outros desvios comuns, além dos já citados, são:

1. Não há projeção do quadril à frente no momento de impulsionar a bola.
   Correção sugerida: isolar o movimento, fazendo que o aprendiz segure a bola nas mãos e lance-a para trás, mantendo a atenção exclusivamente na projeção do quadril. Aumentar a distância gradativamente obriga-o a tomar consciência de que sem a correção a bola não chegará ao seu destino, ficando sempre com uma projeção mais curta que o necessário. Esse exercício pode ser realizado também com o aprendiz trazendo a bola do chão (com as pernas devidamente flexionadas) e lançando-a quando o corpo se estender por completo.
2. Falta de força da musculatura dorsal e da coluna vertebral também pode resultar em dificuldade de execução do fundamento. Nesse caso, reforços em que o aprendiz posiciona-se em decúbito ventral em colchonetes e lance bolas medicinais em forma de toque para a frente surtem bom efeito.
3. Flexão do pescoço, cabeça pende para baixo no momento do toque.
   Correção sugerida: fazer o aprendiz olhar para a bola e dizer onde ela caiu – estabelecer um alvo atrás do executante. Outra re-

ferência pode ser o professor-treinador (ou um companheiro) colocar-se atrás do aluno, com um braço elevado, e escolher números que serão representados pelos dedos (ao alcance da visão do executante). Este deve acompanhar a bola e dizer, ao final do movimento, quantos dedos foram levantados. Muitas vezes, essa correção também acerta o desvio do quadril.

4. Polegares não formam a base do toque.
Correção sugerida: a base do toque pode se modificar quando o aprendiz é apresentado ao novo fundamento. Ao tentar fazer que a bola vá para trás, ele modifica a base anterior e a faz com os dedos médios. Nesse caso, será necessário retornar aos educativos do toque para a frente, porém há exercícios interessantes em que apenas no último momento o professor-treinador determina se o levantamento deve ser para a frente ou para trás, obrigando o aluno a manter a forma do toque até a definição da direção a ser dada à bola, o que o obrigará a tocá-la com a base correta. A correção desse desvio, mesmo que o toque tenha precisão, segue o mesmo motivo do afastamento anteroposterior de pernas: a mudança do padrão de movimento quando a intenção é levantar para trás passará a ser futuramente um indicador preciso para os adversários, que poderão se antecipar à marcação de bloqueio toda vez que os dedos do levantador alterarem a base do toque.

5. Toque com a ponta dos dedos.
Correção sugerida: a bola toca apenas a ponta dos dedos indicadores, médios e anulares e vai para trás. Vale a sugestão do item anterior. Esse desvio pode, todavia, estar associado à colocação equivocada do executante sob a bola. O raciocínio é: se tocar para a frente, eu me coloco atrás da bola; se direcioná-la para trás, eu devo passar dela. Esse engano ocasiona que a bola se afaste do controle das mãos do executante e ela acabe por tocar a ponta dos dedos. É importante que o professor-treinador observe qual a raiz do problema, o posicionamento incorreto do corpo para realizar o toque ou a forma das mãos no contato com ela, e o corrija.

TOQUE LATERAL

Segue o padrão motor do toque para a frente até que a bola chegue às mãos do executante. Como se trata de um recurso também para interceptar passes imprecisos, é ensinado a partir de quando as situações de jogo passam a exigir tal adaptabilidade e a condição motora do aprendiz permitir seu aprendizado.

É utilizado principalmente quando o passe chega muito próximo à rede. O domínio dessa variação não só permite a qualidade do levantamento como evita que o executante invada a quadra contrária ou toque a rede. Podendo ser realizado de frente ou de costas para a rede, exige, todavia, mais habilidade do executante no primeiro caso.

A aprendizagem desse fundamento se dá a partir dos 14 anos, porém é comum ver alguns alunos mais habilidosos o realizarem, mesmo de forma rudimentar, para sair de situações de dificuldade em que não é possível posicionar-se de frente para a posição 4.

Levando em conta que o levantador posiciona-se ligeiramente de frente para a região de onde lhe chega o passe, é natural que ele encontre mais facilidade em realizar o toque lateral do que em promover um giro corporal que o deixe voltado para a entrada de rede.

Pela facilidade em controlar a bola que vem do fundo para a rede, é preciso tomar cuidado para que os alunos, ao aprender o toque lateral, reneguem o de costas e até mesmo o de frente, dando constantemente preferência a essa variação.

Descrição

Segue as orientações iniciais das etapas 1 e 2 referentes ao toque por cima para a frente. Entre os iniciantes, convém manter o aluno de costas para a rede com o propósito da aprendizagem da nova variação.

Figura 4   Toque lateral.

Execução do toque:

- Antes da chegada da bola, os ombros se alinham e o corpo se posiciona como se fosse devolvê-la a quem a passou.
- As pernas afastam-se lateralmente e os pés ficam paralelos.
- No momento em que a bola se acomoda nas mãos do executante, um dos ombros se posiciona mais baixo que o outro – se a bola for levantada para a direita do corpo, o ombro esquerdo tem de estar acima do direito, e vice-versa –, para que ela possa ser direcionada ao lado desejado. Tratando-se de levantadores mais experientes, o desnível de altura dos ombros torna-se quase imperceptível, com o movimento sendo realizado apenas com punhos e mãos.
- As mãos acompanham esse desnível, para que a bola se encaixe levemente mais na mão correspondente ao lado ao qual ela será enviada.
- Os braços estendem-se paralelamente na direção tomada pela bola.
- Quando se realiza o toque lateral de frente para a rede, os polegares assumem uma posição de proteção, para que a bola seja trazida novamente à própria quadra; o mesmo acontece com os outros dedos quando o executante está de costas para a rede.
- Nesse caso, os cotovelos ficam mais afastados, o que dificulta a preparação da forma do toque.

Pronta ação para o prosseguimento do jogo:

- A dificuldade imposta pelo posicionamento a esse tipo de toque implica também uma demora em realizar a movimentação para a proteção de ataque subsequente.
- O cuidado em realizar o toque eficientemente em uma situação menos favorável não deve ser preterido por uma ação imediata de cobertura de ataque.
- Muitas vezes, nessas circunstâncias, o levantador acaba por ser o último a se posicionar para tal ação tática.

APRENDIZAGEM

- As etapas de apresentação e a importância da correta execução e da utilização em jogo seguem a mesma linha sugerida ao toque para a frente, assim como a livre experimentação.

Sequência pedagógica:

- O processo é idêntico ao sugerido para o toque de costas, principalmente em relação à consciência corporal e à orientação espacial.
- Todas as movimentações pela quadra e as indicadas para os exercícios em dupla, arremessando ao destino desejado, são igualmente aplicáveis na introdução ao toque lateral.
- Da mesma forma, deve-se evitar inicialmente o giro de 90° ou 180° em exercícios com bola. No entanto, a variação de movimentações, breques, giros e simulação da ação, sem a utilização da bola ou com arremessos substituindo o toque, deve ser bastante rica e pode ser utilizada durante o aquecimento.
- Os exercícios em trios devem guardar uma organização em forma de triângulo reto. Um elemento está com a bola à frente do segundo, enquanto este está de lado para o terceiro. Guardando uma distância de cerca de 2 m, inicia-se o exercício com o lançamento do primeiro elemento (A na Figura 5) ao segundo (B), e a bola deve ser dirigida à altura da cabeça do executante. O toque lateral é feito para o terceiro elemento (C). O lançamento não deve oferecer dificuldade ao executante e a distância a ser percorrida pela bola aumenta gradativamente, assim como a do recebimento do passe. É preciso alterar os lados para o qual se levanta constantemente, sempre com B virando de frente para o primeiro passador. Esse exercício pode começar com lançamentos, deixando o toque para quando o movimento estiver assimilado; todavia, com alguns grupos o toque pode ser imediatamente aplicado.
- Com base na organização anterior, promove-se a variação tanto da posição de quem lança quanto de quem realizará o toque. Aquele que funciona como referência para o levantamento (A ou C) varia constantemente a distância e o lado.
- A organização em trios e em linha é apropriada em um segundo momento (Figura 6), quando ocorre uma troca de passes em toque, e o elemento que está entre os outros dois (B) realiza dois toques, um para si e outro para o terceiro companheiro (A ou C), depois de fazer um giro de 90° e colocar-se de lado para este.
- Caso o professor-treinador julgue necessário, pode-se voltar aos arremessos, até que o aprendiz adquira pleno domínio da bola.
- A mesma organização pode utilizar variações do exercício, com todos realizando um toque para si e o segundo lateralmente.
- Da mesma forma que ocorreu na aprendizagem do toque para trás, os exercícios devem buscar a aproximação à realidade de jogo, com passes que coloquem o executante em condições mais difíceis, sobretudo junto à rede. Não se trata de aplicação do fundamento, mas de evolução do grau de dificuldade de modo a permitir que o padrão se adapte às variações a serem encontradas depois.

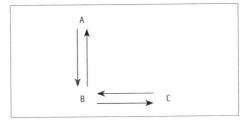

Figura 5 Exercício em trio em forma de triângulo reto.

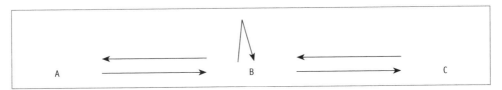

Figura 6 Exercício em trio e em linha.

- A estratégia de segurar a bola e depois lançá-la em situações simuladas de jogo é adequada para a correção do movimento. Pode-se promover jogos adaptados em que o segundo toque, por exemplo, deve ser realizado lateralmente, porém em lançamento. O levantamento será mais preciso e o rali prossegue normalmente a partir daí.

Educativos e formativos:

- Como a fixação dos tipos anteriores de toque já se deu, poucas serão as ocorrências de desvios. Caso ocorram, deverão ser tratados da mesma forma, sendo isolados os que os apresentam e, sob supervisão constante, sendo prescritos exercícios de correção.
- Muitos dos desvios originam-se na tomada de decisão do executante sobre que tipo de toque utilizar para determinadas situações. Nesse caso, deve-se verificar se o problema não tem origem na posição básica inadequada, nas movimentações específicas ineficientes ou, principalmente, na leitura deficiente das ações anteriores à execução do fundamento e na falta de imediata providência para acelerar a chegada equilibrada à bola.

Automatização:

- O uso da parede para a automatização do toque lateral é válido desde que o tempo não exceda o razoável e haja pausas para que o executante não se canse e desvirtue o movimento.
- Um bom recurso também é o trabalho em trios, em linha, já citado.
- Ou em duplas, com cada elemento tocando duas vezes – a primeira para si e a segunda para o companheiro, após girar 90° e ficar de lado para este.
- É bom lembrar que a automatização necessita da repetição, da facilitação e do ambiente estável, no entanto, de nada adianta criar uma condição absolutamente distante da realidade que o aprendiz encontrará em jogo, o que o levará a utilizar meios em discordância com o padrão motor aprendido. Ou seja, que haja facilitação para a execução contínua, porém com inclusão gradativa de dificuldade e com exposição a situações reais.

Aplicação:

- O toque lateral, ao contrário do de costas, é circunstancial, ele só será utilizado em situações de jogo em que seja necessário. Sendo assim, o professor-treinador pode incluir o toque lateral em exercícios de quadra, lançando a bola para o levantador de forma a exigir que ele realize o levantamento lateral, dando início à tarefa ou ao rali.
- A variação da possibilidade de tocar de frente, de costas ou lateralmente deve ser incentivada e pode ser incluída na mesma organização citada no item anterior.

Erros comuns na execução do toque lateral e correções sugeridas

O aparecimento de incorreções nessa etapa é em menor número. Muitos dos desvios possíveis podem ser originários do processo de ensino anterior do toque por cima para a frente. Nesse caso, vale retomar alguns pontos já citados. A seguir, relacionamos alguns desvios específicos do toque lateral.

1. As pernas não se afastam lateralmente.
   Correção sugerida: isole o movimento, deixando que o aprendiz se desloque antecipadamente para a bola, afaste as pernas e, só nesse momento, o professor-treinador lança-lhe a bola. Aos poucos, vai-se antecipando o lançamento.
2. A bola fica na altura do pescoço do executante ou longe do corpo.
   Correção sugerida: partindo de lançamentos do treinador, o aprendiz desloca-se e segura a bola na altura indicada, ou seja, acima da

cabeça; depois passa a cabeceá-la de volta para o lançador; então segura-a e lança-a para os lados, alternadamente; até que, quando a altura de contato com a bola estiver adequada, passe a realizar o toque lateral.

3. Polegares não fornecem base para a acomodação da bola no toque de frente para a rede; ou os outros dedos, para o de costas para a rede.
Correção sugerida: enfatiza-se essa proteção, fazendo que a bola volte para o lançador em vez de o levantamento ser feito lateralmente. De modo gradativo, inclui-se o toque para os lados – três para o lançador, um para o lado, etc. – até que o movimento seja assimilado.

4. Falta de potência para realizar o toque lateral.
Correção sugerida: formativos lançando bolas mais pesadas são suficientes; recomenda-se, todavia, não realizar toques com bolas medicinais em nenhum momento, nem mesmo com categorias adiantadas.

5. Falta de direção.
Correção sugerida: o direcionamento correto pode ser alcançado com o alinhamento dos ombros e o posicionamento adequado das mãos, além de ser trabalhado em arquibancadas. O aprendiz senta-se em um dos degraus, de frente para o companheiro que lhe lançará bolas, e então realiza levantamentos para outros colegas que estarão igualmente sentados ao seu lado, em distâncias variadas. Esses alunos vão se movimentar constantemente para mais perto ou mais longe do executante, obrigando-o a variar a distância do levantamento. Entretanto, nem sempre o levantamento deve seguir exatamente a linha dos ombros, mas um pouco para a frente ou para trás do executante. Esse ajuste fino não é conseguido de imediato e apenas será fixado nas etapas subsequentes. De qualquer forma, é possível estimular a percepção e o domínio de tais circunstâncias utilizando o mesmo exercício aqui sugerido, e os companheiros que auxiliam em sua execução movimentam-se também para cima ou para baixo na arquibancada.

TOQUE SEGUIDO DE ROLAMENTO (OU MEIO-ROLAMENTO)

É utilizado em bolas que chegam baixas para o executante e que o desequilibram para trás, na tentativa de ajustar-se a elas. O toque ocorre antes ou durante a preparação do rolamento.

Hoje em dia, a utilização desse tipo de recurso é mais rara, já que a preferência pelo toque em suspensão faz que a aproximação do executante à bola seja antecipada. Não é comum deixar a bola cair, acomodar-se para tocá-la e depois realizar o rolamento (como se fazia algum tempo atrás). A manchete é preferida nesse caso, pois permite tanto acelerar um pouco mais o jogo a partir do levantamento quanto uma recuperação mais rápida para a ação seguinte.

Mesmo assim, não se pode dizer que o toque seguido de rolamento possa ser ignorado, pois

Figura 7 Toque seguido de meio-rolamento (de lado, ligeiramente em diagonal).

ainda tem sua utilidade e deve ser priorizado em relação à manchete – pela precisão que o toque concede à ação – sempre que a situação permitir e a velocidade não ficar comprometida.

Descrição

1. Posições básicas e movimentações específicas:
   - O executante, para recuperar uma bola que se aproxima do chão, entra em desequilíbrio e abaixa-se de modo a manter a bola à altura de sua cabeça.
   - Um deslocamento pode preceder a ação. Essa movimentação é curta e realizada geralmente em posição básica baixa.
   - O executante não pode, nesse momento, permitir que a bola chegue ao local em que o fundamento será realizado abaixo de sua cabeça.
2. Posicionamento sob a bola e preparação para o toque:
   - Ao posicionar-se sob a bola, o desequilíbrio o levará para trás, dando início ao rolamento.
   - Não deve haver afobação para o posicionamento sob a bola. O executante promove a flexão dos membros inferiores com cadência, de modo a permitir-lhe preparar com antecedência a forma do toque.
   - O corpo deve estar voltado para a região-alvo (os mais habilidosos, com o tempo, conseguem variar o toque nessas circunstâncias).
3. Execução do toque:
   - O toque é realizado antes ou durante o apoio dos glúteos ou das costas no solo.
   - Somente mãos e braços impulsionarão a bola, já que os membros inferiores poderão unicamente auxiliar no amortecimento da queda.
   - O toque em si segue as orientações do toque para a frente – mais comum – ou do toque para trás, conforme a intenção do executante.
   - Ver o item "Rolamentos" para detalhes do fundamento.
   - A dinâmica do movimento não se altera e a complementação do gesto se dá com o meio-rolamento ou o completo.
4. Pronta ação para o prosseguimento do jogo:
   - Dificilmente o levantador conseguirá realizar o toque seguido de rolamento e participar da proteção de ataque, no entanto, seu retorno ao rali deve ser o mais rápido possível.

Aprendizagem

Será ensinado após o aprendizado isolado do meio-rolamento e do rolamento sobre o ombro. Na verdade, o toque nessa condição é implantado a partir do meio-rolamento, pois esporadicamente o executante precisa rolar por completo após o contato com a bola. No entanto, dependendo da velocidade com que o executante chega à bola, há a necessidade de completar a ação.

O processo pedagógico não é nem longo nem muito fracionado, pois envolve habilidades já aprendidas. No entanto, por conta do desequilíbrio e da queda, convém ter certeza de que o aprendiz não corre risco de se machucar nas primeiras tentativas, assim como a dificuldade de impor precisão ao levantamento exige um processo mais fragmentado.

Apresentação, importância do aprendizado correto e da utilização no jogo:

- O rolamento já foi apresentado com imagens em que o toque o antecede, não precisando ser repetido. Convém, no entanto, lembrar da importância da queda e do amortecimento para maior precisão do levantamento e menor risco de contusão.

Experimentação:

- Os alunos podem "provar" da novidade a partir de lançamentos do professor-treinador que possibilitem o toque em rolamento. Muitas vezes, é possível eliminar a sequência pedagógica para alguns que já dominarão o novo fundamento a partir desse primeiro contato.

Sequência pedagógica:

- Primeiro sem o uso da bola, o aluno executa o meio-rolamento e simula um levantamento quando entrar em desequilíbrio.
- Segurando a bola em forma de toque, próximo à testa, o executante entra em desequilíbrio e lança-a para o companheiro à sua frente, estendendo os braços.
- O companheiro então se aproxima do executante (menos de 1 m) e espera pelo desequilíbrio dele. Nesse momento, a bola é lançada em direção à cabeça do executante, que realiza o toque, devolvendo-a ao colega e complementando a queda. Faz-se que ele impulsione a bola cada vez para mais longe (todavia, mantém-se a distância do lançamento para garantir a sequência de ações).
- Aumentar a distância do lançamento gradativamente, até que se chegue a um ponto possível de se lançar e devolver a bola.
- Idem, com o rolamento completo sobre o ombro sendo realizado. Para isso, a bola precisa ser lançada baixa e sobre o corpo do executante.
- Idem, variando o lançamento ora um pouco à direita, ora à esquerda do executante (sem deslocamento prévio).
- Idem, fazendo o executante deslocar-se para trás e realizar o movimento proposto.
- Idem, com deslocamentos laterais e em diagonal.
- Alterar constantemente o executante para que não haja fadiga muscular localizada em membros inferiores e glúteos nem dores nas superfícies que tocam o chão.

Automatização:

- Sessões mais longas, com um companheiro lançando a bola em uma altura apropriada, ajudam na fixação do fundamento. Esses exercícios podem ser realizados sobre tatames ou colchonetes.
- Há troca de passes entre os dois integrantes da dupla, o primeiro toca normalmente e o segundo toca e rola. Aquele devolve alto para si mesmo, dando tempo para que o companheiro levante-se e os papéis possam ser invertidos. Pode-se permitir mais de um toque para controle, até que o executante chegue à posição apropriada.
- As mesmas observações feitas nos itens anteriores, em relação à quadra e à realidade de jogo, valem também aqui. Sempre controlando os lançamentos de modo a permitir a chegada equilibrada e a realização do fundamento por completo, faz-se que o aluno: percorra diferentes distâncias, imprima velocidades variadas ao deslocamento, levante para todas as posições e realize a ação de várias regiões da quadra.

Aplicação:

- O toque seguido de rolamento, a exemplo do que ocorre com o lateral, é circunstancial. Sendo assim, o professor-treinador pode reiniciar um rali, em um treino de conjunto ou volume, lançando a bola de forma que obrigue o aluno-atleta a levantá-la dessa forma.

Educativos e formativos:

- É importante que o professor-treinador observe se o desvio encontra-se no toque, no rolamento ou só aparece quando os dois fundamentos são associados.
- É comum que a correção isole o toque do rolamento e o erro persista, pois a combinação dos dois elementos é que provoca o aparecimento do desvio. Nesse caso, apenas a realização do educativo na ação combinada é que solucionará o problema.
- O uso de filmagens ajuda bastante em fundamentos como este, em que a consciência

corporal fica prejudicada pelo desenvolvimento complexo e rápido da habilidade.

Erros comuns na execução do toque seguido de rolamento e correções sugeridas

Como os dois fundamentos associados já foram devidamente trabalhados até a aprendizagem dessa variação, convém fixar-se nos desvios surgidos da combinação entre eles.

1. Falta de força para impulsionar a bola.
   Correção sugerida: mais uma vez o uso de bolas pesadas (toques com bolas especiais ou arremessos com bolas de areia) após o desequilíbrio do corpo resolve o problema, pois aprimora a potência de membros superiores, únicos responsáveis por impulsionar a bola nessa situação.
2. O executante não se posiciona adequadamente sob a bola.
   Correção sugerida: o problema pode se originar na leitura das ações anteriores ao gesto. Estímulos de antecipação, com cobrança de atenção redobrada e de posição básica adequada, ajudam. No entanto, o problema pode requerer exercícios formativos que aprimorem a velocidade de deslocamento e/ou o rápido movimento para posicionar-se sob a bola e/ou controle da musculatura da cadeia de saltos (contração excêntrica) e abdominal (igualmente excêntrica), o que exige também flexibilidade da musculatura de costas e glúteos.
3. O tempo de entrada sob a bola é desconexo com as exigências da situação.
   Correção sugerida: esse erro pode ocorrer por dois motivos: receio ou afobação. Com medo de se machucar, o aprendiz abaixa-se com extremo cuidado, em uma velocidade de aproximação incompatível com a necessidade; ou, ansioso por não deixar a bola cair, estatela-se no chão antes mesmo de ela chegar a ele. Alternar os lançamentos, fazendo que o aluno se valha de um *feedback* a partir das diferentes adaptações, permite que o movimento como um todo torne-se mais fluido e realizado no tempo correto.
4. Toque e rolamento não apresentam harmonia, acontecendo em momentos distintos.
   Correção sugerida: alguns alunos não conseguem coordenar toque e rolamento no tempo devido. Ou rolam antes e perdem o encaixe necessário à bola, ou tocam com pouca técnica em razão de o fazerem sem que a bola lhes chegue à altura ideal. O professor-treinador pode posicionar-se bem próximo ao aluno e lançar-lhe a bola somente no momento em que o movimento se harmoniza, com os braços preparados antecipadamente e o desequilíbrio já tendo sido iniciado. No entanto, somente estímulos variados de lançamentos poderão levar o aprendiz a construir uma orientação espaço-temporal que possa se ajustar às diferentes situações às quais estará exposto durante um jogo.
5. As pernas mantêm-se unidas para bolas que afastam-se do corpo.
   Correção sugerida: não há problema em unir as pernas em bolas que chegam sobre o corpo do executante, porém, nas situações em que ele precisa deslocar-se lateralmente, a perna correspondente será responsável por levar o corpo para baixo da bola, obrigando a outra perna a se estender. Nesse caso, o rolamento total sobre o ombro é quase inevitável, dada a velocidade com que o corpo é lançado ao solo. No item "Rolamentos" há exercícios específicos de correção para esse desvio.
6. Em vez de rolar, o executante breca o movimento com os braços.
   Correção sugerida: esse hábito aumenta o risco de contusões eventuais, além de produzir, no médio prazo, uma sobrecarga sobre ombros e cotovelos que seguram o peso do corpo em queda sobre suas estruturas. Ver o item "Rolamentos".

TOQUE EM SUSPENSÃO

É o toque realizado sem o contato dos pés com o chão, independentemente de ser para a frente, de costas, lateral ou com uma das mãos. Precedido de um salto que não visa impulsionar a bola, mas fazer que o executante a alcance num ponto mais alto, é a forma indicada como habitual aos levantadores a partir dos 15 anos de idade, quando os atletas têm força suficiente de membros superiores para executá-lo, sem prejuízo da técnica e da precisão.

Esse tipo de toque permite uma maior aceleração do jogo, já que a bola, interceptada em suspensão pelo levantador, aproxima-se mais da mão do atacante de velocidade, diminuindo assim a altura do levantamento. A utilização unânime do toque em suspensão nas categorias mais adiantadas no voleibol atual fez que o próprio padrão da qualidade da recepção fosse alterado, obrigando a bola a chegar mais alta ao levantador, para que ele pudesse realizar o toque no ponto máximo de alcance.

Descrição

Seguem as orientações relativas ao manejo de bola do toque por cima para a frente, de costas, lateral ou com uma das mãos, dependendo da intenção de direcionamento e das possibilidades de execução.

1. Posição básica e deslocamento para a bola:
   - A posição básica e a antecipação na análise e no início da movimentação são condições para a chegada à bola no tempo adequado.
   - Como o toque será realizado em um momento anterior ao que aconteceria caso fosse realizado do chão, tipo de passada adequado, deslocamento rápido e chegada equilibrada são imprescindíveis à realização do movimento de acordo com a técnica correta e a eficiência da ação. O equilíbrio do corpo é fundamental para a precisão do levantamento.
2. Posicionamento do corpo sob a bola:
   - O salto não tem influência na impulsão à bola, apenas faz que o levantador a alcance em um ponto mais alto. Por isso, ele antecede o toque e deve impulsionar o executante não a uma altura máxima, mas ideal, de modo a permitir que ele tenha condição de executar o fundamento com técnica e precisão.
   - Eventualmente, o levantador precisa, em passes muito altos e próximos à rede, saltar o máximo que puder para evitar que a bola passe para o lado adversário. Nesse caso, os recursos servem para proporcionar um levantamento possível e preciso.
   - Em boa parte das vezes, principalmente em passes mais curtos, o salto tem também um componente horizontal – chamado salto em projeção –, que permite ao executante lançar o corpo sob a bola antes que ela perca altura. O salto em projeção deve colocar o executante exatamente sob a bola, não deixando que ele fique longe dela ou que ela fique abaixo ou longe de suas mãos.
3. Execução do toque:
   - Guarda todas as características técnicas do tipo de toque escolhido no que se refere ao manejo de bola.
   - No toque em suspensão, por não haver o contato dos pés com o chão no momento de sua execução, a impulsão à bola fica restrita exclusivamente ao trabalho de braços, punhos e dedos.
4. Pronta ação para o prosseguimento do jogo:
   - A queda deve ser equilibrada e apoiada nos dois pés, permitindo ao levantador participar da próxima ação do jogo imediatamente.

Aprendizagem

Apresentação, importância do correto aprendizado e da utilização no jogo:

- Nesse caso, é interessante escolher levantadores famosos e atuais para ilustrar a apresentação. Edite sequências de levantamentos em suspensão para mostrar que esse é

um recurso habitual e obrigatório aos levantadores.
- Demonstre o quanto o jogo ganha em velocidade com o uso corriqueiro do levantamento em suspensão.
- Para convencer também os atacantes da importância da correta aprendizagem, apresente situações em que será necessária a eventual utilização por eles desse tipo de toque – bolas sobre a rede ou que ultrapassem seu corpo, por exemplo.

Sequência pedagógica:

- O toque em suspensão não necessita de sequenciamento pedagógico quando for ensinado, pois a carga motora dos procedimentos anteriores é suficiente para que o aluno-atleta o execute.
- É importante, porém, aprimorar os deslocamentos para se chegar à bola em tempo de saltar e esperá-la no alto.
- Exercícios em dupla, em que há um primeiro toque para si mesmo e o segundo é realizado em suspensão para o companheiro, ajudam o aluno-atleta a se acostumar com a nova habilidade.
- Exercícios em trios e quartetos organizados em triângulos ou quadrados aproximam a tarefa da realidade de jogo, no qual o passe vem de várias regiões.
- Indivíduos que não tiveram uma formação continuada devem ser submetidos a um processo mais fracionado no qual eles: deslocam-se livremente para vários locais da zona de ataque e saltam, simulando levantamentos variados; deslocam-se da mesma forma, com uma bola nas mãos, e lançam-na para variadas posições de ataque; idem, lançando-a para onde o treinador, no último momento, indicar; professor-treinador lança bolas, inicialmente mais fáceis e próximas do executante, para que ele realize os levantamentos; aumentar a distância entre o levantamento e o alvo; etc.
- Esse processo pode ser aplicado também aos que apresentarem mais dificuldade.

Exercícios educativos e formativos:

- Os exercícios sugeridos anteriormente poderão servir como educativos e oferecer o equilíbrio corporal necessário para a execução do toque, caso seja este o problema.
- Os educativos devem coordenar o salto e o toque, pois nessa fase do desenvolvimento não há – ou não deveria haver – desvios provenientes apenas do toque.
- Os formativos podem ter tripla função nesse caso: fortalecimento de membros superiores, o que permitirá o toque mais preciso e potente; fortalecimento de membros inferiores, capacitando-os a ganhar maior alcance no salto; e velocidade de deslocamento, para chegar mais rápido ao local do salto.
- Os formativos devem desenvolver a potência – e não a força isoladamente – de membros superiores, para que o impulso à bola alcance todas as distâncias e alturas possíveis. Exercícios com bolas mais pesadas – de treinamento – ou lançamento de bolas medicinais podem servir bem a esse fim. Já o desenvolvimento da potência de salto e a velocidade de deslocamento podem ser trabalhados nos aquecimentos ou pelo preparador físico isoladamente.

Automatização:

- Exercícios em duplas, trios e adaptados à exigência do jogo – sobretudo levantamentos – com alvos relativamente fáceis de serem alcançados ajudam na fixação do fundamento.
- Evite sequências muito longas ou de alta intensidade. O cansaço muscular compromete a qualidade do movimento e a precisão da ação, gerando esgotamento físico e mental ao aluno.

Aplicação:

- A partir da fixação do movimento, passe a exigir do levantador o toque em suspensão, preterindo o realizado com o apoio dos pés no chão.

- Logo que iniciar a aplicação em situações de jogo, torne habitual o toque em suspensão para o levantador. Os atacantes não possuem tanta facilidade para realizar o toque em suspensão de forma eficaz, por isso não é indicado que se cobre deles a mesma prática de imediato. No entanto, o treinamento dessa forma de toque deve estender-se a todos até a especialização mais ampla na C18/19. Isso desenvolverá nos atletas uma gama mais ampla de recursos e atenderá a premissa do treinamento integral.
- A partir de sua aplicação, o salto em projeção para o levantamento vai se tornar também habitual. Mesmo quando não for possível utilizar o salto para alcançar um ponto máximo no sentido vertical, o levantador deve procurar aproximar-se da bola que lhe chega mais curta. Nesse caso, o salto não é para o alto, mas para o local onde se poderá tocar a bola em suspensão, mesmo que em uma altura menor que a ideal.
- O salto em projeção visa manter a aceleração do jogo, evitando que a bola desça a um ponto em que seria necessário utilizar o levantamento do chão – em toque ou manchete –, o que diminuiria a possibilidade de utilizar bolas mais rápidas, principalmente com os centrais, e permitiria que o bloqueio adversário se preparasse com antecedência e maior número de componentes.
- O salto em projeção pode ser para a frente, para trás, para os lados ou para as diagonais, dependendo para onde o passe é endereçado. E todas essas variações precisam ser consideradas nas etapas de aperfeiçoamento e treinamento.

Erros comuns na execução do toque em suspensão e correções sugeridas

1. O salto não leva o executante ao local correto de realização do levantamento.
   Correção sugerida: é importante que o professor-treinador observe se esse desvio se dá por causa da análise equivocada das ações anteriores e da consequente não antecipação do executante. Exercícios em que o treinador, em vez de lançar bolas diretamente ao levantador, ataca-as com força variada para defensores, fazem que o executante analise as possibilidades de defesa e antecipe-se em direção à provável região a que a bola será endereçada. Pode-se montar grupos de três levantadores, para que haja um rodízio entre eles e um tempo razoável de recuperação entre uma ação e outra. Nesse caso, reforça-se a necessidade daquele(s) que precisa(m) corrigir o movimento, enquanto os que não apresentam desvios podem usar o exercício como aperfeiçoamento ou treinamento.

2. Executante utiliza o salto para impulsionar a bola.
   Correção sugerida: exercícios em que o aluno tem a bola nas mãos, desloca-se, salta e só a lança para o alvo determinado após ordem do professor-treinador fazem que ele salte antecipadamente e, com a bola nas mãos, possa retardar o lançamento, aproximando ambos do ideal. Outra sugestão é o professor-treinador subir em uma mesa e segurar uma bola em altura compatível com o alcance do aluno, este saltar e tocá-la – o professor-treinador solta-a frações de segundo antes do toque. Pode ser realizado a partir de deslocamentos, com o cuidado de não colocar a mesa no trajeto a ser realizado pelo aluno-atleta antes ou depois do salto.

3. Toque é realizado sempre em um alcance menor do que o ideal, mesmo havendo tempo para uma melhor colocação.
   Correção sugerida: esse desvio é originado quase sempre por comodidade e economia de energia por parte do executante. O educativo pode ser o mesmo do item anterior, exigindo do levantador o alcance máximo, estabelecido pelo treinador. Pode o professor-treinador ainda lançar-lhe bolas sempre sobre ou longe da rede, obrigando-o a saltar mais do que normalmente seria necessário nas situações habituais.

4. Salto em projeção resume-se a uma breve perda de contato com o solo.
   Correção sugerida: em vez de saltar em direção à bola, o executante aproxima-se demais por meio de deslocamentos, deixando a bola descer a um ponto não ideal. Faz, por fim, um salto rasante e inócuo, em direção a ela. O professor-treinador pode lançar bolas repetidamente fora da rede ou à frente do executante, porém sempre em uma mesma distância e obrigando-o a saltar de trás de uma linha previamente demarcada no chão. Administre o número de repetições e permita sempre que o aluno retorne ao ponto de partida e se apronte para a próxima ação.

TOQUE COM UMA DAS MÃOS

Recurso extremo utilizado junto à rede como forma de impedir que a bola passe para a quadra contrária, quando ela se afasta do alcance do levantador, principalmente acima da cabeça, e o impede de realizar o toque convencional com as duas mãos. É realizado quase sempre em suspensão. Levantadores mais hábeis desenvolvem meios de realizar levantamentos com velocidade para variadas direções, independentemente da dificuldade criada pelo passe e da distância em que se encontram do alvo almejado.

É possível que, assim como acontece com o toque em suspensão, alguns indivíduos apresentem domínio do fundamento antes do prazo determinado nesse PFCAAD. Não iniba sua realização e ofereça subsídios para que esse aluno-atleta desenvolva a habilidade.

Descrição

Segue as orientações iniciais sobre posição básica e movimentação específica do toque por cima para a frente (1) e as sobre posicionamento do corpo sob a bola do toque em suspensão (2), considerando-se as variações circunstanciais que serão comentadas na sequência.

1. Execução do toque:
   - É realizado com a ponta dos dedos e com o braço quase completamente estendido.
   - O executante posiciona-se ligeiramente de costas para a rede na maioria das vezes a fim de impedir que a bola passe para o campo adversário.
   - Em toques mais curtos, os dedos apenas interrompem a trajetória da bola, fazendo que ela se ofereça ao atacante mais próximo.
   - Uma leve e instantânea flexão de cotovelo e/ou punho pode impulsionar a bola para alvos mais distantes.
2. Pronta ação para o prosseguimento do jogo:
   - Nem sempre é possível ao executante participar da proteção do ataque após o levantamento com uma das mãos ser

Figura 8   Toque com uma das mãos (de frente, ligeiramente em diagonal).

realizado, mas o reequilíbrio deve receber toda a atenção, para que não haja invasão ao campo contrário ou toque na rede e seja permitido o retorno imediato à sequência do rali. O reequilíbrio também está diretamente relacionado à prevenção de contusões.

Aprendizagem

Apresentação, importância do correto aprendizado e da utilização no jogo:

- Por se tratar de um recurso com variações técnicas, convém dar uma visão geral de sua execução, apresentando as diferentes aplicações.
- É importante o detalhamento dos dedos que tocam a bola.
- Como ele será ensinado à C16/17, ressaltar a dificuldade de sua execução estimula a aprendizagem, já que o desafio é muito bem assimilado nessa faixa etária.

Experimentação:

- Muitas vezes é aprendido com a livre experimentação, por meio de lançamentos inicialmente facilitados do técnico.
- Mesmo assim, por se tratar de um recurso extremo utilizado junto à rede e quase sempre em suspensão, não adianta colocar o aluno em situações muito fáceis e distantes da realidade de jogo, tampouco deixar de cobrar-lhe precisão na ação.

Educativos e formativos:

- Os primeiros toques com uma das mãos levarão o executante a dois erros mais comuns: a condução no contato com a bola e a rigidez excessiva dos dedos.
- O fortalecimento de dedos e punhos (exercícios de preensão de bolas de tênis, manipulação livre da bola de vôlei com uma das mãos ou exercícios com elásticos), principalmente dos extensores do cotovelo e flexores do punho, ajuda no maior controle e no alcance de distâncias maiores na realização do toque.

Automatização:

- Por se tratar de um recurso com variações circunstanciais que alteram a dinâmica da ação, convém submeter o aluno a todo tipo de estímulo, para que ele crie um arsenal capaz de resolver os problemas advindos de cada situação.
- No entanto, apenas estímulos que aproximem a realização do recurso às situações de jogo permitirão sua fixação.

Aplicação:

- Imediata. Quando o aluno aprende o toque com uma das mãos, ele tem condições de aplicá-lo em situações de jogo que já vivencia. Logicamente, a eficácia virá com o treinamento.

Erros mais comuns na execução do toque com uma das mãos e correções sugeridas

- O executante conduz a bola ou a toca com os dedos muito rígidos.
Correção sugerida: permita que o aluno manipule livremente a bola de vôlei durante o aquecimento e a impulsione com os dedos para a frente e para trás. Essa "intimidade" causará o aumento das possibilidades de utilização desse recurso.

Aperfeiçoamento do toque por cima (em todas as suas variações)

Para efeitos de melhor organização do livro e facilitação à consulta do leitor, como adiantamos no início do capítulo, após explanar sobre a aprendizagem do toque por cima e de suas principais variações, apresentaremos o aperfeiçoamento do toque de maneira geral e variada. Portanto, as informações generalizadas a seguir são válidas para qualquer etapa de aperfeiçoamento, independentemente de quais variações estejam disponíveis no acervo motor do grupo. Quando necessário, faremos observações específicas.

Inicialmente, é importante frisar que o aperfeiçoamento do toque por cima começa a se dar desde sua aprendizagem, a partir de sua utilização em jogo e consequentes exigências. A repetição sistemática em exercícios aplicativos e a utilização do fundamento em jogo levarão inevitavelmente ao levantamento e ao consequente aprimoramento da habilidade no que concerne à precisão.

O aperfeiçoamento do toque inclui obrigatoriamente o levantamento, mas não necessária e exclusivamente como elemento do jogo. Todavia, a todo momento, seja nos exercícios, nas tarefas ou nos jogos adaptados, a preocupação em enviar a bola a determinado local com relativa precisão é constante.

Nesta etapa, treinos de precisão e variação das situações-problema, com alvos fixos (aros, mesas com referências próximas da altura ideal para o levantamento), são fundamentais para o aperfeiçoamento do fundamento, sem que se deixe de lado a preocupação com o desenvolvimento constante do deslocamento apropriado para cada situação e a colocação ágil sob a bola.

Não é necessário usar as referências de quadra e rede a todo momento, mas deve-se sempre incluir metas de enviar a bola com qualidade para algum lugar predeterminado, e não simplesmente tocá-la. Com essa finalidade, o professor-treinador pode estabelecer limites que devem ser respeitados pelos alunos, por exemplo, a linha lateral ou de fundo servindo como referência – como se fosse a rede – aos executantes do exercício. Toques que ultrapassam a linha estão indo, portanto, para a quadra contrária.

A composição posição básica + movimentação específica + toque é enfatizada a todo momento e requer atenção especial na elaboração dos treinos que visam ao aprimoramento do fundamento, independentemente do tipo de toque em questão. O apuro da técnica realizada com naturalidade e a busca crescente da precisão sob quaisquer circunstâncias são o objetivo maior do aperfeiçoamento. Durante esta etapa os erros ainda ocorrerão e não raro serão consecutivos (dignos do questionamento: "Será que eles desaprenderam?"). A regularidade e a eficácia serão desenvolvidas concomitantemente e alcançadas com o tempo.

O aperfeiçoamento do toque começa já na C13, primeiro do toque para a frente e logo em seguida do toque de costas, pois ambos são a base do levantamento no sistema de jogo seis contra seis com o levantador na posição 3. À medida que novas variações são aprendidas, estas são incluídas no processo de aperfeiçoamento, seguindo a ordem proposta.

Os exercícios devem ser elaborados com bolas vindas de recepções e defesas em situações facilitadas e adaptadas. Gradativamente, as relações com a quadra e a dinâmica de jogo que se pratica são incorporadas aos exercícios e tarefas.

É importante lembrar que esta etapa ainda envolve todos os atletas, independentemente da posição em que atuam. Por isso, as condições são facilitadas e as cobranças por eficácia são diferentes, respeitando-se as diferenças individuais. Gradativamente deve-se incluir o elemento que complementa a sequência natural do jogo, ou seja, o ataque.

Exercícios em grupos de três participantes revezando-se em formações triangulares surtem bom efeito, pois diminuem a intensidade do exercício, promovendo uma recuperação apropriada para a realização do movimento sem prejuízo da qualidade, e propiciam uma proximidade da relação passe-levantamento-ataque que será aplicada em situações de jogo. Três grupos dispostos em triângulo (ou quatro, em quadrado) pela quadra (guardando as posições de defesa, entrada e saída de rede) oferecem variações para alternar os vários tipos de manchete e toque (e seus respectivos elementos de jogo). Conforme organização ilustrada na Figura 9, é possível mudar o sentido para o qual a bola viaja, o deslocamento dos alunos, a forma de manipular a bola em cada estação, etc.

A organização em duplas é altamente válida para a aprendizagem e a fixação, mas não serve muito à finalidade de aperfeiçoar o fundamento, já que o recebimento e o envio em linha reta não são compatíveis com as ocorrências de jogo. Dê preferência a idealizar exercícios dinâmicos, que utilizem direções de deslocamentos e levantamentos variados.

Fixar grupos exclusivamente com a função de passe ou de levantamento ajuda mais na fixação do que no aperfeiçoamento do fundamento. A variabilidade leva a uma apreensão melhor do gesto técnico e promove a adaptação mais rápida às necessidades do jogo, assim como alternar os alvos, fazendo que o aluno-atleta busque ora levantar para uma posição, ora para a outra, resulta em mais qualidade em menos tempo do que escolher apenas uma meta e fazer que ela seja buscada repetidamente.

TREINAMENTO DO TOQUE POR CIMA (EM TODAS AS SUAS VARIAÇÕES)

O PFCAAD faz uma distinção conceitual entre o treinamento do toque e do levantamento, com finalidade didática e que visa à organização mais clara das sessões e dos objetivos nelas implícitos. Resumidamente, o treinamento do toque integra todos os elementos da equipe, enquanto o do levantamento é introduzido quando tiver início a especialização. Dele farão parte apenas os levantadores.

- O treinamento do toque por cima deve incluir os tipos de toque aprendidos até então e visar ao levantamento, à manutenção da qualidade motora obtida no aperfeiçoamento e à crescente eficácia do elemento de jogo.

- O aquecimento com bola em duplas, trios ou pequenos grupos deve conter sempre tarefas que exijam variações do toque por cima. Não se pode deixar esta parte do treino como um mero cumprimento de etapa. O professor-treinador acompanhará e cobrará sempre o refinamento técnico e o compromisso com a precisão, além de incluir variações de distância e altura dos levantamentos. A manutenção da técnica só é alcançada com a exigência diária da qualidade.

- Sistematicamente, o técnico deve elaborar treinos em que todos os jogadores levantem para os demais atacarem. O aquecimento de rede pode servir bem a esse fim.

- O treinamento do toque por cima deve continuar fazendo parte da rotina dos atacantes mesmo com a especialização já adotada. Apesar de não ser sua função específica, eles terão de realizá-lo eventualmente. O caráter eventual não elimina a necessidade da precisão, tampouco da habitualidade, portanto os treinos devem incluir exercícios em que eles realizem levantamentos diversos, não só da posição em que jogam, mas de todas as regiões da quadra.

- Quanto mais adiantada a categoria, maior a exigência em relação à precisão e à versatilidade do aluno-atleta dentro da região em que ele joga. Portanto, promova exercícios em que o central realiza um levantamento da posição 3 após retornar de um bloqueio na entrada, meio ou saída de rede; ou em que o ponteiro que está na rede o faça da posição 4 para o fundo (1 ou 6), depois de o levantador ter defendido o ataque adversário; etc.

- Para desenvolver a habilidade de levantar, convém fazer que o aluno-atleta realize deslocamentos diversos, a partir de e para várias regiões da quadra e receba diferentes tipos de passes (baixos, altos, com a bola girando, rasantes, etc.).

- É interessante que os alvos sejam o mais próximos do real. Não adianta colocar objetos no chão ou pessoas em pé como referência, mas que eles estejam sobre mesas, na altu-

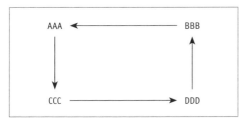

Figura 9 Exercício com grupo disposto em quadrado.

- ra e distância ideais para a chegada da bola, simulando o alcance real dos atacantes.
- A instituição de metas claras e mensuráveis é altamente eficiente em treinos desse tipo. A motivação aumenta consideravelmente quando o aluno-atleta precisa realizar um determinado número de ações corretas, em vez de levantar durante "x" minutos para uma posição.
- Outra sugestão é que não se restrinja o exercício a apenas uma posição de levantamento. De acordo com estudos da área de aprendizagem motora, a assimilação é maior quando se varia os pontos de referência. Ou seja, inclua levantamentos para as posições 4 e 2 alternadamente, por exemplo, em vez de isolar uma série para a 4 e, depois, outra para a 2.

Capítulo 5

Levantamento

É a aplicação do toque e de suas variações, além de outros recursos, em situações de jogo, com o objetivo de proporcionar condições de ataque aos companheiros. Um levantamento de qualidade permite aos atacantes maiores possibilidades de sucesso na finalização.

DESCRIÇÃO

O toque por cima é o fundamento mais utilizado pelos levantadores, por causa da precisão e da variabilidade proporcionadas pela acomodação da bola nos dedos, e pelo fato de deixar a bola mais próxima da mão do atacante – em comparação com a manchete –, o que permitirá imprimir mais velocidade a esse elemento.

A transição do toque (como habilidade específica) para o levantamento (como elemento do jogo) é natural dentro do processo ensino-aprendizagem. As próprias tarefas em duplas ou trios constantes da etapa de aperfeiçoamento ou mesmo do aquecimento das sessões já se encontram nessa fase. Quando levado às situações reais de jogo (mesmo as adaptadas), o toque insere-se na tática coletiva de imediato, como levantamento.

As variadas situações de jogo determinarão diferenciações de deslocamentos, posicionamentos sob a bola, escolha do tipo de toque mais adequado para o passe que chega e para a zona-alvo para a qual se pretende enviar a bola. Exigem altura e precisão relativa a fim de que o exercício tenha continuidade, aproximando-o das situações a serem enfrentadas em jogo.

Para efeitos de entendimento das diferenças advindas da transição do fundamento para elemento do jogo, podemos considerar cinco fases de execução do levantamento:

1. Posição básica inicial e deslocamento para a posição de levantamento.
2. Posição básica e deslocamento para a bola.
3. Posicionamento do corpo sob a bola e preparação para o levantamento.
4. Execução do levantamento.
5. Pronta ação para o prosseguimento do jogo.

Posição básica inicial e deslocamento para a posição de levantamento

- Tão logo os sistemas de jogo evoluem, o jogador responsável pelo levantamento precisa posicionar-se em determinada região da quadra para aguardar o envio da bola recepcionada ou defendida por seus colegas.
- No momento da recepção do saque, o deslocamento deve ser mais veloz e imediato ao golpe do sacador, de maneira a antecipar a chegada do levantador à posição e permitir-lhe observar já desse ponto a recepção

sendo realizada por seus companheiros. Já durante a defesa, a dificuldade é maior, pois em razão das circunstâncias imprevisíveis, nem sempre é possível ao levantador deslocar-se antecipadamente para a posição ideal, precisando, nesse caso, movimentar-se em direção à região para a qual foi endereçada a bola, apenas depois de ter certeza que a bola atacada não se dirige a ele..
- Padronizou-se, por uma série de motivos, que a região ideal da qual o levantamento deva originar-se é a posição intermediária entre a 2 e a 3 – por essa razão conhecida como "dois e meio" (2,5).
- O posicionamento antecipado é importante não apenas para que o levantador tenha tempo de reagir aos passes imprecisos, como também para servir de referência aos companheiros, indicando o local exato para onde a bola deve ser enviada.
- Nas bolas passadas de graça pelo adversário, há a possibilidade de antecipar o deslocamento para a posição já no segundo toque da equipe contrária. Nesse momento, o levantador inicia sua movimentação e os demais jogadores ocupam a quadra, deixando-o preocupar-se apenas em realizar o levantamento.
- A posição básica média, enquanto espera o saque adversário, permite que o levantador tenha rápida reação para correr e esteja atento aos movimentos do sacador adversário. No caso da defesa, ele aproveita a posição baixa assumida para uma eventual defesa e inicia o deslocamento com passadas curtas e velozes, ampliando-as depois de ganhar velocidade inicial.
- Geralmente o levantador desloca-se de frente, em corrida normal, finalizando o deslocamento (um ou dois passos) de costas ou de lado. Quando estiver próximo à posição, vira-se de frente para a região da qual virá o passe. Sempre que possível, o pé direito deve estar mais à frente, para que as costas alinhem-se com a rede e o executante realize o levantamento com facilidade para qualquer posição.

Deslocamento para a bola e postura para o toque

- O ideal é que o levantador pouco saia da posição "dois e meio", no entanto, nem sempre a qualidade do passe permite tal facilidade.
- Várias são as possibilidades para se chegar à bola, dependendo de diversos fatores que antecedem o levantamento. Para chegar ao passe que se afasta um pouco da rede, a posição média durante as passadas permite ganho de velocidade.
- Corridas longas devem ser realizadas de frente e, sempre que possível, em posição alta, para maior ganho de velocidade.
- Bolas que se dirigem às costas do levantador, mas a poucos metros, podem ser alcançadas com passadas para trás, mantendo o equilíbrio enquanto se posiciona melhor.
- Para bolas próximas, a posição de afastamento anteroposterior das pernas (pé direito à frente) deve ser mantida por meio de galopes curtos de ajuste para a frente ou para trás.
- Deve-se evitar a passada cruzada para deslocamentos curtos, a fim de não ser surpreendido em desequilíbrio no momento de tocar.
- A posição básica do levantador ao chegar ao local do levantamento também varia conforme as circunstâncias que antecedem a ação. Mantém-se normalmente a posição básica média, exceto em situações em que a recepção ou defesa se mostram antecipadamente de difícil execução. Neste último caso, a posição baixa permite uma reação mais rápida e um deslocamento inicial mais veloz para chegar a regiões mais afastadas para as quais o passe pode ser direcionado, ou mesmo uma imediata adaptação postural para passes mais baixos ou rasantes. A mesma posição baixa é assumida tão logo o levantador anteveja tal possibilidade.
- Quando há apenas uma possibilidade de direção do levantamento, o executante deve aproximar-se de forma a posicionar-se para levantar a bola com precisão a essa região-alvo.

- Com a introdução do toque em suspensão como regra para o levantamento, o salto em projeção substitui muitas vezes o deslocamento curto.

Posicionamento do corpo sob a bola e preparação para o levantamento

- A referência do executante, sempre que possível, deve ser a posição 4, ficando de frente para ela ao se posicionar sob a bola, o que lhe permitirá um melhor controle corporal a fim de optar por qualquer das posições possíveis de ataque, valendo-se preferencialmente do toque de frente ou de costas para alcançá-las.
- O posicionamento sob a bola deve ser equilibrado, para oferecer ao levantador múltiplas escolhas de levantamento.
- Com o tempo, a preferência será sempre pelo toque em suspensão. Com isso, a chegada à bola se dá por meio de um salto, que pode ou não ser antecedido por deslocamentos. O salto deve posicionar o levantador exatamente sob a bola e no ponto mais alto possível de sua trajetória.
- O salto em projeção é um meio eficiente para levar o levantador para baixo da bola em tempo suficiente e deve ser automatizado e treinado.
- O levantador, quando em dificuldade, terá reduzidas as opções do tipo de toque a utilizar, ficando restrito muitas vezes a apenas uma variação e uma zona-alvo. Nesses casos, ele precisa posicionar-se em relação à bola, de modo a executar o toque sem a preocupação de surpreender o adversário, mas apenas de utilizar a técnica perfeita, pois só assim terá chances de executá-lo com precisão.
- O posicionamento adequado sob a bola é condição fundamental. Sem isso, o executante ficará longe dela, além de não tê-la devidamente acomodada em suas mãos, comprometendo a qualidade da ação.

Execução do levantamento

- Deve seguir as diretrizes para cada um dos diferentes tipos de toque.
- A definição do toque, no entanto, deve ser retardada ao máximo e não dar pistas aos bloqueadores adversários sobre a intenção do levantador.
- Quanto mais experiência e domínio da técnica tiver o executante, mais chances terá de ludibriar os bloqueadores adversários e oferecer melhores condições a seus atacantes de definir o ponto.
- O retardamento da ação, todavia, não pode, em nenhuma circunstância, prejudicar a precisão do levantamento, nem servir ao ego do levantador. A velocidade do ataque coletivo fica comprometida por retardamentos do levantamento (abusar das fintas, deixar a bola baixar além do ponto ideal de levantamento, não saltar para levantar, utilizar a manchete, etc.).
- Quando não for possível realizar o levantamento em toque por cima, a chegada à bola deve proporcionar equilíbrio e total domínio corporal por parte do levantador. A manchete é preferida nesse caso, mas alguns recursos podem ser utilizados em situações extremas, como a manchete com um dos braços e até o uso dos pés.
- Um tipo de toque em especial ganha importância nessa etapa de treinamento especializado: o toque para trás em diagonal. Quando o levantador afasta-se da rede para realizar a ação, acaba não se posicionando exatamente de costas para as posições 1 e 2. Consequentemente, se tocar de costas para alcançar essas regiões conforme o padrão motor desse fundamento, a bola não tomará a direção desejada. Para resolver esse problema, a execução do toque é modificada. Ou seja, o levantador toca para a diagonal de seu corpo, girando levemente o tronco sobre o eixo longitudinal e fazendo que a bola passe por sobre seu ombro direito. Logo após a bola tomar seu

destino, o corpo do executante vira-se de frente para lá, em uma espécie de combinação entre o toque de costas e o lateral (Figura 1).

Pronta ação para o prosseguimento do jogo

- Imediatamente após o levantamento, o levantador deve posicionar-se para a proteção do ataque. Ele é o único a saber o destino do toque e deve antecipar-se para participar efetivamente dessa ação sequencial do jogo.
- Nas bolas mais próximas de si, é o primeiro a compor a formação coletiva. Muitas vezes, dar um passo para fora da rede permite uma participação mais efetiva nesse momento do rali.
- No entanto, não é raro o levantador estar ainda na fase aérea (toque em suspensão) quando ocorre o ataque. Nesse caso, os demais jogadores devem ocupar mais área na disposição coletiva.
- Já nas situações em que ele precisa se deslocar a longas distâncias – às vezes para fora da quadra –, deve retornar ao campo de jogo e posicionar-se como último elemento da organização da proteção de ataque.

APRENDIZAGEM E APERFEIÇOAMENTO

- A aprendizagem do levantamento ocorre naturalmente durante o processo do toque por cima. A partir do momento em que o aluno consegue direcionar com regularidade a bola para uma zona-alvo estabelecida, o levantamento está efetivamente sendo ensinado.
- O levantamento aperfeiçoa-se paralelamente com o aprimoramento do toque por cima e de suas variações. Ao serem aplicados como elementos de jogo, precisam ganhar em precisão e constância.
- O aprimoramento ocorre nas associações entre os fundamentos já aprendidos e a exposição às circunstâncias variáveis de jogo, mesmo que em forma de tarefas.
- Mesmo assim, as sessões específicas de aperfeiçoamento do levantamento, estendidas a todos os alunos-atletas, devem contar obrigatoriamente com o rigor da precisão crescente associado às regiões-alvo próprias do jogo de voleibol, ou seja, para as posições da quadra em que serão realizados os ataques e as condições variadas de recebimento e deslocamento a que os executantes estarão sujeitos.

Figura 1   Toque em diagonal (de lado).

- Durante o aperfeiçoamento, os exercícios são realizados de acordo com as dimensões da quadra, podendo haver alvos fixos (arcos, gaiolas, pessoas sobre mesas, etc.), mas devendo sempre ser complementados com os levantamentos que resultem em ataques reais.
- Nessa etapa, é importante que o executante saiba optar entre os vários tipos de toque por cima pelo que melhor se adapta a determinadas situações e realizá-lo em condições de equilíbrio e técnica que resultem em uma ação eficaz.
- Gradativamente, o arsenal individual do aluno-atleta aumenta de modo considerável graças às vivências múltiplas e a necessidade de valer-se constantemente de sua capacidade de análise e resposta.
- A utilização da visão periférica como fomentadora de estímulos – movimentação de companheiros ao redor, objetos no caminho, proximidade da rede, etc. – deve ser estimulada.

ERROS COMUNS NA EXECUÇÃO DO LEVANTAMENTO E CORREÇÕES SUGERIDAS

1. Posicionamento incorreto das mãos em razão da dificuldade em chegar equilibrado à região para onde o passe foi dirigido.
   Correção sugerida: treinamento dos deslocamentos específicos, para aumentar a velocidade e a eficiência das passadas, além do posicionamento antecipado de mãos e braços sob a bola, geralmente resolvem esse problema. No entanto, sem a determinação de alvos a serem atingidos pelo levantamento, o processo de correção pode não se completar. Como introdução aos exercícios, é válido deixar a bola nas mãos do aluno-atleta durante o deslocamento, obrigando-o a manter o posicionamento correto delas até o lançamento para a zona-alvo.
2. Não há análise da qualidade do passe nem das condições em que o passador recebe a bola.
   Correção sugerida: posição básica adequada e atenção aos possíveis desdobramentos da jogada mesmo nos exercícios mais simples devem ser cobradas constantemente e proporcionarão melhor colocação e qualidade final da ação; porém, não bastam. A boa leitura do jogo pelo levantador é uma das principais virtudes para a função. O *feedback* externo, fornecido pelo treinador, é importante, mas deve haver uma predominância do interno, para que o aluno desenvolva seu sistema decisório. Variações de situações surtem mais efeito do que tarefas em que a automatização prevalece sobre a leitura das ações antecedentes. Em outras palavras, o professor-treinador lançar diferentes tipos de bola para o levantador não soluciona esse problema, pois as ações de recepção e defesa são completamente diferentes e muito mais ricas de elementos pertinentes a uma análise mais apurada.
3. O deslocamento para a bola é inadequado.
   Correção sugerida: há deslocamentos específicos que devem ser treinados e automatizados pelo levantador. Movimentações que não aliem velocidade e equilíbrio não interessam. As movimentações são chamadas de "específicas", pois cabem cada uma a determinada situação; treine-as e automatize-as dentro de suas especificidades e aplicações. Qualquer situação que leve o levantador a se deslocar guarda particularidades de acordo com a distância a ser percorrida, a velocidade a ser imprimida e o quanto a bola se afasta da rede. Para bolas muito longas, é aconselhável que o levantador corra de frente, ganhe velocidade, posicione-se de acordo com a necessidade e busque equilíbrio para conferir força e precisão à ação. Nesses casos, muitas vezes é preferível a opção pelo levantamento em manchete do que em toque, pela dificuldade em posicionar-se sob a bola e imprimir-lhe força.
4. O pé de apoio para as bolas fora da rede é invertido.
   Correção sugerida: quando a distância a ser percorrida não é tão grande, a opção pode ser por uma movimentação mista, iniciada

com uma corrida de frente, mas finalizada por um galope que permita o apoio do corpo sobre o pé direito, pois este servirá de pivô para transferir a bola às extremidades. O apoio do pé esquerdo trava o movimento em situações de maior dificuldade e impossibilita a chegada da bola a algumas regiões. Com o apoio do pé direito, o levantamento pode ocorrer para a frente ou para trás, já que o giro da perna esquerda, que está fora do chão, reposiciona mais facilmente o corpo, possibilitando a escolha por parte do levantador. Ao mesmo tempo que o giro posiciona o executante de frente para a posição 4, permite o levantamento para trás em diagonal com naturalidade.

5. O posicionamento equivocado do corpo sob a bola impede outras formas de toque.
Correção sugerida: normalmente, o executante deve procurar posicionar-se antecipadamente e em equilíbrio para dispor de todas as opções de toque a fim de realizar o levantamento e dirigi-lo a qualquer posição. Essa atitude é importante tanto para aumentar a possibilidade de corrigir passes imperfeitos quanto para ludibriar o bloqueio adversário. O professor-treinador pode estimular o enriquecimento do acervo técnico de seus atletas provocando situações em que o aluno-atleta é obrigado a utilizar outras formas de toque, não limitando suas utilizações e obrigando-o a antecipar-se para conseguir realizar a tarefa.

6. Uso da manchete (por comodidade, insegurança ou mau posicionamento).
Correção sugerida: definitivamente, não se deve permitir acomodações do levantador. O levantamento em manchete é menos preciso, mais lento e leva todos os demais jogadores a também se acharem no direito de economizar esforços para chegar à bola em outras situações. Só em casos extremos ela deve ser utilizada, em situações em que a dificuldade de posicionamento sob a bola incorrerá em um levantamento menos preciso.

7. Gestos "cantados".
Correção sugerida: a evolução técnica e tática de um levantador se dá com o aumento de sua capacidade de tornar suas ações imprevisíveis. Quanto menos o adversário puder se antecipar em relação ao que o levantador pretende fazer, maiores serão as chances de sucesso do atacante, que enfrentará bloqueios simples ou desmontados. Exercícios específicos de enfrentamento entre bloqueadores que tentam fintar e levantadores que procuram observá-los e alterar suas opções rendem bons resultados. Outros em que o professor-treinador é quem determina a direção do levantamento, dando o comando apenas no último momento, fazem que o executante retarde a ação (sem prejudicar a velocidade coletiva de ataque) e ganhe, assim, confiança no levantamento feito sem o uso do corpo e cada vez mais com punhos, mãos e dedos. O uso de filmagens das atuações do aluno-atleta é altamente eficaz para que ele, vendo-se, possa conferir os vícios motores. Exercícios que levem o executante a tocar a bola para posições menos prováveis aumentam o domínio da técnica. Por exemplo, tocar a bola atrás da cabeça e enviá-la para a frente; pegar na altura do pescoço e levantá-la para trás, etc. No entanto, é importante que esse estímulo seja dado apenas no estágio de treinamento, pois pode dificultar a automatização do gesto correto ou levar a vícios.

8. Imprecisão do levantamento.
Correção sugerida: o treinamento específico, com alvos bem definidos (altura e distâncias compatíveis com a realidade) e simulações de situações de jogo (sem acomodações ou tarefas de pouca exigência), levará a um aumento da regularidade e da precisão. Convém treinar as mudanças repentinas de posicionamento do corpo (principalmente de giro) para que a trajetória da bola possa ser transferida convenientemente. A inclusão de situações reais anteriores (recepção e de-

fesa) e posteriores (ataque e contra-ataque) à ação complementa o treinamento, sem os quais não se evolui técnica e taticamente.

9. Desequilíbrio para bolas junto à rede.
   Correção sugerida: ele é decorrente geralmente do último contato do levantador com o solo, seja para apoiar o pé mais próximo à linha central – na frenagem do deslocamento prévio – ou para impulsão do corpo na opção pelo toque em suspensão. Em ambas as situações, o desvio origina-se na dificuldade para anular a velocidade do deslocamento prévio e reequilibrar o executante. Sem a correção, ele cometerá infrações (toque na rede, invasão, condução ou dois toques) antes ou depois da ação e não conseguirá realizar o levantamento com eficácia. Movimentações diversas em que seja necessária a frenagem firme de todos os tipos de deslocamento, e lançamentos junto à rede que levem o executante a acelerar a passada, brecar ora com o pé direito ora com o esquerdo ou saltar para levantar, ajudam a criar ferramentas de controle do corpo diante das diversas situações que o levam ao desequilíbrio. Repetições e variação de estímulos permitem que o levantador descubra ainda novos recursos de toque, aprimore a técnica e desenvolva aspectos físicos indispensáveis para a correção desse desvio. Trabalhos formativos isolados ou combinados que visem a estabilidade articular, propriocepção e força excêntrica são igualmente importantes.

10. Limitação de repertório.
    Correção sugerida: quanto mais recursos tiver um levantador, mais chances terão os atacantes de receber levantamentos precisos e enfrentar marcações adversárias mais fáceis de serem vencidas. Treinos específicos somente com os levantadores são imprescindíveis, assim como associá-los às sessões de treinos de acerto de bolas com os atacantes e táticas coletivas. Nos dias que antecedem partidas contra adversários contumazes, que já conhecem bem o levantador e seus hábitos, desenvolver formas diferentes de conduta pode dar confiança ao aluno-atleta e levá-lo a ousar mais no confronto. Coletivos e treinos específicos nos quais o levantador é estimulado a criar novas possibilidades também desenvolvem o aumento de repertório; no entanto, somente o desenvolvimento da técnica e de seus recursos variados em treinos isolados constrói um alicerce técnico no qual ele se apoiará para ousar taticamente e utilizar as novas formas em situações de coletivo ou jogo.

11. O levantador não se apronta para o prosseguimento do jogo.
    Correção sugerida: apenas um jogador sabe onde será realizado o levantamento, o próprio levantador. Portanto, ele é o primeiro que deve se aprontar para proteger o ataque subsequente à sua ação. Treinos coletivos de proteção de ataque servem bem a esse fim, mas outros mais específicos podem gerar resultados mais diretos com esse jogador, por exemplo, fazer que uma bola seja reposta sempre para que ele realize a proteção e um levantamento subsequente a essa ação seja feito por um outro jogador.

TREINAMENTO ESPECÍFICO DO LEVANTADOR

A especialização leva à necessidade de se planejar treinos exclusivos para os levantadores. Eles devem ser elaborados de forma a aprimorar os deslocamentos, os tipos de toque e a precisão da ação.

Diferentemente dos treinos aplicados até então para aperfeiçoamento e treinamento do toque e de suas variações, em que todos levantavam na mesma proporção, essa etapa exige uma concentração maior de repetições e rigor quanto à precisão, em especial dos levantadores.

- As sessões específicas passam a ser mais intensas e, consequentemente, menos extensas.
- Convém utilizar sequências nas quais os levantadores possam executar levantamentos sem pausas muito longas que os desconcentrem. Para isso, os lançamentos do professor-

-treinador (quando for este o caso) devem ser ritmados e precisos (dentro das especificações pretendidas). Quando for incluído um elemento anterior – recepção ou defesa –, o ritmo também deve ser considerado e dosado de acordo com os objetivos da sessão, que podem estar atrelados às metas da preparação física e necessidades individuais.

- É interessante, ao levar em conta as individualidades, promover modificações quanto aos objetivos, intensidade, volume ou mesmo organização do exercício para este ou aquele levantador, atendendo às necessidades específicas de cada um.
- Uma das qualidades a serem trabalhadas nas sessões específicas é a observação de situações que ocorrem quase simultaneamente ao levantamento e podem definir a opção do levantador. A decisão é tomada após a análise de alguns fatores que podem ocorrer entre os próprios companheiros – principalmente a movimentação dos atacantes – ou do lado adversário – antecipação dos bloqueadores ou desorganização defensiva. A visão periférica é o principal meio para perceber esses detalhes.
- O mesmo raciocínio cabe à recepção ou defesa da própria equipe. Não deixe de incluir esses elementos anteriores ao levantamento.
- Mais uma vez, estímulos visuais são mais interessantes que os auditivos. O professor-treinador – ou outro aluno-atleta – pode posicionar-se do outro lado da quadra, junto à rede e no campo de visão do levantador, e erguer um dos braços momentos antes da ação de levantamento. Com base na observação, o levantador dirige a bola sempre para o lado contrário ao braço erguido. O mesmo pode ser feito com a antecipação da saída do bloqueador para a direita ou para a esquerda.
- É possível incluir ao exercício anterior o salto ou não do bloqueador de meio adversário. Ao salto deste, a bola é enviada para as extremidades, enquanto a ausência do salto deve ser seguida de um levantamento sobre esse bloqueador que ficou no chão. Com o tempo, inclui-se o levantamento para a posição 6 quando o salto acontecer antecipadamente.
- Idem, com a formação de bloqueio coletivo. O levantador faz as opções com base nas movimentações dos três bloqueadores, optando sempre pela posição à qual eles terão mais dificuldade de chegar, em razão da movimentação antecipada.
- Associe também aos treinamentos de levantamento as possíveis largadas e recursos do levantador. Quanto mais adiantado o nível técnico dos atletas, mais é possível exigir em termos de habilidade e aplicação ao jogo. Os exercícios propostos anteriormente podem incluir a largada ou ataque de segunda quando o bloqueador central (ou o que estiver marcando o levantador) não saltar.
- Os treinos exclusivos são importantes, porém não se bastam. É preciso associá-los ao trabalho com os atacantes, para aumentar a precisão dos vários tipos de bolas e adaptar-se às individualidades. Sessões em que os levantadores treinam com determinados jogadores (só os ponteiros passadores, só os centrais ou só os opostos) geram entrosamento mais eficiente e rápido.
- Atacantes gostam de "cravar" bolas e fazer que elas passem junto à fita superior da rede; no entanto, em uma situação real, ali estarão mãos e braços de bloqueadores que não deixarão a bola passar. A repetição constante e habitual de treinos sem enfrentamento de bloqueios e bolas cravadas levará à fixação de padrões de levantamentos mais baixos e próximos à rede que serão altamente negativos para a evolução da equipe.
- Por esse motivo, são particularmente interessantes treinos que visam ao sincronismo entre atacantes e levantadores com a rede elevada. A rede elevada em 40/50 cm exige que os levantamentos sejam mais altos e que os atacantes alcancem a bola com os braços

mais estendidos, aproximando-os do que enfrentarão em jogos oficiais.*
- Treinos com esse fim podem também ser associados ao bloqueio, porém convém que os acertos de bola aconteçam primeiro sem a presença de bloqueadores.
- Os treinos de levantamento devem diferenciar ataque de contra-ataque. Apesar de parecerem semelhantes, encerram diferenças fundamentais de sincronismo entre levantador e atacante, em razão das movimentações de transição e da qualidade possível dos elementos que as antecedem.
- De acordo com os sistemas de jogo utilizados pelo grupo, treinos coletivos devem considerar que as posições em quadra também apresentam diferenças quanto à infiltração e ao posicionamento dos atacantes na formação defensiva ou de recepção.

Considerações extras e de reforço:

- A fluidez do movimento em qualquer tipo de toque por cima envolve todo o corpo, estendendo-o na direção tomada pela bola.
- A finalização do toque deve ter a projeção dos polegares para a direção tomada pela bola, além da extensão dos braços.
- O aprendiz deve relaxar a musculatura escapular e de pescoço antes e durante o contato com a bola.
- A projeção do quadril à frente e a extensão de tronco no toque de costas devem ocorrer cada vez mais próximo do momento da saída da bola das mãos do executante.
- O toque de costas deve ser finalizado com olhos, cabeça, braços e polegares acompanhando a trajetória tomada pela bola.

- A aplicação do toque lateral em situações de jogo colocará o aluno-atleta diante de duas possibilidades: o de costas para a rede (o primeiro a ser ensinado) ou o de frente para a rede. Apesar de ser de mais difícil execução, o de frente para a rede permite a visão da quadra adversária, além de impedir que as costas toquem a rede.
- O sistemático trabalho de toque e de suas variações nos exercícios em dupla, típicos da parte inicial dos treinos, deve ser dirigido e monitorado pelo técnico. Essa prática sem compromisso com a qualidade técnica e precisão da ação leva invariavelmente a uma queda na eficácia coletiva do levantamento (assim como das outras habilidades que são utilizadas sem comprometimento nessa forma de organização).
- Desde as CCI, deve-se orientar os alunos-atletas a não cometer infrações ao realizar as ações nos treinamentos. O executante deve habituar-se a não invadir a quadra contrária ou tocar a rede para realizar o levantamento (nem mesmo nos aquecimentos de rede). À medida que ele aprende as variações, deve escolher o tipo adequado de toque para que isso não ocorra.
- A posição de espera para o levantamento deve guardar o pé direito sempre à frente do esquerdo, mantendo-o assim durante o ajuste para chegar às bolas que exijam deslocamentos curtos.
- Nos levantamentos para trás realizados longe da rede, a bola sai sobre o ombro direito do levantador. Nesse caso, o acompanhamento da bola deve ser realizado também por sobre o ombro, que gira naturalmente, fazendo que o executante termine quase de frente para o local ao qual endereçou a bola.
- O levantamento em suspensão deve se tornar habitual e prioritário à medida que o grupo evolui tecnicamente e os alunos dominam essa variação do fundamento.
- O levantamento em suspensão deve ser a forma predominante de treinamento para

---

* Esse recurso é válido para essa finalidade em especial, mas não deve ser utilizado sempre, pois a altura elevada da rede limita as opções de ataques mais rasantes para a diagonal ou o corredor, nos quais o atacante tira a bola do alcance dos bloqueadores.

os levantadores de equipes das CCA, enquanto as demais formas devem servir como recurso nas situações em que aquele é impossível de ser realizado.
- No caso dos atacantes, quando a especialização se der de modo definitivo, pode-se permitir o toque com o apoio dos pés no chão, para garantir a precisão a atletas que não tenham habilidade suficiente para transformá-lo em levantamento eficaz.
- Mesmo em equipes que já utilizem sistemas táticos avançados é importante o treino de levantamentos pelos demais atletas que não os levantadores. Exercícios que se aproximam da realidade de jogo levam ao desenvolvimento específico e dão segurança aos atletas diante de situações que eles enfrentarão durante as partidas. Por exemplo, quando o levantador estiver impedido de realizar sua função, os atacantes de meio levantarão bolas da região central e líberos o farão em toque da zona de defesa e manchete da zona de ataque.

No treinamento específico dos líberos são incluídas também sessões de levantamento.

Capítulo 6

Manchete

Gesto motor defensivo em que o executante toca a bola com a região anterior dos antebraços, à frente do corpo e geralmente à altura do quadril. Utilizado para recepcionar saques e defender ataques adversários, a manchete é também recurso para alguns levantamentos e recuperações.

Há basicamente seis tipos de manchete utilizados na atualidade:

1. Manchete normal.
2. Manchete de costas.
3. Manchete alta (à altura dos ombros).
4. Manchete em rolamento sobre as costas.
5. Manchete em rolamento sobre o ombro.
6. Manchete com um dos braços.

Um sétimo tipo, a manchete inversa — realizada acima da cabeça, com as mãos unidas e os braços semiflexionados —, chegou a ser muito utilizado, mas, com o advento da regra que permite dois toques em lances defensivos, foi preterido pelo toque por cima.

Assim como aconteceu no capítulo anterior, analisaremos o processo de aprendizagem de cada tipo de manchete, deixando os itens aperfeiçoamento e treinamento para o final, quando englobaremos todas as formas aprendidas.

MANCHETE NORMAL

A dinâmica do segundo fundamento com bola a ser ensinado consiste em estender os membros superiores à frente do corpo, aproximando-os com a união das mãos e em ângulo de 45° com o chão; a bola é impulsionada ou amortecida (dependendo da força com que chega ao executante) com a região anterior dos antebraços, entre os punhos e os cotovelos; o contato ocorre à frente do plano frontal, preferencialmente entre o abdome e os joelhos do executante.

Outras variações da manchete alteram um pouco esse padrão motor, porém é o aqui relatado que deve ser buscado na aprendizagem do fundamento e que servirá de base para as demais. A dinâmica do jogo exige a inclusão de outros dois importantes fundamentos-meio aprendidos anteriormente para que a execução da manchete ocorra de modo eficiente. O domínio das posições básicas baixa e média, associadas às movimentações específicas, permitirá ao executante chegar antecipadamente ao local onde realizará o movimento e em condições de deixar a bola à frente do corpo e à altura do quadril e em equilíbrio.

Descrição

A execução da manchete normal pode ser dividida em quatro fases:

1. Posição básica e deslocamento para a bola:
   - A posição básica pode ser baixa – se anteceder uma defesa – ou média – no caso da recepção do saque. À medida que a dificuldade para a ação em si se define, a posição assumida pelo executante varia, levando-o a adotar posição mais baixa, no caso de saques ou ataques mais fortes, de bolas que desviam na rede e, de modo geral, exigem mais agilidade do defensor – largadas ou batidas de meia-força, por exemplo.
   - O estado de prontidão e a capacidade de análise do executante são fatores determinantes do sucesso da ação, já que permitem a antecipação e a escolha da movimentação específica mais apropriada.
   - Os deslocamentos dependem das particularidades de cada situação e são responsáveis por levar o executante ao local onde será realizada a manchete.
   - Ao chegar ao local de realização da ação, o executante deve utilizar apenas passadas curtas que permitam a ele promover ajustes mínimos para se colocar atrás da bola e acompanhar suas oscilações em saques flutuantes ou a queda acentuada em ataques ou saques com rotação.
   - O galope é importantíssimo como movimentação usual para a realização da manchete, já que permite aqueles pequenos ajustes para melhor posicionamento atrás da bola.
   - Para que não haja desequilíbrio do corpo e consequente perda do controle sobre a bola, deve-se evitar principalmente a passada cruzada. Essa opção serve para levar o executante a distâncias maiores ao lado do corpo, e, mesmo assim, apenas antes da adaptação – em passada simples ou galopes laterais – para o contato com a bola.
   - Em caso de deslocamento para a frente, é importante que a última passada seja realizada de modo a deixar as pernas afastadas lateralmente – e não no sentido anteroposterior – e os pés paralelos. Algumas diferenciações dessa posição serão consideradas quando falarmos de recepção e defesa, porém é este o padrão motor da manchete normal a ser visado na aprendizagem.

2. Posicionamento corporal para a realização da manchete:
   - A chegada antecipada ao local em que será realizada a manchete permitirá que os ajustes posturais sejam mais refinados. Quando o executante chega com atraso, não tem tempo para promover tais adaptações, diminuindo assim as chances de eficácia da ação.
   - Ao chegar próximo à região onde realizará a manchete, o executante deve promover ajustes não somente de passadas, mas também de postura corporal, necessários em razão da oscilação ou da queda repentina da bola. Chegar ao local de realização da manchete não significa que a bola vai ao encontro do executante.
   - As pernas devem afastar-se lateralmente, o suficiente para dar equilíbrio ao corpo sem, no entanto, prejudicar esses pequenos acertos finais.
   - A partir da análise constante da trajetória da bola, o executante deve manter a bola sempre sob seu controle, tendo certeza de que ela não o ultrapassará nem ficará ao seu lado.
   - Os braços devem estar soltos enquanto se aguarda a chegada da bola, armando-se para a manchete instantes antes de sua execução.
   - Quanto mais baixa vem a bola, mais os membros inferiores e o tronco se flexionam para levar os antebraços ao local de contato com ela. A análise apurada

e os ajustes posturais permitirão que os membros inferiores auxiliem na ação completa.
- Proporcionar a máxima simetria aos antebraços, oferecendo uma base macia e uniforme, garante o direcionamento da bola para o alvo. A essa base simétrica dá-se o nome de "plataforma de contato".
- As mãos devem estar juntas e seguras, com os punhos unidos e os cotovelos aproximados ao máximo. Alguns atletas renomados têm estilos mais despojados para a realização da manchete – mãos soltas ou com encaixes diferentes –; no entanto, não é indicado que essas "assinaturas" sejam copiadas na aprendizagem. Veja a Figura 1 para detalhamento do sobreposicionamento das mãos.
- Quanto antes o executante posicionar-se adequadamente para esperar a bola, menores são as possibilidades de ser surpreendido com os segmentos fora de simetria.
- A projeção dos ombros à frente auxilia o movimento de supinação dos antebraços e de aproximação entre eles, assim como a extensão dos polegares para baixo dá maior simetria à plataforma de contato, expondo a região anterior mais musculosa e evitando a exposição das estruturas ósseas ao contato com a bola.
- Deve-se relaxar, relativamente, pescoço e cintura escapular tanto antes quanto durante a execução do fundamento.

3. Execução da manchete:
- A bola toca os antebraços, entre os punhos e os cotovelos, em uma altura compreendida entre o abdome e os joelhos, preferencialmente na linha do quadril.
- Os antebraços posicionam-se cerca de 35/45 cm à frente do quadril do executante.
- Para amortecer o impacto da bola, os braços e os ombros devem ser projetados mais à frente antes da chegada dela, pois assim terão espaço para ceder gradativamente ao impacto.
- Já para imprimir velocidade à bola que chega sem muita força, deve-se colocar os ombros mais para trás (sem desfazer a plataforma de contato) e levá-los sua-

Figura 1   Manchete normal. (A) De frente; (B) de lado; (C) detalhe das mãos.

vemente para o encontro com a bola mais à frente.
- Os pés no chão auxiliam tanto no amortecimento como na impulsão à bola, harmonizando o movimento e impedindo que os braços o executem isoladamente. Alguns aprendizes que saltam para corrigir o posicionamento equivocado em relação à bola perdem esses recursos.
- Como o contato é instantâneo, muitas vezes a pressa em desarmar o movimento faz que a bola toque os antebraços de maneira incorreta, o que leva à imprecisão. Por esse motivo, é recomendável manter os braços unidos e a plataforma voltada para o alvo.
- O gesto técnico não termina quando a bola toca os braços do executante. O movimento continua dando prosseguimento à harmonia apresentada até então: braços e tronco devem acompanhar a trajetória da bola após o contato com os antebraços. Da forma como executaram a manchete, estes dirigem-se para o alvo do passe, contando com a suave extensão dos membros inferiores.
- Mesmo nas bolas amortecidas, o executante deve manter a plataforma, sem soltar as mãos ao impacto, permanecendo por alguns instantes voltado para o local para onde deseja endereçar a bola.
4. Pronta ação para o prosseguimento do jogo:
- A ação posterior à execução da manchete propriamente dita só deve ser iniciada após a finalização do gesto motor, que, como visto nos tópicos anteriores, ocorre com a movimentação de direcionamento dos segmentos para o alvo.
- As ações subsequentes dependerão das funções a serem cumpridas pelo executante (ataque ou proteção de ataque).
- Para atacar, o executante precisa posicionar-se de modo a ficar próximo à região em que poderá receber o levantamento e em condições de imprimir velocidade à passada da cortada e ter o máximo de angulação para o ataque. O deslocamento do atacante após realizar uma recepção ou defesa é geralmente fracionado em duas partes: a colocação para a região e, posteriormente, a passada da cortada. Sair direto do local do passe para o ataque nem sempre é recomendável.
- No caso do líbero ou de um atacante que perde a chance de participar da tática ofensiva, a preocupação passa a ser proteger o ataque do companheiro que receber o levantamento. Nesse caso, o deslocamento é imediato para buscar um posicionamento na organização coletiva.

Aprendizagem

A manchete é ensinada depois do toque por cima e antes do saque por baixo por algumas razões. Primeiro, ela não exige um posicionamento sob a bola tão extremado quanto o toque por cima. O aprendiz tem mais facilidade para rebater em manchete uma bola a ele enviada do que posicionar-se sob ela para realizar o toque por cima. Além do mais, a força propulsora da extensão dos braços é menor do que a proporcionada pelo rebater com os antebraços. Ensinar a manchete antes do toque por cima, portanto, leva invariavelmente à acomodação do aprendiz em golpear a bola em manchete, preterindo o toque.

Do ponto de vista pedagógico, a ordenação preconizada pelo método progressivo-associativo permite também promover uma associação mais rica de combinações de exercícios com a habilidade já aprendida. Quando o saque for incluído, as duas habilidades básicas de controle (toque e manchete) já estarão devidamente assimiladas e os elementos de jogo poderão ser desenvolvidos de forma muito mais dinâmica e desvolta.

A aprendizagem da manchete, no entanto, ocorre logo em seguida à do toque por cima. O aprendizado deste ainda está se consumando quando aquela é introduzida. Assim, o aprendiz poderá optar por este ou aquele fundamento, dependendo das condições de chegada da bola. Porém, a prioridade deve ser dada ao toque, pois ele exige que o aprendiz se movimente com mais eficiência (forma e velocidade) para poder chegar à bola em condições de tocá-la. Assim, potencializa-se a aplicação das formas de deslocamento e impede-se a acomodação do executante de chegar em manchete a bolas em que a colocação do corpo para a execução do toque é possível.

Deve-se evitar, durante a aprendizagem, a utilização da manchete com os braços apoiados no tórax, aguardando a chegada da bola. A dificuldade que alguns atletas apresentam em relação à recepção do saque flutuante deve-se à falta de controle motor – análise-preparação-execução – e também à dificuldade para impulsionar a bola, por conta da aproximação excessiva da bola ao corpo do executante, quando esta deveria ser tocada com suavidade à frente dele. Se o aprendiz desenvolver já de início a manchete com os braços colados ao corpo, a transferência da habilidade para as outras situações de jogo será problemática. Por esse motivo, evite ensinar a habilidade a partir de ataques, mesmo que sejam do professor-treinador e controlados. São mais indicados lançamentos e troca de passes.

Apresentação do fundamento, importância do correto aprendizado e da utilização no jogo:

- A manchete apresenta possíveis variações em relação ao movimento em si e às circunstâncias de jogo. É importante que a apresentação do fundamento baseie-se em modelos em que ela seja realizada com as pernas afastadas paralelamente e semiflexionadas e a bola encontre-se à frente do executante, na altura de seu quadril.
- Inclua as posições básicas e os variados deslocamentos que antecedem a ação, pois eles são fundamentais para que o defensor antecipe-se e chegue posicionado adequadamente para a realização da manchete.
- Bons passadores desenvolvem estilos particulares graças à facilidade que têm para se posicionar e rebater a bola. Evite esses modelos nessa etapa do processo.

Exercícios introdutórios:

- Nem sempre os aprendizes iniciam a prática nos grupos de iniciação, sendo-lhes subtraídas as vivências motoras sugeridas para a faixa etária. Convém, nesse caso, aplicar exercícios de adaptação às formas de rebater próprias do voleibol, como os sugeridos para a Iniciação 1.
- No caso da manchete, o professor-treinador deve incentivar os aprendizes a rebater bolas mais leves com os antebraços (com um deles isoladamente e com ambos), já que essa região não é comumente utilizada em outras atividades. Com isso, evita-se que eles fiquem doloridos e com edemas.
- Essa introdução à aprendizagem da manchete, para esses indivíduos, pode acontecer enquanto o toque é ensinado, com bolas mais leves.

Experimentação:

- Deve ser promovida por meio de lançamentos para o executante – para os menos habilidosos – ou trocas de passes em duplas – para os mais desenvolvidos.
- Evite a experimentação individual, pois o controle, além de ser mais difícil que no toque por cima, desvirtua o padrão motor do fundamento, já que, para enviar a bola para si mesmo, o tronco precisa ser mantido estendido e os braços, paralelos ao chão.

Sequência pedagógica:

- Antes de iniciar o contato com bola, recomenda-se retornar às posições básicas e movimentações, sem a bola, especificando-as agora para a manchete.

- São importantes os cuidados com os reequilíbrios e a postura corporal, além do afastamento das pernas após a frenagem dos deslocamentos.
- O uso de referências (cones, bolas, etc.), para que o aprendiz posicione-se sempre atrás deles, leva à aproximação das situações reais que serão encontradas quando da inclusão da bola.
- Individualmente, o aprendiz lança e recupera a bola para si mesmo, sem mancheteá-la. Os braços devem estar estendidos, mantidos à frente do corpo e a 45° em relação ao solo durante o lançamento e a recuperação. Nesse exercício devem ser cobradas postura corporal adequada, semiflexão das pernas para segurar a bola e posterior extensão para lançá-la. A altura de recuperação da bola pode ser entre os joelhos e o abdome.
- Idem, em duplas, um lançando para o outro.
- A tendência é que os alunos comecem a recuperar a bola com os braços paralelos ou perpendiculares ao chão, ou ainda flexionados. Nesses casos, é conveniente interromper o exercício e demonstrar a correta angulação dos braços. Para isso, o técnico pode variar o lançamento, fazendo que o aprendiz segure a bola o mais próximo possível do chão.
- Esse desvio advém de um posicionamento equivocado para a bola e geralmente está ligado à ineficiência dos deslocamentos ou do mecanismo de análise-resposta da orientação espaço-temporal. Convém reforçar a necessidade de antecipar-se e escolher as formas corretas de movimentação para cada situação. Isso se consegue com lançamentos variados e *feedbacks* que conduzam o aprendiz a iniciar o deslocamento com antecedência e fazer as opções adequadas para cada caso, sem que a angulação dos braços em relação ao chão se modifique no momento de receber a bola.
- A manchete é então incluída no trabalho em duplas, porém sem que haja troca de passes. Um lança e o outro rebate. Deve-se manter uma distância não muito grande entre os executantes, para que o aprendiz não impulsione a bola com os braços, estendendo-os acima dos ombros e desvirtuando, assim, o padrão motor. Com grupos que não tiveram a oportunidade de treinar com bolas mais leves na iniciação, é indicado que elas sejam utilizadas nessa etapa.
- À medida que aumenta a regularidade na execução, as duplas podem trocar passes em manchete, interrompendo o exercício sempre que o padrão se desvirtuar, seja por dificuldade natural ou por vontade de não deixar a bola cair.
- As movimentações específicas que foram retomadas no início do processo pedagógico irão agora anteceder o fundamento. Baseando-se em marcações no solo (cones, fitas crepes, linhas da quadra, etc.), o executante se desloca dentro dos limites estabelecidos antes de manchetear a bola lançada pelo companheiro. Os lançamentos devem conceder tempo suficiente para que o aprendiz se coloque sempre atrás da bola e a mantenha na altura do quadril. Nesse estágio da aprendizagem, lançamentos que levam o executante a chegar à bola muito rapidamente desvirtuam a técnica e não permitem que ele opte pela passada adequada.
- Em um primeiro momento, somente os deslocamentos simples para a frente, para trás e para os lados serão associados à execução do fundamento. As passadas cruzadas e em galope não devem ser incluídas nessa fase.
- Para um melhor desenvolvimento do exercício, um dos alunos deve ser responsável por controlar o ritmo, podendo segurar e lançar ou utilizar o toque por cima para fazer o companheiro se deslocar e manchetear. O tempo entre as trocas de funções entre ambos deve ser breve, sem, porém, deixar de conceder um número razoável de repetições por parte do executante. Com lançamentos pausados e que permitam a retomada da posição, as trocas podem ocorrer após 8 repetições.
- Gradativamente, aumenta-se a distância entre os pares e os tipos de deslocamento, des-

de que o executante não precise utilizar a rotação dos braços acima dos ombros para impulsionar a bola.
- A troca de passes só deve ocorrer quando o controle do deslocamento associado à execução estiver totalmente apreendido. Então é possível desenvolver o controle da altura e a distância da trajetória da manchete, oferecendo ao executante uma variada gama de objetivos, que inclui escolha adequada do tipo, amplitude e velocidade de passadas para chegar a tempo de se colocar atrás da bola com os braços estendidos e pronto para a ação.

Educativos e formativos:

- A manchete é um dos fundamentos em que menos se aplicam formativos para sua correção, já que sua execução depende quase exclusivamente da técnica, e não de força ou potência.
- Com exceção de alguns casos em que a falta de velocidade ou amplitude articular de membros inferiores ou cotovelos possam atrapalhar a execução, as correções valem-se quase exclusivamente de exercícios educativos.

Automatização:

- Evite exercícios individuais para esse fim, pois a angulação dos braços em relação ao chão não corresponde ao padrão motor, tampouco às ações que o aprendiz realiza em jogo.
- Repetições na parede são interessantes, porém evite superfícies irregulares que interfiram na continuidade e repetição do movimento. Também não deixe que o aprendiz fique muito tempo entregue a essa tarefa isolada, pois a desmotivação e a displicência acabam prejudicando a repetição correta do gesto motor.
- Apesar de exercícios em duplas também serem indicados para a fixação do movimento, deve-se considerar como a transferência da direção da bola ocorre na dinâmica de jogo, chegando de um lado e precisando ser dirigida a outro. Portanto, a organização em trios (em triângulo) ou quartetos (em quadrado), em que é preciso receber a bola de um ponto e direcioná-la a outro, é insubstituível.

Aplicação:

- A aplicação deve considerar a associação dos fundamentos já aprendidos, pois propicia não só a prática do que já foi aprendido, mas o discernimento sobre a utilização deste ou daquele fundamento em diferentes situações.
- O técnico deve criar exercícios, tarefas e jogos adaptados com a maior riqueza possível de variações envolvendo o toque, a manchete e todas as movimentações já aprendidas.
- Os jogos pré-desportivos e adaptados devem ter regras flexíveis em relação ao contato com a bola, permitindo que o iniciante cometa dois toques ou condução, porém sem exagero. Muitas vezes, o medo de cometer erros ao utilizar fundamentos recém-aprendidos faz que o aprendiz evite realizá-los. Permitir o erro eventual encoraja o aluno a tentar realizar a novidade em situações de jogo.
- As regras dos jogos devem estabelecer o toque para as bolas altas e a manchete para as baixas. Em um segundo momento, é incluída a obrigatoriedade do toque na segunda bola, construindo assim, aos poucos, a realidade do jogo propriamente dito.

Erros comuns na execução da manchete normal e correções sugeridas

1. O executante segura as mãos com muita antecedência e mantém postura tensa durante a espera.
   Correção sugerida: durante a espera pela bola, o executante deve estar relaxado, com os cotovelos semiflexionados, e os antebraços

paralelos às coxas, pronto para ou receber a bola onde está ou movimentar-se para onde ela se encaminha. Em exercícios individuais de correção, o professor-treinador deve lançar a bola apenas quando o aluno estiver guardando essa postura. Com a finalidade corretiva desse desvio, é interessante formar trios em que o executante fica de frente para dois companheiros, lado a lado, cada um destes com uma bola nas mãos, e acima da cabeça. A partir da posição básica adequada, à ordem do treinador, um deles solta a bola, em uma altura suficiente para que o executante desloque-se e não deixe a bola ir ao chão. A manchete é incluída quando o aluno estiver guardando a posição básica e realizando o deslocamento naturalmente. Realizar saltitos no lugar, com os braços soltos, antes de voltar à posição básica, ajuda a criar o hábito do relaxamento e da prontidão sem tensão.

2. Escolha equivocada das movimentações específicas.
Correção sugerida: dificuldades com as movimentações específicas devem ser remediadas com variações de estímulos. O aprendiz assimila muito mais facilmente quando, em um exercício, lhe é dada uma gama maior de experiências e opções do que a maçante repetição de um só tipo de deslocamento. Depois, se necessário, o professor-treinador enfatiza a movimentação adequada em outro exercício.

3. O executante afasta os pés lateralmente de forma exagerada ainda na preparação da manchete.
Correção sugerida: a posição básica deve favorecer os deslocamentos para a bola, os pés devem estar afastados nos sentidos anteroposterior e lateral o suficiente para que a movimentação não perca instantaneidade, velocidade e eficiência. No momento de se preparar para o contato com a bola, as pernas excessivamente afastadas impedem pequenos ajustes fundamentais de tronco e pés para acompanhar as oscilações da bola.

Conceda tempo suficiente para a ação do aluno-atleta, pois esse erro decorre muitas vezes da chegada tardia ao local da manchete, o que faz que ele precise flexionar o tronco em direção ao chão para alcançar a bola e, com isso, afaste exageradamente as pernas. Só aumente o grau de dificuldade depois que ele corrigir o afastamento excessivo. Por vezes, o desvio decorre do equívoco em relação ao local ideal para posicionar-se para a manchete. Repare se na memória motora do aprendiz não está registrado que ele deve realizar esse movimento para manchetear. Caso isso seja constatado, é necessário desprogramar as referências e fazê-lo aproximar-se mais da bola com os pés, eliminando o afastamento repentino quando a bola chega.

4. O ajuste deficiente para a bola faz que o executante procure alcançá-la com flexão de tronco ou movimentos descoordenados de braços.
Correção sugerida: muitas vezes o gesto de flexionar o tronco ou utilizar o movimento dos braços para manchetear não está associado unicamente ao contato com a bola em si, quando na verdade está ligado ao ajuste corporal para o encontro com ela. Nesse caso, é importante entender que não é a bola que chega acima ou abaixo do ponto ideal de contato, mas o aprendiz que não consegue posicionar-se de modo a deixá-la na altura do quadril. Caso ele esteja com dificuldade para antecipar seus deslocamentos e manchetear, permita que haja tempo suficiente para ele se movimentar e segurar a bola na altura da cintura repetidamente. Uma bola adicional também é interessante para aprendizes que não conseguem, por manter as pernas pouco flexionadas ou o tronco ereto, alcançar bolas que chegam muito próximas ao chão. Nesse caso, o executante assume a posição baixa ideal para a execução do fundamento e apoia-se com as mãos na bola que está no chão (com as pernas semiflexionadas), e só deve soltá-la quando a lançada

pelo companheiro chegar a ele, enviando-a de volta em manchete. Ver também as sugestões do item 3.

5. A projeção do quadril para a frente faz que os braços colem no tronco quando do contato com a bola.
Correção sugerida: quando a bola chega sobre o corpo do executante, pode haver uma projeção tecnicamente incorreta do quadril à frente, na tentativa de corrigir a trajetória da bola para cima. Mesmo a aplicação da manchete em situações de defesa não requer esse gesto, pois é o braço que cede ao impacto, indo ao encontro do tronco (por vezes, o quadril projeta-se à frente, mas em uma situação de defesa que não interessa no momento). Para aprendizes que apresentam esse desvio e também dificuldade na coordenação da extensão das pernas com o golpe à bola, o professor-treinador pode utilizar degraus ou bancos que acentuem esse movimento (esse exercício também evita a projeção dos braços à frente). O aprendiz deve aguardar a chegada da bola lançada pelo professor-treinador sentado e levantar-se do banco apenas para a execução do fundamento, coordenando tempo de bola à ação motora. O lançamento deve ser exato, no ponto em que o aluno, ao levantar-se, deve encontrar a bola. Igualmente, faz-se que ele se posicione mais para trás, executando dois ou mais passos para chegar à bola. Esse modelo serve também para deslocamentos para as diagonais à frente.

6. A bola é impulsionada pelo balanço dos braços e estes se elevam além da altura dos ombros (pernas não auxiliam no movimento).
Correção sugerida: a impulsão à bola deve ser dada a partir da extensão dos joelhos e da ação do corpo para a frente e para cima enquanto o peso é transferido para os pés, que estarão à frente. Os braços mantêm-se em um ângulo aproximado de 45° em relação ao chão. O movimento de braços existe naturalmente, mas não é determinante na condução da bola nem deve ser enfatizado a ponto de ser notado, ao menos nessa fase. Exercícios em que o executante realiza imediatamente a manchete, a partir da posição básica, podem levar ao hábito da execução correta. Por exemplo, passar sob a rede e imediatamente devolver em manchete uma bola que lhe é passada. Alunos que exageram na projeção dos braços no momento do golpe à bola podem exercitar-se com outra bola presa entre os braços e o tronco, não deixando que esta caia enquanto executa a manchete. O exercício em bancos ou degraus sugerido no item 5 serve também a esse fim.

7. Flexão dos cotovelos após o contato com a bola.
Correção sugerida: com receio do impacto, o aprendiz recolhe os braços, flexionando os cotovelos no momento do contato com a bola. Eles devem manter-se estendidos durante e após a manchete. Incentive o aprendiz a manter a posição dos braços mesmo depois de tocar a bola – "como se fosse possível estender ainda mais os cotovelos" – e olhar para eles, verificando se continuam estendidos.

8. A bola toca os punhos ou próximo aos cotovelos.
Correção sugerida: o contato deve ocorrer em um ponto intermediário entre punhos e cotovelos. Em razão da dor dos primeiros contatos da bola com a região correta, o aprendiz intencionalmente faz que ela toque os punhos de forma a preservar a região sensível. O contato ocasional com os cotovelos se dá por conta da baixa coordenação visual-motora (tempo de bola). Bolas mais leves na aprendizagem evitam o trauma e essa acomodação, assim como exercícios de repetição levam à correção do local de contato com a bola. No entanto, apenas estímulos variados – lançamentos a distâncias múltiplas, exigência de deslocamentos em todas as direções, força e velocidade dos lançamentos que levem o aluno-atleta a respostas diferentes, etc. – desenvolverão a coordenação

visual-motora e o gesto motor fluido, coordenado e adaptado a cada situação.

9. Cabeça baixa durante o contato.
   Correção sugerida: esse erro geralmente acompanha o uso somente dos braços para impulsionar a bola. Corrigidos os braços, a cabeça também se posiciona corretamente. Todavia, convém orientar o aprendiz a seguir com os olhos a trajetória tomada pela bola após o golpe.
10. Plataforma de contato irregular.
    Correção sugerida: a plataforma construída pelos antebraços deve prover uma superfície regular e plana. Os polegares dirigidos para baixo favorecem essa formação. Em casos extremos, e apenas como educativo, pode-se promover a manutenção constante da plataforma, mesmo durante a movimentação (facilitada pelo professor) e antes do contato.
11. O corpo não segue a trajetória da bola, interrompendo o movimento ao contato com a bola.
    Correção sugerida: a exemplo do que foi explicado no toque, o corpo deve seguir a trajetória do passe, como se uma linha imaginária presa aos braços e quadril do executante e à bola o puxasse para a direção desejada. Recuperar a própria bola passada em manchete, em distâncias curtas, ajuda a corrigir esse desvio.

MANCHETE DE COSTAS

Utilizada sobretudo no segundo ou terceiro toque da equipe, para enviar a bola para a própria quadra ou à do adversário, é realizada de costas para o local ao qual se deseja dirigi-la. Em geral, exige deslocamentos longos e a bola percorre grandes distâncias, com parábolas acentuadas. A única semelhança com a manchete normal é o uso dos antebraços para impulsionar a bola, pois a postura corporal altera-se completamente em razão das circunstâncias em que ela é utilizada.

Descrição

As diferentes circunstâncias que envolvem a manchete de costas durante as ações de jogo fazem que seu desenvolvimento não seja tão uniforme ou previsível quanto as etapas anteriores ao contato com a bola. Mesmo assim, podemos considerar sua realização em quatro etapas.

1. Posição básica e deslocamento para a bola:
   – A opção pela manchete de costas, decorrente de alguma circunstância – desvio no bloqueio, defesa imprecisa, etc. –, faz que a posição básica inicial do executan-

Figura 2   Manchete de costas (de lado).

te, na maioria das vezes, seja a baixa, própria da defesa.
- Há situações em que o executante é pego de surpresa por um desvio da bola e realiza apenas um giro rápido de corpo para realizar a manchete de costas.
- O giro corporal para adaptar-se a sua realização pode ser instantâneo – bolas próximas ao corpo – ou menos rápido – para bolas que se afastam do corpo e exigirão um deslocamento mais longo.
- Na maioria das vezes, o executante precisa deslocar-se para recuperar a bola que foge de seu alcance. Nesse caso, deve deslocar-se de frente, para ganhar velocidade e posicionar-se adequadamente.
- A escolha do tipo de deslocamento depende do quanto o executante está distante do ponto em que encontrará a bola, guardando todas as considerações constantes no Capítulo "Movimentações Específicas".
2. Posicionamento corporal para sua realização:
- É importante que o executante chegue a tempo de se posicionar próximo à bola e consiga realizar todos os movimentos necessários para impulsioná-la ao local desejado.
- Enquanto posicionam-se as costas para a região à qual quer dirigir a bola, o executante afasta as pernas lateralmente, o suficiente para ter uma base equilibrada.
- A bola encontra-se à sua frente e deverá ser mantida na altura do peito, para ser impulsionada para trás.
- As pernas flexionam-se mais do que na manchete normal, pois juntamente à elevação dos braços, a extensão das pernas e a projeção do quadril à frente permitirão o envio da bola à região desejada.
- O corpo mantém-se suficientemente afastado da bola, de modo que se possa elevar os braços após o contato com a bola.
3. Execução da manchete de costas:

- Imediatamente ao contato com a bola, em uma ação coordenada de todos os segmentos envolvidos, o quadril é projetado à frente, estende-se o tronco e os membros inferiores, enquanto os braços, igualmente estendidos, são dirigidos para o alto e para trás.
- Apesar da necessidade de imprimir força à ação, o controle do gesto é fundamental para a precisão.
- O corpo todo se estende para cima, os braços inclinam-se verticalmente e a cabeça estende-se, permitindo que os olhos acompanhem o máximo possível a trajetória da bola.
4. Pronta ação para o prosseguimento do jogo:
- Imediatamente, o executante deve retomar o caminho da quadra e posicionar-se para a sequência do jogo.

Aprendizagem

A necessidade de utilizar a manchete de costas em situações de jogo começa a aparecer já no minivôlei. Em razão do pouco domínio da recepção e do levantamento, é comum que a bola tome o caminho de várias regiões, inclusive às costas dos jogadores. Não se deve negligenciar essa ocorrência, mas, sim, promover uma solução para tal problema, ensinando a manchete de costas.

Porém, o ensino dessa habilidade deve ser conduzido de modo a não permitir que o aluno-atleta a utilize para outros fins que não os especificados.

Essa ressalva é importante porque o aluno-atleta pode interpretar que a manchete de costas é usada sempre que a bola o ultrapassa e, por comodidade, passar a utilizá-la para receber saques mais altos que se dirigem a suas costas, sem se deslocar para trás da bola.

A manchete de costas será posteriormente incluída como recurso no treinamento de defesa e levantamento.

Apresentação do fundamento, importância do correto aprendizado e da utilização no jogo:

- Escolha modelos de situações extremas para deixar bem clara a utilização desse tipo de manchete.
- Evite demonstrações em que o modelo apenas gira e executa o fundamento. Apresente a manchete de costas precedida por movimentações longas e utilizada para bolas que se dirigem para fora da quadra.
- A relação das imagens com as situações de jogo vivenciadas constantemente deixará clara ao aprendiz a importância do correto aprendizado e sua utilização.

Experimentação:

- É mais proveitoso que o professor-treinador lance bolas para os aprendizes, pois eles ainda não são capazes de controlar o lançamento para que o movimento seja feito corretamente pelo companheiro.
- Promova lançamentos altos e que permitam o deslocamento, a chegada e o posicionamento sem afobação.

Exercícios introdutórios:

- É interessante desenvolver alguns exercícios introdutórios sem bola, em especial àqueles que não tiveram oportunidade de vivenciar as habilidades motoras gerais do conteúdo da iniciação.
- Leve o aluno-atleta a experienciar giros de até 180° em diversos planos e velocidades e simular as flexões que antecedem a ação com bola.
- A bola pode ser utilizada como instrumento motivador. Com ela nas mãos, o aluno-atleta lança-a para trás de si, gira e lança-a de formas variadas, sem compromisso ainda com o fundamento.

Sequência pedagógica:

- Dá-se sequência aos exercícios introdutórios, com trabalhos em duplas. Um lança a bola às costas do companheiro, que gira 180° e a segura.
- Idem, com o executante segurando e lançando-a de volta ao companheiro, promovendo a extensão das pernas e do tronco.
- Diminui-se o tempo de retenção da bola nas mãos e varia-se a distância dos dois lançamentos.
- Idem aos anteriores, em trios, organizados em triângulo, nos quais o executante tenha de dirigir as costas para o local a que quer enviar a bola. Essa dinâmica pode ser utilizada também em três grandes grupos em cada meia-quadra, em que os alunos trocam de grupo seguindo a bola que enviaram.
- Voltar à organização em duplas (distância aproximada de 3 m entre os pares) e incluir a manchete. Os lançamentos devem ser mais altos, dando tempo ao aprendiz de girar sem pressa e preparar-se adequadamente. Deve-se enfatizar a manchete predominantemente para o alto.
- Gradativamente, aumenta-se a distância e a dificuldade.
- Volta-se ao exercício em trios (ou três grandes grupos), ainda com lançamentos antecedendo a manchete de costas, pois os alunos não têm controle suficiente do movimento para trocar passes e cumprir o objetivo. Variar a origem do lançamento e o destino da recuperação.
- Idem ao anterior, em grupos de quatro elementos organizados em quadrado, com variações quanto à direção da manchete.
- O treinador posiciona-se junto à rede e lança para grupos pequenos que saem do centro da quadra e recuperam a bola em manchete, devolvendo-a para o treinador.
- Idem, passando a bola para a outra quadra. Esse exercício pode ser enriquecido com outros fundamentos que são desenvolvidos na quadra contrária (por exemplo, passar e levantar).

Educativos e formativos:

- Exercícios de fortalecimento dos grupos musculares envolvidos no movimento (cos-

tas e membros inferiores e superiores) devem fazer parte de uma preparação anterior à aprendizagem da manchete de costas. Isso proporcionará mais controle e potência do gesto motor, mas, principalmente, o condicionamento da região lombar, sensível à repetição de movimentos de extensão do tronco, em especial na faixa etária em questão. Essa preocupação evitará dores e lesões.
- Os educativos devem também considerar a fadiga precoce dessa região em exercícios repetitivos e ter o tempo e o número de repetições dosados.

Automatização:

- Da mesma forma que ocorreu na livre experimentação, dê preferência ao lançamento feito pelo treinador.
- Convém lembrar que um número excessivo e repetitivo de execuções levará o aluno-atleta a ter tonturas e dores nas costas e pernas, além de não realizar o gesto com qualidade.
- Grupos de três, com os elementos alternando-se, são mais indicados.
- Haverá sempre um lado de preferência para se realizar o giro de corpo; não permita, porém, que o aluno-atleta não saiba realizá-lo para ambos.
- Faça também que o próprio aluno-atleta envie a bola para trás de si e devolva-a, depois, ao companheiro.
- Por fim, a adaptação a situações facilitadas de jogo complementa a fixação.

Aplicação:

- Os jogos de minivôlei ou de seis contra seis podem ser iniciados com uma manchete de costas. Em vez do saque, o técnico lança a bola para um jogador que a passa para o lado contrário, dando assim início ao rali. O saque também pode ser dado dessa forma, com o "sacador" (posicionado dentro da quadra) lançando para além da linha de fundo, deslocando-se e passando a bola para o outro lado.
- Jogos adaptados podem incluir o segundo ou o terceiro toque da equipe como tendo de ser obrigatoriamente em manchete de costas.

Erros comuns na execução da manchete de costas e correções sugeridas

1. O executante fica longe da bola.
   Correção sugerida: o executante precisa colocar-se com antecedência sob a bola, deixando-a cerca de 50 cm à frente do corpo, na altura do tórax. Só assim conseguirá impulsioná-la com a ajuda dos membros inferiores e a extensão do tronco. Quando a bola fica longe do corpo, o movimento não consegue ser realizado em toda sua amplitude e a bola ou bate nas mãos do executante e vai para a frente em vez de ser dirigida para trás, ou permanece próxima ao local onde foi mancheteada, já que a ação do tronco é nula. O uso de arcos (ou baldes) surte bastante efeito. O aluno-atleta segura o arco com os braços, abraçando-o junto ao corpo e deixando-o paralelo ao chão; ao lançamento facilitado do professor-treinador ou do colega, desloca-se, posiciona-se adequadamente e coloca-se sob a bola, de modo a fazê-la entrar no arco. Idem sem o arco, mas agarrando-a contra o peito – como um goleiro de futebol.
2. O executante entra exageradamente sob a bola.
   Correção sugerida: a razão da ocorrência desse desvio é a mesma do anterior: deficiência na orientação espaço-temporal e em relação ao domínio corporal. Alguns alunos-atletas que não tiveram as capacidades coordenativas desenvolvidas terão natural dificuldade para realizar a manchete de costas, podendo alternar esse desvio e o anterior. Nesse caso, procure dar estímulos variados que o levem a enriquecer seu acervo motor e os mecanismos de análise-resposta que envolvam tempo de bola. Especificamente para esse desvio, con-

vém fazer que o aluno-atleta não realize a manchete, mas segure a bola com os braços estendidos à frente do corpo. Gradativamente, vá recolocando-o sob a bola, até que chegue ao ponto ideal. Lançamentos controlados de modo a não permitir que o executante passe do ponto de contato também ajudam.
3. A direção dada à bola é inconstante e equivocada.

Correção sugerida: também ligada à orientação espaço-temporal e ao domínio corporal, requer variação de estímulos, para que o aprendiz tenha consciência de seu próprio posicionamento e para onde suas costas estão dirigidas, e faça a bola tomar a direção desejada. Não há como dirigir a bola ao alvo se as costas não estiverem devidamente voltadas para ele. Interrupções do movimento e verificação da posição do corpo, segurando a bola, podem ajudar. Trabalhe com alvos móveis pela quadra e varie sempre o destino da bola, obrigando o aluno-atleta a diversificar a análise e controlar seu posicionamento de acordo com a direção a ser dada a ela.
4. O quadril não é projetado à frente e/ou as pernas não são estendidas.

Correção sugerida: ambos os desvios impedem que a bola ganhe altura e distância, além de não permitirem o posicionamento adequado sob a bola. Um lançador fica de frente para o executante sentado em um banco e apenas solta a bola à sua frente. Este levanta-se para rebater a bola para trás, completando o movimento com a extensão do tronco. Exageros na execução do movimento também levam à conscientização do gesto correto: como encostar a bola do chão e lançá-la para trás, colocar as mãos no chão antes de manchetear ou até saltar após realizar a manchete.

MANCHETE ALTA (À ALTURA DOS OMBROS)

É realizada com os braços perpendiculares ao tronco e paralelos ao solo, estendidos ao lado do ombro. O executante retira o corpo da trajetória da bola, apoia-se em apenas um dos pés – o contrário ao lado para o qual estende os braços – e executa a manchete. É bastante utilizada na recepção do saque e também, mas com menos frequência, na defesa de ataques fortes.

Descrição

Variação da manchete normal, mas com características absolutamente particulares.

É utilizada para bolas que chegam ao executante à altura de seus ombros, sobre o tórax ou, nessa altura, ao lado do corpo. Nessas condições, somada a velocidade da bola, fica impossível ao executante deslocar-se para trás e deixá-la na altura do quadril para rebatê-la de acordo com o padrão motor aprendido anteriormente na manchete normal.

1. Posição básica, deslocamento e posicionamento corporal para a execução:
   - A percepção da necessidade da utilização da manchete alta pode ocorrer quando a ação adversária é finalizada ou durante o deslocamento do próprio executante. Por essa razão, e pelo fato de ser realizada com o corpo praticamente ereto, a posição básica não tem influência na sua dinâmica.
   - Diante da impossibilidade de realizar a manchete normal, o executante busca posicionar-se de modo a não deixar a bola ultrapassar seu plano frontal. A fim de que ela não vá para trás é fundamental que seja tocada à frente do corpo, sem ultrapassá-lo.
   - Para buscar esse posicionamento, normalmente as primeiras passadas são realizadas para trás e com velocidade.
   - A bola chega rapidamente sobre o peito do executante, antes ou durante o deslocamento.
   - O deslocamento e o posicionamento ocorrem simultaneamente. Enquanto se movimenta, a intenção do executante

passa a ser deixar somente os antebraços na trajetória da bola, tirando o corpo de lado.
- Assim, as passadas passam a ser laterais, pois o executante coloca-se de lado para a rede, enquanto ajusta a plataforma de contato.
- Deixando o corpo em posição ereta, ele deve posicionar o ombro correspondente à rede mais baixo que o outro, de forma a não permitir que a bola ultrapasse o plano frontal e oferecer-lhe assim uma superfície de contato favorável.

2. Execução:
   - Durante o contato com a bola, o executante estará apoiado somente sobre a perna correspondente ao ombro que está à frente e abaixo.
   - Dependendo da força da bola, o executante deve amortecê-la ou empurrá-la, contando para isso somente com os ombros.
   - A plataforma de contato é mantida a 45° do solo, para que a bola tome o caminho desejado.

3. Pronta ação para o prosseguimento do jogo:
   - A utilização da manchete alta tem como uma de suas finalidades impedir o executante de recuar muito e ficar sem condições de atacar com eficiência. No entanto, pela forma como o corpo se equilibra para sua realização, há um tempo que precisa ser abreviado com agilidade e velocidade.
   - O apoio da perna que não está em contato com o chão no momento do contato com a bola deve servir como impulso imediato do corpo e permitir ao aluno-atleta participar das ações possíveis pós-recepção ou defesa.

Figura 3   Manchete alta. (A) De lado; (B) de frente.

CCI
CCA

Aprendizagem

A manchete alta deve ser ensinada após a aprendizagem do saque por cima, pois a aplicação deste passa a exigir outros recursos do executante para sua recepção. A não utilização desse novo fundamento até esse momento permite que os deslocamentos requeridos para o posicionamento correto na execução da manchete normal sejam desenvolvidos em sua plenitude e de acordo com as exigências do jogo a ser praticado.

Dependendo do grau de evolução do grupo, é possível ensiná-la já na C13; no entanto, a recomendação recai sobre a C14, com a intenção de até então aprimorar os deslocamentos de recepção e defesa ao máximo. Fica a critério do professor-treinador antecipar sua aprendizagem, todavia recomendamos que seja priorizada a condição de pleno desenvolvimento das formas de se locomover para a bola, principalmente nas recepções.

Apesar de a plataforma de contato e os princípios dinâmicos de movimento em relação à direção que se quer imprimir à bola serem os mesmos utilizados na manchete de frente, o gesto motor em si é diferente, principalmente por causa do ponto em que se realiza o encontro com a bola, o que modifica por completo o padrão anterior. Por isso, a manchete alta não conta com uma efetiva e integral transferência de aprendizagem da manchete normal, demorando mais a ser aprendida.

Apresentação do fundamento, importância do correto aprendizado e da utilização no jogo:

- É importante apresentar a manchete alta em detalhes: plataforma de contato – conseguida com posicionamento diferenciado de ombros –; apoio sobre um dos pés; retirada do corpo da linha da bola à medida que o executante se desloca; e gesto para empurrá-la. Sem a atenção a todos esses pormenores, a possibilidade de sucesso da ação é mínima.
- A eficácia da recepção como elemento do jogo aumentará com a aprendizagem do novo fundamento. A consciência da importância do correto aprendizado e de sua consequente utilização no jogo começa a aparecer para o aluno-atleta na tentativa de recepcionar os saques por cima e os ataques mais fortes, frutos da evolução do grupo.

Experimentação:

- As primeiras tentativas podem ser frustrantes. Não há problema, é importante, inclusive, que o aprendiz note a dificuldade na realização da nova habilidade, para se dedicar com afinco à sua aprendizagem.
- Apesar do estágio relativamente avançado da C14, na qual terá início a aprendizagem da manchete alta, poucos são os que conseguem realizar o movimento adequadamente já na livre experimentação.
- Por esse motivo e pelas características diferentes em relação à manchete normal, recomendamos a utilização da sequência pedagógica para a aprendizagem da manchete alta.

Sequência pedagógica:

- Retorna-se às movimentações, principalmente para trás, variando a amplitude e a associação das passadas.
- Incluem-se passadas normais para trás que sejam intercaladas com passos laterais simples (recurso que será útil para tirar o corpo da direção da bola).
- Em duplas, o executante inicia o deslocamento para trás e, após tirar o corpo da reta da bola, segura com as mãos a bola lançada rasante pelo companheiro na direção de seu peito. Ambos se alternam, dando ritmo ao exercício e às passadas. Obs.: o lançamento da bola não pode descrever parábola, deve ser rasante e rápido, porém adequado à possibilidade de realização plena do movimento. Os braços devem estar estendidos ao segurar a bola.
- Varia-se a distância entre os elementos da dupla e também o momento de lançamento da bola – primeiro permitindo que o executante se desloque antes do lançamento e,

depois, com o lançamento antecedendo o deslocamento.
- Idem, deixando a bola bater na plataforma dos antebraços e cair junto ao passador (interessante nesse exercício é o contato correto com os antebraços). É quando o professor-treinador deve corrigir o alinhamento dos ombros, não permitindo que a bola vá para trás.
- Idem, com o executante devolvendo a bola ao companheiro.
- Em trios, em triângulo, promove-se o mesmo lançamento, porém o passe é feito ao terceiro elemento do grupo, com a transferência de trajetória da bola. Varia-se sempre os lados para os quais o executante sai e passa.
- Nesse momento é importante ressaltar a relação da opção por um dos lados com a situação. Ou seja, caso o executante tenha de passar a bola para uma região à sua esquerda, ele deve dar preferência a deixar a bola à direita de seu corpo, enquanto se a intenção for enviá-la para a direita, a bola deve ficar à sua esquerda. Há maior possibilidade de transferir com qualidade a bola para a região desejada adotando essa diferenciação, pois os braços auxiliam no direcionamento.
- Incluir exercícios em pequenos grupos, com o técnico lançando para várias posições da quadra. Deve-se variar também a região para a qual a bola deve ser enviada, pois, mesmo que esse princípio não siga a realidade de jogo, aumenta o grau de habilidade e controle do aluno.
- Idem, com lançamentos da quadra contrária.
- Idem, a partir do saque normal (porém, rasante), inicialmente por baixo, dirigido e controlado.

Educativos e formativos:

- A grande maioria necessitará de exercícios educativos para corrigir a manchete alta.
- A atuação do técnico junto ao aluno-atleta é fundamental para a correção, pois é um movimento em que *feedback* interno pouco pode ajudar em um primeiro momento.

- Por essa mesma razão, filmagens podem auxiliar substancialmente.
- A utilização de exercícios formativos restringe-se ao ganho de velocidade de deslocamento, agilidade na coordenação das passadas combinadas e no posicionamento e giro de corpo para uma colocação ideal a fim de rebater a bola.
- O fato de o executante não conseguir impulsionar a bola ao local desejado está invariavelmente ligado à coordenação visual-motora, e não ao componente força ou potência. Por isso, não perca tempo incluindo exercícios formativos com essa finalidade.

Automatização:

- Mais uma vez o professor-treinador é um agente eficiente na fixação do movimento. Por se tratar de um fundamento específico a uma trajetória rasante da bola, que chega à altura do peito do executante, o controle dos saques e lançamentos por parte do professor-treinador serve mais do que tentativas imprecisas dos alunos-atletas.
- A automatização deve invariavelmente incluir os deslocamentos prévios, e não apenas o contato com a bola.

Aplicação:

- É quase imediata à aprendizagem, pois as exigências do saque por cima, mais veloz que o por baixo e o lateral utilizados até então, obrigarão o passador a se valer desse recurso.
- O padrão vai se estabelecendo à medida que o aluno-atleta obtém sucesso com a nova ação e os educativos são aplicados.

Erros comuns na execução da manchete alta e correções sugeridas

É bom salientar que quase todos os erros comuns da manchete alta referem-se à orientação visual-motora e consequente coordenação das passadas e giro do corpo para o correto posicionamento do corpo atrás da bola.

Se não houver o desenvolvimento dessa habilidade neuromotora, nenhum dos desvios será corrigido. O executante ficará entregue à sorte caso não consiga promover a análise da trajetória da bola e antecipar-se à sua chegada.

Sendo assim, todos os erros elencados a seguir, para serem corrigidos, devem priorizar o desenvolvimento da análise da trajetória e do tempo de bola antes de haver a preocupação com a ação derradeira.

1. A bola bate em um dos braços, e não na plataforma de contato.
   Correção sugerida: afora as considerações acima, esse desvio pode advir do giro dos braços quase concomitantemente à chegada da bola. O movimento correto é a extensão dos membros superiores em direção à bola, deixando exposta a plataforma no local exato em que ocorrerá o contato. Essa extensão ocorre na linha dos ombros, momentos antes de a bola ser mancheteada. Por conta da oscilação da bola no saque flutuante, muitas vezes esse erro é decorrente da acomodação do passador, que não promove os ajustes necessários de último momento para deixar a bola ao alcance da plataforma de contato. Oriente o aluno, assim como deve ser feito nas demais variações da manchete, a não tirar os olhos da bola até que ela tome a direção desejada.
2. A bola vai constantemente para trás.
   Correção sugerida: o alinhamento dos ombros é difícil para os iniciantes, pois o tronco deve ser flexionado leve e lateralmente enquanto é rotacionado. O ombro correspondente ao pé que está apoiado ao chão é projetado exageradamente para baixo, enquanto o outro é elevado, para que a plataforma de contato se posicione por trás da bola. Sem essa adaptação, a plataforma fica paralela ao solo e, ao tocá-la, invariavelmente a bola vai para trás. Exercícios de repetição em que o aluno-atleta rebate bolas lançadas pelo professor-treinador a curta distância podem corrigir o alinhamento de ombros. Recomenda-se que haja alternância dos lados, e não a exclusividade de um deles, mesmo que o aluno-atleta apresente o desvio unilateral. Vale lembrar que este educativo não basta se não for associado ao deslocamento anterior e ao giro característico do fundamento.
3. A bola vai de encontro ao peito do executante.
   Correção sugerida: a manchete alta pode ser realizada quando a bola vem ao lado do executante ou quando ela se dirige contra seu peito. No primeiro caso, há uma maior facilidade de execução, pois, mesmo que haja necessidade de deslocamento, não é preciso retirar o corpo da trajetória da bola. A retirada do corpo da trajetória a ser percorrida pela bola ocorre antes de ela chegar ao executante e simultaneamente ao deslocamento para trás. Muitas vezes o erro surge da ideia de que a retirada do corpo ocorre após o deslocamento. Exercícios lúdicos que levem o aluno-atleta a desenvolver a agilidade e a coordenar as ações auxiliam bastante. Por exemplo, uma brincadeira de queimada em trios (com o devido alerta do professor-treinador para que a força seja compatível com a dificuldade dos alunos e que o jogo seja colaborativo, e não competitivo): dispostos em linha reta, dois colocam-se sobre as linhas laterais e o terceiro entre eles; a bola deve ser lançada pelos que se encontram nas laterais na altura do peito do aluno-atleta do meio da quadra; este deve esquivar-se sempre tirando o corpo de lado e deixando a bola passar ao lado do tórax; depois de três tentativas bem-sucedidas sem ser queimado, tenta amortecer a bola em manchete alta e troca com um dos companheiros. Idem, com a bola sendo rebatida a quem lançou. Mesma organização, em forma de exercícios, e não mais de jogo, com sequência de rebatidas em manchete alta.

4. A bola ultrapassa o plano frontal do executante.

   Correção sugerida: no estágio inicial da aprendizagem é o desvio mais comum e pode decorrer de todos os anteriores. O tempo de bola e a coordenação do movimento são aprimorados com a prática variada. No entanto, alguns alunos-atletas apresentam uma evolução mais lenta. Circuitos com distâncias variadas e exercícios de aquecimento para as sessões podem incluir, entre outros tipos de deslocamento, o combinado para trás e lateral específico desse elemento do jogo. Todavia, convém identificar qual dos erros anteriores está inviabilizando a execução correta do movimento e tratá-lo diretamente.

MANCHETE SEGUIDA DE ROLAMENTO SOBRE AS COSTAS

Nem todas as bolas que caem à frente do passador ou do defensor podem ser alcançadas por meio apenas de deslocamentos rápidos. Quando esgota-se esse recurso é necessário oferecer ao aluno-atleta outros para impedir o ponto do adversário nessas circunstâncias. O rolamento sobre as costas é um fundamento-meio com o objetivo principal de proporcionar o contato de qualidade com a bola, e a forma mais indicada para realizá-lo é em manchete com os dois braços, apesar de, em situações extremas, o executante conseguir levar apenas um dos braços em direção à bola.

Descrição

É a manchete utilizada junto ao chão, em desequilíbrio, com os braços quase paralelos a ele, em um esforço derradeiro para impedir que a bola caia à frente do executante, complementada com o rolamento. Detalhes sobre a dinâmica do rolamento sobre as costas estão no item próprio do fundamento.

1. Posição básica e deslocamento para a bola:
   – A posição assumida para alcançar a bola é necessariamente a baixa, já que o executante precisa ficar o mais próximo possível do solo para alcançar a bola e realizar o rolamento.
   – A manchete seguida de rolamento sobre as costas pode ser precedida ou não por um deslocamento, dependendo da distância a que a bola se encontra do executante ou de sua velocidade.
   – De qualquer forma, ao perceber que não conseguirá alcançá-la por meio de passadas, de acordo com o padrão motor da manchete normal e em equilíbrio, o executante realiza uma passada mais longa, que possa conduzi-lo para a bola.
2. Posicionamento corporal para a realização da manchete seguida de rolamento:
   – A posição básica vai se tornando cada vez mais baixa e o centro de gravidade do corpo projeta-se para a frente, permitindo que o executante se desequilibre em direção à bola.
   – Os braços estendem-se igualmente à frente e procuram ficar o mais próximo possível do chão, de modo a dirigir-se por sob a bola.
3. Execução:
   – Nem sempre é possível utilizar os braços para impulsionar a bola, deixando que ela apenas bata nos antebraços e suba.
   – A plataforma de contato é a mesma da manchete normal e deve estar, sempre que possível, voltada à zona-alvo.
   – Após o contato com a bola, o movimento segue os padrões relatados no item "Rolamento sobre as costas", no Capítulo "Quedas".
4. Pronta ação para o prosseguimento do jogo:
   – O rolamento deve ser imediato e permitir o retorno do executante ao rali. Muito provavelmente ele será o último a se posicionar para a proteção de ataque, mas jamais deverá ser privado dessa participação.

Aprendizagem

Os itens que associam a manchete às quedas estão aqui separados para incluir observações pertinentes ao contato com a bola em si e as consequentes alterações do padrão motor anteriormente estabelecido em circunstâncias de menor dificuldade.*

A manchete seguida de rolamento sobre as costas deve ser ensinada depois de esgotados os recursos para se chegar por meio de deslocamentos às bolas mais difíceis à frente do corpo. As quedas minimizam o risco de contusões, mas acabam levando o aluno-atleta a certa acomodação em algumas situações e, consequentemente, limitando o uso pleno de suas potencialidades. No entanto, ele passa a ser imprescindível quando o jogo torna-se mais dinâmico, as bolas mais difíceis de serem recuperadas e as quedas mais frequentes.

O início do processo de aprendizagem do rolamento sobre as costas ocorre com a utilização da manchete. Por essa razão, recomendamos a leitura do item relativo ao rolamento sobre as costas, no Capítulo "Quedas", para desenvolver o processo pedagógico, conhecer os erros mais comuns e as sugestões para correção.

---

* Como o processo de aprendizagem dos rolamentos (sobre as costas, meio-rolamento e sobre os ombros) tem início com a utilização da manchete, procuraremos não ser repetitivos em relação à sequência sugerida nos capítulos referentes às quedas, apenas acrescentando detalhes que permitam a associação deles com a manchete, com o objetivo de conferir qualidade motora ao gesto completo e consequente precisão da ação.

Não incluímos o meio-rolamento entre os tópicos deste item, pois as considerações constantes na manchete seguida de rolamento sobre o ombro encerram as observações necessárias para tal associação.

MANCHETE SEGUIDA DE ROLAMENTO SOBRE O OMBRO

Utilizada em bolas que chegam muito próximas ao chão, mas ao lado do executante (e não à frente, quando se faz uso do rolamento sobre as costas), obrigando-o a apoiar o peso do corpo sobre apenas uma das pernas, que se flexiona lateralmente para adaptar-se à altura da bola. Ao aproximar acentuadamente o quadril do solo e desequilibrar-se para o lado, o executante utiliza o rolamento como meio de proteção, a fim de imprimir outra trajetória à bola, conseguir melhor posicionamento para mancheteá-la e, consequentemente, retornar ao jogo mais rapidamente. O padrão a ser buscado primeiro e preferencialmente nas ações de jogo é a manchete com ambos os braços, apesar de muitas vezes apenas um dos braços ser dirigido à bola, por conta da velocidade com que ela chega ou de o quanto se afasta do executante.

Descrição

1. Posição básica e deslocamento para a bola:
   - A posição básica é obrigatoriamente a baixa, pela necessidade de o executante aproximar-se do chão para alcançar a bola.
   - Pode ou não haver um deslocamento prévio até a bola. Caso não haja necessidade ou possibilidade, um afundo lateral é imediatamente realizado, com amplitude suficiente para posicionar o corpo (ou ao menos os braços) para a realização da ação.
2. Posicionamento corporal para a realização da ação:
   - Após analisar a situação e perceber que, mesmo deslocando-se em direção à bola com a máxima eficiência, estará ainda longe dela que se dirige para uma área ao lado de seu corpo, o executante flexiona uma das pernas, de modo a levar o corpo (ou apenas os antebraços, na pior das hipóteses) para trás da bola.

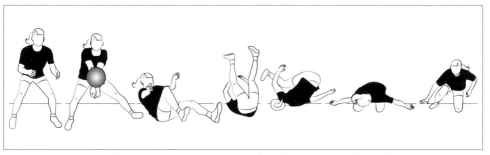

Figura 4 Manchete seguida de rolamento sobre o ombro (de lado, ligeiramente em diagonal).

3. Execução:
   - O contato com a bola obedece aos procedimentos da manchete normal, porém com o corpo em desequilíbrio.
   - Pela impossibilidade de contar com os membros inferiores, o trabalho de impulsionar a bola, quando necessário, cabe aos ombros (que se dirigem à frente) ou aos cotovelos (que excepcionalmente flexionam-se). Em caso de defesa, o amortecimento depende da retração dos ombros e/ou da projeção do tronco para trás.
   - O rolamento ou o meio-rolamento podem parecer às vezes desnecessários, pois o contato com a bola ocorreu em relativo equilíbrio. Porém, a complementação do gesto permite melhor posicionamento da plataforma de contato e consequente precisão do passe.
   - A bola não deve ultrapassar o plano frontal, permitindo assim que o executante sempre a dirija para a frente.
   - O tronco tem uma função importante, que é a de dar proteção à bola que chega. Para isso, o executante deve projetar o ombro correspondente ao lado para o qual realiza o afundo sempre para além da bola, permitindo assim que a plataforma de contato esteja exatamente atrás dela.
   - Em casos extremos, a técnica da manchete alta é utilizada para bolas que escapam do raio de ação do defensor, e a extensão do braço à altura do ombro torna-se necessária para alcançá-las.
   - Do mesmo modo, o uso de apenas um dos braços não é raro.
   - Os joelhos não podem atrapalhar a movimentação dos braços para a bola, devendo ser retirados de sua trajetória.
4. Pronta ação para o prosseguimento do jogo:
   - Como ocorre em todos os rolamentos ou mergulhos, o reequilíbrio é dificultado pela acrobacia envolvida. No entanto, o professor-treinador não deve permitir acomodações nem desculpas por uma eventual não participação na proteção de ataque subsequente.

Aprendizagem

Como já foi comentado no item anterior, recomendamos a consulta do item "Rolamento sobre o ombro" no Capítulo "Quedas" para maiores detalhes do processo de aprendizagem, erros mais comuns e sugestões de correções.

O treinador, no entanto, não deve esquecer de diferenciar duas situações: defesa e recepção (ou bolas fracas). No primeiro caso, o corpo auxilia no amortecimento da bola, enquanto, no segundo, há uma elevação dos braços a fim de impulsioná-la ao local desejado. Em termos motores, é uma diferença significativa.

Convém ainda reforçar que a preferência dos alunos por um dos lados e a falta de estímulos à bilateralidade leva a sérias limitações no futuro. Forneça sempre a possibilidade de que a realização da manchete seguida do rolamento sobre o ombro ocorra para ambos os lados equitativamente e nas duas situações anteriores combinadas (recepção e defesa).

MANCHETE COM UM DOS BRAÇOS

Utilizada somente em casos extremos, em que não é possível chegar com os dois braços (por causa da velocidade da bola ou da distância que ela se encontra em relação ao corpo), é recurso para alcançar bolas próximas ao chão, em proteções de ataque ou defesas próximas à rede. Pode, por esse motivo, ser considerada um recurso, e não uma técnica variada da manchete. É ensinada depois da manchete com os dois braços em rolamento, para que não se crie uma comodidade no aluno-atleta, mesmo podendo aparecer eventualmente em situações de jogo.

Descrição

As fases desse fundamento seguem as descritas no item "Manchete seguida de rolamento sobre o ombro", com exceção do contato com a bola, que é aqui detalhado.

- A manchete com um dos braços é utilizada para bolas que chegam ao lado do corpo.
- Diante da impossibilidade de chegar com os dois braços à bola, no último instante, o executante estende o braço mais próximo em direção a ela.
- Nesse momento deve-se estender o braço em direção à bola e não girar o ombro.
- O contato é realizado com a região anterior do antebraço, a mesma da manchete normal.
- O ombro auxilia no amortecimento da bola, que normalmente é proveniente de ataques fortes.

Aprendizagem

É um recurso quase automático e não requer apresentação nem sequência pedagógica para ser assimilado, já que sua utilização decorre das situações de jogo que se diversificam e é uma adaptação da manchete normal realizada em rolamento.

Mesmo assim, convém uma explicação sobre sua utilização. Deve-se coibir o aluno-atleta de utilizar apenas um braço para manchetear, pois acaba levando a uma acomodação – principalmente em relação à análise das ações que antecedem o gesto. Com o recurso da manchete com um dos braços, o executante deixa, muitas vezes, de se deslocar e posicionar-se atrás da bola.

Como é um recurso utilizado muitas vezes antes dos rolamentos, convém promover o aprendizado de ambos quase simultaneamente. Assim, o aluno-atleta conscientiza-se de que só utilizará o novo fundamento em situações extremas, em que o desequilíbrio do corpo o levará a completar a ação com um rolamento.**

Educativos e formativos:

- Por se tratar de um recurso da manchete normal, os educativos se resumem a exercícios de aperfeiçoamento em que a extensão do braço em direção à bola e o direcionamento desta para a zona-alvo, com o devido amortecimento, são os principais objetivos.
- Os formativos têm validade no ganho de velocidade de extensão dos membros superiores ou na manutenção da flexão das pernas, já que a manchete com um dos braços é um recurso utilizado geralmente na defesa, portanto, a partir da posição básica baixa.

** Por este motivo, o leitor não encontrará o aperfeiçoamento da manchete com um dos braços depois que é aprendida nas CCA, pois ela acaba sendo englobada no processo do rolamento sobre as costas e sobre o ombro, como recurso à utilização desses componentes acrobáticos.

Erros comuns na execução da manchete com um dos braços e correções sugeridas

1. O braço não se estende completamente para a manchete.
   Correção sugerida: para levar o aluno-atleta a estender o braço em direção à bola, o professor-treinador pode atacar contra o defensor, tirando-a de seu alcance e obrigando-o a defendê-la somente se estender totalmente o braço. Isolar o movimento e atacar a bola contra o braço previamente estendido ajuda a conscientizar sobre o movimento.
2. A bola não é dirigida para a zona-alvo.
   Correção sugerida: somente treinos de repetição, mas com alvos variados e alternados, podem levar à correção desse desvio. A consciência em relação ao local em que se está, a dosagem do amortecimento, a força com que a bola chega ao braço, a direção e a altura que ela deve tomar são fatores ligados a uma ampla rede de análise e respostas neuromotoras que só se desenvolve com estímulos variados em todos os aspectos.
3. Falta de recursos quando a bola bate no punho ou na mão.
   Correção sugerida: nem sempre, por se tratar de um gesto extremo, a bola toca o antebraço do executante. Às vezes, a última chance de o executante alcançar a bola é tocando-a com o punho ou até com a mão. Nesse caso, é necessário um amortecimento maior, já que a superfície não é tão macia quanto o antebraço. Esse amortecimento é feito com o ombro, que cede mais que o normal na tentativa de manter a bola no próprio campo. A direção também é conseguida de maneira diferente, pois uma leve flexão de punho quase sempre é necessária para que a bola tome o caminho desejado pelo defensor.
4. O braço gira sobre o ombro.
   Correção sugerida: o movimento correto do braço nessa variação da manchete é de extensão, assim como ocorre na manchete alta. O braço não deve girar, pois o ponto de encontro com a bola fica muito impreciso. O professor-treinador pode permitir que o aluno-atleta inicie antes o movimento de extensão, já sabendo de antemão para onde a bola será atacada. Um exercício interessante consiste em utilizar uma corda elástica que é segurada pelo aluno-atleta e puxada pelo professor-treinador na direção apropriada, induzindo o executante a estender o braço, e não girá-lo.

APERFEIÇOAMENTO DA MANCHETE NORMAL E DE SUAS VARIAÇÕES

Antes de desenvolver os demais tipos de manchete, deve-se dar exclusividade ao aperfeiçoamento da manchete normal, à frente do corpo e na altura do quadril. Assim, todos os tipos de deslocamento desenvolvem-se de maneira muito mais eficiente.

Nessa etapa, quanto mais variação, velocidade, amplitude e equilíbrio forem acrescidos às movimentações específicas, mais facilidade terá o praticante na adaptação aos elementos do jogo.

O aperfeiçoamento é a continuidade da aplicação da manchete como elemento do jogo, com vista a alcançar crescente eficácia e versatilidade do aluno-atleta na utilização de suas variantes, de acordo com a necessidade. A manchete passa a ser um importante recurso para receber saques, defender ataques, recuperar bolas, fazer levantamentos, proteger o ataque e passar a bola para a outra quadra. Todas essas variações encerram diferenciações que precisam ser aprimoradas nessa etapa.

O gesto técnico para receber um saque, por exemplo, é diferente daquele utilizado para levantar uma bola, apesar de se valerem do mesmo fundamento. É importante que essas alterações do padrão motor sejam consideradas, compreendidas e assimiladas pelos alunos-atletas.

Mais do que simplesmente incentivar a prática das diferentes formas de manchetear, é fundamental que o aluno-atleta as realize com qualidade e eficácia.

- O aperfeiçoamento da manchete é fruto da dedicação à boa técnica e à precisão nos exercícios corriqueiros realizados em duplas, pequenos grupos ou em situações simuladas de jogo. Quando o professor-treinador mostra-se desinteressado com a qualidade das ações de aquecimento, por exemplo, contribui para um nível técnico coletivo inferior.
- Exercícios em trios ou pequenos grupos em que haja constantemente a transferência de trajetória da bola são positivos e aproximam-se das situações reais de jogo em que se recebe a bola de um lado e a transfere para outro.
- A principal diferença entre os exercícios aplicados na aprendizagem e os de aperfeiçoamento é a inclusão da relação entre as regiões da quadra a serem defendidas e as de realização do saque. O aperfeiçoamento deve atentar mais para o passe de bolas vindas da outra quadra do que para a manchete até então trabalhada isoladamente.
- A passagem do minivôlei para o seis contra seis exige naturalmente uma adaptação da manchete para as novas circunstâncias do jogo e dimensões da quadra. Esse processo pode ser entendido já como um aprimoramento do que foi aplicado até então.
- Com categorias competitivas intermediárias, essa etapa pode ser conduzida com exercícios em colunas ou pequenos grupos. O importante é dar pontos de referência fixos e bem determinados na quadra de jogo aos alunos-atletas, fazendo que eles enviem a bola sempre com precisão à região-alvo.
- A relação com as regiões da quadra e as diferentes formas de se adaptar para executar o fundamento exigem do indivíduo discernimento quanto a flexionar mais as pernas (bolas próximas à rede), empurrar mais a bola com os braços (passes próximos à linha de fundo) ou determinar a transferência de sua trajetória com um giro de tronco ou com a extensão de uma das pernas.
- O aperfeiçoamento da manchete inclui o domínio de áreas maiores na quadra. À medida que o aluno-atleta aprimora o fundamento, deve ser responsável por regiões mais amplas. Isso aumenta a necessidade de refinamento do fundamento em si e das movimentações específicas.
- Deve-se buscar de maneira mais efetiva a eficácia crescente do passe, na condição de elemento de jogo. Os treinos específicos de recepção passam a ocupar boa parte das sessões, estendendo-se a todos os alunos-atletas e a todas as possíveis posições das formações táticas.
- Exercícios nos quais o executante é obrigado a aguardar o lançamento ou o saque para se deslocar para locais previamente estabelecidos oferecem boa base de deslocamentos rápidos e eficazes, além do desenvolvimento da velocidade de percepção e reação. O professor-treinador deve estar atento a esse detalhe, pois, quando o aluno-atleta se antecipa para realizar a tarefa proposta, elimina não só a possibilidade de melhora da velocidade de deslocamento, mas também a capacidade de análise.
- Caso o grupo não tenha condições de dirigir o saque ou dar a sequência pretendida, o professor-treinador deve sacar para os alunos, conferindo ritmo e precisão à tarefa.
- Confrontado com as situações de jogo, o aluno-atleta precisa se adaptar para realizar a ação com eficácia, porém cabe ao professor-treinador transferir as possíveis variações para os treinamentos, antecipando-as e promovendo ajustes pontuais, diminuindo assim a possibilidade de surpresa e insucesso no jogo. Por exemplo, variação da altura ou velocidade que se imprime à bola, dependendo: da região em que o passador se encontra e para onde ele precisa ir após o passe; da força do saque adversário; do efeito tomado pela bola; etc.
- Situações de desequilíbrio em que o aluno-atleta não consegue colocar-se exatamente atrás da bola ajudam-no a criar recursos próprios para resolver esses pequenos problemas. Não se trata de utilizar outro tipo

de manchete ou golpear a bola de qualquer jeito, apenas de adaptações motoras mínimas, porém fundamentais, diante de dificuldades circunstanciais.
- O aperfeiçoamento da manchete deve ser incluído também no levantamento. Apesar da preferência pelo toque por cima para essas situações de jogo, quanto menos adiantada a categoria, mais vezes esse fundamento precisará ser utilizado para tal finalidade. Por isso, apesar de continuar aprimorando os deslocamentos e as antecipações, convém preparar adequadamente os alunos-atletas para realizar levantamentos em manchete.
- Nesses casos – que devem ser treinados de modo a alternar levantamentos em toque e manchete –, o professor-treinador precisa levar o executante a avaliar as possibilidades de chegar em toque ou em manchete e, independentemente do fundamento escolhido, realizá-lo da maneira mais eficaz possível.
- O gesto da manchete sofre modificações significativas quando esta é utilizada para levantamentos de longe da rede, já que giros de corpo mais acentuados permitirão que a bola seja transferida para as extremidades na maioria das vezes. Além disso, a altura da trajetória que a bola assume guarda diferenças significativas em relação ao passe.
- O executante deve dispor de alvos fixos e realizar cada ação de acordo com a realidade próxima de jogo, ou seja, altura e distância compatíveis com o ataque subsequente.
- Outra etapa do aperfeiçoamento é a associação da técnica da manchete à função subsequente, ou seja, após realizar a recepção, qual será a atuação do jogador? Atacar ou fazer a proteção do ataque? Quais são os deslocamentos apropriados para se chegar à posição de ataque ou para recuperar a bola atacada pelo companheiro que volta do bloqueio? Essas transições fazem parte do aperfeiçoamento e devem ser incluídas pelo professor-treinador na elaboração dos exercícios técnicos e técnico-táticos.

- Mesmo que o executante vá realizar um ataque após a manchete, ele deve finalizar a ação motora do passe antes de se movimentar para a cortada. A finalização do gesto motor inclui a continuação do movimento para a zona-alvo.
- Esgotadas as possibilidades de chegar à bola em manchete normal, promove-se o uso das variações da manchete. Naturalmente, à medida que as dificuldades aumentam no jogo, as outras formas tornam-se necessárias.
- Compete ao professor-treinador elaborar exercícios em que seja possível ao aluno-atleta diferenciar a necessidade de utilização de um ou outro tipo.
- Na fase de aperfeiçoamento, não convém treinar cada tipo de manchete isoladamente, mas proporcionar situações em que o aluno-atleta possa optar pela maneira mais eficiente de solucionar o problema.
- O aperfeiçoamento da manchete de costas, que tem início na C13, não visa à utilização em recepções de saque, mas, sim, em recuperações gradativamente mais difíceis.
- O aperfeiçoamento da manchete alta está previsto apenas para a C15; no entanto, se o professor-treinador julgar que o nível de jogo praticado pelo grupo e as exigências durante os jogos tornam imprescindível o aperfeiçoamento dessa variação, é perfeitamente aceitável que ela passe a fazer parte do arsenal a ser disponibilizado ao aluno-atleta ainda na C14. No entanto, a condição para que isso aconteça é que os recursos de movimentação específica não sejam mais suficientes para que ele realize a manchete normal nessas situações.
- A manchete alta será sempre preferida à manchete à frente do corpo quando esta deslocar o atacante-passador para muito longe de sua área de ataque ou impedir que ele chegue a tempo à região onde terá de executar o passe. Ou ainda sempre que a bola chegar rasante e veloz à altura de seu peito.
- A manchete com um dos braços é recurso para bolas fortes, quando não é possível le-

var os dois braços de forma a oferecer à bola a plataforma de contato da maneira convencional – e apenas nesses casos. Nessa etapa, refinar o amortecimento e o direcionamento é o principal objetivo.

- A manchete com rolamento será utilizada quando for impossível atingir a qualidade de passe sem que se vá ao chão, já que a queda dificulta a preparação do jogador para a ação seguinte. Deve-se, todavia, cobrar a ida ao chão sempre que for necessário.
- Os princípios de precisão, ritmo e regularidade devem reger também as sessões que envolvam as variações da manchete. Saques precisos e constantes que exijam ritmo, movimentações apropriadas e preparação adequada levam ao aperfeiçoamento e a uma melhor resistência específica de jogo.
- Um jogo em particular (chamado por muitos de manchetobol ou manchetão) é útil e prazeroso até mesmo com CCA. Ele pode ser disputado por grupos de quatro jogadores ou até individualmente e consiste em enviar a bola em manchete para a quadra contrária, tentando fazê-la cair no solo adversário. Nenhum outro fundamento pode ser utilizado. Ele desenvolve a agilidade, a velocidade das movimentações específicas, a segurança nas quedas, a análise das ações adversárias e a competitividade.

Treinamento:

- Esse período visa ao treinamento do fundamento da manchete normal e de suas variações em todas as suas possíveis utilizações. O treino da recepção especificamente será abordado em seguida.
- Após a etapa de aperfeiçoamento desenvolver a manchete como recurso técnico e aplicá-la em suas variadas formas como elemento de jogo combinado com as situações e elementos que a precedem e sucedem, o treinamento da manchete deve buscar a aproximação das exigências ao grau de desempenho do grupo e à precisão de todas as ações em que essa habilidade for utilizada em situações de jogo.
- Mudanças de concepções táticas requerem também novas adaptações. A diminuição do número de passadores altera substancialmente as relações do aluno-atleta com as dimensões da quadra e com os companheiros igualmente responsáveis pela recepção.
- Nas categorias competitivas intermediárias ainda haverá a necessidade de que todos treinem em todas as posições e desenvolvam as diferentes percepções e habilidades próprias de cada uma delas.
- De modo geral, a manchete como elemento de jogo deve ser treinada na recepção, defesa e outras formas de recuperação, além do levantamento.
- No entanto, assim como deve acontecer com o toque por cima, a manchete precisa ser estimulada diariamente em exercícios em duplas ou trios. Evite, porém, deixar que os alunos a pratiquem descompromissadamente, pois o desleixo na prática diária se incorpora à memória motora.
- Com o melhor desempenho coletivo, é possível exigir variadas alturas e velocidades à bola que é enviada ao levantador, compatíveis com as possibilidades de ação deste e dos responsáveis pelo ataque coletivo.
- Caso o treinamento vise ao levantamento em manchete, os atacantes mais técnicos devem desenvolver a capacidade de imprimir mais velocidade e variações às ações.
- Não se deve esquecer que muitas bolas vêm do campo contrário "de graça", ou seja, passadas em manchete ou toque e sem potência. Apesar de fáceis, quando tratadas com negligência podem custar pontos preciosos à equipe, além de desgastar emocionalmente quem erra. Treine sempre essas situações e exija precisão máxima nas ações.
- Em equipes adiantadas, o líbero deverá ser sempre responsável por esse tipo de bola.

Capítulo 7

Recepção do saque

É o elemento do jogo utilizado para evitar o sucesso do saque adversário e, ao mesmo tempo, criar as melhores condições possíveis ao levantador de organizar o ataque coletivo. É preferencialmente realizado em manchete por motivos diversos:

- Permite alcançar bolas mais próximas ao chão.
- Oferece uma superfície de contato capaz de amortecer e dirigir a bola ao levantador.
- Permite correções finas no momento em que ela toca os antebraços.
- Deixa o jogador em posição ideal para cumprir suas funções táticas após a recepção.

A preferência pela manchete normal, no entanto, não elimina a opção pela utilização de suas variações – em especial a manchete alta – ou mesmo do toque por cima. Diante de saques mais altos e longos, um deslocamento para trás inviabilizaria a armação adequada da manchete normal ou afastaria demasiadamente o passador da área para a qual ele precisa se deslocar para realizar o ataque subsequente. Assim, a manchete alta – para bolas que vêm à altura do ombro – e o toque – para aquelas que chegam acima da cabeça – tornam-se melhores opções para a recepção do saque.

Por causa do protagonismo da manchete – a normal e a alta – nesse momento do jogo, trataremos muito mais desse recurso durante este capítulo, sem deixar, no entanto, de mencionar o toque por cima quando este for mais indicado.

A possibilidade de sucesso do passador começa na preparação para a recepção, na análise de variáveis que antecedem o contato com a bola, ou seja:

- Tipo de saque a ser empregado (essa análise ocorre antes do saque propriamente realizado, com base na preparação do sacador ou no pré-conhecimento das características dele).
- Qual a distância do sacador em relação à linha de fundo (distância que a bola percorrerá).
- Região da zona de saque em que ele está posicionado (algumas regiões da quadra defendida podem ser alcançadas com mais facilidade a partir de certos pontos de partida da bola).
- Forma como é feito o lançamento (as possibilidades de alcance, efeito e direção possíveis da bola em função da altura do lançamento, a rotação dada a ela, a distância da linha de fundo e a relação do ponto de contato com o eixo do corpo do sacador).
- Alterações de movimento por parte do sacador (desaceleração do braço, flexão de punho, etc.).
- Velocidade e força da bola que vem do outro lado da quadra.

- Efeito e oscilações da bola durante o trajeto, até chegar ao passador.
- Eventual desvio na rede.

De posse dessas informações, o passador pode antecipar-se e colocar-se adequadamente na região em que a bola chegará. Ali posicionado, ele promove alguns ajustes corporais com passadas curtas e ligeiras, extensões ou flexões de joelhos e tronco enquanto a bola se aproxima de seu corpo, procurando deixá-la na altura e distância ideais de contato.

- O efeito flutuante do saque exige que o passador adapte constantemente a plataforma de contato durante a trajetória da bola, para que não seja pego de surpresa por qualquer desvio (por mínimo que seja).
- No saque com rotação, a bola cai com mais velocidade e exige do passador uma posição mais baixa de entrada para ela. Os movimentos de braços e pernas precisam ser mais rápidos durante a preparação para recepcionar esse tipo de saque.
- Sobretudo na recepção do saque flutuante, um dos erros mais frequentes e geralmente fatais é deixar que a bola chegue muito próximo ao corpo. A recepção em manchete deve ser realizada à frente do corpo, mantendo-se uma distância de pelo menos 20 cm dos cotovelos para o tronco. Essa regra vale também para os saques com rotação, com a finalidade de amortecimento.
- O mesmo ocorre nas recepções em que o uso da manchete alta se faz necessário. A não observação desse detalhe faz com que a bola se choque contra a plataforma de contato e tire do passador a possibilidade de controlar a direção da recepção.
- Muitos erros acontecem também porque o executante deixa a bola passar o plano frontal do corpo, não conseguindo, por esse motivo, dirigi-la para a frente.
- Em casos excepcionais, saques com rotação e muito fortes podem requerer a ajuda do tronco para o amortecimento.

- Em suma, apesar de parecer uma observação óbvia, toda a recepção, seja de saques flutuantes ou com rotação, deve acontecer à frente do corpo no saque flutuante.
- A bola recebida no saque flutuante não pode ser batida nem amortecida, ela deve ser *empurrada*. O gesto de empurrar requer controle fino, não podendo ser brusco e dando tempo para que a bola permaneça décimos de segundo nos antebraços, para ganhar acomodação à plataforma e a consequente direção desejada.
- Apesar de muitas vezes o passador precisar se deslocar para uma região mais longe da qual realizará a ação subsequente (caso do atacante de ponta, por exemplo, que passa a bola que lhe chega à direita e precisa depois se movimentar para a esquerda e se preparar para o ataque), a manchete não deve ser interrompida nem realizada com afobação, afinal é a finalização do gesto que dá precisão ao passe. Qualquer adaptação que o passador precise fazer para ter tempo de se preparar para o ataque deve ser imprimindo altura suficiente à recepção, para lhe permitir o deslocamento.
- O passador deve sempre buscar o afastamento lateral das pernas, equilibrando-se para a recepção, pouco antes de tocar a bola. É comum ver passadores, principalmente em bolas que chegam próximas à linha de ataque, realizarem um afundo à frente, mantendo os pés distantes, em afastamento anteroposterior exagerado, para executar a manchete. Apesar de parecer prático, esse posicionamento tira o equilíbrio do passador e não lhe permite pequenos ajustes de tronco e quadril necessários para a precisão do passe, além de dificultar o reequilíbrio para as ações subsequentes.
- As escolas mundiais de voleibol desenvolveram vários padrões para a recepção do saque. O modelo que mais se aproxima do recomendado neste PFCAAD é o norte-americano (Figura 1).

Figura 1 Recepção em manchete para bolas a serem enviadas à direita do passador (de frente).

- As pernas mantêm o afastamento lateral já recomendado, enquanto o pé direito do passador se posiciona ligeiramente à frente do esquerdo, independentemente do lado da quadra em que ele se encontra. A partir desse posicionamento básico, há ajustes de acordo com a posição que o jogador ocupa em quadra, como veremos a seguir:
  - O passador que está à esquerda posiciona-se inicialmente de frente para o sacador – assim como fará em todas as demais posições –, recebe a bola à frente do corpo e a transfere para o levantador com o auxílio da extensão da perna esquerda, de um leve giro do quadril e da projeção do peso do corpo sobre a perna direita, que se mantém um pouco mais flexionada até se estender para impulsionar a bola à região-alvo. O pé direito serve como pivô para o leve e controlado giro do corpo. Ao mesmo tempo, o ombro esquerdo projeta-se suavemente para ficar à frente do direito em relação à rede, mas paralelo a este em relação ao levantador. O corpo todo auxilia na suave transferência da bola para a zona-alvo, enquanto ela se acomoda na plataforma de passe.
  - Para os passadores que estão no centro da quadra, esse movimento é menos intenso, enquanto os que se encontram à direita estarão praticamente de frente para onde querem enviar a bola.
  - Saques realizados da posição 5 exigem que o jogador que está à direita da quadra coloque-se com o pé direito um pouco à frente, o da posição 6 permaneça de frente para o levantador, enquanto o da esquerda mantenha a mesma posição anterior, e não há necessidade de transferência tão aguda da trajetória da bola, pois ele está praticamente de frente tanto para o sacador quanto para o alvo.

APRENDIZAGEM E APERFEIÇOAMENTO

A manchete está para a recepção do saque assim como o toque por cima está para o levantamento.

A progressão do minivôlei para o seis contra seis e da recepção do saque por baixo, depois do saque lateral e, por fim, dos saques por cima mais potentes permite uma adaptação gradativa por parte do aluno-atleta.

Assim, quando se deparar com o desafio de receber um saque que flutua e pode repentinamente cair à sua frente ou seguir de encontro ao seu corpo, o aluno-atleta terá tido inúmeras experiências que facilitarão sua adaptação à evolução das formas de jogo.

Mesmo assim, o aprendizado da recepção, apesar de ser uma mera transferência da manchete para as situações reais de jogo, encontra variáveis altamente dificultantes.

- O processo de aprendizagem resume-se praticamente à adaptação às circunstâncias que envolvem o saque. Nesse momento, é importante que o professor-treinador assuma o controle desse fundamento, controlando força, velocidade e efeito, de modo a individualizar os exercícios. É recomendável proceder a uma evolução gradativa da dificuldade, começando com saques mais próximos à rede e com menos efeito, chegando aos parâmetros reais aos poucos.

- Exercícios de movimentação específica e aprimoramento da capacidade de percepção e reação constroem a base motora e neural para o melhor rendimento da recepção.
- O ideal é variar constantemente as posições dos passadores em quadra, evitando deixá-los em apenas uma região por muito tempo. Essa variação potencializa o processo de aprendizagem e aperfeiçoamento.
- Da mesma forma, evite deixar o executante parado, exigindo dele constantes leitura, antecipação e movimentação.
- A partir das dificuldades apresentadas pelos alunos, a utilização de educativos é necessária e indicada para as particularidades de cada tipo de saque. Exercícios de paredão são recomendados apenas para correção de movimentos específicos da adaptação motora da manchete às novas exigências, pois essa estratégia pedagógica elimina o saque, condição para o aprimoramento do elemento de jogo.
- Exercícios em colunas ou pequenos grupos são válidos, desde que com número reduzido de participantes e com as variações comentadas anteriormente.
- A aprendizagem da manchete e de suas variações (sobretudo a alta) prossegue obrigatoriamente para sua aplicação nas situações de recepção. Podemos caracterizar essa etapa como a adaptação do fundamento às situações específicas de recepção, quando o saque é incluído na dinâmica dos exercícios, tarefas e jogos.

O aperfeiçoamento da recepção do saque deve visar à eficácia crescente diante das dificuldades impostas por um saque cada vez mais potente e difícil de ser controlado. Para isso, o aluno-atleta deve valer-se dos recursos próprios desse momento do jogo – manchete em todas suas variações e toque por cima.

O aluno-atleta deve ser submetido a diferentes estímulos, como: saques flutuantes, com rotação, velozes, curtos, etc.; saídas de posições que os obriguem a deslocar-se de diferentes modos; impor dificuldades compatíveis com as possibilidades do grupo; etc.

- Desenvolver a velocidade e a amplitude das movimentações específicas e o reequilíbrio ao chegar ao local do passe podem ser conseguidos com exercícios em que o executante coloca-se relativamente longe de onde sairia para realizar a recepção. Aguardando a realização do saque para iniciar a movimentação, imprime mais rapidez às passadas.
- Procure, nesses casos, não exagerar a distância, pois a passada fica descaracterizada. O mais importante é que a movimentação seja mantida, excedendo apenas em uma ou duas passadas (no máximo).
- Por exemplo: o executante coloca-se a 2 metros da linha de fundo e realiza a recepção sobre a linha de ataque; ou sai da linha de ataque e recua de costas até a metade da zona de defesa para ali receber a bola.
- A inclusão de movimentações diversas e não apenas uma específica na dinâmica do exercício é mais recomendada. Saídas para a frente alternadas com recuos e deslocamentos laterais surtem mais efeito do que a ida apenas para uma direção.
- É o momento de levar o aluno-atleta a descobrir as diferenças entre receber o saque próximo à rede e ao fundo da quadra, ou junto à linha lateral direita e ao encontro entre a linha lateral esquerda e a linha de fundo, por exemplo.
- Inclua nos exercícios as especificações em relação às posições em quadra e cobre a execução eficiente do fundamento, de acordo com as particularidades de cada situação.

- O aperfeiçoamento deve promover as associações aos fundamentos a serem realizados posteriormente à recepção, sobretudo ataque (interligados pelas movimentações específicas).
- Não é o caso, muitas vezes, de levar a cabo a realização de tais elementos, mas sua simulação. Ou seja, receber o saque e deslocar-se até um cone colocado na posição que o aluno-atleta precisaria ocupar a fim de se posicionar para o ataque subsequente.
- O saque determina os objetivos do treino de recepção. Se a intenção é dar ritmo ao passador e buscar a resistência de jogo associada ao movimento de passe, os sacadores devem controlar suas ações para que o objetivo seja alcançado. Se o professor-treinador pretender treinar a recepção de saques mais difíceis, ao contrário, é dada mais liberdade aos sacadores, que procurarão imprimir ao saque potência e trajetória variada.
- Faz parte do aperfeiçoamento o treino exclusivamente técnico dos diferentes tipos de manchete nas diversas circunstâncias: à frente, nas laterais, diagonais e costas.
- Essas variações devem levar em consideração a possibilidade de evolução técnica individual a partir de novas estimulações.

ERROS COMUNS NA EXECUÇÃO DA RECEPÇÃO DO SAQUE E CORREÇÕES SUGERIDAS

1. Falta de análise.
   Correção sugerida: o passador precisa se acostumar a observar o sacador (se seus movimentos de preparação antecipam um saque forte ou rasante, se há quebra de movimento, etc.), analisar a trajetória da bola (a antecipação só é possível se o passador antever a região para a qual a bola se dirige) e estar em prontidão para reagir e chegar ao local, de preferência antes da bola, com rapidez e equilíbrio. Jogos entre sacador e passador, no qual este fica responsável por cobrir meia-quadra (no sentido longitudinal) e tenta chegar à bola sacada (mesmo que seja segurando-a, para os menos habilidosos) ajudam na análise desses detalhes. Simular situações sem bola (em pequenos grupos ou mesmo seis contra seis), em que os atletas fingem jogar e usam fintas de corpo, braços e mãos para tentar iludir o adversário, é algo proveitoso para o desenvolvimento da leitura dos movimentos do oponente, em especial com as categorias competitivas intermediárias.

2. Chegar ao mesmo tempo ou depois da bola ao local de execução da recepção.
   Correção sugerida: a combinação de análise, posição básica, prontidão, velocidade de deslocamento e escolha das passadas adequadas proporciona a chegada antecipada. Todas essas situações devem ser treinadas para que o *timing* do passador se desenvolva. No entanto, deve-se condicioná-lo a sempre chegar antes da bola, desde a iniciação, quando os saques são mais altos e permitem mais facilmente a antecipação. Convém retornar um pouco no desenvolvimento do processo e tornar mais lenta a execução dos exercícios, permitindo ao aluno-atleta antecipar-se. Aos poucos, acelera-se o ritmo e imprime-se mais velocidade aos lançamentos e saques. Atribuir tarefas no local de posicionamento antes de manchetear a bola ajuda a aprimorar a antecipação. Por exemplo, deslocar-se para a região que a bola cairá e, em equilíbrio e parado, tocar com as duas mãos no chão ou bater palmas antes de recebê-la.

3. Deixar a bola chegar muito próxima ao tronco.
   Correção sugerida: o passador não consegue impulsionar a bola que chega muito próxima ao seu corpo. São o discreto movimento de braços à frente e a extensão das pernas que permitem que a bola assuma a trajetória ideal em direção ao levantador. Quando a bola cola no tronco do executante, não há como contar com o auxílio das pernas nem dos braços. Resultado: a bola fica longe da zona-alvo. Podem ser utilizados colchonetes finos enrolados ou "macarrões" utilizados em

aulas de natação para bebês para corrigir esse desvio. Colocados paralelos ao chão e sob as axilas, eles mantêm os braços do passador longe do corpo. Esse recurso, todavia, é válido apenas para a correção desse erro, pois o treinamento da recepção realizado sistematicamente com esse aparato acaba por limitar a utilização da manchete alta, imprescindível no voleibol atual.

4. Amortecer mais que o devido.
Correção sugerida: mesmo mantendo o contato com a bola à frente do corpo, ela não chega à região do levantador por receio do passador em fazê-la passar para o lado contrário. Treinamentos que o levem ao outro extremo, permitindo que a bola passe para o campo contrário, podem ser um contraponto de correção. Aplicar séries de recepção em que o levantador deve levantar sempre em suspensão ou atacar de segunda as bolas passadas também auxilia a correção desse desvio. Gradativamente, retorna-se ao ponto ideal.

5. Não tirar o corpo da trajetória de bolas que vêm na direção do tórax e exigem a manchete alta.
Correção sugerida: saques rasantes que chegam com velocidade ao tórax do passador requerem ajustes imediatos. Antevendo essa situação, o passador deve *primeiro* se preocupar em tirar o corpo da trajetória da bola e, simultaneamente ao posicionamento adequado, preparar a manchete alta para o passe. Repetições de deslocamentos rápidos acompanhados da devida ação auxiliam. Outro recurso interessante é fazer que o passador prenda um balde de plástico entre os antebraços e faça que a bola lançada encaixe-se nele.

6. Não transferir a trajetória do saque para a região de levantamento.
Correção sugerida: a trajetória da bola que vem do saque precisa ser transferida para a região em que será realizado o levantamento. O tempo correto para que a bola se acomode nos antebraços e seja conduzida para o alvo requer uma plataforma sempre uniforme, além do tempo correto de transferência. É comum que o aprendiz, nas primeiras tentativas, erre o tempo de transferência e a bola toque apenas um dos braços ou escape para além dos limites da quadra. Treinos específicos com bolas mais murchas ajudam na percepção desse momento que dura décimos de segundo, mas significa muito no resultado final da recepção.

7. No saque sem peso, deixar a bola cair à frente do corpo.
Correção sugerida: o saque sem peso (que cai repentinamente à frente do passador) é um dos mais difíceis de serem recepcionados. Exige análise apurada, antecipação e colocação do corpo um pouco mais à frente que o normal. O quadril, nesse caso, funciona como um corretor, projetando-se por baixo da bola e eliminando a possibilidade de o passe ir em direção à rede. Para esse tipo de saque deve-se orientar o executante para que exagere no posicionamento à frente e aguarde a bola de modo que ela fique mais acima do corpo, recebendo-a com os braços colados ao tronco, já que nesse caso a trajetória a ser dada à bola é mais vertical.

8. Não passar em toque quando se deveria fazê-lo.
Correção sugerida: a aquisição de recursos é fundamental para o passador, ele deve ter um arsenal vasto e saber qual fundamento ou recurso utilizar de acordo com a necessidade, conhecer e dominar a posição em que joga ou a região da quadra para a qual se desloca para passar. Sessões de saques variados ajudam a criar essa versatilidade, mais do que séries longas de determinados tipos de saque.

9. Interromper o movimento no contato, não acompanhando a bola com o corpo.
Correção sugerida: a famosa "estilingada" limita o tempo de contato da bola com os antebraços e muitas vezes o resultado fica à mercê da sorte. Quanto mais a bola se acomodar, menor o risco de ela tocar um dos braços e maior a possibilidade de dirigi-la para a zona-alvo. O treinamento com bolas murchas, sugerido no item 6, vale para essa

finalidade. A continuidade do deslocamento, mesmo que breve, para a direção tomada pela bola, também.
10. Não se aprontar para a ação seguinte ao passe.
Correção sugerida: todo passador tem uma função a desempenhar na sequência de jogo: atacar, participar das movimentações ofensivas ou proteger o ataque de outro companheiro. Por isso, não deve se acomodar após a recepção. Para desenvolver essa associação, os exercícios devem ser planejados de modo a criar situações diversas e próximas à realidade do jogo e da função de cada aluno-atleta. Muitas vezes, a ação seguinte não precisa se consolidar, bastando que o deslocamento ou uma tarefa simples sejam incorporados ao exercício, por exemplo, receber o saque e tocar um cone à frente ou ao lado, simulando uma preparação para realizar o ataque ou promovendo a cobertura a um companheiro que o realizará. Se a especialização ainda não se consolidou, convém sempre treinar todos os atletas para todas as funções e situações.

TREINAMENTO

Como vimos, a manchete é aperfeiçoada para permitir que o aluno-atleta possa utilizá-la nas situações de jogo em que ela é requerida e indicada. E entre essas indicações, as mais comuns são a recepção e a defesa. Sendo assim, quando se entra no estágio de treinamento da manchete, deve-se aplicá-lo a esses dois elementos do jogo, procurando conceder excelência, segurança, desenvoltura e eficácia em sua execução e especificando seu uso nesses dois momentos distintos.

Os padrões motores da manchete normal e alta adquiridos anteriormente são a base da recepção e serão adaptados às novas exigências que o jogo apresenta à medida que é mais bem praticado. Os exercícios continuam sendo de fundamental importância para a manutenção do padrão técnico, porém as situações mais próximas da realidade de jogo e coordenadas com a tática tornam o treinamento da recepção do saque um componente técnico-tático a ser compreendido e treinado como tal.

- Ainda do ponto de vista do treinamento individual, no caso da recepção do saque, é necessário considerar sempre que a bola vem da quadra contrária com velocidade e efeito. Sem a inclusão de ambos os fatores, não há treinamento desse elemento. Treinar a manchete não significa treinar a recepção do saque, assim como realizar deslocamentos variados sem aplicação prática à recepção do saque em si cabe em um aquecimento ou exercício preliminar, mas não pode constituir o conteúdo principal de um treino que visa à recepção.

- As variantes próprias da recepção exigem avaliação, antecipação e posicionamento diferenciado de pernas, quadril, braços e tronco em três momentos distintos e inter-relacionados: antes, durante e após sua realização. O treinamento da recepção envolve o desenvolvimento desses três momentos, isoladamente e associados entre si.

- O treino da recepção pode ser adaptado para facilitar ou dificultar a ação do passador, dependendo do objetivo da sessão ou do grau de evolução técnica do grupo. Por exemplo:
  - Aproximar os sacadores e dar à bola sacada uma trajetória mais lenta ou alternar dois sacadores, apenas com a intenção de dar ritmo de execução ao passador.
  - Colocar os sacadores sobre plintos ou mesas, executando saques mais fortes (extrapolando a dificuldade normal).
  - Abaixar a rede, para também tornar os saques mais potentes e dificultar a realização do passe.
  - Esconder os sacadores (lençóis escuros na rede servem a esse fim), fazendo que o passador tenha de observar apenas a trajetória da bola, para desenvolver a velocidade dos deslocamentos e a adaptação mais rápida à bola.

- Fazer o passador sair para saques longos de uma posição adiantada e vice-versa.
- Estimular os sacadores a realizar fintas (mudança de direção da corrida, virar o corpo para um lado e sacar para o outro, etc.).

- Treinos de recepção devem incluir deslocamentos prévios e repetidos. Por exemplo, o passador sai de um cone colocado à sua direita e passa uma bola sacada à esquerda; retorna ao cone, desloca-se novamente; e assim por diante. As direções e distâncias variam de acordo com o objetivo do treino e o grau de evolução técnica do grupo.
- Convém, no entanto, não desvirtuar a movimentação específica, ou seja, de nada adiantará o aluno-atleta ter de se deslocar, por exemplo, mais de 4 m, para receber uma bola, pois nem a distância nem o tipo de passadas farão parte das situações normais de jogo.
- Mais uma vez vale lembrar que deslocamentos idênticos que se repetem têm menos resultado do que aqueles que são variados em direção, distância e tipo.
- Todos os treinos de recepção devem ter um alvo fixo como referência. A altura do passe também deve ser levada em consideração, evitando-se alvos próximos ao chão ou longe da realidade a ser encontrada.
- Não deixe de lado nenhum tipo de saque; caso os atletas não saibam executá-los, o professor-treinador deve fazê-lo.
- Os treinos técnico-táticos devem levar em conta a função do passador e as ações posteriores à recepção. É possível treinar a recepção isoladamente, porém é necessário que a transição para a ação seguinte seja enfatizada sistematicamente. Por isso, os passadores de ponta, por exemplo, devem receber o saque e, ao menos, realizar a corrida para se posicionar para o ataque (ou proteção de ataque do companheiro) e retornar à posição de passe. Da mesma forma, o líbero tem suas especificidades que devem ser treinadas isoladamente.

- Vale lembrar também que os atacantes de meio, apesar de serem especialistas, vez ou outra precisarão realizar recepção de saques curtos. Séries com esses atletas não precisam ser tão longas e frequentes quanto com os passadores, mas precisam de atenção e exigência quanto à dedicação e qualidade. As associações com os deslocamentos posteriores também não devem ser esquecidas.
- Um dos pontos importantes a serem considerados no treinamento da recepção de saques curtos pelos centrais – e também pelos ponteiros que precisam se aproximar da rede para realizá-los – é a altura a ser dada ao passe. Uma recepção baixa e rasante não permite que o atacante-receptor se reposicione para atacar, ficando assim fora das opções ofensivas coletivas.
- Quando se der a associação de recepção + ataque, é conveniente ter grupos preferencialmente de três passadores-atacantes. Assim, o exercício terá ritmo e exigirá mais concentração.
- Esses treinos também podem servir ao acerto de bolas entre atacantes e levantadores, apesar de a ênfase, nesse caso, estar na recepção do saque.
- Nas CCI, em que a especialização está em processo de implantação ou ainda não se deu, é importante que todos os jogadores participem dos treinos de recepção. Não se deve privar certos atletas, que poderão vir a se tornar opostos ou levantadores, de treinar fundamentos como a recepção. O estímulo pode resultar em um melhor desenvolvimento técnico desses atletas e possibilitar que eles no futuro se adaptem mais facilmente a uma função que pode render, tanto individual quanto coletivamente, ótimas possibilidades.
- A organização do treino para esses grupos deve ser criteriosa, pois todos passarão por todas as situações, exigindo planejamento para que nem a execução nem a espera sejam demasiadamente prolongadas.

- Não esqueça também de fazer que todos passem por todas as posições do sistema de recepção em questão.
- Treinos de conjunto também devem ter objetivos específicos relativos à recepção. Determine metas a serem atingidas durante o coletivo ou estimule a eficiência com bônus de pontuação, como conceder um ponto extra à equipe que conseguir realizar três passes seguidos em ótimas condições ou àquela que conseguir passar uma sequência de cinco saques sem errar nenhuma recepção, etc.
- Enfatize as regiões que têm se mostrado mais vulneráveis, assim como conceda mais tempo aos rodízios menos eficazes.
- Cuide para que o ambiente externo permita a máxima concentração para os treinos específicos de recepção. Conversas entre os que ajudam com bolas, movimentações no fundo ou nas laterais de quadra e conversas do próprio professor-treinador com pessoas alheias ao treino atrapalham sobremaneira e comprometem a qualidade de um treino que exige alta concentração.
- Não se esqueça de propor objetivos mensuráveis. Vale mais um treino em que o aluno-atleta saiba quando ele se encerra do que a sessão medida por minutos, afinal não se joga voleibol por tempo, mas com a intenção de fechar um *set* em 25 pontos e o jogo em três *sets* vencedores.
- No entanto, não é inteiramente sem validade provocar alguns estresses por fatores ambientais de vez em quando, treinando o aluno-atleta para se concentrar mentalmente apenas nas ações que precisa realizar. Esse tipo de estímulo deve ser devidamente explicado quanto a seus objetivos com antecedência e aplicado preferencialmente às CCA.

Considerações extras e de reforço:

- Os pés, no momento da manchete, devem se manter paralelos e afastados o suficiente para dar equilíbrio e permitir pequenos ajustes.
- Deve-se guardar uma distância de aproximadamente 20 cm entre os braços e o tronco, evitando que o contato com a bola se realize sobre o corpo.
- O movimento deve ser finalizado com todo o corpo se dirigindo para a trajetória que a bola tomou, com as pernas estendendo-se. Nas situações mais difíceis, ao menos a plataforma de contato deve prosseguir nessa direção.
- O executante não deve interromper bruscamente a ação após o contato com a bola, pois a precisão do passe é dada pela continuidade do movimento após a manchete.
- A manchete só pode ser realizada em movimento em casos de desequilíbrio decorrentes da tentativa extrema de chegar a bolas mais velozes e longe do corpo.
- O relaxamento da musculatura da cintura escapular no momento da manchete permite maior precisão à ação.
- Na manchete alta, a bola não deve igualmente ultrapassar o plano frontal do corpo, sendo sempre tocada à frente dos ombros, caso contrário, o passe ficará longe da rede ou a bola vai para trás do executante.
- A manchete alta só será ensinada após o aprendiz dominar a manchete normal e esgotar os recursos de movimentação para executá-la; no entanto, no estágio de treinamento da recepção do saque, ambas já devem estar devidamente fixadas e aperfeiçoadas para que o aluno-atleta possa optar entre elas, dependendo da necessidade.
- O executante deve ir ao encontro da bola, evitando deixar que ela chegue sobre seu corpo. Essa aproximação, todavia, deve ser harmônica e ritmada. Ir *ao* encontro da bola é diferente de ir *de* encontro a ela.
- O executante não deve apoiar os joelhos (nem mesmo um deles) no chão para executar a manchete (tanto na defesa quanto na recepção), pois o apoio dos pés no chão é fundamental para pequenos ajustes corporais, principalmente de quadril. Se necessário, deve-se utilizar um meio-rolamento, rolamento ou deslize lateral para executar a ação.

- As movimentações a serem treinadas para a recepção do saque devem incluir a corrida normal, lateral ou em galope, sem jamais haver cruzamento das passadas.
- Para bolas vindas à frente do corpo, o apoio final nunca deve ser feito com um pé à frente do outro. Deve-se trazer o pé de trás paralelamente ao da frente, com um deles ligeiramente à frente, de acordo com as especificações já levantadas.
- Para bolas que obrigam o executante a se deslocar para a frente e realizar o passe próximo à zona de ataque, o passador deve posicionar o corpo de frente para a zona-alvo, com um dos pés ligeiramente à frente do outro, guardando, todavia, um afastamento lateral capaz de dar equilíbrio e permitir pequenos ajustes no momento do contato com a bola.
- O professor-treinador deve exigir que o executante assuma sempre uma postura equilibrada, com as pernas devidamente afastadas, para executar a manchete. O afastamento anteroposterior não dá o equilíbrio necessário nem permite ajustes de tronco para se posicionar e dirigi-la corretamente.
- Orientações sobre análise da trajetória da bola, principalmente em saques, devem ser fornecidas desde a aprendizagem do elemento.
- O executante não deve permitir que a bola ultrapasse seu plano frontal em nenhuma hipótese.
- Não existe recepção de saque em manchete de costas.
- A recepção deve "empurrar" a bola na direção desejada de ataque, fazendo que o movimento não seja seco. A bola deve "permanecer" um certo tempo nos braços do passador, e não ser "batida".

Capítulo 8

Saque

O saque é o primeiro fundamento de um rali. O sacador tem a bola em suas mãos e, de trás da linha de fundo, golpeia-a com a mão, de modo a fazê-la passar por sobre a rede para a quadra adversária e criar algum tipo de dificuldade aos oponentes.

São cinco os tipos de saque a serem ensinados durante o PFCAAD. De acordo com a metodologia sugerida, a ordem que eles serão ensinados é a seguinte:

1. Saque por baixo.
2. Saque lateral.
3. Saque tipo tênis.
4. Saque com rotação em suspensão.
5. Saque flutuante em suspensão.

Cada tipo de saque será descrito e terá seu processo de aprendizagem discriminado. Ao final, serão abordados o aperfeiçoamento e o treinamento dos saques de modo geral.

SAQUE POR BAIXO

O saque por baixo é um gesto simples de rebater para a quadra contrária a bola, que se encontra sob domínio do executante, segura à frente do corpo e na altura do quadril.

Descrição

As principais fases de execução do saque por baixo são as seguintes:

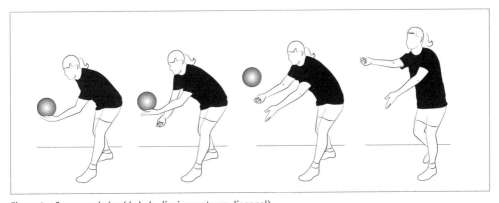

Figura 1 Saque por baixo (de lado, ligeiramente em diagonal).

1. Preparação:
   - Pés afastados no sentido anteroposterior, ficando à frente e apontado para o local de destino do saque o pé contrário à mão que vai sacar.
   - As pernas mantêm-se semiflexionadas, o suficiente para dar equilíbrio ao corpo e serem aproveitadas na impulsão à bola.
   - O tronco flete-se levemente à frente, com os ombros na linha do joelho da perna que está à frente.
   - Nessa posição, o executante, com o braço semiflexionado à frente do corpo, segura a bola na palma da mão, deixando-a na direção da mão que realizará o saque.
   - O braço de ataque estende-se para trás, na altura dos ombros.
   - O executante observa a quadra adversária antes de realizar o saque.
2. Ataque à bola:
   - O sacador, mantendo a posição de preparação e sem soltar a bola, traz o braço de ataque estendido para a bola.
   - O golpe na bola deve ser dado com a mão fechada e o punho firme.
   - Simultaneamente, os membros inferiores estendem-se e projetam o corpo à frente, auxiliando no envio da bola à outra quadra.
   - O braço de ataque deve seguir a trajetória tomada pela bola.
   - A perna que estava posicionada atrás é naturalmente trazida para a frente logo após o saque.
   - Enquanto isso, o tronco estende-se até assumir a posição ereta.
3. Retorno à quadra:
   - A própria passada que traz a perna de trás para a frente logo após o saque conduz o sacador à quadra.

Aprendizagem

Terceiro elemento com bola do processo metodológico, associa-se na iniciação ao toque e à manchete, permitindo ao aprendiz vivenciar situações básicas da dinâmica de um jogo de voleibol. Enquanto promovem-se exercícios e jogos adaptados de toque e manchete, o processo de aprendizagem do saque pode ser iniciado. Todavia, por se tratar de um fundamento que exige precisão – enviar a bola a um lugar determinado que se encontra distante do executante –, a automatização do saque por baixo deve anteceder sua associação com a manchete e o toque.

A construção de uma base técnica geral de qualidade é fruto da combinação rica e bem elaborada da associação principalmente desses três fundamentos, juntamente às posições básicas e movimentações específicas, em exercícios e jogos adaptados.

Não é necessária a utilização da quadra de voleibol, tampouco da rede para desenvolver essas habilidades, porém é importante conscientizar o aluno-atleta sobre a interdependência desses fundamentos e a importância deles para a formação do alicerce técnico do futuro atleta.

Mesmo que o aprendiz queira ou possa aprender outros tipos de saque, convém ensinar e praticar somente esse tipo durante o primeiro ciclo. Saques mais potentes impedem a associação com os outros elementos já aprendidos e fazem que o jogo de voleibol vire uma competição de saques, já que o aluno-atleta não possui maturidade motora para receber bolas vindas com efeito e força da outra quadra.

Apresentação do fundamento:

- Deve ser simples e breve, salientando-se alguns detalhes como posicionamento de corpo, golpe na bola e extensão de pernas.
- Talvez nesse momento surjam perguntas dos próprios alunos-atletas sobre por que não aprender o saque por cima. Diante de tais questionamentos, convém explicar que os tipos mais avançados virão a seu tempo, mas este será o saque a ser utilizado obrigatoriamente por todos em exercícios, tarefas e jogos.

Importância do aprendizado correto e da utilização no jogo:

- A possibilidade de acertar várias regiões da quadra contrária é motivo para o aluno-atleta ter consciência da importância de se aprender corretamente o fundamento.
- A importância de sua utilização no jogo fica clara já nas primeiras vezes em que ele é aplicado aos jogos adaptados.

Método global

O saque por baixo é relativamente fácil de ser aprendido e pode ser ensinado pelo método global (sintético), dispensando a sequência pedagógica. A maioria dos alunos aprenderá a sacar simplesmente executando o fundamento. Exercícios formativos e educativos servirão àqueles com dificuldade.

É importante que o aprendiz tenha consciência de que o movimento correto, e não o uso indiscriminado da força, será responsável por fazer a bola passar a rede.

- Guardando distâncias de não mais de 6 metros, organizados em duplas e no sentido longitudinal da quadra e sem a rede entre eles, os alunos enviam a bola para o companheiro de acordo com o padrão visualizado.
- Aumenta-se a distância gradativamente, desde que o padrão seja mantido. Caso contrário, mantém-se o afastamento em que o saque é realizado dentro das exigências motoras.
- Inclui-se então uma corda elástica entre os elementos e repete-se a dinâmica de partir de uma distância menor para uma maior.*
- Quando o professor-treinador levar os alunos à quadra de jogo para experienciar o movimento dentro da realidade do jogo, convém aproximar o aluno-atleta da rede para sacar e retornar gradativamente à área de saque, à medida que a criança se habitua com o gesto motor. Dessa forma, o aspecto motor não é desvirtuado pela ansiedade em fazer a bola passar a rede e o aprendiz não se desmotiva com as primeiras tentativas sem sucesso.

Educativos e formativos:

- Normalmente a correção técnica resolve problemas que parecem ser de ordem física, pois na maioria das vezes é a alavancagem que está sendo aplicada de forma equivocada.
- Em alguns casos, convém retomar um processo analítico de aprendizagem. Retornando ao trabalho em duplas detalhado anteriormente, inicie com o aluno-atleta lançando a bola em vez de sacá-la. Individualmente, o aprendiz segura a bola com a mão dominante e lança-a, procurando aprimorar o movimento sem a preocupação de rebater a bola. Caso a criança não consiga segurar a bola de voleibol (mesmo a própria para iniciação), pode-se usar bolas menores.

Automatização:

- Saques repetidos na parede, fazendo que a bola retorne ao sacador, também são indicados.
- Variações em relação à zona-alvo e à região da qual se saca permitem uma automatização mais rica e adaptada às exigências do jogo.

Aplicação:

- Ocorre tão logo haja controle da direção do saque.
- Desenvolva exercícios e jogos simples de saque, que levem ao controle do movimento, antes de iniciar a associação com o toque e a manchete.
- A garantia de um saque regular dá início à possibilidade de aplicação de exercícios associados aos demais fundamentos e à iniciação ao minivôlei.

---

* A corda elástica pode ser presa aos travessões do futsal ou aos aros da tabela de basquete, a uma altura aproximada de 1,5 m.

Erros comuns na execução do saque por baixo e correções sugeridas

1. Pés e/ou corpo não ficam de frente para a quadra.
   Correção sugerida: todos os segmentos devem estar voltados para a frente, apenas o tronco está ligeiramente rotacionado para o lado e a mão que segura a bola está apontada para a lateral da quadra. A mera cobrança da observação da posição resolve esse problema.
2. Pernas e/ou tronco estendidos já na preparação.
   Correção sugerida: as pernas devem estar ligeiramente flexionadas e o tronco, fletido à frente, pois a extensão deles auxiliará na impulsão à bola. Fazer que o executante, antes de sacar, flexione e estenda pernas e tronco por duas ou três vezes, simulando o saque. Ou ainda determinar alvos mais afastados do sacador, obrigando-o a estender as pernas, para conseguir fazer que a bola os alcance.
3. O executante segura a bola muito acima da linha da cintura ou a mão oscila antes do golpe.
   Correção sugerida: a bola deve ser mantida imóvel, na altura da cintura, onde ocorrerá o golpe. O braço dominante apenas é levado ao encontro dela. O professor-treinador pode segurar a bola para o executante sacar, demonstrando que mantê-la no local apropriado pode resultar no sucesso da ação.
4. Movimentos desnecessários de braço e/ou corpo antes do saque.
   Correção sugerida: o movimento do corpo deve ser no sentido da trajetória desejada de saque (para a frente e para cima – sem exageros nem para um nem para outro). Mais uma vez o professor-treinador pode ajudar, dessa vez conduzindo o braço do executante até a bola.
5. A bola é solta antes do saque ou a mão se projeta à frente quando o corpo é deslocado para o golpe.
   Correção sugerida: são dois erros motivados pela mesma intenção: imprimir mais força à bola. Ou o executante lança a bola para cima antes do golpe ou conduz a mão da frente juntamente à outra na direção que ela toma. Em vez de gerar mais potência ao golpe, o primeiro movimento confere-lhe menos precisão, e o segundo, menos potência. As mesmas considerações dos dois itens anteriores servem à correção desse desvio.
6. O contato com a bola não é firme.
   Correção sugerida: o golpe deve ser dado com a mão fechada e com o punho firme. Quando o professor-treinador notar certa fragilidade dessa articulação, exercícios formativos são mais indicados. Fortalecimento de punho com preensão de bolas de tênis, assim como golpes sucessivos à bola com a mão aberta antes dos treinos, podem solucionar o problema.
7. O peso do corpo do sacador é transferido para o pé que está atrás.
   Correção sugerida: o balanço do braço e a transferência do peso devem ser realizados para a frente, suave, harmônica e coordenadamente. O uso de um *step* sobre o qual o executante apoia o pé da frente antes de sacar e sobe após o saque ajuda na conscientização do movimento como um todo. Também pode-se elevar seu quadril quando do contato com a bola, mostrando a importância da extensão das pernas em direção à trajetória tomada pela bola.
8. A mão que segura a bola, o tronco e o braço que saca giram para o centro do corpo após contato com a bola.
   Correção sugerida: esse equívoco tem origem no tronco. Apesar de ele estar em ligeira rotação antes do golpe, o movimento deve ser para a frente, e não giratório. A ênfase no movimento para a frente corrige naturalmente esse desvio. No entanto, fazer que o executante realize alguma tarefa à frente do corpo – por exemplo, chutar uma bola que está no chão com o pé que estava atrás – após o saque pode ser eficaz para

tal correção. Deixá-lo sobre a linha lateral e colocar como meta o saque em direção à linha lateral além da rede também auxilia no aprimoramento da consciência corporal. Cordas elásticas fixadas em um ponto atrás do aprendiz podem ser puxadas por ele, simulando e corrigindo o movimento de saque.

9. A bola segue mais para o alto do que para a frente.
   Correção sugerida: esse desvio pode estar relacionado à extensão das pernas para cima, e não para a frente, ou ao ponto em que o sacador segura a bola (acima da linha do ombro), ou ainda a movimentos desnecessários que precedem o saque propriamente dito. Preparar-se para sacar sentado em um banco baixo permite que o aluno, ao levantar-se, projete o corpo para a frente. O professor-treinador pode também segurar a bola para o aprendiz um pouco mais à frente que o normal, obrigando-o a levar os segmentos não mais para o alto.

10. O sacador não se apronta para a sequência do jogo.
    Correção sugerida: o pé que está atrás deve dirigir o sacador para a região de defesa que vai ocupar. Vale a observação feita no item 8 (chutar uma bola no chão), assim como o professor-treinador pode lançar uma bola dentro da quadra logo após o saque, que deverá ser recuperada pelo sacador.

Considerações extras e de reforço

- Deve-se permitir que os iniciantes com dificuldade saquem de uma distância menor que a regulamentar.
- Apesar de alguns treinadores exigirem que se bata na bola com a mão aberta, nada impede que os principiantes fechem a mão para sacar. A superfície é mais firme para imprimir força à bola e não impede o sucesso do saque. Ademais, a estrutura articular dos punhos do iniciante não está devidamente fortalecida para impactos seguidos desse tipo. O sucesso da ação com a mão fechada justifica-se também pelo ponto de vista motivacional.
- É indicado que a passada que reconduzirá o executante à quadra seja dada com a batida da bola sem, no entanto, anteceder o golpe.
- O saque por baixo deve ser utilizado até que a manchete se desenvolva de maneira rica e variada, em especial quanto às movimentações específicas envolvidas, o suficiente para encarar futuramente as dificuldades maiores trazidas pela utilização dos saques por cima.

SAQUE LATERAL

O executante coloca-se em um ângulo de 45° em relação à quadra, lança a bola à frente do corpo e a golpeia na linha do ombro, com o auxílio de um giro do tronco.

As principais razões da utilização do saque lateral são: proporcionar um grau de dificuldade crescente e adaptável às possibilidades do aluno-atleta na recepção do saque; e não submetê-lo precocemente aos gestos repetitivos do saque tipo tênis, que exigem muito mais da articulação do ombro e da coluna vertebral.

Não se trata do saque balanceado, aplicado durante muito tempo principalmente pelos orientais, mas de uma técnica intermediária entre o saque por baixo e o tipo tênis, a fim de imprimir mais efeito e velocidade à bola e proporcionar mais dinamismo ao jogo já praticado pelos aprendizes.

O saque lateral é abandonado tão logo o tipo tênis é devidamente aprendido.

Descrição

As principais fases de execução do saque lateral são as seguintes:

1. Preparação:
   – O sacador se posiciona junto à linha de fundo, ficando a 45° dela. Se tomarmos

o centro da zona de saque como referência, o destro deve ficar de frente para o poste à sua direita, enquanto o canhoto posiciona-se da mesma forma para o poste à sua esquerda.
- Pés afastados no sentido anteroposterior, de modo a deixar a ponta do pé de trás na linha do calcanhar do da frente, ficando à frente o pé contrário à mão que vai sacar.
- As pernas mantêm-se estendidas e o tronco quase totalmente ereto.
- O executante segura a bola com a mão contrária à de ataque à frente do corpo e o braço estendido.
- O braço de ataque estende-se para trás, na altura dos ombros.
- O executante observa a quadra adversária antes de realizar o saque.
2. Lançamento e ataque à bola:
- O sacador lança a bola à frente do corpo e traz simultaneamente o braço de ataque estendido para a bola.
- Ao lançamento, o tronco gira sobre o quadril de forma a ficar de frente para a quadra quando golpear a bola.
- Os pés não se movimentam.
- A bola é golpeada quando descer à linha dos ombros.
- O golpe na bola pode ser dado com o punho firme, estando a mão aberta ou fechada.
- O braço de ataque deve seguir a trajetória tomada pela bola, mantendo-se estendido em direção à quadra contrária.
- O corpo todo do sacador volta-se para a direção tomada pela bola.
- O lançamento deve ser suficientemente alto – nem mais nem menos –, de modo a permitir que todos os movimentos possam ser realizados.
3. Retorno à quadra:
- Após o golpe na bola, o pé de trás (que já ficara apoiado apenas na ponta) se adianta e inicia a corrida do sacador à quadra.

Aprendizagem

É importante sua inclusão no PFCAAD, pois permitirá principalmente que a recepção do saque passe por um período de adaptação a bolas mais velozes e com efeito, antes de enfrentar saques mais potentes. É um estágio também em que o aluno-atleta descobre a importância flagrante do efeito flutuante do saque e a consequente dificuldade que leva à recepção.

Consequentemente, a recepção do saque também é aprimorada, não impondo a esse fundamento uma dificuldade incisivamente maior e abrupta se esta fosse exposta de imediato ao saque tipo tênis.

Figura 2   Saque lateral (de lado, ligeiramente em diagonal).

Apresentação, importância do correto aprendizado e da utilização no jogo:

- Seguem as mesmas considerações feitas no saque por baixo.
- Deve ser reforçada a possibilidade de adquirir o efeito de flutuação que o tipo anteriormente aprendido não apresenta.

Método global ou método analítico:

- Pode ser ensinado pelo método global, já que encerra apenas algumas alterações em relação ao padrão estabelecido para o saque por baixo.
- No entanto, caso o professor-treinador julgue necessário, pode-se adotar uma breve sequência pedagógica que inclua estimulações do lançamento correto e posteriormente do ato de rebater à altura do ombro, guardando distâncias menores entre executante e destino do saque. Nesse caso, o objetivo principal é isolar o golpe propriamente dito. Bolas de tênis ou mais murchas, que possam ser seguras pelo aluno-atleta, surtem mais efeito do que bolas que escapam da preensão.

Educativos e formativos:

- Ao optar pelo método sintético de aprendizagem, a utilização de educativos tende a visar à correção principalmente do lançamento da bola e do giro do tronco.
- Exercícios de lançar bolas menores, em vez de sacar, auxiliam na correção desse desvio, enquanto a repetição ajuda na primeira dificuldade.

Automatização:

- Consulte o item "Saque por baixo": os procedimentos para fixar o movimento são os mesmos.

Aplicação:

- Em razão do efeito maior que o saque lateral imprime à bola, deve ser aplicado somente quando o aluno-atleta tiver desenvolvido o domínio da recepção de forma consistente a partir do saque por baixo. Caso contrário, a associação dos três elementos – saque-recepção-levantamento – ficará prejudicada, pois a inclusão do novo saque dificultará a recepção.
- Se a aplicação da recepção ao saque por baixo foi realizada adequadamente, haverá uma dificuldade relativa que pode ser contornada com a diminuição da distância entre o saque e o local onde será realizado o passe.
- Com essa finalidade, recomenda-se ministrar exercícios em trios e quartetos na quadra diminuída em suas dimensões, como é sugerido na introdução do jogo de seis contra seis na C13.

Erros comuns na execução do saque lateral e correções sugeridas

1. O executante posiciona-se antecipadamente de frente para a quadra.
   Correção sugerida: pequeno ajuste que pode ser resultado da ansiedade em golpear a bola. Em vez de girar com naturalidade o tronco, no tempo devido, o executante lança a bola e imediatamente posiciona-se de frente para a quadra, não utilizando a rotação de tronco para auxiliar no impulso à bola. Utilize bolas menores e apenas lançamentos que simulem o movimento completo, de acordo com o padrão ideal. O professor-treinador pode também segurar a bola para o saque do aprendiz no ponto exato da batida. Este terá apenas a preocupação de girar o tronco e, com o braço estendido, golpeá-la. Ao final, o movimento deve ser totalizado, pois o movimento errado pode ter origem no lançamento do próprio aluno. Se necessário, o professor-treinador pode controlar o giro de tronco do aprendiz, dando a voz de comando para ele iniciar o movimento.
2. O lançamento é baixo, alto ou fora da linha da trajetória do braço que vai sacar.

Correção sugerida: faça que o aluno-atleta fique com o pé da frente sobre a linha de fundo, na posição correta (45° em relação a ela), e lance a bola de modo a fazê-la cair exatamente sobre a linha. Lança-se várias vezes sem executar o saque, corrigindo altura e distância do lançamento. Depois, traz-se o braço de ataque até encostar na bola (sem golpeá-la). Após várias tentativas e a certeza de ter encontrado a altura e a distância corretas, realiza-se o saque. A atenção maior deve ser para a regularidade do lançamento.

3. O tronco e/ou braço de ataque não acompanham a bola.

   Correção sugerida: prepara-se um aparato no qual uma bola de tênis é amarrada à ponta de um elástico (ele servirá a vários educativos). Com a bola segura na mão dominante, o aprendiz realiza o movimento de saque, estende o braço e direciona o tronco para a quadra contrária, de modo a fazer que a bola retorne à sua mão. Desvios motores fazem que o elástico enrosque no corpo do aluno.

4. Falta de direção ao saque.

   Correção sugerida: só a repetição do movimento correto permitirá que se alcance a regularidade na execução e a aquisição da precisão. A ludicidade incluída em exercícios nos quais os alunos têm alvos a serem buscados na quadra contrária os motiva a atingir o grau de precisão necessário para a faixa etária. No entanto, deve haver uma avaliação precisa da razão que leva à falta de precisão, geralmente relacionada a algum desvio motor já comentado.

5. Os pés movimentam-se antes de o saque ser realizado.

   Correção sugerida: segurar os pés do executante pode lhe dar consciência do erro, pois quando ele movimentar os pés (coisa que faz naturalmente) sentirá um peso sobre eles. Outro exercício interessante é fornecer bolas seguidamente para o sacador, sem que ele tenha tempo de tirar os pés do lugar, apenas receber a bola, lançá-la e golpeá-la repetidas vezes.

6. O executante flexiona o tronco após golpear a bola.

   Correção sugerida: levar o aprendiz para junto da rede e fazer que ele realize o saque dali. A proximidade do obstáculo a ser transposto vai obrigá-lo a estender o corpo para que a bola o ultrapasse.

Considerações extras e de reforço

- O saque lateral é um estágio intermediário entre o por baixo e o tipo tênis. É válido para a melhor adaptação do aluno-atleta ao saque mais potente e flutuante que passará a fazer parte da dinâmica de treino e jogo a partir da C13.
- Ele deve ser deixado de lado tão logo o jogo de seis contra seis se torne mais dinâmico e o grupo adapte-se às dificuldades do novo tipo de saque e às dimensões da quadra oficial.
- É nesse momento que o aprendiz começa a imprimir o efeito flutuante à bola, devendo ser incentivado a fazê-la ganhar regularmente o efeito desejável.

SAQUE TIPO TÊNIS

O executante se posiciona de frente para a quadra e golpeia a bola acima da cabeça, à frente do corpo, com o braço estendido.

Recebe esse nome pela semelhança com o saque realizado pelos tenistas. É o tipo mais comum e o primeiro a ser ensinado quando o objetivo passa a ser aumentar a velocidade e o efeito dados à bola. Servirá de base, futuramente, ao saque chapado (flutuante em suspensão). É importante ressaltar que o saque tipo tênis a ser aplicado no PFCAAD restringe-se àquele que visa dar o efeito flutuante à bola, deixando para o saque "viagem" a opção de imprimir rotação a ela.

Descrição

As principais fases de execução do saque tipo tênis são as seguintes:

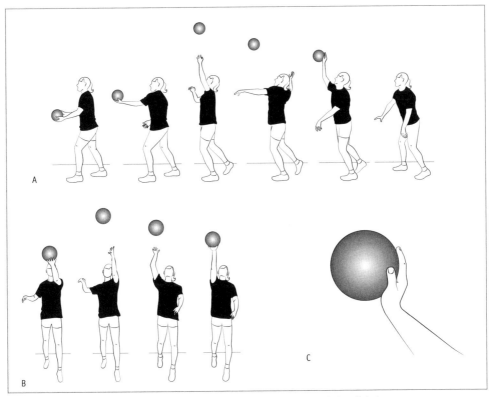

Figura 3   Saque tipo tênis. (A) De lado; (B) de frente; (C) detalhe da mão na bola – de lado.

1. Preparação para o saque:
   - O executante coloca-se ereto, de frente para a quadra.
   - Os membros inferiores mantêm-se afastados no sentido anteroposterior, sem exagero, com o pé contrário à mão que dará o saque à frente.
   - A bola é segura com ambas as mãos ou, preferencialmente, com a mão contrária à de ataque, à frente do corpo, na altura do abdome e na direção do braço que a golpeará.
   - Cabeça erguida e olhar voltado para os adversários, analisando fatores que possam favorecer-lhe.
   - Os pés, principalmente o da frente, devem estar dirigidos para a área à qual se deseja enviar a bola (com o aperfeiçoamento do fundamento, essa relação não mais se estabelece, para que o sacador possa valer-se de artifícios para ludibriar o adversário em relação à sua intenção).

2. Lançamento da bola e preparação para o saque:
   - A bola deve ser lançada à frente do corpo, mais especificamente na direção do ombro de ataque, a uma altura suficiente para que todos os movimentos subsequentes possam ser realizados no tempo e na amplitude apropriados; nem muito alto de modo que o executante realize ajustes desnecessários, nem muito baixo, de forma que o obrigue a flexionar o braço para golpeá-la.
   - O olhar passa a ser dirigido à bola.

- Na preparação do saque, os braços devem ser elevados simultaneamente ao lançamento da bola.
- Enquanto o braço não dominante permanece estendido para o alto e à frente do corpo (apontando para a bola), o outro é levado flexionado (90° entre braço e antebraço) com o cotovelo ultrapassando o ombro no plano frontal.
- Ocorre um leve giro de tronco, para que o ombro do braço golpeador possa se articular adequadamente para a ação.
- As pernas permanecem imóveis (a precisão do lançamento não deve exigir ajustes nesse momento).
- O tronco permanece em posição naturalmente ereta, para imprimir à bola o efeito desejado (o arqueamento do tronco dará uma indesejada rotação a ela).

3. O saque propriamente dito:
   - O braço de ataque vai ao encontro da bola, estendendo-se gradativamente de modo a atingir a extensão e alcance máximos, enquanto o outro vai descendo à frente do corpo e semiflexionando-se.
   - O contato deve ser com a palma da mão e dedos em um único ponto da bola** e por um breve momento, a fim de dar-lhe trajetória reta, sem rotação.
   - O punho deve estar contraído e manter-se assim até que a bola assuma a trajetória desejada.
   - O movimento do braço não deve ser interrompido, prosseguindo para a frente e desacelerando-se naturalmente após o golpe.
   - Os pés devem ser mantidos no chão durante o golpe, apesar de o de trás apoiar-se naturalmente na metade anterior ao final do movimento.
4. Retorno à quadra:
   - O retorno do sacador ao campo de jogo deve ser imediato, sem, no entanto, interromper a finalização fluida do movimento de saque.
   - A perna que estava atrás na preparação do saque será levada naturalmente para a frente, depois de a bola ser golpeada, iniciando a volta do executante à quadra.
   - Deve-se imprimir velocidade adequada para chegar à zona de defesa que será de sua responsabilidade a tempo de posicionar-se antes que a bola chegue às mãos do levantador adversário.

Aprendizagem

Após os atletas vivenciarem a dinâmica básica de jogo – facilitada pela baixa dificuldade imposta à recepção pelo saque por baixo ou pelo lateral –, chega a hora de introduzir um saque mais potente. Aos 13 anos, o aluno-atleta inicia a aprendizagem do saque tipo tênis, que requer um processo pedagógico mais elaborado que o do saque por baixo, mas não tão minucioso quanto o da cortada, que já está sendo aperfeiçoada.

Diferentemente do que supõe o senso comum, muito pouco se transfere deste último fundamento para o saque que está sendo aprendido. Ao contrário, é necessário diferenciar ambos e reiniciar o processo sequencial para que alguns movimentos da cortada não sejam utilizados na realização do saque, como a extensão de tronco e a flexão de punho no golpe à bola.

Caso o professor-treinador julgue necessário, convém não incluir imediatamente o saque tipo tênis nos jogos de seis contra seis, deixando-o restrito aos exercícios de associação e aos jogos adaptados, enquanto o grupo aperfeiçoa a recepção do novo saque.

Apresentação do fundamento:

- O saque tipo tênis deve ser apresentado em pormenores ao aprendiz, para que ele visualize a alavancagem responsável por impulsionar a bola adequadamente.

** Comparando-a a um rosto voltado para o sacador, o golpe deve ser desferido na "boca".

- Procure realizar a demonstração de modo que os alunos visualizem o modelo tanto de frente quanto de lado.

Importância do correto aprendizado e da utilização no jogo:

- É importante que o técnico demonstre a possibilidade de imprimir efeito e força à bola, principal vantagem desse saque em relação aos aprendidos anteriormente.
- As primeiras tentativas da maioria dos alunos serão provavelmente frustrantes, o que os levará a optar, em situações de jogo, pelos saques por baixo ou lateral já devidamente fixados.
- Mesmo assim, ao vislumbrar a chance de aprender um saque potencialmente mais eficiente, o aprendiz motiva-se a insistir.

Experimentação:

- Não permita muito tempo de livre experimentação, pois é possível que alguns consigam fazer a bola ultrapassar a rede valendo-se de artifícios contrários ao padrão desejado. O sucesso obtido com esse gesto pode atrasar a fixação do padrão motor ideal.

Sequência pedagógica:

- A aprendizagem inicia-se a partir do lançamento de bolas murchas ou de tênis (que possam ser seguras firmemente pelo aluno) contra a parede ou para companheiros.
- Nesse momento é importante que o posicionamento correto dos pés e a coordenação dos membros superiores, principalmente para a preparação do golpe, sejam estabelecidos.
- Aumenta-se a distância gradativamente, sem que o padrão de movimento seja alterado.
- Individualmente, a 3 m da parede, lança-se e saca-se, aumentando a distância enquanto conseguir fazer que a bola volte para si.
- Em duplas, distantes cerca de 5 m um do outro, sem a rede entre si, no sentido longitudinal da quadra, lança-se e saca-se para o companheiro, aumentando a distância gradativamente.
- Idem, com a rede (ou uma corda elástica estendida no sentido longitudinal da quadra) entre si, aumentando a distância sem permitir que o padrão motor se altere. Caso isso ocorra, mantém-se a distância anterior.
- Não se deve permitir passos extras para ganho de força. O que interessa é o padrão motor, a potência será desenvolvida depois.
- Normalmente essa sequência basta para que os aprendizes com mais facilidade aprendam o movimento, porém a maioria precisará de educativos e formativos para fixar o padrão de modo correto.

Educativos e formativos:

- É importante que o professor-treinador detecte em qual momento está ocorrendo o desvio motor e consiga isolá-lo. Muitas vezes o golpe à bola não está acontecendo da forma indicada, porém o problema tem origem ainda no lançamento. Nesse caso, não adianta tratar isoladamente do erro no contato com a bola, pois ele voltará a aparecer quando o movimento for realizado em sua totalidade.
- Exercícios formativos devem ser indicados para casos em que a biodinâmica do fundamento estiver perfeita. Muitas das necessidades do executante não envolvem força ou potência, mas ajustes na alavancagem utilizada.

Automatização:

- Depois de estabelecido o padrão motor, promovem-se tarefas que exijam regularidade, fazendo o aluno-atleta sacar repetidas vezes, eficientemente, de e para várias regiões da quadra.

Aplicação:

- A aplicação começa em exercícios que levem o aluno-atleta a ter controle de força e

- velocidade, a atingir diferentes regiões e a imprimir direções variadas ao saque.
- Promova gradativamente a substituição do saque lateral pelo tipo tênis nos exercícios que visam à recepção.
- O saque tipo tênis é inserido nos jogos adaptados imediatamente após a aquisição de uma relativa regularidade, pois a transição do saque por baixo para este, usando o saque lateral como ponte, permite que o passador se adapte mais rapidamente à dificuldade imposta pelo efeito flutuante.
- No jogo de seis contra seis, convém manter a utilização do saque lateral se a potência do novo saque estiver impedindo a associação dos elementos básicos de recepção, levantamento e ataque.
- Alguns alunos não atingirão o desenvolvimento da maioria ao mesmo tempo. Até que estes atinjam a constância necessária para aplicar o saque tipo tênis em jogo ou mesmo em exercícios, obrigue-os a utilizar o saque lateral a fim de não desmotivá-los – ou aos colegas – com a irregularidade do fundamento.

Erros comuns na execução do saque tipo tênis e correções sugeridas

1. O executante posiciona o corpo de lado para a quadra.
   Correção sugerida: o posicionamento inicial do sacador em relação à quadra será mantido até o golpe na bola. Às vezes, para buscar maior alavancagem, o executante posiciona-se equivocadamente de lado, com a intenção de imprimir força ao gesto com um eventual giro de tronco. Posicionar-se do modo correto exige somente consciência corporal, que pode ser auxiliada com *feedback* externo dado pelo treinador.
2. Lançamento irregular e inconstante (alto, baixo, para o meio do corpo, longe, para a frente ou para trás).
   Correção sugerida: não se consegue efeito, direção, potência ou encaixe corretos caso o lançamento prejudique os movimentos subsequentes. O executante deve lançar a bola ligeiramente à frente do ombro do braço que a golpeia. O lançamento deve ter altura suficiente para que o braço de ataque arme-se e bata na bola completamente estendido. A constância no lançamento só virá com treinos de repetição em que o executante não seja interrompido em sua série nem haja espera exagerada entre uma execução e outra. Um bom educativo para esse caso é fazer que o executante lance de três a quatro vezes, deixando a bola cair no chão sem golpeá-la. Nessas tentativas, ele deve certificar-se de que a bola está caindo ao lado do pé que está à frente, portanto, à frente do ombro do braço que desferirá o golpe à bola. Somente depois de acertar repetidas vezes esse ponto nos lançamentos é que o aluno-atleta pode realizar o saque.
3. O executante procura a bola, dando passos em direção a ela, depois de feito o lançamento.
   Correção sugerida: nenhum passo deve ser dado. O corpo permanece no mesmo lugar desde a preparação até o golpe à bola. O educativo sugerido no item 2 também serve a essa finalidade.
4. Movimentos desnecessários do braço de ataque e/ou tronco antes do golpe.
   Correção sugerida: o papel do tronco é reduzido ao equilíbrio e a uma leve rotação apenas o suficiente para trazer o ombro de trás para o saque. Deve-se apenas transferir o peso do corpo, assim como os demais segmentos envolvidos na ação, em direção à área-alvo. A potência do saque é dada pelo braço e pelo peso do corpo que se desloca em direção à trajetória assumida pela bola. Esse erro muitas vezes se origina na ânsia de dar potência ao golpe. Se a dificuldade for esta, basta reduzir a distância entre o sacador e a área para a qual ele deseja enviar a bola e só aumentá-la em caso de manutenção do padrão motor.
5. O braço de equilíbrio não se eleva.
   Correção sugerida: assim como na cortada, o braço que não golpeia a bola deve servir

de equilíbrio ao corpo antes da ação propriamente dita, apontando para a bola enquanto o outro se flexiona por trás do ombro. Um educativo indicado é fazer que o executante realize o saque com o braço contrário elevado. É preciso deixar claro ao aprendiz, no entanto, que se trata apenas de um educativo.

6. O tronco gira para sacar.
Correção sugerida: esse desvio normalmente é decorrente do lançamento da bola para o meio do corpo; a necessidade de atacar a bola faz que o executante gire o tronco para alcançá-la. O tronco deve girar antes do saque somente o suficiente para poder posicionar o ombro do braço dominante atrás do outro, porém esse movimento termina para a frente e não deve ser conduzido em rotação para a bola. O iniciante deve lançar a bola diretamente à frente do ombro que golpeia. Auxilie-o nesse sentido, lançando algumas bolas para ele na direção e altura corretas. Esse educativo auxilia também na correção do desvio apresentado no item 2, assim como aquele serve a esse caso.

7. O punho bate na bola.
Correção sugerida: a bola deve ser golpeada logo abaixo de seu centro posterior, com a palma e os dedos da mão. A falta de encaixe é normal enquanto não se dá a automatização do movimento, no entanto ela pode ter duas origens isoladas ou associadas: uma de ordem física – falta de velocidade de força do braço –; outra motora – falta de coordenação dos segmentos. Em ambos os casos é possível associar formativos e educativos com o uso de bolas de tênis ou handebol, auxiliando tanto no ganho de velocidade e potência quanto no melhor sincronismo de braços e tronco. No entanto, a correção só se completa com a volta ao lançamento e o golpe à bola, pois aquele pode interferir decisivamente em toda a desconexão posterior. Uma orientação espaço-temporal deficiente também leva a esse erro. Nesse caso, a repetição diante da parede ou em sequências de até 10 saques pode levar o aprendiz ao aprimoramento. Ver também item 9. Outra dica: orientar o aluno-atleta a acompanhar a bola com os olhos até o contato dela com a mão.

8. O braço ataca a bola flexionado.
Correção sugerida: o braço flexionado é quase sempre originário também da falta de coordenação visual-motora e espaço-temporal do executante. Não tendo total controle, ele espera mais que o necessário para trazer o braço à frente e isso acontece quando a bola já está abaixo do ponto ideal, obrigando o braço a se flexionar para golpeá-la. Pode também ter origem no lançamento baixo, o que ocorre por medo de perder a orientação para a batida, caso a bola suba muito. Além dos corretivos sugeridos no item 7, pode-se pedir ao aprendiz que ele traga o braço já estendido para o golpe à bola, também deixando claro que se trata de um educativo, e não do padrão de movimento a ser buscado.

9. O braço para após o contato com a bola.
Correção sugerida: a batida na bola deve ser acompanhada de uma desaceleração natural do braço, sem interrupção do movimento. Procure notar que em quase todos os outros esportes os fundamentos não são interrompidos após o praticante golpear ou arremessar a bola (tênis, futebol, basquete, beisebol, etc.). O efeito flutuante não se consegue com a interrupção do movimento, mas, sim, com o contato único da mão em apenas um ponto da bola. Oriente o aluno-atleta a, após o golpe na bola, bater com a palma da mão na coxa, dando assim prosseguimento ao movimento do braço.

10. Projeção do quadril para baixo da bola.
Correção sugerida: um contato mais prolongado em que a mão escorrega por cima dela fazendo-a rodar é característico da cortada, não do saque tipo tênis. Isso ocorre inevitavelmente quando o lançamento é para trás ou, mesmo quando é à frente, o executante projeta o corpo, em especial o quadril, para baixo da bola. Nesses casos, com a impossibilidade de dar ao saque uma trajetória

retilínea e um efeito flutuante, o executante faz que a bola rode sobre si para passar mais próxima à rede. O professor-treinador pode lançar bolas para o sacador, como sugerido no item 6. Pedir a atenção no "punho firme" também contribui para que a mão não mantenha o contato com a bola por mais tempo. Às vezes um método radical é necessário para a correção desse problema: deve-se laçar a cintura do aprendiz com uma corda elástica e mantê-lo com o quadril para trás durante a execução do saque, segurando-o. Aos poucos, deixá-lo mais à vontade, até que, ao conscientizar-se do movimento extra que vinha realizando, consiga, por meio de *feedback* interno, solucioná-lo.

11. Falta de potência.
Correção sugerida: mais uma vez vale a análise: estaria a falta de potência relacionada à biomecânica (exige correções técnicas) ou à potência muscular (exercícios formativos)? Arremessos com bolas mais pesadas (ênfase no ganho de força) ou de beisebol (ênfase no ganho de velocidade de força) surtem bom efeito no segundo caso. No entanto, é contraindicado *sacar* bolas mais pesadas por conta da sobrecarga ao ombro, assim como arremessos de bolas muito pesadas com apenas uma das mãos desvirtuam o padrão motor do saque. Evite esse tipo de exercício formativo com púberes que passam pelo estirão de crescimento, por conta do risco de lesões ósseas.

12. O sacador não se apronta para a sequência do jogo.
Correção sugerida: a perna que estava atrás no momento do saque deve ser trazida naturalmente para a frente. Essa passada serve para iniciar a caminhada do jogador à quadra. Incluir uma tarefa adicional de defesa obriga o sacador a posicionar-se mais rapidamente para realizá-la. No entanto, verifique que o resultado final do saque e cobre primeiro sua eficiência – efeito e direção –, pois muitos atletas, ao terem tarefas complementares a cumprir, negligenciam a primeira, já pensando em cumprir a seguinte. Condicione a execução de ambas com qualidade.

Considerações extras e de reforço

- Os pés devem permanecer estáticos e no chão durante a preparação, o lançamento e o golpe à bola. O bom lançamento não exige que o executante promova ajustes.
- O saque que visa à força deve contar com o auxílio do ombro, que se projeta em direção à bola. Já o saque que pretende cair à frente do passador exige que o braço de ataque apenas gire na articulação, tocando-a de um modo mais instantâneo, sem que o ombro jogue seu peso sobre a bola.
- A aplicação do saque a partir da posição 6 é menos indicada em termos táticos e de eficiência técnica, por causa do raio de ação oferecido ao sacador, encurtando consideravelmente as áreas de saque junto às laterais adversárias. A exceção é quando se deseja sacar para a região central da quadra adversária, sem a preocupação de surpreender o oponente, ou buscar o espaço entre as posições 1 e 6 ou 5 e 6.
- Entre os vários educativos, um em especial tem resultado geralmente imediato para a correção de vários aspectos do saque tipo tênis – lançamento, batida na bola, firmeza de punho, coordenação de segmentos e extensão do braço:
    - O aprendiz encosta a ponta do pé esquerdo (para os destros) em uma parede lisa e lança a bola para o alto, rente a ela, na direção recomendada no educativo 2 da lista de erros comuns. Faz o movimento do braço de ataque, prensando a bola contra a parede, com o braço estendido. Esse exercício exige que o lançamento seja preciso e exatamente na altura e distância ideais. Além disso, para o movimento requerido, a preparação e a execução do movimento de braço deverão ser feitas na velocidade apropriada, senão o aprendiz não conseguirá obter o encaixe perfeito nem prensar a bola

contra a parede. Apesar de ser eficiente, deve ser evitado com alunos que ainda não atingiram a automatização do movimento ou que apresentam vários desvios, pois o risco de contusão, nesse caso, é elevado, em razão da baixa coordenação motora do executante.

SAQUE COM ROTAÇÃO EM SUSPENSÃO ("VIAGEM")

Em forma de cortada, é o tipo de saque que mais força pode imprimir à bola. Realizado após corrida e salto, a bola é atacada em altura e distância ideais para que o fundamento tenha potência e precisão. Exige pleno domínio do lançamento da bola e coordenação geral.

Depois de devidamente assimilado, é o tipo preferido pelos homens e vem alcançando cada vez mais adeptas entre as mulheres.

Descrição

As principais fases de execução são as seguintes:

1. Preparação para o saque:
   - O executante posiciona-se de frente para a quadra contrária, a uma distância suficiente da linha de fundo que lhe permita efetuar adequadamente três ou quatro passadas, de acordo com sua preferência.
   - Segura a bola com as duas mãos (ou com uma das mãos), à frente do corpo, na altura do quadril (é mais comum e indicado o sacador segurar a bola com a mão dominante, para ter mais controle do lançamento).
   - Cabeça erguida e olhar voltado para o campo adversário, analisando fatores que possam favorecê-lo (posicionamento individual e coletivo, distração do oponente, alterações táticas, etc.).
   - O pé que vai à frente depende do número de passadas a ser dado e da forma como o executante realizará o lançamento – caso este seja com as duas mãos, os pés podem ficar paralelos. No caso de três passadas, o direito fica à frente (destros), enquanto, para quatro passadas, convém deixar o esquerdo à frente (para os canhotos, o contrário).
2. Lançamento:
   - A preparação para o lançamento da bola ocorre de maneira simultânea ao desequilíbrio do corpo à frente, quando a perna de apoio flexiona-se levemente para realizar o primeiro passo.
   - O lançamento deve ser realizado antes da primeira passada ser finalizada.

Figura 4   Saque com rotação em suspensão – viagem (de lado).

- A altura e a distância do lançamento devem possibilitar o movimento amplo de cortada.
- A bola é lançada para além da linha de fundo, permitindo que o sacador utilize todo o espaço disponível para saltar também em extensão e explorar toda a potencialidade desse tipo de saque.
- O lançamento é na direção do braço que a golpeará, e não para o centro do corpo. O executante não pode, após lançar a bola, mudar a trajetória de sua corrida ou desfigurar o movimento de tronco para alcançá-la.
- Os dedos auxiliam a dar uma leve rotação à bola já no lançamento, o que potencializará sua trajetória. A bola percorre a palma da mão do sacador e "sai" pela ponta dos dedos, que se flexionam levemente, fechando-se sobre a palma da mão.

3. Deslocamento:
   - As passadas são idênticas às da cortada e começam a ser executadas junto ao lançamento.
   - A preferência por três ou quatro passadas é individual e deve ser respeitada, a menos que o movimento como um todo fique comprometido pela escolha do executante. Nesse caso, cabe ao professor-treinador sugerir a mudança.

4. Salto:
   - O salto deve projetar o sacador para a frente e para dentro da quadra, semelhante ao ataque de fundo.
   - O salto deve ter um componente horizontal capaz de posicionar o corpo do executante sob a bola. Com isso, o ataque a ela não é realizado exatamente à frente do corpo, como ocorre na cortada.
   - O quadril projeta-se, sem exagero, para baixo da bola, com a intenção de acentuar o movimento de tronco que acompanha o ataque à bola.

5. Ataque à bola:
   - Todos os gestos subsequentes são idênticos aos da cortada, considerando-se, todavia, a distância a que o executante se encontra da rede.
   - A entrada do corpo sob a bola deve possibilitar o movimento conjunto de vigorosa flexão de tronco e de punho, para imprimir rotação a ela.
   - Ao contrário da cortada realizada junto à rede, a trajetória da bola não será para baixo, mas para a frente. Ao sair da mão do sacador, a bola percorre inicialmente uma trajetória levemente ascendente, para passar por sobre a rede.

6. Queda:
   - A queda acontece nos dois pés, amortecida pela flexão dos membros inferiores. O peso do corpo projetado por inércia à frente não deve ser freado bruscamente.
   - Imediatamente após a aterrissagem, passadas na direção do salto devem complementar o amortecimento.
   - Somente depois do reequilíbrio outras passadas (com possível mudança de direção) devem conduzir o sacador à região em que ele realizará a próxima ação, a defesa.
   - Evite a queda em um dos pés e a mudança imediata de direção.

Aprendizagem

Há uma transferência quase completa da habilidade da cortada, o que acaba por facilitar sua aprendizagem. A fixação da cortada já ocorrida antes normalmente encaminha o restante do movimento e do aprendizado. No entanto, há dois fatores dificultadores: o lançamento e a coordenação deste com o salto. Por essa razão, apesar de em alguns casos o método global ser suficiente, recomenda-se um fracionamento da primeira etapa do fundamento, ou seja, a corrida, o lançamento e o salto.

Apresentação do fundamento:

- O saque viagem é muito popular principalmente entre os homens, porém não tão bem executado pela maioria. Opte por modelos que apresentem o movimento amplo e o pleno aproveitamento do espaço à frente, dando preferência a vídeos em que o golpe na bola ocorre além da linha de fundo.

Importância do correto aprendizado e da utilização no jogo:

- O arsenal diversificado de saques permite que o aluno-atleta faça a escolha pelo tipo de saque ideal para cada situação.
- Há equipes que recebem melhor o saque flutuante, enquanto outras sentem-se mais à vontade quando enfrentam saques com rotação. O aluno-atleta que dispõe da possibilidade de utilizar ambos com eficiência leva vantagem.
- Convém enfatizar a realização do saque viagem em suas plenas possibilidades – potência do golpe e trajetória rasante –, pois sem essas características o saque torna-se ineficiente.

Experimentação:

- Os mais habilidosos podem conseguir realizar o movimento completo e próximo do ideal já nas primeiras tentativas.
- A estes, permita que o processo ocorra pelo método sintético, pontuando correções com educativos e potencializando a ação como um todo.

Sequência pedagógica:

- Àqueles que apresentarem maior dificuldade, convém remetê-los a uma breve sequência pedagógica.
- O professor-treinador coloca-se sobre a linha de fundo, com uma bola nas mãos, ao lado da trajetória de corrida do sacador. Ao primeiro passo do executante, lança a bola suficientemente alto para que ele possa executar as passadas, saltar e golpeá-la.
- Gradativamente, após ajustar a altura do lançamento, o professor-treinador posiciona-se mais para dentro da quadra, fazendo que o aprendiz aprimore sua projeção horizontal e aproveite o espaço disponível para um golpe mais eficiente.
- O professor-treinador coloca-se então mais para trás (aproximadamente a 2 m da linha de fundo, de frente para a quadra, entre o início da corrida e o ponto de golpe à bola) e faz o lançamento, como se fosse o próprio executante a fazê-lo. Esse momento tem uma importância em particular, que é permitir que o aprendiz vislumbre suas reais possibilidades.
- Depois, o próprio sacador fará apenas o lançamento, repetidas vezes, aferindo se o faz de acordo com o recomendado e o realizado pelo professor-treinador anteriormente.
- Idem, apenas saltando e segurando a bola no ponto ideal de alcance. A observação do ponto em que ele salta, segura a bola e cai fornece um *feedback* importante para o acerto definitivo do movimento.
- Quando o lançamento tiver altura e distância ideais para a execução, o aprendiz realiza o saque.
- É comum que não haja regularidade nessa etapa da aprendizagem. Nesse caso, deve-se interromper o gesto antes do golpe na bola e promover novo lançamento, até que se atinja o padrão esperado.

Educativos e formativos:

- As etapas sugeridas para a sequência pedagógica podem ser utilizadas isoladamente como educativos em caso de lançamento inadequado.
- Na maioria das vezes, os desvios de finalização estão mais relacionados à coordenação de lançamento e salto do que ao movimento em si.
- É pouco provável que seja necessário prescrever exercícios formativos para o saque com rotação em suspensão, pois o desenvolvimento anterior da cortada e a preparação física específica para seu aperfeiçoamento

proporcionam base suficiente para sua realização e seu aprimoramento.

Automatização:

- Os exercícios que visam à fixação do movimento devem ser organizados em grupos de três elementos, que se revezam sacando – para dar continuidade e tempo de preparação adequado.
- Evite interrupções nesse momento, permitindo que haja ritmo na execução da tarefa.
- Devem ser realizados de um só lado da quadra, evitando assim que bolas vindas da quadra contrária passem sob os sacadores.
- Repetições contínuas e exercícios de longa duração dificultam a recuperação física do executante, determinando que o cansaço comprometa a qualidade do movimento. Séries de 8 saques, na organização sugerida, são razoáveis.

Aplicação à dinâmica de jogo:

- O saque viagem deve ser incluído na dinâmica de jogo a partir de um certo grau de desenvolvimento da habilidade em si. Caso contrário, a pouca direção e a inconstância do saque prejudicarão as sequências esperadas de jogo.
- É importante também que a recepção para esse tipo de saque seja paralelamente desenvolvida com os treinadores sacando sobre mesas, para que, quando a execução por parte dos alunos-atletas ganhar regularidade, sejam bem aproveitados nos exercícios que associam os fundamentos já aprendidos.

Erros comuns na execução do saque viagem e correções sugeridas

1. Lançamento baixo ou antes de o sacador estar devidamente preparado.
   Correção sugerida: o lançamento eficiente está diretamente relacionado à preparação do sacador. A distância que o executante manterá da linha de fundo está ligada às características individuais de força, coordenação e poder de salto. É muito importante que o lançamento ocorra juntamente à primeira passada. Quando isso não ocorre, o sacador dificilmente consegue coordenar passadas e salto para alcançar a bola no ponto máximo. Recursos de filmagens são muito úteis para a correção. Lançamentos feitos pelo professor-treinador possibilitam ao aprendiz conscientizar-se de suas possibilidades e o levam a buscar mais arrojo quando for sua vez de lançar. No caso de o sacador demonstrar pressa para sacar, recomenda-se que ele, antes de realizar o lançamento, respire fundo e mentalize o movimento que vai realizar.

2. Lançamento aquém da linha de fundo e/ou sacador não aproveita a impulsão horizontal.
   Correção sugerida: o executante deve se aproveitar da possibilidade de sacar além da linha de fundo e utilizar a impulsão horizontal a fim de se projetar para dentro da quadra. Por receio de não alcançar a bola ou de pisar na linha, o executante a lança mais próximo de si. Saques de sobre mesas de altura aproximada à impulsão do sacador e colocadas dentro da quadra também ajudam o aluno-atleta a vislumbrar formas mais eficientes de saque, porém não corrigem o movimento como um todo. Pode-se também permitir que o sacador invada a quadra em algumas tentativas, eliminando assim seu receio de cometer a infração e permitindo um lançamento mais ousado.

3. Descoordenação de passadas.
   Correção sugerida: o ritmo do deslocamento para o saque viagem deve ser (no caso de três passadas): a primeira passada pausada e simultânea ao lançamento; segunda mais veloz e ampla; e, finalmente, a preparação para o salto potente, com componente horizontal semelhante ao ataque de fundo. Repetições sem bola do movimento completo podem fornecer importantes informações ao aluno-atleta. Acompanhar saques

realizados por colegas que dominam o fundamento e simular, sem bola, todos os movimentos ritmados ao lado dele também pode ser útil.
4. O sacador fica muito longe ou embaixo da bola no momento do saque.
Correção sugerida: o corpo deve posicionar-se sob a bola, de forma mais acentuada do que no ataque feito próximo à rede e um pouco mais do que no de fundo. A distância da rede obriga que o sacador se coloque sob ela para poder imprimir-lhe a trajetória desejada e dar-lhe a máxima rotação, porém o exagero nessa ação provoca o "avião" – bola que viaja reto e acaba por cair muito além da quadra adversária –, pois o contato com ela se dá muito por baixo. A bola distante do corpo, por sua vez, faz que o golpe seja sobre ela e a dirija para a rede. Golpes mais fracos ajudam a corrigir esse desvio, pois eliminam a vontade do executante de imprimir força desproporcional. Gradativamente, impõe-se mais potência ao golpe. No entanto, mesmo depois de automatizado é comum acontecer esse desvio, fruto da falta de ajustes mínimos necessários quando o lançamento não é perfeito.
5. Não dar rotação à bola.
Correção sugerida: exercícios sobre mesas ajudam a corrigir esse erro, porém convém analisar se a dificuldade em flexionar o punho não está ligada à entrada exagerada sob a bola (ver item 4). Outro recurso possível é baixar a rede ou permitir que o sacador se aproxime dela e vá recuando até a zona de saque à medida que padroniza o lançamento e o golpe.
6. Queda para trás ou em um pé só.
Correção sugerida: a queda para trás ou em um pé só aumenta o risco de lesões sobre joelhos, coluna e tornozelos. Exercícios sobre mesas baixas ajudam a alterar esse quadro motor equivocado: o sacador, depois de bater na bola, desequilibra-se à frente, apoiando-se corretamente no chão sobre as duas pernas. Observe se a queda para trás não está relacionada ao lançamento das pernas sob a bola logo após o salto. Incluir uma tarefa que o obrigue a andar para a frente após o saque ajuda a corrigir esse exagero.
7. O sacador não se apronta para a sequência do jogo.
Correção sugerida: a inclusão de uma tarefa extra específica de defesa após a queda ajuda a preparar o sacador para suas ações em quadra após o saque.

Considerações extras e de reforço

- O executante pode fazer o lançamento com apenas uma das mãos, se assim preferir e melhor se adaptar. No entanto, caso essa preferência prejudique a dinâmica do movimento, deve ser modificada. E vice-versa.
- O ajuste fino do lançamento é realizado com os dedos, assim como são eles que dão rotação inicial à bola (movimento que potencializará o saque).
- O corpo deve projetar-se para baixo da bola, no entanto, essa projeção não deve acarretar a passagem da bola muito acima da rede nem a perda do encaixe.
- O golpe na bola deve ser realizado dentro da quadra, além da linha de fundo.
- A passagem da bola sobre a rede deve ser o mais rente possível.
- Durante o lançamento, o tronco deve flexionar-se ligeiramente à frente e a perna dianteira ser um pouco flexionada.
- Lançamentos muito altos, mesmo com relativa adaptação do sacador, devem ser preteridos, pois a precisão tanto do lançamento quanto do golpe e da direção a ser dada à bola é inconstante.
- Ao dominar completamente a habilidade é possível ao sacador mudar o efeito da bola no último momento, dando-lhe flutuação em vez de rotação. Isso, contudo, exige total domínio do movimento, pois a batida na bola passa em frações de segundo para um golpe com o punho firme e a interrupção do movimento de rotação adquirido pela bola no lançamento. Para tal, o golpe à bola é le-

vemente de cima para baixo e com a finalização do movimento de acordo com o padrão do saque tipo tênis.

SAQUE FLUTUANTE EM SUSPENSÃO ("CHAPADO")

É uma variação do tipo tênis, antecedida por uma corrida e um salto que permitem ao sacador golpear a bola em um ponto mais alto e próximo à rede. O efeito flutuante é característico do saque chapado.

O saque flutuante em suspensão, quando foi criado e até bem pouco tempo, tinha um padrão motor diferente daquele com rotação. A corrida era menor, o lançamento da bola se dava na segunda passada e o golpe na bola era muitas vezes com o braço semiflexionado. Com o tempo, percebeu-se que o padrão da corrida, do lançamento e do salto do saque viagem (com algumas adaptações) poderia ser utilizado no flutuante, permitindo que o sacador golpeasse a bola em um ponto mais alto e lhe desferisse mais efeito e potência.

Descrição

As fases de execução do saque flutuante em suspensão seguem as etapas do saque tipo tênis e do saque viagem, com duas diferenças principais:

- O lançamento é um pouco mais baixo que o do viagem, sem, no entanto, impedir o ótimo ganho de altura.
- O contato com a bola é idêntico ao do saque tipo tênis, concedendo flutuação à sua trajetória.

1. Preparação para o saque:
   - O executante fica de frente para a quadra, a uma distância tal da linha de fundo que seja possível realizar adequadamente duas ou três passadas, conforme sua preferência, antecedendo o salto.
   - A bola é segura com as duas mãos, à frente do corpo, na altura do quadril.
   - De cabeça erguida, o sacador analisa o adversário com a finalidade de vislumbrar detalhes que possam ser explorados.
   - O pé que vai à frente depende do número de passadas a ser dado. No caso de duas passadas, o esquerdo fica à frente (destros), enquanto, para três passadas, convém deixar o direito à frente.
2. Lançamento da bola:
   - O lançamento deve ser feito durante a preparação para a primeira passada, quando o corpo desequilibra-se à frente, e com um leve balanço de tronco.
   - A bola, ao contrário do saque viagem, não deve rodar.

Figura 5   Saque flutuante em suspensão – chapado (de lado).

- O lançamento deve ser um pouco mais baixo que o do saque viagem e não tão para dentro da quadra, mas o suficiente para valer-se da impulsão também horizontal do executante. Deve, em suma, aproveitar o poder de salto do executante, sem comprometer o refinamento do contato com a bola.
- O sacador deve direcionar a bola ao braço de ataque, sem precisar ajustar o corpo ou o braço a um eventual lançamento para o centro ou para o lado do corpo.

3. Salto:
   - O salto projeta o sacador para dentro da quadra, mas não sob a bola, como requer o saque com rotação.
   - O salto horizontal deve ser realizado de forma a deixar a bola um pouco à frente do ombro do sacador. O corpo não é projetado para baixo dela.
4. Ataque à bola:
   - O braço é trazido de trás do ombro – como no saque tipo tênis – e golpeia a bola estendido.
   - O tronco, ao contrário do saque viagem, não tem participação no impulso à bola. Ele permanece ereto e o golpe à bola concentra-se apenas no braço dominante.
   - Não há interrupção do movimento.
   - O punho deve permanecer firme, e a mão, espalmada.
   - O saque deve passar rente à rede e com velocidade.
5. Queda:
   - A queda deve ser para a frente, no mesmo sentido do deslocamento e do salto e nos dois pés.
   - Após o controle da aterrissagem, o executante inicia a corrida para a posição de defesa que ocupará na sequência.

Aprendizagem

O processo pedagógico para a aprendizagem do saque flutuante em suspensão, guardadas as diferenças técnicas de um e de outro, pode seguir as mesmas etapas do saque viagem.

Erros comuns na execução do saque chapado e correções sugeridas

As correções referentes ao saque viagem valem também para o saque flutuante em suspensão, considerando as diferenças em relação ao golpe na bola.

1. Lançamento sem preparação, antes das passadas ou muito baixo.
   Correção sugerida: o lançamento deve ocorrer logo no início do deslocamento, entre o primeiro e o segundo passos. O ritmo das passadas auxilia no golpe em si. Caso o sacador lance a bola e depois inicie as passadas, provavelmente perderá o tempo de ataque à bola e a naturalidade de movimento. A prontidão do executante quando tem a bola nas mãos o predispõe a um bom lançamento. O lançamento sem altura adequada obriga o sacador a bater na bola por baixo, para que ela possa passar a rede, e muitas vezes com o braço flexionado. Isso resulta em um saque pouco eficiente, já que ele se torna lento e alto. Filmagens do próprio atleta, com tomadas laterais e frontais, ajudam na visualização do movimento. Mais uma vez, lançamentos feitos pelo professor-treinador ajudam a conscientizar o aluno-atleta de sua potencialidade. Para o sacador afobado, mentalização e respiração profunda antes do saque.
2. O contato com a bola se dá muito longe do corpo (a bola vai à rede).
   Correção sugerida: quando o sacador não projeta o corpo para a frente, sem aproveitar a impulsão horizontal, a bola acaba ficando longe do corpo. Sem condições de golpeá-la corretamente, a trajetória dela é reta, não ultrapassando a rede. O salto deve lançar o corpo para a frente, a fim de alcançar a bola no ponto ideal. Sacar de sobre mesas mais

baixas posicionadas logo além da linha de fundo fornece referência do ponto de contato ideal com a bola.
3. O salto não é para a frente.
Correção sugerida: realiza-se o gesto por completo, porém sem a bola, enfatizando o salto em projeção horizontal. Depois de demonstrar fluidez, ritmo e coordenação das passadas e do salto, incluir a bola, que é lançada pelo professor-treinador no ponto ideal de ataque. Ver também o item 2, para enfatizar o golpe à bola em um ponto mais adiantado.
4. Movimento incompleto.
Correção sugerida: alunos inseguros costumam realizar lançamentos baixos, saltos pouco potentes e ataques frágeis à bola. Toda a cadeia de movimentos precisa ser ampla e potente. O movimento de braço deve ser otimizado para dar efeito, velocidade e precisão à bola. Braço de ataque flexionado e salto de pouco alcance vertical e/ou horizontal resultam em saques menos eficientes. Isole o momento que pode estar interferindo preponderantemente no movimento, mas sempre retorne ao encadeamento completo das ações. Permite-se que o executante erre o saque, desde que ele seja exagerado para além da linha de fundo adversária.
5. Utilização do tronco para impulsionar a bola.
Correção sugerida: a rotação que às vezes é dada à bola por alguns aprendizes é fruto não necessariamente do movimento isolado de punho, mas da flexão do tronco sobre bola ou da projeção deste sob ela. É importante que o professor-treinador atente para o diagnóstico e trate o desvio de maneira adequada. Esse desvio é resultado da intenção de imprimir mais força ao saque. Permita, nesse caso, o saque mais próximo à rede até que o movimento seja fixado, retornando aos poucos à linha de fundo. Alternar saques tipo tênis do chão com outros em suspensão pode ajudar na transferência da fixação do tronco e do punho no momento de golpear a bola.

6. O sacador não se prepara para a sequência do jogo.
Correção sugerida: a queda nos dois pés e no sentido do deslocamento e do salto deve proporcionar o amortecimento e a imediata ida para a posição de jogo. Inclua, como repetimos nos tipos anteriores de saque, tarefas a serem realizadas na sequência.

Considerações extras e de reforço
- O salto não deve buscar altura excessiva, mas, sim, distância e alcance ideais, fazendo que o golpe seja dado já dentro da quadra e na máxima altura possível dentro dessas condições, sem que se perca a precisão e que se potencialize o efeito dado à bola.
- O golpe na bola é dado um pouco mais à frente do corpo do que no tipo tênis.
- O executante pode lançar a bola com uma das mãos, se assim preferir.
- Não são indicadas outras variações do saque flutuante em suspensão (por exemplo, do fundo da quadra), pois não há ganho de altura, tampouco de distância, que são as vantagens de se utilizar esse tipo de saque.
- Uma das vantagens desse tipo de saque em relação ao do tipo tênis é que ele isola o movimento de braço, evitando possíveis flexões de tronco potencializadas pela fixação dos pés no solo.
- Com o tempo e o consequente domínio da habilidade, o executante pode variar o efeito à bola, imprimindo-lhe rotação no momento do golpe e, assim, surpreender o adversário.

APERFEIÇOAMENTO E TREINAMENTO DOS VÁRIOS TIPOS DE SAQUE

O saque por baixo, que já era utilizado no minivôlei, passa por um processo de adaptação para ser inserido no seis contra seis. A grande mudança é o aumento considerável das dimensões da quadra e a necessidade de um aporte de força para sua realização, que se dá naturalmente com a repetição do gesto. Enquanto não ocorre a aprendizagem do saque lateral, ele é aperfeiçoado. Quando esse segundo tipo começar a ser aprimorado, substituirá gradativamente aquela primeira versão menos eficiente.

Até então, houve igualmente uma adaptação da recepção às novas exigências dimensionais e do efeito que a bola passa a ter com a versão lateral do saque. Por fim, os saques por cima assumem definitivamente o protagonismo e os tipos menos profícuos são abandonados.

Independentemente do tipo de saque em questão, o aperfeiçoamento de todos eles segue uma mesma linha de desenvolvimento e deve buscar:

1. Manutenção do padrão motor em variadas distâncias e posições.
2. Regularidade.
3. Precisão.

- Enquanto o saque por baixo e o lateral forem utilizados, as exigências são menores, mas não devem deixar de existir.
- Estimular os alunos-atletas a sacar de todas as posições da zona de saque com a mesma desenvoltura e precisão faz parte do aperfeiçoamento de todos os tipos de saque.
- Quanto à precisão, nas categorias menos adiantadas, convém determinar zonas-alvo mais amplas (paralela ou diagonal, curto ou longo), permitindo que o executante tenha sucesso na maior parte de suas tentativas. Aos poucos, e de acordo com as individualidades, as regiões a serem alcançadas são reduzidas.
- O aperfeiçoamento do saque tipo tênis começa na C14 e deve levar o aluno-atleta a ter, primeiro, o domínio da nova técnica de todas as posições da zona de saque, porém sempre junto à linha de fundo.
- Essa consideração justifica-se pelo fato de a recepção do saque tornar-se mais difícil com o recuo dos sacadores, já que a bola ganha mais velocidade e efeito. Com isso, a associação de fundamentos fica comprometida.
- Seguem-se exercícios que incentivem os alunos-atletas a afastar-se da linha de fundo para imprimir trajetórias mais oscilantes e velozes, além de tornar o fundamento mais eficaz, oferecendo mais segurança e confiança ao iniciante. Ao adotar esse processo, o professor-treinador deve atentar para que o movimento não se desvirtue e continue sendo mantido a qualquer distância.
- A evolução técnica e física permite que o aluno-atleta afaste-se da linha de fundo para executar o saque tipo tênis com mais efeito, incluindo outros tipos de trajetória e velocidade ao seu repertório. O risco de lesões de ombro, cotovelo e coluna também diminui com a evolução gradual da distância.
- Além da regularidade e da precisão, deve-se estimular o aprendiz a variar o saque (forte, com velocidade ou caindo à frente do passador, alto, etc.), em séries alternadas. É indicado não utilizar apenas um tipo de saque na sequência proposta para o aperfeiçoamento.
- As áreas-alvo utilizadas para aumentar a precisão podem ser reduzidas e os objetivos das séries não podem limitar-se a um acerto, mas a uma série de sucessos. Metas são estabelecidas a partir de cinco acertos seguidos, por exemplo; menos ou mais, dependendo da área delimitada.
- O isolamento do saque como objetivo único do exercício ou da sessão é importante para que haja repetições sistemáticas da ação motora, porém é importante lembrar que seu aperfeiçoamento não ocorre sem a recepção do outro lado. Contudo, convém considerar que, quanto mais se expande a sequência, menos ênfase dá-se ao saque. Treinos específicos de saque, seja de aperfeiçoamento ou de treinamento, devem considerar a repetição sistemática do fundamento.
- A relação entre estímulo e pausa nos exercícios é um dos maiores segredos tanto para a preservação física do aluno-atleta quanto para o sucesso da transferência do rendimento alcançado nos treinos para os jogos. Depois de sacar, o ideal é que outro compa-

nheiro o faça na sequência imediata, pois em situação nenhuma um jogador realiza dois saques seguidos em um espaço de menos de 20 segundos.
- Muito provavelmente o aluno-atleta conseguirá, após séries ininterruptas em que saca sem muito tempo de intervalo entre uma ação e outra, saques com muito efeito e potência que a todos surpreenderão. No entanto, esse rendimento não é transferido para os coletivos ou para os jogos, pois o ritmo e a constância com que o gesto é repetido são irreais.
- É interessante, às vezes, promover repetições a partir da assimilação de algum educativo que alcançou seu objetivo, mas, quando a meta é aperfeiçoar o fundamento, a estratégia não pode ser a mesma.
- Dê preferência a treinos de aperfeiçoamento do saque em períodos que antecedem o treinamento, para que o sistema neuromotor menos cansado possa responder aos estímulos adequadamente.
- Sessões de treinamento não muito extenuantes podem ser sucedidas por sessões de aperfeiçoamento do saque, desde que o grupo tenha as condições físicas desenvolvidas para suportar as exigências com qualidade motora.
- Jogos adaptados de saque, que unem os objetivos de aprimoramento do gesto técnico à ludicidade e à competitividade, são altamente proveitosos. Além da motivação intrínseca, incluem fatores emocionais de pressão para se alcançar objetivos.
- Experiências lúdicas competitivas ajudam a preparar o aprendiz para as situações que serão encontradas futuramente em disputas entre equipes. É importante que a responsabilidade esteja sempre aliada ao prazer da disputa, e não vinculada à ânsia demasiada pela vitória.
- Os jogos adaptados fazem parte da Metodologia Estruturalista adotada nesse PF-CAAD e não devem ser deixados de lado em nenhuma categoria. São idealizados pelo professor-treinador com objetivos específicos e levam em consideração as necessidades do grupo.
- Sugestões de jogos de saque:
  - Duas colunas de sacadores, uma em cada lado da quadra. No campo adversário, dentro da região estabelecida como alvo, está um integrante do grupo de sacadores. Alternando-se no saque, seguindo a ordem da coluna, eles procuram acertar a região em que está o companheiro. Caso este consiga segurar a bola sacada sem sair dos limites estabelecidos, troca rapidamente de lugar com o sacador. Caso o saque não acerte o alvo, não há troca, apenas o sacador que errou pega novamente sua bola, entra no final da fila e aguarda a vez de sacar outra vez. O jogo prossegue até que o grupo consiga chegar ao número de acertos estabelecido pelo treinador.
  - A mesma organização anterior, sem ninguém na quadra contrária. Um dos grupos começa sacando para a região-alvo estabelecida, na ordem em que estão na coluna, e continua sacando até que alguém o faça fora dos limites. Quando isso acontecer, a vez passa para o adversário, e assim por diante. O objetivo é conseguir que todos acertem o alvo em sequência, do primeiro ao último. Uma nova partida começa sempre pelo jogador que errou na vez anterior. As áreas são remarcadas ou diminuídas a cada rodada.
- A segurança para golpear a bola dentro da quadra nos saques em suspensão ocorrerá com o tempo e deve ser estimulada continuamente nessa etapa. O aperfeiçoamento deve enfatizar a técnica do fundamento e gradativamente incluir metas a serem atingidas.
- Visando ao aprimoramento do gesto motor do viagem, deve-se incentivar os mais habi-

lidosos à variação, alternando saques potentes e curtos (com desaceleração do movimento antes da batida na bola).
- Todos os exercícios com saques em suspensão devem levar em consideração que a preparação desse fundamento exige tempo e concentração. Portanto, grupos de três a cinco sacadores são ideais para o desenvolvimento de treinos proveitosos, principalmente quando houver outros alunos-atletas com a função de recepção do outro lado.
- Convém organizar as atividades de modo a prevenir acidentes, já que esse tipo de saque envolve saltos em que o executante não consegue enxergar bolas que passam sob seus pés. Por isso, evite colocar os dois lados da quadra sacando aleatoriamente ou mesmo com a recepção espalhada por toda a zona de defesa. Treinamentos cujo objetivo seja, além de trabalhar o sistema de recepção, dar liberdade aos sacadores para atingir qualquer ponto da quadra contrária, devem contar com apenas um grupo sacando e outro recepcionando.
- Outra distribuição razoável é fazer, por exemplo, o saque da posição 1 para a recepção da 5 de ambos os lados, ou vice-versa. Ou, ainda, da posição 1 para a 1 de um lado e da 5 para a 5, de outro. Mesmo assim, procure alternar os saques, ora de um lado da quadra, ora do outro.
- Em exercícios em que o saque é realizado de ambos os lados da quadra, o professor-treinador deve comandar o ritmo, autorizando a realização de novo saque assim que houver definição do destino do anterior. Com o tempo, o grupo aprende a se auto-organizar.
- Outra orientação interessante para a fluidez da sessão que visa ao aperfeiçoamento de saques em suspensão é fazer que o sacador seguinte esteja pronto para realizar a ação caso o da frente erre. Isso confere maior regularidade ao treino e exige mais concentração dos participantes.

Treinamento

Os treinamentos de saque diferenciam-se das sessões de aperfeiçoamento principalmente em razão das exigências maiores, da diminuição do número de erros e do constante aprimoramento da eficácia do gesto como elemento do jogo, ou seja, do quanto ele contribui para o sucesso imediato ou sequencial coletivo.

Os atletas passam a treinar a ação individual sempre com a consciência do coletivo, conscientizando-se das consequências de seu gesto para a equipe. Os erros e inconstâncias que podiam fazer parte do desenvolvimento individual do aluno-atleta durante o aperfeiçoamento nessa etapa já não podem prejudicar o andamento do treino nem valer para objetivos do próprio aluno-atleta.

Podemos classificar o treinamento do saque (assim como da maioria dos demais elementos) em três tipos:

- Técnico.
- Técnico-tático.
- Tático.

Exercícios técnicos:

- Devem permitir que o executante realize saques de diversas regiões para diferentes zonas-alvo na quadra adversária.
- Treinos específicos de saque devem ter objetivos mensuráveis e não durar muito tempo. Treinos produtivos terminam quando os objetivos são alcançados.
- Nessa etapa, o professor-treinador deve elaborar tarefas que sejam realizáveis, mas ao mesmo tempo desafiadoras, e organizar os grupos de modo a permitir que o executante realize os saques em sequência, sem espera ou interrupções, mas também espaçadamente, guardando uma relação aproximada com o tempo característico de sua ocorrência em jogos.
- É comum a desconcentração dos atletas quando há espera longa para realizar outra

ação e a companhia de colegas ao seu lado, igualmente sem função. Evite aglomerações na zona de saque durante os treinos específicos. Tarefas em que os atletas permanecem na área de saque, sacando ao bel-prazer, não ajudam em nada e são contraproducentes sobretudo para o desenvolvimento da concentração dos alunos-atletas.

- Objetos diversos (cones, colchonetes, etc.) ajudam a estabelecer alvos, todavia convém sempre complementar as sessões, imediatamente ou no dia seguinte, com a recepção efetiva (individual ou coletiva).
- Bancos suecos colocados paralelos à linha de fundo da quadra são ótimos instrumentos para levar o aluno-atleta a aprimorar saques mais rasantes. Com o objetivo de fazer a bola entrar sob o banco, a trajetória obrigatoriamente tem de ser mais tensa.
- Sequências de três saques em que o sacador tem liberdade para, no primeiro, forçar o saque, no segundo, buscar determinada área e, no terceiro, não errar aproximam o treino de uma realidade de jogo em que é necessário controlar o saque de acordo com o momento psicológico da partida. A ordem estabelecida pode ser alternada – não errar o primeiro, forçar o segundo e buscar determinada área no terceiro, por exemplo.

Exercícios técnico-táticos:

- Procure associar os demais elementos do jogo, ou seja, a recepção e a transição para a próxima ação (ataque ou proteção de ataque). Eles devem levar o grupo a realizar todos os elementos em questão com regularidade e ritmo.
- Essa transição é fundamental para a autoavaliação da ação do saque, um tanto subestimada quando não há passadores com funções complementares do outro lado. Sessões isoladas de saque têm seu objetivo centrado no sucesso da ação em si, no entanto, em situações de jogo, o desdobramento do saque é que é que importa para a equipe. Por exemplo, um saque que leva o passador a enviar a bola precisamente às mãos do levantador, mas, para isso, teve de ir ao chão e ficou de fora da organização coletiva ofensiva, é altamente positivo para a equipe do sacador, que pode armar bloqueio e defesa com chances maiores de sucesso (como veremos no desdobramento nos exercícios táticos).
- A organização indicada para alcançar esse fim é a de grupos fixos, ou seja, um trio exclusivamente sacando, outro recebendo (e atacando ou protegendo o ataque), outro levantando e o quarto atacando (caso os passadores tenham a função de proteger o ataque).
- O professor-treinador pode intensificar o desenvolvimento da concentração promovendo trocas constantes de estação entre os envolvidos no exercício, em especial nas categorias que ainda não adotaram a especialização. O rodízio constante entre as funções inseridas na tarefa promove também ganho de condição aeróbia.
- Embate entre sacadores e passadores, com contagem de pontos para cada ação, é ótima estratégia para tornar o saque mais regular e eficiente.
- O sacador tem funções a desempenhar após o saque e elas devem ser treinadas. Sacar e defender devem ser uma coordenação de ações devidamente automatizada e aperfeiçoada, com exigência de qualidade em ambas, associada à velocidade de posicionamento na região que é de responsabilidade do executante. As variações posição de saque/posição de defesa devem ser consideradas e trabalhadas em sua totalidade. Essas ações podem ser incluídas enquanto na quadra contrária acontecem a recepção e o levantamento, por exemplo.
- É importante nesse tipo de treino que se cobre qualidade nos dois (ou três) momentos. Não é raro que séries em treinos desse tipo sejam iniciadas com saques sem eficiência

ou equivocados, pois o aluno-atleta pensa na realização da defesa, e não na ação anterior.
- Da mesma forma, a eficácia da recepção e do levantamento deve ser cobrada pelos auxiliares que se distribuem pela quadra.

Exercícios táticos:

- São realizados em forma de coletivo dirigido ou exercícios associados de vários elementos que desenvolvam uma sequência específica de jogo, enfatizando-se a importância do saque correto a regiões ou jogadores determinados antecipadamente pelo técnico.
- O entendimento das dinâmicas táticas deve fazer parte do desenvolvimento cognitivo desde a iniciação sob a forma de jogos adaptados.
- Cabe ao professor-treinador estimular a elaboração cognitiva dos alunos-atletas e a compreensão dos desdobramentos de uma ação individual dentro da dinâmica coletiva de jogo; nesse caso, a importância do saque bem dirigido e a dificuldade que ele provoca na estruturação tática subsequente do adversário.
- Exercícios sem encadeamento não servem à evolução cognitiva do aluno-atleta nem ao crescimento tático da equipe. Em coletivos orientados, é interessante manter apenas um sacador (ou grupo de dois ou três) em ação, promovendo contagens de ponto entre este(s) e a equipe contra a qual ele(s) saca(m).
- Evite, no entanto, dar total liberdade ao sacador, pois o número de erros aumenta e a concentração e a paciência de todos acaba rapidamente. Exija regularidade e dê sempre pontos exatos de direcionamento a ele.
- Valorize a ação consciente do sacador e conceda pontos extras à equipe que consegue pontuar a partir de ações decorrentes de saques realizados de acordo com as orientações táticas preestabelecidas.
- Apesar de o coletivo ser a estratégia mais comum para o treino tático, os exercícios associados têm a vantagem de isolar situações, posicionamentos e rodízios que mereçam atenção especial. Como exemplo, regiões da quadra em que ocorre a recepção, tipos ou posições determinadas de ataque e regiões para o posicionamento da defesa.

Capítulo 9

Cortada

Consiste na habilidade de rebater a bola com a palma da mão e o braço estendido acima da cabeça, na maior altura possível, valendo-se para isso de uma corrida inicial e de um salto. É o gesto técnico preferido dos aprendizes, por conta da potência e da espetacularidade.

É realizada geralmente no terceiro toque coletivo de uma equipe durante o rali e tem o objetivo de fazer que a bola atinja o solo adversário. É a forma mais potente entre as habilidades para alcançar o intento de pontuar.

A cortada segue o padrão motor exposto a seguir, mas apresenta variações que visam levar vantagem no confronto com o adversário. A variante que mais altera o padrão normal da cortada é a china, enquanto outras limitam-se a mudanças circunstanciais que podemos chamar de recursos da cortada, como as largadas, ataques de meia-força, exploradas de bloqueio, etc.

DESCRIÇÃO

De maneira detalhadamente decomposta, essas são as fases de execução da cortada:

1. Posição básica:
   - O executante deve manter posição básica alta, de frente para a bola, enquanto analisa os fatores que podem influir no levantamento (qualidade e provável local do passe, posicionamento do levantador, condições e trajetória do levantamento, possibilidades de ataque, etc.).
   - Trata-se mais de uma posição que predispõe a atenção e pronta saída, quando necessária, do que propriamente de uma pré-condição para a realização da ação, como ocorre com outras habilidades, como a defesa.
   - A análise de todos os fatores anteriores à realização do gesto em si permite imprimir direção, amplitude e velocidade adequadas às passadas e determinará o tempo de saída do atacante.
   - Como o executante fica de frente para onde as ações anteriores se desenvolvem, os pés podem estar paralelos ou um ligeiramente à frente do outro, de modo a posicioná-lo de maneira apropriada.
   - No entanto, antes de dar início ao deslocamento, ele ajusta o posicionamento dos pés de acordo com as orientações a seguir.

2. Deslocamento (ou passada, ou corrida):
   - Levará o executante da região em que ele guarda a posição básica até o local onde realizará o salto.
   - Ele deve deslocar-se ritmadamente para a região onde será realizado o ataque, em posição ereta e olhando a bola que vem (ou virá) em sua direção.

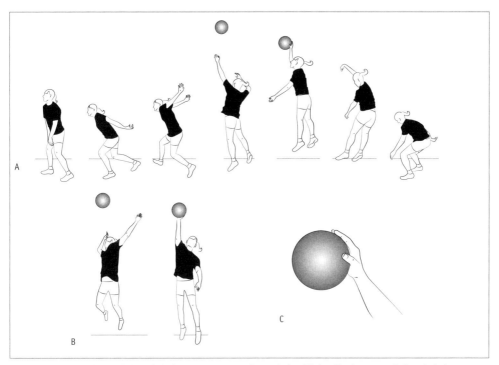

Figura 1 Cortada. (A) De lado; (B) de frente, apenas o golpe na bola; (C) detalhe da mão na bola – de lado.

- A movimentação específica da cortada costuma consistir em três passos que obedecem à seguinte ordem, para os destros:
  A. Pé esquerdo (passada mais curta e lenta – realizada enquanto o atacante analisa as condições de chegada da bola).
  B. Pé direito (passada mais longa e veloz para chegar ao local de salto).
  C. Pé esquerdo (este último junta-se ao outro com velocidade e vigor, colocando-se um pouco mais à frente daquele e guardando um afastamento natural para a preparação do salto).
- Para os canhotos, a ordem se inverte, com a dos pés sendo: direito, esquerdo e direito.
- No caso de um atacante destro estar na saída de rede (posição 2), a última passada não deve projetar o pé esquerdo tão à frente do direito, permanecendo até mesmo um pouco mais atrás deste. Dessa forma, o corpo do atacante permanece de frente para o local de onde vem a bola e vai lhe permitir controlá-la de modo mais seguro, sem deixar que ela ultrapasse seu corpo.
- O mesmo raciocínio vale para o canhoto que está na entrada de rede (posição 4). Este deve atentar, pelos mesmos motivos, que seu pé direito não ultrapasse o esquerdo na última passada.
3. Preparação para o salto:
   - Os membros inferiores semiflexionam-se, na última passada, em uma angulação aproximada de 100° entre coxas e pernas.
   - O tronco também é semiflexionado à frente (cerca de 135° em relação ao chão), enquanto os membros superiores são estendidos paralelos entre si, por meio de uma rotação de ombros, o máximo possível para trás do corpo.

- O breque (a última passada) é instantâneo, o apoio do pé esquerdo no chão ocorre com a preparação do salto.
- No breque, o apoio dos pés deve ser feito nos calcanhares, permitindo assim o "mata-borrão", ou seja, o contato subsequente da sola e, finalmente, o terço distal da planta dos pés antes da fase aérea.

4. Salto:
   - Os braços são trazidos estendidos para a frente e para o alto, a partir de um movimento de rotação dos ombros contrário ao realizado na preparação do salto.
   - O tronco e os membros inferiores estendem-se buscando transferir o impulso horizontal da corrida em salto predominantemente vertical. Apesar do breque, certa horizontalidade do salto é mantida, pois ela será responsável por projetar o corpo do executante ao encontro da bola.
   - Todo o corpo estende-se para cima, buscando o alcance máximo.

5. Preparação para o ataque:
   - O executante projeta o quadril à frente.
   - O tronco roda suavemente sobre o quadril e estende-se para trás, formando um arco (sem exagero).
   - As pernas flexionam-se levemente e são levadas um pouco para trás.
   - O braço de ataque é levado semiflexionado para trás do corpo, por sobre o ombro, que também se projeta para trás (o braço forma um ângulo de aproximadamente 90° com o antebraço).
   - O outro braço continua elevado à frente, a 135° do chão, dando equilíbrio ao corpo.

6. Ataque:
   - À medida que a bola vai chegando ao ponto ideal de ataque, o corpo do executante começa a se "fechar" em um movimento coordenado de todos os segmentos.
   - O braço de ataque estende-se à frente, a partir da rotação do ombro, até atingir a extensão total no contato com a bola, ao mesmo tempo que o outro braço desce e se flexiona naturalmente à frente do corpo.
   - O tronco flexiona-se, finalizando o movimento com vigor no momento do ataque.
   - O ombro do braço de ataque deve rodar sobre si mesmo e se projetar sobre a bola, auxiliando na potência do golpe.
   - As pernas, que se projetaram levemente para trás auxiliando na formação do "arco", também são trazidas (sem exagero) para a frente no momento do ataque, sem, no entanto, flexionar-se sobre o quadril.
   - O ataque à bola deve ser feito à frente do plano anatômico frontal e no máximo alcance possível.
   - O contato é realizado com a palma e todos os dedos da mão.
   - O punho flexiona-se sobre a bola, imprimindo-lhe rotação.
   - Após o ataque, a cadeia de movimentos não deve ser interrompida de modo brusco, mas desacelerada naturalmente, acompanhando a inércia do movimento.

7. Queda:
   - Todas as articulações dos membros inferiores devem se flexionar coordenadamente, com o apoio no solo distribuído nas duas pernas, dando ao corpo o amortecimento devido e impedindo que o jogador caia abruptamente ou invada a quadra contrária.

8. Retorno à situação de jogo:
   - Dependendo do resultado do ataque, o executante:
     A. Interrompe a ação.
     B. Retorna para um contra-ataque.
     C. Prepara-se para bloquear.
     D. Posiciona-se para defender.

APRENDIZAGEM

Por ser uma habilidade complexa e seriada, a cortada recebe um tratamento pedagógico especial, precisando ter toda a sua dinâmica fracionada, para que o aprendiz adquira o padrão motor sem vícios.

A maior dificuldade do iniciante é associar a execução do movimento completo de corrida, salto e ataque à relação tempo-espaço da trajetória da bola. A essa ampla coordenação dá-se o nome de "tempo de bola".

Diante desse panorama, o aprendiz deve, em um primeiro momento, receber todos os estímulos possíveis para vivenciar experiências que desenvolverão a coordenação dos segmentos corporais para se alcançar a bola no ponto mais alto, para depois aprender a atacá-la com máxima eficiência. É o que preconiza esse PFCAAD desde as CI e permite aos alunos-atletas que passaram por todas essas etapas anteriormente mais facilidade na aprendizagem desse fundamento.

Quanto mais vivências variadas o aluno-atleta tiver quando fizer parte das CI, mais facilidade terá para aprender os fundamentos do voleibol. Em contrapartida, quanto menos oportunidades teve a criança, mais moroso será o processo de ensino-aprendizagem da cortada.

Apresentação do fundamento:

- Após demonstrar o movimento completo, convém fracionar todas as fases de execução da cortada, detalhando cada uma e enfatizando a interdependência entre elas.
- O modelo deve ser escolhido com critério, pois mesmo atletas consagrados apresentam vícios que foram contornados com autocorreções que acabaram por ser consideradas como parte de um estilo próprio. Certamente algumas dessas modificações não servirão aos iniciantes.

Importância do aprendizado correto e da utilização em jogo:

- O maior desafio do professor-treinador será demonstrar que mais importante do que a força é a técnica da cortada, já que, sem esta, fica quase impossível escapar às futuras dificuldades impostas pelo bloqueio em um nível mais avançado.
- É interessante, ao escolher os modelos, não optar somente por ataques fortes e espeta-

culares, mas também por cortadas menos violentas em que o atacante busca regiões desguarnecidas e consegue o ponto.

Experimentação:

- Não deve ser muito prolongada, pois esse gesto motor provavelmente já foi e será praticado pelos aprendizes em brincadeiras na escola ou antes dos treinos, pois é o mais atraente dos fundamentos do voleibol. Quanto antes vícios provenientes dessas experiências anteriores sem orientação forem eliminados, melhor.

Exercícios introdutórios:

- As propostas a seguir buscam desenvolver a coordenação espaço-temporal e visual-motora do iniciante tardio antes de ele ser inserido no processo pedagógico de aprendizagem da cortada. Podem ser incluídos no aquecimento das sessões, enquanto as habilidades do grupo I são aprendidas. O procedimento sugerido gera um aprendizado mais fácil e consistente do fundamento.
- Essas sugestões são um recorte do conteúdo desenvolvido nos primeiros anos do aprendiz que participa das CI do PFCAAD.
- Em um primeiro momento, exercícios individuais, em que cada aluno-atleta tem uma bola nas mãos e utiliza todo o espaço, sem se preocupar com as dimensões de quadra nem com a rede, surtem ótimos efeitos e oferecem um maior número de repetições.
- O aprendiz lança a bola para si mesmo e procura coordenar corrida e salto, buscando sempre segurar a bola com os braços estendidos o mais alto possível. Não é necessário prender-se à técnica da cortada, apenas fornecer variações de altura e distância de lançamentos, número de passadas antes de saltar, etc. É interessante também incluir giros corporais e mudanças de direção e planos.

- É conveniente priorizar (sem excluir outras variações) a impulsão nos dois pés, como será realizada na cortada.
- Após a vivência individual, exercícios em duplas fornecem outras informações motoras que independem do próprio executante. Por exemplo, um lança e outro tenta segurar a bola, como fez individualmente. Variar as formas (alta, baixa, batendo a bola com ambas as mãos contra o chão, etc.) e os locais de lançamento (de frente para o executante, de lado, de longe, de perto, etc.).
- Mesmo ao aprendiz que recebeu esses estímulos anteriormente, convém repassá-los de forma abreviada e introdutória antes de entrar na etapa seguinte.
- É importante que os padrões do salto – utilização dos braços e tronco, "mata-borrão" dos pés, flexão e extensão do tronco, etc. – sejam estimulados e cobrados já nesse momento.

Sequência pedagógica:

- Submete-se então o aluno-atleta à sequência pedagógica, fracionando o fundamento em cinco etapas a serem desenvolvidas separadamente e, depois, de maneira integrada, conforme explicado a seguir:
  1. Corrida e salto.
  2. Preparação do ataque.
  3. Associação das etapas anteriores.
  4. Ataque.
  5. Gesto completo.

1. Corrida e salto:
   - A sequência de passadas pode ser desenvolvida fora da rede, com liberdade, por toda a quadra. Individualmente, o aprendiz repete a ordem das passadas, unindo os pés para o salto. O técnico deve visar à variação de velocidade e amplitude das passadas, além de incluir tarefas repetitivas de vaivém da movimentação, em que o aluno-atleta realiza a movimentação específica e retorna de costas para reiniciar a tarefa (variar com o retorno de frente e passadas cruzadas). Não é necessário incluir a bola.
   - A preparação do salto é imediata ao apoio dos pés na última passada. Portanto, depois de o aprendiz ter vivenciado a passada e conseguir realizá-la corretamente, a ênfase deve ser dada à frenagem com os calcanhares. Mudanças repentinas de direção servem bem a esse propósito, assim como exercícios de vaivém.
   - Ainda sem necessariamente utilizar a rede, pode-se incluir o salto no processo de agrupamento das fases da cortada. É importante que o aprendiz já coordene a passada e o breque. A associação das fases anteriores ao salto deve permitir atingir (ao menos, buscar) o alcance máximo.
   - Quando a bola for incluída ao processo, a tendência será de o aprendiz dosar a altura do salto a fim de acertar o tempo de bola e coordenar os movimentos de ataque. Por isso, a coordenação das fases anteriores ao ataque em si é importante, juntamente à consciência de ganho de altura.
   - Referências como rede, parede, antenas, tabelas de basquete, etc. (procurar alcançar esses objetos ou marcas predeterminadas) podem ser usadas para incentivar o executante a saltar mais.
   - Marcações no chão com orientações sobre o pé de apoio em cada passo são válidas apenas nesse momento da aprendizagem e se o aprendiz apresentar dificuldade.
2. Preparação do ataque e ataque simulado:
   - Interrompe-se então a sequência desenvolvida até aqui para dar início ao ataque à bola.
   - A corrida, a frenagem e o salto trabalhados anteriormente serão incluídos e associados à preparação somente após o aprendiz assimilar os gestos de preparação do ataque.

- O processo continua sem o uso de bola ou rede, visando inicialmente à preparação do ataque. Bolas de tênis ou mesmo de papel servirão a essa etapa a ser realizada em duplas.
- Sem saltar, o aluno-atleta lança a bola de tênis contra o chão, a uns 5 metros de si, para o companheiro.
- Enfatizar todos os detalhes do movimento, orientando os alunos a lançar a bola de tênis mantendo os dois pés afastados na largura dos ombros e paralelos entre si, após realizar toda a preparação de tronco e braços.
- Voltamos então à etapa 1. O aprendiz segura a bola de tênis na mão enquanto executa toda a movimentação anteriormente aprendida e finaliza o movimento lançando a bola contra o chão na direção do companheiro.
- As correções pontuais em relação à queda já devem ser observadas a partir desse momento.
- Uma corda elástica no sentido longitudinal da quadra (ou a própria rede), deixada em uma altura aproximada à média de estatura do grupo, é inserida entre os componentes da dupla. O técnico orienta sobre a distância a ser respeitada, tanto para o início da corrida quanto para o salto.
- Nesse momento, deve-se fornecer ao aprendiz todas as informações relativas à participação do tronco e à biomecânica dos braços, tanto o de equilíbrio quanto o de ataque.

3. Associação das etapas anteriores com inclusão do tempo de bola:
   - Volta-se a utilizar a quadra toda (sem a rede) e a bola é finalmente incluída.
   - A primeira etapa do processo (vivência do tempo de bola) é retomada, agora com a adequação ao movimento da cortada. O aprendiz lança a bola para o alto e executa o movimento completo (passada, preparação do salto, salto e preparação do ataque), sem ainda atacar, apenas procurando segurá-la no ponto mais alto.
   - Incrementar com lançamentos de companheiros e do treinador, oferecendo variações como: bola chega ao lado do executante, do outro lado, à frente, mais baixo, mais alto, com a bola batendo antes no chão, rasante, etc. O objetivo é que o aprendiz se adapte às diferentes situações e consiga sempre segurar a bola no ponto de alcance máximo, depois de preparar o ataque.
   - Pode-se promover exercícios junto à rede, apenas para dar noção espacial ao aprendiz.

4. Ataque:
   - O processo é novamente interrompido, para promover o encaixe correto da mão na bola.
   - Em duplas, um de frente para o outro, ou individualmente, diante de uma parede, o executante tem a bola nas mãos e lança-a para o ataque subsequente, sem saltar. É importante que a altura do lançamento permita a preparação adequada do ataque. O uso da parede é interessante, pois oferece a repetição sistemática do gesto.
   - Como o aprendiz não apresenta uniformidade e constância de movimento, não deve atacar repetidamente, mas sempre segurar a bola nas mãos antes de realizar o gesto proposto.
   - O professor-treinador deve estar atento a desvios recorrentes, como braço flexionado no ataque, ausência da elevação do braço de equilíbrio, postura equivocada, etc.
   - A partir daí, os exercícios devem promover variações como atacar contra a parede seguidamente, exercícios em duplas (um lança para o outro e este ataca de volta para o companheiro ou contra uma parede à frente dele ou ao seu lado), com a rede mais baixa (de modo que o executante não precise saltar para atacar a bola para a quadra contrária), etc.

5. Gesto completo:
   - Na sequência, o movimento da cortada é realizado em sua totalidade. No entanto, inicialmente, a bola a ser atacada não é levantada, mas segurada pelo técnico, sobre uma mesa, próxima à rede, na altura ideal de alcance do executante, eliminando o fator tempo de bola.
   - O professor-treinador passa então, ainda de sobre a mesa, a lançar a bola, aumentando gradativamente a altura do lançamento, permitindo que o aprendiz ataque-a sem precisar se preocupar em acertar o tempo de bola. Ele apenas busca realizar toda a cadeia de movimentos com fluidez, coordenação e potência.
   - Idem, com o lançamento sendo realizado do chão e a rede ainda baixa. Cuide para que o lançamento permita o ataque com o braço completamente estendido.
   - Quando o padrão estiver fixado, retorna-se à formação em duplas no sentido longitudinal da quadra e sem a utilização da rede. O aluno-atleta realiza o lançamento para si próprio, coordena tempo de bola e de movimentos e faz o ataque. O lançamento deve ser alto o suficiente para que todos os movimentos que compõem a cortada como um todo possam ser realizados apropriadamente.
   - Ainda em duplas, o companheiro lança para a execução da cortada do outro, dando tempo suficiente para que todos os movimentos sejam realizados. A posição do lançamento deve variar, para que o executante receba a bola inicialmente pela frente e, depois, pelos lados.
   - Incluir a rede, com lançamentos gradativamente mais altos, realizados agora pelo treinador. Procure fazer que o aluno-atleta receba a bola vindo sempre de sua direita (ou da esquerda, para os canhotos).
   - A mesma organização, porém com alternância da altura dos lançamentos, para que o aluno-atleta se adapte aos diferentes levantamentos.
   - Variar então o local de onde parte o lançamento, utilizando regiões mais distantes da rede.
   - Por fim, variar os lados de que se lança a bola.

Educativos e formativos:

- A cortada é o fundamento que mais exige a aplicação de exercícios educativos para que se chegue ao padrão motor ideal.
- Constantemente o professor-treinador precisa isolar movimentos e promover a prática de correções. No entanto, é fundamental que a análise do técnico seja precisa, pois ele está sujeito a equívocos de observação e o problema persiste, mesmo após a prescrição de vários educativos.
- Como as fases de execução são associadas, o erro que salta aos olhos em uma determinada etapa nem sempre está relacionado a ela, podendo ter origem na(s) anterior(es).
- Por exemplo, um executante que ataca a bola com o punho pode não apresentar um problema isoladamente de encaixe. O erro pode estar no tempo de salto ou na preparação do ataque – para ficar somente em um exemplo e em apenas duas possibilidades.
- Experiência e busca por conhecimento e intercâmbio ajudam o professor-treinador a se tornar um observador mais perspicaz.
- Vários também são os formativos aplicados durante o processo de aprendizagem da cortada, já que é um gesto que associa a potência de salto à de ataque e que também depende de grupos musculares antagônicos para que o padrão motor da habilidade seja alcançado e potencializado.

Automatização:

- O gesto motor da cortada vai se fixar somente a partir da execução do movimento completo. Exercícios de paredão, ataques sobre plintos, etc. valem somente como educativos. A automatização virá com a repe-

tição da cortada junto à rede e a partir de levantamentos.
- Os levantamentos, estes sim, podem ser adaptados. Lançamentos do professor-treinador podem dar regularidade ao movimento do cortador e levar a uma fixação mais rápida.

Associação com os fundamentos já aprendidos e aplicação à dinâmica de jogo:

- A cortada deve ser inserida nos exercícios de quadra que contenham a recepção e o levantamento antecedendo-a.
- Vale lembrar, no entanto, que, quanto mais se dificulta a realização dos fundamentos anteriores, menos se consegue dar condições para que a cortada seja realizada com qualidade.
- Por essa razão, convém incluir primeiro o levantamento junto à rede, a partir do lançamento daquele que vai atacar para o levantador, com o mínimo de fatores dificultantes.
- Depois, incluir o passe de bolas fáceis lançadas pelo professor-treinador a um passador colocado de frente para o levantador.
- Cabe ao professor-treinador facilitar a realização da recepção e do levantamento quando o grupo se encontra em um estágio elementar do aperfeiçoamento dessas habilidades, para que a associação dos fundamentos seja proveitosa.
- O tipo de levantamento mais adequado para esse estágio do processo de ensino-aprendizagem é o alto, pois o executante terá como analisar o levantamento e desenvolver com mais segurança o controle dos próprios movimentos. Em outras palavras, caberá a ele corrigir o encadeamento motor da habilidade para executá-la corretamente, dependendo menos da ação alheia.
- Gradativamente, as dificuldades são incluídas: recepções a partir de saques normais (pode-se começar pelo saque por baixo); defesas; recepções e defesas do próprio executante da cortada subsequente; etc.

- A aplicação da cortada aos jogos é imediata, porém a quantidade de erros pode prejudicar o andamento dos coletivos. Nesse caso, é possível proibir a definição do ponto na primeira ação de ataque, possibilitando o controle do gesto, ralis mais longos e a execução de outras cortadas.

ERROS COMUNS NA EXECUÇÃO DA CORTADA E CORREÇÕES SUGERIDAS

1. Posição básica inadequada.
   Correção sugerida: a postura desatenta enquanto o passe e o levantamento são realizados leva o executante a se atrasar para o deslocamento de ataque e, ao final, descoordenar a transição da corrida para o breque e dos outros encadeamentos. A análise das situações que antecedem o ataque permite adaptações de movimento importantes para o resultado técnico da cortada. Variar a altura e velocidade do passe e do levantamento nos exercícios de aplicação exige postura adequada e atenção, sem as quais a fluência do movimento fica prejudicada.

2. Análise deficiente do levantamento (tempo de bola) e consequente equívoco na coordenação das passadas.
   Correção sugerida: a orientação visual-motora do aprendiz deve ser ricamente estimulada nas CI com exercícios e tarefas que englobem formas variadas das habilidades básicas de lançar, saltar, recuperar e rebater. A vivência de experiências desse tipo facilita a aprendizagem futura da cortada e minimiza os efeitos desse desvio em especial. O aluno-atleta que não desenvolve adequadamente o tempo de bola apresenta inúmeras incorreções já no deslocamento: ora inicia antes sua movimentação para o local do ataque, ora espera em demasia; ora interrompe as passadas, ora acelera, dá passos para trás, tentando ajustar-se ao levantamento; etc. Filmagens individuais podem servir à análise global da ação vinculada às ações anteriores. O *feedback* externo, com o

professor-treinador orientando o aluno-atleta quanto ao momento de saída e ao ritmo das passadas, também auxilia.
3. Descoordenação de passadas.
Correção sugerida: o atacante deve esperar o levantamento atingir o ponto mais alto de sua trajetória para iniciar o deslocamento em direção ao local onde realizará o ataque. Não se deve prever, ao menos nos levantamentos altos característicos da fase de aprendizagem, aonde ele irá. Às vezes esse desvio está relacionado ao tempo de bola, outras, não. Retornar momentaneamente aos lançamentos baixos do professor, sem que o aluno-atleta precise analisar o levantamento, ajuda na automatização do ritmo da passada.
4. Breque insuficiente para potencializar o salto ou realizado com a metade anterior da sola dos pés.
Correção sugerida: o breque é fundamental para transferir a velocidade horizontal da corrida para o salto vertical. Para que isso ocorra da forma mais eficaz possível, é necessário que ele seja imediato e em mata-borrão, com o calcanhar tocando o solo primeiro, seguido pela planta do pé e terminando com a ponta dos pés. Além de diminuir o poder de salto, esse desvio provoca constantes invasões à quadra contrária – pois não freia o deslocamento horizontal do corpo –, aumentando também o risco de contusões não apenas do atacante, mas também de um eventual bloqueador. Fazer que o aluno-atleta realize o deslocamento e, em vez de saltar, apoie apenas os calcanhares no chão, interrompendo o movimento seriado, ajuda na conscientização da dinâmica da frenagem. Idem, com o salto não podendo ser para a frente, apenas para cima. Gradativamente, volta-se ao salto normal.
5. Membros superiores não auxiliam no salto.
Correção sugerida: na ansiedade de alcançar a bola, o iniciante leva o braço de ataque estendido em direção a ela, sem antes preocupar-se com o ganho de altura do salto. Para que o aprendiz perceba a importância da utilização dos braços nesse momento, peça a ele que apenas gire os braços com vigor, elevando-os para o alto, sem flexionar e estender os joelhos. Ele perceberá que o corpo sai um pouco do chão e deduzirá o quanto eles podem ajudar no aumento do alcance de seu salto. Porém, essa simples constatação não levará à correção do movimento, que necessitará de educativos pontuais, como isolar o salto (sem corrida prévia e repetição do movimento correto), fazendo que o aluno-atleta ataque uma série de bolas apenas saltando no mesmo lugar e utilizando corretamente os braços. No entanto, apenas a seriação do movimento trará a certeza da correção, pois as etapas são interdependentes.
6. O braço de equilíbrio não aponta para a bola durante a fase aérea.
Correção sugerida: fazendo uma analogia com a natação, o braço que não ataca a bola tem, na cortada, a mesma importância, no nado *crawl*, do que permanece estendido à frente enquanto o outro se flexiona acima da água para que o nadador respire. Em ambos os casos, dar equilíbrio ao corpo é sua principal função. Recomenda-se orientar o iniciante a apontar a bola com o outro braço até que o de ataque seja conduzido com vigor a ela. Atacar com as duas mãos ou permanecer com o braço contrário elevado ajuda na consciência de sua importância; no entanto, convém lembrar o aluno-atleta que se trata apenas de um educativo.
7. O braço de ataque não se prepara adequadamente (mantém-se estendido ou flexiona-se à frente do ombro).
Correção sugerida: a ansiedade também prejudica esse momento da cortada. À medida que o executante se habitua ao fundamento, vai aumentando a angulação do braço de ataque para trás do ombro, a fim de imprimir mais potência ao golpe. Porém, se mesmo com o tempo de prática o desvio persistir, exercícios com lançamento de bolas de tênis ou de handebol – incluindo-se o salto – e o uso de elásticos são eficientes.

8. O tronco permanece ereto, não se estendendo em arco na preparação para o ataque.
   Correção sugerida: a potência da cortada é conseguida por uma associação de alavancas. O tronco é responsável por uma delas, e a projeção do quadril à frente é o princípio para que ele seja utilizado no movimento. Ataques com a rede mais baixa levam o aprendiz a utilizá-lo com mais intensidade e a transferir o movimento para a ação mais próxima do real.
9. O ataque à bola é feito com o punho ou com os dedos (falta de encaixe).
   Correção sugerida: o golpe deve ser dado a partir da metade posterior da bola, com a palma da mão flexionando-se sobre ela e com a ajuda de todos os dedos que a tocam, imprimindo-lhe rotação. É importante que o professor-treinador verifique a razão desse desvio, para não tratar um problema decorrente de uma fase sendo ele oriundo de outra. A falta de encaixe pode ser proveniente de: 1. falta de velocidade do braço de ataque; 2. lentidão na preparação do ataque (salto, tronco e braços); 3. baixa coordenação visual-motora; ou 4. rigidez da articulação de punho. No primeiro caso, o tratamento deve visar à aceleração do movimento de braço (levantamentos mais baixos são recomendados); no segundo, não adianta isolar o movimento, pois é o conjunto que precisa ser aprimorado; a coordenação visual-motora melhora com vivências múltiplas (levantamentos diversos, corridas variadas, etc.); e a rigidez de punho pode ser solucionada com exercícios de repetição na parede, atacando-se a bola para o chão, recomendando-se que haja um relativo relaxamento da articulação – equivocadamente, alguns pensam que a força do golpe vem da contração do punho.
10. Batida é sempre para baixo, não ultrapassando rede ou bloqueio.
    Correção sugerida: um dos motivos mais comuns para esse erro é manter-se longe da bola (em geral por causa de um salto que não projeta o corpo em direção a ela). Se o atacante não projetar o corpo para a bola e o quadril para a frente, a bola ficará longe de seu alcance e a batida será inevitavelmente para baixo. Lançamentos mais afastados do atacante que o obriguem a ir em direção à bola levam-no a saltar de modo mais horizontal do que ele provavelmente vinha fazendo. O desvio pode ocorrer também por vontade do aluno-atleta de "cravar" a bola (fazê-la passar muito próxima à rede e alcançar regiões próximas a ela na quadra contrária). Nesse caso, colocar alvos próximos à linha de fundo ou aumentar a altura da rede surte efeito.
11. A batida é para cima e com rotação inversa à ideal ("avião").
    Correção sugerida: ver recomendações do item 9.
12. Não utiliza potencialmente o punho.
    Correção sugerida: ver recomendações do item 9 para correção técnica. O fortalecimento da articulação de punho e músculos envolvidos em sua fixação pode melhorar a firmeza no contato com a bola e tornar o ataque mais potente. Exercícios de preensão de bolas pequenas de borracha ou de extensão e flexão anteroposterior e lateral dessa articulação, além de movimentos de rotação, com uso de elásticos ou halteres, também são indicados.
13. O atacante toca a rede com a mão ou o braço de ataque.
    Correção sugerida: tocar a rede com o braço de ataque é comum até que o executante adquira mais recursos para corrigir levantamentos colados a ela. O aprendiz deve recolher o braço junto ao corpo, trazendo-o semiflexionado sobre o tórax, e não estendido à frente. O levantamento deve ser entre 30 cm e 1 metro distante da rede. Convém também analisar se esse desvio não é proveniente de um salto excessivamente horizontal (ver o item 4).
14. O movimento de braço é interrompido após o contato com a bola.
    Correção sugerida: a finalização de qualquer movimento é que dá precisão à ação. Um ataque interrompido (como se fosse uma chicotada) perde precisão e o encaixe fica

prejudicado, além de, em longo prazo, provocar lesões em tendões e ligamentos de ombro, cotovelo e até coluna. Observações do professor-treinador e cobranças individuais desde o aquecimento podem alterar o padrão equivocado. Sequências de ataques mais fracos ajudam a conscientizar sobre o movimento naturalmente contínuo.

15. Queda desequilibrada e/ou sem amortecimento.

Correção sugerida: esse erro ocorre normalmente quando o salto se dá muito próximo à rede ou tem uma trajetória horizontal muito acentuada (ver o item 4). A distância da corrida também pode ser a causa desse desvio, pois corridas muito longas provocam saltos longe da bola e consequentes desequilíbrios. Provavelmente, a correção de um desses equívocos resolverá o problema. Recomenda-se também o educativo de encostar as mãos no chão após o amortecimento da queda ou permanecer na posição final da aterrissagem até que o professor-treinador confira a correção do movimento.

16. O atacante não se prepara para a sequência do jogo.

Correção sugerida: após uma cortada que não define o ponto, o atacante precisa se preparar para o contra-ataque, bloqueio ou defesa. O retorno para a nova ação deve ser imediato e rápido. Não se deve permitir que o executante fique observando o desfecho da jogada. Exercícios em que o atacante tem sempre uma função a realizar na sequência ajudam.

Considerações extras ou de reforço

- A dinâmica da passada e o tempo de bola devem ser priorizados na primeira etapa da aprendizagem do fundamento. O encaixe na bola e demais componentes do gesto técnico serão mais facilmente assimilados se o aprendiz desenvolver anteriormente uma apurada percepção em relação a tempo e espaço e a coordenação da impulsão nos dois pés.
- As passadas devem ser aceleradas gradativamente, com as primeiras ajustando-se ao tempo de bola e as últimas conferindo velocidade para ganho de impulsão.
- Ocorrem variações do padrão da passada (uma a mais ou a menos, alteração do ritmo, afastamento dos pés na frenagem, etc.) em consequência de adaptações circunstanciais ou individuais, porém o padrão técnico deve considerar os três passos descritos.
- A passada para os canhotos deve ser ensinada na ordem inversa à dos destros, ou seja, primeiro passo com a perna direita, depois com a esquerda e, por fim, com a direita.
- A distância a ser guardada pelo atacante em relação à rede para o posicionamento inicial deve respeitar as individualidades, sem, porém, comprometer o salto. Executantes que se colocam muito distantes da rede geralmente saltam muito para a frente, perdendo altura de alcance, entrando embaixo da bola e/ou lançando-se à quadra contrária. Em contrapartida, os que não se afastam suficientemente têm a impulsão prejudicada e não conseguem corrigir o salto para levantamentos que ficam um pouco distantes da rede.
- O salto da cortada é predominantemente vertical, porém possui um componente horizontal importantíssimo para a realização da ação motora com eficiência. A frenagem do deslocamento deve ser vigorosa – e em mata-borrão iniciado pelos calcanhares –, para permitir o máximo ganho de impulsão vertical; no entanto, não deve eliminar totalmente a horizontalidade gerada pela corrida.
- Esse componente horizontal do salto da cortada tem a função de lançar o atacante ao encontro da bola. Dessa forma, o executante tem maior domínio sobre ela, evitando que chegue ao seu corpo com apenas um único ponto para ser alcançada. Quando o executante projeta-se para a bola, tem mais possibilidades de dirigi-la a outras regiões, além de imprimir mais força e precisão ao gesto.

- Nos ataques de fundo, o salto ganha um componente horizontal maior e o breque não deve neutralizar tanto o efeito da corrida, permitindo que o atacante alcance a bola dentro da zona de ataque, em uma distância ideal que guarda relação com a individualidade do aluno-atleta, mas também com a necessidade de alcance máximo nessas circunstâncias.
- O executante deve ter a bola sempre à frente do corpo antes do ataque, posicionando-se de maneira que ela não chegue paralelamente a seus ombros. Isso é possível com o correto posicionamento dos pés no momento da impulsão, o giro de tronco e a projeção do ombro de ataque para trás, na preparação da cortada.
- A adaptação dos destros para a chegada da bola quando estão nas posições à direita da quadra (1 e 2) e dos canhotos, à esquerda (4 e 5), dá-se com o giro de corpo, após a decolagem, de forma a ficar ligeiramente de frente para ela.
- O aprendiz deve evitar, no momento da preparação do ataque, projetar o cotovelo do braço de ataque à frente do ombro. Além de diminuir a potência de ataque, isso agrava o risco de lesões crônicas da articulação.
- A melhor referência para a preparação do braço de ataque, guardadas as diferenças lógicas de especificidade, é o lançamento do dardo no atletismo. Seguindo esse modelo, o cotovelo não pode se projetar para a frente, nem o braço flexionar-se completamente antes de desferir o golpe à bola.
- Os atacantes devem buscar a quadra contrária sempre a partir do ponto mais alto de alcance. Devem ser coibidas iniciativas que buscam a espetacularidade da "cravada". O executante jovem chega a pedir ao levantador que cole o levantamento à rede, para fazer que a bola passe rente a ela, muitas vezes atacando-a de alturas menores que a ideal. Com isso, o movimento e o tempo de bola tornam-se habituais, aumentando a chance do bloqueio adversário e limitando as possibilidades futuras do aluno-atleta.

- Para os destros, o posicionamento para iniciar o deslocamento para o ataque da posição 4 deve ser fora da quadra (cerca de 1,5 metro) na direção da linha de ataque e diagonalmente à rede; o salto deve projetar o atacante para dentro da quadra, na direção da bola. Quando na posição 2, ele deve ficar praticamente sobre a linha lateral para iniciar as passadas (Figura 2).
- Para os canhotos, as orientações são inversas: saída de fora da quadra na posição 2 e sobre a linha lateral na posição 4.
- Tanto para destros quanto para canhotos, a saída para o ataque da posição 1 é de dentro da quadra, no máximo sobre a linha lateral, para que a possibilidade de ataque para a paralela não fique prejudicada.
- Em alguns casos, quando o passe ruim levar à necessidade de um levantamento alto e de regiões distantes da rede, convém que o atacante de fundo saia de fora da quadra, independentemente das considerações feitas, para ganhar mais impulsão, ter a bola sob seu controle e ter mais campo para atacá-la com força para a diagonal longa. O mesmo acontece com os atacantes das extremidades da rede.
- Raramente o atacante consegue posicionar-se com tranquilidade e antecipadamente, precisando deslocar-se para essa região após realizar uma ação de jogo – recepção, defesa, bloqueio. Sendo assim, as movimentações específicas tornam-se fundamentais para o posicionamento apropriado e no tempo devido.

Figura 2 Posicionamento em quadra para cortada.

Capítulo 10

China

Apesar de ser um gesto de ataque e uma variação da cortada tradicional, possui características exclusivas. Antecedida por uma corrida oblíqua à rede e realizada atrás do levantador, o salto em um pé projeta o executante para a frente e para cima, na direção da antena à sua direita. Requer alta sincronia entre atacante e levantador.

DESCRIÇÃO

A execução da china divide-se em:

1. Posição básica:
   - O executante deve manter a posição básica alta, enquanto analisa os vários fatores que possam influir no levantamento (qualidade da recepção, local em que o levantador realizará sua ação, etc.).
   - A posição básica, no entanto, não é mantida por muito tempo, pois o deslocamento da china se antecipa ao levantamento.
   - Por essa razão, parte dessa análise é mantida durante o deslocamento, para que se promovam alguns ajustes de desaceleração ou sobretudo aceleração.
2. Deslocamento (ou passada, ou corrida):
   - O executante inicia o deslocamento pausadamente, acompanhando o passe, de forma a realizar o terceiro e último passo (o da impulsão) em geral quando a bola estiver nas mãos do levantador.
   - Deve deslocar-se de modo ritmado para a região onde será realizado o ataque, seguindo em direção à antena à sua direita (não há mudanças de direção, o deslocamento é reto, diagonalmente à rede).
   - A ordem das três passadas é a seguinte: pé esquerdo, direito e esquerdo, sendo a última – a de ajuste – mais rápida e ampla.
3. Preparação para o salto:
   - A última passada é a do próprio salto, realizado somente com a perna esquerda, em projeção vertical e horizontal, em direção à antena.
   - O pé de apoio inicia com o calcanhar seu contato com o solo e promove o movimento de "mata-borrão" característico do salto.
   - Os membros superiores são estendidos o máximo possível para trás do corpo (assim como na cortada normal), para auxiliar no ganho de impulsão.
   - Não é raro que, em razão da velocidade desse tipo de ataque, o braço direito não seja levado completamente estendido para trás do corpo nessa etapa do movimento, pois ele precisará ser armado rapidamente.

Figura 1   China (de frente).

- Nesse momento, o atacante deve estar atento à bola e às ações do levantador, para promover pequenos e necessários ajustes de tempo e projeção de salto.
4. Salto:
   - Os braços são levados estendidos para a frente e para o alto em rotação de ombros.
   - Ao mesmo tempo, ocorre a elevação do joelho direito acima do quadril, o que auxiliará na impulsão e equilíbrio do corpo.
   - O executante promove uma rotação de tronco em direção ao levantador, a fim de deixar o corpo de frente para a bola.
   - Todo o corpo se estende para cima, buscando o alcance máximo.
   - A horizontalidade do salto levará o atacante em direção à antena.
5. Preparação para o ataque:
   - Por se tratar de um movimento muito rápido, a fase final da china envolve várias ações simultâneas. Sendo assim, o salto e a preparação do ataque ocorrem concomitantemente.
   - Na rotação de tronco, que ocorre durante o salto, o braço de ataque é levado para trás do corpo por sobre o ombro, que também se projeta para trás (o braço forma um ângulo de aproximadamente 90° com o antebraço).
   - O outro braço continua elevado à frente, apontando para a bola, dando equilíbrio ao corpo.
   - A preparação para o ataque da china é mais rápida que a da cortada normal, em razão da velocidade com que a bola chega ao atacante. Por isso, é fundamental que ele ocorra imediatamente após a decolagem.
   - No alto, o atacante já estará posicionado de frente para a bola, que está indo em sua direção e com o braço de ataque preparado.
6. Ataque:
   - À medida que a bola chega ao atacante, ele começa a ficar de frente para a quadra contrária e o tronco a se flexionar e girar para o ataque.
   - O braço de ataque é trazido à frente até atingir a extensão e o alcance máximos no contato com a bola, ao mesmo tempo em que o outro braço desce e se flexiona à frente do corpo.
   - O joelho, que se projetará para o alto, vai descendo, simultaneamente à realização do ataque.

- O tronco flexiona-se sobre a bola, aproveitando o movimento de rotação para finalizar o movimento com vigor.
- O contato com a bola deve ser feito à frente do corpo e no máximo alcance possível, com a palma da mão e todos os dedos.
- O punho dá rotação à bola ao se flexionar sobre ela.
- Após o ataque, toda essa cadeia de movimentos sincronizados não deve ser interrompida bruscamente, mas finalizada naturalmente.

7. Queda:
   - A queda deve acontecer sobre as duas pernas, com os membros inferiores e o tronco flexionando-se, dando ao corpo o amortecimento devido e impedindo que o jogador invada a quadra contrária ou se choque contra o poste.
   - Na china, nem sempre é possível cair com os dois pés simultaneamente. Nesse caso, a queda em um pé só deve ser equilibrada, no sentido do salto, com o executante mantendo o joelho da perna de apoio alinhado (sem movimentos de rotação). A queda deve ser seguida por uma nova passada, tornando natural o amortecimento.
   - Deve-se educar o aprendiz a não aterrissar, de forma alguma, de lado, para evitar danos a joelhos e tornozelos.

8. Retorno à situação de jogo:
   - Depende do resultado do ataque, o executante interrompe a ação, retorna para um contra-ataque ou prepara-se para bloquear ou defender.
   - Como o desequilíbrio da queda normalmente conduz o atacante para fora da quadra, o retorno precisa ser rápido.
   - Não é raro o atacante precisar ficar na posição 2, caso seu ataque não tenha ido ao chão, e ali atuar durante o rali.

APRENDIZAGEM

Muito usada em equipes femininas, pode ser aplicada com eficiência em categorias menores masculinas. Deve ser ensinada após o aperfeiçoamento da cortada normal e pouco é transferido da aprendizagem desta àquela em termos motores. Possui variações em relação à região da rede em que é realizada.

A china tem poucas semelhanças com o padrão motor da cortada. Portanto, é necessário que se aplique um processo pedagógico minucioso, mesmo sendo o aprendizado desse tipo de ataque menos complexo que o da cortada normal. A maior vantagem é que o salto em apenas um dos pés é uma habilidade mais natural e requer, portanto, menos tempo de adaptação por parte dos alunos-atletas.

Apresentação:

- Cuidado com a escolha do modelo para apresentar a china. O deslocamento em diagonal, em direção à antena, deve ser o escolhido como referência visual ao aprendiz. Descarte fintas individuais que desvirtuem a continuidade do gesto como um todo.

Importância do correto aprendizado e da utilização em jogo:

- Não é difícil conscientizar o aprendiz da importância de se aprender a nova forma de ataque, sobretudo entre as mulheres. A eficiência da china pode ser facilmente encontrada em lances que revertem em pontos diretos para o atacante. Atualmente, ela é uma arma ofensiva de segurança e largamente utilizada até mesmo em contra-ataques.
- Edite uma sequência dessas situações, com ataques positivos para a diagonal, paralela e explorando o bloqueio.

Experimentação:

- Nessa etapa, o professor-treinador deve lançar bolas de trajetória não tão rasante para que os aprendizes tentem atacá-la. O técnico é que dá o tempo de bola ao atacante, eliminando o máximo possível a interferência

da orientação espaço-temporal do executante para o sucesso da ação.
- Por conta da transferência de habilidades de outros esportes (basquete e handebol), é possível que alguns alunos adquiram algo muito próximo do padrão motor ideal já na livre experimentação, ao menos no que se refere ao deslocamento e salto.

Sequência pedagógica:

- Inicia-se o processo visando à aprendizagem das passadas. Primeiro, o aprendiz as realizará livremente pela quadra, buscando ritmo e amplitude.
- Com uma bola que ele consiga segurar firmemente, o aprendiz faz a bandeja (movimento de arremesso do basquete) nas tabelas disponíveis na quadra.
- Utilizando a quadra poliesportiva, os aprendizes lançam uma bola de handebol ou de tênis ao gol após realizar a passada.
- Utilizando agora a rede como referência e sem bola, o aluno-atleta sai da posição 4 em direção ao meio da rede (em diagonal), retorna à posição 3 (sobre a linha de ataque) de costas e realiza novo deslocamento agora em direção à antena, na posição 2 (Figura 2).
- Idem, o aluno-atleta realiza as mesmas movimentações, agora com a bola de tênis ou handebol nas mãos, e lança-a para a outra quadra quando saltar pela segunda vez.
- O professor-treinador lança bolas a meia altura (coordenando a passada do aluno-atleta ao lançamento) para a posição 2, que serão interceptadas pelo atacante, segurando-a com a mão de ataque e com o braço estendido.
- Idem, empurrando-a com a palma da mão para a quadra contrária.
- Idem, atacando-a.
- Gradativamente, de acordo com a adaptação do aprendiz à nova movimentação, o técnico deixa a trajetória do lançamento mais tensa, até chegar ao padrão de levantamento da china.
- Pode-se permitir que o deslocamento seja mais de frente para a rede, com o executante saindo entre as posições 2 e 3, até que ele se acostume com as passadas. Porém, antes que se dê a automatização, ele já deve realizar o deslocamento a partir do local apropriado.
- Incluir o levantamento, com o passe nas mãos do levantador. Inicialmente, permitir que ele seja mais lento, até que ambos se sincronizem. Dê preferência por lançar da posição 4, facilitando a ação do levantador e a visualização do atacante.
- Gradativamente, aumentar a tensão do levantamento, até chegar ao próprio da china.

Educativos e formativos:

- Bolas de tênis podem servir como elementos para corrigir a passada, a preparação e a finalização do movimento, porém não são suficientes para a assimilação do movimento como um todo. A realização integral exige mais elementos relacionados ao tempo de bola.
- Dificuldades com o tempo de bola podem ser sanadas com a desaceleração do levantamento, retornando a bolas mais lentas, como nas primeiras tentativas da sequência pedagógica.
- Exercícios formativos podem potencializar a força de salto, a alavancagem de braço e a potência da musculatura abdominal.

Aplicação:

- Tão logo o aluno-atleta consiga desenvolver a china em condições de equilíbrio, ela pode ser aplicada ao jogo. Todavia, qualquer des-

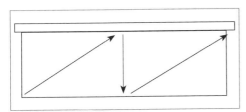

Figura 2 Esquema do deslocamento do aluno-atleta para realizar a china.

vio que possa colocar em risco a integridade física do executante ou dos bloqueadores do outro lado adia sua inclusão.

- Em um primeiro momento, durante a aprendizagem e aplicação em situações de jogo, a velocidade do levantamento pode ser diminuída, para que o atacante adapte-se ao tempo de bola, salto e preparação do movimento de ataque.
- Lembre-se de que a aplicação desse fundamento está diretamente ligada à capacidade dos levantadores em realizar os levantamentos tensos, precisos e coordenados com a movimentação dos atacantes. Sem isso, por mais que o grupo consiga atacar com desenvoltura, não será possível inclui-la na tática ofensiva da equipe.

ERROS MAIS COMUNS E CORREÇÕES SUGERIDAS

1. O atacante inicia a corrida tardiamente.
Correção sugerida: é uma jogada de altíssima velocidade e sincronia entre levantador e atacante e exige que as passadas antecedam o levantamento. O salto deve ocorrer no momento em que a bola estiver nas mãos do levantador (em equipes adiantadas, esse tempo pode ser até mais rápido). Não permita que o levantador queira corrigir esse desvio do atacante e acabe por desacelerar o levantamento. As consequências para a tática coletiva são prejudiciais, já que a china é uma bola de velocidade e deve prender ao menos um bloqueador com o atacante. Retorne a lançamentos no lugar dos levantamentos, dando-lhes altura suficiente para que o atacante se preocupe apenas com a coordenação de passadas e salto. Depois alterne um lançamento e uma situação mais aproximada do real, com passe e levantamento na velocidade devida. Caso a hesitação do executante esteja relacionada à deficiência na análise dos momentos que antecedem a chegada da bola às mãos do levantador, promova passes de várias regiões da quadra e com diferentes velocidades e alturas, para que o executante possa acertar o tempo correto de deslocamento, de acordo com as circunstâncias. Impor ao levantador que o atacante só receberá a bola se adiantar o tempo de sua corrida ajuda a motivar o aprendiz a tomar a iniciativa da autocorreção.

2. Corrida descoordenada.
Correção sugerida: a trajetória do atacante não deve ser interrompida. A saída no tempo exato levará à aceleração gradativa do executante até que a bola lhe chegue à mão, quando ele já estiver no alto. No início do processo de aprendizagem é comum o atacante replicar o deslocamento para ou acertar o tempo de corrida com o levantamento ou por desconfiar que o levantamento não chegará no tempo correto. Exija que ele não interrompa nem desacelere o movimento. O professor-treinador lançando bolas de um ponto mais próximo à antena ajuda na manutenção da velocidade; no entanto, é importante retornar à aplicação da dinâmica com passe e levantamento.

3. Corrida paralela à rede.
Correção sugerida: quando a china foi introduzida, a corrida do atacante era quase paralela à rede, com o intuito também de fintar os bloqueadores. Com o tempo, percebeu-se que a chegada da bola às costas do executante o impedia de ter angulação variada de ataque. A corrida em direção à antena permite visualizar melhor o bloqueio adversário, receber a bola à frente do corpo e atacá-la com potência para qualquer região da quadra. O uso de um ou dois cones ou uma linha traçada no solo determinando a direção da corrida pode servir como orientação ao executante, para a correção desse desvio.

4. Não há transferência da corrida para o salto horizontal.
Correção sugerida: ao contrário da cortada normal, a china tem um componente horizontal de salto muito acentuado, por isso o último contato com o solo deve ser dentro da quadra e longe da rede – cerca de 2 metros

da interseção das linhas lateral e central. Marcações no chão também podem orientar o aluno-atleta para o local do salto, desde que a bola seja levantada para um ponto além, obrigando-o a se projetar horizontalmente, sem, no entanto, perder o alcance. Todavia, esse erro pode decorrer do ajuste do executante ao levantamento inapropriado. A facilitação por meio de um levantamento mais alto e lento é contraproducente para esse desvio. Uma referência válida para a conscientização tanto do atacante quanto do levantador em relação à tensão característica do levantamento da china é deixar que o levantamento não seja interceptado: se ele for adequado, a bola passará por antena e poste e cairá a vários metros da linha lateral.

5. O salto é preponderantemente horizontal.
Correção sugerida: utilize a marcação sugerida anteriormente para o local correto da impulsão e estabeleça também outra para a queda, condicionando-o a não extrapolar na horizontalidade do salto e cair equilibradamente sobre a segunda marca. Essa projeção pode ter origem também na saída atrasada ou descoordenada (consulte os itens 1 e 2). Elevar a altura da rede ajuda a corrigir esse desvio, assim como uma eventual não extensão do braço de ataque.

6. O giro de corpo não ocorre no tempo certo.
Correção sugerida: o giro de corpo para receber a bola de frente acontece simultaneamente ao salto, de forma natural. A projeção do joelho para cima auxilia esse movimento. Exercícios de lançamento de bolas menores pelo próprio atacante, desde que realizados com potência e velocidade, ajudam na correção desse desvio. A velocidade necessária ao movimento pode requerer exercícios formativos para a cadeia muscular responsável por esse movimento, sobretudo da musculatura do core.

7. O braço de ataque já vai pronto (estendido) durante a corrida.
Correção sugerida: o braço deve se preparar como na cortada normal, por trás do ombro, flexionado em 90°, mesmo tendo um tempo menor de permanência nessa posição. Exercícios combinados que visem ao ganho de velocidade e qualidade motora podem ser aplicados, por exemplo, com o lançamento de bolas de 1 kg lançadas com rapidez, após o giro de tronco.

8. O joelho direito não se eleva para auxiliar o salto e o giro de corpo.
Correção sugerida: a elevação do joelho direito tem dupla função e pode originar outros desvios nas etapas subsequentes. Esse problema deve ser corrigido no início da sequência pedagógica, quando são realizados arremessos à cesta e ao gol. Caso ele persista, deve-se retornar ao ponto citado e administrar os mesmos exercícios, porém com exigências maiores quanto à potência do arremesso ao gol. Procure fazer que os deslocamentos dos executantes não sejam de frente para o gol, mas em direção à linha lateral, exigindo que haja o giro do corpo após o salto que o deixará de frente para o alvo.

9. O movimento de ataque concentra-se somente no punho, sem contar com o braço para imprimir força à bola.
Correção sugerida: originado ou no desvio citado no item 7 (para o qual servem os mesmos exercícios sugeridos) ou na interrupção do gesto de ataque, esse erro é consequência da projeção em demasia do atacante em direção à rede. Verifique se é esse o problema e utilize, nesse caso, os exercícios mencionados no item 5. Caso perceba que o desvio está isoladamente no gesto de ataque, utilize as bolas de tênis novamente, pedindo que o aluno-atleta não as lance por sobre a rede, mas para trás de si, por baixo de seu corpo. Dessa forma, o aprendiz é obrigado a completar a ação do braço.

10. O atacante posiciona-se sob a bola, ficando sem opções de direção de ataque.
Correção sugerida: geralmente esse desvio é provocado pelo salto muito próximo à linha central, porém convém analisar a distância do levantamento em relação à rede. Caso o problema esteja no primeiro exemplo, a correção

comentada no item 4 também serve para esse caso. Muitas vezes esse erro acarreta o citado no item 9, já que, para corrigir o levantamento que lhe chega às costas, o executante utiliza apenas o punho para golpear a bola.

11. O levantamento ultrapassa o atacante.
Correção sugerida: o problema pode estar no levantamento ou no salto do atacante. Saltos somente na vertical levam à falsa conclusão de que o levantamento está passando do ponto. O levantamento para a china é rasante e deve ser *interceptado* pelo atacante. Não há parábola, como ocorre com as bolas altas e, consequentemente, o atacante só conseguirá bater a china se projetar-se para a região onde o ataque será realizado, caso contrário a bola passará do ponto e seguirá para fora da quadra. Aliás, este é um bom indicador sobre se o levantamento da china está correto: caso a bola caia dentro da quadra ou próximo à linha lateral, o levantamento está com parábola e lento; se ela passar direto pelo atacante, provavelmente o problema esteja no salto e/ou preparação de ataque dele. Exercícios de sincronia entre levantadores e atacantes corrigem esse problema, desde que haja por parte do professor-treinador a orientação adequada, não deixando que os atletas cheguem à solução com a quebra da velocidade própria desse tipo de jogada.

12. O desequilíbrio na queda leva o executante a chocar-se com o poste ou a rede.
Correção sugerida: ver item 5 para corrigir o exagero na horizontalidade do salto. No entanto, talvez sejam necessários exercícios formativos que reforcem a força excêntrica da musculatura posterior das coxas, responsável pela desaceleração do corpo durante a aterrissagem. Reforços na sala de musculação devem ser complementados com exercícios de desaceleração de saltos horizontais.

13. O atacante não se apronta no tempo devido para as ações seguintes de jogo.
Correção sugerida: o reequilíbrio e o retorno imediato após a china são mais difíceis, pois muitas vezes o executante sai da quadra. Além

disso, quem realiza esse tipo de ataque é geralmente o atacante de meio, obrigando-o, quando seu ataque não resulta em ponto, a atuar na posição 2, já que não consegue, muitas vezes, voltar a tempo de ocupar a região central. Porém, se essa dificuldade estiver relacionada a alguma razão motora ou física – desequilíbrio motivado por falta de coordenação após a aterrissagem ou deficiência muscular –, o professor-treinador deve se valer de exercícios formativos (ver item 12) ou lançar-lhe bolas para um novo ataque logo após a queda ou obrigá-lo a bloquear uma bola imediatamente, vinda da posição 4 adversária.

Considerações extras e de reforço:

- A passada da china é semelhante à da bandeja do basquete e do arremesso do handebol. Essas informações ao aprendiz, que provavelmente já teve contato com esses dois esportes, e a utilização de exercícios introdutórios com tais habilidades podem facilitar a aprendizagem do fundamento.
- O salto em projeção à antena visa a interceptar a trajetória rasante da bola e fazer que o atacante receba a bola de frente, e não pelas costas, como acontece quando o deslocamento é paralelo à rede.
- A última passada (a do salto) será realizada quando a bola estiver nas mãos do levantador (guardadas as adaptações devidas quando o passe tirar o levantador de sua posição original).
- No caso de o atacante da china ser obrigado a receber o saque adversário, ele deve dar altura suficiente a essa ação, de modo a permitir-lhe iniciar a corrida com antecedência. Não são raros os casos de afobação no momento do passe, com a falsa intenção de dar velocidade ao jogo. Ao contrário, esse equívoco acaba por fazer que se fique sem a opção da china.
- A escolha do ataque para a diagonal ou corredor deve depender do atacante e não do levantamento, portanto, deve-se padronizar a velocidade e precisão do levantamento de

modo a não limitar as ações do atacante. O levantamento deve ser rasante e não cair antes de ultrapassar a antena.
- O deslocamento do atacante, ao menos nesse estágio inicial, não deve conter fintas de deslocamento.
- Com o crescente domínio do elemento, a movimentação típica da china pode ser utilizada em ataques mais velozes, junto ao levantador (tempo costas ou tempo à frente vindo de próximo à posição 4 ou simulando uma chutada de meio inicialmente).
- Todos os atacantes devem ter vivência da china – até mesmo os levantadores, que assim terão noção mais exata da dificuldade ou facilidade dos atacantes. Em um nível avançado, a movimentação típica da china será utilizada para promover fintas com os jogadores que atuam eventual ou costumeiramente na saída de rede.
- É conveniente ensinar a china aos canhotos fazendo-os atacar bolas à frente do levantador, inicialmente vindo da posição 3 para a 4 e, posteriormente, atacar bolas na posição 3, saindo da 2. Nesse caso, as três passadas seguem essa ordem: direita, esquerda e direita. Todos os procedimentos observados para o destro são seguidos na ordem inversa. Essa jogada pode ser incluída futuramente em combinações de ataque se houver um oposto canhoto.

Aperfeiçoamento do ataque em geral:

- Findo o processo de aprendizagem da cortada, o padrão motor ainda estará longe do praticado pelos alunos-atletas das CCA. A falta de força e os processos de crescimento e desenvolvimento pelos quais as crianças estão passando produzem um quadro um tanto quanto precário em relação à potência. No entanto, isso não quer dizer que o gesto esteja sendo praticado incorretamente.
- Muitas vezes o executante errará o encaixe ou o tempo de bola na ânsia de aprimorar o fundamento. Pensando em imprimir mais força ao ataque, ele muitas vezes descoordena os movimentos. É importante que o professor-treinador oriente-o no sentido de não desvirtuar o gesto motor, pois a potência (tanto de salto quanto de ataque) virá a seu tempo.
- O primeiro desafio do aperfeiçoamento da cortada é desenvolver a regularidade e a precisão do fundamento. Inicialmente, o técnico deve exigir que se consiga atacar conscientemente para a esquerda e direita da quadra adversária. Depois, ir diminuindo a área-alvo e propondo outros objetivos espaciais mais reduzidos.
- O aperfeiçoamento da direção da cortada para as diferentes regiões da quadra deve seguir, de acordo com a utilização do corpo, esta ordem:
  1. Utilizar o corpo todo, dirigindo-o para a região-alvo antes do ataque.
  2. Virar o corpo somente no último instante (no golpe).
  3. Utilizar somente o braço, mantendo o corpo de frente para o lado contrário ao tomado pela bola (corpo para a diagonal e bola para o corredor e vice-versa).
  4. O punho dirige preponderantemente a bola, mantendo-se o corpo virado para o outro lado e o braço acompanhando apenas relativamente a trajetória da bola.
     - Incluir objetos ou companheiros em movimento que devem ser atingidos pelo ataque, para desenvolver a visão periférica durante a execução do gesto
     - Para buscar a diagonal mais fechada nos ataques da posição 4, os destros devem conduzir o braço de ataque, após o golpe, para o lado do tronco. Nas batidas para a esquerda do corpo (corredor, no caso), o braço é levado para junto do tronco. O atacante da posição 2 desce o braço ao lado do corpo para o ataque na paralela e junto do tronco para alcançar a posição 2 adversária. No

caso dos canhotos, todos esses movimentos acontecem invertidos.
- A diversificação de ataque por todas as posições da quadra, além de desenvolver a habilidade individual e não limitar os recursos dos atletas, permite futuramente, dentro da tática coletiva, a utilização constante ou circunstancial de qualquer aluno-atleta em determinado rodízio que apresente dificuldades diante de um problema imposto pelo adversário ou por limitações de um atacante da própria equipe.
- A regularidade é alcançada por meio de exercícios em pequenos grupos (preferencialmente em três, para agregar repetição e pausa), com objetivos claros de acerto em sequência.
- Na organização dos treinos, evite tarefas em que o aluno-atleta permaneça muito tempo sem atacar ou se submeta a um número excessivo de repetições, em que o cansaço atrapalhe a execução técnica.
- A etapa seguinte do aperfeiçoamento considera a variação de altura dos levantamentos. Até então, o atacante teve tempo de se preparar, analisar e coordenar toda a movimentação para um levantamento alto. Com o desenvolvimento das habilidades de levantar e cortar, o grupo pode incrementar seu arsenal ofensivo:
  » Diminuindo a altura dos levantamentos altos para os de média altura (meias-bolas), tanto nas extremidades quanto pela região central da rede.
  » À medida que os atacantes se habituam à velocidade maior dos levantamentos, estes podem passar a ser rasantes para a ponta e baixos para o meio, sem, no entanto, chegar aos padrões desenvolvidos por equipes mais adiantadas.
  » Nos levantamentos rápidos, o sincronismo entre levantador e atacante é fundamental para o sucesso da ação, pois o ritmo da corrida é determinado pela velocidade da bola que está pré-combinada. No entanto, a aceleração gradativa do deslocamento deve sempre ser mantida para um movimento mais fluido e coordenado e permitir ajustes mínimos conseguidos pelas últimas passadas.
- As orientações gerais para acerto do tempo de bola dos diferentes tipos de levantamento, guardadas as variações em relação ao passe e ao poder de salto dos atacantes, são:
  » Bolas altas: aguardar o levantamento.
  » Meias-bolas: a primeira passada é realizada ao levantamento.
  » Chutada de ponta ou saída: a segunda passada é realizada no momento do levantamento.
  » Chutada de meio: o salto é realizado ao mesmo tempo do levantamento.
  » Bola de tempo: o salto é realizado pouco antes do levantamento.
  » Bolas de fundo: a primeira e a segunda passadas marcam o ritmo da passada enquanto se desenha o passe e o levantamento; a última passada promove uma forte aceleração e aproximação do local de salto. O executante deve evitar, nos ataques de fundo, iniciar o deslocamento depois do levantamento.
  » Essas orientações são aprimoradas e ganham velocidade de acordo com a evolução do grupo, quando outros fatores interferirão na marcação de ritmo das passadas.
- No caso da china, quando o padrão motor estiver assimilado, promover a

variação do passe, fazendo o executante adaptar-se a bolas mais rápidas (passe mais rasante), lentas (passe alto), fora da rede, fora da posição, etc. Idem, com modificação na origem do passe, promovendo-o de todas as regiões da quadra, inclusive com a realização deste pelo próprio atacante.
- Incluir a variação do tempo costas com a passada da china. Nessa jogada, algumas características se modificam:
  » A corrida é em direção ao levantador, de modo a fazer que o salto seja realizado na linha de seu corpo e a projeção do salto lance o atacante às suas costas.
  » O salto é anterior ao levantamento.
- O aperfeiçoamento inclui também as variações sutis dos levantamentos rápidos à frente do levantador: o tempo-positivo e o tempo-negativo. Tal diferenciação visa a fugir à marcação do bloqueador, que é responsável pela marcação individual do atacante mais rápido dentro da tática ofensiva coletiva. O tempo positivo é levantado junto ao levantador e o atacante golpeia a bola na linha de seu ombro direito; no tempo negativo, por sua vez, o levantamento é realizado um pouco mais afastado do levantador e a bola é atacada na direção do ombro esquerdo do atacante.
- Essa diferenciação, todavia, não limita a possibilidade de se atacar apenas para a direita – tempo positivo – ou para a esquerda – tempo negativo. O atacante, com a prática, ganha habilidade para atacar para o outro lado, quando notar que o bloqueio fecha a passagem para a região pretendida.
- Para o tempo-costas, também há essa diferenciação. O tempo-costas negativo caracteriza-se por ser próximo ao levantador, enquanto no positivo o levantamento é realizado em direção ao braço dominante do atacante.
- Quando realizados na passada da china, há uma consideração importante em relação ao salto do tempo-costas:
  » Negativo: o salto do atacante é realizado à frente do levantador e a queda será logo atrás dele.
  » Positivo: o salto ocorre na direção do levantador, de modo a permitir que a bola seja atacada meio metro atrás dele.
  » Com o tempo, o atacante cria formas de projetar-se para a região da qual irá atacar sem mostrar sua intenção no salto.
- À medida que o grupo desenvolve a aprendizagem de outros tipos de ataque ou amplia sua aplicação a outras posições da quadra, a etapa de aperfeiçoamento deve alterná-los dentro de uma mesma sessão ou de uma semana de treinamento.
- O ideal é que haja uma insistência maior no tipo de aprimoramento que se deseja ao fundamento – ataques para a diagonal e corredor da posição 4, por exemplo – sem, no entanto, deixar de incluir os demais tipos já assimilados e as outras posições da quadra, promovendo a imprescindível variação, que leva a uma assimilação mais rica e maior versatilidade.
- É nessa etapa que se incluem também as marcações de bloqueio – sejam reais ou por meio de tábuas – e as defesas como forma de resistência e referência, fornecendo ao atacante um *feedback* mais confiável da eficácia de seu ataque.
- Deve-se também incluir a diferenciação entre ataque e contra-ataque,

que precisam ser vivenciados pelo aluno-atleta.
- As ações combinadas de recepção-ataque e defesa-contra-ataque sendo realizadas pelo próprio atacante também devem fazer parte do conteúdo dos treinos.
5. O aperfeiçoamento é mantido nas categorias competitivas intermediárias desse PFCAAD como forma de oferecer o máximo de subsídios ao aluno-atleta, para que ele possa, ao entrar na fase de treinamento, aumentar a eficácia de seu arsenal técnico de ataque em situações de jogo.

CCA

Treinamento do ataque em geral:

- Os treinos técnicos devem primar pela dificuldade crescente imposta ao aluno-atleta. Não se justificam treinos de ataque sem bloqueios ou com bolas coladas à rede. Além de buscar aproximar os exercícios às situações de jogo, o professor-treinador deve colocar o atacante sempre em situação de desafio.
- A diversificação iniciada na etapa de aperfeiçoamento tem prosseguimento no treinamento.
- As sessões específicas devem procurar diminuir as áreas-alvo de ataque, exigindo mais apuro técnico do atacante.
- Promover disputas contra bloqueios duplos, triplos e até quádruplos desenvolve a habilidade do atacante diante da dificuldade relativa, extrema ou até irreal. Diante de uma situação de jogo, o arsenal técnico-tático individual à disposição do atacante será indubitavelmente maior. No entanto, é importante, às vezes, promover confrontos mais facilitados, pois, por incrível que pareça, muitos atacantes que têm bons resultados contra bloqueios montados ou mais altos perdem-se ao enfrentar outros individuais ou mais baixos. Pensando poder cravar diante de situação hipoteticamente mais fácil, acabam por ser interceptados.
- Os treinos de repetição visando ao aumento da regularidade precisam ser cada vez mais específicos e dentro da dinâmica do jogo, buscando dar excelência aos atacantes nas posições que eles ocupam dentro do sistema de jogo coletivo e na associação das ações próprias de sua função.
- Planeje detalhadamente a especificação das situações de jogo e a associação entre os fundamentos. Exercícios com objetivos técnico-táticos que coordenem passe + ataque, defesa + contra-ataque, retorno do bloqueio + contra-ataque são mais proveitosos que treinos de situações isoladas.
- Na mesma linha de raciocínio, o professor-treinador deve considerar as diversas situações que podem ocorrer e se coordenar durante o jogo. Receber um saque flutuante e atacar não é igual a receber um saque viagem e depois atacar; defender em pé e contra-atacar não se equipara a defender bolas mais difíceis e, na sequência, preparar-se para um contra-ataque; amortecer um ataque adversário bloqueando na posição 2 e contra-atacar pela região central é diferente de realizar a primeira ação na posição 4 antes de contra-atacar; etc.
- É interessante colocar o aluno-atleta em situações extremas, como fazê-lo passar na posição 5 e atacar na posição 2, ou sair do bloqueio de extremidade na 2 e atacar uma meia-bola no meio, etc.
- Apesar da busca progressiva por especialização, o ataque de diferentes tipos de bola não deve ser deixado de lado. A versatilidade é parte do arsenal individual e, incluída na concepção tática, aumenta as possibilidades coletivas.
- No entanto, é importante ponderar que saber atacar vários tipos de bola está longe de significar poder utilizar esses recursos de maneira eficaz em jogos. De nada adianta o atacante de ponta saber atacar uma bola de tempo ou o de meio fazê-lo nas extremidades se ambos não souberem fugir de marcações de bloqueio para a posição 5 e para

a 1 ou para a paralela e para a diagonal. A possibilidade de surpreender o adversário só pode ser alcançada oferecendo alternativas ao atacante, deixando-as eficientes para serem aplicadas à tática coletiva em qualquer situação.

- Nas CCA, essa variação pode despertar talentos para outras posições que ou passaram despercebidos ou afloraram tardiamente. Mesmo que eles não venham a atuar em outras posições, poderão atacar eventualmente outros tipos de bola em uma situação pontual de dificuldade para a equipe durante uma partida.
- Em coletivos dirigidos, promover disputas individuais entre atacantes de equipes contrárias, primeiro os ponteiros, depois os centrais e os opostos, por exemplo. Vários são os desafios a que eles podem ser submetidos: quem decide o maior número de pontos; os levantamentos são exclusivamente para determinados jogadores; os ataques devem atingir determinada região; o ataque deve visar obrigatoriamente a explorar o bloqueio, etc.
- A china é inserida nos treinos táticos como parte do sistema ofensivo da equipe. As combinações ofensivas que podem decorrer de sua utilização vão sendo incluídas com o tempo, de acordo com as sugestões contidas no item "Sistemas ofensivos", do Capítulo "Tática nas categorias competitivas".
- As equipes femininas, principalmente, devem incluir a china como opção efetiva e eficiente de contra-ataque à medida que a defesa coletiva ganha eficácia. Para isso, deve-se exigir que as atacantes de meio estejam sempre prontas a utilizá-las mesmo com passes não tão precisos. Essa predisposição exige velocidade na transição do bloqueio para o contra-ataque e alto sincronismo entre levantadores e atacantes. Atualmente, a china é fundamental na concepção tática de contra-ataque.

Capítulo 11

Bloqueio*

É um salto junto à rede, precedido ou não de deslocamento, que tem por objetivo interceptar o ataque adversário, fazendo a bola ir direto ao solo contrário, ou amortecê-la para recuperação por parte dos defensores da própria equipe. No primeiro caso, o fundamento é classificado como ofensivo (visa marcar o ponto direto) e, no segundo, como defensivo.

A descrição e as fases de execução a serem apresentadas na sequência referem-se ao bloqueio a partir da movimentação em passada cruzada para outra posição que não aquela em que o executante aguarda a definição do levantamento adversário. As explicações por essa opção serão detalhadas posteriormente, assim como as observações peculiares às demais movimentações específicas.

---

* Optamos por organizar este capítulo de maneira um pouco diferente dos demais. Primeiro, por considerar o bloqueio fundamentalmente dependente das movimentações específicas que antecedem o próprio gesto técnico; depois, pela possível organização coletiva que o insere de modo determinante na tática de defesa da equipe; e, por fim, por variações advindas da dinâmica de jogo, que podem transformá-lo em um fundamento defensivo ou ofensivo.
Os erros comuns e as sugestões de correção aparecerão após o Aperfeiçoamento, para poder incluir os desvios do bloqueio coletivo, do defensivo e do em projeção, cujas aprendizagens acontecem nesta etapa.

DESCRIÇÃO

1. Posição básica:
   - O executante deve manter a posição básica alta específica:
     • De frente para a rede.
     • Joelhos levemente semiflexionados.
     • Membros superiores elevados à frente do corpo, guardando uma angulação de 90° entre braços e antebraços (essa semiflexão determinará o afastamento do bloqueador da rede).
     • Pernas ligeiramente afastadas (com os pés na largura dos ombros).
   - O executante deve manter-se em estado de prontidão, atento aos fatores que podem influir em suas ações subsequentes – qualidade e provável local do passe, posicionamento do levantador e dos atacantes, condições e trajetória do levantamento, possibilidades de ataque, etc. – e pronto para saltar onde estiver ou iniciar imediatamente o deslocamento para o local em que será realizado o ataque.
   - É fundamental, para a utilização imediata da passada cruzada, que o afastamento inicial das pernas enquanto o executante guarda a posição básica seja de aproximadamente 40 cm (ou correspondente a pouco mais que a largura do om-

bro). Esse afastamento, além de permitir o salto imediato a uma bola levantada à frente do bloqueador, facilitará a realização da primeira passada cruzada. Caso contrário (pés mantidos muito juntos um do outro), o executante precisará realizar primeiro uma passada lateral, para permitir que haja o cruzamento da seguinte, o que acarreta perda de tempo, por vezes fatal à realização eficaz do bloqueio. Esse afastamento, todavia, não pode ser exagerado a ponto de impedir a realização de uma eventual passada cruzada inicial nem o salto potente imediato.

2. Movimentação específica e preparação para o salto (Figura 1):
   - O ritmo do deslocamento deve ser dosado para que o salto aconteça logo após o último contato do bloqueador com o solo, permitindo o máximo proveito das passadas e da frenagem para ganho de impulsão.
   - As passadas devem ser rápidas, porém controladas, para dar equilíbrio ao bloqueador, e amplas o suficiente, para fazê-lo chegar ao local exato de salto.
   - Enquanto se desloca, o bloqueador não deve manter-se totalmente voltado para a rede. O tronco gira um pouco de lado, tornando assim a movimentação mais natural e veloz.
   - Os braços devem guardar uma distância tal da rede, para que seja possível flexioná-los junto ao corpo e sobre o tórax e assim auxiliar na impulsão quando chegar ao local de realização do bloqueio.
   - Ao chegar ao local onde realizará o salto, o executante interrompe vigorosamente o deslocamento.
   - A preparação para o salto coincide com a frenagem, ou seja, ao brecar o deslocamento, o executante também prepara-se para o salto. Esse breque deve anular o efeito da corrida e favorecer o salto vertical.
   - O pé correspondente ao lado para o qual se vai avança um pouco em relação ao outro na última passada, voltando a ponta para a rede e freando o deslocamento.
   - Os pés unem-se, guardando a distância dos ombros, enquanto as pernas semiflexionam-se para o salto simultaneamente à frenagem. A angulação dos joelhos é semelhante à assumida na cortada – aproximadamente 100°.
   - Os braços posicionam-se para preparar o salto com o intuito de auxiliar no ganho de impulsão.
   - Eles flexionam-se junto ao corpo, de modo a manter as mãos aproximadamente na altura dos ombros.
   - Guardadas naturalmente as limitações impostas pela rede e pelo tipo de deslocamento utilizado, os braços auxiliam o quanto podem na impulsão.

3. O salto e o bloqueio propriamente dito:
   - O executante deve estender braços e pernas simultânea e imediatamente à preparação do salto.
   - Uma leve correção do posicionamento do corpo é feita quando o executante sai do chão, de modo a deixá-lo novamente de frente para a rede.
   - Os braços permanecem próximos à rede e são levados ao campo contrário, ao mesmo tempo em que ganham altura, sendo dirigidos para junto da fita da rede e deixando o mínimo espaço entre ela e os antebraços.
   - O bloqueador deve procurar posicionar a cabeça por trás dos braços, aproximando o máximo possível os ombros entre si à frente do corpo. Se for mantido o afastamento natural entre eles, haverá espaço suficiente para a passagem da bola.
   - O corpo todo contrai-se para o impacto da bola.
   - O quadril é projetado levemente para trás, a fim de equilibrar o bloqueador.
   - As mãos espalmadas permanecem uma ao lado da outra e afastadas entre si o suficiente para que a bola não passe por entre elas.

Figura 1 Deslocamento em passada cruzada e bloqueio (de frente).

- Os punhos firmes e os dedos contraídos fazem que a bola atacada retorne à quadra contrária com força, enquanto se eles estiverem relaxados, além de facilitar a recuperação da bola por parte dos adversários, predispõem o bloqueador a contusões.
- Os dedos abertos formam uma superfície côncava (plataforma de bloqueio), de modo a fazer que a bola dirija-se à quadra contrária após o contato com ela.
- Deve-se evitar ações como flexão dos punhos ou procura pela bola no momento do bloqueio propriamente dito.
- No bloqueio ofensivo, as mãos, espalmadas e firmes, voltam-se para a bola** e para a quadra adversária. As mãos devem procurar tocar a bola por completo, ou seja, palmas das mãos e dedos, como se a envolvessem.
- Deve-se manter o posicionamento de braços até a volta ao chão, retirando-os gradativamente do campo contrário e mantendo-os rente à fita da rede durante a queda.

** Enxergando-a como se fosse um rosto humano, as mãos devem procurar tocar-lhe a testa.

- Todo cuidado com a mecânica do gesto em si, todavia, pode perder sua eficácia se o tempo de bola não for controlado pelo bloqueador.
- O tempo de salto é analisado da seguinte maneira: o bloqueador deve perder o contato com o solo frações de segundo mais tarde que o atacante, para dar tempo de a bola chegar a suas mãos quando ele próprio estiver em seu ponto máximo de alcance. Quanto mais longe da rede a bola estiver, mais o bloqueador aguarda para saltar.

4. Queda:
   - Deve ser realizada nos dois pés, de forma equilibrada, preferencialmente no mesmo local da impulsão.
   - As pernas flexionam-se e os pés funcionam como um mata-borrão – absorvendo o impacto primeiro com o terço distal e depois distribuindo o peso do corpo na sola, até o calcanhar.
   - O tronco, na medida do possível, flexiona-se leve e ritmadamente, para aliviar o impacto da queda sobre a coluna vertebral.

5. Retorno à situação de jogo:
   - O bloqueador deve, logo após amortecer a queda (em nível mais avançado, o retorno ao jogo é parte da própria ater-

rissagem), preparar-se para a ação subsequente (outro bloqueio, recuperação da bola bloqueada, levantamento ou contra-ataque).

- Ele deve afastar-se da rede sem movimentos que comprometam o equilíbrio ou levem-no a cometer infrações (toque na rede ou invasão por baixo).

APRENDIZAGEM

A princípio, o bloqueio é um fundamento de aprendizagem descomplicada, porém de difícil aplicação em situações de jogo. Embora essa afirmação possa causar estranheza, ela se justifica pelo fato de se tratar de uma habilidade constituída de um salto, que pode ser antecedido ou não por um deslocamento. Até mesmo o contato com a bola normalmente não envolve manuseio efetivo, como ocorre nos outros fundamentos, pois o bloqueio executado corretamente é uma postura de espera (a bola é que toca o executante), na qual, quanto menos o executante movimentar os membros superiores durante a ação, melhor.

Quando a habilidade é associada aos deslocamentos e transferida para o jogo, porém a sua execução está condicionada a uma série de fatores vinculados ao adversário (qualidade do passe, tipo e velocidade do levantamento, número de atacantes, movimentações ofensivas, características do atacante e do próprio ataque, etc.), isso dificulta sobremaneira a análise e consequente ação do bloqueador. Somem-se a isso as dificuldades próprias de um deslocamento realizado lateralmente e junto à rede – o que coloca o executante em desvantagem contra o atacante –, além da adequação dos movimentos ao tempo de bola.

Muitos autores sugerem o ensino e a aplicação do bloqueio imediatamente após a iniciação à cortada. Porém, este PFCAAD – pelas considerações feitas e também por uma questão de segurança e prevenção de contusões, já que, enquanto o padrão motor da cortada não é alcançado, inúmeras são as invasões à quadra contrária, o que pode ocasionar torções de joelhos e tornozelos nos que realizam o bloqueio do outro lado – recomenda que a inclusão dessa habilidade técnica nas combinações entre os fundamentos já aprendidos e nas situações de jogo não seja imediata à aprendizagem. O processo de ensino-aprendizagem do bloqueio deve buscar o padrão motor absoluto – entendido dentro da seriação completa da habilidade – antes de colocá-lo efetivamente na dinâmica de jogo.

Esse procedimento propicia um aprendizado de maior qualidade e uma transferência mais eficaz do fundamento à dinâmica coletiva, mesmo porque é extremamente difícil corrigir o padrão motor do bloqueio quando este já está sendo aplicado às situações de jogo. Enquanto ele não é aplicado, ganha-se ainda com o aprimoramento da defesa, que passa a ser a única forma de neutralizar o ataque adversário.

Na prática, tal conduta está longe de eliminar a necessidade de corretivos, tampouco conseguirá um desempenho homogêneo do grupo, mas permitirá, antes de colocá-lo à prova, submetê-lo a uma espécie de "incubadora".

As primeiras inclusões na dinâmica de jogo serão em sua forma individual. Conforme a evolução do domínio da técnica e, sobretudo, do equilíbrio dos alunos antes e após o salto, a organização em duplas pode ser ensinada e aplicada posteriormente, ficando a montagem de bloqueios triplos apenas para períodos posteriores de maior maturidade tática.

O PFCAAD deve conduzir os atletas a automatizarem o uso da passada cruzada como primeira opção para grandes e médias distâncias desde o início. Essa forma será a primeira a ser ensinada ao aluno-atleta e utilizada coletivamente na aprendizagem da composição do bloqueio duplo. Essa será também a passada padronizada para todos os bloqueadores quando, nas CCA, for introduzido o bloqueio grupado (com os jogadores da extremidade posicionando-se mais próximos à região central da quadra, para auxiliar nas bolas atacadas pelas posições 3 e 6). A passada de frente, apesar de ser indicada como preferencial, nem sempre pode ser utilizada e, por esse motivo, será ensinada posteriormente, quando a cruzada estiver devidamente dominada e padronizada como primeira a ser empreendida na maior parte das situações.

Vamos então à aprendizagem do bloqueio. Como já foi dito, o processo apresentado refere-se ao bloqueio a partir da passada cruzada e servirá de modelo para a aprendizagem desse fundamento com a utilização das demais formas de deslocamento que podem precedê-lo.

Apresentação do fundamento:

- É importante que o aprendiz visualize o fundamento por todos os ângulos possíveis.
- Ao apresentar o bloqueio, o professor-treinador deve enfatizar a importância das passadas para se chegar aos locais de execução do fundamento com velocidade e equilíbrio.
- Deve ficar claro que a invasão do espaço contrário com as mãos e braços ocorre simultaneamente ao ganho de altura no salto. A visualização lateral (ou posicionar o aprendiz sob a rede) permitindo que ele veja as mãos do bloqueador invadindo a quadra contrária é interessante.
- Para muitos dos iniciantes, não há um registro mental anterior determinante do bloqueio, portanto a apresentação precisa ser limpa e clara.
- Não esqueça de ressaltar a importância da posição básica alta para, após a análise das ações adversárias, promover reações imediatas e otimizar as movimentações.

Importância do aprendizado correto e da utilização no jogo:

- A explanação do técnico pode recordar situações ocorridas com o próprio grupo, de bolas atacadas com força, em que a defesa não foi suficiente para anulá-las. Ou, ainda, utilizar jogos de equipes mais adiantadas em que os atacantes cravam bolas impossíveis de serem interceptadas, a não ser com um bloqueio.
- Mesmo assim, esses estímulos não bastam se não for enfatizado o movimento correto e a complexa combinação de elementos envolvidos em sua realização.
- Por ser um fundamento defensivo, não desperta logo de início a motivação do aprendiz para aprendê-lo com a qualidade necessária. O interesse vem com a realização de ações positivas durante os treinos e jogos.

Experimentação:

- Não convém utilizar a livre experimentação no processo de aprendizagem do bloqueio. Na ânsia de realizar o bloqueio, o aprendiz desvirtuará o movimento e pode, caso tenha sucesso na ação, mentalizar o gesto como correto.
- Ainda no minivôlei, algumas ações de tentativa de bloqueio ocorrem, porém sem constância. Nesses casos isolados, o movimento é concentrado apenas no salto, sem movimentações antecedendo-o.
- Ainda assim, pode-se satisfazer a curiosidade dos aprendizes permitindo que eles saltem, com a rede mais baixa, para bloquear uma bola que o professor-treinador ataque controladamente contra suas mãos, apenas quando ele realizar o movimento dentro dos parâmetros motores mínimos.

Sequência pedagógica:

- A sequência pedagógica para o ensino do bloqueio é fracionada em cinco momentos distintos. No entanto, eles são altamente dependentes e coordenados entre si na execução da habilidade como um todo e, por isso, serão associados à medida que forem desenvolvidos.

São eles:

1. Posição básica e movimentação específica.
2. Breque.
3. Salto e projeção de mãos e braços à quadra contrária.

4. Contato com a bola.
5. Queda (ou amortecimento).
6. Associação das etapas anteriores.

1. Movimentações específicas:
   - De início, todas as movimentações específicas já aprendidas serão livremente experienciadas pelos alunos, agora junto à rede.
   - A posição básica alta própria do bloqueio deve, a partir de agora, sempre anteceder as movimentações, seja quando realizadas livremente ou como parte de um exercício.
   - As passadas cruzadas serão então priorizadas e servirão para levar o executante a maiores distâncias.
   - Não é aconselhável utilizar, por enquanto, ataques contra o bloqueio.
   - O técnico deve fazer que o aprendiz se desloque tanto para a esquerda quanto para a direita, na mesma proporção.
   - Ajustes individuais em relação à distância ideal da rede para o deslocamento e a consequente preparação para o salto são feitos nessa etapa.
   - É também o momento para desenvolver a amplitude das passadas, sem prejuízo do equilíbrio.
   - O ganho de velocidade vai se constituir como objetivo apenas na fase de aperfeiçoamento do fundamento, quando os deslocamentos estiverem bem coordenados.
   - A organização dos exercícios de deslocamento deve levar em conta o intervalo entre execução e pausa para descanso, evitando o acúmulo das séries, o que leva ao cansaço prematuro, à intoxicação muscular e à queda da qualidade motora. Grupos de cinco atletas em cada lado da rede, alternando deslocamentos para a direita e a esquerda, são adequados.
2. Breque:
   - À medida que as passadas ficam mais amplas e coordenadas, deve-se enfatizar aos mesmos exercícios anteriores a frenagem do deslocamento.
   - O breque é um estágio intermediário entre a movimentação e o salto e de fundamental importância para anular a horizontalidade do deslocamento, evitar a projeção lateral do executante e permitir o salto exclusivamente vertical. A instantaneidade do movimento de transição é responsável por tudo isso e deve ser enfatizada.
   - Com essa finalidade, exercícios de ida e volta, "siga o mestre", salto imediato para o lado contrário ao deslocamento, etc. surtem bom efeito.
3. Salto e projeção de mãos e braços para a quadra contrária:***
   - Assim como aconteceu na aprendizagem da cortada, interromperemos uma fase (deslocamento e breque) para isolar o aprendizado da outra: o salto.
   - Nessa fase, recomenda-se baixar a rede, mantendo-a em uma altura em que seja possível conduzir mãos e braços ao lado contrário.
   - O mais importante nesse momento é que os braços (e não apenas as mãos) sejam levados, simultaneamente à subida, também à quadra contrária, mesmo por aqueles que não tenham tanta impulsão ou estatura. Com isso, visa-se eliminar um dos erros mais comuns do bloqueio: o gesto em dois tempos de elevar os braços e depois jogá-los em direção ao campo contrário.
   - Manter os braços sempre próximos à fita da rede é uma referência válida para

---

*** Caso o professor-treinador queira iniciar o processo de aprendizagem do bloqueio com o ensino do salto e da postura na fase aérea, séries repetidas de salto (sem deslocamento prévio) e gesto de bloqueio (com detalhamento da extensão e invasão dos braços, contração de abdome e retorno amortecido ao chão) podem compor o começo da sequência pedagógica, incluindo depois os deslocamentos.

o aprendiz. Ele não deve deixar espaço entre os braços e ela em nenhum momento da fase aérea – na ascensão, no ponto máximo de alcance e durante a queda. Para a fixação desse movimento na memória, recomenda-se saltar repetidas vezes da forma apropriada.
- Nessa etapa (e também durante a aplicação de educativos), uma estratégia interessante é segurar o aluno-atleta pela cintura e conduzi-lo um pouco acima de seu alcance, facilitando a invasão e permitindo a vivência do movimento de acordo com o recomendado. A parada no ar dá um *feedback* importante da postura ideal para o bloqueio e conscientiza o aluno-atleta também sobre a necessidade da contração abdominal para o equilíbrio do corpo.
- Colocar objetos próximos à fita da rede, do lado contrário, para que o executante os toque com a palma das mãos, é um ótimo estímulo. Estender uma corda elástica, amarrada aos postes e cerca de 30 cm acima da rede, paralela a esta, obrigando os alunos a conduzir mãos e braços entre a corda e a rede enquanto saltam, também é um proveitoso recurso.

4. Contato com a bola:
   - Após o salto, isolaremos outro momento: o contato com a bola. O aprendiz se posiciona sobre um banco, de modo a estender os braços e a alcançar a altura teórica de seu salto. O treinador, no chão, ataca contra o bloqueio. Alunos mais baixos devem experimentar o bloqueio ofensivo em condições mais favoráveis e depois retornar a alturas compatíveis com suas possibilidades.
   - Um exercício interessante nesse momento é colocar o aluno-atleta com um dos pés sobre o banco e promover a invasão do espaço aéreo contrário com os braços simultaneamente à extensão da perna que está sobre o aparato.
   - Em seguida, deve-se baixar a rede para que o bloqueador possa saltar (sem deslocamento prévio) apenas o suficiente para perder o contato com o chão e executar o bloqueio da bola atacada pelo treinador. É importante que este e os auxiliares realizem o ataque, pois os alunos-atletas ainda não possuem habilidade suficiente para que o exercício se realize com fluidez, eficiência e segurança.
   - Caso não haja pessoal suficiente de ajuda para tornar o exercício dinâmico, opte por uma atividade em circuito na qual os alunos possam realizar deslocamentos e outras tarefas sem que haja espera exagerada. Até quatro atletas por vez é aceitável.

5. Aterrissagem:
   - É necessário que a queda seja sempre realizada sobre as duas pernas e de modo a distribuir o peso do corpo igualmente sobre ambas.
   - A aterrissagem deve coincidir com o local do salto.
   - Posteriormente, quando o jogo tornar-se mais dinâmico, nem sempre isso será possível, mas nesse momento é fundamental que se corrija esse desvio de equilíbrio ou o salto em projeção.

6. Associação das etapas:
   - Após as etapas anteriores serem desenvolvidas isoladamente, promove-se a associação delas, até chegar ao movimento completo. Essa nova etapa demora semanas de treinamento, já que é um processo que deve ser cuidadosamente planejado e pacientemente desenvolvido.
   - Sem bola e ainda com a rede baixa, o aprendiz realiza o movimento completo (deslocamento em passada cruzada, breque e salto).
   - Gradativamente aumenta-se a velocidade das passadas.
   - Após o aprendiz realizar o deslocamento, o técnico ataca contra o bloqueio. É conveniente que o executante tenha tem-

po para realizar o movimento correto, sem pressa. Para isso, o professor-treinador é quem controla o ataque, deixando que o aprendiz preocupe-se apenas com a coordenação das passadas, a frenagem, o salto e a invasão de braços e mãos. O tempo de bola será inserido posteriormente.

Educativos e formativos:

- É necessário critério por parte do técnico para precisar em que etapa da sequência está ocorrendo o erro. A exemplo da cortada (outra habilidade seriada), pode haver equívoco no diagnóstico, caso não seja observado com precisão em que fase ele se dá.
- Qualquer desvio do padrão motor deve ser prontamente corrigido, isolando o aluno-atleta e fornecendo-lhe educativos apropriados.
- Filmagens do próprio executante são altamente positivas como *feedback*, principalmente no caso do bloqueio, para que o executante visualize sua ação e possa corrigir os desvios que nem sempre são percebidos ou sentidos, em especial na fase aérea. Talvez o bloqueio seja a habilidade específica em que o iniciante (e mesmo o aluno-atleta pronto) tenha mais dificuldade para se valer de *feedbacks* internos.

Automatização:

- A fixação do bloqueio deve preconizar a coordenação total do movimento, desde a posição básica até a queda. É possível fracionar os momentos de execução e insistir na correção específica de um erro pontual, porém a automatização só se dará com a cadeia completa.
- Busque variar a direção dos deslocamentos nessa fase, evitando a fixação primeiro para um lado, depois para o outro, mesmo que o aluno-atleta apresente mais dificuldade para um dos lados.
- A automatização deve ocorrer a partir de levantamentos altos, em que haja tempo para que o aluno-atleta encadeie toda a sequência, sem pressa.

Aplicação:

- No minivôlei, um salto simples já tentava de algum modo intimidar o atacante mais habilidoso do lado contrário, assim como as formas iniciais de jogo seis contra seis também utilizavam os bloqueios para tentar impedir junto à rede ataques fortes que inviabilizariam a defesa. Mesmo saltos para interceptar bolas mal recepcionadas ou levantadas que se dirigem à própria quadra podem ser considerados precursores do bloqueio mais elaborado, que a partir de agora começa a fazer parte do arsenal motor do praticante.
- É importante que a vivência do bloqueio em situação real de jogo se dê a partir do sistema de jogo 6x6 com o levantamento da posição 3. Em princípio, o responsável por essa ação é o jogador central, que, pela proximidade da rede, desloca-se tanto para a direita quanto para a esquerda e realiza a ação individualmente.
- Depois, quando se adota o 6 x 6 com o levantamento da posição 2 e os jogadores de rede mantêm-se próximos a ela enquanto a bola está com o adversário, o bloqueio simples é realizado pelo central para as bolas pelo meio e pelo da posição 2 para os ataques realizados pela posição 4 contrária, ficando o bloqueador 4 com as largadas do levantador e com os ataques pela posição 1 (quando este for inserido).
- A principal adaptação ocorre quando o sistema 6 x 6 com infiltração pela posição 1 é aplicado. Nos coletivos, a variedade de ataques estende-se por toda a rede e os bloqueadores podem aplicar as passadas já treinadas em condições que exigem mais atenção e amplitude de deslocamento.
- Nas CCI, quando a aprendizagem do bloqueio tem início, será comum que alguns

aprendizes não consigam chegar aos locais de realização do bloqueio com apenas uma passada cruzada. Nesses casos é possível incluir a combinação com mais uma cruzada para completar o deslocamento desejado.

- Todas as situações mencionadas podem ser desenvolvidas em exercícios de quadra em que duas ou três colunas de alunos-atletas atacam contra bloqueadores. Os treinadores podem também simular ações sobre mesas, nessas mesmas circunstâncias.
- É importante esclarecer aos atacantes que o exercício visa ao treinamento do bloqueio, e não do ataque, orientando-os a atacar contra os bloqueadores, que devem fazer a parte deles: deslocar-se; posicionar-se corretamente; montar a plataforma de bloqueio adequadamente; e aguardar a chegada da bola. Quando não fica claro o objetivo da sessão, os atacantes tentam desvencilhar-se do bloqueio, e este, não obtendo sucesso, passa a movimentar braços e mãos, desvirtuando completamente o gesto técnico.

Visando à eficácia dos deslocamentos possíveis e à facilitação para as montagens coletivas de bloqueio a serem utilizadas posteriormente, adotamos a seguinte ordem de aprendizagem do fundamento em associação com as movimentações específicas, de acordo com a divisão citada anteriormente:

1. Movimentações específicas básicas:
   - Cruzada.
   - Lateral simples.
   - Cruzada + lateral simples.
   - Frontal.
2. Movimentações específicas secundárias:
   - Lateral simples + lateral simples.
   - Saltito.
   - Cruzada + saltito.
   - Lateral simples + saltito.

Seguindo o processo de aprendizagem do bloqueio a partir da passada cruzada, toda a sequência será repetida para cada tipo de deslocamento, sem, no entanto, estender-se. A experiência da primeira movimentação específica abrevia o aprendizado do bloqueio a partir das demais passadas.

A passada cruzada é a primeira opção para levar o bloqueador às extremidades da rede e também para anteceder uma eventual passada lateral simples complementar. A lateral, por sua vez, serve a deslocamentos curtos e a ajustes complementares, nesse caso para conduzir o bloqueador ao local de execução do fundamento e equilibrá-lo para uma ação mais eficiente. Ambas constituem a base de movimentação do bloqueio e serão as mais utilizadas também na categoria adulta. O domínio desses deslocamentos capacita o executante a realizar o bloqueio em toda a extensão da rede, independentemente da posição em que o ataque adversário ocorre.

Em termos metodológicos, consideraremos o desenvolvimento das passadas cruzada, lateral e a combinação cruzada + lateral como a etapa básica de aprendizagem do bloqueio. O aprendiz deve, ao final dela, não apenas realizar com desenvoltura essas três passadas, mas sobretudo discernir a respeito de quando utilizar cada uma delas.

Ao final da C13, o bloqueio em sua variação ofensiva deve ter sido ensinado a partir de suas formas básicas de deslocamento, tanto isoladamente quanto em combinação. A etapa de aperfeiçoamento propriamente dita tem início após a automatização dessas movimentações. Enquanto se promove a automatização do bloqueio a partir da movimentação cruzada, é iniciada a aprendizagem do bloqueio a partir da passada lateral simples. Retoma-se então a sequência pedagógica completa, agora com esse novo tipo de deslocamento. A distância a ser percorrida deve ser diminuída, para que o aprendiz realize apenas uma passada lateral ampla, porém bem equilibrada.

Iniciada a automatização da passada lateral simples, promove-se a alternância das movimentações, uma vez a passada cruzada, outra a lateral, ora para a direita, ora para a esquerda. Posteriormente, deve-se permitir que a escolha da passada seja do próprio executante, dependendo da distância a que ele se encontra do local onde será realizado o ataque. Todo o processo é retomado, agora com a combinação das passadas cruzada + lateral simples, até sua inclusão nos últimos exercícios, em que o executante faz a escolha mais adequada dependendo da distância que tem de percorrer.

Ao final, é ensinada a movimentação frontal. Apesar de diferir quanto à dinâmica de deslocamento das demais, esse tipo, quando automatizado, passa a ser a primeira opção para as bolas altas de extremidade.

Como a velocidade ofensiva começa a se intensificar e as movimentações específicas secundárias começam a ser ensinadas, o deslocamento frontal diferencia-se dos demais e passa a ser o preferido sempre que houver tempo para empreender um bloqueio mais alto e potencialmente ofensivo.

Com as movimentações específicas básicas automatizadas e fazendo parte do acervo dos alunos-atletas, é possível promover o ensino do bloqueio coletivo, sem correr riscos de contusões e com maiores possibilidades de alcance da excelência. A combinação entre movimentações específicas básicas + bloqueio ofensivo associa-se diretamente aos sistemas de jogo iniciais do seis contra seis das categorias competitivas intermediárias, ou seja, o 6 x 6 e o 4 x 2, este antes de as formações ofensivas tornarem-se mais complexas.

Após enfatizar os deslocamentos específicos básicos e baseá-los na forma ofensiva do bloqueio, tanto para a ação individual quanto para a coletiva, tem lugar o ensino das movimentações secundárias e, quase de imediato, o bloqueio defensivo, contextualizando-o às circunstâncias de jogo e ao momento oportuno de sua inclusão no arsenal técnico individual. O uso do bloqueio defensivo faz-se necessário tão logo o jogo ganha velocidade ofensiva, impedindo os bloqueadores de chegarem sempre a tempo de tentar o ponto imediato.

Enquanto o tipo de passada já aprendido é aperfeiçoado, os novos deslocamentos são ensinados e, logo em seguida, associados àqueles. O aperfeiçoamento caracteriza-se sobretudo por conceder autonomia ao aluno-atleta na escolha fundamentada da melhor forma de deslocamento e de bloqueio (ofensivo ou defensivo).

Já o treinamento refere-se ao desenvolvimento da eficácia do elemento de jogo, enfatizando características particulares que interferem diretamente no atingimento da excelência de sua aplicação às múltiplas situações possíveis em um jogo.

A aprendizagem das movimentações específicas secundárias segue as mesmas orientações, guardadas as particularidades de cada uma. Em razão das experiências anteriores acumuladas, o processo não precisa ser tão fracionado, caso o professor-treinador perceba desenvoltura por parte dos aprendizes.

Quando o aluno-atleta dispuser de todos os tipos de deslocamento para realizar o bloqueio, deve-se igualmente promover a alternância das movimentações. Para isso, pode-se colocar dois auxiliares sobre bancadas separadas (uma mais próxima e outra mais distante do bloqueador), de sobre as quais será desferido um ataque definido antecipadamente, porém apenas a tempo de o bloqueador promover a escolha mais adequada de deslocamento.

Como o processo de aprendizagem foi baseado na passada cruzada, vamos então às características peculiares das demais movimentações.

Passada lateral simples

A passada lateral é usada isoladamente para cobrir pequenas distâncias ou como complemento para um melhor ajuste (Figura 2).

- Durante a passada lateral simples, o corpo é mantido absolutamente equilibrado e ereto.
- O afastamento da perna deve ser extremamente preciso, para posicionar o corpo do bloqueador no local exato em que ele deverá saltar.
- No deslocamento lateral, a perna correspondente ao lado para o qual o executante se desloca chega antes e realiza o breque praticamente sozinha, enquanto a outra somente se junta a ela depois.

- Aquela apoia-se ainda estendida e imediatamente semiflexiona-se, enquanto a que chega depois já se prepara para o salto ao apoiar-se.
- As pernas mantêm-se afastadas à linha dos ombros.

Cruzada + lateral simples

Em geral, as movimentações combinadas são constituídas de uma primeira mais ampla, responsável por conduzir o executante o mais próximo possível ao local do salto, e uma segunda que serve de ajuste para que o bloqueador se posicione corretamente diante do atacante (Figura 3).

- A combinação cruzada + lateral simples é usada em deslocamentos longos, quando há tempo para um ajuste final.
- Conscientemente, o bloqueador ganha distância com a passada cruzada mais ampla e leva a perna correspondente à direção para a qual ele se desloca (que ficou atrás no cruzamento das pernas) à região exata onde realizará o salto.
- Enquanto a cruzada conduz o bloqueador com velocidade e certo desequilíbrio para a dirceção desejada, cabe à segunda passada o reequilíbrio do corpo, por meio da frenagem.
- É a última passada também que proporcionará o salto vertical e de máximo alcance, precisando, para isso, preparar-se adequa-

Figura 2   Deslocamento em passada lateral simples e bloqueio (de frente).

Figura 3   Deslocamento em passada combinada – cruzada + lateral simples e bloqueio (de frente).

damente já no momento de apoio do primeiro pé no chão.

Frontal

O deslocamento frontal é quase idêntico – até a saída do executante do chão – ao que é realizado para a cortada (Figura 4).

- Guardando a posição básica própria do bloqueio, o executante, com base na interpretação das circunstâncias, percebe que o levantamento não ganhará tanta velocidade e permitirá que ele opte pelo deslocamento de frente para chegar à bola que certamente será levantada para uma das extremidades.
- O primeiro passo é sempre com a perna correspondente ao lado para o qual o bloqueador se dirige, simultâneo ao giro de corpo que o coloca de lado para a rede.
- O segundo passo deve ter a maior amplitude possível, pois ele levará o bloqueador ao local em que realizará o salto.
- Ou seja, se o bloqueador for para a direita, a perna direita se afasta lateralmente, dando espaço para que a esquerda realize a segunda e mais ampla passada. O deslocamento é completado com a chegada da perna direita, que promoverá a frenagem e, juntamente com a esquerda, na sequência, o salto.

- O terceiro passo leva aquela perna junto desta, com a finalidade de preparar o salto. O pé deve apontar obliquamente para a rede, enquanto os membros inferiores flexionam-se e os braços são levados para trás (como na cortada).
- No deslocamento de frente, a exemplo do cruzado, o pé correspondente ao lado para o qual se vai avança um pouco em relação ao outro na última passada, voltando a ponta para a rede e freando o deslocamento.
- Na corrida de frente, o uso dos braços para o salto assemelha-se ao da cortada, sendo levados estendidos para trás do corpo e vigorosamente estendidos à frente do corpo e para o alto, girando sobre os ombros.
- Imediatamente após o salto (com o auxílio dos braços), o corpo gira para colocar-se de frente para a rede.
- O braço que está mais próximo da rede aproxima-se primeiro e serve de referência para o outro, que deve depois guardar a mesma distância da fita, antes que o ataque seja realizado.
- A contração da musculatura de tronco, sobretudo o *core*, é responsável pelo equilíbrio na fase aérea.
- Apesar do processo de aprendizagem se basear no deslocamento a partir da posição 3, este tipo de bloqueio é também utilizado pe-

Figura 4   Deslocamento de frente e bloqueio (de frente).

los bloqueadores das extremidades. Com passadas mais curtas ou mesmo eliminando a primeira passada, o executante consegue ganhar mais altura para o embate com o atacante.

Por guardar diferenças significativas em relação aos deslocamentos anteriores, sugerimos o processo pedagógico para a aprendizagem do bloqueio a partir do deslocamento frontal. Após a apresentação do fundamento realizado com o novo deslocamento prévio, vai-se dire tamente à sequência pedagógica, enfatizando-se em separado as etapas de movimentação específica, breque, salto e contato com a bola. Tal diferenciação é importante, pois há particularidades no encadeamento dessas fases que não podem ser subestimadas.

- A movimentação específica desse tipo de bloqueio guarda estreita semelhança com o deslocamento utilizado para a realização da cortada, com a diferença de que é feito paralelamente à rede e envolve um giro de corpo na fase aérea, para posicioná-lo de frente para esta.
- No entanto, não permita que o executante inicie o deslocamento já de lado para a rede, obrigando-o a guardar a posição básica inicial de frente para a quadra contrária.
- Mesmo sendo um gesto motor facilmente transferível, convém realizar movimentações sem bola, ao longo da rede, enfatizando o uso dos braços para a impulsão.
- A frenagem é realizada de lado para a rede, e o pé mais distante da rede projeta sua ponta para a linha central, ficando cerca de 45° em relação a esta. O salto deve ser vertical e o giro de tronco que posicionará o executante de frente para a rede, incluído já nessa fase. Convém também isolar esse momento e fazer que o aprendiz salte dessa posição e realize e giro apropriado.
- Ao associar o salto, cuide para que o aluno-atleta não se projete à frente (diferentemente da cortada, não há um componente horizontal) e aterrisse sempre de frente para a rede.
- Com ataques do chão, o professor-treinador lança a bola alto o suficiente para que o aluno-atleta execute todos os gestos que compõem o movimento e realize o bloqueio.
- Ainda com ataques do chão feitos pelo treinador, deve-se variar a velocidade dos lançamentos, para que o bloqueador adapte o tempo de execução e a velocidade das passadas. Lembre-se, no entanto, que esse tipo de passada é utilizado para bolas em que há tempo suficiente a todo o desenvolvimento da ação.
- A sequência inclui ataques do alto de bancadas, sempre com tempo apropriado de chegada.
- Ataques reais devem ser realizados inicialmente a partir de passes deficientes e levantamentos altos.
- Posteriormente, a variação de levantamentos deve levar em conta todas as possibilidades – longe ou próximo da rede, vindos de junto da rede e, em especial, da zona de defesa.

O bloqueio a partir do deslocamento frontal passa a ser a forma preferida, diante de levantamentos altos, para chegar às extremidades em condições de conseguir o ponto.

À medida que os confrontos coletivos tornam-se mais dinâmicos e as táticas ofensivas, mais velozes, mais os bloqueadores são exigidos e menos eles conseguem chegar aos locais com as movimentações básicas, em perfeito equilíbrio e em condições de realizar o bloqueio ofensivo. Este é o momento em que as movimentações específicas secundárias são ensinadas e a forma defensiva passa a servir de alternativa diante da impossibilidade de tentar o ponto imediato.

Quase simultaneamente à aplicação do bloqueio com o deslocamento frontal, as movimentações específicas secundárias são incluídas e passam a ser utilizadas para as bolas mais velozes, sobretudo as de extremidade, em que as básicas não podem ser empregadas. É preciso que fique claro, no entanto, que sempre a preferência recai sobre as básicas, sendo utilizadas as secundárias apenas em caso de necessidade.

Lateral simples + lateral simples

Essa combinação serve para bolas levantadas próximas ao local onde o bloqueador se encontra, diante de uma situação em que ele não conseguiu chegar ao local exato com apenas uma passada nem empreender a cruzada, em geral por conta de fintas individuais ou coletivas, preocupação com uma largada de segunda, etc.

- Nem sempre há uma relação entre ambas, sendo às vezes a primeira mais ampla e a segunda, um ajuste; ou ambas mais curtas e ritmadas, de modo a permitir que o corpo se equilibre diante do atacante.
- O importante é que o bloqueador não perca o equilíbrio nem se deixe surpreender pela necessidade de saltar quando está na transição entre uma e outra passada.
- Ver, logo em seguida, observações específicas para marcação da china no item "Treinamento".

Saltito

É um recurso extremo de chegada ou ajuste, aplicado quando a dinâmica ofensiva de jogo torna-se veloz e múltipla. É utilizado geralmente após uma passada (ou uma tentativa de deslocamento) que não se completou ou não conseguiu colocar o bloqueador diante do atacante. Emergencial, pode ser resumidamente explicado como um pequeno salto na ponta dos pés que conduz o bloqueador ao local desejado.

- Distante ainda do local ideal de salto, o bloqueador percebe que não há tempo para empreender mais uma passada.
- Assim que termina a passada que o levou até ali, realiza um pequeno salto em direção ao local ideal.

- Dependendo da situação, o saltito pode ser feito em apenas um dos pés, mas o ideal é que, sempre que possível, o bloqueador apoie ambos os pés no chão para saltar mais equilibrado e com mais condições de ganhar altura, sem passar do ponto.
- O saltito é imediato ao último apoio do bloqueador com o solo.
- Apesar de ser realizado na ponta dos pés, o ideal é que o bloqueador consiga apoiar os calcanhares para realizar o salto derradeiro.
- Esse detalhe permite um maior ganho de altura e evita desequilíbrios que podem provocar o choque dos bloqueadores.

A aprendizagem do bloqueio a partir do saltito (isolado e combinações) não obriga a retomada de todo o processo, pois a apreensão por parte dos atletas dessa nova variante é muito mais rápida com a vivência acumulada.

- Às vezes é necessário retomar os exercícios propostos anteriormente a partir de ataques do chão com a rede mais baixa, mas apenas para aqueles que demonstrarem dificuldade com a nova passada.
- De início, o saltito é ensinado isoladamente.
- Depois, a combinação dele como ajuste após uma primeira passada cruzada.
- Por último, inclui-se a combinação lateral + saltito.
- O saltito e as combinações são próprios para levantamentos rápidos, porém convém iniciar a aprendizagem com levantamentos mais lentos e acelerá-los aos poucos, cabendo aos bloqueadores atrasar o início do deslocamento nos primeiros exercícios.

Cruzada + saltito

Guarda as mesmas considerações feitas anteriormente em relação à primeira passada. Exige, porém, um pouco mais de velocidade do bloqueador na transição entre elas, pois não lhe dá tempo para afastar as pernas no último momento, apenas realizar um rápido salto para o local do bloqueio.

- Após a primeira passada cruzada, o executante leva os dois pés para a região do salto, preenchendo o espaço que falta para chegar ou junto do bloqueador da extremidade ou à frente do atacante.
- O saltito deve proporcionar a frenagem do movimento horizontal do deslocamento iniciado, por isso o corpo fica ligeiramente oblíquo ao solo, para permitir a frenagem (lateral + lateral).
- Diferentemente da combinação anterior, não é possível semiflexionar as pernas para ganhar o máximo alcance possível.
- Assim, a extensão de tornozelos é quase sempre a maior responsável pelo ganho de altura do bloqueador.
- Por esse motivo, o apoio dos calcanhares é determinante para o salto e para o equilíbrio corporal.

Lateral + saltito

Usada em uma situação parecida com a anterior, porém com mais velocidade. Valem todas as observações referentes ao saltito feitas nos parágrafos anteriores.

APERFEIÇOAMENTO

O aprimoramento do bloqueio é parte continuada à aprendizagem, pois uma de suas principais metas é a aquisição de ritmo e adaptação às ainda básicas formas de jogo. À medida que a dinâmica tática se aprimora, o aperfeiçoamento é crucial para que o aluno-atleta adapte-se às novas exigências, mas sempre com base nas movimentações específicas aprendidas e dentro da prioridade estabelecida para as diferentes circunstâncias. É nessa etapa que ocorre, ainda, a padronização das passadas de acordo com as distâncias a serem percorridas e também a aprendizagem de duas formas que começam a ser necessárias e possíveis: o bloqueio coletivo e o defensivo.

Tão importante quanto aprender e dispor desse arsenal de tipos de movimentação e combinações associadas ao bloqueio é saber escolher a forma mais adequada para deslocar-se. O tipo de passada a ser utilizado para se chegar ao local onde será realizado o bloqueio está relacionado sobretudo à distância a que o bloqueador se encontra desse ponto e à disponibilidade de tempo para chegar a ele. Consideremos, em princípio, a seguinte classificação de distâncias para diferenciar posteriormente o tipo de passadas recomendado para cada situação:

- Grandes distâncias: 3,5 m a 4,5 m.
- Médias distâncias: 2 m a 3,5 m.
- Pequenas distâncias: 0,5 m a 1,5 m.

A. Para cobrir grandes distâncias, sobretudo a partir do centro da rede, deve-se obedecer a ordem de preferência a seguir:
   1. Frontal.
   2. Cruzada.
   3. Cruzada + lateral simples.
   4. Cruzada + saltito.

A prioridade dada ao deslocamento frontal justifica-se pelo fato de ele proporcionar maior ganho de impulsão. No entanto, a dinâmica dessa movimentação – o giro inicial do bloqueador para ficar de lado para a rede, o amplo movimento de braços para auxiliar na impulsão e o reposicionamento do corpo de frente para a rede após o salto – despende um tempo que pode comprometer o sucesso da ação em casos de levantamentos mais rápidos. Assim, a utilização do deslocamento frontal, apesar de ser ideal, nem sempre é possível quando o passe chega às mãos do levantador adversário e este impõe velocidade ao jogo.

Dessa forma, a passada cruzada é a mais utilizada para cobrir grandes distâncias diante de formações ofensivas mais velozes. Dependendo da amplitude da passada do bloqueador e da distância a ser percorrida, uma passada cruzada basta para chegar ao local de ação. Quando ela não é suficiente, a complementação é realizada preferencialmente com uma passada lateral simples, que ajustará o posicionamento do executante e o colocará diante do atacante.

É fundamental, no período de aperfeiçoamento, que se padronize a saída do bloqueador, independentemente da posição ocupada, com a passada cruzada. Além do ganho de tempo com tal priorização, essa medida evita trombadas e pisões nos bloqueadores da extremidade que se aproximam do centro da quadra para o bloqueio agrupado nas CCA.

A escolha pelo deslocamento combinado de passada cruzada + saltito ocorre em situações em que o bloqueador, contra levantamentos rápidos, não conseguirá chegar a tempo se não utilizar o saltito para impulsioná-lo de imediato ao local correto. Enquanto a primeira passada o levará mais próximo ao local de ataque, o saltito promoverá o ajuste mínimo para que a impulsão seja tomada no ponto apropriado.

O mais importante é que o aluno-atleta tenha consciência e domínio de todas as formas de deslocamento e consiga optar pela ideal, a partir da interpretação das circunstâncias (qualidade da recepção ou defesa adversárias, velocidade do levantamento, distância entre levantador e atacante, etc.). O professor-treinador deve cobrar em treinos e jogos a escolha mais apropriada e corrigir eventuais dificuldades.

B. A preferência entre os tipos de passada para percorrer distâncias entre 2,0 m e 3,5 m segue essa ordem:
   1. Frontal.
   2. Cruzada.
   3. Cruzada + lateral simples.
   4. Cruzada + saltito.
   5. Lateral simples + lateral simples.
   6. Lateral simples + saltito.

As médias distâncias são cobertas sobretudo pelos bloqueadores das extremidades, ou quando ajudam efetivamente os centrais em bolas atacadas pelas posições 3 e 6, ou quando vão até junto da antena para lá saltarem contra o atacante correspondente à posição em que se encontram. Os bloqueadores de meio de rede também percorrem médias distâncias, seja em bolas levantadas mais curtas para as extremidades, seja depois de terem acompanhado um atacante na mesma direção – por exemplo, antecipar-se para uma chutada de meio e continuar para uma chutada na ponta que chega próxima à antena.

Pelas mesmas razões, o deslocamento de frente é indicado, sempre que possível, também para cobrir médias distâncias. Quando houver tempo disponível – bolas mais lentas –, os bloqueadores devem se valer da impulsão com o uso dos braços. Porém, diante da impossibilidade constante de utilizar esse deslocamento nas CCA, o mais indicado é que, contra passes precisos e ataques rápidos do adversário, a movimentação seja iniciada com uma passada cruzada. Em comparação com a passada lateral simples, ela proporciona coordenação coletiva mais apurada entre os bloqueadores centrais e os que estão posicionados a seu lado. Sincronizados, realizam, então, ambos a passada cruzada, sem que o central pise no pé do da extremidade que tenha realizado apenas uma passada lateral (deixando um dos pés no meio do caminho). Para médias distâncias, uma única passada cruzada é suficiente para conduzir os mais altos aos locais em que realizarão o bloqueio.

Quando não é possível chegar ao local desejado com apenas uma passada cruzada, acrescenta-se uma passada lateral simples ou um saltito para o ajuste final. A primeira opção é mais recomendada, pois proporciona mais equilíbrio e precisão do salto, porém, contra levantamentos mais rápidos, nem sempre há tempo para que o ajuste seja feito com uma passada lateral simples; nesse caso, o saltito leva o bloqueador ao local do salto com mais velocidade.

Nas CCA, à medida que as combinações ofensivas ganham rapidez e complexidade, muitas vezes o bloqueador – geralmente o central – precisa acompanhar o atacante adversário de velocidade com uma passada lateral, para não ser surpreendido por um eventual levantamento a esse jogador. Surpreendido por outra opção do levantador, o bloqueador é obrigado então a empreender novo deslocamento em direção à região de ataque, que pode ser mais próximo da região para a qual ele se deslocou anteriormente – por exemplo, deslocou-se para um tempo-costas, mas a bola foi levantada para a posição 1 ou 2. Nessas circunstâncias, a escolha recai sobre um deslocamento que nem sempre é o ideal, mas o único possível. Nesses casos, a primeira passada lateral deve ser seguida por um ajuste posterior que pode ser com mais uma lateral ou com um saltito.

C. Para pequenas distâncias deve-se priorizar:
1. Lateral simples.
2. Lateral simples + saltito.
3. Saltito.

As bolas rápidas atacadas pela região central da rede e as movimentações ofensivas combinadas exigem atenção dividida do bloqueador central, que não raro precisa abandonar uma opção que parecia mais provável e dirigir-se a outro atacante. Isso exige velocidade de deslocamento e passadas curtas que o posicionem diante do oponente. Os bloqueadores que atuam nessa posição também percorrem pequenas distâncias quando o levantamento é realizado próximo à posição em que estão, sendo necessária apenas uma passada lateral precisa para posicioná-los adequadamente. Sempre que possível, a passada lateral simples deve ser utilizada, pois proporciona maior amplitude e equilíbrio.

Todavia, nem sempre há tempo para isso ou a distância a ser percorrida não foi totalmente coberta pela passada lateral inicial. Nesse caso, o saltito posterior leva o executante diretamente ao local de ação. Em último caso, não há nem mesmo tempo para empreender a passada, restando ao bloqueador saltar da posição em que está em direção ao local de ataque.

Nos bloqueios agrupados das CCA, os bloqueadores de extremidade valem-se desse último recurso para ajudar os centrais contra os atacantes de bolas rápidas, sobretudo as de tempo e as pela posição 6.

Variações do bloqueio

Durante os períodos de aperfeiçoamento e treinamento são ensinadas algumas variações do bloqueio propriamente dito. Elas são decorrentes das mudanças da forma de jogo praticadas pelo grupo, que se tornam mais complexas, e da maturidade motora, que permite agregar novas modalidades do fundamento como elemento de jogo.

As variações abordadas a seguir são: bloqueio coletivo, bloqueio defensivo, bloqueio em projeção e bloqueio agrupado. Cada uma tem seu tempo apropriado para ser inserida no PF-CAAD, o que será detalhado quando forem abordados.

Bloqueio coletivo

Tão logo os alunos-atletas apresentam domínio pleno das movimentações específicas básicas, sem desequilíbrio, e aprendem a saltar e aterrissar no mesmo local, é possível introduzir, sem riscos, o bloqueio coletivo, em princípio o duplo. A inserção do bloqueio conjunto é na verdade um aperfeiçoamento do elemento de jogo. Apesar de parecer apenas uma associação de movimentações individuais, há um componente decisivo na transição do bloqueio simples para o duplo, a sincronia temporal e espacial dos executantes envolvidos na ação conjunta. A introdução do bloqueio duplo pode se dar na C13, mas é efetivamente na C14 que ele ganha possibilidades de aplicação mais eficiente. Por essas razões, propomos um passo a passo também para a introdução desse novo expediente.

Caso algum aluno-atleta esteja defasado em relação à qualidade motora apresentada pelos demais, ele deve adquirir o padrão adequado para participar do bloqueio conjunto, sem colocar em risco a integridade física dos companheiros ou comprometer a eficiência da ação. A evolução dos bloqueios coletivos acompanha o aprimoramento do arsenal técnico ofensivo individual e coletivo.

Sua aprendizagem inicia-se com a composição do duplo bloqueio e para ambos os lados, indistintamente. O bloqueio triplo faz parte de uma etapa posterior que será comentada na sequência.

- Inicie o processo com movimentações ao longo da rede e sem a utilização de ataques de qualquer tipo. No entanto, haverá a obrigatoriedade de as passadas serem cruzadas, tanto para os de extremidade quanto para os que saem da posição 3. Essa etapa, apesar de parecer primária, é importante para que se determine não apenas a coordenação das passadas, mas também a uniformidade da plataforma de bloqueio que se deseja construir.

- Nesse momento, o professor-treinador deve promover o ritmo e a sincronia da movimentação conjunta e corrigir o posicionamento de mãos e braços, de modo a dar o parâmetro almejado de simetria.
- Grupos de cinco ou sete bloqueadores que ocupam as três posições da rede e se revezam em todas elas são bastante interessantes a esse fim. O bloqueador central que se deslocou para a posição 2 permanece aí, enquanto o que estava na posição 2 vai para o final da coluna central; o segundo da coluna central desloca-se, então, para realizar o bloqueio na posição 4, e, após o salto, o central permanece ali e o que ocupava a posição 4 vai para o final da coluna; e assim por diante (Figura 5).
- Após o grupo realizar com desenvoltura e sincronia deslocamentos para ambos os lados de maneira homogênea, inclui-se então a bola, porém sem as movimentações prévias.
- O professor-treinador (primeiro do chão e depois do alto de mesas) ataca contra o bloqueio formado por dois alunos-atletas. O isolamento do salto e do contato com a bola, sem a movimentação prévia, é importante porque a presença da bola pode modificar a montagem da plataforma anteriormente estabelecida.

- Depois, inclui-se a movimentação apenas do jogador que chega da região central, permanecendo o bloqueador da marcação parado onde será realizado o bloqueio. O salto deste precisa ser coordenado com a chegada do companheiro.
- O ataque do professor-treinador deve buscar primeiro a montagem da plataforma uniforme do bloqueio duplo, ou seja, entre o braço de dentro do bloqueador da extremidade e o do central que chega para compor o duplo.
- Após ter certeza que a composição dessa junção começa a se dar de forma apropriada, os ataques devem buscar os outros braços e mãos que compõem a plataforma de bloqueio, pois a tendência é que a preocupação excessiva de ambos em fechar o espaço entre eles desguarneça as laterais.
- Os ataques prosseguem com ambos os bloqueadores deslocando-se.
- Os exercícios sem bola continuam pontuando os treinamentos, mesmo que seja apenas no aquecimento. A composição sincronizada do bloqueio duplo deve ser automatizada para os dois lados. O abandono desse tipo de estímulo leva à perda da sincronia e do ritmo, pois a amplitude, a velocidade de deslocamento e a potência de salto modificam-se com o tempo e com a treinabilidade e precisam ser reajustadas em termos coletivos.
- Depois, os treinos são complementados com ataques pelas extremidades simulados – primeiro com o professor-treinador lançando para si e atacando, depois com levantamentos –, até chegar a ataques reais.

Quando tem início a formação coletiva de bloqueio, é comum que haja colisões entre os bloqueadores. Na fase de transição do bloqueio simples para o duplo, pode-se orientar os bloqueadores, já nos exercícios de aprendizagem, a olhar para os pés do companheiro a fim de localizar o ponto ideal para o salto. Não utilize o bloqueador que faz a marcação apenas como referência estática – sem saltar –, pois um leve desequilíbrio do bloqueador que se

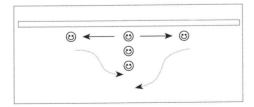

Figura 5   Esquema de bloqueio.

desloca pode levá-lo a pisar no pé do companheiro e contundir-se. Comunicação oral entre os dois executantes, com o objetivo de marcação do ritmo das passadas, enquanto realizam o deslocamento, também auxilia na coordenação das ações.

Outra característica relevante no bloqueio coletivo é a distribuição de funções, algo inexistente no ato individual até então utilizado, em que a responsabilidade de interceptar o ataque adversário recai exclusivamente sobre o único executante. O bloqueio deixa de ser simplesmente um salto vertical junto à rede para ser uma ferramenta eficiente e com consequência coletiva para anular a tentativa adversária de pontuar. Todavia, tais informações já devem começar a ser dadas antes da montagem coletiva, levando o bloqueador solitário a analisar e a posicionar-se de acordo com a maior possibilidade de sucesso do adversário.

A responsabilidade de quem atua na extremidade da rede é considerada a mais importante para a montagem do bloqueio coletivo. Cabe a esse jogador a marcação do ataque teoricamente mais forte do oponente. Antes de dar início à montagem coletiva do bloqueio, é necessário aprimorar e levar ao nível consciente a função tática do bloqueio. Assim, o jogador que está mais próximo ao local em que será realizado o ataque é chamado de "bloqueador de marcação", enquanto o que chega depois para juntar-se ao primeiro é denominado "bloqueador de composição".

Para posicionar-se de maneira correta e servir como primeiro obstáculo a ser transposto pelo atacante, é preciso que o bloqueador de marcação tenha a percepção para colocar-se diante não apenas da trajetória da bola, mas da possibilidade mais forte de sucesso do oponente.

Fundamentalmente, os braços devem permanecer estáticos, para oferecer referência de posicionamento ao companheiro que comporá o bloqueio e aos defensores, que dependem do posicionamento daqueles para distribuírem-se em quadra. Salvo casos em que o confronto é individual e a chance do atacante pontuar é flagrante, o bloqueio compõe a tática defensiva coletiva e deve ser realizado de maneira a contribuir para sua plena eficiência e organização. Na etapa de aperfeiçoamento essa postura tem de se tornar regra e hábito.

A melhor referência para o bloqueador é deixar em linha reta a mão do atacante, a bola e suas mãos. Modificações acontecerão por conta da evolução técnica e da capacidade de análise do atleta, além de determinações táticas específicas para cada jogo e atacante. Em razão da imensa variabilidade de fatores envolvidos no posicionamento correto, somente os exercícios aproximados à realidade de jogo, com ataques reais e sequências completas de passe/levantamento/ataque levam à assimilação e eventual correção. Se o *feedback* interno não estiver auxiliando na correção, filmagens do fundo da quadra podem orientar os alunos-atletas. Verifique também se o erro está na análise, na escolha do deslocamento, na frenagem ou no desequilíbrio e retome a utilização de educativos para sanar o desvio notado.

Apesar de centrarmos a atenção no gesto de bloqueio em si, é necessário pensar na organização coletiva dos três jogadores de rede que se posicionam junto a ela, à espera da definição do ataque adversário. Os três possíveis bloqueadores devem estar prontos tanto para bloquear quanto para assumir a função de defender. Imediatamente à definição do levantamento, aquele(s) que não bloquear(em) deve(m) se afastar e posicionar-se rapidamente para ocupar seu lugar na organização tática defensiva. Esse momento de transição faz parte do aperfeiçoamento do bloqueio e pode ser introduzido aos exercícios, mesmo que visando apenas à consciência dessas movimentações.

O bloqueio triplo é incluído como estratégia coletiva primeiro para ataques mais altos vindos da posição 6 e depois para as extremidades, em caso de recepções ou defesas que tirem do levantador adversário outras opções. A montagem tripla para ataques pela região central é facilitada por envolver apenas a movimentação das duas extremidades, enquanto a ida para as pontas requer muito mais sincronismo entre seus participantes.

- Para ataques da posição 6, a marcação da bola forte é sempre do bloqueador central que regula seu posicionamento com passadas laterais simples e curtas de ajuste. Os bloqueadores 4 e 2 aproximam-se dele preferencialmente com apenas uma passada cruzada, ampla e precisa, e fecham a angulação do atacante para as posições 1 ou 5.
- Na C15, por meio do agrupamento dos bloqueadores é possível chegar com equilíbrio e solidez ao bloqueio triplo pela região central diante de levantamentos mais altos, porém, por conta da velocidade com que essas bolas são atacadas nas categorias subsequentes, nem sempre a composição compacta é possível, o que gera formações por vezes desequilibradas e heterogêneas.
- Em caso de necessidade, os jogadores que chegam para compor o bloqueio triplo pela região central apenas lançam-se (diretamente com um salto ou com um saltito antecedendo-o) para estender os braços em direção às mãos do central e, por meio de uma ação defensiva, tentar diminuir as chances de ataque forte e para baixo em direção às posições 1 ou 5.
- A coordenação do bloqueio triplo para as extremidades começa com a aproximação do trio à região onde será realizado o ataque. Dá-se então o início do deslocamento rumo à posição exata da ação. As passadas são ritmadas e quase sempre de frente, com o objetivo de ganhar maior alcance. O salto é simultâneo e, muitas vezes, coordenado por uma comunicação de voz de um dos bloqueadores.
- Para que as movimentações possam ser amplas – tanto de membros inferiores quanto de superiores –, o salto dos três bloqueadores não é idêntico. O jogador da marcação antecipa-se e salta reto; o segundo bloqueador salta um pouco mais distante do primeiro, mas junta-se a ele no ar graças a uma leve projeção do salto; e o terceiro realiza salto semelhante ao segundo, juntando-se a este, sem deixar espaço entre seus braços e o do companheiro.
- A marcação para bolas de extremidade geralmente é realizada próxima à antena, na maioria das vezes junto desta. No entanto, o bloqueador responsável pela marcação não deve deixar de analisar a qualidade do levantamento, pois aqueles mais curtos precisam ser acompanhados por um posicionamento mais para dentro da quadra, fechando invariavelmente a *passagem da bola para o corredor*.

Bloqueio defensivo

Pelos mesmos motivos das movimentações específicas secundárias, é ensinado nesse mesmo período o bloqueio defensivo. Sem conseguir chegar sempre em condições de conquistar o ponto, o bloqueador deve valer-se de uma estratégia que consiste em amortecer o golpe adversário e proporcionar a oportunidade de a bola ser recuperada por sua própria defesa.

O tipo defensivo será incluído apenas depois de o aluno-atleta ter fixado o padrão do bloqueio ofensivo e mostrar disposição constante para promover a invasão dos braços e buscar o ponto a favor de sua equipe, já que o padrão motor do bloqueio defensivo, ao contrário do que muitos pensam, parte do padrão do ofensivo. Caso ocorra o ensino concomitante, o executante (em especial os mais baixos) pode não buscar com tanto vigor e interesse a invasão dos braços ao espaço aéreo adversário, contentando-se – de maneira equivocada – em elevar verticalmente os braços.

O bloqueio ofensivo deve ser priorizado tanto na ordem de aprendizagem quanto na aplicação em situações de jogo. A escolha pelo bloqueio ofensivo ou pelo defensivo depende não só da diferença de estatura entre os protagonistas da ação, mas também da possibilidade de equilíbrio ou de se chegar à marcação em condições ideais.

No defensivo, os punhos são estendidos ao máximo e as palmas das mãos, dirigidas para o alto e de forma a fazer que a bola, ao tocá-las, seja enviada para uma área de domínio dos defensores da própria equipe. Esta é a única diferença do ponto de vista motor entre os dois tipos (Figura 6).

Assimilada a forma ofensiva, o processo de aprendizagem do defensivo é abreviado:

- Com a rede mais baixa, de modo a permitir que o aluno-atleta estenda os braços acima da rede sem precisar saltar, o professor-treinador (de um ponto mais elevado que o alcance das mãos do aluno) ataca contra as mãos do executante espalmadas para o teto.
- Depois, o aluno-atleta salta somente o necessário para perder o contato com o solo e bloqueia defensivamente um ataque realizado pelo técnico do alto de um banco.
- Idem, com deslocamento prévio variado.
- Idem, com a rede na altura normal.
- Alternar lançamentos altos e baixos, modificando a condição do bloqueador de realizar o bloqueio ofensivo ou defensivo, de acordo com as possibilidades de sucesso diante do atacante.
- Idem, toda a sequência, com ataques reais.

Durante toda a etapa de aperfeiçoamento das diferentes formas de movimentação, tipo e composição de bloqueio, são fundamentais os estímulos para a análise, a interpretação e a resposta oferecidos aos alunos-atletas. O PFCAAD deve levá-los à construção de uma consistente base cognitivo-motora e a uma rica capacidade de análise e interpretação das inúmeras variáveis. Esse processo é enfatizado no aperfeiçoamento e enriquecido de acordo com a evolução do grupo e o enfrentamento de equipes de nível mais apurado.

A leitura do levantamento e das ações adversárias torna-se mais eficaz com a maturidade e a vivência de variadas experiências. A visão do conjunto permite uma análise mais eficiente; no entanto, convém orientá-lo a, no momento do levantamento, não se ater a fintas de corpo do levantador. O importante, caso todas as referências sejam favoráveis aos adversários, é ter a bola como referência e segui-la.

Procure introduzir dois estímulos inicialmente e incrementar aos poucos as ações a serem observadas. Pergunte depois ao executante o que aconteceu do outro lado, o que ele viu, a que ele se ateve, a que ponto deu mais importância, etc. Muitas vezes, a decisão do aprendiz é aleatória, apesar de parecer consciente; cheque a análise e ajude-o a construir suas decisões de forma mais bem elaborada.

Para o desenvolvimento dessas valências, sugerimos exercícios que proporcionem sempre variabilidade das circunstâncias e a consequente tomada de decisão, evitando tarefas repetitivas e sem muita complexidade. Obviamente, a complexidade deve ser compatível com a condição de percepção e reação do indivíduo e do grupo, porém subestimar a capacidade do aluno-atleta o leva à estagnação. Por exemplo, é possível variar os exercícios da seguinte forma:

- Enquanto o próprio professor-treinador estiver lançando e atacando bolas do alto de bancadas, ele deve promover lançamentos variados em altura e proximidade em relação à rede, para que o aprendiz adapte seu salto ao tempo de bola.
- Posteriormente, os ataques passam a ser precedidos por levantamentos altos vindos da região central, mas ainda controlados (por um assistente, por exemplo). O professor-treinador começa atacando do chão (isso

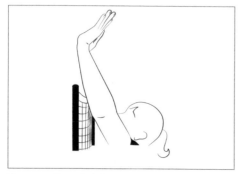

Figura 6   Bloqueio defensivo (de lado).

leva os bloqueadores a invadir o espaço contrário com mais facilidade e constância) e depois do alto de mesas (nunca em altura superior ao alcance dos alunos-atletas).
- Variadas distâncias devem ser percorridas pelos bloqueadores, obrigando-os a fazer a opção pela passada mais apropriada.
- O professor-treinador pode deslocar-se de acordo com o levantamento ou dois treinadores podem posicionar-se lado a lado.
- Variações de levantamento, ataque e posições da quadra devem ser utilizadas de forma criativa e constante.

É durante o aperfeiçoamento também que se deve buscar o mesmo padrão motor para ambos os lados aos quais o executante se desloca. É comum encontrar, mesmo nas categorias adultas, alunos-atletas que realizam a sequência completa do bloqueio de forma harmônica e eficiente para um lado, enquanto para o outro – geralmente para a esquerda –, desvios motores originados na passada ou no breque prejudicam a ação final.

Essa é uma das razões da adoção e da insistência na utilização do sistema de jogo 6 x 6, tanto com o levantamento da posição 3 quanto com o ataque de fundo quando o levantamento é realizado pela posição 2 (ver Capítulo "Preparação Tática") e, depois, com a infiltração da posição 1. Levantamentos para as duas extremidades e não tão acelerados levam o aluno-atleta a desenvolver a movimentação para ambos os lados de maneira habitual e fluida.

Posteriormente, exercícios em que a velocidade dos levantamentos é intensificada gradativamente servem para que os bloqueadores desenvolvam a amplitude e a velocidade das passadas. A alternância de posições de atuação, atacantes a serem enfrentados, distâncias da rede dos levantamentos, etc. leva a resultados mais positivos do que repetições isoladas de apenas um tipo de bola ou somente para determinadas regiões.

Apesar da tendência de que os treinos baseiem-se em ataques efetivos, sessões com ataques de planos mais altos são importantíssimas.

A aquisição e manutenção de ritmo e regularidade das passadas é base para os ganhos posteriores individuais e coletivos e para a fixação coletiva do fundamento. Essa dinâmica começa a desenvolver no aluno-atleta também o discernimento em relação ao tipo de passada a ser utilizado para os diferentes tipos de levantamentos e situações. A organização de treinos desse tipo, apesar de conduzir a situações dinâmicas e semelhantes à realidade de jogo, deve ser sempre seguida por enfrentamentos reais.

À medida que o jogo ganha velocidade e complexidade, o retorno do bloqueador para a função subsequente de contra-ataque deve ser enfatizado e aperfeiçoado, no sentido de oferecer ao aluno-atleta todas as possibilidades de empreender um contra-ataque forte e alto ou um levantamento preciso. O retorno pode ser antecedido por um bloqueio defensivo – o que concede geralmente mais tempo para o reposicionamento – ou por uma defesa sem a interferência direta do bloqueio – o que exige mais velocidade dos jogadores. Ambas as situações devem ser abordadas, assim como o retorno dos bloqueadores de todas as posições possíveis.

O retorno dos bloqueadores-atacantes deve ser imediato à aterrissagem, guardando-se algumas considerações:

- Retorno de costas ou de lado – pelos jogadores de meio até a linha de ataque, no máximo, sempre acompanhando a bola com o olhar e girando o tronco para, na medida do possível, ficar de frente para ela. A movimentação de lado assemelha-se à do bloqueio: cruzada + lateral. Nessa forma, a perna que cruza é a contrária ao lado para o qual a bola se dirigiu, ou seja, se a bola está à direita do bloqueador, é a esquerda que inicia a movimentação, e vice-versa.
- Retorno de frente – pelos atacantes de ponta, girando o corpo após a aterrissagem do bloqueio para dentro da quadra e acompanhando com o olhar a bola que é defendida. A corrida deve levá-los para fora da quadra – região da qual iniciarão a corrida para

o ataque. O primeiro passo após a queda é o mais amplo possível e feito pela perna que está para fora da quadra (quase um deslocamento cruzado). Caso não seja possível, a corrida é feita de costas ou de lado (cruzada + lateral) até a posição em que se conseguiu chegar, sem todavia impedi-lo de participar do contra-ataque.

- Deve-se sempre buscar velocidade e amplitude de passadas, sem esquecer de observar o desenrolar da defesa, pois a qualidade e a altura desta é que determinarão o ritmo das passadas da cortada.

Convém lembrar também que para os levantadores a transição é diferente da dos atacantes, pois nem sempre a bola vai chegar a eles em condições ideais, obrigando-os a se deslocar com velocidade para regiões diversas. O próprio posicionamento corporal assumido pelo levantador que, por exemplo, salta no bloqueio e já na aterrissagem precisa iniciar um vigoroso deslocamento para recuperar uma defesa imprecisa é diferenciado.

O aluno-atleta precisa sair do período de aperfeiçoamento sabendo realizar o bloqueio a partir de todas as formas de deslocamento com apuro técnico, velocidade e amplitude de passadas e equilíbrio, e participar de formações conjuntas sem oferecer risco de contusões nem a si nem aos colegas, além de realizar as transições próprias da dinâmica do jogo que sucedem a ação de bloqueio.

Em relação às capacidades coordenativas e condicionais, o ganho de amplitude e velocidade contra ataques reais e variados – vinculados ao consequente equilíbrio para o salto – é o principal objetivo. À medida que as novas formas são introduzidas, vão se incorporando ao arsenal técnico do aluno-atleta e dinamizando o processo de aperfeiçoamento.

Maior rapidez implica frenagem mais forte; assim, a transição das passadas para o breque e dele para o salto vai exigir do executante mais equilíbrio tanto dinâmico quanto recuperado, além de força específica. É importante que um trabalho paralelo de reforço articular e muscular seja realizado, para que o aluno-atleta consiga sustentar de forma eficiente e segura os constantes desequilíbrios e retomadas, sem correr riscos de lesão aguda ou crônica do sistema musculoesquelético.

Bloqueio em projeção

Esse tipo de bloqueio independe da movimentação que o precede, pois caracteriza-se pelo desequilíbrio do executante que salta distante do local de ataque e, por esse motivo, projeta mãos e braços para um ponto possível de interceptação da bola golpeada.

É a última variação a ser aprendida, pois é o recurso derradeiro do bloqueador na tentativa – quase sempre – de amortecer a bola atacada pelo adversário que se encontra fora de seu alcance e longe da possibilidade de realização de uma ação ofensiva. É ensinado quando esgotam-se os

Figura 7   Bloqueio em projeção (de frente).

recursos de utilização das passadas já aprendidas para chegar ao local do bloqueio em equilíbrio. Por envolver um desequilíbrio em alta velocidade e um ponto único de coordenação geral para sua realização, é indicado que seja aplicado apenas nas categorias em que a velocidade ofensiva exija tal recurso e que o sistema musculoesquelético esteja devidamente preparado para suportar esse ato extremo, ou seja, a partir da C16/17.

Sua utilização surge em razão das circunstâncias, já que o sistema ofensivo desenvolvido pelo próprio grupo e pelas equipes adversárias nas CCA não mais permite que os bloqueadores sempre equilibrem-se sobre as duas pernas como fizeram até então. Ou chega-se desequilibrado a uma ação extrema ou expõe-se demasiadamente a defesa. Para que essa nova adaptação não provoque contusões nem seja realizada com ineficiência, esse estágio vai se preocupar em desenvolvê-lo adequadamente.

É um recurso em que o central salta longe do bloqueador de marcação e precisa lançar-se para o lado, caindo geralmente em um pé só e desequilibrando-se para além do ponto de salto. É utilizado também pelos bloqueadores das posições 2 e 4 quando o bloqueio passa a ser agrupado, para interceptar bolas atacadas pela 3 e pela 6.

É possível que alguns alunos-atletas necessitem passar por um processo mais detalhado de aprendizagem do novo movimento; no entanto, para muitos ele vem amadurecendo e já é até realizado em algumas situações. Por essa razão, ele encaixa-se na etapa de treinamento, pois pode ser incorporado – guardando-se os cuidados individuais já citados – às sessões de maior complexidade de organização conjunta, seja em exercícios ou em coletivos dirigidos. A aprendizagem do bloqueio em projeção dá-se pelo método global e é inserida apenas na etapa de treinamento.

- É importante que o bloqueador o realize primeiro sem ninguém ao lado, para ter consciência do desequilíbrio durante o voo e da dificuldade em aterrissar sobre apenas um dos pés.

- Ao incluir o segundo elemento, a queda deve levar o aluno-atleta para trás do bloqueador da extremidade, para que não haja choque ou pisão involuntário no pé do companheiro, o que poderia ocasionar entorses de tornozelo ou joelho.
- Como o executante perde em alcance nesse tipo de salto, deve-se priorizar o preenchimento do espaço entre seus braços e os do outro bloqueador e entre seus braços e mãos e a rede, em vez de ganhar alcance.
- Para isso, ele deve dirigir as mãos para junto da fita e na direção das do companheiro.

Bloqueio agrupado

É o nome que se dá ao posicionamento coletivo dos três bloqueadores da equipe mais para o centro da quadra, enquanto se define o ataque adversário. A formação coletiva de bloqueio ganha um capítulo especial e efetivo a partir da C16/17 anos, quando é adotado o agrupamento do bloqueio com a finalidade de montagem mais compacta contra ataques realizados pela região central.

Apesar de ser visto como um expediente tático, foi incluído neste capítulo por ser considerado parte do processo de aprimoramento do bloqueio coletivo e condição para a implantação da montagem tripla.

Para entender a razão e a importância da inclusão do bloqueio grupado nas CCA, além da maior necessidade de montar mais constantemente bloqueios coletivos contra os atacantes mais altos, há três situações específicas que exigem o agrupamento dessa forma: o ataque de segunda do levantador; as bolas mais rápidas de rede; e as atacadas pela posição 6. Essas jogadas passam a ser mais efetivas e difíceis de serem anuladas por apenas um bloqueador. A diversidade ofensiva cobra dos bloqueadores mais do que ficar responsável apenas por seu correspondente.

Tal concentração é impossível de ser adotada sem a padronização e utilização sistemática por todos os bloqueadores das passadas de frente ou cruzada como primeiras do deslocamento para as extremidades. A deficiência na aprendizagem homogênea da passada cruzada como primeira opção de deslocamento leva à impossibilidade dessa estratégia tática. A movimentação de todos deve obedecer a essa ordem estabelecida, sob o risco de se tornar ineficiente em razão dos encontrões originados pela falta de padronização das movimentações e capacidade de leitura homogênea.

Além disso, a homogeneização do deslocamento beneficia o próprio ritmo do bloqueio conjunto, pois ambos se deslocam ao mesmo tempo, tendo a noção exata do local de salto.

Para que isso torne-se norma e a sincronia seja perfeita, treinamentos que exigem ritmo e coordenação são imprescindíveis. Deve-se inclusive, sempre que necessário, voltar a exercícios com ataques isolados, para depois reincluir os ataques múltiplos.

Assim como não se recomenda retardar a adoção do bloqueio agrupado, não convém utilizar o agrupamento quando os atletas ainda não têm condições de empreender passadas amplas nem fazer a leitura do jogo adequadamente. Esse expediente deve ser utilizado quando o grupo tiver domínio sobre os diferentes tipos de deslocamento e associar as passadas de forma eficiente, com amplitude e velocidade; e quando a dinâmica de jogo praticada tornar-se mais complexa e a tática ofensiva, mais veloz e múltipla.

Apesar de ser um expediente tático, o bloqueio agrupado exige assimilações técnicas indispensáveis à sua eficiência coletiva. Sendo assim, um breve processo deve ser utilizado para sua implantação.

- A inclusão do bloqueio agrupado deve partir de exercícios sem bola e repetitivos, para que a coordenação entre os bloqueadores seja alcançada o mais rapidamente possível.
- Atente para o retorno involuntário à distribuição não agrupada utilizada anteriormente e cobre a nova organização. É natural que durante os ralis mais prolongados os bloqueadores comecem a se afastar dos companheiros, abandonando a nova formação.

ERROS COMUNS NA EXECUÇÃO DO BLOQUEIO E CORREÇÕES SUGERIDAS

1. Braços soltos ao longo do corpo e/ou joelhos estendidos na posição básica.
   Correção sugerida: a posição básica de bloqueio é alta e com as pernas levemente semiflexionadas. Manter os braços e antebraços à frente do corpo em 90° dá a exata distância que o bloqueador deve guardar da rede. Essa prontidão permite a invasão do espaço contrário mais rapidamente e a interceptação das bolas rápidas. Com o tempo, o posicionamento dos braços sofrerá algumas alterações, dependendo da qualidade do passe adversário. Eles serão estendidos acima da cabeça e em direção à fita superior da rede (sobretudo os centrais), caso a bola chegue perfeita às mãos do levantador adversário, ou vão se manter semiflexionados acima dos ombros e as mãos, espalmadas para a rede, quando a recepção adversária se afasta desta. Para corrigir a postura inicial, o professor-treinador pode incluir tarefas adicionais que exigirão do bloqueador reação rápida. O treinador, posicionado próximo à linha de ataque contrária à quadra em que está o bloqueador, para passar a bola ao levantador, inesperadamente a lança de modo a levar o aluno-atleta a realizar diferentes ações, por exemplo: bloquear bolas lançadas rente à rede em sua direção; recuar imediatamente para um contra-ataque quando a bola for lançada a um defensor; etc. Jogos de "siga o mestre", com um bloqueador imitando os gestos do que está do outro lado da rede, também ajudam.

2. Ineficiência das passadas (lentas, insuficientes, curtas, próximas à rede, etc.).
   Correção sugerida: o treinamento de repetição sem bola proporcionará o aprimoramento das passadas. Determinar objetivos de tempo, amplitude e técnica diferenciada surtem bons resultados. Se for necessário isolar o deslocamento para um lado deficiente, promova o acerto, mas retorne à

variação tão logo note melhora. No entanto, somente com a aplicação do bloqueio em situações aproximadas, adaptadas ou reais é que as correções efetivam-se. Gradativamente, inclua o ataque: primeiro do chão; depois de sobre mesas; e, por fim, em situações reais, porém previsíveis. Evite a variação de jogadas e levantamentos para a correção desse tipo de desvio.

3. A transição do deslocamento para o breque é lenta e/ou interrompida.
Correção sugerida: o momento do breque deve ser ritmado com o deslocamento que o antecede. Às vezes, há tempo para que ele aconteça sem problemas, todavia os levantamentos rápidos exigem do bloqueador a frenagem instantânea da corrida. O breque deve ser feito de forma vigorosa com os calcanhares (no deslocamento de frente) ou com a lateral da sola dos pés. Depois, a extensão de tornozelos completa a transição para o salto exclusivamente vertical. O erro relatado no item 8 (referente ao tempo de bola) ocorre muitas vezes em decorrência do desvio aqui citado, pois o executante interrompe a corrida realizada em pé, flexiona os joelhos, mas não imediatamente, e só então salta. O tempo no chão faz que o bloqueador se atrase para a sequência da ação. Para os aprendizes, vale a pena dizer que "no local do salto existe uma bomba, quando você pisar ali, será arremessado para cima". Ataques do alto de uma mesa, em que o professor-treinador lança a bola a uma altura apenas suficiente para que o executante realize de imediato a transição do deslocamento para o breque, ajudam-no a corrigir o gesto.

4. Breque com desequilíbrio.
Correção sugerida: o desequilíbrio pode ser decorrente do breque insuficiente ou feito na ponta dos pés. Um dos erros mais difíceis de se corrigir é o desequilíbrio (às vezes quase imperceptível), que faz que o bloqueador salte em um lugar e caia no outro, um pouco adiante. Para corrigir esse desvio vale o recurso de educativos que façam o executante, ao saltar, projetar o corpo exageradamente de volta para onde veio. Não coloque objetos – cones, bolsas ou mesmo pessoas em pé – para delimitar o espaço em que ele deve atuar, pois um leve desequilíbrio pode acarretar contusões.

5. O salto é realizado muito próximo ou muito longe da rede.
Correção sugerida: ao deslocar-se para a região onde realizará o bloqueio, o executante precisa manter-se afastado um pouco da rede, para não tocá-la. Alguns realizam o deslocamento muito próximos à rede e, para não tocá-la no momento do salto, precisam projetar o corpo para trás. Isso deixa os braços muito afastados da fita superior, criando um espaço facilmente utilizável pelo atacante adversário. Outros, em contrapartida, afastam-se tanto da linha central que chegam ao local do salto muito longe da rede e, mesmo que projetem os braços para o espaço contrário, perdem alcance. É preciso encontrar o meio-termo, delimitando um espaço no qual seja possível se deslocar com liberdade, atingir o alcance máximo de salto e invadir com os braços o espaço adversário sobre a rede. Da mesma forma, o diagnóstico desse problema deve ser preciso, pois, no primeiro caso, pelo fato de o executante jogar os braços para trás, há a falsa impressão de que o salto está ocorrendo longe da rede. Demarcações no chão ajudam o executante a se localizar e deslocar-se adequadamente. Mesmo com tais limites, pode ser que o aprendiz volte a cometer o erro quando os exercícios tornarem-se mais próximos da realidade de jogo. Nesse caso, procure filmar o deslocamento lateralmente e apresentar esse *feedback* ao aluno-atleta.

6. Os braços elevam-se verticalmente, sem invadir o espaço adversário.
Correção sugerida: o "bloqueio de super-homem" deve ser corrigido com exercícios de entrada simultânea de braços sob cordas estendidas de uma antena a outra. Porém,

convém atentar se o problema não se origina na distância que o executante guarda da rede ao se deslocar (ver o item 5). Filmagens junto ao poste ajudam o aluno-atleta a visualizar seu equívoco. Não recomendamos um educativo comumente utilizado, que é o de saltar e puxar uma bola que é colocada do lado contrário, em geral abaixo da fita. Por levar o aprendiz a realizar uma flexão de punhos e uma semiflexão de cotovelos, que são contraindicadas, pensamos que esse exercício trará mais prejuízos que benefícios.

7. O executante realiza movimento de "abafa": salto, elevação dos braços primeiro apenas para cima e depois para o espaço aéreo adversário – em tempos distintos.
Correção sugerida: não há dois tempos na movimentação de braços durante o bloqueio. Eles devem ser elevados e, *ao mesmo tempo*, invadir o espaço aéreo contrário. Mesmo os bloqueadores mais baixos não devem exclusivamente buscar altura elevando os braços (isso deixa um espaço entre ele e a rede facilmente explorável pelo atacante). Os corretivos mencionados no item 6 servem à correção também desse desvio.

8. Tempo de bola desajustado – ou demora a saltar ou salta antecipadamente.
Correção sugerida: a ansiedade em bloquear faz que muitas vezes o executante salte antes do tempo devido. A análise de tempo deve considerar também o atacante, e não exclusivamente a bola. A referência para o tempo de bloqueio é: a bola deve tocar as mãos do bloqueador quando este estiver em seu ponto mais alto de salto, ou seja, para que isso aconteça, o salto do bloqueador deve ocorrer frações de segundo após o do atacante, de modo que a bola saia da mão deste e chegue ao bloqueio em seu máximo alcance. Essa relação modifica-se constantemente, pois os levantamentos são mais lentos ou velozes e mais próximos ou afastados da rede, ou, ainda, as características do atacante fazem que este acelere ou atrase a batida, o que muda o tempo de salto. A noção de tempo de bola desenvolve-se com treinos em que haja levantamentos variados quanto à velocidade e à distância da rede, além do enfrentamento de atacantes de diferentes características. Acelerar ou retardar o deslocamento, o breque e a entrada e manutenção dos braços dependerá da capacidade de leitura e *feedback* instantâneo do executante. Apesar de normalmente o salto ocorrer imediato ao breque, em algumas situações é preciso esperar um pouco antes de saltar. Essa noção virá com as vivências variadas.

9. O posicionamento equivocado de mãos faz que a bola seja desviada para fora da quadra (o atacante explora o bloqueio).
Correção sugerida: as mãos devem posicionar-se de modo a fazer que a bola dirija-se ao centro da quadra adversária após ser bloqueada e, com isso, também evitar a exploração do bloqueio. A alteração desse posicionamento leva inevitavelmente a uma plataforma disforme e favorável ao atacante adversário, que pode conseguir o ponto atacando contra as mãos mal posicionadas do bloqueador. A desmontagem da plataforma pode ter origem na despreocupação do executante em montá-la desde o momento em que deixa o solo. No entanto, pode também decorrer de um erro de análise do local adequado de salto em relação ao atacante, ou seja, o bloqueador deixa a bola ao lado de seu corpo e oferece, assim, a lateral da mão para o atacante facilmente explorá-la. O oferecimento da lateral da mão pode ser também resultado de uma equivocada flexão de punho. Ataques do alto de mesas, em que o professor-treinador varie sua posição, colocando-se ora mais para dentro da quadra, ora além da antena, levam o aluno-atleta a ajustar seu salto de modo a não expor a mão de fora à exploração. O professor-treinador deve também buscar insistentemente a mão de fora do bloqueador, sem, no entanto, esquecer de atacar contra a outra mão, para não corrigir um defeito e criar outro – afastamento da mão de dentro da rede. Para

alunos que não têm noção do posicionamento de dedos e mãos em relação a bola – plataforma reta –, pode-se pedir que segure uma bola de maior circunferência e, batendo contra a resistência do aprendiz, forçá-lo a manter a plataforma de modo a preservar a concavidade da plataforma.

10. Dedos muito unidos.
Correção sugerida: demonstre ao iniciante o quanto ele ganha de área de bloqueio caso afaste os dedos: utilize a malha da rede e coloque as duas mãos juntas, com os dedos unidos; depois, afaste-os conforme o ideal. Se necessário, utilize bolas maiores, atacando-as contra as mãos abertas do aluno-atleta (como explicado no item 9). Muitas vezes, o receio de se expor novamente a contusões anteriores – entorses de dedos ou punhos – faz que o aluno-atleta una os dedos ao bloquear. Bloquear com uma mão – apenas bolas dirigidas pelo professor-treinador – também pode ajudar (não realize esse tipo de educativo com ataques reais, pois o risco de contusão é alto). Varie a mão que bloqueia, mesmo que o problema esteja em apenas uma delas.

11. Mãos espalmadas para a frente.
Correção sugerida: as mãos – no bloqueio ofensivo – devem se voltar para a metade superior da bola que está sendo atacada, de modo que, quando esta tocá-las, vá em direção ao solo adversário. Esse desvio é proveniente da vontade de chegar próximo à bola que está sendo atacada. Coloque alvos na quadra contrária e peça que os bloqueadores tentem alcançá-los com o direcionamento correto da plataforma. A vivência variada oferece maior consciência do direcionamento da plataforma diante das diferentes situações.

12. O punhos flexionam-se no momento imaginado de bloqueio.
Correção sugerida: não deve haver flexão de punhos no bloqueio, a não ser em bolas mais fracas em que o atacante busca explorar o bloqueador. Os punhos devem estar firmemente contraídos e as mãos devem permanecer como descrito no item 9, até a definição do lance. A flexão de mãos causa a maior parte das contusões nos dedos – entorses, luxações e até fraturas. Quem dá o tempo de ataque é o atacante e, caso este atrase alguns centésimos de segundo o golpe, a bola poderá encontrar os dedos do bloqueador totalmente expostos ao choque. Exercícios realizados no chão, sem a fase aérea, em que o bloqueador segura uma bola maior nas mãos e o companheiro bate contra ela, ajudam a aumentar a força de fixação dos punhos. Estar atento, alertar e coibir tal desvio é dever do treinador, mesmo nas ações positivas.

13. Mãos e braços relaxados fazem que a bola toque o bloqueio e fique na própria quadra, sem condições de recuperação.
Correção sugerida: os punhos sem contração e o erro no tempo de bloqueio são os principais causadores desse desvio. Bata bolas com vigor contra as mãos do bloqueador para que ele desenvolva a fixação dessas articulações. Exercícios formativos em que o aluno-atleta aperta bolinhas de tênis ou flexiona e estende os punhos contra alguma resistência – cordas elásticas, por exemplo – ajudam a fortalecer a região. Para fortalecer a cintura escapular – responsável por sustentar ombros e braços contra o golpe de ataque –, reforços isométricos são os mais indicados. Pode-se utilizar o peso do próprio corpo em apoios no solo, bandas elásticas, cordas, resistência do companheiro ou exercícios específicos na sala de musculação.

14. Cabeça baixa ou olhos fechados.
Correção sugerida: essas mudanças do padrão motor são decorrentes do medo do executante de que a bola acerte seu próprio rosto. A observação permanente do bloqueador é importante fator para o sucesso. Ao abaixar a cabeça ou fechar os olhos, o atacante pode modificar o gesto – explorar o bloqueio, atrasar o golpe, largar, etc. –, sem que o bloqueador possa reagir a tempo.

Coloque duas ações possíveis ao atacante, bater ou largar a bola atrás do bloqueador, de modo a permitir-lhe recuperá-la. Isso o obrigará a erguer a cabeça e a observar o gesto adversário.

15. Braços afastados.

Correção sugerida: os ombros devem ser levados à frente e supinados (voltados para dentro), a fim de que os cotovelos se aproximem o suficiente para impedir a passagem da bola por entre os braços. Como a distância entre os ombros é maior do que a necessária para fechar o caminho, essa aproximação entre eles é fundamental, deixando a cabeça por trás dos deltoides. Essa, aliás, é uma boa referência: o executante precisa conseguir enxergar a porção anterior dos deltoides ao posicionar os braços para o contato com a bola. Prender uma bola menor entre os braços para bloquear bolas atacadas sem violência pelo professor-treinador ajuda na consciência do movimento que se deseja.

16. Falta de uso dos braços para impulsão em deslocamentos de frente.

Correção sugerida: por se tratar de um deslocamento idêntico ao da cortada (apenas com alternância do pé que inicia a movimentação, dependendo do lado para o qual se dirige), um exercício educativo eficiente é lançar bolas à frente do executante que se desloca de lado para a rede, fazendo que ele a ataque em direção à linha lateral (preocupação apenas com o salto) ou a empurre para a quadra contrária (complementando o giro de corpo). Este último pode também ser utilizado para a correção do desvio citado no item 17.

17. Falta de reequilíbrio em bloqueios com deslocamento de frente (o executante gira o corpo e afasta-se da rede).

Correção sugerida: incluir tarefas adicionais logo após o giro para evitar que o executante retire os braços da posição desejada. Por exemplo, o professor-treinador atacar contra a mão contrária ao lado para o qual ele se desloca; ou fazer que o aluno-atleta segure uma bola de tênis nessa mão e a solte no campo contrário após realizar o bloqueio com a mão de fora – esse exercício deve ser aplicado apenas pelo treinador, e não com ataques reais.

18. Aterrissagem sem amortecimento, em desequilíbrio ou em um pé só.

Correção sugerida: esses desvios devem ser corrigidos com a finalidade de prevenir lesões por repetição ou resultantes da queda, além de preparar o jogador para as ações de jogo seguintes ao bloqueio que não define o ponto. A partir da C18/19, a aterrissagem em um dos pés é considerada um valioso economizador de tempo para se antecipar para a próxima jogada; todavia, na aprendizagem não é recomendável. Aterrissar em ambos os pés dá ao iniciante mais equilíbrio e uma base maior para amortecer a queda. Isolar o movimento, sem dar sequência às ações de jogo, fazendo que o executante apenas amorteça a queda, é um bom corretivo para esse desvio. Orientar o aluno-atleta a observar o local e a maneira como terminou a ação de bloqueio fornece informações importantes à correção.

19. Choque entre os executantes no bloqueio coletivo.

Correção sugerida: é necessário identificar a qual fase o desvio pode estar relacionado. Geralmente o choque é provocado pela ação individual de um dos componentes do bloqueio, seja por ineficiência da passada (item 2), breque em desequilíbrio (item 4), falta de reequilíbrio no bloqueio a partir do deslocamento frontal (item 17) ou aterrissagem desequilibrada (item 18). Os desvios podem estar em ambos os jogadores, que não coordenam as passadas ou invadem o espaço alheio, confundindo marcação com composição. Treinos de repetição e automatização das passadas, além dos já citados nos itens a que se referem os desvios individuais, podem ajudar a sanar tais desvios.

20. O bloqueio coletivo não é compacto.
Correção sugerida: os braços dos componentes do bloqueio coletivo devem formar uma plataforma de contato uniforme, de maneira que os quatro braços e mãos formem uma proteção única. Esse desvio pode ser provocado pela falta de consciência de que a ação, nesse caso, deixa de ser individual e passa a ser conjunta. Pode ser provocado também pelos mesmos desvios que precedem a ação propriamente dita citados no item 19. O professor-treinador pode retomar os ataques do alto das mesas e buscar as falhas na compactação, atacando contra as mãos e os braços que deixam de cumprir suas funções. Filmagens também ajudam o aluno-atleta a visualizar os erros.
21. O bloqueio defensivo expõe o espaço entre bloqueador e rede.
Correção sugerida: enfatize a aproximação dos braços da fita e da invasão do espaço aéreo adversário antes de optar pelo bloqueio defensivo. Apenas em casos excepcionais e conscientes, o bloqueio defensivo foge do padrão comentado. Mais uma vez o professor-treinador pode auxiliar na correção desse desvio atacando bolas com velocidade exatamente no espaço vulnerável, até que haja a mudança no padrão e a automatização.
22. O jogador não se apronta para a sequência do jogo.
Correção sugerida: após um bloqueio que não define o ponto, sempre haverá um contra-ataque ou um levantamento ou outro bloqueio a ser realizado. Inclua essas ações subsequentes e faça que o próprio bloqueador as execute.

TREINAMENTO

O treinamento do bloqueio abarca aspectos que já começaram a ser desenvolvidos nos períodos anteriores e, nessa etapa, ganham abordagem diretamente relacionada com a dinâmica de jogo mais elaborada. Eles passam a visar cada vez mais a eficiência motora e a adaptação às novas circunstâncias, além da eficácia. Esses aspectos associam-se e aprimoram-se de acordo com a evolução do grupo, as exigências dos jogos e as características individuais dos atletas e de suas funções. Na C18/19 anos os treinos adquirem ampla correlação, em especial nos períodos competitivos da periodização, com as ações adversárias e a busca por modos de anulá-las ou minimizar suas chances de sucesso.

Analisaremos a seguir alguns objetivos específicos considerados pelo PFCAAD como primordiais para o treinamento do bloqueio nos aspectos técnico e técnico-tático. Ao entrar nesse período o aluno-atleta deve aprimorar: a utilização consciente e eficiente das múltiplas movimentações específicas; a opção consciente e eficaz entre o bloqueio ofensivo e defensivo; a transição para as etapas subsequentes do jogo; a capacidade de análise, interpretação e resposta; e, por fim, a marcação para os diferentes tipos de ataque.

O primeiro ponto a ser objetivado nos treinamentos é a *excelência na utilização das múltiplas movimentações específicas*.

O treinamento deve levar o aluno-atleta a utilizar todas as formas aprendidas de modo adequado em quaisquer situações de jogo e com crescente eficácia.

Exercícios de bloqueio contra ataques simulados de planos mais altos, a partir de lançamentos do próprio atacante (agora os próprios atletas já têm condições de exercer essa função) e, depois, vindos de levantamentos, servem também para aprimorar a repetição e a sincronia de passadas em formações coletivas. O desenvolvimento do ritmo coletivo é fundamental para a formação de bloqueios duplos e triplos e deve ser treinado regularmente.

Ao ter início a etapa de treinamento, todas as formas de deslocamento estão assimiladas e devem ser devidamente cobradas para as diversas situações características. Bolas altas devem ser bloqueadas a partir de deslocamentos de frente, chutadas de meio com passadas laterais simples, china com passadas laterais simples e ritmadas, assim como a primeira forma de deslocamento dos bloqueadores em enfrentamentos contra levantamentos rápidos deve ser preferencialmente a cruzada, sobretudo quando o bloqueio passa a ser agrupado. Algumas ações de sucesso podem ser precedidas de deslocamentos equivocados. Não deixe, nesses casos, de corrigir o movimento nem permita que a sorte determine a opção do bloqueador.

A prática de exercícios com ataques simulados do alto de mesas pode ser retomada pelo professor-treinador sempre que se julgar necessário, seja para aperfeiçoamentos individuais ou para acertos coletivos. No entanto, o ideal é que exercícios com ataques simulados sejam sempre complementados com ataques reais e depois com combinações variadas em coletivos dirigidos. Ataques reais devem ser incluídos, senão na mesma sessão, em uma seguinte, devidamente programada como sequência do treino anterior realizado sobre mesas. Apesar de eficientes, ataques sobre planos mais altos não fornecem as principais orientações aos bloqueadores, como tempo de bola, ponto de alcance e variação de salto dos atacantes, etc.

A velocidade crescente dos levantamentos e o aumento das alternativas ofensivas que o aluno-atleta passa a vivenciar vão exigir que a coordenação entre os bloqueadores se adapte constantemente às novas formas, para que a *composição de bloqueio* ganhe cada vez mais compactação e sincronia. No plano técnico-tático, o aprimoramento da coordenação entre os bloqueadores e a crescente utilização de bloqueios mais numerosos e compactos devem nortear essa etapa.

É especialmente interessante o fracionamento das combinações ofensivas a serem confrontadas pelo bloqueio. Por exemplo, ataque de fundo pela posição 1 e chutada de meio – duas bolas distantes uma da outra –; bola de tempo à frente e chutada na 4 – que exijam a atenção dos bloqueadores centrais para duas bolas mais próximas e na mesma direção de deslocamento –; combinação de três tipos de ataque; combinação de quatro tipos; etc.

Nessa fase, diante de múltiplos enfrentamentos, começa a haver a priorização de determinadas bolas e a individualização de marcações que não conseguirão se tornar conjuntas. Essa organização varia de acordo com o adversário a ser enfrentado, mas deve ser padronizada, para que as particularizações partam dessas formas generalizadas.

Consequentemente, a associação com a defesa e as diversas composições advindas das múltiplas composições de bloqueio – tanto ao número de bloqueadores quanto à relação de superioridade ou inferioridade diante do atacante – devem ganhar cada vez mais sincronia e organização (leia mais na Seção "Preparação Tática").

As formas básicas de composição desenvolvidas no período de aperfeiçoamento do fundamento são agora incrementadas. Apesar de o grupo sempre buscar a formação tática de bloqueios compactos, diante de formações ofensivas mais velozes e complexas nem sempre isso é possível, resultando constantemente em composições assimétricas. Quando o bloqueio coletivo não se forma de maneira compacta, as funções dos bloqueadores, individualmente, modificam-se e alteram em consequência o posicionamento e a responsabilidade dos defensores.

Apesar de o fundamento fazer parte efetiva da formação defensiva como elemento tático, deve ser treinado isoladamente, como componente técnico.

- A sincronia entre os bloqueadores e a homogeneização da velocidade dos deslocamentos são a tônica dos treinamentos isolados. Os treinos específicos devem levar os bloqueadores a coordenar passadas e salto, dando fluidez e possibilidades de correção conjunta à formação.
- O agrupamento do bloqueio coletivo altera substancialmente as ações individuais e a coordenação geral dos deslocamentos e deve ser treinado exaustivamente.
- É importante que a função de cada bloqueador na composição fique bem clara, para que um não tente fazer o papel do outro. Não é raro alunos-atletas afoitos que vêm da região central esquecerem que existe um

companheiro ao seu lado responsável por marcar a bola mais forte do atacante e acabarem por lançar mãos e braços sobre os do companheiro, na ânsia de interceptar o adversário. Esse tipo de atitude compromete o plano tático e leva a desavenças e desconfianças.

- Para que essas confusões sejam sanadas, recomenda-se adotar eventualmente um rodízio entre as posições durante as sessões de treinamento, mesmo após a especialização. Vivenciando as diferentes funções e particularidades de cada posição, é possível que o aluno-atleta se conscientize das responsabilidades próprias a cada um.
- Os exercícios para treinamento do bloqueio devem ter ritmo, para que o *feedback* da ação anterior sirva à seguinte.

Para uma composição eficiente, é fundamental que haja uma conscientização geral sobre como orientar-se para a marcação individual, essencial para a montagem de um bloqueio duplo e, futuramente, um triplo.

As orientações de posicionamento em relação ao atacante já não podem ser tão simples quanto as repassadas nas fases anteriores. Nessa fase, as marcações ganham relações mais complexas de impedimento de possíveis angulações de ataque, embate contra características individuais do atacante e obediência dos planos táticos defensivos combinados.

- Apesar de a marcação da bola (mão do atacante-bola-mãos do bloqueador em linha reta) continuar sendo o principal parâmetro de orientação, a "marcação de corredor" e a "marcação de diagonal" começam a ser inseridas nas opções coletivas de bloqueio.
- É importantíssimo, antes de mais nada, que se esclareça o seguinte: marcação de corredor não significa posicionar-se próximo à antena, nem a de diagonal, afastar-se dela. Bloquear o corredor significa fechar a passagem da bola para essa posição (1 para bloqueios na saída de rede e 5 para os realizados na entrada), assim como bloquear a diagonal significa proteger a posição 6, posicionando-se de maneira que o bloqueio de formação, ao se juntar ao primeiro bloqueador, cubra a diagonal restante em direção à posição 1 ou 5.
- Como o levantamento varia em relação à extensão da rede, o posicionamento do bloqueador que faz a marcação não pode levar em conta apenas a antena, mas, sim, a *passagem da bola para a região que ele deve proteger*. Um bloqueio de corredor, portanto, pode muito bem estar posicionado longe da antena, caso o levantamento tenha sido mais curto, assim como um bloqueio de diagonal pode se juntar à antena para levantamentos que saem dos limites da quadra.
- Além do mais, quando se estabelece a marcação de forma simplista, corre-se o risco de expor irremediavelmente outras regiões indefensáveis em caso de levantamento colado à rede.
- O treinamento para o aprimoramento das marcações só é possível dentro da dinâmica completa de jogo. Exercícios em que um lado da quadra recebe (ou defende), levanta e ataca contra bloqueios coletivos fixos constituem a forma ideal de alcançar esse objetivo.
- Alternar os atacantes contra os quais os bloqueadores se confrontam é fundamental para que o aluno-atleta desenvolva sua capacidade de análise e adaptação diante das diferentes situações.

Em relação à diferenciação entre bloqueio ofensivo e defensivo, a vivência associada ao aumento da capacidade de análise levará o aluno-atleta a optar conscientemente entre eles, dependendo das possibilidades de realização deste ou daquele tipo e da maior chance de sucesso contra o atacante.

O bloqueio defensivo deve ser um recurso de todos, inclusive os de maior estatura, que o utilizarão quando estiverem em trajetória descendente de salto em razão de um erro no tempo de execução ou chegando atrasados para a composição diante de atacantes ainda mais altos.

Mesmo os jogadores mais baixos devem primeiro tentar o bloqueio ofensivo, alterando-o apenas se a superioridade do atacante se desenhar, o que pode não ser em razão de fatores como levantamento baixo, perda do tempo de bola, etc.

As chegadas com atraso que resultavam em formações coletivas inconsistentes são substituídas pelos bloqueios em projeção e defensivos, associando, muitas vezes, as duas formas.

- O treinamento do bloqueio deve estimular a leitura específica das condições que antecedem a execução do bloqueio e a consequente escolha do bloqueador por um ou outro tipo. As situações criadas, seja a partir de lançamentos e ataques do alto de planos mais altos ou ataques reais, devem levar o aluno-atleta a optar por utilizar o ofensivo em ataques contra os quais ele tem condições de definir o ponto ou o defensivo, quando as chances maiores são do atacante.
- Atente para a distribuição dos jogadores tanto nos exercícios de ataque contra bloqueio quanto nos coletivos dirigidos. Muitas vezes as formações são repetidas e os jogadores que se enfrentam são sempre os mesmos. Isso provoca uma acomodação e a limitação da capacidade de observação e realização do bloqueador. Alterne os posicionamentos de modo a permitir que todos se enfrentem. Estimule o confronto entre atacantes mais altos e bloqueadores mais baixos e vice-versa, assim como entre os semelhantes.

Os treinos devem também considerar as *transições para as situações subsequentes de jogo*. Desde a introdução do bloqueio nas situações de jogo, o professor-treinador deve ter a preocupação de conscientizar o jogador de que sua ação nem sempre termina na tentativa de bloquear o adversário, mas prossegue de forma potencialmente dinâmica na sequência do rali. A preparação para atacar ou levantar a bola defendida deve ser constante e cada vez mais eficiente. As transições precisam proporcionar o máximo de potência e possibilidade de participação e sucesso às ações que sucederão o bloqueio.

É importante lembrar que a transição deve ser a mais veloz possível e visar ao máximo de aproveitamento do espaço para um ataque potente, alto e coletivamente variado. A preparação física pode contribuir de modo considerável para o ganho das capacidades envolvidas nesses movimentos, associando-se ao treinamento técnico-tático.

- Com a especialização, os treinos técnico-táticos tornam-se mais específicos, com cada aluno-atleta treinando de acordo com sua função (levantador, ponta, meio ou saída de rede). Os estímulos devem proporcionar amplas possibilidades de defesas e contra-ataques, não se limitando às situações básicas.
- Os planos de treino devem incluir tanto defesas que se afastam da rede e não permitem ao levantador ter várias opções quanto outras que dão plenas condições de ataques velozes e variados.
- Também obrigar que outros jogadores que não o levantador realizem o levantamento.
- Treinos que visem aprimorar a transição do bloqueio para o contra-ataque devem ainda fazer que os atacantes tenham ora tempo para retornar ao local ideal para iniciar o deslocamento para a cortada, ora possam apenas recuar um ou dois metros.
- Os treinos devem então tornar-se mais específicos nas CCA, com os jogadores atuando e aperfeiçoando as transições próprias da posição na qual jogam. Atacantes de meio precisam empreender passadas diferentes da dos atacantes que jogam nas extremidades, assim como as movimentações modificam-se conforme a posição da rede em que ocorreu o salto dos bloqueadores e a posição para a qual lhes será possível retornar para participar da tática coletiva ofensiva.
- Todavia, é recomendável, mesmo nas categorias que já adotam a especialização, dar a opor-

tunidade a todos de vivenciar as demais posições, mesmo que em tempo menor. Afinal, os adolescentes ainda podem desabrochar para outras funções e não abandonarão repentina e definitivamente, dessa forma, a versatilidade que pontuou o PFCAAAD até então.

- Essa versatilidade também é importante, por razões circunstanciais, até mesmo na C18/19 e futuramente nas categorias adultas. Não são poucas as vezes em que é mais vantagem para a equipe ter um bloqueador mais eficiente atuando em outra posição que não a usual. Um bloqueador de meio, por exemplo, pode entrar no lugar do levantador para tentar o ponto decisivo de bloqueio pela saída de rede. No entanto, se ele não treinar essa situação não estará preparado para ela, mesmo que tenha estatura para isso. Esperar por um bloqueio desse aluno-atleta em uma posição na qual ele nem mesmo treinou é torcer pela sorte e totalmente incompatível com a criteriosidade do PFCAAD. E, consequentemente, caso a bola seja defendida, ele realizará outra função para a qual precisa estar preparado durante a realização do contra-ataque que, igualmente, pode dar a vitória à sua equipe.

Mesmo nos treinos que visam exclusivamente ao desenvolvimento do bloqueio, é possível incluir a movimentação do bloqueador que não participa da montagem coletiva a recuar para posicionar-se na defesa, assim como levá-lo, na sequência, ao reposicionamento imediato para organização coletiva de outro bloqueio quando a bola retornar à quadra adversária. Todos os exercícios devem aproximar ao máximo o tempo real envolvido na transição e suas variações – que vão desde uma bola que ganha altura após tocar o bloqueio e dará, consequentemente, tempo suficiente a todos de reposicionamento, até as de recuperação mais difícil que impedirão que muitos se preparem adequadamente para uma possível ação ofensiva.

Os deslocamentos de transição, por serem dependentes de uma série de fatores devem requerer do executante o máximo de atenção às circunstâncias que envolvem o ataque, a defesa e a possibilidade própria de reequilíbrio, ganho de velocidade e apresentação para o ataque. Ou seja, nem sempre o jogador poderá retornar à posição ideal, na velocidade que desejaria e em plenas condições de receber um levantamento, porém deve buscar sempre oferecer-se como uma possibilidade viável à estratégia coletiva, seja saltando próximo ao levantador para atrair a marcação do adversário, seja posicionando-se para um ataque que não seria habitual, mas que pode contribuir de alguma forma ao grupo.

Quando os ataques são realizados pela região central, os atacantes de extremidade que eventualmente participam do bloqueio coletivo terão mais dificuldade para retornar à posição de origem. Nesse caso, eles podem recuar para junto da linha de ataque e dali promover uma corrida curva em direção à extremidade ou realizar uma finta pelo meio – o bloqueador da posição 2 apresenta-se para a segunda bola da desmico ou o da posição 4 vai para uma *between*. Já nos bloqueios pela extremidade, a dificuldade recai nos centrais, que nem sempre conseguem retornar ao meio da quadra para se preparar para o contra-ataque. Aí, o melhor a fazer é voltar a uma região intermediária entre a posição 3 e a 4 ou entre a 3 e a 2 e empreender o deslocamento veloz para uma possível bola à frente ou às costas do levantador, dependendo do passe.

Exercícios compostos, com a transição do bloqueio para o contra-ataque, para novo bloqueio ou para a defesa, ganham verossimilhança com a dinâmica de jogo e exigem que o aluno-atleta os realize com a devida intensidade e atenção.

Inclua, sempre que possível, a real possibilidade de ação de cada atleta, e não apenas seu posicionamento. É muito diferente o aluno-atleta recuar para o contra-ataque, por exemplo, sabendo que a ação não se completará ou que efetivamente realizará o ataque. Obrigue-o a realizar a transição sempre na máxima velocidade e no mais alto grau de atenção.

Todos os aspectos levantados para integrar principalmente a etapa de treinamento devem ser inseridos na dinâmica de treino com a preocupação de associá-los ao desenvolvimento da *capacidade de análise, interpretação e resposta*. Aperfeiçoada na etapa anterior, é cada vez mais exigida com o advento da especialização e das novas dinâmicas de jogo.

No caso específico do bloqueio, à medida que os sistemas táticos se aprimoram, os levantamentos passam a ser mais variados e os companheiros e adversários ganham mais recursos, a leitura passa a ser fundamental para a eficiência das ações. O tempo disponível para análise, tomada de decisão e ação é cada vez mais exíguo por conta do aumento da qualidade geral de jogo – passes mais precisos, levantamentos mais rápidos e ataques mais eficazes. Isso exige que os bloqueadores desenvolvam leituras cada vez mais requintadas das ações adversárias. Tal diversidade de estímulos deve ser igualmente aplicada nas sessões de treinamento, e a inter-relação entre os bloqueadores e entre estes e os defensores, intensificada.

Os estímulos, que eram limitados a se deslocar para um lado ou outro – com passadas e ritmos de certa forma preestabelecidos – e bloquear apenas determinados tipos de levantamentos, passam a exigir gradativamente do bloqueador uma leitura mais apurada, sem a qual fica impossível empreender a tempo a ação. Assim, ganham destaque os treinos com objetivos técnico-táticos e táticos.

- Exercícios com treinadores ou atletas atacando alternadamente do alto de mesas em diferentes posições contra bloqueios simples ou duplos são ótimos meios de treinamento. Procure variar as posições de ataque em um mesmo exercício, evitando séries longas sempre para o mesmo lado.
- Outros exercícios com a finalidade de desenvolver a análise dos bloqueadores podem ser realizados a partir de comandos visuais do treinador. Estes podem ser diretos ao bloqueador ou ao levantador que comanda os atacantes do outro lado da rede.
- Exercício interessante também é colocar duas mesas próximas uma da outra nas extremidades da rede, com dois atacantes sobre elas e distantes 2 metros entre si. O levantamento alto deve ser para um ou para outro e os bloqueadores, após analisarem a trajetória da bola, executam a marcação sobre quem a atacará. Muitas vezes, o bloqueador precisa valer-se de bloqueios defensivos contra o atacante que ficou mais distante do local onde aquele saltou.
- Mesma organização, porém com apenas um atacante sobre as duas mesas contíguas. Este movimenta-se sobre elas, atacando a bola no ponto ideal.
- O ideal é dispor as mesas de modo a poder variar também a distância da bola em relação à rede.
- É possível incluir uma tarefa extra aos bloqueadores após o salto, como retornar para levantar ou contra-atacar, mesmo que, nesse caso, essa ação resuma-se à movimentação sem bola. Da mesma forma, o bloqueador que não participa da ação pode movimentar-se para a região que ocuparia no sistema defensivo, mesmo que, de acordo com o objetivo desse exercício específico, nenhuma bola seja ali atacada.
- Todas essas sugestões são altamente eficientes; no entanto, insuficientes, pois a leitura compreende todas as situações que antecedem a realização do ataque. Até mesmo o saque, dependendo da zona que atinge, pode levar à priorização deste ou daquele atacante adversário ou região da rede por onde o ataque pode ser priorizado.
- Como procedimento didático, sugere-se que os elementos sejam incluídos aos poucos, mesmo na etapa de treinamento. Por exemplo, primeiro o lançamento variado para o levantador; depois a recepção ou defesa a partir de saques e ataques dirigidos pelo treinador; e assim por diante, até chegar à dinâmica total do jogo.
- O confronto com diferentes adversários enriquece a capacidade de análise. Por esse motivo, recomenda-se sempre a variação das formações nos coletivos, evitando colocar repetidamente titulares contra reservas.

- Entre essas variações, não esqueça de alternar os passes em relação à extensão da rede, pois isso interfere diretamente na ação do bloqueador. Uma recepção ou defesa que chega entre as posições 4 e 3, por exemplo, obriga o bloqueador de meio a acompanhar a bola, sob risco de ser surpreendido por um levantamento rápido na região por ele abandonada, já que o levantador adversário, ao não vê-lo por ali, pode servir o atacante mais próximo, que finalizará sem interferência. Quando o bloqueador se desloca para fora da região que normalmente ocupa, para dali se movimentar para realizar a ação final, todas as movimentações específicas sofrem alterações significativas de tipo, amplitude e velocidade.
- No caso anteriormente levantado, o bloqueador central que se deslocou até a posição 3 e meio e precisa posteriormente deslocar-se para um ataque relativamente veloz que será realizado pela saída de rede adversária abrirá mão da técnica ideal para empreender uma corrida de frente que terminará com a projeção do bloqueador e a tentativa extrema de procurar apenas tocar defensivamente a bola atacada. Da mesma forma, se o ataque adversário se desenvolve ou pela posição 6 ou pela 4, as passadas passam a ser laterais simples ou saltitos, dada a proximidade do levantador a esses atacantes.

Como as táticas ofensivas baseiam-se em determinados tipos de bola, o aluno-atleta deve cada vez aprimorar a forma específica de *marcação para os diferentes tipos de ataque*. Uma bola de tempo, por exemplo, guarda diferenças fundamentais em relação a uma levantada alta na ponta.

Esses parâmetros de bloqueio têm estreita relação com o início da especialização nas CCA, pois os ataques aprimoram-se com o abandono da generalização. Os bloqueadores, consequentemente, precisam se preparar para tentar anulá-los ou, ao menos, minimizar suas potencialidades.

Os treinos técnico-táticos passam a considerar os variados tipos de levantamento, pois para cada um deles há orientações específicas para os bloqueadores em relação ao posicionamento, tempo de bola, organização conjunta e, consequentemente, implicações no posicionamento coletivo de defesa. Elencaremos a seguir os principais tipos de ataque e suas particularidades no que se refere à marcação de bloqueio, sugerindo formas de anulá-los ou, ao menos, minimizar suas possibilidades de sucesso.

Nos treinamentos que visam à especificação de marcação de acordo com o tipo de levantamento, há uma extensa combinação de variações de enfrentamento. É importante que o treinador, ao elaborar seus meso e microciclos, procure criar dinâmicas para que a mais rica diversificação possa resultar dos exercícios e coletivos dirigidos. Um treino baseado apenas em reposições que facilitem a recepção ou que levem sempre ao mesmo cenário de construção dos ataques não conduz, definitivamente, à evolução do grupo.

O treinamento de bloqueio da C18/19 anos, além de visar ao desenvolvimento geral do fundamento diante de uma ampla variação de tipos de ataque, deve priorizar também as dificuldades e deficiências notadas na equipe ou, pontualmente, as principais armas adversárias quando se aproximam os jogos contra essas equipes.

Organização de exercícios em grupos de três ou cinco atletas permite a alternância sem provocar desgastes excessivos. Procure também elaborar séries em que os bloqueadores se alternem na marcação das diferentes bolas. Por exemplo, se forem dois tipos de levantamentos a serem realizados em lados contrários – por exemplo, entrada e saída –, três bloqueadores que se alternem nas posições 2, 3 e 4 sempre realizarão ações diferentes; se forem três tipos de bola, no entanto, quatro é o número ideal de bloqueadores se revezando.

Destacaremos a seguir as situações de confronto entre atacantes e bloqueadores para bolas rápidas e ataques de fundo. Para as bolas altas entendemos que todas as considerações tecidas nos capítulos anteriores foram suficientes.

Bola de tempo:

- A posição básica e a atenção serão os principais catalisadores do salto rápido que esse tipo de ataque exige do bloqueador central, geralmente responsável por esse tipo de ação.
- Os braços partem já estendidos para a ação e devem ser levados rapidamente para o lado contrário, procurando fechar os ângulos possíveis de ataque.
- Muitas vezes o salto deve ser antecipado, sobretudo contra atacantes altos, para que se consiga obter um alcance compatível com o do oponente, abandonando intencionalmente outras opções para as quais o levantador possa dirigir a bola. Nesse caso, as pernas semiflexionam-se e, junto aos braços, buscam mais impulsão.
- Apesar de muitas vezes o bloqueador precisar tomar essa decisão arriscada, os movimentos devem ser retardados ao máximo, para não dar pistas de sua intenção ao levantador.
- Quando o bloqueador central aguarda um pouco, sem antecipar o salto, as pernas não se flexionam tanto e os braços também não conseguem ajudar no ganho de altura, pois precisam se manter estendidos.
- No alto, as mãos supinam ligeiramente, envolvendo a bola, sem no entanto se afastar nem oferecer espaço para a sua passagem entre elas.
- Em um confronto individual entre atacante e bloqueador nem sempre as regras de manter os braços estáticos para servir de referência para a defesa se aplicam. Por se tratar de uma bola muito rápida e de difícil defesa, concede-se ao bloqueador certa liberdade de posicionar as mãos para um lado ou para outro, lançar os braços ou apenas uma das mãos para tentar alcançar a bola. Esses são recursos que decorrem do desenvolvimento da leitura e da diversificação da técnica, que também deve ser treinada.
- Quanto mais o corpo do atacante fica distante da marcação individual do bloqueador central, mais este deve fazer que ao menos uma de suas mãos chegue em condições de bloqueá-lo. Muitas vezes, flexioná-la lateralmente, deixando-a paralela ao chão, impede a cravada do adversário; quando não houver tempo de bloqueio ofensivo, deve-se levar a palma da mão já voltada para cima, visando amortecer a bola para seu próprio campo.
- Não é sempre que ocorre uma ajuda efetiva de outro bloqueador nas bolas de tempo. No entanto, o agrupamento dos bloqueadores tem como objetivo exatamente esse auxílio eventual. Na maioria das vezes, ocorre o salto em projeção para a região central. Nesse caso, as mãos dos bloqueadores auxiliares devem posicionar-se para um bloqueio defensivo, evitando apenas que o atacante crave a bola para a região correspondente.
- Porém, sempre que houver tempo ou taticamente a equipe der preferência circunstancial para bloquear esse tipo de levantamento, uma passada lateral ou um saltito podem deixar o bloqueador em ótimas condições contra o adversário. Nesse caso, ele deve sempre preencher o espaço entre ele e o bloqueador de meio (responsável então pela marcação).
- Convém lembrar que a movimentação, nesse caso, deve ser retardada ao máximo, para evitar a leitura do levantador adversário, sem no entanto prejudicar a montagem compacta que já está estabelecida taticamente como prioritária.

Chutada de meio:

- Exige do bloqueador de meio uma passada lateral ou um saltito para marcá-la. Jamais o executante deve utilizar a passada cruzada para a chutada de meio, pois chegará ao local de realização desequilibrado.
- Às vezes, em razão da velocidade do levantamento, é possível apenas o bloqueio em projeção.
- Sempre que possível, a ajuda do bloqueador da posição 2 deve ser efetiva. Muitas vezes, quanto mais o levantamento se aproximar

de sua região, a marcação mais forte será feita por esse jogador. Nesse caso, a marcação é do extremo, e a composição, do central.
- Nem sempre o bloqueador pode valer-se da semiflexão ideal das pernas para a impulsão, reduzindo-se, nesse caso, o poder do salto quase somente à extensão dos tornozelos.
- A antecipação para esse tipo de jogada não é recomendada, pois oferece ao levantador adversário plena visualização da intenção do bloqueador central, podendo levantar a bola para a saída de rede e tirar completamente a chance de o bloqueio compor-se para essa situação. Todavia, pela velocidade da jogada, é quase impossível a efetivação do bloqueio se o bloqueador deixa de se antecipar. O importante é que diminuam as possibilidades de o levantador antever a movimentação, sem que se elimine a chance de sucesso do bloqueio.
- Dependendo de onde o levantador recebe o passe, as marcações modificam-se e a responsabilidade pela chutada passa a ser apenas do bloqueador 3, como quando a recepção chega entre as posições 3 e 4. Nesse caso, a velocidade com que o adversário pode jogar com o ponteiro inviabiliza a ajuda inicial por conta de uma eventual bola chutada na extremidade.
- Da mesma forma, se o ponteiro adversário está em condições desfavoráveis para receber o levantamento, o bloqueador 2 pode tornar-se o principal marcador da chutada de meio, liberando o central para priorizar outras movimentações ou apenas compor a marcação com ele, caso a chutada de meio seja a opção do oponente.
- Por isso, as considerações mencionadas variam de acordo com as circunstâncias. No entanto, todas as variações partem de situações básicas das quais decorrem as adaptações.

Chutada de ponta:

- Quando a chutada de ponta é uma opção sistemática do adversário, o bloqueio agrupado, em caso de passe perfeito, perde um pouco de sua compactação, promovendo uma marcação mais aberta do bloqueador 2. A velocidade do levantamento é maior do que a que o bloqueador de extremidade pode empregar nas passadas, portanto, se ele não se antecipar ou não priorizar o ganho de velocidade para esse tipo de levantamento, certamente o atacante terá caminho aberto para finalizar com sucesso.
- Não é raro nesses casos o bloqueador da extremidade abandonar a ajuda à região central e cuidar da marcação de modo mais efetivo. A chegada do bloqueador central ocorre muitas vezes depois de apenas uma passada cruzada e a posterior projeção do salto para ocupar o espaço ao lado da marcação. Todavia, sempre que possível, uma passada lateral de ajuste deve suceder a cruzada e deixar o bloqueador em uma posição mais equilibrada.
- Nesse caso, é possível optar pelo deslocamento frontal, mesmo que mais curto do bloqueador 2, pois sabendo que não precisará auxiliar em outra jogada, poderá ganhar mais alcance.
- Esse tipo de bola sempre exigirá movimentos rápidos de pernas e braços dos bloqueadores. Os braços devem ser levados rapidamente para junto da fita, a fim de evitar o ataque acelerado. Diante de um bloqueador que não invade seu espaço aéreo, um atacante habilidoso antecipa o movimento de ataque e tem à sua disposição muito mais angulação de batida.
- Em caso de percepção da impossibilidade de chegar para um bloqueio ofensivo, deve-se priorizar aproximar as mãos da fita superior da rede e das mãos do bloqueador de marcação, buscando amortecer o ataque para a defesa.

China:

- Apesar do estabelecimento da passada cruzada como padrão de movimentação conjunta, esta é, todavia, uma situação específica em que a passada lateral deve ser obrigatoriamente utilizada.

- Nesse tipo de ataque, pelo fato de o atacante adversário determinar o ponto exato do ataque, a passada cruzada pode deixar o bloqueador afastado do local apropriado de salto ou desequilibrado e, consequentemente, sem chances contra o oponente.
- Além da questão da passada, o bloqueio da china, pelo fato de esta ser realizada com um salto em projeção horizontal, em que o adversário não finaliza a ação onde salta, requer duas observações específicas:
   - O tempo de salto do bloqueador é diferente, devendo ser até antecipado ao do atacante, no caso de levantamentos extremamente rasantes.
   - O bloqueador deve prever a trajetória do atacante durante a fase aérea e posicionar-se para o salto no local em que ele realizará o ataque, portanto, o ponto de impulsão do bloqueio deve ser sempre além do ponto de salto do atacante.
- A invasão do espaço contrário com os braços e a manutenção deles junto à fita da rede tornam-se ainda mais importantes contra a china, pois o levantamento é mais colado à rede e a opção do atacante em atrasar ou acelerar o ataque pode pegar o bloqueio em montagem ou desfazendo-se.

Bolas de fundo:

- Devemos considerar dois tipos de ataque de fundo: o mais alto, de segurança, para o atacante da posição 1 (ou eventualmente, da 5); e o que faz parte da finta coletiva, portanto mais rápido (tanto da 1 quanto da 6).
- O tempo de bola é o grande dificultador para os bloqueadores, sobretudo nos levantamentos mais altos. Como se trata de uma bola mais afastada da rede, com gestos amplos do atacante, nem sempre o ataque acontece no momento em que o bloqueador espera. Por isso, requer análise mais detalhada de toda a definição (passe, levantamento, aproximação do atacante, distância da bola em relação à rede, etc.). Quanto mais dificuldade para o atacante, mais o bloqueador deve atrasar o tempo de salto.
- Dependendo da qualidade do levantamento, os atacantes de fundo podem ter o campo de alcance reduzido, perdendo a possibilidade de atacar a bola para a diagonal fechada ou para o corredor – nos ataques pela posição 1. As referências para a marcação também se redefinem dependendo desses fatores, assim como o posicionamento dos defensores.
- As bolas atacadas pela posição 6 são mais rápidas e partem de uma combinação com a bola veloz do central. Não raro, o bloqueador chega atrasado, precisando valer-se de bloqueios defensivos, principalmente se preocupou-se com a primeira bola e não conseguiu aprontar-se para a segunda. É possível, com mãos bem posicionadas, tocar a bola em algumas situações.
- As marcações para essas bolas sofrem bastante influência das características individuais do atacante. Prioridades devem se basear nas análises estatísticas e de vídeo.
- Ataques pela posição 5 não são costumeiros, mas quando ocorrem devem ter uma marcação especial. É possível oferecer a posição 1 mais do que o normal ("abrir o corredor"), pois essa região é mais difícil de ser alcançada com potência e precisão.

O bloqueio é um fundamento que requer constantes correções, principalmente quando o aluno-atleta não passou por todas as fases do PFCAAD. Mesmo na etapa de treinamento, não é raro que, diante das dificuldades próprias da evolução de jogo do grupo, alguns alunos-atletas passem a demonstrar erros que não vinham cometendo diante de situações menos dificultosas e necessitem de eventuais correções. Nesse estágio convém promover a alternância de estímulos facilitadores com outros que exijam mais do executante, de modo a levá-lo a conscientizar-se do erro, ativar a memória motora com a execução correta, mas levá-lo a repetir a ação diante de uma situação de maior complexidade.

Considerações extras e de reforço:

- Como a aprendizagem do bloqueio começa aos 13 anos, ele não será aplicado ao minivôlei. Porém, uma forma rudimentar de bloqueio – resumida ao salto à frente do atacante – pode ser usada eventualmente. Essa "antecipação" da aplicação tem uma explicação mais psicológica do que técnica: não se justifica deixar um atacante com facilidade natural para o ataque "acabar" com um jogo sem permitir que seus alunos tentem neutralizá-lo. Essa forma de bloqueio nada tem a ver com o fundamento a ser aprendido e aplicado em treinos do grupo, resumindo-se à elevação de braços.
- Somente depois de a passada em questão ser ensinada e praticada em situações simuladas o bloqueio será realizado contra ataques reais. O tempo de bola será desenvolvido a partir de um padrão já assimilado de passadas e salto, evitando dessa forma desvirtuar o movimento na ânsia de tocar a bola atacada. Enquanto isso, deve-se buscar a padronização da cortada entre todos os alunos, para que não haja invasões e consequentes contusões.
- A padronização da passada cruzada (já estabelecida desde a aprendizagem) como primeira do deslocamento para as extremidades evita choques dos pés ou atropelos entre os companheiros, já que na passada lateral o pé de dentro dos bloqueadores das posições 2 e 4 fica exposto ao pisão do central, que desenvolve mais velocidade para chegar a regiões mais distantes.
- O bloqueio deve ser treinado quase diariamente, a partir do seu aperfeiçoamento, mesmo que sejam ministrados apenas estímulos de passadas específicas durante o aquecimento. Todavia, o técnico deve evitar sessões que exijam muitos saltos em sequência ou com carga muito alta de duração ou intensidade, assim como não deve acumular exercícios sucessivos isolados ou combinados de ataque e bloqueio em uma mesma sessão ou em sessões sucessivas em um mesmo dia ou vários períodos. Os planejamentos semanal e diário devem distribuir as sessões de bloqueio, ataque e saque viagem de modo a não sobrecarregar a musculatura e as articulações responsáveis pelo salto dos alunos-atletas.
- Com tal finalidade de resguardar a saúde dos atletas, sessões de treinamento podem ser conduzidas com ataques realizados do alto de mesas, bancos ou plintos, em vez de se promover séries sucessivas de ataque. Porém, a altura desses planos deve ser compatível com o alcance médio do grupo. Planos muito altos expõem os dedos dos bloqueadores a contusões e os acostumam a utilizar o bloqueio defensivo como padrão. Já os ataques do chão habituam os atletas a sempre bloquear com as mãos voltadas muito para baixo (situação irreal para as condições de jogo que eles encontrarão e propícia à ocorrência de lesões).
- O ensino do fundamento deve priorizar a entrada dos braços na quadra adversária simultaneamente ao salto e ao ganho de altura, evitando o erro comum de estender os braços verticalmente para, depois, em um movimento de abafa, levá-los para o lado contrário. Uma boa referência para o executante se habituar a isso é manter os punhos e os antebraços sempre junto à fita superior da rede durante a fase aérea, inclusive durante a volta ao solo.
- As mãos devem estar no formato aproximado da bola – "o bloqueio bloqueia a bola" –, considerando a plataforma de contato. O mesmo serve para os bloqueios coletivos.
- Manter sempre os olhos abertos antes e durante o ataque adversário permite analisar os movimentos finais do atacante e promover ajustes de última hora.

- O tempo de bloqueio deve ter como referência o seguinte: a bola vai sair da mão do atacante e deverá chegar às mãos do bloqueador quando este estiver em seu ponto máximo de salto.
- Não existe flexão de punhos no bloqueio, pois, além de não proporcionar uma superfície constante de contato com a bola, aumenta o risco de contusões, por expor os dedos ao choque com a bola.
- A flexão de punhos é recurso utilizado somente para evitar que o atacante, em bolas mais fracas e coladas à rede, explore o bloqueio. Nesse caso, o gesto pode fazer que a bola seja trazida de volta à quadra. Para evitar a exploração do bloqueio, o bloqueador flexiona lateralmente a mão próxima à antena, deixando-a paralela ao chão, aumentando a área de contato e podendo, assim, exercer força contra a ação adversária.
- Deve-se evitar o salto inicial (comumente usado por alguns treinadores para marcar o tempo de realização do exercício) antes do deslocamento. O primeiro gesto deve ser a passada. O executante deve manter as pernas mais afastadas (pés um pouco além da direção dos ombros), para facilitar a primeira passada, seja ela cruzada ou de frente.
- O jogador que compõe o bloqueio duplo (que chega por último) não deve se preocupar com a localização da bola e do atacante, mas se concentrar no bloqueador que faz a marcação. Aquele deve se aproximar deste enquanto controla os movimentos, para não colidir com o companheiro.
- O jogador que comporá o bloqueio, ao chegar junto à marcação, deve, logo após a frenagem, projetar em direção à rede o ombro que ficará próximo ao companheiro, de forma que ambos os ombros fiquem de frente para a rede logo após a perda de contato com o solo.
- Nas bolas atacadas pelas pontas, a marcação da bola é de responsabilidade do bloqueador da extremidade. O bloqueador de composição (que chega depois) é responsável apenas pelo ângulo ou pela área (passagem da bola por fora da marcação, teoricamente menos forte que a primeira). A bola toca as mãos do bloqueador de composição somente se o atacante angular a cortada para a diagonal. Jogador que compõe o bloqueio e tenta marcar a bola desfigura a composição compacta.
- Não se deve confundir bloqueio defensivo com unicamente braços elevados verticalmente. Eles devem ser levados para a quadra contrária e as mãos se espalmam para o teto já no espaço aéreo inimigo ou sobre a rede ou, no máximo, deixando os punhos próximos à fita. O recurso de elevar os braços verticalmente expõe o espaço entre o bloqueador e a rede, deixando a tarefa mais fácil para o atacante, sobretudo em bolas coladas à rede.
- Bolas de xeque devem ser treinadas isoladamente, pois não se configuram necessariamente dentro dos padrões motores do bloqueio nem têm os mesmos elementos de jogo envolvidos em sua realização. O aquecimento para treinos de bloqueio ou de ataque pode incluir bolas de xeque, com suas especificações. Convém orientar os bloqueadores a permanecerem afastados da rede (cerca de um metro) após o saque, até que sejam definidas as condições da recepção adversária. Assim, o xeque poderá ser efetivado com mais facilidade e menos risco de o aluno-atleta perder a oportunidade de decidir o ponto ou cometer alguma infração, como tocar a rede.
- Bolas de xeque mais baixas e/ou rasantes, que não permitem o gesto mais amplo do bloqueador, devem ser interceptadas com o gesto de bloqueio, enquanto as bolas mais lentas ou altas podem ser finalizadas em forma de cortada, permitindo até um ajuste prévio por parte do bloqueador. O mais importante é analisar as condições anteriores e decidir pela ação mais eficiente, que resulte em ponto e não leve o executante a tocar a rede.

- As bolas de xeque exigem também a comunicação entre os bloqueadores, cabendo sempre a prioridade aos centrais nas regiões intermediárias em que pode haver confusão entre os companheiros de equipe (entre a posição 3 e a 4 ou a 3 e a 2).
- Nas bolas bloqueadas em situação de xeque, a flexão de punho não só é permitida como recomendada, para tirar a possibilidade de recuperação pelos adversários.
- Nos treinamentos, a variação da altura e velocidade dos lançamentos e levantamentos aprimora não somente as movimentações, mas também o posicionamento de braços e a composição simétrica do bloqueio.

Capítulo 12

Defesa

Várias são as formas de defesa utilizadas no voleibol e, em razão da força do ataque e do alvo a ser defendido, é realizada geralmente próxima ao solo. A manchete é a forma mais usual de defesa, porém seu padrão motor sofre algumas adaptações em função da dificuldade própria da ação. A descrição a seguir baseia-se na forma mais indicada de defesa, ou seja, em manchete normal. As variações possíveis poderão ser verificadas nos Capítulos "Recursos" ou "Quedas".

Antes, no entanto, de caracterizarmos cada fase, convém fazer algumas distinções em relação às posições básicas e movimentações específicas que antecedem o contato com a bola.

Podemos considerar duas posições básicas para a defesa: uma que é mantida enquanto o adversário tem a posse da bola e ainda não está definido quem atacará a bola; e a que antecede a ação defensiva propriamente dita e é responsável por viabilizar sua realização com mais eficiência. Ambas sofrem ligeiras modificações, dependendo da posição que o jogador ocupa em quadra.

Do mesmo modo, existem duas movimentações específicas, diferenciadas entre si pelos dois momentos distintos em que são utilizadas: a primeira é o *deslocamento para a região a ser defendida* e ocorre após a definição do levantamento; já a segunda consiste no *deslocamento para a bola* e depende de vários fatores, como força do ataque, distância a que o defensor está da bola e desvios eventuais no bloqueio ou na rede que ela possa ter sofrido após o golpe do atacante.

DESCRIÇÃO

1. Posição básica de espera e deslocamento para a região a ser defendida:
   - A postura a ser assumida pelo defensor enquanto não há definição do ataque adversário é um pouco mais cômoda que a seguinte e pode muitas vezes ser mantida durante a movimentação para a posição a ser ocupada. No entanto, não deve ser minimizada em importância nem negligenciada.
   - Ela é assumida tão logo a bola passa para a quadra contrária – seja em um saque, ataque, contra-ataque ou bloqueio – e o defensor posiciona-se na região determinada pela tática coletiva.
   - Inicialmente, podemos considerar a possibilidade de uma posição média, que vai se tornando mais baixa à medida que a bola chega às mãos do levantador adversário.
   - Apesar de alguns treinadores exigirem a posição baixa desde antes do saque, entendemos que tal procedimento leva a um cansaço cumulativo e prematuro da capacidade de atenção e da muscula-

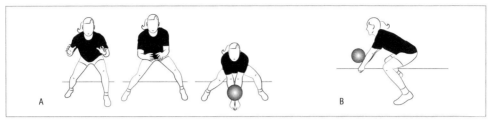

Figura 1 Defesa. (A) De frente; (B) de lado.

tura de membros inferiores e costas. Não há necessidade de se aprontar para a ação com tanta antecedência.
- Para alguns defensores posicionados mais junto à rede, geralmente nas posições 1 e 5, uma postura mais baixa é exigida tão logo a bola é recebida pelo adversário, para que ele não seja surpreendido por uma largada do levantador ou um ataque muito rápido.
- Recepções e defesas adversárias imprecisas e levantamentos mais altos permitem uma posição básica de espera menos baixa, do mesmo modo que, enquanto a bola não chega às mãos do atacante, é possível deslocar-se com menos velocidade e sem permanecer abaixado.
- Muitas vezes, o defensor não precisa se deslocar e aguarda a bola na posição em que se encontra, promovendo apenas ajustes posturais, de acordo com a dificuldade própria da jogada.
- Quando há necessidade de deslocar-se para ocupar a região a ser defendida, o defensor pode movimentar-se para os lados, para a frente ou para trás, dependendo do local de realização do ataque adversário.
- Passadas laterais simples ou cruzadas podem ser utilizadas nesse momento, assim como os deslocamentos para a frente e para trás, em passada normal ou galope. O executante deve manter-se sempre de frente para onde estão ocorrendo as ações adversárias.
- Os deslocamentos para a região a ser defendida podem ser feitos em posição básica média, se a altura do levantamento assim permitir. No entanto, diante de levantamentos rápidos, o executante mantém a posição baixa de espera anteriormente assumida.
- O defensor deve sempre procurar chegar ao local onde realizará a defesa antes do recebimento da bola por parte do atacante, não só para estar pronto para a ação, mas por causa da tática coletiva de defesa que toma forma. Muitas vezes, quando algum defensor se atrasa, outros mais atentos procuram ocupar os espaços descobertos, o que desajusta o sistema e compromete o resultado coletivo final.

2. Posição básica de defesa e deslocamento para a bola:
   - Ao chegar ao local e assumir a posição básica baixa de defesa, o executante deve desequilibrar-se ainda mais à frente, de modo a proteger o alvo buscado pelo adversário (o solo):
     - Tronco flexionado.
     - Pernas semiflexionadas.
     - Quadril baixo.
     - Ombros projetados à frente dos joelhos.
     - Braços soltos ao longo do corpo e semiflexionados levemente.
     - Mãos espalmadas, prontas para se unirem para a manchete ou executarem a defesa alta em forma de toque (ou de espalmada).

- Cabeça erguida e olhos voltados para a parte inferior da bola.
- Na ponta dos pés, com eles ligeiramente voltados para dentro, para facilitar a saída a possíveis largadas, exploradas ou desvios no bloqueio.
– Quanto mais próximo da rede o defensor estiver, mais baixa é a posição básica a ser mantida.
– Durante o posicionamento para a defesa, o executante deve se preocupar em voltar o corpo para o levantador de sua própria equipe. Dessa forma, caso ele não tenha controle da ação, mesmo que a bola se choque contra ele, aumentam as chances de ela ser dirigida para dentro da própria quadra, e não para fora ou de volta para o adversário.
– Já na posição de defesa, o executante mantém-se atento às ações do adversário e às possibilidades de formação de bloqueio. A velocidade com que ocorrem as ações de ataque e a possível defesa exigem alta capacidade de análise, interpretação e resposta do defensor.
– Durante a fase de análise – dependendo dos diversos fatores a determinar o tipo de ataque a ser realizado e as possibilidades do adversário –, pequenos ajustes na posição básica podem significar o sucesso da ação subsequente.
– A análise do defensor deve ser constante: probabilidade de largada de segunda; relação entre atacante e bloqueadores; possibilidades do ataque; áreas acessíveis para o envio da bola pelo adversário; posicionamento dos companheiros; etc.
– Os deslocamentos para a bola, quando necessários, são pontuais e breves. Não deve haver nesse momento cruzamento de passadas ou galopes, pois o corpo precisa estar equilibrado e apto a lançar-se em todas as direções, seja por meio de apoios, quedas ou corridas, para posicionar-se atrás da bola.

– Quando o executante já se posicionou adequadamente e a bola está chegando ao seu corpo, as pernas afastam-se lateralmente, para dar maior equilíbrio e se flexionam, de acordo com a dificuldade prevista. O afastamento dos membros inferiores não pode ser excessivo nem estes podem estar estendidos, pois isso impede pequenos ajustes com os pés e com o quadril para posicionamento do corpo atrás da bola.

3. Execução (contato com a bola):
    – A técnica segue as orientações da manchete normal.
    – A primeira preocupação do defensor nesse momento é dirigir o corpo para trás da bola, projetando primeiro o quadril para ela. Se não for possível posicionar-se dessa forma, deve-se buscar levar ao menos os braços para trás da bola, preocupando-se em montar a plataforma de contato com os antebraços de modo a fazer que ela assuma a trajetória desejada, ou seja, para o alto e para a frente.
    – O defensor arma a manchete projetando os braços e os ombros mais à frente do que o padrão normal anteriormente ensinado, a fim de que haja espaço para o amortecimento da bola.
    – O amortecimento ocorre simultaneamente à chegada da bola e deve contar com um trabalho conjunto e harmonizado de todo o corpo, a começar por braços e ombros. Às vezes é necessário desequilibrar-se para trás e, eventualmente, levar as costas ao chão, posteriormente à defesa, para que a bola não ricocheteie no defensor.
    – A flexão dos cotovelos deve ser evitada, a menos que a bola seja tocada muito próximo ao chão. Nesse caso, somente a flexão deles permitirá que ela suba, em vez de ir para a frente.
    – A manutenção dos braços estendidos mesmo após o contato dará direção e

precisão à bola defendida. Soltar imediatamente os braços ou girá-los são ações que sujeitam o sucesso da defesa a apenas um momento fortuito e fugaz. Manter os braços estendidos e o corpo direcionado para o alvo permite um controle maior da bola.
4. Pronta ação para o prosseguimento do jogo:
   - A recuperação do equilíbrio deve ser imediata, porém sem pressa, para que a finalização do movimento de defesa não seja prejudicada.
   - A defesa com qualidade será sempre sucedida por um ataque, do qual o defensor poderá participar direta ou indiretamente (atacando ou contribuindo com a proteção ao companheiro).

APRENDIZAGEM

A defesa em manchete é utilizada quase naturalmente quando o aprendiz é exposto à dinâmica de jogo, seja o minivôlei ou as formas adaptadas em que a cortada já aparece como arma disponível, mesmo que ainda rudimentar. Nesse período, como o ataque ainda é fraco, a "manchete empurrada" ainda prevalece sobre a "amortecida". O professor-treinador deve dar, já nessa etapa, orientações pontuais sobre amortecimento e direção, sem especificações da defesa propriamente dita.

Quando a habilidade de defesa é ensinada, deve-se promover a adaptação do padrão da manchete normal a essa situação específica. O amortecimento do ataque exige do executante um aprimoramento do tempo de reação, para que a bola assuma trajetória controlada após o contato.

A colocação do corpo atrás da bola é indispensável para que se possa dar direcionamento à defesa. A fim de que isso aconteça, as movimentações específicas adequadas e a posição básica baixa que antecedem o contato com a bola são imprescindíveis.

O processo de ensino-aprendizagem da defesa é quase simultâneo ao do bloqueio, porém a aplicação daquela se dá antes deste. Com a aprendizagem da defesa estabelece-se a sequência básica das ações de jogo: saque-recepção-levantamento-ataque-defesa. Essa combinação deve ser aplicada a jogos adaptados e, principalmente, ao minivôlei.

Apresentação:

- Deve-se enfatizar o fato de que o defensor protege um alvo horizontal, o que torna muito mais difícil a realização do fundamento com eficácia.
- Culturalmente acostumado a defender alvos verticais em outros esportes (um gol, por exemplo), o iniciante tem dificuldade em assimilar a postura necessária para a defesa da quadra de voleibol.
- Escolha modelos que usem a manchete normal. Mesmo que haja utilização de recursos durante a exposição, convém ressaltar que a defesa a ser aprendida é a que utiliza a manchete normal.

Importância do correto aprendizado e da aplicação em jogo:

- Deve considerar: a possibilidade de contra-ataque a partir de uma bola defendida; a chance maior de pontuar a partir de uma defesa de qualidade; e o prazer de evitar o sucesso de uma ação contrária que tinha muito mais chances de ser vitoriosa.

Experimentação:

- É dispensável, pois as formas anteriores de jogo já submeteram o aprendiz a situações de defesa. No entanto, se o professor-treinador quiser atacar algumas bolas para que os alunos percebam a diferença de força e velocidade com que a bola chega a eles, isso poderá auxiliar na conscientização do amortecimento, fator mais marcante na transição da manchete anteriormente aprendida para sua utilização nessas situações.

Exercícios introdutórios:

- Antes da aplicação da sequência pedagógica, convém retornar às posições básicas e movimentações e especificá-las à defesa.
- Exercícios de quadrupedia ventral, em que o centro de gravidade desloca-se para fora e à frente do corpo, dão ideia do desequilíbrio que se busca. Levar o aluno-atleta a apoiar-se nas mãos depois de desequilibrar-se à frente também ajuda.
- Com o objetivo de enfatizar a defesa de um alvo horizontal, exercícios lúdicos nos quais o aprendiz precisa evitar que a bola vinda do alto caia em uma área horizontal predeterminada (mesmo que seja segurando-a) auxiliam nesse entendimento e levam o executante a assumir uma postura mais próxima ao chão. Para esse fim, o uso de colchões ou bambolês como alvos a serem protegidos é válido.

Sequência pedagógica:

- Por necessitar de uma ação de ataque, o ideal é que o processo comece com a organização em duplas. Porém, como o controle do ataque ainda não está devidamente estabelecido entre os alunos, é conveniente que se promova a iniciação à defesa com lançamentos com ambas as mãos, e não com cortadas.
- Um arremessa a bola na altura do quadril do outro. Primeiro, o executante deve segurá-la, tal qual um goleiro de futebol que encaixa a bola junto ao abdome (não ao peito).
- Idem, utilizando agora a manchete normal para amortecer a bola arremessada, de modo que ela se afaste do corpo o mínimo possível. Pode-se pedir que o aluno-atleta apanhe-a logo em seguida, antes que ela vá ao chão.
- Aos poucos, o executante da defesa deve fazer que a bola fique entre ele e o atacante, tendo sempre controle do amortecimento.

- Enquanto o grupo trabalha em duplas, o professor-treinador pode alternar-se entre os alunos e executar ataques, a fim de estabelecer uma relação mais próxima do real.
- Nesse momento não há relação com as regiões da quadra. O que deve ser desenvolvido é unicamente a habilidade de defender o solo, sem preocupação com a função tática individual.
- O próximo passo é fazer que um ataque para o outro, com o defensor segurando a bola e lançando-a em seguida para o próprio ataque.
- O professor-treinador continua revezando-se entre os grupos, atacando para os elementos da dupla.
- Volta-se então aos lançamentos, dirigindo-os para os dois lados do defensor, obrigando-o a levar o corpo para trás da bola, por meio de deslocamentos laterais.
- O lançamento passa então a ser realizado mais à frente do defensor (cerca de 1 m do local em que ele está), enfatizando tanto o deslocamento quanto o afastamento lateral das pernas para defender.
- Depois, lançar para as diagonais, à frente do defensor.
- Por último, arremessar de forma que o defensor realize um deslocamento prévio para trás.
- Idem, com ataques (ainda sem dar sequência ao exercício): para os lados, à frente, para as diagonais e, por fim, para trás.
- É importante nesse momento cobrar a interrupção do deslocamento, seja ele para qualquer direção, e o consequente desequilíbrio à frente antes da chegada da bola.
- Retornar ao início da sequência proposta, aumentando gradativamente a força de ataque, enfatizando a necessidade de amortecimento e do desequilíbrio à frente, independentemente da direção do deslocamento prévio.
- Dar sequência ao exercício, promovendo o tradicional exercício de ataque/defesa (A ataca para B, B defende para A, A levanta para B, B ataca para A, e assim sucessivamente).

Educativos e formativos:

- Quatro são as situações que provavelmente exigirão a aplicação da maioria dos educativos: postura inadequada, falta de direcionamento ou amortecimento e não colocação do corpo atrás da bola.
- Muitos treinadores procuram aprimorar a precisão – não só na defesa – com exercícios que obriguem o aluno-atleta a acertar alvos. A falta de direcionamento está, inicialmente, relacionada a um desvio motor, e não a um resultado final absoluto. Aquela é causa deste. Quase sempre o mero estímulo repetitivo não resulta em correção motora. Procure identificar a causa da falta de precisão em vez de tentar corrigir a consequência.
- Exercícios formativos dificilmente são aplicados à defesa, a menos que o aluno-atleta tenha dificuldade para se manter na posição básica baixa ou flexionar os joelhos por deficiências de ordem muscular ou dores articulares (que devem ser antes diagnosticadas e tratadas devidamente, se for o caso).

Automatização:

- Como é difícil determinar um padrão motor para esse fundamento, dada a impossibilidade de se repetir sempre o mesmo tipo de defesa aos diferentes tipos de ataque, a fixação do movimento deve buscar a forma usual em manchete à frente do corpo, sem, no entanto, desconsiderar, com o tempo e com a incidência dos diferentes estímulos durante os jogos, a possibilidade de trabalhar variações que solucionem problemas que o padrão motor da manchete não resolve. Todavia, esse ponto faz parte do aperfeiçoamento, não da aprendizagem. Fixar a manchete como meio a ser utilizado para a defesa faz que o aluno-atleta tenha sempre como primeiro recurso, aumentando, assim, a chance de sucesso na maioria das ações.

- A ênfase deve ser dada ao posicionamento atrás da bola, amortecimento e direcionamento da bola.
- Ataques do professor-treinador (do chão e de planos mais altos) repetidamente e com variações de força permitem ao aluno-atleta a vivência de ações semelhantes dentro de um raio de ação limitado, ambiente favorável à fixação do gesto motor.

Aplicação:

- Imediata e natural nos jogos adaptados, minivôlei ou seis contra seis.
- Exercícios devem levar o aluno-atleta a reconhecer os espaços de sua responsabilidade tática em quadra. Mesmo as concepções mais simples (inclusive no minivôlei) devem estabelecer a divisão de áreas pelas quais cada jogador será responsável.
- A cobrança por direcionamento e precisão deve ser habitual e constante. O esforço individual é louvável, mas não bastará para o desenvolvimento do jogo com qualidade.
- Com a inclusão da defesa, a associação dos fundamentos torna-se mais rica, pois ela gera novos ataques e outras defesas, possibilitando a continuidade das ações, além de aumentar a capacidade de análise, a resistência de jogo e o entendimento do voleibol como algo mais complexo e exigente, mas também mais prazeroso.

ERROS COMUNS NA EXECUÇÃO DA DEFESA E CORREÇÕES SUGERIDAS

1. Posição básica incompatível.
   - Mãos nos joelhos, muito próximas ao corpo ou unidas.

   Correção sugerida: os braços devem ser mantidos ligeiramente flexionados e paralelos às coxas, prontos para serem dirigidos à bola. As mãos só devem ser unidas momentos antes de tocar a bola. Peça ao defensor que bata palmas enquanto aguarda a bola. Esse expediente desperta também a atenção que

deve anteceder a ação. Quando o professor-treinador estiver no domínio do exercício, pode atacar somente depois que o aluno-atleta assumir a posição correta.
- Centro de gravidade deslocado para posição mais cômoda.

Correção sugerida: em vez de flexionar as pernas e o tronco, o defensor "senta-se", mantendo o tronco ereto, deixando as mãos longe do solo. Tocar o chão com as mãos e incluir algum ponto de atenção que o obrigue a manter a cabeça erguida é uma boa estratégia, sem permitir, no entanto, que o aprendiz flexione apenas o tronco para isso.
- Pernas afastam-se em demasia.

Correção sugerida: é uma estratégia também para tornar a posição mais cômoda. A fim de evitar o afastamento prematuro das pernas, pode-se submeter o aluno-atleta a uma série alternada de ataques e largadas, obrigando-o a se deslocar – algo pouco eficiente com as pernas afastadas. Delimitar com cones, linhas ou riscas o espaço no qual o defensor está posicionado, impedindo-o de afastar em demasia as pernas, também ajuda. Para posturas inadequadas, uma sugestão é lançar ou atacar bolas de uma superfície mais alta, como uma arquibancada, por exemplo, para serem defendidas pelo aluno. É interessante também delimitar com giz uma área no solo, ressaltando a diferença de se defender um alvo horizontal.

2. Falta de leitura das ações que antecedem a defesa.

Correção sugerida: a aprendizagem do fundamento não deve se restringir a ataques sempre dirigidos e repetitivos. Exercícios de ataques fortes sempre sobre o corpo do defensor em nada ajudam no desenvolvimento da capacidade de análise, interpretação e resposta do defensor. Deve-se variar a força, a direção e o efeito que se dá à bola no ataque, assim como exigir as mais variadas movimentações por parte do aluno. A inclusão dos elementos que antecedem o ataque complementa esse trabalho, sem os quais o defensor fixa-se apenas no gesto do atacante. Fazer que o aluno-atleta atue em várias posições ajuda na maior abrangência da visão e das análises.

3. Escolha equivocada ou falta de coordenação das passadas.

Correção sugerida: a escolha apropriada da passada é geralmente decisiva para o sucesso da ação defensiva. Da mesma forma, a diferenciação entre a movimentação para a região a ser defendida e a subsequente para a bola deve ser claramente estabelecida e padronizada. Apenas a repetição dos deslocamentos até a automatização levará os alunos a diferenciar ambos os momentos; no entanto, os estímulos variados são fundamentais para que a escolha imediata seja compatível com a circunstância. Mais uma vez, ataques repetitivos e exercícios elaborados sem criatividade em nada contribuem para enriquecer o arsenal motor e cognitivo do aluno-atleta.

4. Apenas o tronco flexiona-se para alcançar bolas próximas ao chão, enquanto as pernas ficam estendidas.

Correção sugerida: o quadril deve ficar mais próximo ao chão e o centro de gravidade, projetado mais à frente do corpo, desequilibrando-o um pouco, sobretudo na ação defensiva propriamente dita. Faça que o executante encoste os glúteos em um banco de cerca de 30 cm de altura (não podendo se sentar) e ali mantenha a posição apropriada até que uma bola seja atacada para ele. Outro exercício: posicione o aluno-atleta na quadra contrária, a meio metro da rede e de frente para ela; ataque a bola na direção da linha central, obrigando-o a desequilibrar-se por sob a rede e proteger a linha central.

5. O contato com a bola não acontece com a plataforma dos antebraços.

Correção sugerida: é comum, diante da maior potência do ataque, que a bola nem sempre bata no local desejado, pois o defensor não tem sempre tempo para posicionar adequadamente os braços atrás dela, sobretudo nas primeiras tentativas. Esta pode ser uma indicação de falta de experiências múltiplas anteriores. A variação de força, efeito, intensidade e altura do ataque desde o início da aprendizagem leva a uma leitura melhor e, por consequência, também a um melhor ajuste motor para que esse desvio não ocorra. A consciência de que a plataforma de contato deve ser preservada independentemente do local para onde ele precise dirigir os braços ajuda a manter os ombros como eixo principal da movimentação dessa plataforma.

6. O corpo não se ajusta para enviar a bola à região-alvo.
Correção sugerida: consequência desse erro é a bola ser reenviada para o adversário, não ganhar altura ou ir para junto da rede, pois o corpo não se movimenta para ajudar a dirigir a plataforma de contato ao local apropriado. Muitas vezes, o defensor "esquece" o corpo e conduz apenas os braços, o que acarreta uma plataforma inconsistente e sem condições de imprimir a trajetória desejada à bola. São indicados exercícios nos quais o executante realiza outras tarefas após a defesa, como segurar a bola ou levantá-la para um companheiro. Enfatize também a dica: "plataforma voltada para o alvo". Relaxar relativamente a musculatura, sobretudo da cintura escapular, no momento de contato com a bola ajuda no amortecimento.

7. O executante deixa a bola chegar muito ao tronco (a bola só sobe ou ocorre a condução).
Correção sugerida: o tronco deve permanecer inclinado à frente e só estender-se em caso de absoluta necessidade. Algumas bolas chegam muito próximas ao tronco geralmente por falta de movimentação e, mais uma vez, da deficiente leitura das ações anteriores. Repetir ataques sobre o tronco e fazer que o defensor realize a movimentação para trás no tempo devido ajuda na conscientização da importância da movimentação prévia. Estimule também a retirada do tronco da linha da bola e a utilização da manchete alta para essas situações.

8. Não há amortecimento conveniente da bola.
Correção sugerida: na ânsia de defender, o iniciante "ataca" a bola, não deixando que ela chegue ao corpo. A defesa não deve ser executada com os segmentos contraídos. O amortecimento pode ser aprimorado com ataques fortes e tarefas de manter a bola defendida o mais próximo possível do corpo. Ver também o item 6.

9. O tronco não se posiciona atrás da bola quando ela chega ao lado do corpo (os braços são levados isoladamente para defender).
Correção sugerida: esse desvio pode ter origem na passada ineficiente que não leva o executante para o local correto ou não conduz o tronco para trás da bola. Exercícios que busquem aprimorar as passadas de posicionamento e os ajustes finais, fazendo que o aprendiz segure a bola junto ao abdome, podem corrigir esse desvio. Deixar os braços presos ao corpo (sob a camiseta ou amarrados com faixa) também ajuda a conscientizar o aluno-atleta sobre a importância de o tronco estar atrás da bola (e não somente os braços) no momento do contato com ela. Ver também as considerações feitas no item 6.

10. Os braços giram para defender bolas que chegam à linha do ombro.
Correção sugerida: bolas que chegam na altura dos ombros exigem uma extensão rápida (e não um giro) dos braços em direção a ela. O giro não dá precisão à ação. Coloque alguma referência macia paralela ao chão (espumas, cordas elásticas, etc.), ao lado do executante e na altura de seus ombros, e repita ataques que o levem a estender os braços sobre esse aparato – e não girá-los – em direção à bola.

11. Não há transferência da trajetória da bola atacada para o levantador.
Correção sugerida: em geral, a falta de direção deve-se a dois fatores. Primeiro, a força de ataque nem sempre permite redirecionamentos, o que obriga o defensor a deixar a plataforma dos antebraços dirigida antecipadamente para o levantador, a fim de

fazer que a bola a toque e tome o caminho desejado quando ele não tiver tempo de redirecioná-la. Depois, para bolas que chegam ao lado do corpo do defensor, este deve baixar o ombro que ficou mais à frente, favorecendo assim o direcionamento da plataforma para o alvo. Ver o item 6.

12. Choques bruscos com o solo.
Correção sugerida: a vontade de não deixar que a bola caia faz que o aluno-atleta iniciante jogue-se ao chão de qualquer jeito. Os choques contra o solo podem ser amenizados, enquanto o aprendiz não desenvolve as técnicas de queda, com a aproximação do centro de gravidade do chão e a condução dos braços para baixo da bola. O apoio dos braços pode ser ensinado como meio de proteção, além de aumentar a segurança do aluno-atleta no desequilíbrio principalmente à frente. Observe se as quedas não se acentuam por causa de desatenção ou de uma posição básica muito alta e corrija-a, se for o caso.

13. O executante não se apronta para a sequência do jogo.
Correção sugerida: como a posição de defesa é muito próxima ao chão e muitas vezes o executante desequilibra-se após a ação, é preciso dar-lhe tarefas extras em exercícios, para que ele se conscientize da necessidade de participar das ações subsequentes (outra defesa, proteção de ataque ou contra-ataque). Por exemplo, depois de defender, ele deve recuperar outra bola que o professor-treinador lançará alguns metros além do local em que foi realizada a defesa.

APERFEIÇOAMENTO

Essa etapa deve, principalmente, oferecer dificuldade gradativa ao aluno, tanto em relação à força de ataque quanto à variabilidade dos estímulos. A vivência da defesa em todas as posições da quadra também deve fazer parte das sessões. A busca pela precisão da ação defensiva acompanha o aprimoramento técnico.

- Exercícios em pequenos grupos, que promovam diferentes deslocamentos, giros rápidos, mudança de posturas, etc. são parte da sequência gradativa de dificuldade a ser implementada.
- A organização em trios ou quartetos em forma de triângulo ou quadrado permite variados direcionamentos, diferentemente do trabalho em duplas em linha reta, em que a defesa é sempre dirigida para o local de onde veio o ataque.
- O aluno-atleta deve ter domínio sobre diferentes direções que ele pretende dar à bola a partir da defesa: mais para o alto, mais para a frente, para a esquerda ou para a direita.
- O desenvolvimento cognitivo acompanha a evolução técnica, com o aluno-atleta tomando consciência, por exemplo, de que deve dar mais altura à defesa em alguns momentos, para proporcionar uma melhor colocação dos atacantes e/ou a possibilidade de chegada do levantador à bola.
- Em bolas que chegam mais baixas e à frente do defensor, convém incentivar o apoio de mãos ou braços no chão. Isso promoverá um posicionamento mais baixo e a iniciação dos alunos-atletas às quedas.
- Muitas vezes não é necessária a utilização da rede entre os atacantes e os defensores, mas tal referência é importante e deve ser alternada com exercícios mais simples.
- Ataques de sobre planos mais altos, inicialmente da mesma quadra em que se encontra o defensor, aproximam os exercícios da realidade de jogo e permitem maior aproveitamento do espaço e controle dos treinadores sobre os defensores. Depois, devem ser realizados do lado contrário. Essa organização permite uma frequência de repetições interessante para a manutenção da atenção. Recomenda-se a organização em trios de defensores, para que esse objetivo seja atingido.
- Ataques de planos mais altos devem ser dirigidos a todas as regiões da quadra, criando uma proximidade com as situações que

o aluno-atleta encontrará nos jogos, seja no minivôlei ou no seis contra seis.
- Quando esses ataques passarem a ser desferidos da quadra adversária e tiverem o objetivo de introduzir o treinamento técnico-tático voltado ao posicionamento individual em quadra no sistema 6 x 6, deve-se levar em consideração a especificação do sistema de jogo. Com o levantamento sendo realizado pela posição 3, o ideal é que comecem das duas extremidades da rede (posições 2 e 4); quando for adotado o levantamento da posição 2, inclui-se a posição 3, com a 4 e, posteriormente, a 1; até que, por fim, com a infiltração, associam-se as três posições de rede, diversificando e alternando os ataques (4 e 3; 2 e 3; 4, 3 e 2; etc.).
- As particularidades de cada posição em quadra em relação aos diferentes tipos de ataque (diagonal, paralela, ataques colados à rede, etc.) são enfatizadas, levando o aluno-atleta a adaptar o padrão motor aprendido às situações de jogo. O aluno-atleta começa a diferenciar as posturas, deslocamentos prévios para a região a ser defendida e para a bola, etc. em função do local em que ele se encontra. A vivência múltipla é importante para o desenvolvimento da excelência desse fundamento e contra a especialização precoce.
- A introdução de ataques reais, de diferentes posições, é importante; no entanto, nas CCI não há regularidade dos acertos, o que compromete o treino dos defensores. Sempre que o professor-treinador julgar necessário, deve retornar aos ataques controlados por ele e seus assistentes.
- O aperfeiçoamento da defesa coincide com a aprendizagem da manchete alta, o que leva à possibilidade de sua utilização efetiva para bolas que chegam na altura dos ombros do defensor.
- À medida que as situações de jogo exigem novas formas de defesa, o uso dos recursos é incluído. Todavia, a inclusão deve ocorrer com restrições, já que o aluno-atleta precisa esgotar as possibilidades de chegar à bola em manchete, valendo-se, para isso, de crescente capacidade de análise, interpretação e resposta, além de deslocamentos rápidos e eficazes.

TREINAMENTO

Talvez o treinamento de defesa seja um dos que mais estabelecem diferenças entre os treinos técnicos, técnico-táticos e táticos. Muitos são os exercícios que podem ser realizados em duplas, trios e quartetos que visam exclusivamente ao desenvolvimento técnico. Quando o objetivo passa a ser técnico-tático, a quadra é utilizada de modo a fornecer informações espaciais fundamentais para posicionamento, reconhecimento de áreas e bolas de responsabilidade do próprio executante e direcionamento da bola. E a meta tática, ao estabelecer-se a relação entre os defensores e a montagem das estruturas táticas defensivas, seja por partes ou no total, exige exercícios mais complexos ou coletivos dirigidos.

- Os exercícios de aquecimento em duplas podem ser ótimos estímulos para o treinamento técnico da defesa, desde que não se negligencie a qualidade da ação. Treinos em que mais se corre atrás da bola do que se consegue mantê-la sob controle não servem absolutamente à excelência.
- O treinamento técnico da defesa pode incluir exercícios em duplas, trios ou pequenos grupos, sem a utilização da rede.
- Nessa etapa é importante que o professor-treinador e/ou auxiliares comandem os ataques em exercícios mais longos, evitando assim o desgaste excessivo dos alunos-atletas.
- Exercícios de volume em quadra, trios contra trios trocando ataques de trás da linha de fundo, ajudam a criar regularidade de defesa e fixar posicionamentos básicos em quadra, além do ganho considerável de resistência de jogo.
- Gradativamente, esses exercícios podem incluir bloqueios simples, bolas próximas à rede, bloqueios duplos, etc., servindo ao aprimoramento das ações individuais e conjuntas de ambos os elementos do jogo.

- Sempre que se optar por exercícios conjuntos, deve-se preconizar a qualidade do passe como elemento primordial. O professor-treinador não deve permitir a falta de precisão ou regularidade. Qualidade técnica não é medida por quanto se corre atrás da bola. O senso comum ilude-se com a ideia de que a qualidade dos treinos de defesa pode ser expressa pelo quanto os atletas saem extenuados ou pela quantidade de bolas espalhadas pelo ginásio. Esse tipo de treino pode servir a outro propósito, como desenvolver espírito de luta, mas não à qualidade de defesa. E, mesmo assim, é possível conciliar ambos os objetivos, preconizando o primeiro propósito.
- A especialização leva ao treinamento cada vez mais específico do aluno-atleta nas posições em que atuará como defensor. É importante a variação dos tipos de ataque – forte, em meia-força, fraco, largadas, empurradas, desviantes no bloqueio – e as posições das quais estes são desferidos para que o treinamento seja completo. Porém, o uso de ataques predeterminados serve apenas ao objetivo de correção individual, sendo necessário que, para o aprimoramento da defesa, o defensor não saiba de antemão que tipo de bola será atacado.
- Os treinos técnico-táticos levam os atletas a treinar coletivamente, sem necessariamente serem expostos a coletivos. Alternância de ataques sobre planos altos, de acordo com a diversidade ofensiva da categoria em questão, e organização de duplas e trios que dividem espaços e responsabilidades levam a bons resultados de sincronia e organização.
- Mesmo nas CCA, em que a especialização começa a ganhar espaço e posteriormente quase total exclusividade, é conveniente que todos pratiquem a defesa em todas as posições. Por razões circunstanciais, um aluno-atleta pode precisar atuar em outra região que não a usual; e a chance de sucesso será mínima se ele nunca teve a oportunidade de treinar ali.
- A transição da defesa para o contra-ataque, o levantamento ou a proteção de ataque devem ser treinados em sessões técnico-táticas – em pequenos grupos que podem conter alunos-atletas da mesma função ou um de cada posição – e coletivas. Neste último caso, é importante que se saliente o objetivo maior do treino: transição defesa-contra-ataque. Pontuações extras podem ser incluídas para lances resultantes de ações positivas que incluam esses dois fundamentos.
- Os coletivos dirigidos com esse objetivo devem associar a defesa ao bloqueio. Em nível mais adiantado é quase impossível a realização da defesa sem o auxílio do bloqueio. Nesse momento, estabelecem-se as funções deste e daquela e a consequente harmonia do sistema.
- No item "Sistemas defensivos" do capítulo "Táticas nas categorias competitivas", há sugestões sobre organização de treinos técnico-táticos e táticos.

Considerações extras e de reforço:

- No posicionamento básico de defesa, principalmente para bolas mais rápidas, o executante deve manter os braços ligeiramente flexionados ao lado dos joelhos e paralelos às coxas.
- Quando o defensor encontra-se muito próximo à rede e ao atacante adversário, as mãos devem se posicionar em um ponto intermediário entre os ombros e o quadril, facilitando assim uma eventual defesa alta.
- Na proteção de ataque, quando se aproxima muito da rede, o executante deve guardar a mesma posição descrita antes.
- Se houver tempo suficiente para chegar à região da quadra a ser defendida, o deslocamento pode ser realizado em posição média. Levantamentos mais rápidos, porém, exigem que a posição baixa inicial seja mantida durante o trajeto.
- A movimentação para a região da quadra a ser defendida pode ser realizada com passa-

das cruzadas, todavia isso não deve ocorrer durante os ajustes para a realização da defesa.
- A posição básica de defesa não é cômoda, tampouco agradável, quando mantida por muito tempo, portanto, evite exercícios em que os iniciantes precisem mantê-la por mais de alguns segundos. Pausas com o objetivo de relaxar a musculatura dos membros inferiores e costas são fundamentais para a continuidade do treino e para evitar incômodos que podem levar os mais jovens a se desestimular.
- O amortecimento da bola deve contar primeiro com os ombros; se necessário, o tronco também se estende para amortecer o golpe; e, por último, se o impacto for muito forte, o executante pode deixar o corpo cair para trás, realizando um meio-rolamento.
- O executante pode defender bolas muito próximas ao chão com os braços semiflexionados, pois, nesse caso, a extensão dos braços faria que a bola fosse para a frente, e não para cima. Mas deve-se esgotar os recursos para que ele chegue ao local ideal por meio de deslocamentos eficientes e ajustes corporais.
- Os joelhos e a ponta dos pés devem voltar-se ligeiramente para dentro no posicionamento de espera pela bola atacada, a fim de facilitar o desequilíbrio à frente e, eventualmente, a saída para bolas largadas.
- Existe uma diferença fundamental entre antecipar-se e ir de encontro à bola. Antecipação é a capacidade de posicionar o corpo adequadamente, de modo a impedir que a bola chegue longe do corpo ou sobre o tórax do defensor. A leitura das ações e o posicionamento antecipado permitem que o defensor tenha controle sobre a bola e possa amortecê-la e dirigi-la para onde deseja. A antecipação, todavia, não deve ser confundida com a pressa em chegar à bola. A aproximação excessiva do corpo do executante à bola elimina a chance de direcionamento, impede o amortecimento e deixa a possibilidade de sucesso à mercê da sorte. O segredo é antecipar-se de modo a posicionar-se bem, de maneira a ainda ter tempo de controlar a bola e promover ajustes essenciais à qualidade da ação.
- Um dos desvios mais recorrentes e fator limitador da eficácia da defesa é a colocação de um dos joelhos no chão antes da ação. Isso ocorre frequentemente também na recepção e impede que ajustes de tronco ou pés sejam realizados, o que compromete a chegada do executante à bola e o consequente direcionamento.
- Para levar o executante a guardar uma posição básica mais apropriada, uma referência interessante é orientá-lo a olhar a bola por baixo enquanto espera por ela. Voltando à associação da bola a um rosto, o defensor deve enxergar seu queixo enquanto se prepara.
- A manchete fornece uma plataforma de direcionamento e amortecimento melhor que qualquer outro recurso e deve ser utilizada sempre que possível. No entanto, em bolas mais rápidas ou difíceis, o defensor deve valer-se de recursos extras e preterir a manchete normal.
- Para bolas que desviam no bloqueio ou em outro defensor e que se dirigem para muito longe do defensor, as passadas mais curtas ganham preferência para o ganho imediato de velocidade, enquanto as mais longas permitirão, ao chegar próximo à bola, recuperá-la.
- No caso de ataques adversários contra os quais o bloqueio não consegue se posicionar adequadamente, expondo assim uma área de fácil acesso ao atacante, o defensor deve caminhar para a bola até que ela lhe toque o corpo, não estancando o deslocamento. Esse recurso é normalmente utilizado também para defender a diagonal da china.

Capítulo 13
Quedas

A exemplo das posições básicas e das movimentações específicas, são ações motoras que possibilitam a realização do fundamento em si de forma mais eficaz. Assim, também podem ser consideradas fundamentos-meios, já que não constituem uma habilidade específica se não forem complementadas com o contato com a bola.

As quedas no voleibol são divididas em rolamentos e mergulhos. Os primeiros não possuem fase aérea, enquanto nos mergulhos o corpo perde o contato com o chão por um breve momento. São utilizados geralmente em situações de defesa ou recuperação e às vezes de levantamento. A habilidade de cair com técnica tem três objetivos claros:

- Preservar a integridade do executante.
- Permitir que o fundamento seja realizado em condições ideais.
- Tornar mais rápido o retorno para a sequência do jogo.

Ao longo dos tempos, algumas técnicas de rolamento e mergulho foram experimentadas e abandonadas por razões diversas, sobretudo por ineficiência. Outras formas em geral, baseadas nas que serão apresentadas, são utilizadas circunstancialmente, em função de variações de força, velocidade e dificuldade proporcionadas pelo saque ou ataque adversários ou da posição e possibilidades do defensor.

Para melhor organização deste capítulo, primeiro descreveremos os rolamentos, abordaremos seus respectivos processos de aprendizagem e, depois, discorreremos sobre o aperfeiçoamento de seus três tipos básicos. O mesmo acontecerá com os mergulhos, para, ao final, dissertarmos em um único item sobre o treinamento das quedas de modo geral.

ROLAMENTOS

São utilizados em situações de recepção, defesa ou levantamento quando a alteração do centro de gravidade para alcançar a bola impede o reequilíbrio do executante. Podem ser realizados após ou durante a realização do contato com a bola. São imprescindíveis para que ela seja recuperada com qualidade. Os rolamentos servem para garantir tanto uma postura relativamente equilibrada para a realização do contato com a bola quanto um consequente amortecimento da queda.

São movimentos que exigem agilidade e permitem que o corpo gire em torno de um eixo específico. Por essa diferenciação axial, podem ser de três tipos:

- Sobre as costas (para bolas que chegam à frente do executante).

- Meio-rolamento (quando elas chegam sobre o corpo).
- Sobre o ombro (para as que chegam ao lado dele).

O rolamento sobre as costas é o primeiro a ser ensinado. Apesar de ser mais complexo que o meio-rolamento, é o mais indicado em razão da ênfase dada anteriormente à posição básica específica da defesa. Sendo exigida do aluno-atleta uma postura mais baixa e desequilibrada à frente, o ideal é enfatizar essa pré-condição e mostrar-lhe como é possível chegar a bolas ainda mais difíceis à frente de seu corpo. E isso será possível com o aprendizado desse tipo de rolamento.

Rolamento sobre as costas

Envolve extensão do corpo em direção à bola e um rolamento subsequente em torno do eixo longitudinal. O contato com a bola acontece antes do rolamento e se dá em manchete ou com apenas um dos braços ou uma das mãos. É realizado quando a bola a ser defendida está próxima ao chão e à frente do executante.*

Descrição
As principais fases de execução do rolamento sobre as costas são as seguintes:

1. Posição básica, deslocamento e aproximação para a bola:
   - O executante parte da posição básica de defesa.
   - Muitas vezes, não há deslocamento prévio, restando ao defensor apenas lançar o corpo para a bola.
   - Quando possível, o deslocamento para a bola ocorre em um tempo mínimo e exige velocidade.
   - A última (e às vezes, única) passada do deslocamento para a bola é mais ampla, de modo a permitir que o defensor se projete para ela.
   - Após o afundo, a perna que vai à frente estende-se controladamente, para permitir a chegada e o ajuste à bola; simultaneamente, o tronco aproxima-se do chão e gira no eixo longitudinal, enquanto estende-se paralelo a ele; o(s) braço(s) é(são) levado(s) em direção à bola.
   - Quando for possível chegar à bola em manchete, a perna à frente será sempre a contrária ao lado para o qual se deseja dirigir a bola.
   - No caso de apenas um braço ser levado à bola, a perna dianteira, que realiza o afundo à frente, é sempre a correspondente ao braço que será levado à bola. A escolha relaciona-se ao local para onde se deseja enviar a bola, por exemplo, se a bola será enviada para a direita do defensor, são a perna e o braço esquerdos que deverão realizar o afundo e o contato com a bola, respectivamente.
2. Contato com a bola:
   - Enquanto as pernas unem-se naturalmente, estendidas, no prolongamento do corpo já quase paralelo ao chão, o(s) braço(s) estende(m)-se o máximo possível para alcançar a bola.
     Não é possível, na maioria das vezes, a utilização da manchete. Quanto ao braço a ser utilizado, deve-se seguir a recomendação do item 1. De qualquer forma, o executante deve procurar tocar a bola com o antebraço.
   - O executante deve tocar a bola com a mão quando ela se encontrar além do antebraço e/ou for necessário imprimir força para que ela tome uma trajetória mais longa. Nesse caso, o golpe é feito com a mão fechada ou em for-

---

* As ilustrações referentes aos rolamentos de costas e sobre o ombro podem ser consultadas nas referências ao toque e manchete realizados com a complementação deste fundamento-meio nos capítulos respectivos.

ma de concha e contará com a flexão do punho.
- O mais importante, independentemente da forma de contato, é ter o controle do amortecimento ou impulso à bola e de seu direcionamento.
3. Rolamento propriamente dito:
   - Após o toque na bola (realizado com o corpo já em desequilíbrio), braço, ombro, costas, nádegas e perna do executante – nessa ordem – amortecem a queda, enquanto o corpo estendido gira sobre as costas no eixo da coluna vertebral para o lado correspondente ao braço que tocou a bola.
   - O rolamento termina com o corpo estendido e de frente para o chão.
4. Retorno ao jogo:
   - As mãos apoiam-se imediatamente no chão, enquanto a(s) perna(s) flexiona(m)-se, fazendo que o executante levante-se rapidamente e dirija-se à posição que ocupará para a sequência do jogo.

Aprendizagem

À medida que os alunos desenvolvem o prazer pelo jogo, esforçam-se cada vez mais para evitar que a bola caia em seus domínios. No entanto, não possuem controle total do corpo quando vão ao chão e nem conferem exatidão ao resultado final da ação. É nesse momento que deve ter início a aprendizagem das quedas. E é o rolamento sobre as costas o primeiro a ser ensinado.

Apresentação, importância do correto aprendizado e da aplicação em jogo:

- A apresentação do fundamento deve ser decomposta, para que o aprendiz possa visualizar o encadeamento das partes que compõem o movimento, já que a velocidade com que ele é realizado pode ocultar detalhes importantes do sequenciamento.
- O técnico deve promover um bom entendimento em relação à importância de sua utilização, diferenciando as situações de jogo nas quais é melhor optar pelo rolamento sobre as costas e as que requerem o rolamento sobre o ombro ou mergulhos. Mais tarde, o aluno-atleta poderá optar pela forma mais adequada com base nessa compreensão e no arsenal motor disponível.

Experimentação:

- Cabe ao professor-treinador identificar se o grupo conseguirá proceder à livre experimentação sem risco de contundir-se. Caso julgue conveniente, leve-os a tentar realizar a nova habilidade sobre colchonetes, não no piso duro.

Sequência pedagógica

Todas as quedas exigem processo pedagógico minucioso, pois em situação real de jogo envolvem contato corporal do aprendiz com o solo, o que pode lesioná-lo caso não sejam realizadas de forma apropriada. Por essa razão, é aconselhável a utilização de colchonetes que possam deslizar, em um processo introdutório à aplicação em solo duro. O número de repetições também deve ser controlado, pois o acúmulo de quedas leva ao aparecimento de dores articulares, ósseas e musculares, além de edemas nos locais que se chocam com o chão.

- Como introdução à aprendizagem do rolamento sobre as costas, o técnico pode deixar que os alunos-atletas deitem-se no solo e girem livremente sobre o eixo longitudinal do corpo estendido.
- Partindo da posição acocorada, com as pernas flexionadas e unidas, o executante se projeta à frente, rente ao chão, estendendo os dois braços até ficar com o corpo estendido.
- O aprendiz repete o movimento, girando o corpo para um dos lados quando ele estiver estendido. Deve-se fazer que o aprendiz gire para os dois lados na mesma quantidade de repetições.
- Ele mantém agora uma das pernas flexionadas à frente (enquanto a outra está estendida para trás) e repete as duas etapas anteriores. Nesse momento, é importantíssimo que se

evite um dos erros mais comuns na realização da habilidade – a manutenção do joelho à frente, na linha de projeção do corpo. Esse desvio impede que o corpo se estenda paralelamente ao chão para a bola. Além de deixar os braços mais longe do solo, interrompe a extensão imediata destes em direção à bola. Para isso, o pé deve apoiar-se com a ponta para dentro (centro do corpo) e o joelho ser igualmente levado nessa direção, liberando a passagem dos braços e do tronco.

- Retornando às três etapas iniciais, o aprendiz estende agora apenas um dos braços (ora o direito, ora o esquerdo) em direção a uma bola imaginária à sua frente.
- Idem, com uma passada prévia.
- Idem, com dois passos antecedendo o afundo à frente.
- A bola é incluída, sendo a recuperação em manchete, com ambos os braços, a forma prioritária no processo e ideal na aplicação. Inicialmente, a bola é deixada no solo, à frente do executante, que deve tocá-la, procurando fazer as mãos passarem por baixo dela.
- Idem, com um companheiro lançando-a, inicialmente a baixas alturas. Nesse momento, não é preciso levar em conta a qualidade do contato com a bola, porém sempre em manchete.
- Idem, com arremessos de sobre a cabeça.
- Gradativamente, aumenta-se a dificuldade, deixando a bola mais longe do executante.
- À medida que o aprendiz se habitua ao movimento, cobra-se a qualidade motora da manchete e o controle da bola.
- Incluir no exercício o ataque a meia-força dirigido, porém, ainda sem sequência de ataques e defesas, a fim de permitir a execução correta e sem pressa.
- Repetir toda a sequência realizada em piso macio agora em quadra. É importante a retomada da sequência completa para dar segurança e confiança ao aluno. Muitos demonstram receio ao se expor a uma superfície mais dura e acabam por desvirtuar o movimento até então desenvolvido.

- Essa sequência completa não deve ser ministrada em apenas uma sessão. O cansaço muscular decorrente das repetições e o choque constante das regiões envolvidas no movimento devem ser minimizados e diluídos ao longo de vários treinos.

Educativos e formativos:

- Por se tratar de um movimento contínuo, é difícil interromper a sequência para corrigir um detalhe que esteja atrapalhando o rolamento sobre as costas.
- O mais conveniente é que o professor-treinador auxilie o executante a tornar o movimento fluido, empurrando suas pernas, girando seu quadril, puxando-o pelo braço, etc.
- Exercícios formativos dão maior sustentação muscular aos membros inferiores no afundo à frente, assim como outros que visem à propriocepção possibilitam maior estabilidade articular.
- Enquanto as forças estática e excêntrica são importantes para o apoio e afundo, a potência de membros inferiores é que permitirá a rápida projeção do corpo para a bola.
- A pouca flexibilidade de membros inferiores e da região dorsal também pode dificultar a realização do fundamento.

Automatização:

- Séries sem bola durante o aquecimento são meios eficazes para fixar o movimento. No entanto, deve-se lembrar que o fundamento em si é realizado com a bola, o que exige a inclusão desta para alcançar a automatização.
- Sem a supervisão do professor-treinador, o aluno-atleta realiza, por vício ou facilidade, rolamentos apenas para um dos lados. Não permita que isso aconteça, principalmente na etapa inicial da aprendizagem.
- Convém realizar sequências ritmadas com ataques regulares do professor-treinador ou em exercícios em duplas ou trios.

Aplicação:

- A aplicação do rolamento sobre as costas se dará quando o aluno-atleta estiver pronto a realizá-lo sem risco de se contundir e tiver domínio do movimento para rolar para os dois lados.
- Inicie ralis com lançamentos controlados em que o aluno-atleta precise realizar o rolamento sobre as costas para colocar a bola em jogo.

Erros comuns na execução do rolamento sobre as costas e correções sugeridas

1. Posição básica inadequada.
   Correção sugerida: a posição básica baixa é pré-requisito para a execução do rolamento. Quando isso não acontece, aumenta a possibilidade de o executante não alcançar a bola e se machucar. Sua automatização começa na etapa de aprendizagem da defesa. Para correção, ver sugestões no Capítulo "Defesa".
2. O executante não tem tempo de bola desenvolvido.
   Correção sugerida: durante o processo de aprendizagem, o executante não consegue associar os três objetivos da ação, ou seja, alcançar a bola, dar-lhe a trajetória desejada e proteger o corpo na queda. Como o fundamento não está totalmente assimilado, geralmente ele prioriza a proteção, o que prejudica a aquisição do tempo de bola. À medida que ele se familiariza com a habilidade, os associa. Evite lançar bolas muito alto, dê preferência por lançamentos mais rasantes, de cima para baixo e sem parábolas. Se necessário, retorne ao colchonete e realize o movimento completo, com lançamentos, até que ele adquira fluidez, confiança e segurança.
3. O aluno não faz o afundo à frente.
   Correção sugerida: o afundo é imprescindível para aumentar o alcance do executante. É esse movimento que o aproxima do chão e o impulsiona à bola. Quando não há afundo apropriado, a recuperação das bolas mais difíceis torna-se quase impossível. Retorne à sequência pedagógica e insista nesse detalhe. Aplique também exercícios formativos de fortalecimento dos membros inferiores, de modo a dar-lhe mais sustentação para o apoio.
4. O choque do quadril ou das costas contra o chão é duro.
   Correção sugerida: normalmente, esse desvio é ocasionado pelo afundo deficiente citado no item 3. Longe do chão, o executante solta o peso do corpo de um ponto muito alto, batendo o quadril ou as costas. Por essa razão, recomenda-se incluir a bola na realização do fundamento apenas quando o iniciante tiver controle do amortecimento do corpo.
5. Chega sentado ao solo.
   Correção sugerida: nesse caso, o executante, receoso em se chocar contra o solo, recolhe os braços e não estende o tronco para a bola, deixando-o perpendicular ao chão e protegendo-se com o apoio das nádegas. É comum que, ao sair de um solo mais macio para um mais duro, o aluno-atleta tenha receio de realizar a queda contínua, interrompendo-a com esse gesto indevido. Permita o uso de um colchonete pequeno à frente do executante, exigindo que ele deslize sobre o aparato para tocar a bola. Se necessário, retorne aos exercícios sem bola e inclua-a aos poucos. Outro educativo interessante para esse desvio é dar uma corda ao aluno, que a segura em uma das pontas com as duas mãos (depois com apenas uma), enquanto a outra ponta está nas mãos do treinador; após o afundo, o professor-treinador puxa-o para a frente e rente ao chão, obrigando-o a realizar o movimento completo e correto.
6. Não envia a bola para a zona-alvo.
   Correção sugerida: após a automatização do fundamento, deve-se aperfeiçoá-lo com exercícios de precisão. Não basta apenas recuperar a bola, é necessário dirigi-la para o levantador. Não deixe o aluno-atleta se contentar com a acrobacia em si. A precisão, no entanto, virá apenas com o atingimento do estágio maduro de rendimento, quando o aluno-atleta se sentir à vontade ao realizar o novo movimento. Comece por estabelecer áreas mais amplas

como alvo, reduzindo-as à medida que o grupo se desenvolve tecnicamente. A precisão deve sempre ser enfatizada; contudo, a exigência deve ser progressiva.

7. Não controla a força para impulsionar a bola.
Correção sugerida: quando o executante prioriza a autoproteção, ele procura se livrar da bola o mais rápido possível, golpeando-a com força. O ganho de segurança e os treinos de precisão citados no item 6 reduzem a incidência desse erro motivado mais pela ansiedade em amortecer a queda antes do contato com a bola. Limitar a ação do aluno-atleta a apenas tocar a bola, sem impulsioná-la, ajuda a arrefecer a impulsividade.

8. O rolamento não é imediato ao contato das costas com o chão.
Correção sugerida: não pode haver descontinuidade no rolamento. As ações são encadeadas e interdependentes. O professor-treinador conduzindo o iniciante pelas mãos e puxando-o para realizá-las em cadeia contínua é uma boa estratégia para chegar ao movimento ideal.

9. Os braços não se estendem para a bola.
Correção sugerida: também relacionado à preocupação de se proteger, nesse caso o executante procura apoiar as mãos, evitando estender os braços paralelamente ao chão, o que o impede de alcançar a bola com qualidade. Lance bolas bem rentes ao chão e próximas da mão do executante, mas apenas após ele realizar a extensão do(s) braço(s) em direção à bola.

10. O joelho permanece flexionado à frente do corpo, impedindo a sequência do rolamento e a chegada à bola.
Correção sugerida: há um erro habitual, já comentado, que prejudica todo o movimento. Caso o aluno-atleta não retire o joelho do caminho a ser percorrido pelo corpo, não há recuperação de bola, tampouco rolamento. O executante deve, durante o afundo, retirar o joelho da trajetória do corpo (o movimento de adução nasce na articulação coxofemoral), permitindo assim que o tronco e os braços dirijam-se à frente e para a bola. O corpo percorre até a bola uma trajetória reta e contínua e, para que isso aconteça, o joelho é levado para dentro, abrindo passagem para o corpo. O uso da corda, como comentado no item 5, ajuda também na correção desse desvio, desde que se concentre especificamente nele. Evite empurrar o joelho do aluno-atleta nesse caso; uma força desproporcional sobre uma articulação instável pode gerar um movimento rotacional e levar a sérias consequências.

Considerações extras e de reforço
- O rolamento sobre as costas deve ser utilizado para bolas que chegam à frente do defensor.
- Até que haja sustentação muscular adequada e realização motora de qualidade, a queda durante o rolamento sobre as costas será relativamente brusca, já que as partes que entram em contato com o solo têm baixo poder de amortecimento. Isso provocará irremediavelmente alguns hematomas no período inicial de aprendizagem.
- A perna de apoio deve impulsionar o corpo para a frente, porém é necessário tirar o joelho da trajetória, para não atrapalhar o deslize corporal nem afastar os braços do solo.
- O giro sobre o eixo longitudinal é simultâneo ao amortecimento, portanto as partes devem tocar o solo à medida que o corpo gira.
- Apesar de muitos considerarem o rolamento sobre o ombro suficiente para as situações de jogo, o realizado sobre as costas é muito mais eficiente em bolas próximas à rede (em que um rolamento sobre o ombro poderia projetar o corpo para a quadra contrária) ou em bolas fortes atacadas à frente do defensor. Além disso, ele é preferível quando se deseja que a bola suba em linha reta, em vez de ser dirigida para o lado ou para as diagonais do corpo.
- Há uma equivocada crença de que os homens não precisam aprender rolamentos, muito menos o sobre as costas. As categorias masculinas devem dominar todas as quedas e os três tipos básicos de rolamento,

pois eles permitem ações mais precisas, graças à adaptação corporal mais sutil em situações não tão extremas de levantamento, defesa e recepção. Além disso, os aprendizes de menor idade não apresentam força nem estrutura articular para suportar o peso do corpo sobre os membros superiores, como no caso do mergulho frontal. Dessa forma, o rolamento é um meio seguro de proteção em quedas que ocorrerão com cada vez mais frequência, conforme aumentam a competitividade e a vontade de não permitir que a bola caia em sua própria quadra.

Meio-rolamento

Caracteriza-se pelo apoio progressivo das costas no chão durante ou após o executante realizar uma recepção, um levantamento ou uma defesa em desequilíbrio para trás.

É usado principalmente quando a bola chega sobre o corpo do executante sem que ele possa se deslocar para trás para alcançá-la. No entanto, pode ser precedido de um deslocamento curto, antes que o corpo assuma uma posição mais baixa e se desequilibre para se ajustar à bola e realizar o fundamento de forma eficiente. São, por exemplo, bolas atacadas com força sobre o tórax do defensor, ou passes que chegam abaixo dos ombros e às costas do levantador.

Descrição
As principais fases de execução são as seguintes:

1. Posição básica:
   - A posição básica depende das circunstâncias em que o meio-rolamento é executado; entretanto, a posição baixa é indispensável durante o contato com a bola, pois permite a aproximação do quadril ao chão, essencial para a fluidez do meio-rolamento.
   - No caso da recepção, a posição média inicial pode se tornar mais baixa à medida que a bola – geralmente proveniente de um saque viagem – desce; nos levantamentos, a posição inicialmente média torna-se mais baixa, para que o executante adapte-se à altura da bola e tenha como realizar o toque por cima; na defesa, a velocidade com que a bola chega sobre o corpo do defensor limita sua ação muitas vezes a um simples desequilíbrio para trás e consequente meio-rolamento, surpreendendo-o na posição básica baixa característica.
   - Portanto, é um recurso algumas vezes relacionado mais à necessidade de desequilibrar o corpo para trás para dar amortecimento ou direção à bola, ou ainda ajustar-se para realizar o fundamento. Todavia, a ausência da posição básica adequada impede o desequilíbrio e o "mata-borrão" característicos do meio-rolamento.

2. Movimentação específica e contato com a bola:
   - As circunstâncias determinam a possibilidade (ou necessidade) de se movimentar ou não para a bola. Bolas muito rápidas não permitem deslocamentos prévios, no entanto há sempre uma adaptação corporal à situação que se desenha, independentemente da dificuldade.

Figura 1   Meio-rolamento (de lado).

- Assim, as movimentações, por mais curtas e breves que sejam, devem ser escolhidas de modo a permitir o ajuste de todos os segmentos sob e atrás da bola.
- Posicionar braços e mãos para realizar a manchete ou o toque por cima é prioritário para a qualidade do movimento e eficiência da ação.
- Por isso, a prioridade do executante é preparar a plataforma da manchete ou a forma do toque por cima antecipadamente, de modo que a bola apenas se acomode nelas.
- O contato com a bola pode ocorrer antes ou durante o meio-rolamento. No caso dos defensores e receptores, a plataforma dos braços deve estar direcionada antecipadamente para a zona-alvo, pois, por causa da potência do ataque ou saque, dificilmente haverá possibilidade de direcionamento durante o contato da bola com os antebraços.
- Em levantamentos, o toque é realizado em geral com o executante já em desequilíbrio, fruto da necessidade de posicionar-se sob a bola para empreender à ação a precisão necessária.
- O contato com a bola, independentemente da situação de jogo ou do fundamento a ser realizado, acontece com o corpo em desequilíbrio para trás; caso contrário, a opção pelo meio-rolamento não se justifica.

3. Meio-rolamento propriamente dito:
    - Concomitantemente, o corpo desequilibra-se para trás e os membros inferiores flexionam-se ao máximo para que braços ou mãos se preparem para a ação. A partir daí, o amortecimento da queda tem início com o apoio dos glúteos no solo, seguido pelas costas, desde a região lombar até a torácica; enquanto isso, os joelhos são levados junto ao tórax, para facilitar o movimento de mata-borrão.
    - Enquanto o fundamento é realizado, não deve haver precipitação; a busca pela precisão da ação deve ser simultânea à execução do meio-rolamento, com ambos sendo realizados com calma e harmonia. A intenção de retornar à posição em pé não deve estar presente nesse momento.
    - Ao tocar as omoplatas no solo, o rolamento é interrompido.
    - As pernas devem manter-se junto ao corpo e flexionadas até tocarem o solo. Não há extensão delas durante o retorno a essa posição.

4. Retorno ao jogo:
    - Ao tocar os pés no chão, o executante estende rapidamente os membros inferiores para se erguer e retornar ao jogo.
    - As mãos auxiliam para ajudar no retorno à posição em pé, as pernas estendem-se e o executante prepara-se para atacar ou proteger o ataque.

Aprendizagem

Esse tipo antecede o rolamento sobre o ombro no processo pedagógico por ser de mais fácil realização e por poder servir de base para a aprendizagem deste último.

Para aqueles que já têm uma vivência rica com cambalhotas para a frente e para trás, o processo pedagógico a ser aplicado pode ser o sintético. Com alguns ajustes pontuais e educativos chega-se ao padrão ideal. No entanto, aqueles que não passaram por essa experiência necessitam ser submetidos ao processo analítico sugerido a seguir, para que adquiram o controle e a consciência corporais indispensáveis à aprendizagem.

Apresentação do fundamento:

- O meio-rolamento deve ser apresentado em suas três formas básicas de aplicação: na recepção, no levantamento e na defesa, e não sem a devida complementação do contato com a bola.

Importância do aprendizado correto e da utilização no jogo:

- A implicação na qualidade da ação decorrente da utilização do meio-rolamento deve ser enfatizada em ações em que muito provavelmente a qualidade do gesto motor (toque ou manchete) ficaria prejudicada.
- Lembre-se também de ressaltar a importância do amortecimento para evitar contusões.

Livre experimentação:

- Pode ser estimulada em piso macio – tatame ou colchonetes –, sobre o qual se iniciará a sequência pedagógica.

Sequência pedagógica:

- Começa sem a utilização de bola e em superfície macia.
- O aluno-atleta deita-se em decúbito dorsal e abraça os joelhos, mantendo as costas curvadas. A partir dessa posição, rola livremente para todas as direções, tal qual um tatu-bola.
- O aprendiz parte da posição sentada e faz um meio-rolamento, até encostar as omoplatas no chão, ainda sem a necessidade de retornar à posição inicial imediatamente.
- Idem, procurando agora retornar à posição inicial, repetindo o movimento ritmadamente.
- Idem, saindo de cócoras.
- Idem, partindo da posição básica baixa.
- Em duplas, o executante realiza todo o procedimento anterior com uma bola nas mãos, lançando-a para o alto e para a frente antes de encostar os glúteos no chão, ora levando a bola ao encontro do peito e soltando-a com a extensão dos cotovelos, ora deixando os braços estendidos a 45° do chão e soltando-a da altura do quadril.
- A bola agora é lançada ao executante, que a segura e executa o meio-rolamento com ela nas mãos.
- Idem, com o aprendiz desequilibrando-se para trás antes de receber a bola.
- Idem aos dois anteriores, devolvendo-a ainda em lançamento, ora em forma de toque (lançamento saindo do tórax), ora em forma de manchete (lançamento saindo da altura do quadril, com os braços estendidos).
- Idem, rebatendo ora em toque por cima (com o lançamento do companheiro sendo feito na altura do peito do executante), ora em manchete (lançamento na altura do quadril). Primeiro, antes de se desequilibrar e, depois, em desequilíbrio.
- À medida que o fundamento é realizado com mais naturalidade, o companheiro deve lançá-la mais baixa (no caso do levantamento) ou com mais velocidade sobre o corpo do executante (recepção ou defesa).
- Os lançamentos são substituídos por ataques dirigidos, em meia-força. No caso de levantamentos, pode-se começar a deslocar o executante para trás em deslocamentos curtos.
- Após a sequência nos colchonetes (ou tatame), deve-se reiniciar todo o processo no chão.
- Essa sequência completa não deve ser dada em apenas uma sessão, pois leva à estafa muscular dos membros inferiores, glúteos e região dorsal, além do contato constante da coluna vertebral com o solo provocar microtraumas na região.

Educativos e formativos:

- Exercícios formativos devem ser aplicados para fortalecer a musculatura de membros inferiores. Cuidado com as flexões totais de joelho! Não são recomendáveis exercícios que excedam o afundo necessário à ação. Evite rotações, saltos, tarefas com pesos extras ou deslocamentos com os joelhos em flexão completa.
- Pouca flexão de tronco pode ser resolvida com o ensino mais refinado da cambalhota.
- Desenvolver a flexibilidade dorsal leva também a um melhor desempenho.

Automatização:

- Permitir que o aluno-atleta realize meios-rolamentos durante o aquecimento sem bola ajuda a fixar o movimento.

- Todavia, realizar meios-rolamentos sem a bola não automatiza o elemento de jogo.
- É necessário oferecer estímulos com ataques regulares e variações em relação ao tipo de ataque, à direção do passe e à região da quadra em que o jogador se encontra, o que implicará direcionamentos diferenciados da bola.

Aplicação:

- A aplicação ocorre naturalmente com as exigências do jogo, porém, pode ser incentivada com o início dos ralis em coletivos.

Erros comuns na execução do meio-rolamento e correções sugeridas

1. Posição básica inadequada.
   Correção sugerida: só lançar ou atacar a bola quando a posição básica adequada for assumida pelo executante.
2. A queda é evitada.
   Correção sugerida: só lançar ou atacar a bola quando o executante já tiver se desequilibrado.
3. Executante senta-se e não completa o meio-rolamento.
   Correção sugerida: isolando apenas o meio-rolamento, pode-se prender uma bola entre as coxas e o abdome do executante. Ao realizar o meio-rolamento ele não pode deixá-la cair, obrigando-o a grupar mais o corpo e completar o movimento.
4. Em vez de interromper o movimento e retornar do meio-rolamento, o executante completa a cambalhota (de forma lenta e truncada).
   Correção sugerida: sequências de meios-rolamentos, sem o uso de bolas, em posição baixa, com movimentos ritmados de vai-vem ajudam a adquirir a consciência corporal para que o movimento seja interrompido e, imediatamente, revertido. O professor-treinador pode auxiliar o aprendiz empurrando seus joelhos para baixo assim que ele encostar as omoplatas no chão. Observe se não se faz necessário o fortalecimento da musculatura abdominal e dorsal, pois a fragilidade dos músculos do *core* pode levar o corpo a continuar o movimento.
5. O executante tem dificuldade para voltar à posição em pé.
   Correção sugerida: pode estar relacionado à extensão das pernas logo após o apoio do corpo no chão. O corpo grupado é responsável pelo meio-rolamento; no entanto, se as pernas se estendem durante essa fase, dificultam o retorno à posição em pé. A extensão deve acontecer apenas quando o movimento é revertido. A inércia do retorno do meio-rolamento é que possibilita a volta, devendo esta ser aproveitada para que as pernas se estendam e o corpo possa, com o embalo, ficar em pé. No entanto, é recomendável observar se não é o caso de aplicar exercícios formativos que fortaleçam a musculatura de membros inferiores, abdominal e dorsal, incluindo os paravertebrais.
6. O aluno gasta muito tempo para realizar o movimento completo, o que o impede de participar da ação seguinte.
   Correção sugerida: verifique se esse desvio não está relacionado aos desvios citados anteriormente. Caso sejam a displicência ou a preguiça as causas do reposicionamento, deve-se dar tarefas extras para depois da ação.

Considerações extras e de reforço

- O meio-rolamento deve ser exigido sempre que seu uso resultar em uma ação com bola mais precisa.
- O meio-rolamento é consequência de um melhor posicionamento do corpo para a realização da ação motora com bola com mais qualidade. Sem o desequilíbrio para trás, a bola defendida ou recepcionada seria dirigida para a frente, sem muito controle e sem oferecer condições de recuperação a outro membro da equipe.
- Alguns preferem executar o rolamento sobre o ombro em vez do meio-rolamento,

por considerá-lo de retorno mais rápido ao jogo. É importante aprender ambos e deixar à escolha do aluno-atleta a utilização do que lhe der mais segurança, mais precisão à ação e pronto reequilíbrio. A vantagem do meio-rolamento é que o contato com a bola é realizado com mais tempo e mais controle dos segmentos corporais.

- O meio-rolamento é recomendado para situações em que a bola sacada ou atacada chega ou muito forte e rápida sobre o corpo do executante ou, apesar de não chegar com muita velocidade, desequilibra o executante para trás. Essa compensação faz que a plataforma (ou na pior das hipóteses o próprio tórax) vire-se para cima e corrija a trajetória da bola, tornando-a recuperável.
- No caso do levantamento, é ele que permite que o toque ganhe altura e não saia baixo ou rasante em demasia.

Rolamento sobre o ombro

É mais acrobático que os dois anteriores, pois envolve um movimento semelhante à cambalhota para trás, com a projeção dos membros inferiores sobre um dos ombros. A recuperação da bola (em manchete, toque ou com recursos em que se utiliza apenas um dos braços ou uma das mãos) acontece antes ou durante o rolamento. É indicado para bolas que chegam ao lado do defensor, geralmente baixas e rápidas. É precedido por um afundo lateral, realizado com o intuito de posicionar o tronco (ou ao menos o quadril) atrás da bola.

Descrição

As principais fases de execução são as seguintes:

1. Posição básica, deslocamento e aproximação para a bola:
   - A posição baixa sempre antecede o rolamento sobre o ombro, pois o executante estará se desequilibrando para alcançar uma bola próxima ao chão.
   - Quando antecede uma defesa, a posição básica baixa desta é mantida; em recepções e levantamentos, o executante pode partir de uma posição de espera média, porém, ao perceber a necessidade de utilização do rolamento, deve adaptar-se, assumindo uma postura mais baixa à medida que a bola se aproxima dele.
   - Em geral, é antecedido por uma ou duas passadas laterais ou em diagonal. Os deslocamentos para a bola seguem as considerações apresentadas nos Capítulos "Movimentações Específicas" e "Defesa".
   - A última passada é mais larga, de modo a levar o executante (ou ao menos seus braços) para trás da bola a ser defendida.
   - A prioridade é lançar o corpo para trás da bola. No entanto, nem sempre isso é possível, obrigando o executante a dirigir apenas o(s) braço(s) para interromper a trajetória da bola rumo ao chão.
   - Nesse caso, o lançamento dos braços (ou braço ou mão) para a bola deve ser rápido o suficiente para que ela não os ultrapasse, mas com tranquilidade suficiente para não prejudicar a plataforma ou a forma na qual ela deve bater ou se acomodar e, assim, tomar a direção desejada.
2. Contato com a bola:
   - A recuperação da bola pode acontecer antes ou durante o rolamento:
     - Ocorre *antes* quando o executante, para poder golpear a bola de acordo com o padrão motor e com eficiência (direcionamento de corpo, posicionamento sob ou atrás da bola, acomodação dos segmentos, etc.) entra em desequilíbrio relativo. Nesse caso, apoia-se em apenas uma das pernas e posiciona-se adequadamente para a ação. Ele até conseguiria retornar à posição em pé sem a necessidade de rolar, porém, para que a precisão da ação e o reequilíbrio não sejam prejudicados, ele rola após o contato com a bola.

Às vezes, o executante nem chega a completar a ação, realizando apenas um meio-rolamento sobre um dos lados das costas.
- Quando o contato com a bola ocorre *durante* o rolamento, o executante já está em desequilíbrio e sem condições de retomar a posição em pé, já que a defesa, recepção ou levantamento exigiram que ele projetasse com velocidade o corpo em direção à bola que se dirige para fora de seu alcance.
– As considerações técnicas sobre os fundamentos em questão seguem as observações contidas nos Capítulos "Defesa", "Toque por cima" e "Manchete".
– No entanto, nem sempre o executante consegue realizá-los com o rigor do padrão motor esperado. Diante das circunstâncias, o alinhamento de quadril, tronco, ombros, cotovelos e mãos foge do ideal. As adaptações encontradas pelo executante, muitas vezes, é que tornarão a ação possível e precisa.

3. Rolamento propriamente dito:
   – O executante afasta lateralmente as pernas, procurando levar a perna correspondente ao lado em que ocorrerá a defesa para além do ponto em que a bola chegará. Essa perna flexiona-se, enquanto a outra permanece estendida – afundo lateral.
   – Guardadas as considerações feitas no item 1 sobre a possibilidade ou não de o corpo chegar atrás da bola, o(s) braço(s) é(são) levado(s) para tocar a bola e o corpo se apoia na perna flexionada.
   – O contato com a bola é realizado quase sempre em desequilíbrio, seja em toque, manchete ou com um dos braços ou mãos.
   – Naturalmente, o corpo do executante é conduzido para a diagonal posterior correspondente ao sentido do desequilíbrio, em razão do afundo lateral e do giro do tronco sobre o quadril.
   – Os glúteos tocam o chão primeiro e, em seguida, as costas (região lombar e depois a torácica).
   – Os braços estendem-se ao lado do corpo (em cruz), enquanto a mão correspondente à perna flexionada (já livre da ação técnica) auxilia no amortecimento da queda, deslizando no chão.
   – As pernas flexionam-se sobre o tronco (grupando-se de forma similar à cambalhota de costas). Os joelhos se aproximam do ombro contrário ao lado para o qual se fez o afundo (o rolamento para a direita é feito sobre o ombro esquerdo, e vice-versa).
   – O pescoço é colocado para o outro lado, liberando a passagem das pernas sobre o ombro de rolamento.
   – Os joelhos dirigem-se ao solo, ainda flexionados e próximos ao ombro sobre o qual rolaram.
   – As pontas dos pés tocam o solo e iniciam o processo de retomada da posição em pé.
4. Retorno ao jogo:
   – As pernas estendem-se, erguendo o corpo tão logo os pés apoiam-se no chão.
   – Os braços também auxiliam o corpo a se levantar.
   – O corpo antes grupado agora se estende.
   – Imediatamente, o executante põe-se em pé e se desloca rapidamente para a posição que ocupará, preparando-se para a ação seguinte.

Aprendizagem

A aprendizagem do rolamento sobre o ombro é incluída apenas na C16/17 anos, porque nessa etapa o estirão de crescimento da maioria já se deu e o sistema musculoesquelético, sobretudo a coluna vertebral, encontra-se menos suscetível a lesões e mais preparado para as torções e choques contra o solo próprios desse fundamento-meio.

Apresentação do fundamento:

- Igualmente ao sugerido anteriormente para os outros tipos de rolamento, a apresentação deve

conter o movimento por completo, mas também uma atenção especial a cada etapa de sua realização encadeada – posição básica baixa, deslocamento para a bola, afundo, contato com a bola, rolamento em si e retorno ao jogo.
- Deve-se deixar clara a necessidade de fluidez do movimento.

Importância do aprendizado correto e da utilização no jogo:

- As explicações devem incluir também exemplos de como a precisão da ação fica comprometida quando o rolamento ou não é utilizado ou é realizado sem esmero técnico.

Livre experimentação:

- Pode ser substituída pela parte introdutória da sequência pedagógica logo a seguir.

Sequência pedagógica:

- A utilização de colchonetes ou tatames para a aprendizagem é importante e recomendada mais uma vez para a aprendizagem do rolamento sobre o ombro.
- Deixar que os alunos pratiquem livremente a cambalhota para a frente e para trás.
- Sem bola, o aprendiz, partindo da posição sentada, faz um meio-rolamento, levando, no entanto, ao encostar as omoplatas no chão, o pescoço ora para um lado, ora para o outro.
- Idem, saindo de cócoras.
- Repetir o movimento levando os joelhos na direção de um dos ombros, tirando a cabeça para o lado contrário. Alternar o ombro a cada meio-rolamento.
- Imprimir gradativamente mais velocidade ao lançamento das pernas, tocando a ponta dos pés no solo.
- Idem, permitindo que o rolamento se complete naturalmente.
- O técnico (ficando ao lado do aluno) empurra levemente os pés do executante, após a perda de contato destes com o chão, para facilitar a passagem das pernas sobre o ombro.
- Após apoiar os pés no chão, o executante deixa o corpo voltar à posição inicial, rolando para a frente sobre o mesmo ombro.
- Interrompe-se a sequência, para vivência do afundo lateral.
- O aprendiz afasta as pernas lateralmente e flexiona uma delas, até sentir o peso do corpo sobre ela, sentando-se lentamente sobre o calcanhar.
- Idem, para o outro lado.
- O próximo passo é deixar que os glúteos apoiem-se no chão e o meio-rolamento seja realizado, até que as omoplatas toquem o solo.
- Idem ao anterior, porém o professor-treinador auxiliará o aprendiz a rolar, puxando-o pela mão (rente ao chão e em diagonal) ou empurrando suas pernas.
- Idem, partindo da posição básica baixa e dando mais velocidade ao afundo e ao desequilíbrio.
- Incluir um deslocamento curto prévio (vise à fluidez do movimento completo – deslocamento, afundo e rolamento).
- O executante realiza todo o procedimento anterior com uma bola nas mãos, lançando-a para o alto e para a frente (em forma de manchete) antes de encostar os glúteos no chão.
- Em duplas, a bola agora é lançada ao executante que a devolve em manchete antes de iniciar o desequilíbrio para o rolamento. O lançamento deve ser ao lado do corpo do executante e na altura do quadril.
- Idem, com o aprendiz devolvendo-a durante o desequilíbrio para o rolamento.
- Repita então todo o processo com bola, agora com o executante realizando o toque por cima em vez da manchete.
- À medida que o fundamento é realizado com mais naturalidade, o companheiro deve lançá-la na altura dos joelhos do executante, para a devolução em manchete, e na altura do tórax, para o toque por cima.
- Os lançamentos serão substituídos por ataques dirigidos em meia-força quando o executan-

te tiver fluidez nos movimentos que antecedem o rolamento propriamente dito; e lançamentos variados para a devolução em toque.
- Após a sequência nos colchonetes (ou tatame), deve-se reiniciar todo o processo no chão, porém de forma abreviada.
- Lembrar-se que o estímulo para o lado direito e para o esquerdo deve ser idêntico em tempo e número de repetições.
- Essa sequência completa não deve ser dada em apenas uma sessão, pois o rolamento sobre o ombro, além de sobrecarregar os membros inferiores, provoca também um estresse mecânico localizado na região cervical do aluno-atleta, que não deve ser estendido por muito tempo.

Educativos e formativos:

- É possível que alguns alunos cheguem a esse estágio ainda com dificuldade em sustentar o peso do corpo sobre apenas uma das pernas. Nesse caso, exercícios formativos devem ser aplicados, de forma equilibrada e distribuída, para fortalecer a musculatura envolvida, principalmente de membros inferiores, glúteos e *core*.
- O fortalecimento dos membros inferiores é pré-condição para a realização do rolamento. Muitos dos desvios são originados na insegurança e/ou incapacidade de sustentar o peso do corpo sobre apenas uma das pernas. O desenvolvimento da força deve possibilitar o rolamento para ambos os lados com a mesma desenvoltura. Lembre-se de que se trata de força excêntrica e não concêntrica, devendo o treinamento ser dirigido para a aquisição dessa valência.
- Por tratar-se de uma habilidade seriada e acrobática, caberá ao professor-treinador identificar corretamente a fase na qual ocorre o desvio e elaborar educativos que solucionem os diferentes problemas individuais. No entanto, qualquer ajuda ou *feedback* externo não deve substituir a busca pela consciência corporal do próprio aluno.

- A dificuldade de rolar sobre o ombro é decorrência principalmente da interrupção do movimento, da falta de continuidade. Quando o aprendiz desenvolve a fluidez, a habilidade é fixada com muito mais rapidez.
- Não exceda o número razoável de repetições, pelo mesmo motivo citado no último item da sequência pedagógica.

Automatização:

- Permitir que o aluno-atleta realize rolamentos durante o aquecimento sem bola ajuda a fixar o movimento.
- Todavia, realizar rolamentos sem a bola não automatiza o elemento de jogo. É necessário oferecer estímulos com ataques regulares e variações em relação ao tipo de ataque, a direção do passe e a região da quadra em que o jogador se encontra.
- Ambos os lados devem ser trabalhados em condições idênticas de repetição e exigência.
- Cuidado para não buscar a automatização com ataques sobre o corpo do aluno. O rolamento sobre o ombro é resultado de movimentação, afundo e desequilíbrio para as laterais ou para as diagonais.

Aplicação:

- A aplicação do rolamento sobre o ombro se dará quando o aluno-atleta estiver pronto a realizá-lo sem risco de se contundir e tiver domínio do movimento para rolar para os dois lados. Caso contrário, nesta última situação, ele dará preferência a rolar sempre sobre o ombro do lado para o qual tem mais facilidade.
- Não permita essa acomodação, pois em situações de controle mais difícil e de execução mais rápida, tanto a qualidade da ação quanto a integridade do aluno-atleta estarão em risco.

Erros comuns na execução do rolamento sobre o ombro e correções sugeridas

1. Posição básica inadequada.

Correção sugerida: sem adotar a posição básica baixa, o executante fica longe do solo e a queda, irremediavelmente, é contundente, além de todo o movimento se tornar ineficiente. Nos exercícios, lance ou ataque bolas apenas depois de o aluno-atleta assumir a posição adequada.

2. O executante não tem tempo de bola desenvolvido.

Correção sugerida: depois de adquirir confiança na execução do gesto como um todo, a realização de recepções e defesas a partir de ataques de força e direção variadas trará o desenvolvimento do tempo de bola e a execução mais harmônica.

3. A preocupação em apoiar-se impede que o executante role.

Correção sugerida: ainda que o aluno-atleta tenha passado pelos estímulos anteriores do meio-rolamento, o apoio sobre apenas uma das pernas pode acarretar alguma insegurança, demonstrada na preocupação em amortecer o impacto sobre o chão com o apoio das mãos no solo. Em vez de rolar, a queda é interrompida bruscamente, podendo comprometer punhos, cotovelos e ombros. Se necessário, retorne aos exercícios sem bola, mas volte a inclui-la a partir do estágio da sequência pedagógica em que ele rola com ela nas mãos ou devolve-a a quem a lançou apenas depois de iniciar o apoio dos glúteos.

4. Não faz o afundo.

Correção sugerida: sem o afundo e a extensão da outra perna não há rolamento, tampouco é possível alcançar a bola e dar-lhe direcionamento. A ausência dessa etapa do gesto motor pode estar relacionada à insuficiência muscular de sustentação do peso do corpo sobre uma das pernas. Nesse caso, exercícios formativos darão melhores condições de realização do movimento. No entanto, alguns aprendizes mostram certa "preguiça" em fazer o afundo e contentam-se com resultados menos precisos no contato com a bola. Não permita que isso torne-se habitual.

5. Choque de glúteos e/ou costas contra o chão.

Correção sugerida: esse desvio pode estar relacionado aos citados nos itens 1, 2 e 3. No rolamento sobre o ombro, o choque contra o chão pode ser mais grave, pois pode envolver costas e cabeça. Nesse caso, convém não cobrar inicialmente precisão do aluno-atleta e deixá-lo se concentrar na coordenação do movimento. Mesmo que a bola não bata corretamente na plataforma de contato (ou a forma do toque) ou não seja dirigida à zona-alvo, essa eficiência virá mais rapidamente se ele adquirir a fluência do movimento que associa manchete (ou toque) e amortecimento da queda. A bola só deve ser incluída nos exercícios quando o iniciante tiver controle do amortecimento do corpo.

6. O executante não aproveita o desequilíbrio para rolar (o movimento é interrompido).

Correção sugerida: a interrupção do rolamento provoca a perda da inércia, que auxilia no gesto técnico. Não há rolamento eficiente se houver quebra de qualquer elo da cadeia rítmica do movimento. Um dos principais desvios é o distanciamento entre joelhos e ombro no momento do grupamento. O auxílio do professor-treinador empurrando as pernas do aprendiz surte efeito, mas deve ser seguido pela tomada de consciência do executante de que o movimento inercial, desde a perda de contato com o solo, não deve ser interrompido. Se necessário, retorne aos exercícios em que o aprendiz tem uma bola nas mãos e a lança para a frente e para o alto ao desequilibrar-se (em forma de manchete ou toque). É possível ainda utilizar novamente o tatame ou colchonetes para dar segurança ao aluno-atleta.

7. O tronco não gira para posicionar a plataforma de contato para a zona-alvo.

Correção sugerida: o passe durante um rolamento sobre os ombros exige sempre um giro de tronco, às vezes, rápido. Velocidade não significa pressa nem pode prejudicar o direcionamento da bola. Gradativamente, a dificuldade dos exercícios deve colocar o executante diante de situações diversas, nas quais possa adquirir precisão com naturalidade. Exercícios em trios, dispostos em triângulo, são indicados. Ainda nos exercícios em que o executante segura a bola nas mãos e lança-a após desequilibrar-se, deve haver estímulos para que a bola seja enviada a várias posições, inclusive e sobretudo para o lado contrário ao qual ele se desequilibra.

8. O executante leva os braços para trás da bola, mas não dirige a plataforma para a região-alvo.
Correção sugerida: paralela ao chão, a plataforma não serve para direcionar a defesa, fazendo, na maioria das vezes, que a bola dirija-se para trás. Exercícios isolados em que o aluno-atleta executa o afundo, projeta os braços apropriadamente e, apenas nesse momento, o professor-treinador somente encosta a bola em seus braços ajudam a fornecer o *feedback* para que o aprendiz promova a autocorreção. Depois, lance a bola sem muita força contra a plataforma, exigindo que ela retorne a suas mãos. Por fim, o aprendiz deve dirigi-la a outras regiões que gradativamente vão ficando mais distantes de seu corpo. O mesmo ocorre com a forma do toque, que fica longe da bola e impede sua acomodação e consequente direcionamento.

9. Não há controle da força para impulsionar a bola.
Correção sugerida: problema decorrente da preocupação em se proteger do choque contra o solo. Quando o iniciante se habituar com o fundamento, não mais vai se afobar, tampouco impulsionará a bola. Colocar alvos próximos ao executante a serem atingidos ajuda na conscientização do movimento e da necessidade de controle e precisão.

10. O tronco chega estendido ao solo.
Correção sugerida: hesitante em rolar, o executante chega ao solo sentado, deixando que o tronco se estatele. Essa extensão do tronco não permite o rolamento. A flexão do pescoço (levando o queixo contra o esterno) e do quadril sobre o abdome faz que o corpo assuma a posição desejada. O professor-treinador pode empurrar as pernas do executante sobre o tórax quando ele apoiar os glúteos no solo, forçando o rolamento. Pouca flexão de tronco pode ser resolvida também com o ensino mais refinado da cambalhota para trás, assim como com saídas de posições mais baixas. Repetir o movimento de ir e voltar do rolamento também confere fluidez ao movimento.

11. Rolamento sobre o ombro errado.
Correção sugerida: em geral, esse erro é decorrente da não colocação do corpo atrás da bola e consequente ausência do giro do tronco para dirigi-la ao alvo. Quando o executante leva somente os braços na direção da bola, não consegue girar o tronco e o ombro contrário (ou mesmo o pescoço) fica exposto ao rolamento. O trabalho para ambos os lados desenvolve o fundamento de forma equilibrada e menos traumática. O desvio pode estar relacionado à facilidade maior em rolar sobre um dos ombros ou até mesmo a algum desvio da coluna vertebral ou dor na região cervical. Nesse caso, recomendamos a interferência do médico da equipe para uma avaliação especializada.

12. O pescoço interrompe o rolamento.
Correção sugerida: o pescoço deve ser retirado da linha de rolamento, flexionando-o para o lado e abrindo espaço para que o corpo passe por sobre o ombro. Nesse caso, pode-se pedir ao executante que prenda uma bolinha de papel entre o ombro e a orelha, enquanto as pernas passam sobre o outro ombro. Certifique-se também de que não há uma limitação funcional, que exija exercícios de alongamento ou de correção postural.

13. Os braços apoiam-se flexionados no chão (logo após o contato dos glúteos), interrompendo o movimento.
Correção sugerida: os braços em cruz auxiliam no rolamento ritmado e também evitam contusões, pois o peso do corpo não será freado pelo braço flexionado (o que pode provocar lesões de cotovelo e ombro). Isolar

o movimento de rolar, fazendo que o aprendiz segure um bastão à frente do tórax (com os braços em cruz) enquanto rola (partindo de posição sentada) pode resolver o problema dos braços flexionados ao se apoiar no chão. Exercícios com dois companheiros segurando as mãos do executante quando ele rola podem também auxiliar a correção desse desvio; no entanto, apenas a inclusão da bola resolverá o problema.

14. Não há retorno imediato à sequência de jogo. *Correção sugerida*: o retorno imediato é mais difícil após um rolamento, pois nem sempre a velocidade de execução permite que o executante esteja em pé e pronto para a ação seguinte. Deve-se buscar aprimorar o final do movimento e dar condições de retorno imediato ao defensor. A velocidade na execução do rolamento dá condições plenas de retorno. O uso de joelheiras durante a aprendizagem facilita o movimento fluido, pois elas amortecem os choques iniciais dos joelhos contra o solo, impedindo que o aluno-atleta interrompa o movimento por causa de eventuais dores decorrentes do impacto.

Considerações extras e de reforço

- O movimento deve ser ritmado e contínuo, sem interrupções.
- O rolar não deve ser interrompido por extensões de pernas ou apoio antecipado de mãos. O erro mais comum e principal dificultador da aprendizagem desse fundamento é a quebra do movimento inercial, que deve iniciar-se com o desequilíbrio e prosseguir com a projeção das pernas sobre o ombro, até o defensor se levantar.
- A projeção das pernas sobre o ombro deve contar com a flexão total do tronco, como se ele pudesse enrolar-se sobre si mesmo, vértebra por vértebra. Uma analogia interessante para ser usada com as crianças é comparar o corpo no rolamento com o de um tatu-bola.
- Os dois braços devem estar estendidos em forma de cruz quando as costas tocarem o solo, para evitar contusões e facilitar o rolamento.

- O rolamento sobre o ombro deve ser usado para bolas que chegam ao lado do corpo e em suas diagonais.
- Às vezes é necessária a impulsão de bolas que chegam sem força ao defensor. Nesse caso, o executante utiliza os braços estendidos para dar a trajetória desejada à bola, elevando-os acima dos ombros.
- O aluno-atleta deve aprender a rolar para os dois lados com qualidade e naturalidade. Apesar de a lateralidade apontar para maior facilidade para um dos lados, trabalhe ambos sempre de maneira proporcional.
- O rolamento deve sempre substituir o apoio de um dos joelhos no chão, pois esse recurso impede um alcance maior e limita o direcionamento da bola.
- Dores nas omoplatas e no pescoço durante o processo de aprendizagem são provenientes da falta de amortecimento adequado ou da quebra da cadeia rítmica do movimento. No entanto, é comum sentir a musculatura da cintura escapular cansada, assim como o aparecimento de pequenos edemas na região durante os primeiros dias de aprendizagem do novo fundamento. Esses sintomas desaparecem rapidamente.
- Em razão do choque e do desgaste mecânico da coluna vertebral, principalmente da região cervical, convém não ultrapassar 20 repetições por sessão. Durante o processo de aprendizagem, o recomendável é que se estabeleça um limite de 10 ao dia, ao menos nas primeiras semanas.

Aperfeiçoamento dos três tipos de rolamento

O aperfeiçoamento do rolamento ocorre durante os treinos dedicados à recepção, ao levantamento e à defesa. Nessa etapa, é indissociável a aplicação do fundamento-meio às situações de jogo em que eles se associam. O aprimoramento pode ser desenvolvido tanto em exercícios isolados quanto na quadra de jogo, em circunstâncias mais próximas da realidade. A variação dos tipos de rolamento deve fazer parte das sessões, integrados à capacidade de análise e decisão do aluno-atleta em relação a qual utilizar nas diversas situações que se apresentam durante o treino. Portanto, a variação de estímulos e a criatividade e organização dos exercícios serão de extrema importância para o aperfeiçoamento dos rolamentos já aprendidos.

- Exercícios em colunas, com o técnico comandando o ritmo e a dificuldade da tarefa, são recomendados para aprimorar o fundamento e aproximar sua aplicação às realidades do jogo. Por conta do tempo de recuperação e reposicionamento, os exercícios em colunas devem ter de três a cinco alunos-atletas. Número ímpar de componentes facilita a organização para alternar o lado para o qual se rola.
- Deve-se aplicar os exercícios em áreas que permitam o rolamento sem possíveis choques dos alunos entre eles ou com objetos.
- É importante também estar atento à possível umidade que se forma no local, em razão do suor, após constantes rolamentos. Alterne as regiões da quadra nas quais se realizam os exercícios, para que a segurança dos atletas seja preservada.
- Defesas de ataques reais realizados pelos próprios atletas só devem ser incluídas quando houver pleno domínio do rolamento e do tempo de bola, senão o ataque não é treinado, muito menos o rolar.
- A quadra pode ser utilizada em todo o seu comprimento, fazendo que o executante se desloque sempre à frente, recuperando bolas que são lançadas em linha reta (rolamento sobre as costas) ou nas diagonais (rolamento sobre o ombro) por um companheiro que se movimenta de costas. Os rolamentos sobre o ombro ou meio-rolamentos também podem ser executados com o aluno-atleta movimentando-se para trás.
- Inclua nas sequências a necessidade de o aluno-atleta escolher o tipo de deslocamento a ser utilizado para cada situação, evitan-

do determinar sempre de antemão qual deve ser a opção.
- A precisão da ação defensiva deve ser enfatizada, com a utilização de alvos fixos ou de exercícios de continuidade, que exijam a complementação da ação conjunta a partir do rolamento.
- A ação posterior ao rolamento deve também ser inserida nessa etapa. Com isso, aprimora-se a retomada do equilíbrio. Depois da defesa, o executante pode realizar uma ação de proteção de ataque ou um contra-ataque (mais raro após um rolamento, mas uma situação extrema que no exercício exigirá mais velocidade na retomada).

MERGULHOS

São os movimentos acrobáticos de maior plasticidade do voleibol. Por possuírem uma fase aérea, só devem ser ensinados quando o aprendiz tiver maturidade articular e força de membros superiores, cintura escapular e tórax capaz de sustentar o peso do corpo.

Os mergulhos, de modo geral, dividem-se em dois tipos: o lateral – mais indicado às mulheres – e o frontal – tipicamente masculino, e também conhecido como peixinho. Nesse PFCAAD recomendamos apenas a aplicação do mergulho lateral para as equipes femininas por razões que serão expostas quando discorrermos sobre o mergulho frontal.

Mergulho lateral

O mergulho lateral é um recurso defensivo para situações extremas e se assemelha ao rolamento

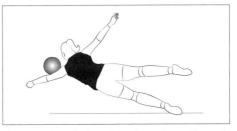

Figura 2   Mergulho lateral (ligeiramente em diagonal).

sobre as costas em várias fases de sua execução. Porém, diferentemente deste, possui uma breve fase aérea que o torna mais eficaz na recuperação de bolas que requerem mais velocidade e para as que se afastam mais do executante. A bola em geral é recuperada com uma das mãos, podendo, no entanto, ser tocada com um dos braços ou, mais raramente, em forma de manchete.

É mais utilizado por equipes femininas, por razões que se baseiam sobretudo na proteção de mamas e abdome. O termo lateral não indica necessariamente que ele é realizado apenas para o lado, mas refere-se à posição do corpo no momento de tocar o solo.

Descrição
As principais fases de execução são as seguintes:

1. Posição básica:
   - Por ser um gesto extremo de defesa e envolver uma fase aérea rasante ao chão, a posição básica baixa deve sempre antecedê-lo. Essa postura deve ser a mesma durante a definição do ataque adversário e anteriormente à execução do mergulho em si.
   - É possível que a posição passe a ser a média caso o defensor precise dar mais de uma passada para alcançar a bola, devendo a baixa ser retomada à medida que o executante se aproxima dela.
2. Corrida em direção à bola e decolagem:
   - A decolagem pode partir da posição básica ou ter um deslocamento antecedendo-a. A escolha pela melhor forma de chegar à bola depende da distância a ser percorrida.
   - Os deslocamentos longos devem ser iniciados com passadas curtas (ganho de velocidade) e finalizados com passadas largas (chegada à bola).
   - A última passada deve ser precisa, de modo a permitir que o defensor, ao mergulhar, chegue com a mão ou o braço exatamente sob a bola. Para bolas que chegam ao lado do executante e não há tempo de posicionar-se de frente para ela, o afundo é lateral.
   - Em geral, é realizado um afundo à frente, apesar de em algumas vezes o último apoio ser realizado sobre ambas as pernas.
   - O tronco também se aproxima do solo, semiflexionando-se, baixando o centro de gravidade e projetando-se em direção à bola.
   - A extensão da perna de apoio impulsiona o corpo para a defesa.
   - Na decolagem, o corpo fica paralelo ao chão e começa a girar sobre seu eixo longitudinal tão logo o executante finaliza o salto em direção à bola, de modo a permitir que o braço se estenda para encontrá-la e a lateral do corpo posicione-se para o subsequente amortecimento.
3. Mergulho propriamente dito e contato com a bola:
   - O corpo é impulsionado para a frente ou para o lado, rente ao chão, em direção à bola.
   - Quando o mergulho é realizado para o lado do executante, o joelho da perna que faz o afundo deve sair da direção da projeção do corpo, permitindo sua passagem rente ao chão.
   - A perna de baixo fica paralela ao chão, enquanto a outra eleva-se um pouco (cerca de 30°, não mais que isso).
   - Ao tocar a bola, o executante já deve estar com o corpo de lado, como vai aterrissar.
   - O contato com a bola pode ser realizado com um dos antebraços, com o punho ou com uma das mãos (o mais comum).
   - Quando a intenção do defensor é jogar a bola para trás de si ou para o lado, o contato deve ser com a mão fechada. Uma flexão de punho e, às vezes, também de braço auxiliará na ação.
   - Já nesta etapa, o executante deve posicionar os glúteos de forma a não deixar os ossos do quadril expostos ao choque direto no chão.

4. Aterrissagem:
   - O apoio do corpo começa no próprio antebraço, seguido do braço, da parte posterior do ombro, da região lateral do tronco e de um dos glúteos.
   - O corpo estendido desliza, evitando o choque seco e perpendicular ao solo.
5. Retorno ao jogo:
   - O jogador fica em decúbito ventral, apoia as mãos junto aos ombros, leva as pernas para junto do corpo e ergue-se o mais rápido possível.
   - Alguns atletas encontram formas próprias de retornar à posição em pé que não devem ser inibidas, porém corrigidas caso causem demora no pronto reposicionamento.
   - Com passadas velozes, dirige-se à posição de jogo.

Aprendizagem

Entre o rolamento sobre as costas e o mergulho lateral há um estágio intermediário (deslize lateral) que servirá tanto para facilitar a aprendizagem do segundo quanto para a utilização como elemento de jogo, enquanto o mergulho não é automatizado.

Esse fundamento-meio já foi realizado pelo aluno-atleta na sequência pedagógica do rolamento sobre as costas quando o colchonete foi utilizado como meio de prevenir lesões durante aquele estágio. Ele passa a ser recomendado para que o executante projete com mais ímpeto o corpo em direção às bolas mais distantes.

Em vez de lançar-se à bola, o executante projeta o corpo rente ao chão, deslizando até a bola e tocando-a com uma das mãos ou um dos braços. Essa forma será aplicada em situações de jogo até o mergulho ser automatizado e passar a ser utilizado com segurança e desenvoltura pelo aluno-atleta. Mesmo assim, aquele continua a ser útil em situações em que a dificuldade encontra-se em um ponto intermediário entre o uso do rolamento sobre as costas e o mergulho lateral.

Sugere-se que sejam utilizados colchonetes sobre a quadra em vez de tatames ou colchões que não se movimentem. O ideal é que o apoio sobre os colchonetes provoque o deslizamento destes sobre o chão, tornando o movimento mais fluido, sem interrupções bruscas que destoem do movimento objetivado e que possam causar contusões.

A sequência apresentada a seguir refere-se tanto ao deslize lateral quanto ao mergulho, com considerações relativas a ambos. Não é necessário retomar todo o processo para a inclusão da fase aérea, prendendo-se a esse detalhe apenas durante a sequência pedagógica.

Apresentação do fundamento e importância do correto aprendizado e da utilização no jogo:

- Essa etapa apresentará ambos os fundamentos, como forma também de mostrar a evolução que se pretende.
- A escolha das imagens na apresentação do fundamento deve considerar a qualidade da execução motora e a eficiência final da ação. É importante que o aprendiz mentalize desde já a necessidade de dar direção e qualidade à defesa que acompanha o deslize e, depois, o mergulho.
- A título de comparação e identificação das distintas circunstâncias de jogo, o professor-treinador pode apresentar situações variadas nas quais pode ser preferível utilizar o rolamento sobre as costas já aprendido ou então o mergulho.
- Essa distinção encontra-se na dificuldade de recuperação da bola, que obriga o executante a, em vez de optar pela manchete, buscar o gesto extremo de alcançá-la com apenas um dos braços e empreender a fase aérea.

Experimentação:

- Não convém permitir que os aprendizes tentem realizar os mergulhos como livre experimentação, por conta do ainda baixo controle sobre a queda.

Sequência pedagógica:

- O rolamento sobre as costas pode servir como introdução para a aprendizagem do

deslize lateral, assim como este servirá ao mergulho lateral.
- O executante parte de cócoras, com as pernas flexionadas e unidas, e se projeta à frente, rente ao chão, até ficar com o corpo estendido e os braços em seu prolongamento.
- Idem, com o aprendiz girando levemente o corpo de forma a apoiar as regiões que promoverão o amortecimento do impacto do corpo contra o chão.
- Idem, com o deslize do corpo – e do colchonete – sobre o solo.
- O executante parte agora do apoio sobre uma das pernas, que se semiflexiona à frente do corpo.
- O mesmo com o afundo lateral e a projeção do corpo para o lado. A partir daqui, sempre alterne tanto a perna do afundo na projeção à frente quanto o lado para os deslizes ou mergulhos.
- Idem, simulando uma recuperação de bola.
- Idem, com o executante lançando uma bola de tênis ou papel que tem nas mãos.
- Idem, com uma passada prévia.
- Idem, com uma corrida lenta prévia.
- Repetir todo o processo sem o colchonete, mantendo o deslize.
- Retomar o processo, incluindo agora a bola. Isso deve ocorrer somente quando o amortecimento do choque do corpo contra o solo estiver devidamente estabelecido e todas as simulações garantirem que o executante coordenará as ações ao tempo de bola.
- Para a aprendizagem do deslize, a sequência encerra-se aqui. No caso do mergulho, assimilado o deslize e aplicada a nova habilidade em situações de jogo, pode-se incluir a fase aérea a partir desse ponto, depois de retomado todo o processo para a aprendizagem do novo fundamento-meio.

Educativos e formativos:

- Educativos, a exemplo do que ocorre nos rolamentos, devem ser aplicados de forma a proporcionar fluidez de movimento.
- O receio em saltar é um dos principais dificultadores do gesto motor e pode obrigar o retorno a superfícies macias, como estratégia para o aluno-atleta se sentir mais à vontade.
- Os formativos valem quando há deficiência de sustentação muscular no apoio das pernas à frente, como na potência de salto, o que impede o executante de alcançar bolas mais longe de si, assim como das regiões responsáveis pelo amortecimento, principalmente de cintura escapular e *core*.

Automatização:

- Exercícios livres durante o aquecimento ajudam a fixar o movimento, porém só a inclusão da bola em situações simuladas de jogo permitirá que o fundamento se automatize e o executante adapte-se às diferentes circunstâncias em que o utilizará.

Aplicação:

- O mergulho só deve ser aplicado ao jogo quando o aluno-atleta tiver completo domínio do salto e do amortecimento. Antes disso, devem ser aplicados somente exercícios para desenvolvê-lo, assim como a preferência recai, nas situações de jogo, sobre o deslize lateral.
- A escolha dos exercícios de aplicação deve seguir uma gradação de dificuldade. Cabe ao professor-treinador partir de tarefas mais simples de serem executadas para outras mais complexas.
- Bolas de difícil recuperação devem fazer parte de sessões posteriores.

Erros comuns na execução do deslize e do mergulho laterais e correções sugeridas

1. Posição básica inadequada.
   Correção sugerida: a posição básica que antecede o mergulho será sempre mais baixa que a de espera pela definição do ataque adversário. O novo posicionamento com o

centro de gravidade mais baixo permitirá o salto rasante em direção a ela. Utilizar limites de altura aos quais o executante precisa respeitar antes de mergulhar, força a posição básica mais baixa (a mão do professor-treinador estendida à frente do defensor é suficiente).

2. O executante não apresenta tempo de bola desenvolvido, passando às vezes do ponto ideal de contato.
Correção sugerida: essa dificuldade pode estar relacionada à falta de consciência do executante em relação às próprias potencialidades. Às vezes, o executante chega antes, por meio de deslocamentos eficientes, e não precisaria mergulhar para alcançar a bola; em outras, salta em direção à bola, mas com atraso, não conseguindo alcançá-la; ou passa do ponto ideal de contato. Treinos variados, com estímulos que alternam bolas mais afastadas do corpo ou mais próximas, mais baixas ou mais rápidas, etc. permitem ao aluno-atleta analisar a situação e se adaptar às necessidades para a execução do fundamento, optando por um simples afundo, por um rolamento, um deslize ou um mergulho. Evite exercícios de repetição em que o aluno-atleta é levado a, ao chegar próximo à bola, reagir sempre da mesma maneira. Estimule-o a analisar as possíveis variações de ataque e tomar decisões com base na leitura.

3. O joelho fica flexionado à frente do corpo, impedindo o mergulho e a chegada à bola.
Correção sugerida: a retirada do joelho da perna de impulsão da linha de salto, assim como acontece no rolamento sobre as costas e o deslize, é fundamental para que o corpo possa mergulhar e alcançar a bola. Quando o executante toca a bola, o corpo já deve estar de lado para o solo. Esse desvio já deveria ser corrigido quando da aprendizagem do rolamento sobre as costas; caso ele se manifeste com a inclusão da fase aérea, pode-se fazer que o aluno-atleta parta para o mergulho de uma posição em que o joelho já se encontra ligeiramente voltado para dentro, fora da linha de projeção do corpo.

4. Corpo e braço não se projetam para a bola.
Correção sugerida: a dúvida em conseguir amortecer a queda faz que a preocupação em alcançar a bola fique em segundo plano. Com isso, o braço se encolhe e, em vez de buscar o solo, procura amortecer a queda antecipadamente, desvirtuando o movimento antes mesmo da fase aérea. Exercícios em que o executante tem uma bola de tênis nas mãos e procura lançá-la apenas ao perder o contato com o chão ajudam a desenvolver segurança e autoconfiança.

5. Não há fase aérea no mergulho.
Correção sugerida: desvio provavelmente decorrente da insegurança. A transição da realização do mergulho em superfícies mais macias para a quadra, dentro do processo de aprendizagem do fundamento, deve ser criteriosa, gradativa e respeitar as individualidades, para que não se anule a fase aérea.

6. Quadril ou costas chocam-se contra o solo e/ou o braço não se estende completamente para iniciar o amortecimento.
Correção sugerida: a ordem que os segmentos tocam o chão e amortecem a queda deve ser respeitada e ocorrer de forma harmonizada. Vale lembrar que a mão – às vezes o antebraço – é a primeira a tocar o solo. Repare se a posição básica anterior ao mergulho não está muito alta, o que impede que o salto seja paralelo ao solo e influa, consequentemente, no amortecimento da queda. O professor-treinador pode ajudar (em exercícios sem bola) puxando os braços do aluno-atleta rente ao chão, auxiliando-o a promover o giro do corpo.

7. Preocupação em amortecer a queda.
Correção sugerida: a consequência desse desvio é a perda da precisão no envio da bola ao alvo. Diferentemente do item 4, nesse caso o executante assume uma fase aérea, mas a interrompe precocemente. Antes de exigir eficácia no contato com a bola é necessário aumentar a confiança do aluno-atle-

ta de que a queda devidamente amortecida não o machucará, depois é possível exigir mais precisão das recuperações. Para aprimorar a precisão, convém inicialmente enfatizar a necessidade de dar altura à recuperação, pois em situações de extrema dificuldade o defensor conseguirá apenas manter a bola em jogo, e quanto mais altura conseguir dar à bola, maiores as possibilidades de um companheiro conseguir chegar a tempo de complementar a ação.

8. Não há deslizamento.
   Correção sugerida: o deslizamento do corpo (durante o deslize ou após o mergulho) será possível se o corpo estiver paralelo ao chão e o salto for rasante. Caso o executante salte para cima, o choque será inevitável. Se não houver a correção da posição do corpo no salto, não há deslize. Se necessário, use limites de altura (mãos do companheiro, cordas, a própria rede) que precisem ser respeitados pelo aluno-atleta durante o deslocamento e a posição básica que antecede o mergulho.
9. Opção pelo mergulho frontal (mulheres).
   Correção sugerida: o mergulho frontal é contraindicado para mulheres e deve ser evitado desde as primeiras quedas. Caso não haja orientação especializada, as iniciantes copiarão os homens. Ver a introdução de "Mergulho frontal", logo a seguir. Algumas utilizam os cotovelos para evitar o choque das mamas e do abdome contra o chão, o que também não é recomendado, pois as estruturas ósseas podem sofrer lesões agudas ou crônicas.
10. Retorno lento à sequência de jogo.
    Correção sugerida: a recuperação das bolas em mergulho lateral deve ser seguida de um imediato reposicionamento do jogador. Às vezes, o defensor se contenta com a recuperação da bola de forma espetacular e considera seu papel já realizado, porém o jogo segue e certamente pedirá sua participação de novo. O professor-treinador pode ministrar exercícios que obriguem o executante a realizar outros mergulhos na direção contrária imediatamente depois.

Considerações extras e de reforço

- O deslize lateral é utilizado em vez do mergulho até que o aluno-atleta adquira confiança e segurança para empreender a fase aérea; ou mesmo em situações não tão extremas.
- A queda é realizada com o apoio de partes com baixo poder de amortecimento, o que pode provocar hematomas se for feita de forma errada. O corpo deve girar um pouco sobre si durante o voo (cerca de 30° em relação ao solo), para que quadril ou joelho não se choquem contra o chão.
- Varie a forma de contato com a bola: com uma das mãos, com a outra, com um dos braços, com o outro, puxando a bola para trás ou para cima, etc., assim como a perna do afundo e os lados do corpo do aluno-atleta.
- O processo de aprendizagem do mergulho pode passar por fases de adaptação que diminuam a altura da decolagem até que o fundamento seja realizado por completo e com segurança.
- Hematomas e dores nas regiões que amortecem o impacto contra o solo podem surgir nas primeiras tentativas.

Mergulho frontal (peixinho)

É um movimento acrobático utilizado sobretudo em situações defensivas. O executante projeta-se para a frente em voo rasante, paralelo e de frente para o chão e recupera a bola à qual lhe seria impossível chegar apenas com passadas ou sem decolagem. O contato com a bola é realizado geralmente com uma das mãos ou com um dos braços e, mais raramente, em manchete (Figura 3).

O mergulho frontal é um fundamento-meio específico ao sexo masculino e não é indicado às mulheres, que devem utilizar o mergulho lateral para recuperação de bolas mais difíceis. A principal razão para tal diferenciação é a preservação das mamas e da região abdominal contra impactos fortes. Apesar de contraindicado, o mergulho frontal é praticado por algumas atletas que, quando o realizam, para proteger

Figura 3 Mergulho frontal (de lado).

essa região, estendem demasiadamente o tronco, apoiando o abdome no chão. Essa alteração do padrão motor do peixinho, em termos técnicos, provoca um distanciamento do(s) braço(s) da executante em relação ao solo, o que prejudica a recuperação da bola.

Descrição

As principais fases de execução são as seguintes:

1. Posição básica:
   - Da mesma forma que no mergulho lateral, a posição básica baixa antecede o peixinho, para que a decolagem possa ser rasante.
2. Corrida em direção à bola e decolagem:
   - Os deslocamentos, caso sejam necessários para se chegar à bola, devem ser escolhidos de acordo com as especificações levantadas nos Capítulos "Movimentações específicas" e "Defesa".
   - A última passada deve ser ajustada para que o corpo aproxime-se da bola o máximo possível e alcance-a com precisão. Para isso, é necessário associar velocidade, agilidade e harmonia de movimentos.
   - Nas distâncias maiores, a última passada geralmente é mais longa; nas menores, nem sempre.
   - Durante a última passada, o executante semiflexiona a perna de apoio e o tronco, dirigindo o corpo para a bola.
   - Enquanto a perna estende-se, impulsionando o corpo e os braços em direção à bola, a outra já não mantém contato com o solo.
   - Eventualmente, o salto para a bola parte da própria posição básica inicial e, nesse caso, pode ser realizado em ambas as pernas.
3. Fase aérea e contato com a bola:
   - Logo que perde contato com o solo, o corpo estende-se em direção à bola.
   - Durante a fase aérea ele se mantém relativamente paralelo ao chão, e às vezes dirige-se obliquamente ao solo, preparando-se de modo simultâneo para recuperar a bola e aterrissar.
   - As pernas mantêm-se levemente semiflexionadas.
   - O pescoço deve ser mantido estendido e o tronco levemente arqueado (tal arqueamento vai se acentuar à medida que o executante se aproximar do chão).
   - O contato com a bola pode ser realizado com o dorso de uma das mãos, um dos punhos, um dos antebraços, a mão ou em manchete (mais raro).
   - Se a intenção é jogar a bola para trás, deve haver uma flexão de punho (ou extensão, no caso de o contato acontecer com o dorso da mão) e às vezes também de cotovelo.
   - O golpe com o dorso da mão pode ocorrer na fase aérea ou no chão, durante o amortecimento da queda, quando é chamado de "abafa" (ver o Capítulo "Recursos").
4. Aterrissagem:
   - Após recuperar a bola, o executante inicia o procedimento de aterrissagem, dirigindo as mãos e braços obliquamente em direção ao solo.

- Os membros inferiores são mantidos acima dos superiores, enquanto o tronco se hiperestende, formando um arco mais acentuado.
- O amortecimento da queda é iniciado com o apoio das mãos no solo, que se colocam ao lado dos ombros, os cotovelos voltam-se para fora – posição de supino – e flexionam-se gradativamente à medida que o peso do corpo é depositado sobre eles.
- O pescoço continua estendido para evitar o choque do queixo contra o chão.
- Depois das mãos, é o tórax que toca o chão.
- Nesse momento, os braços já estão flexionados junto aos ombros e começam a se estender, para dar impulso ao corpo para a frente.
- Essa extensão provoca o deslizamento do tórax sobre o piso.
- A aterrissagem é concluída com o movimento de "mata-borrão":
  - primeiro o abdome toca o chão;
  - depois as coxas (as pernas semiflexionadas evitam o choque direto dos joelhos contra o solo);
  - e, por fim, a ponta dos pés.

5. Retorno ao jogo:
   - As pernas devem ser trazidas para junto do corpo imediatamente após a conclusão da aterrissagem.
   - As mãos apoiadas no chão e a extensão dos braços ajudam o jogador a se recolocar rapidamente em pé para a continuidade do jogo.

Aprendizagem

O processo de ensino-aprendizagem do peixinho deve ser gradativo e a inclusão da fase aérea ocorrerá somente quando o aluno-atleta tiver força suficiente para suportar o peso do corpo sobre os braços e ombros.

Apresentação do fundamento e importância do correto aprendizado e da utilização no jogo:

- É interessante, depois de apresentar o peixinho, promover uma edição em câmera lenta, para que o aprendiz possa acompanhar todas as fases de execução, pois a velocidade e a espetacularidade do mergulho frontal não permitem a percepção dos detalhes e o encadeamento do movimento.
- Deve-se ressaltar a necessidade da força de membros superiores e cintura escapular para executar o fundamento.
- É também importante enfatizar a eficiência final da ação, com a bola tomando a direção da zona-alvo.
- Ilusoriamente, o aprendiz, pela plasticidade do movimento, pensa que o mergulho em si se basta. No entanto, deve-se incutir desde o início que ele é apenas um recurso para alcançar a bola e realizar uma defesa ou recuperação com mais qualidade, sendo um meio e não um fim.

Experimentação:

- Não deve ser permitida a livre experimentação do peixinho nesse momento. A maioria dos aprendizes não possui coordenação motora, tampouco força localizada para realizar o fundamento sem riscos.

Sequência pedagógica:

- Ele começa com exercícios em dupla, com um companheiro auxiliando o outro.
- Durante a sequência em duplas aqui sugerida, o professor-treinador só deve passar ao exercício seguinte quando o executante conseguir realizar com segurança e desenvoltura o anterior.
- A utilização de colchonetes e tatame durante a sequência pedagógica é válida, porém até antes da inclusão do deslize, já que esse tipo de superfície pode provocar contusões, por causa do atrito.
- Em decúbito ventral, o executante apoia os braços no solo e deixa que o companheiro erga seus pés até que apenas o tórax toque

- o chão. Nesse momento, o colega solta os pés do executante, que controla a descida das pernas, como um mata-borrão.
- Na mesma posição, com os membros superiores estendidos sustentando o peso do corpo (carrinho de mão), o executante flexiona lentamente os braços, até o tórax tocar o chão. Nesse momento, o companheiro solta seus pés, para que ele realize o mesmo mata-borrão proposto anteriormente.
- Idem; no entanto, o companheiro soltará os pés do executante quando este estiver com os braços ainda semiflexionados.
- Sem a ajuda do companheiro, o aprendiz apoia as mãos no chão, com os braços flexionados, lança as pernas para o alto e faz o mata-borrão.
- Idem, partindo com os braços estendidos e flexionando-os até chegar ao chão.
- A sequência executada até aqui deve primar pela naturalidade e segurança. O processo terá continuidade apenas quando o aprendiz realizar o amortecimento com desenvoltura.
- O executante então simulará uma recuperação de bola, com uma das mãos, antes de apoiá-las no chão.
- Gradativamente, o aprendiz aumenta a altura de saída da qual se lança ao chão.
- O processo realizado em superfície mais macia deve ser retomado, desde o início, agora na quadra.
- Nessa etapa é incluído o deslize. As mãos não só se apoiarão, mas farão também que o corpo escorregue no solo, puxando-o para a frente.
- Na simulação de defesa, o executante tem agora uma bola de tênis ou de papel nas mãos, que deverá ser lançada para a frente e para o alto, antes que ele se apoie no chão.
- A bola de voleibol deve ser incluída somente quando o padrão de movimento estiver estabelecido e todas as simulações anteriores garantirem que o executante suportará o peso do corpo e coordenará as ações ao tempo de bola.
- Nos exercícios que ainda não incluem bola, deve-se estimular a simulação de recuperação tanto com a mão esquerda quanto com a direita.
- Em duplas, lançar bolas à frente do executante para que ele as recupere em peixinho.
- Nas primeiras tentativas pode-se permitir a preferência pela mão dominante, porém, logo em seguida, deve-se exigir a utilização de ambas alternadamente.

Educativos e formativos:

- O desenvolvimento da força localizada envolvida no movimento antecede a aprendizagem do peixinho, já que, para o aprendiz realizar os apoios da sequência pedagógica proposta, é necessário que os membros superiores, cintura escapular e tronco estejam devidamente capacitados para suportar o peso do próprio corpo de acordo com o padrão motor.
- Não é raro ocorrerem contusões causadas por choques – do queixo, principalmente – contra o chão, por causa de insuficiência de força nessas articulações, quando não se tomam as devidas precauções.
- Caso seja notada já nas primeiras ações propostas na sequência pedagógica uma certa debilidade muscular e/ou articular, deve-se retomar o trabalho específico.
- Outra questão: a contração muscular característica da força que permite o amortecimento da queda é de natureza excêntrica. Portanto, exercícios como supino ou flexão-extensão de braços devem enfatizar a fase excêntrica do movimento, para capacitar o aprendiz a realizar o peixinho com mais segurança.
- Além disso, por envolver o deslize e apresentar sempre uma distribuição desigual do peso do corpo sobre os braços – em razão de fatores externos como corrida, recuperação da bola, não linearidade da coluna, etc. –, os exercícios formativos devem ser complementados com execuções do fundamento em si ou adaptados ao estágio motor e físico em que o aprendiz se encontra.
- Os exercícios formativos também devem ser utilizados para desenvolver a potência

de salto, para que o defensor alcance bolas mais distantes.
- É importante lembrar do papel dos músculos paravertebrais, dorsais e abdominais no equilíbrio do corpo durante a fase aérea e para uma aterrissagem segura.
- Em relação aos educativos, se necessários, pode-se utilizar superfícies mais macias para corrigir detalhes relativos ao amortecimento e movimento de mata-borrão.
- Caso o problema esteja no deslize e nos desdobramentos seguintes, a superfície lisa deve ser preferida.
- A detecção de um erro de origem motora durante a recuperação da bola deve considerar o encadeamento do movimento. Muitas vezes, o desvio se localiza em uma etapa anterior – de impulsão, por exemplo, ou do alinhamento do corpo em relação ao solo na fase aérea.

Automatização:

- A automatização do mergulho frontal acontece em duas etapas, como ficou claro na sequência pedagógica proposta. Primeiro, há a fixação do movimento acrobático, sem a inclusão da bola. Depois, com o mergulho fixado, inclui-se o elemento do jogo.
- A etapa de aquecimento das sessões serve bem ao fim de fixar o movimento. Porém, a exemplo do que já foi ressaltado nos rolamentos, só a inclusão da bola em situações simuladas de jogo permitirá que o fundamento como um todo se automatize.
- Para isso, os exercícios em pequenos grupos e colunas são interessantes.

Aplicação:

- A aplicação do peixinho em situações simuladas de jogo deve ser gradativa. Por mais que o aprendiz demonstre fluidez na realização da habilidade, aplicá-la a situações de disputa ou desafio leva o executante, na ânsia de defender, a ultrapassar o limite da segurança.

- Partindo de situações menos complexas, o aprendiz adquirirá confiança em empreender mergulhos mais ousados e seguros nas tarefas propostas pelo técnico ou dentro da própria disputa.
- Evite também estender muito o tempo de exercícios exclusivamente de mergulho. A repetição excessiva causa cansaço muscular localizado e o amortecimento pode ficar prejudicado, aumentando o risco de contusão.
- Atente também para a questão da secagem e enxugamento da quadra, alternando o lado da quadra e a região em que se realizam séries contínuas, pois o suor molha constantemente o solo, provocando escorregões perigosos.

Erros comuns na execução do mergulho frontal e correções sugeridas

1. Posição básica inadequada.
   Correção sugerida: por ser um fundamento defensivo, o mergulho encerra dois momentos em que a posição básica é importante para a realização do fundamento em si: a espera pela definição do ataque adversário – quando a posição baixa e a prontidão permitirão a reação imediata do defensor para correr ou mergulhar prontamente em direção à bola – e a preparação para o mergulho – quando se rebaixa o centro de gravidade, para que o corpo projete-se quase que horizontalmente para a bola. Nos exercícios ministrados, ambos devem ser considerados, incentivados e cobrados.
2. O executante não apresenta tempo de bola desenvolvido, passando às vezes do ponto ideal de contato.
   Correção sugerida: quanto mais o aluno-atleta pratica e adquire segurança para a utilização do mergulho, mais ele desenvolve componentes como força, agilidade e velocidade. Assim, gradativamente ele vai chegando à bola com mais facilidade. É comum, no estágio intermediário, o aluno-atleta ultrapassar o ponto de contato com a bola por subestimar sua capacidade de resposta.

É importante o *feedback* do professor-treinador nesse sentido, para que ele se readapte às novas possibilidades. Porém, só a realização do fundamento a partir de estímulos variados e imprevisíveis leva ao desenvolvimento do tempo de bola.

3. O executante não se projeta para a bola (extensão insuficiente da perna de apoio).
Correção sugerida: pode haver várias causas para esse erro: falta de potência de salto, insegurança, fase aérea muito breve (ou ausência desta), preocupação em apoiar as mãos o mais rápido possível. Deve-se sempre enfatizar que o objetivo da utilização do mergulho é alcançar a bola e não a acrobacia em si. Detectando a fase em que tem origem o desvio fica mais fácil corrigi-lo, podendo-se utilizar exercícios da própria sequência pedagógica para isso.

4. Por insegurança, não há fase aérea.
Correção sugerida: as razões possíveis desse desvio são as mesmas relatadas no item 3. Em caso de medo confesso ou notado, pode-se retornar à sequência pedagógica sem bola ou até utilizar a cama elástica (com orientação especializada), para o ganho de domínio e controle corporal e segurança em permanecer momentaneamente sem o contato com o chão.

5. Os joelhos chocam-se contra o solo antes do tórax.
Correção sugerida: durante a fase aérea, o executante deve projetar o centro de gravidade para um ponto mais próximo do tórax do que do abdome. Quando isso não acontece, as regiões da cintura para baixo ficam expostas ao choque. Para efeitos de conscientização corporal, o professor-treinador pode segurar o executante (que está devidamente apoiado nas mãos) pelos pés, elevando-os de modo a fazê-lo tocar o chão com o tórax, soltando-os em seguida. É conveniente nesse momento tirar o deslize da sequência do movimento, deixando que ele execute apenas o mata-borrão. Note se, ao evitar um voo mais arrojado, o executante não apoia as mãos muito junto do quadril, em vez de projetá-las para junto dos ombros.

6. Os braços não se flexionam no tempo devido para o amortecimento.
Correção sugerida: não se deve incluir a bola enquanto esse detalhe não for solucionado. O risco de contusão não vale a pressa em deixar o movimento completo. Como esse detalhe está relacionado ao momento e à forma com que se dá o contato com a bola, não adianta buscar corrigi-lo isoladamente, sem a recuperação propriamente dita.

7. Não há o mata-borrão durante a aterrissagem.
Correção sugerida: ver sugestão de exercício no item 5. Para correção desse desvio, o uso de colchonetes é recomendado, pois o aluno-atleta vai se sentir mais seguro.

8. O queixo choca-se contra o solo.
Correção sugerida: a falta de controle do amortecimento do corpo que aterrissa provoca o choque do queixo contra o solo, podendo ocasionar cortes profundos e até mesmo fratura de mandíbula ou quebra de dentes. O mergulho só deve ser ensinado quando o aprendiz tiver capacidade de suportar o peso do corpo ao mergulhar. Ver item "Educativos e formativos".

9. A preocupação em amortecer a queda impede o contato eficiente com a bola.
Correção sugerida: a insegurança faz que o contato com a bola seja deixado em segundo plano diante da necessidade de amortecer a queda. Não permita que o gesto acrobático e espetacular substitua a eficácia da recuperação de bola. Com o tempo, a segurança adquirida pelo aluno-atleta proporcionará passes mais eficazes; enquanto isso não acontece, o professor-treinador deve promover tarefas que aliem a plástica do movimento à precisão crescente da recuperação. Determine como deve ser o contato com a bola: ora com o dorso da mão, ora com a mão fechada, e até em manchete.

10. Os joelhos e pés chocam-se contra o solo no final do mata-borrão.

Correção sugerida: diferentemente do erro citado no item 5, este ocorre durante o final do amortecimento. Não basta somente a projeção do tórax em direção ao solo. É preciso também que as coxas sejam elevadas acima da linha do quadril (mata-borrão). Os joelhos não se chocarão contra o solo se forem mantidos acima da linha do quadril. O deslize é realizado primeiro sobre o tórax e depois sobre o abdome. Joelhos e pés tocam o chão ao final do movimento, possibilitando o retorno do defensor à posição em pé. A falta de deslize e a baixa capacidade de sustentação da musculatura dorsal e paravertebral são as principais responsáveis por esse desvio, podendo-se valer de exercícios formativos para saná-lo.

11. Não há deslize.
Correção sugerida: ao ser levado em direção à bola, o corpo deve assumir uma posição quase paralela ao solo, o que o leva a uma aterrissagem com um componente predominantemente horizontal que não pode ser brecado. O deslize permite que o peso do corpo não seja depositado sobre os ombros, cotovelos e punhos de forma abrupta e contundente. As mãos devem puxar o corpo para a frente, proporcionando a aterrissagem mais suave. Dessa forma, a falta de deslize está relacionada muito provavelmente a uma projeção inadequada do corpo para a bola, com um componente vertical que impede o deslize. O exercício proposto no item 5 – em superfície lisa – também serve para a correção desse desvio, com o executante estendendo os braços após o apoio e realizando o deslize. O mesmo procedimento pode ser adotado, com uma sutil diferença: o executante é segurado pelos pés, deixando-o somente com o tórax em contato com o solo; as mãos apoiadas junto aos ombros puxam então o corpo para a frente, "passeando" pela quadra dessa forma.

12. Falta de direção à bola recuperada.
Correção sugerida: a precisão no mergulho frontal é relativa, dada a dificuldade de realização. Não crie metas muito difíceis de serem atingidas, sobretudo para os iniciantes. Alvos como regiões da quadra são mais motivantes do que áreas mais restritas. Diferentemente do desvio citado no item 9, este não se refere à técnica de contato escolhida, mas ao resultado final.

13. Retorno lento à sequência de jogo.
Correção sugerida: o mergulho frontal é o fundamento-meio que mais dificulta e atrasa o executante para as ações subsequentes. Todas as orientações relativas à volta à posição em pé devem ser seguidas para que a equipe não fique sem um elemento na proteção de ataque ou, principalmente, na defesa. Exercícios em que ele precisa realizar ações seguidas em diferentes direções auxiliam na correção desse desvio. O professor-treinador pode ficar próximo ao executante e lançar-lhe uma bola que deve ser recuperada na posição em pé, incentivando-o assim a levantar-se imediatamente. Pode ainda pedir-lhe que segure a bola que ele mesmo acabou de recuperar.

Considerações extras ou de reforço

- O mergulho só deve ser ensinado quando o aprendiz tiver força de membros superiores e de cintura escapular e tronco capaz de suportar o peso do corpo na ação.
- O queixo deve ser mantido erguido para não tocar o chão.
- A extensão do tronco em arco deve ser mantida após o apoio do tórax e até o final do movimento, para impedir o choque dos joelhos e do quadril contra o chão.
- O processo de aprendizagem do mergulho pode passar por várias fases de adaptação até que o fundamento seja realizado por completo. A facilitação da aprendizagem, principalmente nesse caso, além de servir a um aprendizado mais eficiente, será fundamental na preservação da saúde do aprendiz.
- O professor-treinador não deve permitir que os pés do executante fiquem apoiados no chão para a execução do peixinho. Esse hábito limita o raio de alcance do executante. À medida que o aprendiz se familiariza com

o movimento, sente-se mais seguro e desenvolve o salto com mais naturalidade.
- Algumas vezes, em recuperação de bolas próximas ao defensor e que não exigem deslocamento, não ocorre o deslize sobre o solo, apenas o mata-borrão de tronco e pernas. Isso não constitui um erro, apenas uma adaptação à situação, já que o peso do corpo produz um vetor quase que exclusivamente perpendicular ao solo.
- Durante a fase aérea, o executante não deve alterar o padrão motor. A preocupação exclusiva com o amortecimento acaba invariavelmente por prejudicar a eficácia do contato com a bola.
- Evite repetições excessivas de mergulhos em uma sessão. A fadiga muscular localizada aumenta o risco de lesões. Por esse motivo, o processo de aprendizagem deve ser espaçado, de forma a conduzir o aluno-atleta a uma adaptação gradativa ao novo fundamento. Mesmo em etapas de treinamento, deve-se ponderar as exigências.
- Grupos que desenvolvem seus treinos em quadras com piso de cimento, que não permite o deslizamento do corpo, não devem desenvolver nem os mergulhos nem os deslizes, optando pelos rolamentos para recuperar bolas nas situações características. No entanto, ressaltamos que essa dificuldade estrutural deixa uma lacuna na formação técnica do aluno-atleta.

Aperfeiçoamento dos mergulhos:

- Por causa do cuidado com que os mergulhos devem ser ensinados, quando eles se automatizam já estão prontos para serem incluídos em exercícios com estímulos diversos, com aumento do grau de dificuldade na execução das tarefas. Portanto, simultaneamente à aplicação em situações de jogo, ocorre o processo de aperfeiçoamento.
- A homogeneidade de execução de todos os tipos de mergulho para ambos os lados e com vários tipos de contato com a bola deve ser priorizada, para que, ao adentrar na etapa de treinamento, o aluno-atleta possa se valer de todos os recursos com segurança e desenvoltura.
- Alguns atletas mostram alta capacidade para chegar com rapidez à bola, mas a recuperam sempre com a mão dominante. Com certeza, por causa desse vício, as bolas mais difíceis vão deixar de ser recuperadas ou serão enviadas sem precisão. É nessa etapa que os vícios devem ser eliminados.
- Aumentar gradativamente a dificuldade, lançando bolas mais afastadas e para ambos os lados do executante, faz parte dessa etapa.
- Todas as formas de mergulho (lateral e frontal) e as maneiras de recuperação ensinadas (com um dos braços, tapinha, etc.) devem ser agora estimuladas e cobradas, exigindo-se do aluno-atleta concordância entre a circunstância e a técnica aplicada.
- A escolha da maneira ideal deve partir também da experiência variada do aluno-atleta e da adaptação circunstancial.
- Quanto mais familiarizado com a habilidade, mais precisão deve-se exigir do executante.
- O aprimoramento dos mergulhos deve incluir sempre a capacidade de análise e decisão do aluno-atleta. Exercícios em que ele é levado ao automatismo – sem receber estímulos que o obriguem a analisar a situação ofensiva contrária e, a partir de várias possibilidades, fazer escolhas com rapidez e eficiência pela forma mais adequada de ir ao encontro da bola – resultam em defensores programados apenas para situações predeterminadas.
- Um aluno-atleta sem capacidade de análise é um jogador sem criatividade, sem iniciativa e incapaz de sair de situações inusitadas e de organização mais complexa.
- Evite limitar o aluno-atleta a atuar em apenas uma região da quadra, levando-o ao maior número possível de combinações de ataque (saque)/recepção (defesa) em relação às regiões de atuação de atacantes (sacadores)/passadores (defensores).

CCA

Treinamento de rolamentos e mergulhos:

- Aperfeiçoadas as quedas, da mesma maneira que se procedeu no aperfeiçoamento tanto de rolamentos quanto de mergulhos, as sessões devem primar pela variabilidade e pela exposição do aluno-atleta à necessidade de analisar e decidir pela técnica mais adequada.
- Deve-se, nessa etapa, incluir vários elementos de jogo e buscar a aproximação das simulações às situações possíveis.
- Cada vez mais, a cobrança do professor-treinador em relação à precisão e regularidade faz parte das sessões.
- A especialização leva o professor-treinador a habituar o defensor à região da quadra que ele normalmente vai ocupar, dominando cada vez mais o espaço que é de sua responsabilidade.
- O "abafa" (vide Recursos logo a seguir) durante o mergulho frontal pode ser ensinado (àqueles que ainda não o aprenderam por si próprios) preferencialmente durante a etapa de treinamento, após o completo domínio do movimento, pois ele associa o contato com a bola com a aterrissagem, em um grau maior de dificuldade.
- A condução do treino deve considerar que os rolamentos e mergulhos adaptam-se às situações e aos tipos de ataque, ou seja, dependendo de como a bola chega ao executante, ele vai valer-se deste ou daquele recurso e poder utilizar diferentes tipos de deslocamento.
- O treino de rolamentos e mergulhos deve considerar as posições de jogo dos alunos--atletas, porém também possibilitar ao defensor maior versatilidade. Com isso, o técnico poderá utilizá-lo em diferentes armações defensivas e posicioná-lo de acordo com as circunstâncias.
- É importante diferenciar a utilização entre os três tipos de rolamento e não permitir que o defensor utilize um rolamento sobre as costas quando o ideal é o sobre o ombro, por exemplo.
- Incentive os alunos-atletas homens a também incorporar rolamentos como recursos habituais, pois às vezes eles são mais indicados que o mergulho.
- Procure sempre variar não somente as formas, mas também os lados para os quais a bola é lançada, cobrando o mesmo rendimento técnico e precisão do aluno-atleta. A recuperação deve ocorrer sempre com o braço ou a mão correspondente ao lado para o qual a bola se dirige em relação ao corpo do executante. Ou seja, o braço ou a mão direita recuperam bolas à direita do executante, e vice-versa.
- Não são poucos os casos em que o defensor precisa girar o corpo 180°, promover uma corrida frontal que culmina com um mergulho, para finalmente recuperar a bola que está longe da quadra. Os componentes envolvidos devem ser treinados conjuntamente – análise, agilidade para girar e imprimir velocidade à corrida, além da técnica diferenciada em recuperar a bola para trás. Se o aluno-atleta apresentar dificuldade mais clara em alguma das etapas, deve receber orientações e correções pontuais. Evite a repetição pura e simples, sem que haja a análise por parte dos defensores.
- Sessões isoladas de mergulhos ou rolamentos que visem apenas à manutenção da técnica podem fazer parte dos treinos de defesa ou mesmo dos aquecimentos.
- Organizar colunas com número ímpar de integrantes (três ou cinco) é uma estratégia recomendável, para que se possa variar os lançamentos e dar o devido descanso aos participantes. Cuide para que o solo permaneça seco enquanto a série estiver se desenvolvendo. O apoio das mãos no solo úmido pode levar a entorse ou luxação de punhos, cotovelos ou ombros.
- Procure dosar a intensidade de exercícios de quadra por dois motivos principais: não fatigar a musculatura responsável pelo amortecimento da queda e não comprometer a qualidade da ação. Promover treinos de absoluta correria, sem compromisso com a precisão, não interessa; não serve a qualquer propósito.

Capítulo 14

Recursos

Diante das várias situações de jogo que se apresentam, o aluno-atleta descobre que o padrão motor característico dos fundamentos aprendidos tem limitações e se mostra ineficiente para solucionar o problema surgido. Contra um bloqueio compacto ou para reverter a seu favor um levantamento colado à rede, por exemplo, o atacante não pode se valer do padrão motor da cortada exatamente como foi aprendido. Surgem então variações chamadas de recursos.

Estes só devem ser ensinados quando esgotados os meios de resolver os problemas advindos de situações de jogo com os fundamentos já aprendidos. A aprendizagem dos recursos, todavia, muitas vezes ocorre natural e espontaneamente, já que a habilidade e a capacidade cognitiva do executante criam formas de solucionar tais problemas.

A inserção desses novos padrões, dentro do processo ensino-aprendizagem do PFCAAD, não deve ocorrer antes da etapa de automatização e aperfeiçoamento do fundamento em questão. Todavia, ao atingir a fase de treinamento, além da técnica do fundamento bem desenvolvida, deve-se construir um arsenal cada vez mais amplo de recursos, para que o aluno-atleta possa selecionar oportuna e instantaneamente qual deles lhe serve para cada uma das inúmeras situações que se apresentam no jogo.

Os recursos não foram apresentados nos capítulos correspondentes, pois muitas vezes não há uma associação motora destes com o fundamento em si. Por exemplo, alguns recursos do levantador têm mais relação com a habilidade da cortada do que com o toque por cima, ou com nenhum dos dois, encerrando particularidades próprias. Da mesma forma, foram incluídos ao final desta seção não porque serão ensinados posteriormente, mas apenas por questões de organização do livro, já que ele se dá em momentos diferentes para cada aluno-atleta, dependendo de sua inclusão no processo de inúmeros fatores, que vão desde a maturidade motora do indivíduo até a complexidade das exposições a que ele é submetido.

Antes de elencarmos os principais recursos, convém traçar algumas considerações sobre aprendizagem, aperfeiçoamento e treinamento dos recursos. A aprendizagem do recurso tem início improvável, pois ela pode nascer da própria iniciativa criativa do aluno-atleta. Igualmente, a aprendizagem do recurso o inclui no arsenal disponível e será utilizado individualmente quando o aluno-atleta julgar necessário. No entanto, ela deve ocorrer quando o professor-treinador perceber a necessidade de sua aplicação, diante das ocorrências de jogo e apenas quando o aluno-atleta já apresentar o padrão motor do fundamento assimilado. O aluno-atleta deve esgotar as possibilidades de resolver o problema com a execução da habilidade dentro do padrão estabelecido, para depois aprender os recursos próprios para tais situações.

É um erro grave dotar os alunos de recursos tão logo aparecem as primeiras dificuldades. Alguns alunos-atletas, por exemplo, não conseguem passar pelo bloqueio adversário porque estão atacando com o braço encolhido. No entanto, em vez de corrigir esse detalhe e ensiná-los a estender completamente o braço, alguns treinadores os ensinam a largar ou explorar o bloqueio, sem antes corrigir o movimento deficiente.

Durante o processo de aprendizagem da manchete e do toque, por exemplo, a utilização precoce de recursos pode descaracterizar o padrão da habilidade e trazer dificuldades na eficácia do fundamento em situações coordenadas de jogo, além de limitações na capacidade de adaptar-se à bola e de velocidade de deslocamento e antecipação quando o jogo torna-se mais dinâmico e complexo.

Normalmente, não é preciso implantar um processo pedagógico para a aprendizagem dos recursos, porém, quando este não é facilmente assimilado, pode-se promover educativos. Na maioria das vezes, uma simples explicação pode levar à execução imediata, mesmo que ainda carente de refinamento. O padrão de movimento aprendido costuma ser adaptado à necessidade, sem sofrer modificações mais severas.

Para os recursos de defesa, no entanto, é provável que seja necessário um breve processo pedagógico, dada a velocidade de chegada da bola – caso, por exemplo, da defesa com as mãos espalmadas ou do "abafa" durante o mergulho. O gradual aumento da força com que a bola é atacada ou a exigência de velocidade de deslocamento e agilidade ajudam na assimilação mais rápida dos movimentos e suas consequentes aplicações.

O isolamento do gesto técnico e sua utilização contínua contra a situação-problema são estratégias para fixar o recurso, porém, em nível cognitivo, o aluno-atleta precisa viver situações diversas para diferenciar quais recursos deve utilizar diante delas.

O aperfeiçoamento dos recursos se dará também de acordo com as situações que aparecem nos jogos e que são planejadas nos treinos, precisando de estímulos eficientes para que sejam inseridos no arsenal técnico-estratégico do aluno-atleta.

A aplicação dos recursos aprendidos em situações de treinamento pode ser feita por meio de regras específicas em coletivos orientados. Por exemplo, caso o objetivo seja aprimorar a exploração do bloqueio para fora, determinar que o ponto conseguido dessa forma vale dois.

Os recursos relacionados a seguir são os mais comumente praticados. Nada impede, porém, que novas habilidades sejam criadas ou utilizadas, desde que sejam eficientes para resolver os problemas surgidos.

RECURSOS DE ATAQUE

"Explorada"

É um jargão utilizado para denominar a ação em que o atacante – diante de um bloqueio com mais chances de levar vantagem no embate junto à rede –, em vez de bater a bola em direção ao solo contrário, procura fazer que ela toque as mãos ou braços do bloqueador e se dirija para fora da quadra, impedindo o sucesso imediato deste e o consequente alcance dos defensores adversários. Há dois tipos de explorada: para os lados, em que o atacante procura fazer que a bola bata no bloqueador e saia para além das linhas laterais, seja tomando a direção de sua própria quadra ou da contrária; ou para cima, em que o ataque é reto e busca tocar a ponta dos dedos do oponente antes de sair pela linha de fundo.

Explorada para fora:

- É o caminho mais breve para se conseguir o ponto quando o atacante se vê em situação de inferioridade em relação ao bloqueio (alcance menor, levantamento baixo ou colado à rede, desequilíbrio na preparação do ataque, etc.).
- Consiste em transformar o gesto potencialmente vigoroso em direção ao chão adver-

sário em outro que busca fazer que a bola toque o braço ou a mão do bloqueador e vá para fora da quadra.
- A força do ataque pode variar, dependendo do posicionamento de mãos e braços do bloqueador em relação à bola. Quando as mãos do bloqueador estão posicionadas de forma a impedir a explorada, o golpe deve ser vigoroso; ao contrário, quando o que se busca é o braço ou a mão do adversário mais próximos da antena que estão expostos à explorada, a finalização é mais suave.
- Em termos motores, o braço de ataque segue a direção que se quer dar à bola, ou seja, para fora da quadra: na posição 4, ele desce junto do corpo e, na 2, ao seu lado (para os destros). Para os canhotos, acontece exatamente o contrário.
- Muitas vezes, o executante não deve atacar a bola no ponto máximo de alcance de seu salto, mas, sim, fazê-lo na subida ou na queda (pegando o bloqueio em formação ou desmontando), tendo assim mais facilidade para explorá-lo.
- Enquanto no ataque para baixo o alvo do atacante é o solo, na explorada o que se busca é um ponto virtual posicionado fora da quadra. Entre esse ponto e a bola estão as mãos do bloqueador. Como referência, caso o bloqueador retire os braços do caminho, a bola cairia alguns (ou vários) metros além do limite da quadra.

Explorada para cima:

- É utilizada quando o jogador está sob o bloqueio e sem condições de atacar para a quadra contrária ou de explorar para fora. Nesse caso, o gesto visa fazer que o ataque toque a ponta dos dedos dos bloqueadores e rume para além da linha de fundo adversária.
- Ao contrário da explorada para fora, o caminho percorrido pela bola é maior, o que exige que o golpe seja forte o suficiente para que ela escape do raio de ação dos defensores após tocar no bloqueador.

- É necessário que o atacante (em caso de levantamentos mais baixos que o desejável) esteja um pouco longe do bloqueador ou no mesmo ponto de alcance (quando o levantamento colar à rede), senão as chances do adversário aumentam consideravelmente.
- A referência para o ataque, nesse caso, é um ponto virtual entre o teto e solo do ginásio; a bola assume uma trajetória para cima, antes de tocar a ponta dos dedos do bloqueador.
- O tempo de ataque é também modificado na explorada para cima, a fim de fazer que a bola toque os dedos do bloqueador quando este estiver ainda se armando ou já em desmontagem.

A decisão em atacar para baixo, explorar para fora ou para cima é circunstancial e deve ser imediata. A vivência de várias situações capacitará o executante a ter um arsenal mais rico de alternativas e aumentará a chance de sucesso.

"Largada"

Caracteriza-se por uma desaceleração do movimento final da cortada. Em vez de atacar a bola com força para baixo, o atacante, diante da marcação forte do bloqueio e da percepção de uma região da quadra adversária desprotegida pelos defensores, toca-a com a ponta dos dedos, fazendo-a passar por sobre os bloqueadores e cair na zona desguarnecida. Pode ser curta (dirigida à zona de ataque, logo atrás dos bloqueadores) ou longa (gesto mais amplo em que a bola é empurrada para trás dos defensores).

- A desaceleração do movimento da cortada ocorre apenas no último momento, após o braço ter sido levado com vigor à frente, como se fosse realizá-la normalmente.
- Após a desaceleração do braço, o executante deve tocar a bola com a ponta dos dedos em direção à área adversária desprotegida.
- A largada curta, realizada apenas com a flexão dos dedos (às vezes eles só encostam na

bola), exige coordenação fina e absoluto controle da musculatura.
- A longa, por sua vez, apesar de precisar contar com a coordenação fina, necessita da força de grupos musculares maiores (extensores de cotovelo e flexores de punho) para que a bola cubra a distância pretendida.
- A largada é um recurso que deve surpreender o adversário. Gestos que permitam a antecipação do adversário, tais como movimentos extras de corpo, alteração da altura do salto, etc. devem ser evitados.

"Empurrada"

É um recurso utilizado para bolas muito próximas da rede, em que o gesto mais amplo da cortada, pela dificuldade apresentada, não pode ser realizado. Dessa forma, o atacante aproxima-se da bola sabendo que em vez do movimento de ataque deverá posicionar-se para empurrá-la contra o bloqueio adversário. Pode ser realizada para fora ou para a frente.

Empurrada para fora:

- Semelhante à explorada, já que o gesto motor é realizado para fazer que a bola toque o bloqueio e caia fora da quadra (geralmente para o próprio lado).
- No entanto, dois movimentos distintos acontecem em uma fração de segundo: o atacante empurra a bola (com os dedos ou com a palma da mão) contra as mãos do bloqueador; e imediatamente a desvia para fora da quadra.
- É indicada quando o lance se desenrola nas extremidades da rede.
- O atacante deve realizar o gesto no tempo devido, sem reter a bola, para não correr o risco de o lance ser interpretado como condução pela arbitragem.

Empurrada para a frente:

- É ótimo recurso quando a jogada transcorre na região central da quadra e o atacante não dispõe de amplitude de gestos nem distância para empurrar a bola para fora da quadra.
- Nesse caso, ele deve usar uma das mãos e valer-se do fato de estar vindo em direção à rede, utilizando a corrida e o peso do corpo para ajudar na disputa e deixar a bola no campo contrário.
- Contra um bloqueador já em suspensão, convém atrasar o salto, para que o impulso adquirido no chão auxilie no embate.
- O braço chega levemente flexionado, para que o cotovelo possa estender-se quando tocar a bola.
- Como as regras não punem mais a "bola retida", a força deve ser imprimida até o limite, ou seja, até que o braço se aproxime da fita (sem tocá-la).
- O equilíbrio corporal deve ser absoluto, caso contrário a invasão do espaço adversário ou o toque na rede serão inevitáveis.

Meia-força

O ataque a meia-força tem o mesmo objetivo da largada, ou seja, transpor o bloqueio e encontrar uma região desguarnecida pela defesa adversária. Porém, nesse caso, o movimento da cortada é seguido à risca, contando apenas com a desaceleração do braço no momento final do ataque, quando se dá o contato com a bola (com a palma da mão), e apenas o suficiente para que ela se dirija ao local desejado.

- O ponto de batida na bola pode diferir, dependendo do alcance do atacante em relação ao bloqueio. Caso haja superioridade deste, o atacante deve tocar na parte inferior da bola (comparando-a com um rosto, entre a boca e o queixo); já no caso de o atacante estar em igualdade de condições de alcance, o contato se dá no mesmo ponto que na cortada normal.
- Quando o alvo for uma região mais afastada da rede, o braço deve acompanhar a trajetória que se quer dar à bola, alongando o movimento. Para alcançar as regiões

mais próximas à rede, não há necessidade de tanta amplitude, bastando tocar levemente a bola.
- Em qualquer situação, o executante não deve parar o braço após o ataque, deixando que o movimento se desacelere naturalmente, pois é essa continuidade que dá precisão ao golpe.

RECURSOS DE DEFESA (UTILIZADOS TAMBÉM NA RECEPÇÃO DO SAQUE E EM RECUPERAÇÕES)

Defesa com as mãos espalmadas acima da cabeça

É um recurso utilizado para bolas que chegam rápido e acima da linha dos ombros do defensor. Tem como base o toque por cima, mas assemelha-se, pelo contato e em razão da velocidade com que a bola chega, à espalmada do goleiro de futebol (Figura 1).

- Posicionado para a defesa (posição básica baixa), o executante percebe que a bola lhe chegará à altura da cabeça ou acima dela e estende os braços, procurando interceptá-la com as mãos espalmadas, afastadas entre si tanto quanto no toque por cima.
- As mãos não devem ficar perpendiculares ao solo, mas levemente estendidas para trás. O choque da bola contra elas provocará a extensão suficiente dos punhos para dar a altura e direção desejadas à defesa.
- Por se tratar de uma jogada muito veloz, as mãos devem ser direcionadas à zona-alvo antes do contato, pois o direcionamento posterior é quase impossível.
- O contato com a bola se dá com os dedos e a palma das mãos, que devem estar levemente contraídos, o suficiente para amortecê-la. Os punhos, por sua vez, devem estar contraídos, para evitar entorses.
- Os braços podem precisar ser lançados rapidamente para o lado, ao lado da cabeça, caso a bola saia da linha do corpo.

Recepção em toque

No que se refere à execução motora, essa habilidade normalmente coloca-se entre a defesa com as mãos espalmadas e o levantamento. É utilizada quando o saque chega rasante na direção da cabeça do passador ou quando a trajetória da bola o levará muito para o fundo de quadra, dificultando sua ida subsequente ao ataque. Em saques mais fracos, o toque serve bem a esse propósito, porém, em bolas mais fortes, a defesa com as mãos espalmadas ajuda a amortecer o impacto.

- O passador posiciona as mãos para o toque, mas o realiza de forma menos refinada, podendo tocar a bola um pouco com as

Figura 1   Defesa com as mãos espalmadas (de frente).

palmas da mão. O gesto pode, inclusive, ser mais batido do que empurrado.
- Nem sempre o gesto é realizado com os braços semiflexionados, como recomendado no toque por cima. Muitas vezes, na necessidade de alcançar a bola, os braços ficam quase que completamente estendidos.
- Também é possível que o toque seja realizado abaixo da cabeça, em razão da queda repentina de um saque flutuante; ou mesmo fora da linha do corpo, por conta das mesmas oscilações da bola.
- Atacantes de meio (normalmente responsáveis pelos saques curtos do adversário) devem utilizar a recepção em toque sempre que a bola lhes chegar à altura da cabeça. No entanto, há um limite para a utilização do toque na recepção do saque por este jogador: ele não deve se adiantar em direção à linha central nem voltar muito além da linha de ataque, pois o exagero prejudicará seu deslocamento para o ataque e a velocidade ofensiva coletiva da equipe.
- A altura do toque deve levar em consideração a movimentação de todos os envolvidos na ação ofensiva posterior: levantador e atacantes. Por isso, por mais difícil que seja sua realização, deve ter altura suficiente para que o ataque coletivo construa-se adequadamente.

Defesa baixa com um dos braços ou uma das mãos

É um recurso utilizado para bolas próximas ao chão, em que não é mais possível ao defensor chegar a elas em manchete. Preferencialmente, o executante deve tentar recuperá-las com o braço, que oferece uma plataforma de contato mais macia, com maior poder de amortecimento. Porém, nem sempre isso é possível ou recomendável. O uso da mão para recuperar a bola é indicado quando esta escapa muito do alcance do executante ou quando é necessário impulsioná-la.

- A partir da posição básica de defesa, o executante percebe que a bola dirigida violentamente em sua direção chegará abaixo de seus joelhos, sendo impossível levar o corpo para trás da bola e realizar a defesa em manchete.
- Resta-lhe o recurso de estender o braço correspondente em direção a ela.
- O contato com o antebraço é realizado em bolas mais próximas ao corpo e com a mão (ou punho) quando ela se aproxima do chão e se afasta do corpo.
- Para evitar uma possível condução, a bola deve ser tocada com a mão fechada. Nesse caso, a flexão de punho permite que a bola ganhe altura e direção, podendo ser recuperada em seguida.

Defesa alta com uma das mãos

Recurso para recuperar bolas que chegam mais lentamente, mas acima do corpo do defensor, ameaçando encobri-lo. Sem ter tempo para posicionar-se para realizar uma manchete nem alcance para realizar um toque por cima, o executante precisa estender o braço completamente e bater na bola com apenas uma das mãos.

- Esse recurso é utilizado principalmente quando a bola desvia no bloqueio e se dirige para trás do defensor, prestes a encobri-lo.
- Nem sempre o salto antecede a ação, sendo necessário apenas um passo ou um desequilíbrio para trás para alcançar a bola.
- O defensor pode tocá-la com a mão fechada ou aberta, dependendo do alcance possível. Algumas vezes, a bola é alcançada apenas com a ponta dos dedos (em forma de tapa).
- Em caso de impossibilidade de fazer o passe para o levantador, deve-se tentar dirigi-la para o alto, a fim de permitir a recuperação por um companheiro.

"Tapinha"

Esse recurso acontece durante o mergulho e é realizado com o dorso de uma das mãos.

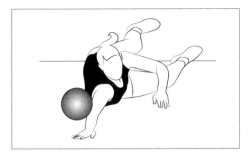

Figura 2 "Abafa" (de frente).

- Durante a fase aérea, o defensor estende o braço em direção à bola e com o dorso da mão impulsiona a bola para cima.
- A extensão de punho deve ser menos ou mais vigorosa, dependendo da distância que o defensor se encontra do local para o qual quer dirigir o passe.
- A recuperação dessa forma (e não com a palma da mão) evita uma possível interpretação de condução por parte da arbitragem.

"Abafa"

Ação extrema de defesa em que, ao realizar o mergulho frontal ou lateral, o executante desliza a mão pelo solo, colocando-a sob a bola.

- Durante o mergulho, impossibilitado de realizar a defesa na fase aérea, por causa da distância que a bola encontra-se dele, o defensor apoia a mão no chão e deixa que ela deslize sobre o solo em direção ao local em que a bola cairá.
- A bola toca o dorso da mão do executante antes de chegar ao chão.
- O amortecimento da queda e o contato com a bola são simultâneos.
- A própria mão que desliza e o braço correspondente iniciam o processo de amortecimento da queda.
- Muitas vezes, o "abafa" não é precedido pela fase aérea do mergulho, mas realizado após um deslize, com o corpo totalmente estendido.

- Esse recurso deve ser evitado sempre que for possível chegar à bola em condições de equilíbrio ou tocá-la durante o voo.

Recuperação de bolas que voltam da rede

As formas de recuperação de bolas que tocam a rede variam muito, pois dependem da força com que elas chegam à malha, da trajetória, do efeito, etc., além do tempo disponível que o defensor tem para se posicionar e preparar a ação.

Dependendo de como a bola chega à rede, a trajetória dela se modifica quando volta ao espaço aéreo:

- Bolas que tocam a metade superior da rede geralmente descem na vertical, caindo junto à linha central.
- Bolas que chegam perpendiculares à rede e tocam o seu centro voltam mais lentas e longe.
- Bolas que chegam perpendiculares à rede e tocam a corda inferior têm um tempo de permanência maior na malha e permitem uma recuperação menos apressada.
- Bolas que chegam longitudinalmente à rede correm quase paralelas a ela e exigem maior velocidade de deslocamento do defensor.

Independentemente da forma como a bola chega à rede, o defensor deve assumir uma postura compatível com a dificuldade da ação, mantendo a posição básica baixa ao chegar ao local.

O corpo deve estar, preferencialmente, de frente para a quadra contrária; os braços devem posicionar-se quase sob a rede, não dando espaço para que a bola desça entre o executante e ela.

Após o contato com a bola, o defensor completa a ação (estendendo o tronco para trás ou promovendo um meio-rolamento ou apenas elevando os braços) para dar direção e altura à recuperação, permitindo assim a continuidade do jogo.

Defesa com o pé

Apesar de muitas situações em que se pode usar os pés serem consideradas eventuais, o treinamento desses recursos deve ser corriqueiro, pois há casos em que o uso dos pés mostra-se mais eficiente que o das mãos, por exemplo, para recuperações de bolas que se afastam da quadra e do defensor, além daquelas que estão prestes a passar sob a rede.

- Recuperação de bolas que se dirigem para fora da quadra:
  - Em algumas dessas situações, é impossível ao defensor tocar a bola com as mãos e, caso a alcance, não conseguirá impulsioná-la com força suficiente para fazê-la voltar à quadra.
  - O defensor deve, ao constatar essa impossibilidade, estender a perna dominante em direção à bola e chutá-la por baixo, de forma a enviá-la para trás de si. Às vezes, é necessário chutá-la de lado, girando a perna sobre a articulação coxofemoral e rodando o corpo sobre os glúteos.
  - O desenvolvimento das habilidades com os pés em exercícios planejados com essa finalidade permite que recuperações até então impossíveis ocorram com mais naturalidade.
- Recuperação de bolas que vão passar sob a rede:
  - Chegar a essas bolas com as mãos muitas vezes exige desequilíbrios ou mergulhos que resultariam em invasão do campo contrário.
  - Para evitar a infração, o defensor aproxima-se da bola, breca a corrida, estende um pouco o tronco para trás e, passando o pé dominante sob a bola, chuta-a de volta para a própria quadra.
  - Ao contrário da situação anterior, não é necessário imprimir muita força à bola, apenas o suficiente para ela ser recuperada por outro companheiro.

RECURSOS DE LEVANTAMENTO

Os recursos de levantamento podem ser utilizados para a realização do levantamento quando a forma usual e mais indicada (com as duas mãos e em equilíbrio) é impossível de ser conseguida, em razão das circunstâncias (bola que chega em condições desfavoráveis, chegada atrasada do levantador, etc.); ou quando há a possibilidade de surpreender o adversário com um ataque do próprio levantador.

Ambas são formas de potencializar o ataque da própria equipe e devem ser usadas com critério. O abuso de gestos espetaculares pelo levantador, apenas para atrair a atenção para si, deve ser coibido pelo treinador, pois é contraproducente.

"Largada"

É um gesto que exige coordenação fina e velocidade na mudança do movimento de levantamento para uma leve empurrada que enviará a bola diretamente ao campo contrário. Além disso, exige que o levantador tenha a visão periférica desenvolvida a ponto de vislumbrar uma área desguarnecida na quadra contrária e a certeza de que a largada seja a melhor estratégia de ataque naquele momento. As formas apresentadas a seguir só devem ser utilizadas quando o levantador estiver ocupando as posições 4, 3 ou 2, pois são gestos realizados com a bola acima da rede.

- O levantador posiciona-se para o levantamento, salta para realizá-lo e eleva os braços, preparando-se para o toque.
- No último momento, quando a bola chega a ele, com as pontas dos dedos de uma das mãos, empurra-a para baixo, rente à rede, em direção à quadra contrária.
- O braço muitas vezes acompanha a trajetória da bola, porém quando a largada é realizada muito junto à rede deve ser freado ou conduzido para junto do corpo, para que não a toque.
- Os braços devem guardar a posição de levantamento até o momento oportuno (quando há a certeza de que não haverá bloqueador marcando a jogada e que o defensor não conseguirá se antecipar).

- O levantador deve evitar a largada de segunda em passes muito altos, em que a visão periférica prejudicada o impede de analisar as possibilidades de sucesso da ação.
- A largada com a mão esquerda oferece mais possibilidades de trajetória rasante e veloz para regiões à frente de seu corpo.
- Já a largada com a mão direita – para trás – deve ser priorizada quando se almeja alcançar a posição 4 do oponente.
- Há outra situação em que a largada com a mão direita é indicada: quando o passe chega muito alto e próximo à rede e a única alternativa é empurrar a bola para a quadra contrária. Nesse caso, há a possibilidade de empurrar a bola em direção à linha de fundo adversária (geralmente para a posição 5), imprimindo-lhe uma trajetória mais alta. O levantador deve estender o braço completamente e impulsionar a bola com a ponta dos dedos, contando com a ajuda de uma flexão de punho, fazendo-a passar por cima de bloqueadores e defensores.
- O levantador deve ter sempre consciência de qual bloqueador está responsável no momento pela marcação da largada e não ser traído por uma análise equivocada. A marcação de bloqueio é dinâmica e se desenha durante a jogada. Muitas vezes o levantador vê o bloqueador de meio longe de si e opta pela largada de segunda, sem perceber que o bloqueador 4 passou a ser responsável pela jogada.

Ataque de segunda

Difere da largada, pois é um gesto de cortada. Requer mais tempo de preparação, mas permite imprimir mais força à bola.

- O levantador posiciona-se para o levantamento, salta para realizá-lo, porém, no último momento, gira o tronco o máximo possível de frente para a rede e ataca a bola em forma de cortada.
- A velocidade do movimento não permite a preparação completa da cortada, o que obriga o executante a trazer os braços rápida e imediatamente para a ação.
- A potência do golpe não será semelhante à da cortada normal, mas o fator surpresa propiciará a força necessária para que a bola se dirija ao solo adversário.
- Pela proximidade do levantador da rede, o movimento de braço deve ser muitas vezes freado.
- Esse recurso limita um pouco o campo de alcance do levantador, pois será muito difícil que ele consiga atingir a região 5, por exemplo.
- É um recurso que também deve ser utilizado somente quando seu sucesso é certo.
- Passes que vêm das costas do levantador não devem ser atacados, por razões biomecânicas e pela impossibilidade de se enxergar os bloqueadores e defensores adversários.

Simulação de ataque

Caracterizado por uma finta de corpo, esse recurso deve sempre suceder um ataque de segunda ou ser utilizado quando o bloqueador adversário antecipa-se para marcá-lo. Dessa forma, o levantador transforma uma possibilidade de sucesso do oponente em chance real de ponto para sua equipe, já que o bloqueador que subiu com ele não conseguirá conter o atacante que sobe livre para receber o levantamento.

- O levantador segue todas as recomendações do item anterior (ataque de segunda).
- Porém, quando estiver de frente para a rede, prestes a executar o ataque, freia o movimento e executa um levantamento lateral para o atacante ao seu lado.
- Caso perceba que há uma outra marcação sobre seu companheiro, escolhe outro atacante para receber a bola.
- Por exigir alto grau de habilidade, visão de jogo e agilidade, é recurso apenas de levantadores mais experientes.

Simulação de levantamento

Constitui na retirada da(s) mão(s) no momento exato em que o toque seria dado. A bola passa sem ser tocada para o outro campo, surpreendendo o adversário. Requer velocidade na retirada das mãos e é usado apenas com passes que chegam acima da fita da rede.

RECURSOS DE BLOQUEIO

Evitando exploradas

O bloqueador pode valer-se de alguns expedientes para tentar evitar que o atacante adversário consiga explorá-lo. Para aumentar suas chances de sucesso, precisa saber diferenciar contra qual tipo de explorada ele se depara: ataques fortes ou fracos e para cima ou para o lado, pois precisa dispor de recursos apropriados para cada um deles.

- Diante de um ataque forte, ao prever a intenção do oponente de explorá-lo atacando a bola para o alto, o bloqueio deve esperar o movimento do atacante e rapidamente tirar as mãos do caminho da bola, flexionando os braços e evitando que ela o toque.
- Nas bolas fracas, em que a intenção é a explorada para o lado, o bloqueador deve deixar a mão de fora quase paralela ao chão e flexionar o punho para evitar que a bola vá para fora depois de tocá-la.
- Muitas vezes, dosar a altura do salto, para ficar em igualdade de alcance contra um atacante mais baixo, evita a exposição dos braços e, consequentemente, a explorada.
- Olhos abertos e atentos proporcionam a leitura dos gestos do atacante e a pronta reação para as intenções do oponente.
- A transformação de um bloqueio ofensivo em defensivo também é um recurso para as tentativas de explorada, pois possibilita a recuperação da bola pelos defensores. Nesse caso, é importante que as mãos sejam dirigidas de modo a fazer que a bola tome o caminho da própria quadra. De nada adianta deitar as mãos e oferecer uma plataforma que permita que a bola fuja do alcance dos defensores.

Disputa de bloqueio vs. bloqueio

Recurso utilizado para bolas indefinidas sobre a rede em que os dois disputantes estão teoricamente em igualdade de condições. Assemelha-se às empurradas citadas nos recursos de ataque.

- O bloqueador deve esperar o máximo possível para saltar, usando a força de impulsão para empurrar a bola contra o adversário.
- A bola deve estar em contato com todos os dedos e ambas as palmas das mãos, para que o controle seja permanente.
- Não se deve ganhar altura a qualquer preço, mas, sim, procurar fazer o possível para não ser o primeiro a tocar na bola (a menos que se seja mais alto que o oponente e se vislumbre a possibilidade de tocá-la antes e acima deste).
- O executante deve manter braços, mãos, abdome e ombros contraídos para que o corpo permaneça equilibrado durante a fase aérea (no embate) e no retorno ao chão, para evitar o toque na rede ou a queda de costas.

"Puxada" (projeção dos braços para um espaço ao lado do corpo)

Esse recurso não deve ser utilizado em situações normais, apenas quando o bloqueio não conseguiu se compor como o esperado e a chance de sucesso do atacante é muito maior do que a dos defensores.

- O bloqueador salta normalmente, levando os braços para o alto, porém, no último momento, puxa os braços para o lado, cobrindo a região anteriormente desguarnecida.
- As mãos não devem se desarmar, permanecendo voltadas para a bola e para baixo, como determina o padrão motor do fundamento.

- Os braços não devem se afastar da rede, guardando distância mínima da fita.
- É importante que, ao utilizar esse recurso, o bloqueador não deixe a bola ao lado do braço contrário ao espaço que se quer cobrir, pois expõe-se o lado do antebraço à explorada do oponente.
- Ocorre também durante a formação de bloqueio duplo, com a intenção de ocupar o espaço entre os bloqueadores. Essas situações, no entanto, devem ser predeterminadas e estabelecidas pela concepção tática da equipe, para que os defensores saibam de antemão qual será a ação dos bloqueadores e possam posicionar-se adequadamente.
- Há outra adaptação desse recurso, mais recorrente com os bloqueadores de meio. Quando a chegada para a formação compacta do bloqueio é impossível, o bloqueador (distante do companheiro que realiza a marcação) lança os braços para o lado, deitando as mãos para um bloqueio defensivo e procurando cobrir o espaço entre ele e o companheiro. No afã de cravar a bola, o atacante pode acentuar o ataque para baixo e acabar encontrando as mãos do bloqueador de meio.
- Este último recurso pode ocorrer com apenas um dos braços, levado para tentar interceptar o ataque adversário que ficou longe do bloqueador.

Seção 3

Preparação tática

Capítulo 1

Introdução

A formação integral do aluno-atleta contempla o desenvolvimento cognitivo específico concomitantemente à evolução técnica, física e psicológica, e é no jogo que a primeira se manifesta de modo mais intenso e profícuo. A tática está presente natural e espontaneamente até mesmo nas atividades lúdicas menos pretensiosas, pois a criança desenvolve mecanismos cognitivos para solucionar problemas próprios da dinâmica da brincadeira ou do jogo de que participa, para conseguir sucesso.*

Em um programa de formação contínua, a tática não se limita à adoção de organizações complexas e sincronizadas por equipes adultas. Antes mesmo de as concepções básicas do jogo de seis contra seis serem aplicadas nas categorias competitivas, ela é inserida à medida que as técnicas básicas do esporte são aprendidas e aplicadas em jogos adaptados, movidos por objetivos determinados pela etapa de desenvolvimento em que a criança se encontra, e, em especial, no minivôlei.

A vivência contínua e evolutiva – desde estruturas elementares que, associadas às mais complexas, formarão o acervo cognitivo-estratégico do aluno-atleta – permitirá uma adaptação natural e muito mais apurada a futuras situações de jogo, capacitando-o a resolver problemas de ordem e complexidade variadas de forma muito mais eficiente. Afora a evolução individual, quando as táticas coletivas começam a ser adotadas, o aluno-atleta compreende com mais facilidade as interdependências e conexões entre as etapas e as responsabilidades pessoais diante do todo. Em todas as etapas do processo de ensino-aprendizagem alternam-se e complementam-se as estratégias individuais e coletivas, mesmo em suas formas mais simples.

A solução de um problema em um jogo de voleibol decorre de um encadeamento de percepções e tomadas de decisão que se desenrola durante a sequência de ações, seja em um rali, em uma parte dele ou mesmo no jogo como um todo. Essas exigências são ampliadas e ganham em complexidade por uma característica peculiar do vôlei: a não permissão da retenção da bola. Considerado também um esporte de habilidades abertas, em que a maioria das ações é executada em ambiente imprevisível, o jogador tem de alterar suas decisões constantemente e decidir o que fazer em frações de segundos.

---

* Alguns autores resistem em aceitar a denominação tática individual, considerando que a evolução técnica é que oferece recursos mais apurados ao atleta. No entanto, independentemente desse debate conceitual, utilizaremos o termo, por vezes, para fazer menção ao recurso cognitivo do atleta que permite o uso da técnica para conseguir, de modo consciente e criativo, determinado intento dentro da dinâmica do jogo.

O aprendizado concretiza-se a partir da ordenação de todos os processos instalados em nível neuromotor e da caracterização lógica de ordenamento resultante, ao final, em um processo decisório contínuo, lógico, organizado e eficiente.

Cabe ao professor-treinador encontrar formas criativas de estimular tais elaborações mentais e constituir o PFCAAD em um campo de desenvolvimento contínuo das habilidades mentais específicas individuais e, com o tempo, organizá-las de forma coletiva, para atingir objetivos conjuntos. Treinos que não visem à adaptação e condicionem o aluno-atleta apenas a respostas predeterminadas não resultarão em indivíduos autônomos, criativos e proativos. No longo prazo, insistir na automação para fixar o raciocínio tático é prejuízo certo para o indivíduo e para o grupo.

A adoção de determinada concepção tática por uma equipe está diretamente relacionada à capacidade técnica, física e psicológica do grupo. É bem provável que os alunos-atletas consigam compreendê-la e até aplicá-la razoavelmente, mas não desfrutarão de seus benefícios estratégicos em toda a sua potencialidade caso não estejam prontos para isso. A maioria dos sistemas utilizados no voleibol poderia ser aplicada às categorias competitivas intermediárias sem que houvesse dificuldade por parte das crianças em assimilar suas estruturas, porém esse PFCAAD julga importante que eles sejam aplicados, assim como os componentes técnicos, físicos e psicológicos, de maneira gradativa e respeitando a maturação motora e fisiológica do indivíduo.

Esse PFCAAD estabelece uma sequência que visa não somente à estruturação do grupo como equipe, mas também ao desenvolvimento individual de acordo com as possibilidades que cada tática oferece no tempo em que é aplicada. A proposta é inserir gradativamente formas de jogo que possibilitem a rizomática abertura de possibilidades táticas a partir da associação das habilidades aprendidas.

As categorias são elos de uma mesma corrente, desde as CI até a C18/19, e a exploração de todas as possibilidades da tática adotada servirá para um desenvolvimento mais rico em todos os sentidos. A transição do 6 x 6 com o levantamento na posição 3 para o 6 x 6 com o levantamento na 2 não ocorre, por exemplo, antes de se esgotar recursos como levantamentos mais acelerados para as extremidades e bloqueios simples.**

Todavia, as mesmas considerações feitas em relação à evolução individual ou coletiva na aprendizagem dos fundamentos valem para a adoção das táticas de jogo. É possível que um grupo desenvolva-se precocemente e valha a pena a introdução de táticas mais adiantadas. Caso o técnico vislumbre a possibilidade de avançar a sistemas mais complexos, pode adotar concepções que nesse PFCAAD são indicadas a categorias superiores, desde que pondere sobre os benefícios em longo prazo de tal atitude.

Abordaremos nesta seção, primeiramente, o processo metodológico para ensino da tática às CI, desde o aprimoramento das estratégias mentais específicas e da tática individual – derivadas do desenvolvimento cognitivo-motor advindo de vivências múltiplas estimulantes e desafiadoras – até os princípios táticos mais elementares utilizados em jogos adaptados e no minivôlei. Depois, cada concepção tática do jogo de seis contra seis merecerá uma abordagem individualizada e aprofundada.

Apesar de organizar a tática de maneira compartimentada, discorrendo primeiro sobre sistemas de jogo, depois sobre formações para recepção, etc., elas não acontecem de maneira

---

** Certamente, as cobranças e apelos externos por táticas mais adiantadas serão muitas – competições, possibilidade de títulos imediatos, formações utilizadas por adversários, pressão de pais e dirigentes, etc. É importante, todavia, que o técnico tenha consciência de que desenvolve um programa de formação continuada e leve ao conhecimento das pessoas direta e indiretamente envolvidas as vantagens do projeto plurianual que pretende desenvolver. Os mais imediatistas podem até desistir do projeto, mas os mais sensatos apoiarão a conduta do treinador.

independente das demais. Afinal, uma equipe, ao entrar em quadra para disputar uma partida, precisa organizar-se com a mesma eficiência para receber, atacar, defender e contra-atacar. Por isso, comporemos um panorama geral de como se dá a organização tática coletiva completa para cada categoria em questão. Algumas vezes, vão se abrir duas, até três possibilidades de utilização de sistemas diferentes durante a temporada. Nesse caso, pela baixa complexidade, eles se integram, compondo etapas interligadas e complementares.

Uma relativa homogeneidade do elenco só será alcançada com o tempo, com base na adaptação e consequente aprimoramento técnico às situações específicas da tática adotada. Por mais que se espere que uma tática seja assimilada rapidamente pelo grupo, o enquadramento geral é concomitante à adaptação técnica às novas exigências. As diferenças individuais em relação ao desempenho no toque para trás, por exemplo, farão que em algumas das seis passagens, quando se utiliza o sistema de jogo 6 x 6 com o levantador na posição 3, ocorram mais problemas do que em outras, até que se alcance o equilíbrio desejado. Em contrapartida, outro grupo pode apresentar um grau de evolução acima do esperado. Nesse caso, convém promover adaptações, como aumentar a velocidade dos levantamentos, imprimir variações de ataque para uma consequente melhoria do desempenho da formação defensiva, etc. A evolução geral se dará com a aplicação gradativa e associada das táticas mais adequadas, cada qual a seu tempo e com inquestionável importância para aquele estágio evolutivo.***

*** Alguns torneios de categorias de base estabelecem em regulamento o sistema de jogo a ser utilizado pelas equipes, o que pode não coincidir com o que é sugerido por esse PFCAAD. Primeiro, entendemos que, se for permitido, a equipe deve utilizar um sistema que pode ser considerado menos complexo, porém mais adequado ao grupo, pois sua eficiência está mais ligada às condições técnicas do elenco do que à concepção em si. No entanto, se for obrigatória a utilização de outro sistema, é importantíssimo que a equipe seja preparada para apresentar-se dignamente, bastando alternar o treinamento das táticas. Por exemplo, se a entidade organizadora exige que as equipes da C13 joguem no sistema 4 x 2, é recomendável que se destine ao grupo um tempo de treinamento para a utilização e aprimoramento desse sistema de jogo, sem que se abandone a sequência de formação contínua.

Capítulo 2

Tática nas categorias iniciantes

CI

Nas CI, o principal objetivo relacionado à tática é o desenvolvimento do raciocínio da criança. O aprendiz deve ser estimulado desde o início a desenvolver estratégias mentais, entender os desdobramentos de um simples jogo adaptado e traçar estratégias que o levem a conseguir o sucesso em sua própria ação ou impedir que o adversário saia vencedor quando este for o protagonista da jogada.

Até mesmo quando os jogos pré-desportivos são praticados com lançamentos e recebimentos, o aprendiz deve raciocinar constantemente: vislumbrar espaços e situações em que o elemento do jogo possa cair com mais facilidade na quadra contrária; prever as intenções do oponente e antecipar-se a elas; levar o adversário a facilitar sua contra-ação quando a primeira não resultar em ponto; etc.

O mesmo acontece quando da inclusão de brincadeiras, jogos de rebater de um contra um ou dois contra dois e demais jogos adaptados como estratégia para a aplicação dos elementos técnicos. As regras elaboradas pelo professor-treinador devem visar ao desenvolvimento do raciocínio estratégico elementar do aluno, levando a encontrar meios de conquistar ou evitar o ponto com base em operações cognitivas lógicas e criativas. Jogos adaptados não podem se limitar a ter por objetivo o mero gesto motor de rebater bexigas, petecas ou bolas, mas ter associado a tal meta o raciocínio de como conseguir o ponto em uma coordenação de um ou dois lances que dificultem a ação adversária e possam levá-lo ao sucesso. Situações lúdicas são altamente facilitadoras para o desenvolvimento do raciocínio tático, o entendimento do encadeamento das ações durante o jogo e a criação de estratégias mais elaboradas para atingir o objetivo do jogo.

É papel do professor-treinador, nessa etapa do processo, desenvolver a atenção constante do aluno, levá-lo a refletir sobre o ocorrido e estimulá-lo a compreender os desdobramentos que o conduziram ao sucesso ou ao fracasso. Apesar de o professor-treinador precisar, nessa fase, interferir constantemente com *feedbacks* externos, pois a criança ainda está construindo suas conexões cognitivas de entendimento do processo de ação e reação e causa e consequência, o estímulo à retroalimentação interna e à possibilidade de errar e tentar o acerto em seguida, a partir da análise da situação anterior, é fundamental para o desenvolvimento do raciocínio estratégico do aluno-atleta.

Essas considerações, é importante ressaltar, não pretendem descaracterizar o caráter lúdico das vivências coletivas nas faixas etárias em questão, tampouco estabelecer uma cobrança precoce por resultados, o que levaria a uma inibição da capacidade criativa e da iniciativa da criança.

Ao contrário, a ludicidade deve ser o mote da aplicação dos jogos adaptados; no entanto, estes são campo fértil para o desenvolvimento do raciocínio estratégico associado à competição saudável. O prazer também é encontrado na descoberta de formas eficazes de obter sucesso diante de dificuldades.

Recomenda-se – da mesma forma que para a aprendizagem dos elementos técnicos – a utilização de bolas mais leves que permaneçam mais tempo no ar e a redução das dimensões da quadra de jogo, a fim de possibilitar tanto a manutenção da bola no ar por mais tempo quanto a cobertura do espaço pelas crianças.

Sendo assim, propomos no Quadro 1 a adoção da sequência a seguir de jogos adaptados, até atingirmos o principal patamar do desenvolvimento tático das CI, que é a aplicação do minivôlei.

As dimensões da quadra podem ser alteradas dependendo da facilidade ou dificuldade que o grupo apresentar para desenvolver o jogo proposto. Convém equilibrar exigências na manipulação do objeto do jogo com as dimensões da quadra, ou seja, se a exigência no controle da bola (ou outros elementos) for alta, é recomendado que a quadra seja diminuída em seu tamanho, e vice-versa.

É importante que o aprendiz entenda e desenvolva o raciocínio básico de causa e consequência entre as ações próprias e alheias. Durante uma troca de passes, por exemplo, determinada ação provoca no outro uma reação; se o objetivo é dificultar a recuperação da bexiga, peteca ou bola pelo adversário ou facilitar a participação de um companheiro, o executante precisa promover escolhas que proporcionem ou a dificuldade ao oponente ou a facilitação ao parceiro.

A evolução do raciocínio tático dá-se com o entendimento do encadeamento das ações: a ação 1 provoca uma determinada reação, provavelmente previsível; porém, esta poderá se transformar em uma ação diferente da prevista, determinada por uma intenção do adversário, que deve ser prontamente percebida e respondida, por meio de um posicionamento antecipado que favoreça a nova ação. E assim por diante, conduzida por um desdobramento de ações e reações até que o ponto seja definido.

O aluno-atleta que tem contato e consciência dessas táticas elementares terá facilitada a assimilação das formas mais elaboradas e complexas que lhe serão ensinadas futuramente. Além disso, ao iniciar a prática do voleibol competitivo, encontrará muito mais facilidade para elaborar estratégias individuais a fim de superar as dificuldades impostas pelo oponente.

Até mesmo nas atividades lúdicas inseridas nos aquecimentos ou em sessões que visem às habilidades motoras gerais – queimada, pega-pega, futebol, handebol, etc. –, é importante que as estratégias mentais sejam estimuladas e reforçadas pelo treinador, e que o aluno-atleta tenha consciência dos desdobramentos que resultaram na facilidade ou na dificuldade, no sucesso ou no fracasso de uma ação.

A seguir, detalharemos os jogos propostos, lembrando que são ideias iniciais que devem ser

Quadro 1 Jogos adaptados nas CI

Iniciantes 1 (9 e 10 anos):
1. Jogos pré-desportivos
2. Jogos adaptados diversos (de acordo com a habilidade-alvo ou o fundamento-alvo)
3. Bola agarrada – 1 x 1: quadras de 6 m × 3 m (meias-quadras de 3 m × 3 m)
4. Bola agarrada – 2 x 2: quadras de 6 m × 4,5 m (meias-quadras de 3 m × 4,5 m)
5. Jogos de toque – 1 x 1: quadras de 6 m × 4,5 m (meias-quadras de 3 m × 4,5 m)
6. Jogos de toque + manchete – 1 x 1: quadras de 6 m × 4,5 m (meias-quadras de 3 m × 4,5 m)

Iniciantes 2 (11 e 12 anos):
1. Jogos de toque + manchete – 2 x 2: quadras de 12 m × 4,5 m (meias-quadras de 6 m × 4,5 m)
2. Jogos de saque + toque + manchete – 2 x 2: quadras de 12 m × 4,5 m (meias-quadras de 6 m × 4,5 m)
3. Babyvôlei – 2 x 2: quadras de 9 m × 4 m (meias-quadras de 4,5 m × 4 m)
4. Minivôlei – 3 x 3: quadras de 12 m × 4,5 m (meias-quadras de 6 m × 4,5 m)

alteradas ou adaptadas, de acordo com os objetivos do treinador, as condições de habilidade do grupo ou mesmo a disponibilidade espacial e de material. O minivôlei figura como um item à parte, já que é uma forma mais elaborada e considerada de transição entre as formas iniciais e o jogo de 6 x 6.

BOLA AGARRADA DE 1 X 1

- O objetivo desse pré-desportivo é desenvolver as posturas básicas e as movimentações específicas que começam a ser praticadas voluntariamente.
- As regras são simples e são utilizadas apenas as habilidades manipulativas de lançar e receber.
- A bola é enviada ao lado contrário com o objetivo de fazê-la cair no solo; o aprendiz procura evitar que ela toque o solo, segurando-a.
- Caso consiga neutralizar a tentativa do oponente, procura lançá-la por sobre a rede no chão adversário.
- No início, não é permitido o salto para enviar a bola ao campo adversário, porém, com a prática mais desenvolta, pode-se liberar tal artifício.
- A pontuação deve ser abreviada, para que haja rodízios constantes (por exemplo, um *set* de 5 pontos).
- A rede deve estar a 1,50 m do chão.
- É possível construir mais quadras no espaço total disponível, sem se prender às dimensões oficiais da quadra e à rede de voleibol.
- Variações: lançamento com a mão não dominante; com ambas as mãos; após o lançamento, o jogador deve sair da quadra e retornar rapidamente; etc.

BOLA AGARRADA DE 2 X 2

- Dinâmica idêntica à do exercício anterior, porém são permitidos dois lances por equipe.
- Ambas as equipes, durante o rali, devem seguir a ordem: um recebe a bola vinda do campo contrário e a envia ao companheiro, que a lança para a quadra adversária, tentando fazer o ponto.
- É permitido o salto para enviar a bola por sobre a rede.
- A pontuação pode ser estendida a um *set* de 8 pontos.
- A rede pode ficar a 1,80 m.
- Evite os três lançamentos; a intenção não é introduzir o aluno à realidade do jogo de voleibol, mas vivenciar habilidades que serão a base do esporte na sequência do processo ensino-aprendizagem.
- Variações: determinar a forma de enviar a bola para o campo contrário; ambos saem da quadra e retornam a ela após a bola ser lançada ao campo contrário; jogadores trocam de posição ao passar a bola ao campo contrário; etc.

JOGO DE TOQUE DE 1 X 1

- O saque pode ser realizado com um lançamento ou com um toque por cima, de dentro da quadra.
- A recepção desta primeira bola e das seguintes vindas do campo contrário pode ser feita agarrando-se a bola.
- Quando isso acontecer, o jogador deve lançar a bola recuperada para si mesmo e tocá-la para a quadra contrária.
- É permitido também que o jogador controle a bola vinda do campo contrário com um toque para si mesmo, em vez de segurar a bola. Nesse caso, pode-se permitir que ele a toque diretamente para o campo contrário ou segure-a antes de tocá-la para lá.
- Os ralis seguem a mesma dinâmica.
- A partida é jogada em um *set* de 8 pontos.
- A rede volta a ficar a 1,50 m do chão.
- Lembre-se de que a habilidade de toque por cima é praticada com liberdade e sem o rigor da técnica.
- Variações: a bola pode quicar uma vez antes de ser recuperada; caso o jogador segure a bola enviada, ele deve lançá-la com ambas

as mãos com os braços estendidos abaixo do quadril e tocá-la direto ou apenas depois de quicar uma vez no chão; etc.

JOGO DE TOQUE + MANCHETE DE 1 X 1

- O saque é dado em toque por cima, do centro da quadra (ou de local do qual o aluno consiga fazer que a bola passe a rede).
- Para receber o saque, o jogador pode utilizar o toque, a manchete ou agarrar a bola.
- São permitidas até três ações individuais para que o jogador consiga controlar a bola e reenviá-la ao campo contrário.
- A partida é jogada em um *set* de 8 pontos.
- A rede permanece a 1,50 m do chão.
- Tanto o toque por cima quanto a manchete são praticados sem a cobrança de alta qualidade técnica.
- A recepção da bola enviada pode seguir ordens diversas determinadas pelo professor-treinador (manchete-toque-arremesso; segurar-toque-manchete); permitir o envio ao campo contrário no segundo toque; etc.

JOGO DE TOQUE + MANCHETE DE 2 X 2

- Dinâmica semelhante à do jogo anterior, com a obrigatoriedade de três toques por equipe.
- Realiza-se o saque em toque, do centro da quadra (ou dc local do qual o aluno consiga fazer que a bola passe a rede).
- A recuperação da bola pode ser feita em toque, manchete ou segurando-a.
- A segunda ação deve ser diferente da primeira e a terceira diferente das duas anteriores. Ou seja, se a primeira ação foi segurando a bola, a segunda deve ser em toque (ou manchete) e a terceira em manchete (ou toque). As ações não podem se repetir.
- A partida é jogada em um *set* de 8 pontos.
- A rede pode ficar a 1,80 m.

- Variações: caso receba-se em manchete (ou toque), a segunda ação (em toque ou manchete) pode enviar a bola ao campo adversário; a bola pode quicar uma vez no chão em caso de dificuldade para recuperá-la da maneira estabelecida; etc.

JOGO DE SAQUE + TOQUE + MANCHETE DE 2 X 2

- O saque por baixo pode ser dado de qualquer local, desde que o jogador consiga fazê-lo passar por sobre a rede.
- A recepção pode ainda segurar a bola, porém a sequência das ações deve ser feita ou em toque ou em manchete, até o limite de três toques por equipe antes de a bola ser enviada ao campo contrário.
- A partida é jogada em um *set* de 10 pontos.
- A rede pode ficar a 1,80 m.
- Variações: permitir mais de três toques coletivos; permitir mais de um toque individual para controlar as bolas mais difíceis; etc.

BABYVÔLEI – 2 X 2

- É a primeira manifestação da dinâmica aproximada de um jogo de voleibol.
- O saque pode ser dado de qualquer local, desde que o jogador consiga fazê-lo passar por sobre a rede.
- A recepção deve ser feita em toque ou manchete, assim como as demais ações do rali.
- Pode haver mais de três toques por equipe.
- As partidas são jogadas em um *set* de 12 pontos.
- A rede é elevada a 2,00 m.
- Variação: de acordo com o nível técnico do grupo, em um dos três toques a bola pode ser retida, proporcionando maior continuidade ao jogo; permitir o quique no chão; permitir dois toques em manchete individuais consecutivos para controle da bola; etc.

MINIVÔLEI

Ao completar a aprendizagem dos fundamentos do grupo 1 – posições básicas, movimentações específicas, toque por cima, manchete e saque por baixo –, a criança anseia por jogar o voleibol a que ela assiste. O professor-treinador deve atender às expectativas dos alunos, todavia a aplicação imediata do jogo, de acordo com as regras e dimensões oficiais é, além de contraproducente, desmotivante.

Promover adaptações que proporcionem a continuidade do processo ensino-aprendizagem da mesma maneira gradativa com que veio sendo conduzido até então no PFCAAD é fundamental para que as atividades lúdicas continuem contribuindo para a evolução do aluno-atleta.

A incapacidade de cobrir os espaços e aplicar as técnicas aprendidas a uma situação de jogo oficial desmotiva a criança, além de impedir a repetição das ações, algo fundamental para a fixação das habilidades e a associação entre elas em dinâmicas básicas de jogo.

Foi com o intuito de criar soluções para esse impasse que o minivôlei foi inventado nos anos 1960.

Diminuindo o campo de jogo, baixando a altura da rede e limitando o número de participantes, a novidade permitiu que os iniciantes pudessem tocar mais vezes na bola e dar sequência aos ralis. O minivôlei foi oficializado em 1975 pela Federação Internacional de Volleyball como método e difundido a partir de então pela entidade entre seus afiliados.

Entre as várias vantagens do minivôlei estão:

- Maior participação dos praticantes.
- Ludicidade.
- Possibilidade de ocupação dos espaços de modo mais eficiente.
- Possibilidade de vivenciar os fundamentos do esporte com mais frequência.
- Aumento do tempo de permanência da bola no ar.
- Ampliação do espaço disponível para a prática do voleibol – com a possibilidade de montagem de diversas miniquadras.
- Ampliação do número de participantes simultaneamente.
- Ausência de funções predeterminadas, pois todos levantam, atacam e defendem.

O caráter adaptável do minivôlei possibilitou a criação e utilização de várias versões ao redor do mundo. O professor-treinador pode estabelecer livremente as modificações que julgar conveniente para o grupo, dependendo de seu grau de evolução, dos objetivos do período e até mesmo do espaço disponível. Esse PFCAAD optou por apresentar uma das versões mais comuns, que pode ser implantada a partir da categoria 11 e 12 anos. Porém, nada impede que as regras e medidas de quadra sejam alteradas de acordo com as possibilidades espaciais ou o número de praticantes. O professor-treinador pode incluir entre as regras as ações que julgar interessantes para a evolução da aprendizagem dos fundamentos.

As principais regras da versão do minivôlei aqui sugerida são as seguintes:

- A quadra mede 12 m × 4,5 m (o espaço disponível deve ser otimizado de maneira a caber o maior número possível de quadras, fornecendo segurança aos praticantes).
- O jogo é disputado entre trios.
- A rede é elevada a 2,05 m.
- A contagem pode estender-se a 20 pontos, com mudança de lado no 10º ponto.

As primeiras experiências vão se basear na aplicação do toque, da manchete e do saque por baixo, porém, à medida que novas habilidades forem aprendidas, o jogo torna-se mais versátil e dinâmico com a inclusão da cortada e da defesa, que serão ensinadas enquanto o aluno-atleta pratica o minivôlei. Diante dessas novas possibilidades, algumas adaptações às regras podem acontecer:

- Atacar sem saltar, antes de incluir a cortada completa.
- Elevar a rede caso a potência da cortada de alguns esteja impedindo a continuidade dos ralis e a participação efetiva dos demais jogadores.
- Equipes com quatro jogadores antes de promover o vôlei de seis contra seis.
- Substituições obrigatórias a cada rodízio.
- Cada jogador é obrigado a realizar um dos três toques da equipe.

Quando as crianças estiverem adaptadas ao minivôlei e praticando-o com desenvoltura, recomenda-se a organização de festivais internos e depois com outras instituições que também o pratiquem. A preparação para a competição, que fará em breve parte da rotina do aluno e do grupo, tem nos festivais um importante aliado. A participação em um evento de maior magnitude, porém ainda sem caráter competitivo, ajuda o indivíduo a conviver com a ansiedade, o nervosismo, a expectativa por uma boa apresentação, a convivência com o protagonismo – "estar no palco", ser o "centro das atenções" –, a colaboração entre os companheiros, a responsabilidade, etc.

Táticas do minivôlei

O minivôlei torna-se bastante dinâmico à medida que o aluno-atleta desenvolve novas habilidades específicas e o pratica com mais desenvoltura. Isso pode levar a uma elaboração gradativa mais apurada de táticas específicas.

- No minivôlei, convém desenvolver o raciocínio tático da maneira mais rica possível, orientando o aluno-atleta a:
  - Promover a leitura das ações adversárias e dos próprios companheiros, principalmente nas ações que antecederão sua possível atuação.
  - Estudar as ações anteriores que podem interferir na determinação de um ataque mais forte ou mais fraco.
  - Posicionar-se para defender, analisando as possibilidades do atacante.
  - Buscar atacar a bola para regiões desguarnecidas.
  - Utilizar fintas de corpo para iludir o adversário; etc.
- O minivôlei não pode ser ministrado como se fosse um mero passatempo. Ele é extremamente eficiente e parte fundamental na evolução técnica e tática do aluno-atleta, tanto em razão do número de ações possíveis durante os ralis quanto dos encadeamentos técnico-táticos das ações básicas de recepção/ataque/defesa/contra-ataque. Em termos táticos, é um meio de despertar o raciocínio estratégico do aluno-atleta diante das diversas situações de jogo que se apresentam.
- Em um estágio elementar, a distribuição dos jogadores na quadra de minivôlei pode ser com dois jogadores ocupando as posições de defesa enquanto um atua junto à rede. Este será responsável pelas bolas largadas nessa região e pelo levantamento na sequência do rali.
- Quando a utilização do bloqueio – ainda de forma rudimentar – passar a fazer parte do minivôlei, o jogador junto à rede o executa individualmente.
- Para dinamizar as movimentações, é interessante também deixar os três jogadores na linha de defesa e não predeterminar quem será responsável pelo levantamento. Nesse caso, fica estabelecido que quem realiza o levantamento é o jogador do centro; ou da direita, caso a defesa seja feita pelo central.
- Em um segundo estágio, a distribuição dos jogadores passa a ser de dois na rede e um no fundo.
- O bloqueio então pode ser feito por um ou por outro, mas ainda individualmente. O jogador que não bloqueou volta para defender com o outro defensor.
- Com a evolução do grupo, é recomendável que as dimensões da quadra sejam ampliadas. Com o aprimoramento das movimentações defensivas e da defesa em si, quadras

de 12 m × 6 m adaptam-se melhor às novas possibilidades.
- As modificações táticas dependerão principalmente do objetivo a ser alcançado. O minivôlei deve ser pensado também como meio de atingir o desenvolvimento de determinadas habilidades e vivência de certas situações. Por exemplo, quando se determina apenas dois para receber o saque, aumenta-se a área a ser coberta individualmente pelos jogadores, enquanto a determinação de que dois permaneçam na rede até que o adversário defina o levantamento favorece o aprimoramento do deslocamento para a posição de defesa.
- Variações com dois jogadores de cada lado, desde que o grupo consiga ocupar os espaços e atingir o objetivo de manter a bola no ar com qualidade técnica relativa, alcançam bons resultados, principalmente no desenvolvimento da capacidade de análise-resposta e de antecipação, além do ganho de velocidade específica nos deslocamentos.

Capítulo 3
Tática nas categorias competitivas

Quando o aluno entra em quadra para praticar o voleibol de seis contra seis, precisa conhecer as noções táticas básicas para participar efetivamente do jogo, caso contrário ficará à margem de sua dinâmica e é bem possível que, discriminado pelos demais, a desmotivação o leve a não mais querer fazer parte daquele "jogo sem graça".

A adoção de uma concepção tática, por mais elementar que seja, deve ser ensinada teoricamente antes de ser adotada e aplicada em treinos e jogos. Com o tempo, o grupo passa a vivenciar formas mais elaboradas e definitivas de organização que são desdobramentos daquelas aplicadas anteriormente, o que torna mais fácil a transição. A dinâmica do voleibol jogado de acordo com as regras oficiais exige que o aluno-atleta, ao adentrar a quadra, tenha noções básicas não só da tática utilizada, mas também de suas responsabilidades em relação à organização geral.

Desde o momento em que a bola é sacada até a definição do rali, as equipes e os jogadores submetem-se a situações que se alternam de maneira dinâmica. Quem recebe o saque organiza-se coletivamente para diminuir os espaços e distribuir adequadamente levantador e atacantes, enquanto a equipe sacadora posiciona bloqueadores e defensores de acordo com a eficiência do saque; daí em diante os desdobramentos são imprevisíveis, levando cada equipe a assumir o protagonismo ofensivo ou tentar defender-se, e trocar tais funções em questão de segundos. Essa característica exige do jogador e da equipe alta capacidade de adaptação e rápida reorganização, não bastando que mesmo o iniciante adentre a quadra sabendo apenas posicionar-se para receber o saque, por exemplo. Sem organização tática coletiva e consciência das funções individuais para que a engrenagem funcione, a chance de sucesso é mínima.

Sendo assim, não bastam o ensino e a consequente aplicação de uma tática determinada, para depois introduzir outras complementares. Quando uma equipe inicia uma partida de voleibol, ela deve ter uma estrutura coletiva para os dois momentos básicos do jogo:

1. Quando o saque é do adversário.
2. Quando o saque é da própria equipe.

No momento 1, a organização da equipe deve visar à recepção do saque e o primeiro ataque – o *side-out*; no momento 2, a equipe organiza-se para, primeiro, bloquear e defender e, consequentemente, contra-atacar. Caso o rali se prolongue, ambos os lados passam a desenvolver as táticas referentes ao momento 2.

São as concepções táticas que estruturam coletivamente a equipe e lhe conferem uma identidade. Na gíria do esporte, costuma-se dizer que quando há uma estruturação coletiva, a equipe tem "uma cara" ou "está encorpada" ou ainda "tem consistência".

De modo geral, as concepções táticas possíveis respondem a questões básicas do jogo de voleibol:

1. Como jogar? – sistemas de jogo
2. Como sacar? – uso tático do saque
3. Como receber o saque? – sistemas de recepção
4. Como levantar e atacar (ou contra-atacar)? – sistemas ofensivos
5. Como dar proteção ao ataque (ou ao contra-ataque)? – sistemas de proteção de ataque
6. Como bloquear e defender? – sistemas defensivos

Não existe sistema tático perfeito, assim como um não pode ser considerado melhor que outro, pois a eficiência de cada um deles depende das peças responsáveis por fazê-lo funcionar. Invariavelmente, a escolha da tática recai sobre o nível técnico, físico, cognitivo e psicológico do elenco. Uma concepção tática é considerada boa se pode ser desenvolvida em toda a sua potencialidade pelos alunos-atletas que a ela são submetidos. Um grupo de pouca técnica, por exemplo, jamais conseguirá competir no sistema de jogo 5 x 1 enquanto não desenvolver todos os requisitos técnicos necessários à assimilação de tal concepção, mesmo que ela seja unanimemente utilizada pelas principais equipes adultas do mundo. Da mesma forma, um grupo mirim jamais conseguirá receber o saque com apenas dois elementos, apesar de esta ser a organização preferida a partir da C18/19.

Outras perguntas devem então ser feitas pelo treinador, para que a escolha da tática a ser adotada e aplicada seja a mais apropriada para as condições gerais do grupo:

1. Em qual estágio do PFCAAD encontra-se a equipe?
2. Qual o nível técnico geral do grupo?
3. Todos os alunos-atletas compreendem o mecanismo da tática adotada e a exploram ao máximo?
4. A maturidade motora e desenvolvimental do grupo suporta as exigências da tática?
5. Qual a importância da utilização dessa tática para a formação dos alunos-atletas?

Buscar o aprimoramento da sincronia entre os elementos do grupo e tornar as táticas mais harmônicas é prioridade em um PFCAAD, pois permitirá a evolução coletiva e individual e fortalecerá o alicerce sobre o qual se construirão as concepções vindouras.

A natureza do confronto esportivo leva as equipes a não apenas desenvolver as concepções táticas que lhe caracterizam como formação coletiva, mas também considerar que as estratégias devem servir a inibir e anular as potencialidades adversárias. Com as CCI, convém concentrar a atenção na adoção, nas correções necessárias e na total assimilação das concepções básicas antes de preocupar-se em adaptá-las ao adversário. A aplicação da tática em função do adversário recebe a importância devida apenas após a plena assimilação da concepção e a aplicação com naturalidade e segurança pelo próprio grupo. Uma ou outra interferência durante um jogo é válida, mas sem deixar de considerar se o grupo realmente compreende os desdobramentos de uma intenção que pode estar apenas na cabeça do técnico.

Antes de introduzir qualquer tática coletiva, o professor-treinador deve ter certeza de que o grupo está preparado para desenvolvê-la. A técnica deve, sempre e invariavelmente, sustentar a concepção tática. Todos os atletas devem dispor de recursos técnicos suficientes para representar seus papéis em todas as funções e posições que serão assumidas e ocupadas.

Assim como ocorre no processo de ensino-aprendizagem das habilidades motoras específicas, o entendimento e a consequente aplicação das táticas seguem uma metodologia facilitadora. Esse PFCAAD segue com as táticas o mesmo princípio da evolução gradativa, associando-as às etapas de evolução geral do grupo e aos preceitos científicos do desenvolvimento humano.

Pelas características próprias do voleibol e dinâmica da maioria dos esportes coletivos, as táticas adotadas por uma equipe são múltiplas e obrigatoriamente coordenadas entre si. A adoção do sistema de jogo, por exemplo, traz consigo a necessidade de estruturar a equipe para todos os momentos específicos, tornando-se apenas a base das demais organizações. Ou seja, quando um sistema de jogo é apresentado ao grupo, ele precisa ser aplicado conforme os preceitos táticos de como se recebe o saque, como se ataca, como se defende e também como se contra-ataca. De nada adianta saber quem levanta e quem ataca se não houver uma facilitação estratégica para que todos colaborem coordenada e eficientemente em cada situação específica de jogo. Dessa forma, quando se discorre sobre metodologia do processo de ensino-aprendizagem das concepções táticas do voleibol, é impossível dissociar o sistema de jogo das demais.

Com a intenção de oferecer uma condução didática mais clara e menos complicada, optamos por discorrer, nessa ordem, sobre os sistemas táticos:

- Sistemas de jogo.
- Sistemas de recepção.
- Sistemas ofensivos.
- Sistemas defensivos.
- Sistemas de proteção de ataque.

Abordaremos a metodologia para a aplicação dos sistemas dentro do processo de ensino-aprendizagem, assim como as características, classificações e noções básicas e aprofundadas sobre a execução de cada um deles, além de sugerir a utilização mais apropriada a cada faixa etária. Serão feitas sempre as devidas correlações entre o tema em questão e os demais sistemas, para que o professor-treinador possa inter-relacioná-los nas etapas de aperfeiçoamento e treinamento e, assim, tirar o máximo proveito de suas potencialidades.

SISTEMAS DE JOGO

A primeira pergunta que se faz quando um grupo adentra uma quadra de voleibol para disputar uma partida recreativa é: quem levanta e quem ataca? A resposta a essa questão se traduz no sistema de jogo. Desde as formas mais simples até as mais complexas, os sistemas de jogo vão especializando cada vez mais as funções e restringindo o que se espera que os atletas realizem com máxima eficiência e especificidade.

Em outras palavras, sistema de jogo é a maneira como uma equipe se organiza em relação ao número de levantadores e atacantes atuantes. Os sistemas de jogo são representados pela quantidade de atacantes, primeiro, e de levantadores, por exemplo: 5 x 1 (cinco atacantes e um levantador)*.

Evolução de acordo com a categoria

Os sistemas de jogo constantes nessa metodologia são os seguintes:

- 6 x 6: todos atacam, mas também levantam sempre que ocuparem determinada posição em quadra.
- 4 x 2: quatro atacantes e dois levantadores. Os levantadores ocupam posições opostas, de modo que sempre que um deles for para o saque, o outro suba à rede; a função será realizada por aquele que estiver nas três posições de rede.
- 6 x 2: sistema de distribuição semelhante ao anterior; contudo, o levantamento cabe àquele que estiver na zona de defesa, necessitando, para realizá-lo, proceder à infiltração.
- 5 x 1: sistema de maior especialização possível, inclui cinco atacantes e apenas um le-

---

* Pronuncia-se cinco, um; assim como os demais sistemas (seis, seis; quatro, dois; seis, dois).

vantador, responsável por todos os levantamentos da equipe, independentemente da posição em quadra que ocupe. É uma fusão dos dois sistemas anteriores.

A proposta deste PFCAAD inclui ao menos duas opções diferentes de aplicação durante o ano a cada categoria, até a C16/17. Com isso, é possível manter por mais tempo uma opção tática que ainda não tenha sido devidamente assimilada pelo grupo ou substituí-la por outra mais eficiente e compatível com o rendimento do grupo, avançando assim para um sistema mais elaborado. Fica, então, a critério do professor-treinador a utilização do segundo sistema no tempo adequado.

Um sistema de jogo mais elementar deve servir ao grupo até o momento em que ele se esgota e não oferece mais possibilidades de crescimento técnico-tático aos alunos-atletas. Esta é a hora de ascender a um sistema mais elaborado e que encerre novas possibilidades de evolução.

Por exemplo, na C15 pode-se aplicar o 4 x 2 durante os primeiros meses e no segundo semestre promover a evolução para o 6 x 2. No entanto, caso o grupo demonstre dificuldades para extrair o máximo de proveito da tática inicial, sua adoção pode ser estendida até o final do ano, assim como a opção por antecipar a adoção do 4 x 2 ofensivo antes do segundo semestre é perfeitamente viável, se o professor-treinador avaliar como esgotadas as possibilidades de aproveitamento do 4 x 2 simples. Do mesmo modo, com a C16/17, caso o grupo tenha ao longo do PFCAAD desenvolvido adequadamente as concepções anteriores e mostrado um grau de rendimento acima do esperado, é possível adotar o 5 x 1 desde o princípio.

É importante que tal flexibilidade na utilização dos sistemas baseie-se na evolução do grupo ao longo do planejamento plurianual e que este seja seguido de modo consciente e programado, sem antecipar etapas ou desrespeitar princípios levantados à exaustão neste livro.

Contudo, todos os sistemas de jogo aqui apresentados devem ser adotados, mesmo que por tempo reduzido, pois fazem parte de uma associação mais ampla com o desenvolvimento técnico, físico, cognitivo e psicológico com a própria formação contínua.

O PFCAAD sugere que os sistemas de jogo sejam aplicados tanto nas categorias masculinas quanto nas femininas, na sequência apresentada na Tabela 1.

Especificações sobre os sistemas de jogo

6 x 6

Ao ser iniciado no jogo de seis contra seis na C13, convém que o grupo vivencie a forma mais simples de jogo. Nesse período inicial, o aluno-atleta deve acostumar-se com as dimensões da quadra, com as regras oficiais e com as novas relações estabelecidas entre si e os companheiros no espaço de jogo ampliado. Para que isso ocorra da maneira menos complicada, recomenda-se

Tabela 1 Evolução dos sistemas de jogo de acordo com a categoria

Categoria 13 anos
▪ 6 x 6 com levantamento na posição 3
▪ 6 x 6 com levantamento na posição 2
▪ 6 x 6 com infiltração pela posição 1 e levantamento da posição dois e meio[1]
Categoria 14 anos
▪ 6 x 6 com infiltração pela posição 1 e levantamento da posição dois e meio
▪ 4 x 2 simples (na ordem de saque = levantador, meio e ponta)
▪ 4 x 2 simples (na ordem de saque = levantador, ponta e meio)
Categoria 15 anos
▪ 4 x 2 simples (na ordem de saque = levantador, ponta e meio)
▪ 6 x 2 (na ordem de saque = levantador, ponta e meio)
Categoria 16/17 anos
▪ 6 x 2 (na ordem de saque = levantador, ponta e meio)
▪ 5 x 1
Categoria 18/19 anos
▪ 5 x 1

[1] Entre as posições 3 e 2, região que servirá de base para o levantador nos sistemas subsequentes.

a adoção do sistema de jogo mais simples, o 6 x 6. Nesse período de transição do minivôlei para o jogo de seis contra seis recomenda-se a diminuição da quadra oficial para 14 m × 7 m (duas meias-quadras de 7 m × 7 m). Dessa forma, os espaços serão mais bem ocupados e a bola permanecerá mais tempo no ar, proporcionando maior número de ações individuais.

Além das considerações anteriores, o 6 x 6 é o mais adequado para que o aluno vivencie todas as habilidades aprendidas, acostume-se com as posições e realize todas as funções sem preocupações excessivas em relação à tática. As posições de defesa também serão ocupadas sempre por aquele que nela se encontra, sem trocas.

Esse PFCAAD adotará o 6 x 6 de três formas diferentes e consecutivas, cada uma a seu tempo. A primeira versão será a mais conhecida e praticada em situações recreativas: o levantamento é realizado por quem ocupa a posição 3. Dessa forma, é possível desenvolver a aplicação do toque de frente e de costas em situações de jogo. Consequentemente, os atacantes poderão vivenciar ataques de entrada e saída de rede, que diferem entre si em relação à chegada da bola ao atacante e às áreas de alcance do ataque, dependendo do braço dominante do aluno, além de outras referências espaciais e temporais importantes para a formação integral do aluno-atleta.

Em seguida, ainda pensando em proporcionar a vivência ampla dos fundamentos, mas também em aproximar a dinâmica de jogo das concepções futuras, o levantador passará a ser o jogador que ocupa a posição 2, realizando a ação entre as posições 2 e 3 e, com o tempo, tornando menos lentos os levantamentos para o atacante da posição 3.

Ainda adotando o 6 x 6 com o levantador na posição 2, será introduzido o ataque de fundo pela posição 1, não nos moldes em que é desenvolvido nas CCA, mas de maneira a possibilitar a utilização da rede em toda a sua extensão. Essa variação permite que os levantamentos sejam realizados para a entrada, o meio e a saída de rede, possibilitando, consequentemente, o deslocamento dos bloqueadores a variadas direções, com diferentes amplitudes de passada e extensão total da movimentação.

Em um terceiro momento, o levantamento será realizado pelo jogador da posição 1. Fixando-se a região de levantamento entre as posições 2 e 3 (dois e meio), promove-se a infiltração do levantador. Logicamente, esse procedimento será realizado apenas em situações de jogo mais fáceis, como a recepção do saque ou bolas que antecipadamente possam ser percebidas como "de presente". A infiltração permite que todos, quando por lá passarem, vivenciem-na e possam executar levantamentos para a frente, para trás e em variadas velocidades e distâncias, além de abrir as possibilidades de escolha a partir da análise das diversas situações que antecedem a ação, ampliando ainda mais o espectro estratégico do aluno e indo ao encontro das concepções táticas vindouras.

Desde o início da aplicação de qualquer sistema de jogo, algumas situações são inevitáveis e, diante delas, soluções precisam ser pontualmente adotadas e automatizadas pelo grupo. Por exemplo, apesar do estabelecimento de que o segundo toque coletivo é do levantador, nem sempre este consegue realizá-lo, devendo outro jogador assumir essa função. É fundamental que se estabeleçam padrões de adaptação a esses casos. O ideal é que, no caso do 6 x 6 com o levantamento da posição 3, sempre que possível o jogador da posição 6 assuma o segundo toque coletivo, pois a ação motora vai ser muito semelhante à realizada pelo da posição 3 (toque para a frente ou para trás). A partir da adoção do levantamento da posição 2, o jogador que está na posição 3 deve assumir a função em caso de impossibilidade do primeiro, já que a equipe havia utilizado essa estratégia até então, aproximando-se assim de um procedimento já conhecido. Por fim, quando se promove a infiltração, nada mais lógico do que conferir a responsabilidade, caso o jogador da posição 1 defenda ou esteja impossibilitado de chegar à bola, ao da posição 2.

O 6 x 6 com infiltração continua a ser aplicado no início dos trabalhos com a C14, agora ampliando as situações em que ele é utilizado, ou seja, incluindo alguns contra-ataques.

4 x 2

A mudança para o quatro contra dois simples deve ser ponderada pelo técnico com base nas seguintes questões: o sistema anterior já esgotou suas possibilidades de vivência e desenvolvimento do jogo? O processo de especialização já se mostra oportuno?

A partir da inclusão do 4 x 2 o levantamento será, sempre que possível, realizado da posição dois e meio, servindo, essa região, de referência aos passadores. Quando se introduz o 4 x 2 na C14, em razão das formações de recepção nessa faixa etária utilizarem cinco passadores, a formação de saída obedece a seguinte ordem de saque: levantador, meio e ponta (Figura 1). Assim, facilita-se a organização dos atacantes (todos responsáveis pelo passe), deixando-os próximos às regiões nas quais jogarão. Assim também será quando o número de passadores for reduzido para quatro, já que o elemento a ser retirado da função será o atacante de meio.

A partir do momento em que se dá o pleno entendimento da nova tática, o ataque de fundo pela posição 1 é reintroduzido, com as mesmas justificativas e intenções mencionadas anteriormente.

Quando a recepção do saque passar a ter menos elementos, inverte-se então a ordem dos atacantes, para que os ponteiros – normalmente responsáveis por essa função – possam posicionar-se em quadra, sem infringir as regras de posicionamento e de forma mais eficiente. Consequentemente, os centrais poderão se posicionar de maneira mais adequada para se preparar para ataques cada vez mais velozes (Figura 2).

Como o 4 x 2 é o primeiro sistema de jogo a efetivamente especializar os alunos-atletas em alguma função, ainda que sem o rigor do 5 x 1, faremos algumas considerações a respeito da especialização e dos riscos que se corre ao promovê-la com antecedência.

São comuns no voleibol observações do tipo: "Aquele ali vai ser levantador", "Este tem todo jeitão de líbero". Algumas dessas percepções não são desprovidas de lógica, mas merecem uma discussão mais criteriosa. Não se pode, quando o assunto é plano de formação continuada, estabelecer normas de conduta desprovidas de cientificidade e bom senso.

É natural que com o tempo todos os seres humanos desenvolvam habilidades e caracterís-

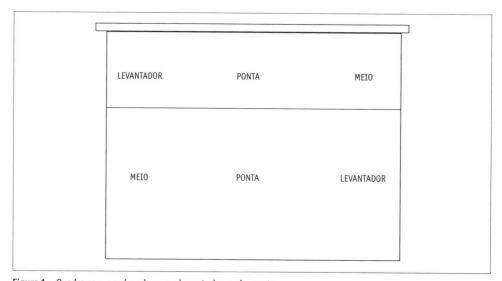

Figura 1   Quadra com a ordem de saque levantador-meio-ponta.

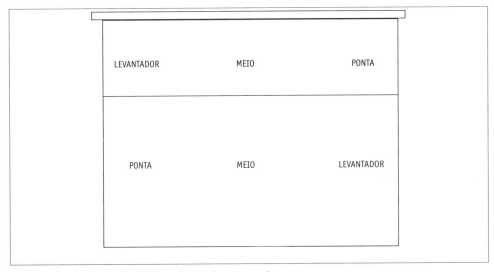

Figura 2 Quadra com a ordem de saque levantador-ponta-meio.

ticas que os capacitem de modo mais flagrante a realizar determinadas atividades nas quais provavelmente atingirão um estado de excelência que dificilmente conseguiriam em outros setores. Potencialidades, em função do rendimento técnico e das características físicas individuais e das possibilidades gerais do grupo, já começam a se desenhar na categoria anterior, quando todos têm a possibilidade de levantar e atacar de todas as posições jogando o 6 x 6.

No entanto, este desabrochar não pode ser antecipado, ceifando assim a possibilidade de vivenciar outras experiências que podem indicar outras possibilidades igualmente promissoras e muito acrescentar ao acervo pessoal. Os observadores do penúltimo parágrafo podem até estar certos em suas previsões; no entanto, tudo deve acontecer no tempo devido.

À medida que táticas mais avançadas são apresentadas ao grupo, faz-se necessário dar aos alunos-atletas funções específicas determinadas pelas características próprias do sistema adotado. A especialização é exatamente a especificação de funções táticas, de acordo com os sistemas de jogo, baseada nas características individuais, habilidades técnicas, capacitação física e condição morfológica dos alunos-atletas.

A especialização é inadiável diante da evolução individual e coletiva, porém não deve, em hipótese alguma, ser antecipada. Alguns treinadores adotam sistemas muito elaborados em categorias menores, de forma apressada e sem respeito à maturação biológica e motora dos alunos-atletas, limitando, com sua implantação, a evolução técnica e a versatilidade de seus comandados. A evolução tática vinculada ao PFCAAD impede o técnico de incorrer em um dos maiores equívocos do profissional que trabalha com o esporte formativo: a especialização precoce.

Ela impede o aluno-atleta de praticar habilidades múltiplas e vivenciar situações diversas, limitando assim seu potencial desenvolvimento, já que ele passa a atuar exclusivamente em determinadas posições, tendo funções restritas, além de submetê-lo a tarefas e treinamentos específicos que podem trazer riscos diversos, como lesões crônicas por repetição. Ademais, a especialização precoce provoca perdas de talentos que poderiam desabrochar em idade mais avançada para outras funções, pois a maturidade motora não ocorre na mesma velocidade para todos. A oportunidade múltipla enriquece tecnicamente o aluno-atleta e permite uma experimentação mais ampla das possibilidades táticas.

É com o objetivo de proporcionar ao grupo uma maior gama de recursos técnicos e uma vivência mais estendida de todas as funções e posições que a adoção gradativa das táticas de jogo é apresentada da forma que aqui se encontra. Por se tratar de um esporte coletivo, no qual as ações individuais somadas e inter-relacionadas resultam na efetivação da tática idealizada, a proposta de uma aplicação gradativa e sem atropelos das táticas coletivas de jogo, ainda que o grupo apresente evolução técnica para adotar outras mais complexas, proporcionará uma vivência muito rica a todos os integrantes da equipe de realizar as mais variadas funções, até que se tenha certeza de que as posições nas quais eles se especializarão sejam realmente as mais apropriadas.

Mesmo que equipes adversárias adotem táticas mais avançadas, o professor-treinador deve acreditar que o planejamento proposto por essa metodologia visa ao longo prazo e os frutos que serão colhidos dentro de alguns anos superarão em qualidade e durabilidade outras possíveis escolhas. É possível criar equipes competitivas – quase imbatíveis – entre as categorias de formação; no entanto, além de limitado em suas potencialidades, o aluno-atleta é submetido a cargas de treinamento desproporcionais, pois para atingir um nível ideal em um sistema tático adiantado é necessário aumentar as exigências em termos de intensidade e volume, incompatíveis com a idade.

Para determinar o momento ideal de se promover a especialização, o professor-treinador deve fazer as seguintes perguntas:

- De modo geral, a evolução técnica dos alunos-atletas começa a se estagnar (ou até mesmo regredir) em determinadas ações específicas?
- Em razão de alguma ineficiência motora, alguns alunos-atletas prejudicam a equipe quando passam por algumas posições?

A resposta afirmativa para essas questões leva, a princípio, para a necessidade de promover a especialização para o bem do aluno-atleta e da equipe. No entanto, a observação deve ser criteriosa o suficiente para perceber se o que causa a dificuldade motora (no segundo caso) não está relacionado a um volume individual de trabalho técnico inadequado.

Há também outro caso típico, o indivíduo que amadurece mais rápido que os demais. Se a evolução técnica individual solicitar uma aplicação tática mais elaborada, ele deve ser alçado à categoria imediatamente acima, para que possa receber estímulos condizentes com sua maturação motora.

O talento diferenciado deve ter exigências compatíveis com suas possibilidades, senão o desenvolvimento potencial é reprimido e a desmotivação não tardará a aparecer. Nesse caso, é fundamental que se promova um planejamento conjunto entre os técnicos, para que as sessões sejam dosadas e as exigências sejam compatíveis com a suportabilidade articular, fisiológica e mental do aluno-atleta. Jamais os treinadores devem deixar de planejar conjuntamente a carga a que esse aluno-atleta será submetido, pois ele eventualmente treinará (e invariavelmente jogará) com os de sua faixa etária.

A especialização não deve impedir que todos vivenciem experiências diversas, pois como já dito anteriormente, um aluno-atleta pode desabrochar posteriormente para novas funções. Mesmo quando a equipe adotar o 5 x 1 – o último sistema na evolução tática conjunta –, os treinos devem proporcionar a vivência múltipla e permitir, eventualmente, que todos passem pelas diferentes posições. Por exemplo, fazer que os opostos participem de treinos de recepção isolados. Nesse caso, se o atacante vier a trocar de posição (por necessidade ou por um despertar tardio), tornando-se um ponteiro passador, terá tido estímulos suficientes para migrar para a nova posição com mais facilidade.

6 x 2

A organização dos atacantes estabelecida anteriormente facilitará a adoção do 6 x 2, já que as infiltrações cobrirão menores distâncias com a nova ordem de saque. A vivência da infiltração no sistema 6 x 6 também agilizará a introdução à nova tática e potencializará os ataques nas três posições de rede.

A adoção de sistemas de jogo como o 4 x 2 e o 6 x 2 por um tempo mais prolongado, apesar da possibilidade da implantação de um sistema de jogo mais avançado – o 5 x 1 –, justifica-se por dois motivos: a intenção de formar levantadores de mais habilidade – já que eles precisarão também exercer a função de atacante – e em maior quantidade – no mínimo três em cada grupo de treinamento.

Além disso, o desenvolvimento da habilidade de bloqueio é muito maior com a possibilidade de se deslocar para ambas as extremidades (desde a adoção do 6 x 6 com ataque do fundo e com infiltração), não criando bloqueadores "mancos", como comumente costuma-se chamar aqueles que não conseguem se deslocar com tanta desenvoltura para um dos lados – geralmente para a esquerda.

O 6 x 2 é o sistema que antecede a especialização definitiva e deve servir não apenas à observação do treinador, mas à ampliação da vivência ofensiva por aqueles que se tornarão levantadores na sequência. Se eles vierem realmente a atuar como levantadores, terão a seu favor um arsenal de ataque que muito contribuirá para sua versatilidade, percepção e eficácia nos ataques e largadas de segunda. Caso descubram que sua evolução na função não alcançará o nível desejado, terão a seu favor o fato de não terem deixado de praticar habilidades que lhes serão caras dali em diante. A prorrogação da utilização do 6 x 2 na C16/17 permite formar atletas mais completos e com mais chances de se destacar.

Não é rara, infelizmente, a especialização antecipada de garotos e garotas mais baixos na função de levantador, que são sacrificados pela impaciência ou ego de alguns técnicos. A aplicação precoce do 5 x 1 em CCI acarreta uma carência de levantadores(as) altos(as) nas categorias subsequentes e no próprio voleibol do país. Alguns indivíduos mais baixos ou mais habilidosos são precocemente especializados na função de levantador, enquanto aqueles que atingem a puberdade antes são escolhidos como atacantes apenas por momentaneamente estarem mais altos que os demais companheiros. Tal conduta acarreta prejuízos irreversíveis às pretensões desse indivíduo diretamente e, indiretamente, às de outros que não puderam vivenciar outras funções.

5 x 1

Na C18/19 os alunos-atletas estão aptos taticamente e devidamente estimulados tecnicamente para adotar de modo integral e exclusivo o sistema 5 x 1. Nessa faixa etária, todos já amadureceram em todos os aspectos e devem estar devidamente especializados e sendo treinados para desenvolver apenas funções para as quais têm mais aptidão.

Todas as vivências anteriores permitirão ao grupo não só utilizar o 5 x 1 plenamente, como encontrar soluções para eventuais problemas. Novas concepções táticas, como ataques de fundo e fintas coletivas, são aplicadas ao sistema com mais naturalidade e velocidade, sendo assimiladas com rapidez. As adaptações a essas novidades acontecem tanto por meio de treinamentos quanto de jogos.

Além disso, os sistemas anteriormente praticados podem servir a eventuais situações de jogo em que mudanças são necessárias para reverter situações desfavoráveis. E, nesse caso, somente quem possui vivências anteriores positivas pode se valer delas. Por exemplo, em determinada passagem do 5 x 1 em que a equipe não consegue rodar, pode-se promover a infiltração de um eventual levantador – já acostumado com a função – para tentar solucionar o problema, sem necessariamente abrir mão de substituições.

O adiamento da utilização do 5 x 1 por alguns meses, é bom que fique bem claro, não compromete a especialização no tempo devido.

Tanto que o 5 x 1 pode ser inserido já na C16/17, no momento em que o professor-treinador julgar conveniente sua aplicação. Muitas vezes um grupo amadurece precocemente e a utilização de sistemas de jogo mais avançados é não somente indicada, mas também inadiável.

É importante que o técnico atente para a necessidade de individualizar o treinamento, pois os alunos-atletas chegam à C16/17 apresentando diferentes graus de evolução – seja física, motora ou psicológica. Tal heterogeneidade exigirá que alguns atletas continuem a receber estímulos variados e não sejam especializados da mesma forma que outros companheiros mais maduros. Esses atletas devem continuar atacando, levantando, passando e defendendo não apenas em uma posição.

Metodologia para aplicação dos sistemas de jogo

A implantação dos sistemas de jogo deve sempre ser precedida de uma apresentação teórica geral de seu funcionamento, com explicações sobre a importância de sua aplicação. A apresentação das táticas pode ser realizada por meio de vídeos, com sequências que demonstrem como a adoção de tal sistema pode resultar em um jogo mais bem praticado. Edições de vídeo podem ser importantes para que os alunos-atletas compreendam detalhes que podem passar despercebidos. Mesmo assim, demonstrações práticas em quadra, sem a utilização da bola ou com situações facilitadas – bolas lançadas, levantamentos menos velozes, controle do professor-treinador sobre a dinâmica, etc. – são a forma mais apropriada para a compreensão dos sistemas táticos.

A transição de um sistema para outro é facilitada pelas características similares entre eles, principalmente do 4 x 2 em diante. Cabe ao técnico escolher as formas mais adequadas de apresentar o novo sistema a partir dessas semelhanças.

Vamos então ao primeiro sistema de jogo a ser implantado no jogo de seis contra seis.

6 x 6

- O sistema 6 x 6 com o levantador na posição 3 pode ser introduzido pelo método global, pois, por não contar com trocas ou formações mais elaboradas, não é difícil de ser assimilado. É interessante que o aluno-atleta receba informações gerais sobre as situações mais comuns a serem encontradas e, concomitantemente, as vivencie.

- Depois de compreender o 6 x 6, ele deve aprender como a equipe se organiza coletivamente:
    - Para receber o saque.
    - Para atacar.
    - Para defender o ataque adversário.
    - Para contra-atacar de maneira eficiente e múltipla – incluída, em um segundo momento, a proteção de ataque.

- As múltiplas situações vão aparecendo durante os treinos, nos quais o professor-treinador tem a oportunidade de incrementar a tática e dirimir dúvidas interrompendo a sessão e corrigindo posicionamentos.

- Qualquer tática coletiva exige adaptações técnicas individuais. É importante – não somente nos estágios de adaptação à nova concepção, mas também durante seu aprimoramento – que o treinamento das técnicas esteja relacionado à aplicação delas em situações de jogo. A aprendizagem da manchete, por exemplo, não se basta; é necessário que ela seja aplicada às táticas e de acordo com as funções e posições a serem ocupadas pelos jogadores nessa concepção; sua prática isolada em exercícios em duplas é diferente daquela associada à recepção e à necessidade de deslocamento imediato para o ataque (para ficarmos em uma situação básica que engloba apenas dois elementos do jogo). As formas de utilização do fundamento e a interdependência entre os elementos do jogo modificam-se com as novas funções e com cada posição assumida em quadra.

- A primeira evolução no sistema de jogo 6 x 6 dá-se com a modificação da posição em que

ocorre o levantamento. Com a intenção de aproximar o grupo das futuras organizações, o primeiro passo é implantar o levantamento à posição em que ele será realizado em todas as concepções futuras, ou seja, entre as posições 2 e 3 – a chamada dois e meio.
- A transição, apesar de parecer simples e fácil, traz alguns inconvenientes, como a alteração da referência para os passadores, a dinâmica maior nas fases de transição do bloqueio para o contra-ataque – quando aquele fundamento for incluído –, além das dúvidas provenientes das situações em que a bola não chega ao levantador. Todos esses pontos, no entanto, resolvem-se com orientações e treinamentos de repetição.
- O ataque de fundo pela posição 1 é introduzido (por razões já explicadas) tão logo a dinâmica do novo sistema for compreendida. No entanto, esse tipo de ataque está longe do padrão utilizado nas CCA, resumindo-se à cortada semelhante à realizada junto à rede. O levantamento é sobre a linha de ataque e não há projeção horizontal do atacante para dentro da zona de ataque.
- Tão logo o professor-treinador vislumbre a possibilidade, a progressão para o 6 x 6 com infiltração deve ser adotada, com o levantamento passando a ser realizado (na mesma posição anterior) pelo jogador que ocupa a posição 1. Nos ralis mais extensos e diante de uma eventual impossibilidade da ação, o levantamento deve ser realizado pelo jogador da posição 2.
- Apesar de parecer um tanto apressado incluir a infiltração em um grupo ainda iniciante, essa etapa possibilita a vivência de situações múltiplas: deslocamento do bloqueio para todas as posições; levantamentos variados para a frente e para trás, além dos centralizados; vivência do ataque múltiplo; diversificação das possibilidades táticas – mesmo que ainda simples –; e aproximação da dinâmica que será adotada nas categorias subsequentes.

- Para facilitar a assimilação e tornar o sistema eficiente e válido, convém realizar a infiltração apenas quando a situação se mostrar favorável à sua realização, por exemplo, na recepção do saque.
- Posteriormente, o contra-ataque em bolas "de graça" enviadas pelo adversário pode contar com esse expediente.
- A infiltração deve ser ensinada de maneira fragmentada, levando o aluno-atleta a se acostumar ao novo expediente por meio de exercícios facilitadores, como: o professor-treinador lança bolas em direção à posição dois e meio, que serão levantadas pelos alunos-atletas que saem da posição 1; na sequência, o professor-treinador repõe da outra quadra para passadores que enviam a bola para o levantador, etc.

4 x 2

- A adoção do 4 x 2 simples permite, com o início da especialização, desenvolver levantamentos mais rápidos, principalmente pelo meio e aproveitar os alunos-atletas em posições em que eles sintam-se bem e desenvolvam suas funções com maior eficiência.
- A transição do 6 x 6 para o 4 x 2 apresenta um fator dificultante logo no início: o entendimento das trocas, indispensáveis ao sistema que dá início à especialização.
- O aluno-atleta demora um pouco a se habituar ao processo de ir para um determinado local da quadra após o saque (ou o ataque), já que até então a preocupação dele se resumia a seguir a bola sacada (ou atacada) e aguardar a ação seguinte na posição em que ele se encontrava. Por isso, convém que as trocas sejam realizadas por etapas e sua aprendizagem se dê, num primeiro momento, em exercícios coletivos sem a bola.
- Primeiro, elas serão feitas somente quando a própria equipe estiver de posse do saque, momento em que haverá mais tempo para a sua realização. Dessa forma, a organização defensiva e o consequente contra-ata-

- que já serão desenvolvidos com os jogadores em suas posições.
- Em uma segunda etapa, ocorrerão após o próprio ataque realizado a partir da recepção do saque adversário. No início, é normal que ocorram encontrões entre os jogadores, hesitações, esquecimentos ou voltas à posição de origem. Com o tempo, esses equívocos desaparecem.
- A organização coletiva para a recepção do saque adversário já deve facilitar o posicionamento e a movimentação de cada atacante para a região devida, ou seja, os ponteiros mais próximos à lateral esquerda da quadra e os centrais na posição 3 ou o mais próximo possível dela.
- Os levantadores, em particular, são os mais afetados pelo novo sistema de trocas, pois precisam se deslocar até a posição em que realizarão o levantamento (a dois e meio) e lá chegar antes que a recepção seja realizada.
- Quando estiver ocupando a posição 2 no rodízio, seu posicionamento é antecipado, não necessitando qualquer adaptação ou deslocamento.
- Quando ocupar a posição 3, para que o central possa posicionar-se adequadamente para a recepção do saque e consequente ataque, o levantador precisa deslocar-se cerca de dois metros da posição três e meio para a dois e meio, o que não exige grandes esforços.
- No rodízio em que o levantador estiver na posição 4; contudo, ele precisará imprimir velocidade suficiente para que chegue à região antes de a bola ser recepcionada e em equilíbrio, após percorrer cerca de 5 metros.
- A corrida do levantador deve ser de frente; durante o deslocamento não pode perder a bola de vista, desde o momento que o sacador se prepara para sacar até o desfecho da recepção. Inclusive, o acompanhamento atento de sua trajetória permite, caso a bola toque a rede e caia junto a ela, que ele tente recuperá-la. Ele guarda a posição básica média antes de iniciar o deslocamento, com o corpo virado para a direção para a qual se deslocará, apenas o rosto voltado para o sacador, e chega de costas para a rede e de frente para a região onde se desenrola a recepção, com o pé direito ligeiramente à frente do esquerdo. Dependendo da dificuldade do passador, ele assume uma posição mais baixa que lhe permita ficar mais próximo do solo e recuperar uma bola eventualmente mal recepcionada.
- Essa dinâmica será transferida depois para as infiltrações que exigirem também deslocamentos rápidos e equilibrados.
- Após o ataque, os jogadores da rede estarão provavelmente em suas devidas posições: ponteiros à esquerda, meios na posição 3 e levantadores na 2. Caso contrário, as trocas precisam ocorrer logo após o ataque.
- Quando as trocas começarem a ser feitas após o ataque, é adequado que o técnico abra a possibilidade de elas só serem realizadas quando a bola defendida pelo adversário estiver longe da rede, sem prejuízo da organização de bloqueio e defesa.
- É muito importante que a comunicação seja estimulada, para que os jogadores alertem uns aos outros sobre eventuais impossibilidades de troca e para que estas não sejam realizadas equivocadamente, com dois jogadores ocupando a mesma posição, enquanto outra fica desguarnecida.
- Exercícios coletivos em que somente uma equipe está em quadra, realizando saques que não serão recebidos e reposições de bola pelo técnico da quadra contrária, simulando saques ou envio de bolas "de graça", isolando assim os dois momentos básicos, surtem bons efeitos na assimilação e fixação das trocas.
- A opção por adotar o 4 x 2 com a ordem de saque levantador-meio-ponta, conforme a Figura 1, é facilitar o posicionamento dos jogadores para a recepção e consequente ataque. Como a recepção nesse primeiro estágio ainda é realizada por cinco jogadores, a organização ofensiva requer, assim, menos deslocamentos posteriores à recepção.

- A ordem de saque pode ser alterada para levantador-ponta-meio tão logo a recepção passe a ser realizada com menos elementos ou o grupo mostre desenvoltura para adaptar-se a formações que exigirão maiores deslocamentos na transição entre recepção e ataque e funções ofensivas por vezes fora de suas posições habituais, já que o ponteiro atacará da posição 3 ou da 2 – ao menos enquanto as formações de recepção mais avançadas não forem adotadas.

6 x 2

- O 6 x 2 apresenta como principal diferencial a infiltração (muito mais dinâmica que a aplicada no 6 x 6), fato que interfere na ação de dois jogadores especificamente: os levantadores. O levantador da rede deve se habituar a, durante os ralis, abrir para atacar e não mais se posicionar ao lado da rede para realizar o levantamento, enquanto o do fundo deve automatizar o procedimento de infiltração constante. A aplicação do 6 x 6 com infiltração nas categorias anteriores auxiliará na assimilação mais rápida do 6 x 2, assim como nos demais desdobramentos táticos.
- Para que essa dinâmica torne-se mais fluida, exercícios isolados com esses dois jogadores, partindo de voltas de bloqueio e situações de defesa (o professor-treinador pode repor e atacar bolas do outro lado da rede) são adequados.
- Convém também treinar as situações em que o levantador do fundo precisa defender a bola atacada ou fica circunstancialmente impossibilitado de realizar sua função, o que transforma o da rede em levantador. Essa situação também é facilitada pelas vivências anteriores.
- A adoção do 6 x 2 é acompanhada pela diminuição do número de passadores e pelo aumento da velocidade dos levantamentos. Essas duas estratégias, entretanto, não devem ser apressadas, mas, sim, acompanhar

a evolução e a segurança com que o grupo consegue associar as novas táticas.

5 x 1

- A transição para o 5 x 1 ocorre mais facilmente, pois o levantador já passou pelas duas situações características: levantar quando está na rede (4 x 2) e quando está no fundo (6 x 2). A alteração fundamental nesse ponto é que todas as ações de construção do ataque passam a ser realizadas por um único levantador, o que acarreta outras mudanças que serão comentadas na sequência do capítulo.
- Da mesma forma, os atacantes já vivenciaram as posições específicas e precisam se adaptar apenas ao novo expediente ofensivo, o ataque de fundo mais dinâmico e múltiplo.
- Logicamente, o advento do ataque de fundo e sua efetiva utilização modificam a dinâmica do jogo, principalmente em relação ao bloqueio, mas não de modo substancial diante de tudo que já foi vivenciado.
- O novo integrante do sistema é o atacante oposto, que na verdade não precisa passar por muitas adaptações, apenas conscientizar-se – e ser treinado para isso – de que sua função é diferenciada dentro da tática ofensiva, quanto à responsabilidade e aos tipos de bola que normalmente recebe.

Considerações extras e de reforço

- Por que não o 3 x 3?
  - A ausência do 3 x 3 nessa metodologia justifica-se até mesmo por uma razão semântica: o fato de ele ser um sistema "de pares". A organização do 3 x 3 preconiza a formação de três pares de levantadores e atacantes, e eles são agrupados de acordo com as afinidades ou diferenças técnicas. Qual a consequência disso? Quando esses pares chegam à rede, sobra invariavelmente um elemento "órfão" de seu companheiro que está no fundo de quadra, relegado a um se-

gundo plano seja por deficiência técnica – caso seja um levantador – ou por incompatibilidade com os outros dois. Em suma, o sistema apresenta-se desarmonioso.
- Além disso, a transição para o 4 x 2 fica comprometida, pois são em menor número os elementos em comum do 3 x 3 para o sistema a ser aplicado na sequência.
- Sobre a função de líbero nas categorias menores:
  - Visando ao desenvolvimento mais amplo da habilidade de recepção e de defesa, a função de líbero só passará a existir na C16/17.
  - A especialização de líberos antes dessa idade anula a possibilidade de vários atletas desenvolverem as habilidades de recepção e defesa. Portanto, a protelação da inclusão dessa função auxilia na homogeneidade técnica do grupo e na estimulação individual.
  - A partir dos 16 anos, aqueles que mostrarem qualidades para assumir a função de líbero serão promovidos à posição.
  - Além disso, os jogadores que passam por experiências diversas antes de serem especializados como líberos têm maior noção das particularidades do jogo. Com isso, conhecem as dificuldades e facilidades dos atacantes em diversas situações, podendo posicionar-se mais rápida e adequadamente de acordo com as inúmeras combinações de fatores.
  - Também podem ser mais úteis líberos que em uma eventualidade (falta de quórum) ou sistematicamente (treinos específicos) possam auxiliar os treinadores com ações de saque, ataque e bloqueio ou assumir outras funções em coletivos.
  - Nada impede, todavia, que se dê oportunidade a indivíduos mais baixos que demonstrem motivação e capacidade técnica para desempenhar futuramente a função. Já por volta dos 13 anos é possível detectar talentos para a posição ou mesmo constatar que eles não crescerão o suficiente para jogar futuramente como atacantes. No entanto, devem ser utilizados em substituições normais de fundo de quadra, e não regularmente, quando excluem outros atletas de ações de defesa e recepção. É importante, nesse caso, utilizá-los em situações extremamente necessárias, como pontos sucessivos do adversário, por exemplo.
  - Muitas vezes o técnico poderá se deparar com o seguinte problema: um aluno-atleta de 14/15 anos com alto grau de habilidade nos fundamentos de solo, que dificilmente crescerá além da altura que apresenta no momento, já não apresenta condições de competir com os colegas por posições de jogo. O que fazer? O ideal é que o técnico o mantenha treinando normalmente com o grupo e o utilize como líbero em uma categoria acima, mesmo que seja apenas treinando. Com isso, ele continuará vivenciando as demais funções e, ao mesmo tempo, terá oportunidade de se aprimorar na posição em que terá mais chance de se garantir no grupo e no próprio voleibol, caso deseje seguir carreira.

SISTEMAS DE RECEPÇÃO

São a forma como uma equipe se organiza para receber o saque adversário. Duas condições orientam o posicionamento e a preparação dos jogadores: a recepção e o ataque subsequente. A distribuição dos atletas em quadra, além de respeitar as regras de posicionamento, precisa cobrir adequadamente as regiões de maior incidência de saques e permitir que os atacantes tenham facilitadas suas movimentações para as regiões em que realizarão o ataque. Ademais, o levantador deve posicionar-se de modo a percorrer a menor distância possível até o local em que receberá o passe, com velocidade suficiente para não ser alcançado pelo saque adversário durante o deslocamento nem atrapalhar os companheiros responsáveis pela recepção.

Evolução de acordo com a categoria

A gradativa evolução adotada neste PFCAAD baseia-se em condições gerais e visa à evolução tática do grupo associada ao aprimoramento individual da capacidade técnica, física e psicológica. Incluímos, a exemplo do que ocorre com os sistemas de jogo, mais de uma concepção a algumas categorias, para que assim o professor-treinador possa adotar uma mais adiantada, caso a equipe apresente evolução compatível durante o ano.

A mesma consideração feita no item anterior sobre sistemas de jogo serve também na adoção dos sistemas de recepção: o professor-treinador pode implantar outras táticas aqui sugeridas para categorias superiores, desde que baseado no bom senso e no critério técnico do grupo. Convém lembrar, no entanto, que tal prática pode levar à inadequação de uma proposta de longo prazo, além de poder incorrer em um dos maiores equívocos do treinamento com jovens, a especialização precoce.

A recepção do saque para as mulheres é mais difícil. A rede mais baixa permite que a sacadora imprima mais velocidade e efeito à bola, dificultando consequentemente tanto a recepção como elemento técnico quanto a ocupação de espaços por parte de quem recebe. Por isso, a adoção dos sistemas de recepção difere não somente conforme as faixas etárias, mas também de um naipe para outro. Assim, a redução do número de jogadores responsáveis pelo passe entre os garotos ocorre mais rapidamente, enquanto o mesmo não é adotado com as categorias femininas, que precisam sempre de mais passadoras.

O masculino segue a evolução descrita na Tabela 2, de acordo com a faixa etária.**

Tabela 2 Evolução dos sistemas de recepção de acordo com a categoria (masculino)

Categoria 13 anos
1. Com cinco passadores em W – utilizando o sistema de jogo 6 x 6 com o levantador na posição 3
2. Com cinco passadores em W – utilizando o sistema de jogo 6 x 6 com o levantador na posição 2
3. Com cinco passadores em W – utilizando o sistema de jogo 6 x 6 com o levantador na posição 1 (com infiltração)

Categoria 14 anos
1. Com cinco passadores em W – utilizando o sistema de jogo 6 x 6 com o levantador na posição 1 (com infiltração)
2. Com cinco passadores em W – utilizando o sistema de jogo 4 x 2 na ordem de saque = levantador, meio e ponta
3. Com quatro passadores em semicírculo – utilizando o 4 x 2 na ordem de saque = levantador, ponta e meio (esta será a ordem daqui para a frente)

Categoria 15 anos
1. Com quatro passadores em semicírculo – utilizando o 4 x 2 na ordem de saque
2. Com três passadores – utilizando o 4 x 2 na ordem de saque
3. Com quatro passadores em semicírculo – utilizando o 6 x 2
4. Com três passadores – utilizando o 6 x 2

Categoria 16/17 anos
1. Com três passadores – utilizando o sistema de jogo 6 x 2
2. Com dois passadores e um de apoio – utilizando o sistema de jogo 6 x 2
3. Com três passadores – utilizando o sistema de jogo 5 x 1
4. Com dois passadores e um de apoio – utilizando o sistema de jogo 5 x 1

Categoria 18/19 anos
1. Com três passadores – utilizando o sistema de jogo 6 x 2
2. Com dois passadores e um de apoio – utilizando o sistema de jogo 6 x 2
3. Com três passadores – utilizando o sistema de jogo 5 x 1
4. Com dois passadores – utilizando o sistema de jogo 5 x 1

** NR: A inclusão de mais de um sistema de recepção para cada categoria é em razão da possibilidade de o grupo ter avançado a um sistema de jogo mais complexo e que pode ser acompanhado por um sistema de recepção igualmente mais elaborado.

Para o feminino, a ordem está descrita na Tabela 3.

Tabela 3 Evolução dos sistemas de recepção de acordo com a categoria (feminino)

Categoria 13 anos
1. Com cinco passadoras em W– utilizando o sistema de jogo 6 x 6 com o levantador na posição 3
2. Com cinco passadoras em W– utilizando o sistema de jogo 6 x 6 com o levantador na posição 2
Categoria 14 anos
1. Com cinco passadoras em W – utilizando o sistema de jogo 6 x 6 com o levantador na posição 1 (com infiltração)
2. Com cinco passadoras em W – utilizando o sistema de jogo 4 x 2 na ordem de saque = levantador, meio e ponta
3. Com cinco passadoras em W – utilizando o sistema de jogo 4 x 2 na ordem de saque = levantador, ponta e meio (esta será a ordem daqui para a frente)
Categoria 15 anos
1. Com quatro passadoras em semicírculo – utilizando o sistema de jogo 4 x 2 na ordem de saque
2. Com quatro passadoras – utilizando o sistema de jogo 6 x 2
Categoria 16/17 anos
1. Com quatro passadoras em semicírculo – utilizando o sistema de jogo 6 x 2
2. Com três passadoras – utilizando o sistema de jogo 6 x 2
3. Com três passadoras – utilizando o sistema de jogo 5 x 1
Categoria 18/19 anos
1. Com três passadoras – utilizando o sistema de jogo 6 x 2
2. Com três passadoras – utilizando o sistema de jogo 5 x 1
3. Com duas passadoras e uma de apoio – utilizando o sistema de jogo 5 x 1

Especificações sobre os sistemas de recepção

Qualquer sistema de recepção organiza-se a partir do estabelecimento do que se chama de área de posicionamento. O aluno deve ter conhecimento dos limites dessa área dentro da qual todos os responsáveis pela recepção devem se colocar e das razões de seu estabelecimento.

Esse retângulo virtual de 6 m × 3 m localizado na zona de defesa (a 1 m da linha de ataque, a 2 m da linha de fundo e a 1,5 m das linhas laterais) é a região mais vulnerável a saques fortes do adversário (Figura 3). Os demais espaços, apesar de também poderem ser buscados pelo sacador, são ou protegidos pela rede ou alcançáveis pelos passadores por meio de deslocamentos.

A formação para recepção em W dispõe de cinco elementos e, por ocupar com mais elementos a área de posicionamento, é indicada às categorias competitivas intermediárias quando ingressam no jogo de seis contra seis. A organização dos jogadores é rígida, tanto por causa das ações ofensivas subsequentes quanto das possibilidades técnicas da recepção em si. Ocorrem ligeiras adaptações de recuo ou avanço dos receptores, no caso de nítida preferência pelo sacador em buscar, respectivamente, regiões mais próximas à linha de fundo ou à rede.

O vértice central do W é o mais vulnerável dessa formação. Por isso, pode adiantar ou recuar seu posicionamento para receber bolas curtas ou não correr o risco de receber a bola sobre o peito em saques mais rasantes e velozes. Esse jogador pode também posicionar-se eventualmente mais próximo aos dois últimos elementos da recepção para auxiliá-los em saques mais fortes e alongados. Isso pode também ocorrer com os que estão nas duas pontas laterais e dianteiras do W.

A relação de partes é estabelecida para dirimir dúvidas quanto às responsabilidades pelas áreas limítrofes entre os que participam da formação de recepção, independentemente do número de jogadores que a compõem. Quanto mais avançada a tática, mais nuances se estabelecem na relação de partes. A recepção em W é a que menos varia, pelas razões expostas, em linhas gerais, nos parágrafos anteriores. A Figura 4 mostra as regiões que cabem a cada elemento que compõe o W.

Desde a implantação pela primeira vez da formação de recepção é importante determinar a relação de partes e estabelecer de quem é a responsabilidade pelas regiões limítrofes. Cir-

Figura 3   Área de posicionamento.

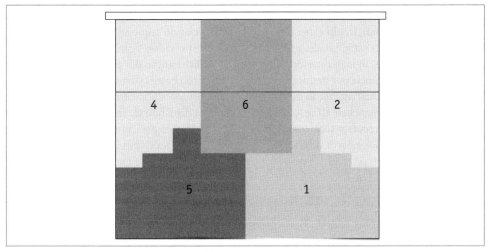

Figura 4   Relação de partes para a recepção em W.

cunstancialmente, essas determinações podem flexibilizar-se, mas em geral as fronteiras devem ser cuidadas por aqueles que terão menos dificuldade para se deslocar para o ataque subsequente após realizar o passe. Em termos práticos, o jogador que está na posição 4 e retorna para receber o saque, por exemplo, não deve receber o saque entre ele e o jogador da posição 6, que avança para cobrir a região deixada pelo levantador (que está na 3).

A diminuição do número de passadores em uma formação de recepção é motivada pela evolução técnica, que permite disponibilizar menos elementos para cobrir a área de responsabilidade, assim como para aumentar o potencial ofensivo da equipe, já que muitas vezes quem deixa de participar da montagem é um jogador que passará a se preocupar apenas em atacar.

A passagem de cinco para quatro passadores expõe principalmente a região central da quadra com a saída do vértice central do W. O aperfeiçoamento do saque tipo tênis e a adoção do sistema de jogo 4 x 2, em que o jogador que ocupa o vértice central do W pode ser aquele que realizará o ataque pela posição 3, tornam a diminuição do número de passadores inadiável. É importante, todavia, ressaltar que a retirada desse quinto elemento da formação não o exime de ter responsabilidades ainda com a recepção dos saques curtos próximos à posição 3.

Apesar de ser possível a diminuição do número de passadores para "esconder" aqueles com menor capacidade técnica para realizar tal ação, esse PFCAAD não corrobora com essa justificativa. Nesse caso, é preferível que esses alunos-atletas tenham sessões de reforço e aprimoramento do fundamento de modo a capacitá-los a participar coletivamente da tática coletiva de recepção.

A recepção em semicírculo exige o recuo dos dois passadores das extremidades e um leve avanço dos dois que estão mais recuados. Consequentemente, a exigência por deslocamentos mais eficientes e eventual utilização de outras formas de recepção – manchete alta e toque por cima – aumenta. Tais recursos técnicos estarão mais bem desenvolvidos a partir da C15.

A distribuição das regiões da quadra entre os passadores na formação em semicírculo segue o que é mostrado na Figura 5.

A passagem do sistema de recepção de quatro para três elementos ocorre em consonância com o início da especialização e do aumento da eficácia dos recursos técnicos. Equipes com bom nível técnico geral podem dispor de dois ponteiros e o central que está no fundo de quadra responsáveis pela recepção, enquanto o atacante de velocidade – que já havia sido retirado na transição anterior – e o do fundo ficam livres para apenas movimentar-se para atacar. Com a adoção do líbero, os centrais são normalmente substituídos por esse novo elemento e a distribuição das áreas de responsabilidade sofre consideráveis transformações, pois o líbero passa a assumir gradativamente mais campo e, dependendo das formações ofensivas adotadas e das tendências do saque adversário, as "fronteiras" entre os passadores ganham outra disposição.

A distribuição dos passadores assume uma concepção entre o semicírculo e uma reta. Os três jogadores posicionam-se lado a lado, de modo a distribuir de maneira mais ou menos igual a área de posicionamento. É importante também que todos possam enxergar os compa-

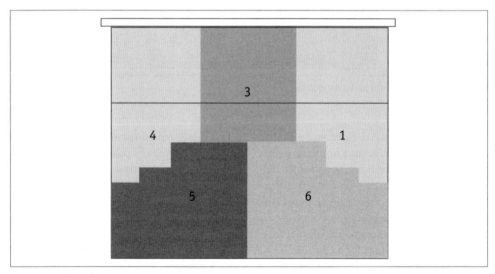

Figura 5   Relação de partes para a recepção em semicírculo.

nheiros por meio da visão periférica, e por esse motivo é que a formação pode ser levemente côncava, conforme mostra a Figura 6 (com a divisão das responsabilidades).

A principal alteração técnico-tática na recepção em três elementos é que os passadores ficam mais afastados da região da qual realizarão o ataque, exigindo o aprimoramento das movimentações tanto para receber o saque quanto das de transição para o ataque.

A introdução à recepção com apenas três elementos requer também uma redistribuição das áreas de responsabilidade. As relações entre os passadores são menos rígidas e mais circunstanciais, dando-se agora em função da qualidade técnica individual, ou da posição que ocupam – defesa ou ataque; direita, centro ou esquerda – ou das opções ofensivas coletivas.

O atacante que está na posição 4 e retorna para realizar o passe à esquerda da organização coletiva, por exemplo, passa a ter menos responsabilidade pela região fronteiriça entre ele e o jogador que ocupa a posição central. No entanto, se a qualidade técnica daquele aluno-atleta é muito superior à deste, ele pode ocupar mais espaço, mesmo que tenha mais trabalho para deslocar-se posteriormente. Assim, a distribuição de espaço entre os jogadores central e da direita sofre modificações, já que houve um redesenho da relação entre os dois anteriores. A organização torna-se, portanto, bem dinâmica, podendo também variar em função do tipo de saque adversário, da região em que o sacador se posiciona, da percepção da intenção tática de saque do adversário, do momento psicológico vivido por cada passador, etc.

Outra questão a ser considerada é a responsabilidade pelo saque curto. O atacante de meio, que não participa da recepção dos saques fortes, deve responsabilizar-se por uma determinada área próxima à zona de ataque, dentro da qual realizará as recepções desse tipo de saque. É importante que essa função esteja bem definida, assim como a área a ele destinada. Tal delimitação deve considerar que a movimentação subsequente desse jogador deve permitir que ele imprima a velocidade necessária ao ataque rápido, que norteará a tática ofensiva da equipe. Ele pode tanto receber os saques na posição em que está no momento do saque (4 ou 2), quanto deslocar-se rapidamente para o centro da quadra e ser responsável sempre e somente pela posição 3.

Outra circunstância que precisa ser cuidada com atenção é a recepção dos saques que tocam a rede e dirigem-se às regiões próximas a ela. Por serem de difícil acesso aos passadores que estão mais recuados, essas áreas devem ser ocupadas por quem delas estiverem mais próximos, mesmo que seja, eventualmente, o levantador. O mais importante passa a ser não a tática, mas evitar o iminente ponto do adversário.

É comum que com a evolução das táticas ofensivas o uso tático do saque busque dificultar a movimentação de determinado passador para o ataque e, assim, diminuir a velocidade ou multiplicidade do ataque coletivo da equipe receptora. Seja por levar o atacante de ponta mais à frente, para dentro da quadra ou para o fundo, seja para impedir um eventual ataque do ponteiro passador que está no fundo, a intenção do sacador precisa ser anulada ou ao menos minimizada pela organização coletiva. Nesse caso, pode-se redistribuir as áreas de responsabilidade de modo a permitir que as movimentações não fiquem prejudicadas, nem as possibilidades ofensivas, anuladas.

Comumente, a distribuição das áreas segue a regra de oferecer mais campo ao líbero e responsabilizar esse jogador pelas fronteiras entre ele e os demais passadores que estiverem a seu lado.

A distribuição das áreas de responsabilidade difere se o saque for flutuante ou viagem. Como o saque com rotação tem mais força e velocidade, caindo mais rápido, o ideal é que o trio distribua-se de forma a constituir um semicírculo. A movimentação para a bola é de trás para a frente, adiantando-se à medida que o saque é desferido, procurando adotar uma postura mais próxima à de defesa do que à de recepção. As linhas limítrofes entre os passadores são mais rigidamente estabelecidas, pois a velocidade com que a bola chega impede que al-

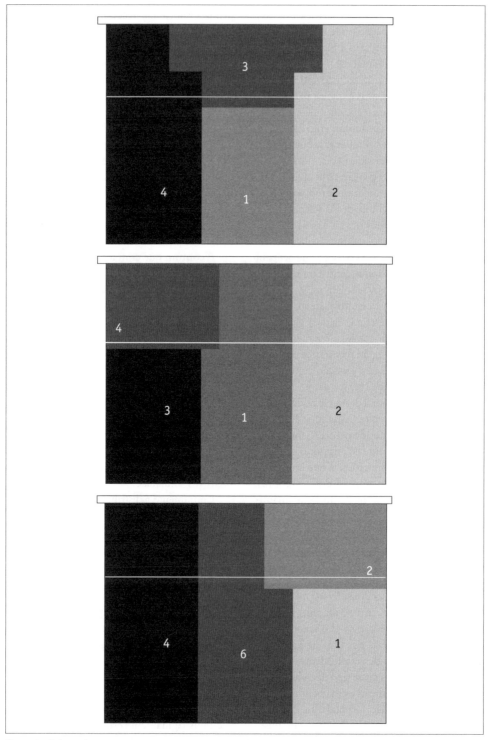

Figura 6 Relação de partes para a recepção em três passadores (com as variações).

guém ocupe um espaço muito maior do que o companheiro, diferentemente do que ocorre contra saques flutuantes, em que a bola demora mais para chegar e permite ajustes de deslocamento e ocupação de áreas maiores.

A última formação a ser adotada no PF-CAAD, a C18/19, é a com dois passadores. Esta nova tática passa, contudo, a ser utilizada, principalmente no masculino, apenas contra saques flutuantes. Os saques em suspensão com rotação (viagem) continuam a ser recepcionados em três (ou até quatro) elementos***. No feminino, em razão de uma menor capacidade para cobrir espaços, principalmente em função da rede mais baixa, um terceiro elemento de apoio é sempre incluído na organização. Essa estratégia também é válida para a adoção dessa formação nas C15 e C16/17 masculinas, antecedendo a definitiva organização com apenas dois jogadores. A distribuição das áreas de responsabilidade torna-se altamente condicionável ao tipo de saque, às características do sacador, às combinações ofensivas da própria equipe e à análise dos passadores, em particular do líbero, que assume novos limites de acordo com as intenções percebidas do sacador.

Um fator que ganha nova concepção em relação à delimitação das áreas desde a adoção da recepção com três jogadores e ganha proporções maiores quando a equipe passa a receber com apenas dois elementos é a tendência de o adversário optar por saques à frente ou às costas do passador. Nem sempre a melhor solução é determinar que o responsável pelo passe seja aquele para o qual a bola se dirige. A regra principal é que a movimentação para o ataque não seja prejudicada por uma recepção que poderia ser realizada por outro passador.

Vejamos um exemplo e dois desdobramentos possíveis com um saque curto entre as posições 4 e 3: esse saque pode ser recebido pelo central – esteja ele na posição 4 ou na 3 – caso ele vá atacar à frente do levantador, liberando assim o ponteiro para uma movimentação mais livre e um ataque mais veloz e potente da entrada de rede; ou o ponteiro deverá realizá-lo se a bola combinada com o central for a china. Em um estágio mais adiantado, o líbero consegue antecipar-se em algumas situações, liberando ambos para empreender mais velocidade à tática ofensiva.

Da mesma forma, o ponteiro deve estar seguro de que o companheiro ao seu lado cuidará das bolas sacadas mais para o fundo de quadra em que o objetivo do sacador é deixá-lo em condições desfavoráveis para retornar à rede; ou das que vêm ao seu lado e dificultam seu retorno à posição de ataque; ou das que caem à frente e eliminam a possibilidade de ataque de fundo por esse jogador.

Por essa gama variável de fatores, a mera divisão da quadra em duas metades iguais não corresponde à realidade do jogo disputado no nível em que tais formações são adotadas. Mesmo assim, apresentamos nas Figuras 7 e 8 um exemplo conservador de divisão de áreas do qual derivam as alterações citadas.

Metodologia para aplicação dos sistemas de recepção

A organização tática coletiva para a recepção não é difícil de ser entendida. Porém, na prática, em razão da dificuldade imposta pelo saque adversário, da divisão de áreas de atuação entre os passadores, da transição para o ataque e da constante adaptação em função da qualidade da recepção, faz-se necessário um método pedagógico facilitador, ao menos nas categorias competitivas intermediárias.

Os processos de aprendizagem e aperfeiçoamento associam-se na metodologia proposta para a adoção dos sistemas de recepção. A aprendizagem oferece ao grupo a noção básica, tanto

---

*** Equipes adultas chegam a distribuir quatro jogadores para receber saques viagem mais fortes; na C15 e C16/17, valer-se deste expediente é usual e necessário, pois a capacidade de cobrir a quadra com três passadores diante de alguns sacadores é ainda inferior à possibilidade de o adversário conseguir sucesso.

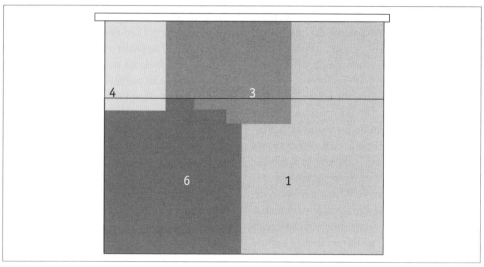

Figura 7　Relação de partes para a recepção em dois passadores.

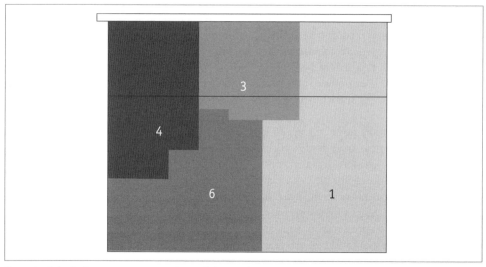

Figura 8　Relação de partes para a recepção em dois passadores com um apoio.

individual quanto coletiva, de posicionamento e das transições do passe para o ataque. Já o aperfeiçoamento busca colocar os alunos-atletas diante de situações mais próximas do real, já que o enfrentamento em jogos exigirá mais do que o simples conhecimento tático.

Um sistema de recepção envolve duas etapas distintas, porém subsequentes e associadas, e que precisam ser assim consideradas, para que o processo seja aprendido e realizado eficientemente em sua totalidade. A recepção do saque deve ser a primeira preocupação do jogador, mas ela não se encerra em si, pois sua eficácia precisa proporcionar a facilitação da ação ofensiva individual e coletiva. A precisão da recepção permite maiores possibilidades ao levantador de realizar sua função com técnica e alternativas táticas; e o equilíbrio e a preparação do passador-atacante permitirão a ele posicionar-se adequadamente, em condições de também receber o levantamento. A transição para o ataque deve ser realizada sem afobação e com ritmo apropriado.

A facilidade ou dificuldade serão decorrentes das circunstâncias do jogo – tipo de saque adversário (que nem sempre coincide com o que é praticado pelo grupo), tática de saque adotada pelo oponente (a adaptação pode ser mais difícil que o esperado), comportamento psicológico dos passadores diante das dificuldades, reação coletiva em cadeia (de superação ou apatia), distâncias entre o local em que ocorreu a recepção e a região para a qual o passador precisa deslocar-se para atacar, etc.

Faremos a seguir uma distinção entre as três etapas – aprendizagem, aperfeiçoamento e treinamento –; contudo, na prática, elas não são tão dissociadas. Tão logo um sistema de recepção é aprendido, ele passa a ser aprimorado; assim como é treinado a partir do momento em que é inserido nos coletivos e aplicado nos jogos.

Portanto, o método que se segue busca apresentar as características mais determinantes de cada etapa e oferecer sugestões para que o sistema seja assimilado e caminhe em direção à excelência de maneira fluida, célere e fundamentada. Vamos a ele:

1. Apresentação do sistema, da distribuição dos jogadores e das movimentações.
2. Experimentação com saques controlados do treinador.
3. Exercícios com saques controlados pelos atletas.
4. Exercícios com saques normais – podemos considerar esse momento já como parte do aperfeiçoamento do sistema, que será detalhado logo a seguir.
5. Exercícios com saques variados.
6. Aplicação em coletivos.
7. Aplicação em jogos amistosos.
8. Aplicação em jogos oficiais.

Aprendizagem e aperfeiçoamento

CCI CCA

O processo pedagógico para o ensino de qualquer sistema de recepção começa com a fixação das posições a serem ocupadas em quadra pelos jogadores responsáveis pela ação. Depois, promove-se a distribuição das áreas de responsabilidade, para que cada um conheça até onde se estende sua atuação e começa a do companheiro. Muitas das dúvidas, no entanto, surgirão apenas com a prática, com a exposição a circunstâncias variadas em treinos e jogos.

É importante adotar um método que conduza o grupo primeiro à compreensão, assimilação e aplicação automatizada, pois apenas a partir de uma base sólida de compreensão do sistema e da realização dos procedimentos básicos de uma tática é possível antecipar parcialmente o futuro enfrentamento em jogos.

Algumas das etapas sugeridas são indispensáveis para a introdução de táticas mais elementares, principalmente à C13. Como as formações têm relação com as anteriores, alguns dos procedimentos subsequentes podem ser abreviados ou até eliminados com a inserção de novas concepções, como comentaremos a seu tempo.

Na C13, a introdução ao sistema em W é feita na quadra de menores proporções sugerida anteriormente. A quadra oficial será utilizada quando o grupo mostrar domínio dos espaços de 7 m × 7 m e 8 m × 8 m.

Apresentação do sistema e da distribuição dos jogadores

A partir da visão geral, que pode ser por figuras e pela demonstração em quadra, estabelece-se a organização dos passadores dentro dos limites da área de posicionamento, de acordo com o número de responsáveis e a distribuição lógica e ordenada.

Dispostos em quadra, os alunos-atletas promovem os seis rodízios e vivenciam as seis possíveis passagens e seus respectivos posicionamentos. Nesse momento, é importante que todos não só saibam como a organização se dá de maneira coletiva, mas também tenham noção, mesmo que ainda superficial, do espaço a ser coberto por cada um deles. Em ginásios com arquibancadas, é interessante dividir o grupo e deixar que uma parte acompanhe do alto das arquibancadas a montagem da estrutura tática; essa visualização pode dar uma dimensão mais clara do espaço a ser ocupado pela equipe em quadra.

Experimentação com saques controlados pelo professor-treinador

As primeiras experimentações devem contar com saques mais lentos controlados pelo treinador, realizados de dentro da quadra. As situações facilitadas favorecem a repetição de ações de sucesso, o que aumenta a autoconfiança, o entendimento básico do novo sistema e a aplicação subsequente em forma de jogo.

Nessa etapa é possível enfatizar a divisão das áreas de responsabilidade individual. Para cada passador existe uma relação de vizinhança com o companheiro; o espaço entre eles deve ser devidamente dividido, para que cada um saiba onde começa e acaba a área de sua responsabilidade.

As variações dessa relação de partes em função de saques tecnicamente diferentes ou da posição ocupada pelo sacador não precisam ser elucidadas nesse momento. À medida que tais diferenças forem aparecendo, as adaptações serão feitas.

Com os jogadores devidamente posicionados, o técnico saca para o grupo, optando por saques lentos e para diversas regiões da quadra, permitindo assim que os alunos possam realizar a recepção e conhecer, aos poucos, as relações existentes entre si e os vizinhos.

Eventualmente, o professor-treinador deve desferir um golpe mais forte e rasante, para mostrar que a facilidade de agir diante de saques fracos não existirá dentro da realidade do jogo competitivo. Da mesma forma, deve buscar regiões entre os passadores e orientar sobre a competência de receber tal saque, dirimindo dúvidas em relação às fronteiras entre eles.

Gradativamente, o professor-treinador afasta-se até chegar à zona de saque. De lá, varia a posição de saque e sua distância em relação à linha de fundo. Deve-se, todavia, manter a trajetória lenta do saque, intercalando eventualmente alguns saques mais fortes.

A inclusão das novas formações de recepção com 4, 3 e 2 passadores pode ocorrer de modo menos fragmentado, passando pelas etapas 1 e 2 apenas para sanar dúvidas que porventura possam ocorrer, pois as alterações de uma organização para outra são facilmente assimiláveis. O mais importante é que fiquem claras, com as novas distribuições, as divisões de áreas de responsabilidade a cada aluno-atleta.

Os treinos com uso de saques controlados – preferencialmente sobre mesas e mais próximos à rede –, realizados pelos próprios treinadores também ocorrem nas CCA, para a fixação ou correção de determinadas passagens ou situações específicas[****].

Exercícios com saques controlados pelos alunos-atletas

Quando o técnico perceber que existe uma consciência geral em relação à tática que está sendo implantada e às responsabilidades em função das áreas traçadas para cada passador, e que tecnicamente o grupo tem condições de receber saques mais potentes e próximos do real, pode-se dispor os próprios alunos-atletas para realizá-los.

A orientação, entretanto, deve ser no sentido de dosar a força e controlar a regularidade dos saques, coibindo disputas entre sacadores e passadores. O exercício é de cooperação, não de competição. Os sacadores farão o papel que o professor-treinador fizera até então, porém, na C13, como eles não têm o controle apurado desse fundamento ao serem apresentados ao jogo de seis contra seis, os saques terão efeitos e direções variáveis, o que ajudará os passadores

---

[****] Os alunos-atletas podem auxiliar neste tipo de trabalho, mas convém não exagerar quanto ao número de repetições e séries, pois exigem potência máxima, o que pode fatigar a musculatura para trabalhos específicos de ataque ou mesmo de saque na sequência, além do risco de lesões crônicas no longo prazo por *overuse*.

a se aprontarem para imprevisíveis trajetórias. Essa estratégia também desenvolve o controle do saque, já que nessa fase os alunos-atletas têm um padrão restrito de aplicação de força ao fundamento.

A evolução da tática dá-se naturalmente nas demais categorias, pois o domínio do saque e o entendimento tático de sua utilização permitirão a exposição dos passadores a situações diversas e de dificuldade compatível com sua possibilidade de resolver o problema que se apresenta. Os próprios alunos-atletas conseguem imprimir constância ao exercício e permitir, ao mesmo tempo, que os passadores submetam-se a uma relativa dificuldade para realizar o elemento de jogo.

O objetivo desse tipo de treino estende-se também aos sacadores, que adquirem ritmo, confiança e direcionamento do fundamento. Com o tempo, às ações somam-se potência, velocidade e precisão.

Exercícios com saques normais
Assimilada a nova tática, os exercícios podem ser organizados com saques normais. Quando esse estágio se inicia, é comum que os sacadores queiram acertar aces. Por conta da baixa precisão e regularidade nas CCI, ocorre um alto índice de erros, que devem ser imediatamente corrigidos pelo treinador. Se preciso, deve-se instituir um número máximo de erros ou determinar que um erro deve ser reparado com um saque controlado e menos forte.

Sem ritmo não se treina, em qualquer categoria. A falta de regularidade em sessões das CCI compromete a fixação da nova concepção tática. Caso perceba a necessidade, o próprio professor-treinador pode posicionar-se entre os sacadores e interferir quando houver uma sequência de erros, realizando ele mesmo uma série de três saques pontuais para regiões pouco buscadas pelos alunos e exigir que a regularidade seja restabelecida.

Vale aqui também a recomendação feita quando abordado o treinamento do saque: evitar grupos muito numerosos de sacadores. Mais de três elementos incentivam a desconcentração, a conversa e a quebra de ritmo do exercício.

Da mesma forma, não é recomendável que uma mesma posição de recepção seja mantida por muito tempo. Como geralmente essa etapa de fixação exige que se trabalhe somente um grupo de cada vez, em uma das metades da quadra, convém promover rodízios a cada série de no máximo 6 a 8 saques, já que outro grupo – e até um terceiro sexteto, dependendo do número de alunos – precisará passar pela função.

Exercícios com saques variados
Idem, permitindo e estimulando a variação de saques. Apesar de a tônica do exercício ainda ser a cooperação, começa a transparecer a intenção mais efetiva do saque positivo, com o objetivo de dificultar a recepção. Em um primeiro momento, o professor-treinador pode promover essa variação. Enquanto os alunos-atletas sacam normalmente, o professor-treinador fica junto ao grupo e intercala saques em regiões que não foram alcançadas pelos saques anteriores, alternando saques flutuantes e com rotação, ou intervindo após uma sequência de dois ou três erros.

Um treinamento integrado de saque e recepção nas CCA pode deixar os sacadores mais à vontade para buscar o ponto e explorar regiões vulneráveis. Essa estratégia é comum, quando as concepções táticas de recepção estão mais solidificadas e automatizadas. No entanto, já devem ser estimuladas a partir da C14. Nessa etapa, é possível traçar metas coletivas para se promover o rodízio da formação de recepção. Enquanto nas fases anteriores deu-se preferência a se manter a formação por tempo determinado ou número de saques, é interessante agora promover de 5 a 7 recepções consideradas positivas (de acordo com parâmetros técnicos do grupo) para que a equipe rode. Pode-se também incluir o levantamento como parâmetro da recepção boa: caso o levantador execute a ação em toque, ela é considerada positiva. Lembre-se, no entanto, de colocar alvos adequados para o levantamento; de nada adianta uma ação sem a preocupação de que ela seja eficiente, mesmo sendo, nesse caso, um objetivo secundário.

Não é possível dissociar a aprendizagem do novo sistema da imediata aplicação em situação de jogo. No entanto, é fundamental que o técnico facilite sua aplicação desde o início. Estabelecer a obrigatoriedade de saques fáceis ou da reposição imediata de uma segunda bola a cada insucesso da recepção ajuda na aplicação com mais qualidade do sistema.

Aplicação em coletivos

Enquanto nas etapas anteriores priorizou-se a fixação do sistema de recepção, deixando que apenas em meia-quadra seja realizada a recepção, passa-se a promover a troca de bolas em forma de rali. A utilização da formação em coletivos não significa somente expô-la ao jogo em si, mas elaborar formas dinâmicas em que o objetivo principal seja a recepção. Para isso, é possível interromper o rali logo após o ataque da equipe que recebeu o saque. Com isso, reforça-se o novo elemento tático, repetindo-o mais vezes em situações de jogo.

Nessa etapa, convém também determinar se a intenção é reforçar o sistema de recepção apenas para uma das equipes ou para ambas. No primeiro caso, convém que um grupo de sacadores que não participa do coletivo posicione-se apenas de um lado; no segundo, é possível distribuí-los nas duas zonas de saque ou deixar que os próprios participantes do coletivo alternem-se na função. É possível também que o professor-treinador se encarregue de sacar e deixe os alunos somente com a função de receber e atacar.

Aplicação em jogos amistosos

É interessante promover amistosos em que a equipe possa aplicar os novos sistemas. Situações como essas dão ao técnico mais liberdade de interromper o jogo para corrigir possíveis falhas, sem a imposição da competitividade. Em amistosos também é possível dar oportunidade a todos de vivenciarem a novidade em situações intermediárias entre o coletivo e o jogo oficial.

O técnico deve promover quantos amistosos julgar necessário para que o sistema se estabeleça satisfatoriamente, antes de expor o grupo a competições oficiais. Gravar esses jogos e depois assisti-los com o grupo concede um *feedback* imprescindível. A partir das observações, o técnico planeja treinamentos que levem a corrigir os problemas encontrados nos amistosos, assim como otimizar os pontos positivos demonstrados pelo grupo.

O nível técnico do adversário também interfere na conquista dos objetivos traçados, pois tanto ao enfrentar equipes que não conseguem ter regularidade de saque quanto outras que apresentam um grau de desenvolvimento muito alto, não haverá condições de treinabilidade para o sistema. É preferível escolher adversários de mesmo nível técnico, podendo haver inclusive um acordo prévio entre os treinadores para que ou os jogadores sejam orientados a não forçar o saque ou os saques errados ou os *aces* sejam seguidos por outro saque controlado que permita que aquela passagem do rodízio possa ser treinada.

Aplicação em jogos oficiais

O sistema tático só deve ser aplicado em jogos oficiais quando estiver devidamente assimilado pelo grupo todo e tendo rendimento equilibrado em todas as passagens. Enquanto isso não acontecer, deve-se intensificar os treinamentos e promover mais amistosos.

O aperfeiçoamento dá-se desde o momento em que os exercícios são conduzidos a partir de saques normais. Subentende-se que antes disso houve a aprendizagem e o sistema começa a ser aprimorado com ações próximas – mas não reais – às que os alunos encontrarão em jogo.

O aprimoramento do sistema de recepção dá-se também com exercícios que fracionam a formação original para treinar as partes das quais elas são compostas, ou seja, prioriza-se a relação de partes decorrentes da proximidade dos jogadores, seja em duplas ou trios. Com isso, estabelecem-se mais claramente as divisões e as respectivas responsabilidades e diminui-se a incidência de erros decorrentes da indefinição das funções.

Todas as possíveis relações que se estabelecem em cada sistema de recepção devem ser treinadas a fim de se alcançar a homogeneidade entre as partes que compõem o sistema, além de corrigir eventuais equívocos de interpretação e definição.

Todos esses objetivos podem ser alcançados por meio de exercícios que isolem as partes envolvidas – não necessariamente dispondo aqueles que normalmente jogariam lado a lado, mas generalizando os posicionamentos, já que nas CCI há uma grande variabilidade de composição coletiva.

- Em duplas ou trios no W (Figura 9).
- Em duplas ou trios no semicírculo – com a inclusão da recepção de saques curtos (Figura 10).
- Em duplas na recepção em três – com a inclusão da recepção de saques curtos (Figura 11).
- Na recepção em dois – com a inclusão da recepção de saques curtos e guardadas todas as circunstanciais variações desta formação (Figura 12).

É possível dividir a quadra em duas partes longitudinais e promover exercícios cooperativos de saque e recepção. Em uma das áreas delimitadas da quadra, dois ou três passadores, dispostos conforme a organização coletiva fracionada – lado a lado, em diagonal ou em triângulos, de acordo com o tipo de formação de recepção em questão – recebem saques vindos da outra quadra. O professor-treinador deve estar atento para corrigir as situações em que ocorram indefinições entre os alunos-atletas e delimitar as áreas de responsabilidade.

A correção dos pontos vulneráveis pode ser conduzida pelo próprio treinador, que orienta os sacadores a buscar essas regiões. Todavia, esse tipo de exercício deve ter saques alternados e não apenas buscando a região fronteiriça entre os passadores, senão estes passam a se posicionar antecipadamente, com a intenção de cobrir o espaço em que a bola está caindo.

A complementação desses exercícios deve ser sempre com a formação coletiva em quadra. O que foi fracionado deve ser reunido no todo e colocado à prova novamente.

Treinamento

A transição entre o aperfeiçoamento e o treinamento dos sistemas de recepção é quase imediata e passa a integrar de maneira mais coordenada a associação entre passe e ataque. A ação não é finalizada apenas na chegada da bola à região-alvo, mas complementada com o levantamento, o deslocamento dos atacantes para a região em que realizarão o ataque e, dependendo do objetivo mais estendido do treinamento, o ataque. Tanto as funções individuais quanto as obrigações coletivas devem ser treinadas e cobradas, invariavelmente fundindo-se a metas técnico-táticas e táticas.

A seguir, sugerimos exercícios coletivos que têm como objetivo o treinamento dos sistemas de recepção:

1. Treinamento isolado de cada um dos seis rodízios.
2. Treinamento alternado de cada um dos seis rodízios.
3. Fixação e adaptações da relação de partes.
4. Treinamento da formação titular e das eventuais.
5. Coletivos de rendimento.

Treinamento isolado de cada um dos seis rodízios

Uma equipe deve ter equilíbrio de rendimento entre os seis rodízios e cada elemento técnico ou tático que provoque alterações precisa ser devidamente corrigido. O sistema de recepção deve ser treinado de modo a homogeneizar a eficiência de suas seis situações básicas. Em razão do dinamismo do rali e da associação entre os fundamentos durante o jogo, muitas são as variáveis que podem ser consideradas "culpadas" pelo baixo rendimento. A capacidade de observação do técnico – auxiliada pelas estatísticas específicas – indica se o problema é coletivo ou individual e permite a prescrição adequada do treinamento, pois eles requerem atenções diferenciadas.

O Capítulo "Preparação Técnica", em especial os itens que tratam do treinamento, oferece sugestões para a correção técnica. É comum que nas CCI a eficiência aumente com a exposição às novas táticas em jogos e coletivos e sejam corrigidas de forma pontual à medida que passam a dificultar a atuação coletiva. Tanto que dificilmente existe uma passagem em especial deficiente, mas todas elas apresentam rendimento instável, sendo responsáveis ora pela vitória, ora pela derrota. Os treinos nessas faixas etárias devem distribuir a atenção de maneira quase idêntica entre as posições, oferecendo eventualmente um reforço a determinada situação problemática.

Já nos sistemas mais complexos adotados pelas CCA, as montagens heterogêneas podem levar a descompassos que serão fatais diante de adversários atentos a tais fragilidades.

Com o tempo, o treinamento das formações de recepção deve então priorizar a otimização dos pontos fortes e a solução dos problemáticos. Toda equipe apresentará maiores dificuldades ou facilidades para realizar as ações de recepção e a consequente transição para o ataque em uma ou em outra posição. Mesmo equipes adultas apresentam diferenças entre as seis posições de rodízio.

O treinamento tático deve buscar corrigir os rodízios deficientes, para conseguir uma homogeneidade coletiva, ainda que relativa, para não ficar à mercê do adversário e das coincidências – enfrentar sacadores mais eficazes em passagens próprias problemáticas, por exemplo. As sessões com esse objetivo devem buscar expor o grupo aos problemas e, por meio de repetições e correções – táticas e/ou técnicas –, saná-los.

É importante isolar as situações-problema e treiná-las exaustivamente, porém é importante também não lhes dar exclusividade. O tempo despendido deve ser o suficiente para tentar estimular a correção, mas não deve exceder-se a ponto de desmotivar os alunos-atletas ou prejudicar as demais passagens, que perderão a eficiência caso sejam preteridas na distribuição do tempo de treinamento.

Este, aliás, é um equívoco frequente: "treinar o que está ruim, pois o que está bom não precisa ser treinado". Tanto os defeitos precisam que seja despendido tempo com eles para transformarem-se em virtudes, quanto os pontos fortes precisam ganhar solidez para continuarem ajudando a equipe na disputa. Ao incorrer naquele erro, o técnico promove um efeito gangorra na equipe: corrige o que estava ruim e passa a se preocupar com o que estava bom.

A criação de variações que possibilitem a saída de situações problemáticas criadas pelo adversário vai desde a melhor distribuição das áreas de responsabilidades e a mudança da dinâmica ofensiva até possíveis substituições ou mesmo, no caso do sistema 5 x 1, a inversão de opostos e levantadores.

Esse treinamento pode ser feito com um grupo fixo de sacadores que se alternam sacando de várias formas e de diferentes posições, enquanto a equipe do outro lado apenas recebe o saque e ataca. Dependendo do objetivo da sessão, esse ataque pode não ter qualquer enfrentamento (sem bloqueio ou defesa). Nesse caso, o objetivo é proporcionar um número maior de ações de recepção, já que o problema está nesse fundamento específica e determinantemente. Caso objetive-se treinar a formação juntamente com o ataque, é possível colocar bloqueadores e/ou defensores do outro lado. Porém, não se aconselha a continuidade do rali, pois a ênfase na situação-problema que precisa ser solucionada fica prejudicada. Quando a intenção é colocar em prova a capacidade e a eficiência de cada rodízio em decidir o ponto no momento 1 ou no 2, deve-se dar continuidade ao jogo. Porém, deve-se lembrar que o novo saque não deve demorar demasiadamente, pois o objetivo acaba por se diluir com os outros elementos ao não dispor da repetição necessária para seu aprimoramento.

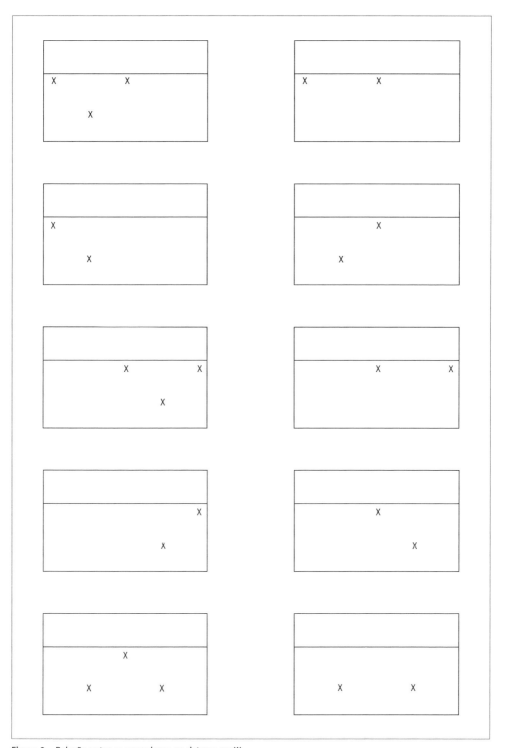

Figura 9 Relação entre os passadores no sistema em W.

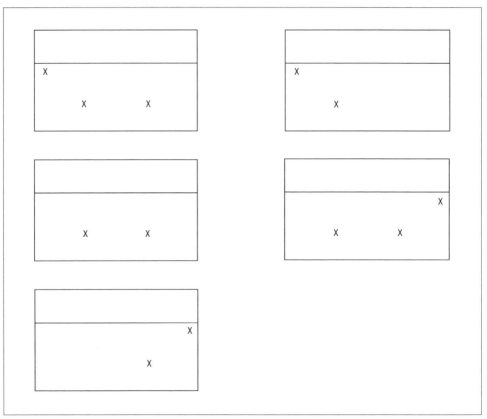

Figura 10 Relação entre os passadores no sistema em semicírculo.

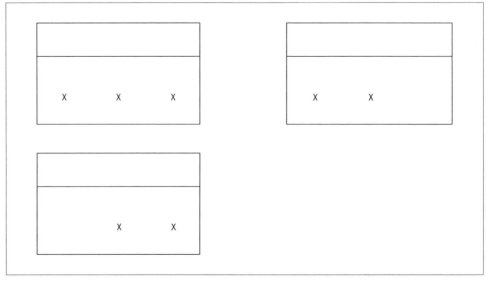

Figura 11 Relação entre os passadores no sistema em 3.

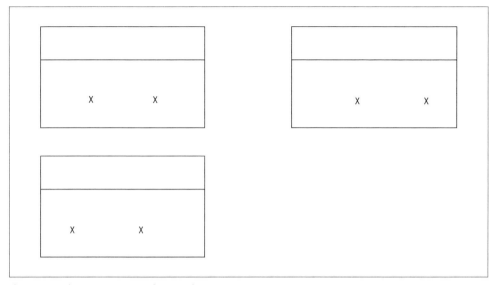

Figura 12 Relação entre os passadores no sistema em 2.

É interessante estabelecer metas numéricas a serem cumpridas. Sabendo que a duração do exercício depende da eficácia das ações, o grupo entrega-se com mais motivação. Procure aproximar esses objetivos de números reais e familiares aos alunos-atletas, por exemplo:

- Realizar 15 ou 25 recepções positivas em cada posição.
- Dividir esse total entre as alternativas de ataque de cada passagem.
- O mesmo número de ataques positivos.
- Estabelecer uma disputa em forma de coletivo entre os dois lados – quem consegue chegar ao 15º ponto antes do outro, e quem faz o ponto tem a chance de receber novamente, etc.
- Conceder 2 pontos quando a equipe pontuar a partir do *side-out*.

Convém lembrar que rendimentos técnicos abaixo do adequado devem ser tratados com treinamentos isolados individuais. Submeter o elenco todo a correções por causa da defasagem de um ou outro não leva a bons resultados coletivos.

Treinamento alternado de cada um dos seis rodízios

O treinamento alternado de cada um dos rodízios ocorre em dois estágios distintos: a equipe atinge uma homogeneidade relativa e não apresenta nenhum deles especificamente muito deficiente; e às vésperas de jogos, quando a intenção passa a ser o treinamento geral. Em sessões próximas a jogos é interessante optar por essa estratégia, pois a noção do conjunto não se perde e as fragilidades não ficam tão enfatizadas. Caso haja necessidade de se corrigir um aspecto em especial, convém dedicar um tempo um pouco maior à posição deficiente em meio ao treinamento do todo. Por exemplo, quando se chegar a tal passagem, realizar três saques a mais contra ela.

As mesmas considerações e métodos citados no item anterior valem para este. Convém também valorizar o acerto e permitir que a equipe rode a partir da conquista do ponto ou do objetivo imediato traçado para a passagem determinada.

A ênfase maior em uma das passagens não precisa estar necessariamente vinculada ao baixo rendimento, mas também ao eventual interesse do técnico em promover levantamentos mais rápidos, combinações de ataque diferentes, etc.

Para evitar o cansaço acumulado, sugerimos que a rotação normal seja substituída pela inversão das redes, ou seja, da posição 1 para a 4; da 6 para a 3; e da 5 para a 2. Dessa forma, nenhum dos alunos-atletas fará três passagens seguidas pela rede.

Fixação e adaptações da relação de partes
Apesar de a relação de partes ter sido anteriormente incluída na etapa de aperfeiçoamento, ela deve sempre ser treinada. Nesse estágio ela deve ser testada com saques muitas vezes mais potentes que o normal. É comum a utilização de superfícies mais altas para que o saque venha de uma altura superior e com mais força ou efeito. Pode-se dividir a quadra – aconselha-se traçar áreas de responsabilidade para as CCI – e colocar os passadores diante dos companheiros que sacam desses planos mais altos.

A competitividade entre sacadores e passadores pode ser explorada, desde que o técnico os coloque em igualdade de condições. Disputas com pontuação específica para cada ação podem agregar competitividade, regularidade e eficácia, como o exemplo a seguir:

- *Jogo de saque vs. recepção*: um ou dois sacadores em uma posição de saque jogarão contra dois ou três passadores devidamente posicionados do outro lado da quadra e dentro de uma área específica que equivalha à área de responsabilidade deles. A pontuação para o saque é: 2 pontos para o *ace* e 1 ponto para o passe "C"; enquanto a recepção faz 2 pontos com o passe A ou B e 1 ponto com o erro de saque. A pontuação pode ser mais ou menos rigorosa, dependendo do nível técnico do grupo. Esse jogo deve sempre ter um alvo fixo e real para o passe, como a gaiola para passe, por exemplo (Figura 13)*****. Ele pode também ser realizado com apenas um pas-

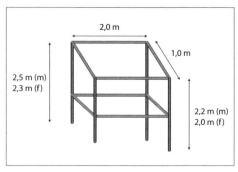

Figura 13   Gaiola para passe.

sador, quando o objetivo é o treino individual, seja para aprimorar tecnicamente o aluno-atleta ou para submetê-lo a uma área de responsabilidade maior. Para o líbero, esse tipo de treino é altamente positivo.

Treinos que antecedem jogos importantes requerem especial atenção ao sistema de recepção da própria equipe. Muitas vezes é preciso criar alternativas para saques contra os quais a equipe encontra dificuldade para receber ou elaborar estratégias ofensivas menos marcadas, que exijam uma reestruturação do sistema de recepção – mesmo que mínima. Para que esse fim seja alcançado, os treinamentos podem modificar as áreas de responsabilidade, liberar um atacante ou facilitar a movimentação de outros passadores.

Treinamento das formações titulares e eventuais
Durante a fase competitiva de um planejamento é natural que treinos táticos visem ao aprimoramento das formações táticas da equipe titular. No entanto, as organizações eventuais devem merecer atenção e igualmente ser incluídas nas sessões. Repetir as formações de recepção com os jogadores que podem entrar em quadra, com a inversão do 5 x 1 ou mesmo com a troca de posição entre os titulares, evita que a equipe seja surpreendida com uma organização inédita em um momento importante da disputa.

Afinal, as relações espaciais e a intimidade entre os que atuam lado a lado só se estabelecem com a prática.

***** NR: uma rede pode revestir a gaiola, como se fosse uma cesta, com uma saída para as bolas que nela entram.

Coletivos de rendimento

Os coletivos dirigidos podem estabelecer como meta o treinamento das posições de jogo e o constante aprimoramento das formações ofensivas a partir da recepção. Com essa finalidade é possível manter ambos os lados no mesmo rodízio e travar alguns duelos específicos ao estabelecer algumas regras, como nos exemplos a seguir:

- Número de recepções certas.
- Pontos conseguidos logo no primeiro ataque.
- *Aces* do adversário acarretam perda de 2 pontos.
- Rodízio somente a partir de um determinado número de recepções + ataques positivos.

É importante também que esse tipo de treino confronte os diversos rodízios. Não raro, os coletivos são iniciados sempre com os mesmos jogadores ocupando determinadas posições. Com o tempo, os cruzamentos coincidentes acumulam-se e confrontam sempre os mesmos personagens. Nas CCA que utilizam o 5 x 1, é comum o levantador começar o coletivo na posição 1 ou 2. Isso acarreta uma carga desigual de enfrentamentos individuais e sempre entre redes de 3 ou 2 atacantes, provocando vícios de leitura, de deslocamento de bloqueio, de preferências por determinados tipos de ataque, etc.

Considerações gerais e de reforço:

- A transição de um sistema de recepção para outro com menos jogadores responsáveis pelo passe deve sempre ser acompanhada de explicações sobre os objetivos da evolução e as novas funções que cada um assume.
- O tempo entre um rali e outro é suficiente para que a equipe se organize para receber o saque adversário; contudo, quanto antes a organização coletiva se der, menos riscos a equipe corre de ser surpreendida e mais tempo terá para combinar o ataque e sanar pequenos desvios de posicionamento tático ou eventuais equívocos, ou ainda adaptar o posicionamento em caso de mudança de sacador ou de sua posição.
- Diferentemente dos sistemas de jogo, os de recepção podem perdurar por mais tempo como tática coletiva de um grupo e não acompanham obrigatoriamente a evolução daqueles.
- A escolha do sistema mais apropriado para cada grupo deve ser baseada, primeiro, na capacidade dos jogadores de cobrir os espaços possíveis de serem alcançados pelo saque adversário.
- Sendo assim, determinado grupo masculino pode utilizar a recepção com quatro elementos desde a C14 até a C15, por dois anos seguidos, caso não demonstre condições técnicas de cobrir a zona de ocupação com menos jogadores. Em contrapartida, outro grupo com mais facilidade pode adotar a formação com três passadores já aos 15 anos.
- Mesmo adotando determinado sistema de recepção, circunstancialmente a formação deve ser adaptada ao grau de dificuldade provocado pelo saque adversário. Por exemplo, o grupo tem condições de receber com três elementos, porém, para este ou aquele sacador, pode adotar a formação com quatro passadores.
- Para que a diminuição progressiva do número de passadores seja possível, os atletas precisam apresentar técnica e consciência tática desenvolvidas, de modo que o aumento da área de responsabilidade seja natural e compatível com suas capacidades para não só receberem o saque, mas também estarem prontos para o ataque.
- A diminuição do número de passadores traz algumas claras vantagens. Ao retirar um jogador da função de recepção e conceder-lhe a preocupação exclusiva de atacar, o técnico permite que ele desloque-se livremente para o ataque, sem outra preocupação. Com isso, o potencial ofensivo coletivo da equipe aumenta, proporcionando jogadas mais velozes e variadas. A especialização promo-

ve uma maior eficiência individual tanto daqueles que deixam a função de passe quanto dos que se dedicam a ela e familiarizam-se com a combinação de movimentações que envolvem o passe e o subsequente ataque.

- Vale lembrar que a especialização é inadiável quando alguns atletas passam a prejudicar o rendimento da equipe por causa da inabilidade em alguns fundamentos. Em momento nenhum a equipe deve ser sacrificada. Não se deve incorrer no equívoco de dar chances individuais em prejuízo do grupo durante os jogos. A utilização dos alunos-atletas em determinadas funções só acontecerá quando eles tiverem condições técnicas de oferecer à equipe tanto quanto (ou mais do que) os outros companheiros. Se um jogador exposto ao saque adversário estiver comprometendo o rendimento conjunto, ele deve ser substituído na função.
- Para que alunos-atletas com menos habilidade técnica na função de recepção não sejam prematura e definitivamente afastados de uma habilidade que pode ser despertada futuramente, deve-se estimular todos os atacantes a treiná-la, mesmo que nos sistemas adotados eles não sejam utilizados nesse papel. Algumas opções táticas do técnico podem ser úteis à equipe em um determinado momento do planejamento, mas, se não forem preservados os estímulos individuais em treinamento, corre-se o risco de desperdiçar talentos que só aflorarão mais tarde. Não são poucos os casos de atacantes opostos ou centrais que se transformaram em ponteiros passadores durante a carreira.
- Os treinos técnico-táticos são indispensáveis ao aprimoramento da tática coletiva, seja nas CCI ou nas CCA. Quando a recepção dispõe de mais elementos, uma peça em condição técnica inferior pode comprometer o rendimento coletivo, enquanto atletas especializados precisam ser preparados para executar suas funções específicas de modo cada vez mais eficaz.
- Duas regras simples podem ser preciosas para o entendimento da relação de partes e a boa colocação em quadra, em especial quanto às táticas menos complexas: a bola que chega acima da cabeça é do passador que está atrás (e se vier acima da deste, está fora); e a bola que chega entre dois passadores é de quem não ficará prejudicado (ou ficará menos) em sua movimentação para o ataque subsequente.

SISTEMAS OFENSIVOS

Um sistema ofensivo se caracteriza pelo arsenal de jogadas (diversificação dos tipos de levantamentos e ataques combinados) que uma equipe dispõe para aplicar em jogo. Desde a mais simples concepção do seis contra seis – composta de bolas altas para as posições 4 e 2 – até as combinações mais elaboradas, todas encaixam-se na definição de formação ofensiva.

A partir das características técnicas individuais e das possibilidades coletivas, o técnico elabora a tática ofensiva para cada passagem da equipe, priorizando jogadas mais adequadas e com potencial de eficácia. O conjunto planejado dessas opções constitui a tática ofensiva coletiva.

Evolução de acordo com a categoria

As formações ofensivas vão sendo adotadas e aprimoradas conforme o grupo se habitua às novas formas de jogo. A evolução do sistema ofensivo é determinada pelo aumento gradativo da velocidade dos levantamentos, de acordo com a capacidade motora e cognitiva do grupo e das possibilidades dos sistemas de jogo e de recepção mais avançados que passam a ser utilizados. A garantia de que toda a estruturação tática ofensiva funcione dependerá não da técnica em si, mas da técnica aplicada à concepção pretendida. Ou seja, de nada adianta um padrão motor adequado da cortada se o aluno-atleta não souber realizá-la sob as condições impostas pelo jogo e pelas funções que ele passa a desempenhar com as novas táticas coletivas. Por esse motivo, o treinamento técnico-tático individual, diretamente relacionado às situações de jogo, é indissociável do treinamento tático.

Cabe ao técnico vislumbrar a possibilidade de promover a aceleração gradativa dos levantamentos, sem que isso, todavia, comprometa a técnica e o poder de salto dos atacantes. Apesar disso, não se deve abandonar as bolas utilizadas anteriormente, pois, por mais que se acelere o jogo, as bolas mais lentas são inevitáveis em situações em que a recepção ou a defesa não aconteçam com a qualidade esperada.

Como a base da estruturação ofensiva de uma equipe é o levantamento, elaboramos uma sequência de levantamentos a ser ensinada e aplicada durante o PFCAAD. A soma das possibilidades aprendidas, treinadas, coordenadas e automatizadas constitui o sistema ofensivo da equipe (Tabela 4).

Especificações sobre os sistemas ofensivos

É natural que a transição do minivôlei para o jogo de seis contra seis incorra em uma dificuldade inicial em conferir precisão aos levantamentos. A distância entre levantador e atacantes torna a adaptação mais lenta. No 6 x 6 com o levantamento feito a partir da posição 3 devem predominar primeiro as bolas altas para ambas as extremidades, adotando a meia-bola quando o atacante tiver plena consciência do tempo de bola e os levantamentos alcançarem uma padronização de qualidade. Quando o levantador passar a ocupar a posição 2, os atacantes centrais podem receber, gradativamente, bolas mais rápidas, além da inclusão do ataque de fundo pela posição 1, ainda que de forma rudimentar. A partir da inclusão da infiltração, a meia-bola também se aplica à saída de rede e os próprios atletas arriscam levantamentos mais tensos ou baixos à medida que adquirem confiança.

Nessa etapa inicial é comum que o desenvolvimento técnico seja deveras heterogêneo, o que implicará situações que exigirão paciência tanto dos mais habilidosos quanto do treinador. O aprimoramento do tempo de bola e da precisão dos

Tabela 4 Evolução dos sistemas ofensivos de acordo com a categoria

Categoria 13 anos
- Bolas altas para a posição 4 e 2 (levantador na posição 3) – utilizando o sistema de jogo 6 x 6 com o levantador na posição 3
- Bola alta para a posição 4, meias-bolas para a 3 e bolas altas para a posição 1 (ataque de fundo) – utilizando o sistema de jogo 6 x 6 com o levantador na posição 2
- Bolas altas para a posição 4 e meias-bolas para a posição 3 e 2 – utilizando o sistema de jogo 6 x 6 com o levantador na posição 1 (com infiltração)

Categoria 14 anos
- Inclusão de meias-bolas para a posição 4 – utilizando o sistema de jogo 6 x 6 com o levantador na posição 1 (com infiltração)
- Inclusão de bolas mais rápidas para a posição 3 (tempo e chutada, ainda com velocidade moderada) – utilizando o sistema de jogo 4 x 2 com a ordem de saque = levantador, meio e ponta
- Inclusão da meia-bola de fundo pela posição 1 – utilizando o sistema de jogo 4 x 2 com a ordem de saque = levantador, ponta e meio (esta será a ordem daqui em diante)

Categoria 15 anos
- Inclusão de bolas rápidas para a posição 4 (chutada) – utilizando o 4 x 2
- Inclusão de meias-bolas para as posições 6 – utilizando o 4 x 2
- China (introdução) – utilizando o 4 x 2
- Inclusão de bolas mais rápidas para a posição 2 – utilizando o 6 x 2
- Desmico e *between* (introdução) – utilizando o 6 x 2

Categoria 16/17 anos
- Variações das bolas rápidas das posições 4, 3 e 2 – utilizando o 6 x 2
- Introdução às fintas de deslocamento/variações das bolas já assimiladas (mais curtas ou mais longas) – utilizando o 6 x 2
- Desmico e *between* (aprimoramento) – utilizando o 6 x 2
- Meias-bolas para as posições 1 como alternativa efetiva com o oposto – utilizando o 5 x 1
- Outras combinações de ataque (com os atacantes da rede) – utilizando o 5 x 1
- Bolas mais rápidas pela posição 6 (tempo e chutada, ainda com velocidade moderada) – utilizando o 5 x 1

Categoria 18/19 anos
- Bolas rápidas para as posições 1 e 6 (chutada, tempo-frente e tempo-costas) – utilizando o 5 x 1
- Desmico e *between* com posições de fundo fazendo a segunda bola

levantamentos deve prevalecer em relação à ansiedade em tornar o jogo mais veloz. Alguns atletas desenvolvem rapidamente, já nas CCI, facilidade para levantar de forma mais arrojada; no entanto, tal padrão não se estende aos demais. E mesmo que houvesse essa propensão, o jogo ficaria muito precocemente nas mãos, literalmente, de um ou dois levantadores que nem sequer foram especializados na função. Mesmo assim, é possível adotar esporadicamente levantamentos mais rápidos que envolvam determinados levantador e atacante, desde que este não seja o objetivo do PFCAAD nem o procedimento geral da equipe.

A preocupação predominante quando for adotado o sistema de jogo 6 x 6 (com levantamento da posição 3) deve ser a qualidade dos levantamentos altos. À medida que as outras variações (levantamento feito por quem ocupa a posição 2 e, depois, a 1) forem adotadas, promove-se uma aceleração que não deixa de coordenar o tempo de análise do atacante e o levantamento, limitando-se às meias-bolas.

A efetiva aceleração vem com a adoção do 4 x 2 e o consequente início da especialização. A velocidade do jogo passa a ser maior e as combinações são inseridas como táticas mais elaboradas para vencer o bloqueio adversário.

Algumas observações constantes neste item já foram incluídas no item "Ataque" do Capítulo "Preparação Técnica"; contudo, o enfoque aqui concentra-se mais na importância tática dos tipos de ataque e na relação destes com os demais componentes do jogo. Para começar, consideraremos os tipos possíveis de levantamentos, conforme sua velocidade e tensão. Depois serão incluídas as combinações de ataque.

Os levantamentos podem ser classificados em três tipos, de acordo com sua velocidade:

- Altos.
- Meias-bolas.
- Rápidos.

Levantamentos altos
É nessa dinâmica que o aluno-atleta realiza as primeiras cortadas, valendo-se dos próprios recursos cognitivos-motores para alcançar a bola na maior altura possível e com o gesto amplo de ataque. Por essa razão, o levantamento alto é o alicerce dos primeiros sistemas ofensivos e fundamental nas formações vindouras e mais complexas, por mais paradoxal que possa parecer.

A vivência dessa forma de ataque proporciona uma base motora importantíssima para a formação do atacante. A autonomia para coordenar o tempo do movimento e ser responsável pelo produto final do elemento de jogo permite que ele corrija, em qualquer momento da ação total, equívocos que poderiam levá-lo a desvios de qualquer natureza temporal, espacial ou motor. É também diante de situações específicas de jogo que o atacante poderá aplicar o conhecimento elementar adquirido de finalizações para o corredor e para a diagonal e utilização de recursos.

Meias-bolas (levantamentos de média altura)
A mudança em relação ao tempo de bola é a dificuldade imediata, tanto para levantadores quanto para atacantes. A precisão do levantamento precisa ser maior, pois já não existe a possibilidade de correção plena por parte do atacante de um levantamento mais longe ou mais próximo da rede, por exemplo. Da mesma forma, o atacante não dispõe de tanto tempo para encadear os gestos da cortada. Em vez de sair apenas depois que o levantamento toma sua direção, o executante precisa antecipar suas passadas para chegar em condições ideais de finalização. Geralmente, a primeira passada é dada quando a bola está nas mãos do levantador, principalmente nas bolas atacadas pela região central.

Levantamentos rápidos
A absoluta dependência de sincronia entre atacante e levantador é o que caracteriza as bolas rápidas. Diferentemente dos levantamentos anteriores, a realização de ataque rápido está condicionada ao levantamento altamente preciso e à chegada e à preparação antecipadas do atacante. Para que tudo isso aconteça, a análise das

ações anteriores é de fundamental importância para o sucesso da ação final. Nos levantamentos rápidos, a chance de correção das ações durante o percurso do atacante até o local da finalização é nula se não houver uma adaptação às circunstâncias próprias da recepção e da colocação do levantador.

Os levantamentos rápidos constituem a base da formação ofensiva das equipes avançadas. Uma equipe que inclui a bola de tempo no seu arsenal técnico-tático a transforma na primeira tentativa de dificultar a formação compacta e coletiva do bloqueio adversário. Sendo assim, toma corpo a formação ofensiva em si, com as demais opções – meias-bolas na entrada e na saída de rede – em um grau mínimo de complexidade. Ela constitui-se efetivamente em uma formação ofensiva básica, composta por três tipos de possíveis levantamentos, sendo um deles mais rápido.

Os levantamentos rápidos podem ser diferenciados em:

1. Baixos.
2. Tensos.

É possível verificar na Figura 14 as variações dos levantamentos baixos e tensos na extensão da rede.

Nos baixos, a bola é levantada junto ao levantador e são as chamadas "bolas de tempo", enquanto os tensos afastam-se um pouco daquele jogador e são também conhecidos como "bolas chutadas".

Entre as bolas de tempo estão:

- Tempo-frente: atacado à frente do levantador.
- Tempo-costas: atacado às costas do levantador.

Há uma sutil diferenciação dessas bolas baixas, aplicada em estágio técnico-tático mais adiantado, pois envolve estratégias específicas para facilitar o enfrentamento contra um bloqueador ou ainda o envio da bola para um ou outro lado da quadra. Com essas finalidades, o levantamento assume uma trajetória mais vertical ou ganha uma leve parábola que afasta a bola do levantador. Dependendo dessas trajetórias, a bola de tempo pode ainda ser classificada em:

- Tempo positivo: o atacante recebe a bola exatamente na linha de seu braço de ataque.
- Tempo negativo: a bola é levantada na direção do ombro contrário ao de ataque.
- Tal diferenciação é aplicável tanto no tempo-frente quanto no tempo-costas.
- Já os levantamentos tensos são classificados de acordo com o destino que assumem em relação às regiões da rede:

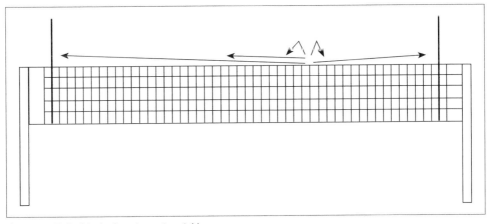

Figura 14 Trajetória dos levantamentos rápidos.

- Chutadas de meio: com trajetória rasante, sem parábola e em direção ao ponto de ataque dos jogadores que ocupam as posições centrais (3 ou 6).
- Chutadas para as extremidades: com trajetória idêntica, porém viajando distâncias maiores, em direção às posições 4, 2 ou 1.

A china envolve um levantamento tenso e pode ser mais bem entendida no capítulo específico.

CCA Combinações de ataque

As formações ofensivas são incrementadas com a inclusão das combinações de ataque (também conhecidas como fintas coletivas). Enquanto as formações ofensivas simples têm como base uma bola mais rápida pela região central de modo a prender (ou ao menos atrasar) o bloqueador central para um eventual levantamento para as extremidades, a combinação de ataque tem como objetivo concentrar duas opções ofensivas em uma mesma região, geralmente a central. O princípio da combinação é provocar no(s) bloqueador(es) responsável(is) por aquela região a dúvida sobre qual dos atacantes envolvidos nela receberá o levantamento. Para isso, o levantador comanda os atacantes de modo a deixá-los próximos um do outro e no último momento optar por um deles. Tal organização demanda uma diferenciação no tempo de levantamento, sendo – geralmente – a primeira bola mais rápida que a segunda. Para que a estratégia funcione, ambas devem estar coordenadas no tempo e no espaço.

Ao concentrar os atacantes dessa maneira, a tática ofensiva espera que o levantador consiga ludibriar os bloqueadores, fazendo-os saltar antecipadamente ou com atraso, abrindo espaço para um ataque livre de impedimentos. Na teoria, a combinação de ataque funciona da seguinte maneira:

- Se o bloqueador saltar com o atacante que vai se aproximar para atacar a bola mais rápida, o levantador aciona o segundo atacante.
- Se o bloqueador não salta, esperando que a bola vá para o segundo atacante, o levantamento é realizado para o que se apresenta primeiro.

Toda combinação de ataque é complementada como tática coletiva com a terceira e até a quarta opção de levantamento (chamadas de terceira e quarta bolas da combinação, respectivamente, configurando-se assim a formação ofensiva completa). Mais complexas, as combinações de ataque são aplicáveis somente às CCA.

As combinações podem envolver atacantes da rede ou do fundo de quadra. Apesar de não ser atualmente tão aplicadas com os jogadores da rede, esse PFCAAD recomenda que as combinações de ataque sejam aplicadas quando é adotado o 6 x 2, de modo a permitir a transição mais facilitada para as combinações com o fundo de quadra quando o 5 x 1 for inserido como sistema de jogo.

Há ainda uma diferenciação sutil em relação à organização coletiva da combinação. Podemos considerar o confronto ataque vs. bloqueio de maneira a fazer que:

- O segundo atacante conclua no espaço deixado pelo salto antecipado do bloqueador; ou
- em um espaço em que o bloqueador não consiga alcançá-lo.

A seguir, oferecemos ilustrações de algumas das combinações de ataque mais comuns, que sugerimos para a estruturação tática ofensiva da equipe. As primeiras não apresentam cruzamento dos deslocamentos dos atacantes e, portanto, podem ser trabalhadas primeiro. A partir da Figura 17, as fintas exigem cruzamento e, assim, mais sincronismo entre os atacantes e maior percepção do levantador.

Não existe, em qualquer combinação ofensiva, uma predeterminação da bola a ser levantada. O levantador opta por um atacante após analisar as possibilidades de confronto entre ataque vs. bloqueio, escolhendo sempre aquele que estará em melhores condições de pontuar.

As fintas individuais de movimentação podem ser desenvolvidas e aplicadas, mas incentivadas apenas quando não há relação da ação do atacante que a realiza com os demais atacantes, principalmente com cruzamento de movimentações.

Nas figuras a seguir, a linha tracejada indica a trajetória do atacante que passa depois, enquanto a linha contínua mostra o trajeto do atacante que inicia primeiro o deslocamento dentro da combinação.

Metodologia para aplicação dos sistemas ofensivos

Levando em consideração o fato de a base de uma formação ofensiva ser alicerçada nos tipos de levantamento, o processo sugerido por esse PFCAAD orientará o leitor sobre o procedimento para que eles sejam aprendidos, aperfeiçoados, treinados e incorporados à tática da equipe.

A metodologia sugerida visa à gradual adaptação individual à crescente aceleração dos levantamentos e à máxima exploração dos recursos por parte do aluno-atleta diante das dificuldades de enfrentamento decorrentes das situações variadas de jogo. É possível, sem dúvida, promover uma aceleração maior do processo, mas acreditamos que a formação técnica mais elaborada e enriquecedora será conseguida não apenas com a adaptação individual aos levantamentos, mas também com a vivência mais ampliada de cada novo tipo de ataque.

Convém que a aplicação dos novos tipos de levantamento seja adotada a partir do *side-out*, deixando sua utilização em contra-ataques para um momento posterior, em que ele esteja já devidamente assimilado e o grupo consiga promover as adaptações próprias dessa situação de jogo. A organização do contra-ataque é mais complexa, pois envolve movimentações anteriores dificultantes, além de a defesa ser menos precisa que a recepção, o que nem sempre proporciona a realização do contra-ataque da maneira idealizada.

Aprendizagem

O processo sugerido por esse PFCAAD visa a instituir graus progressivos de dificuldade e é conveniente tanto para ensinar os diferentes tipos de bolas rápidas quanto as combinações ofensivas mais elaboradas.

A transição da aprendizagem técnica à aplicação dá-se inicialmente por meio de tarefas que associem e diversifiquem as situações que

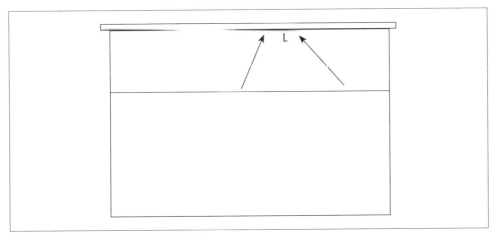

Figura 15   Tempo-costas + tempo-frente.

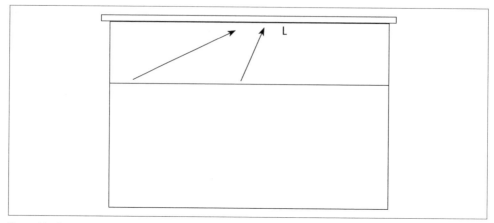

Figura 16 Degrau.

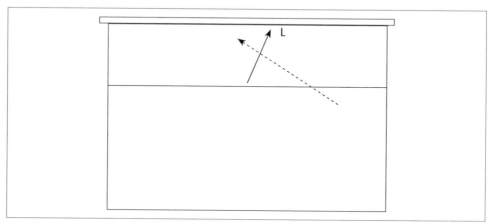

Figura 17 Desmico

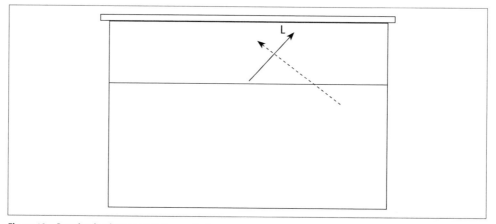

Figura 18 Desmico (variação com tempo costas).

Capítulo 3 Tática nas categorias competitivas 315

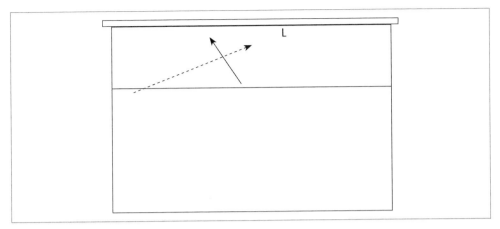

Figura 19 *Between*.

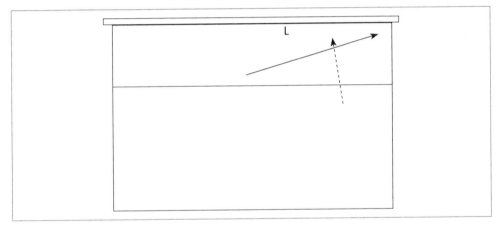

Figura 20 *Between* da china.

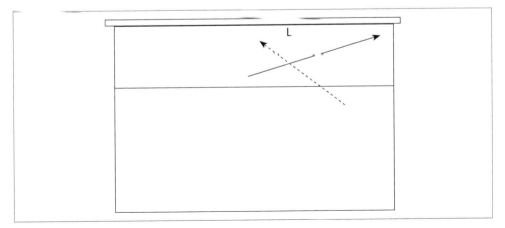

Figura 21 Desmico da china.

antecedem o ataque: recepção e levantamento. Os objetivos desses exercícios técnico-táticos são transferidos, então, para a quadra de jogo, em forma de coletivos orientados. Um sistema ofensivo é aprimorado com a diversificação dessas circunstâncias, já que ele não pode funcionar apenas em condições favoráveis.

Atente, pois, para a qualidade da recepção e as possibilidades que ela oferece ao levantador; as condições de equilíbrio e posicionamento desse jogador para realizar o levantamento; as condições do próprio atacante, caso ele tenha recebido o saque; a qualidade do levantamento; e as adaptações necessárias à movimentação e consequente padrão motor da cortada diante das circunstâncias. É importante que os levantadores padronizem a altura e a distância da bola em relação à rede nesse primeiro momento. Essas referências vão se manter no futuro como parâmetro de qualidade desse tipo de levantamento.

O treinamento das bolas altas, por se tratarem de situações isoladas, em que outros atacantes não interferem na dinâmica ofensiva coletiva, pode ser realizado isoladamente. Nesse tipo de treino, convém colocar o aluno-atleta sempre diante de desafios reais e estimulantes, como atacar contra bloqueios altos e compactos, buscar determinadas regiões da quadra e encontrar recursos que diminuam o risco do erro absoluto, fazendo que a bola retorne do bloqueio para novo contra-ataque ou que, ao menos, a defesa adversária seja mais dificultada.

O aprimoramento das meias-bolas ocorre com a aceleração gradativa do jogo, tornando-as mais velozes e mais bem coordenadas entre levantadores e atacantes. Sessões isoladas são proveitosas para correções pontuais e aumento da sincronia entre todos, desde que associadas aos elementos precedentes ao ataque e às possíveis variações circunstanciais deles. A complementação deve ocorrer em forma de treinamento com a incorporação à sessão coletiva, já que envolve a percepção do levantador em relação às condições gerais mais dinâmicas de jogo.

Os levantamentos de média altura, relativamente mais rápidos, propiciarão aos atacantes um enfrentamento por vezes facilitado – bloqueios simples ou descompactados. A experiência adquirida nos levantamentos altos e na disputa com bloqueios mais sólidos facilitará a visualização de eventuais falhas e o aproveitamento dessas situações a seu favor. Diante de formações mais compactas, esse tipo de levantamento permitirá ainda que o atacante coloque em prática a habilidade para se desvencilhar do bloqueio.

Dessa forma, o processo para aplicação da bola rápida e consequente adoção de uma formação ofensiva deve começar com a aprendizagem individual de determinado tipo de ataque veloz, para depois incluí-lo na formação coletiva, com as demais opções. Sempre que houver a inclusão de um novo tipo de levantamento rápido, reinicia-se o processo de aprendizagem individual, enquanto os demais tipos já aprendidos são aperfeiçoados e treinados individualmente e inseridos na tática geral da equipe.

Todos os atacantes, independentemente de participarem ou não da realização da combinação a ser incluída na tática coletiva em situações de jogo, devem conhecer, praticar e aprendê-la. A experimentação ajuda na consciência da velocidade da finta como um todo, dando ao jogador a noção exata da rapidez necessária de todos os deslocamentos para que ela surta o efeito desejado, assim como as consequências para que outro atacante não envolvido diretamente na finta possa receber o levantamento em condições facilitadas de conseguir o ponto. A mesma validade da vivência cabe aos bloqueadores.

1. Apresentação do tipo de ataque.
   - Convém apresentar o novo tipo de ataque como um todo, na velocidade ideal de aplicação. Mesmo que a velocidade esperada seja apenas posteriormente adotada, os alunos-atletas devem saber o que se espera alcançar. A apresentação em ritmo mais lento pode ser utilizada para que seja notada a sincronia necessária entre levantador e atacante e como

se dá a coordenação de passadas e salto em relação à chegada e à saída da bola das mãos do levantador. Durante o processo de aprendizagem, se o técnico julgar necessário, vale reapresentar o modelo, para tirar dúvidas ou vislumbrar o padrão desejado.
2. Levantamento de bolas pelo professor-treinador para os atacantes, de acordo com a altura e velocidade propostas.
    - É conveniente, em um primeiro momento, que o professor-treinador lance bolas na velocidade desejada, mesmo que o aluno não consiga atacá-las ou tenha dificuldade para coordenar passadas + salto + ataque.
    - Depois do conhecimento do padrão a ser atingido, a iniciação do aluno ao novo tipo de ataque deve ser gradativa e retornar a levantamentos mais lentos. Por exemplo, se a bola de tempo estiver sendo ensinada, convém partir da meia-bola e reduzir a altura do levantamento aos poucos, até chegar ao padrão desejado, corrigindo o aluno em relação a deslocamento e tempo de bola. Opte por grupos de três alunos, que se revezarão no ataque em séries de no máximo seis ataques cada.
    - O ideal nessa etapa é que o professor-treinador faça os lançamentos do alto de uma cadeira ou mesa, pois, do chão, as referências modificam-se por causa da distância das mãos do técnico para a mão de ataque do executante, descaracterizando a velocidade do levantamento.
3. O treinador lança para o levantador, que executa o tipo de levantamento em questão.
    - Após passar pelo estágio anterior, o atacante já deve estar com o tempo de bola estabelecido. Portanto, essa nova etapa deve ser realizada na velocidade ideal de levantamento e deslocamento do atacante – mesmo que ainda menos veloz que o padrão a ser atingido posteriormente. A organização é idêntica à da etapa anterior.
    - O professor-treinador deve posicionar-se de frente para o levantador e de modo que o atacante o enxergue. Por exemplo, se o ataque for realizado na posição 3, o professor-treinador deve ficar na posição 5.
4. O lançamento do professor-treinador continua nas mãos do levantador, mas de diferentes locais da quadra.
    - Essa etapa só deve ser iniciada quando todos estiverem habituados ao tipo de ataque e aos levantadores e o grupo apresentar homogeneidade. A distância do professor-treinador e a altura variada do passe obrigam o levantador a ter outras referências e os atacantes a adaptarem seus deslocamentos à distância que o passador se encontra do levantador e da altura do passe.
    - Caso haja algum aluno-atleta que apresente um grau de evolução muito abaixo do apresentado pelo grupo, convém retirá-lo dos exercícios coletivos e promover reforços educativos, para que ele consiga acompanhar o restante do elenco, já que a adoção de uma formação ofensiva tem caráter coletivo e depende de todos realizarem satisfatoriamente o que é proposto.
5. O lançamento obriga o levantador a sair da posição, porém junto à rede.
    - O treinador faz que o levantador se desloque junto à rede, variando os passes entre as posições 2 e 4. O lançamento é variado também em relação à sua altura, mas deve dar tempo suficiente para que atacante e levantador posicionem-se adequadamente.
    - Esse exercício faz que o levantador adapte-se ao passe e o atacante altere a direção de sua corrida e/ou a posição de saída. Além disso, as referências da quadra adversária modificam-se para o atacante, já que ele terá algumas regiões com

as dimensões e, consequente, a angulação de ataque alteradas.
- Nesse momento, é importante a exigência da chegada antecipada e do equilíbrio do levantador, condição para que não haja encontros com o atacante e a inviabilização da jogada. Da mesma forma, as correções em relação à corrida e ao local de salto do atacante levam à possibilidade plena da opção ofensiva.

6. O lançamento para o levantador é agora também afastado da rede.
   - Ao contrário do anterior, esse exercício altera, para o atacante, não só a corrida, mas o local do salto e a projeção deste um pouco mais para a frente.
   - O levantamento também se modifica, passando a ser dirigido um pouco mais à rede e à frente do atacante. Muitos atacantes preferem o ataque realizado a partir do local do salto, sem que este o leve para a frente nem o levantamento seja realizado nessa direção. No entanto, é um equívoco que deve ser corrigido, a fim de manter a primeira bola acelerada, prender efetivamente o bloqueador central e oferecer mais campo ao atacante, e não somente as regiões do fundo de quadra adversária.
   - Não se deve incorrer, no entanto, em um erro comum aos levantamentos desse tipo, que é a trajetória da bola ser acentuadamente em direção à rede, tirando a possibilidade de o atacante alcançá-la.
   - Nas categorias em que ele é implantado pela primeira vez, o levantamento é realizado ainda do chão, para que o levantador possa realizar a ação equilibrado e com a máxima condição técnica.
   - No entanto, o salto em projeção, para antecipar-se à chegada da bola, passa a ser imprescindível e deve ser cobrado nas CCA, em especial na C18/19, quando esse expediente passa a ser corriqueiro.

7. O levantamento é precedido por recepções facilitadas por saques sem violência.
   - Os elementos do jogo passam a ser combinados. O saque mais lento associa-se ao passe igualmente menos tenso, de modo a inserir mais subsídios ao atacante no acerto do tempo de bola.
   - O ideal é que a recepção não seja realizada pelo atacante, e sim por alguém hábil nesse fundamento, que possa dar ritmo e fluidez ao exercício.
   - A recepção deve ser realizada inicialmente na posição 5 – de frente para o levantador. Depois, pode ser distribuída pelas demais regiões da quadra.
   - Por último, o próprio atacante da bola rápida realiza a recepção. A associação de ambos os elementos proporciona a sincronização dos dois instantes, que apesar de distintos, são sucessivos.

8. O levantamento é precedido por recepções de saques normais.
   - A inclusão desse tipo de exercício exige organização diferenciada dos anteriores, para que as recepções imprecisas possam ser aproveitadas com opções menos rápidas pelas extremidades.
   - Além da maior dificuldade imposta aos atacantes-passadores de receber saques mais violentos e buscar a eficácia da recepção, para que haja a possibilidade de levantamentos rápidos, compete ao levantador também estudar as variáveis e adaptar-se para que a velocidade do levantamento não seja prejudicada.
   - Nessa etapa é comum que os erros de saque e/ou de recepção não deem a sequência desejada ao exercício. Nesse caso, convém que o professor-treinador se posicione na quadra da equipe que ataca, de modo a poder lançar algumas bolas, quando não houver regularidade no passe, para que os ataques possam ser realizados.
   - O mesmo expediente pode ser usado a partir do saque, com o professor-treinador intercalando saques mais fáceis que possam ser recepcionados com precisão, dando o ritmo desejado ao exercício.

O processo de facilitação utilizado para a aprendizagem dos levantamentos rápidos serve igualmente às combinações ofensivas, eliminando a primeira etapa, em que o professor-treinador lança as bolas para os atacantes, de acordo com a altura e a velocidade propostas.

Como elas envolvem mais de um jogador em movimentações interdependentes, devem ser decompostas, a fim de serem absorvidas e realizadas com ritmo, eficiência e fluidez. Para o ensino específico das fintas coletivas, convém seguir o processo abaixo, associando-as a cada uma das fases elencadas anteriormente:

1. Deslocamento e ataque da primeira bola.
2. Primeiro ataque associado ao deslocamento da segunda bola (entendimento e fixação da velocidade necessária).
3. Deslocamento e ataque isolados da segunda bola.
4. Deslocamento conjunto da primeira e segunda bolas.
5. Deslocamento conjunto e ataque da primeira bola (acerto dos tempos corretos associados).
6. Deslocamento conjunto e ataque da segunda bola (acerto da sincronia dos deslocamentos e do tempo de bola).
7. Deslocamento conjunto (sem que o levantamento seja predeterminado).
8. Incluir a terceira e quarta bolas da combinação.

Cada etapa desse processo é associada às fases anteriores da aprendizagem dos ataques rápidos, ou seja, o professor-treinador lança as bolas ao levantador, primeiramente facilitando a visualização de todos; depois, variando as posições de lançamento; até chegar aos saques contra os receptores.

Aperfeiçoamento

Essa etapa tem como finalidade aumentar a eficiência das opções coletivas, tanto por meio do aprimoramento técnico-tático individual quanto do rendimento homogêneo do conjunto. A utilização plena da tática ofensiva depende da qualidade da recepção e da defesa, assim como a precisão dos levantamentos, portanto é indissociável o aperfeiçoamento da associação de todos os fundamentos nesses três momentos em situações adaptadas e aplicadas de jogo. Para isso, elencamos algumas circunstâncias e sequências a serem inseridas na dinâmica e nos objetivos das sessões a serem elaboradas pelo treinador.

1. Inclusão de enfrentamentos:
    - A partir desse estágio, a inclusão de defensores aproxima o executante da realidade que ele encontrará em jogo.
    - Posteriormente à fixação do tempo de bola, sincronia entre levantadores e atacantes e equilíbrio destes após a cortada, são incluídos os bloqueadores.
    - Como nessa etapa as jogadas são predeterminadas, é indicado inserir apenas a marcação individual de bloqueio, deixando o duelo coletivo para quando houver a variação de levantamentos.
2. Inclusão do ataque aprendido em coletivos dirigidos e aplicação em recepções perfeitas:
    - Inicialmente, é mais proveitoso e motivante que o saque seja controlado, para que o grupo vislumbre a possibilidade coletiva de sucesso da novidade.
    - Se o coletivo tiver outros objetivos paralelos, o professor-treinador pode sistematicamente sacar bolas fáceis para o campo contrário, de maneira a facilitar a recepção e possibilitar a formação ofensiva em questão.
3. Inclusão da jogada em bolas passadas "de graça" pelo adversário.
    - Após adotar a nova tática a partir da recepção – situação mais facilitadora –, é possível aplicá-la em bolas que são passadas em toque ou manchete pelo adversário, quando a equipe pode igualmente se estruturar com facilidade e a

chance de um passe nas mãos do levantador é considerável.

- Igualmente, o treinador, de vez em quando, envia bolas fáceis – desde que avise antes – que poderão ser aproveitadas de acordo com a formação ofensiva que está sendo treinada.

4. Utilização do tipo de levantamento em jogos amistosos e depois em oficiais nas duas situações citadas anteriormente (recepção precisa e bolas de graça).

- Como já foi considerado anteriormente, sempre que uma nova tática for ensinada ao grupo e aplicada em coletivos, convém colocá-la à prova em jogos amistosos antes de usá-la em competições oficiais.
- A inserção dessas formações ofensivas também no contra-ataque virá com o tempo, com o aumento da precisão nas ações defensivas, com a familiarização das bolas rápidas em condições facilitadas e com a coordenação das múltiplas situações que precedem o contra-ataque.

CCA Treinamento

Nas CCA, todos os procedimentos elencados nos itens "Aprendizagem" e "Aperfeiçoamento" podem e devem ser utilizados quando houver necessidade de correção individual ou melhora da sincronia entre levantadores e determinados atacantes. Além dos corretivos, as sessões de treinamento ofensivo incluem exercícios que visam ao acerto do tempo de bola, da altura do levantamento (que varia de um para outro), da velocidade de deslocamento, da antecipação, etc. e ao aprimoramento da sintonia entre levantadores e atacantes. Esses treinos são mais proveitosos quando o número de atacantes não excede quatro, pois as correções podem ser pontuais, em razão do *feedback* armazenado na memória motora de levantador e atacante. Além disso, esse tipo de treino aprimora a sintonia entre eles.

Além dessas facilitações, não se deve esquecer que as condições reais de jogo é que determinarão a aplicação com sucesso das jogadas ofensivas planejadas. Por isso, as situações vivenciadas em treinamento devem ser idênticas às de jogo, tanto em exercícios quanto em coletivos dirigidos ou normais, promovendo todas as variações possíveis para o aprimoramento da sincronia entre os atletas, desde bolas lançadas nas mãos do levantador, até saques fortes que levem a uma recepção de mediana qualidade.

Em um estágio mais avançado, a ausência de bloqueios conduz a uma facilitação irreal que jamais será encontrada em competições. Treinos sem enfrentamentos reais predispõem os atacantes a modificar a biomecânica do ataque e cortar bolas rentes à rede e para baixo, diferentemente do que encontrarão em jogos oficiais. Com o tempo, formam-se atacantes que serão constantemente bloqueados, aqueles conhecidos pejorativamente como "leões de treino" ou "de aquecimento".

Como ponderamos anteriormente, o aperfeiçoamento e o treinamento fundem-se à medida que a formação ofensiva é aplicada, pois, ao ser aprimorada, ganha eficácia e sincronia entre levantadores e atacantes, além de incrementar a velocidade, o número de combinações e as adaptações individuais às situações de jogo.

Algumas condições são necessárias para que as formações ofensivas possam ser aplicadas, fazer parte efetiva do arsenal coletivo e, por meio de treinamentos, tornarem-se cada vez mais usuais e eficazes. O ideal é que se busque o estabelecimento de determinada formação inicialmente no primeiro ataque (a partir da recepção) e depois nas bolas de graça. A partir das primeiras aplicações em coletivos e jogos, o técnico poderá aferir quais alunos-atletas e/ou passagens carecem de correções. Nesses casos, treinamentos que isolem alunos-atletas/rodízios produzem bons efeitos visando ao acerto.

A partir da homogeneização da tática após a recepção e bolas de graça, é possível aplicá-la no contra-ataque – com as devidas adaptações, em razão da menor precisão da defesa, deslocamentos combinados após o bloqueio ou eventual defesa dos atacantes, etc. Todavia, a aplicação da tática ofensiva nas situações de contra-ataque deve ser gradativa.

O uso de mesas e ataques dirigidos de auxiliares ajuda a criar situações próximas às de jogo e promover a volta dos bloqueadores para as jogadas combinadas, assim como a movimentação dos defensores para o ataque posterior.

A utilização de dados estatísticos de jogos e treinos auxilia na elaboração das sessões que visam à correção e à potencialização dos tipos de levantamento específicos a cada passagem. O *scout* de jogos e as observações subjetivas do técnico podem levar à detecção de problemas decorrentes diretamente das formações ofensivas. Diante de algumas situações específicas (sejam individuais ou coletivas), a equipe não consegue render o esperado, assim como em outras mostra um índice de aproveitamento acima da média.

Cabe ao técnico elaborar treinos que potencializem as virtudes ofensivas e corrijam as deficiências.

- Treinamentos coletivos dirigidos, nos quais se isola a passagem deficiente e se promovem testes de novas opções ofensivas individuais ou coletivas, são interessantes.
- Jogos com pontuação diferenciada para as bolas que se deseja aprimorar motivam o grupo. Por exemplo, o ponto conseguido por uma bola rápida vale 2 pontos, enquanto o equivalente deve valer para o bloqueio contra essas bolas.

Considerações extras e de reforço

- Mesmo a C13, que desenvolve as táticas menos elaboradas de jogo, deve apresentar o sistema ofensivo harmonioso. Simplicidade e reduzidas possibilidades ofensivas não significam limitações nem dão direito à negligência. Uma equipe que sabe atacar apenas bolas altas pelas posições 4 e 2 deve fazê-lo com eficiência e coordenação.
- A formação ofensiva propriamente dita, entretanto, configura-se ao haver uma bola rápida como elemento acelerador da tática ofensiva coletiva, possibilitando assim enfrentamentos mais facilitados contra os bloqueadores adversários, seja por opção pela própria bola rápida como por qualquer outro atacante, em decorrência da ação eficiente do primeiro atacante.
- O professor-treinador deve buscar sempre a sincronia entre todos os elementos do grupo, principalmente nas categorias anteriores à C18/19. Não se pode, ao adotar, ensinar, aperfeiçoar e treinar as formações ofensivas, priorizar determinados atacantes ou levantadores, ou mesmo apenas os titulares. É necessário promover exercícios e sessões em que os levantadores sirvam todos os atacantes do grupo e estes realizem as combinações com os demais companheiros de ataque, pois as características individuais diferentes levam os alunos-atletas a evoluir a partir da adaptação a essas diferenças.
- No entanto, é recomendável que toda estruturação ofensiva seja feita a partir de um padrão de levantamentos e deslocamentos que em alguns casos só pode ser conseguido, em um primeiro momento, com alguns indivíduos mais habilidosos. Assim, as primeiras realizações, até que seja alcançado algo próximo do padrão a ser adotado, devem ser feitas por um ou dois levantadores que forneçam essas possibilidades.
- Da mesma maneira, não se deve permitir que levantadores e atacantes tentem "consertar" o "erro" do outro. É comum que, diante da dificuldade de coordenar o tempo de levantamento e de ataque, o atacante busque atrasar a saída ou desacelerar as passadas para conseguir atacar uma bola que não esteja rápida o suficiente; em contrapartida, ao perceber que o atacante não se desloca com velocidade para conseguir atacar uma bola rápida, o levantador dá um pouco mais de altura ao levantamento. Esta é uma receita certeira para a descaracterização do ataque rápido. O padrão de velocidade é único e o que deve ser buscado é adequar a altura

do levantamento às características individuais de alcance máximo de cada atacante, levando, em categorias mais adiantadas, ao levantamento em suspensão, entre outras providências.
- Apesar de o padrão a ser buscado ser único, é comum que a velocidade dos levantamentos seja menor enquanto eles são ensinados. O aperfeiçoamento e o treinamento vão dando a eles mais rapidez.
- É comum alguns alunos-atletas adaptarem-se melhor a um tipo de levantamento do que a outro, assim como é natural que a confiança naquele que lhe parece mais familiar e agradável faça que ele lhe dê preferência. Não há problema em ter um ou dois tipos de ataque que o aluno-atleta prefira, porém, se essa preferência tornar-se acomodação e limitação, isso incorrerá em futuras dificuldades. Cabe ao professor-treinador não permitir que ele se torne um "atacante de uma bola só", levando-o a ganhar versatilidade aprendendo outras variações, enquanto aperfeiçoa aquela que poderá se tornar sua "marca registrada", mas não única opção.
- A estruturação tática ofensiva de uma equipe deve contar com determinadas opções para cada passagem, buscando potencializá-las com base nas características individuais. A concepção coletiva é baseada nas ações individuais e não em uma teoria à qual os atletas devem se adaptar, independentemente de suas individualidades. Por exemplo, se há um(a) destro(a) na saída de rede, em vez de pensar em deixá-lo(a) parado na posição, pode-se pensar em fazer que ele(a) se movimente para uma bola à frente do levantador e depois retorne para atacar a china próxima à antena. Em contrapartida, se houver ali um(a) canhoto(a), essa intenção é anulada, abrindo, contudo, a possibilidade de uma "china ao contrário" à frente do levantador ou uma desmico.
- É também importante que se pense nas possíveis substituições que possam mudar a composição coletiva e, de acordo com as individualidades, aumentar o potencial de aproveitamento ofensivo.
- Alguns atletas demonstrarão criatividade e facilidade para realizar movimentações diferentes das tradicionais, realizando fintas de deslocamento e atacando bolas que trazem dificuldades à marcação do bloqueio adversário. Essas formas devem ser incentivadas e utilizadas na tática coletiva, desde que resultem em possibilidades efetivas de sucesso. Porém, não devem ser meras manifestações de preciosismo ou desvario. Ou servem ao plano coletivo ou não serão utilizadas.
- Caso sejam adotadas, essas movimentações não precisam necessariamente ser praticadas por todos. Adaptações podem ser promovidas com base em um modelo, mas devem utilizar as características individuais que possam conceder diferenciações importantes à tática coletiva.
- Uma finta individual de ataque, por exemplo, em que o atacante de meio vai para a bola de tempo e depois muda a direção de seu deslocamento para atacar uma chutada de meio é válida apenas se não houver combinações ofensivas envolvidas na jogada. Se o levantador combinou uma desmico, por exemplo, a atitude do referido atacante anula a estratégia coletiva.
- Atualmente, as fintas individuais de deslocamento, pela forma como as formações ofensivas estão estruturadas, geralmente mais atrapalham do que ajudam. Cabe ao técnico vislumbrar a possibilidade de algumas manifestações desse tipo serem mantidas a partir da C18/19, pois podem conferir um diferencial à equipe, ou decidir abandoná-las por não terem espaço na forma como o voleibol é jogado atualmente.
- É necessário dispor de táticas ofensivas diferenciadas para o ataque e para o contra-ataque. Não se deve pensar que os contra-ataques, por ocorrerem em menor número e nem sempre com condições ideais de passe, devam acontecer aleatoriamente. Já que

a precisão da defesa é objetivo a ser cada vez mais perseguido no decorrer dos anos no PFCAAD, as concepções táticas ofensivas também serão incluídas, acompanhando a evolução geral.

SISTEMAS DEFENSIVOS

São a soma das organizações coletivas de defesa e têm como objetivo geral impedir que o adversário, a partir do ataque ou contra-ataque, marque o ponto. São constituídos de bloqueio e defesa, devidamente associados e interdependentes.

Toda equipe deve ter um padrão tático defensivo previamente estabelecido. A escolha recai sobre as organizações já conhecidas e testadas ao longo da existência e evolução da modalidade e sobre o que é possível realizar coletivamente de forma eficiente com o material humano de que se dispõe e, ainda, de acordo com a evolução tática da própria equipe. A partir dessa estruturação básica ocorrem as variações circunstanciais – características do levantamento adversário (altura, distância e velocidade), condições sob as quais os levantamentos se definem, ocorrências que alteram a direção da bola atacada, formações possíveis de bloqueio, relação de superioridade entre atacante e bloqueadores, etc. Isso torna os sistemas defensivos, apesar de padronizados, altamente dinâmicos, sujeitos a variações estruturais imediatas. Por conta da velocidade e das dificuldades próprias do jogo, essas adaptações só ocorrerão de modo sistemático, eficiente e harmônico caso as formações defensivas estejam devidamente aprendidas, assimiladas e treinadas para serem aplicadas às diferentes, porém relativamente previsíveis, situações de jogo.

Para que a chance de sucesso da defesa aumente, três condições são fundamentais: leitura, noção de posicionamento e conhecimento das responsabilidades táticas (própria e dos companheiros). Apesar de depender da coordenação e da disciplina das peças componentes, a organização coletiva está fortemente sustentada na técnica individual e baseada principalmente na capacidade de análise do defensor.

A proposta deste PFCAAD para que a capacidade cognitiva e estratégica seja incentivada desde a iniciação reflete diretamente na plena consciência do funcionamento dos sistemas defensivos. A eficiência da análise e a consequente capacidade de resposta são a base de qualquer sistema defensivo e essas qualidades não se desenvolvem de uma hora para outra nem alcançam sua plenitude se ignoradas as etapas ideais de estimulação.

O raciocínio tático desenvolvido a partir de situações lúdicas, o desenvolvimento da análise e da resposta motora condizente com o estímulo em exercícios simples e corriqueiros, a autonomia na realização de tarefas que exigem a observação e a decisão do aluno-atleta – e não a ordenação automática por parte do técnico – levam a um desenvolvimento neurológico e motor que resultarão em indivíduos muito mais competentes para entender e realizar as funções e exigências próprias de sistemas defensivos mais complexos.

É também por essa prioridade ao desenvolvimento da capacidade de leitura e resposta que os sistemas defensivos com bloqueio duplo são desenvolvidos, *a priori*, sem a cobertura antecipada. A adoção da cobertura antecipada é um expediente que, quando aplicado aos mais jovens, além de levar à acomodação, impede o desenvolvimento dessas capacidades em situações específicas de jogo.

Evolução de acordo com a categoria

Há uma relação intrínseca entre a evolução dos sistemas defensivos e as concepções táticas ofensivas da própria equipe, a partir do entendimento dos desdobramentos dessas ações e da aplicação de uma organização coletiva defensiva mais coordenada para neutralizá-las. Esse processo desenvolve-se nos treinamentos que se sucedem; no entanto, convém lembrar que muitas vezes é necessário adaptar-se às formas desenvolvidas pelos adversários, sendo necessário avançar algumas etapas sugeridas pelo PFCAAD. Não se pode negligenciar o enfrentamento contra equipes que já apresentam elementos ofensivos adiantados. A preparação do grupo para organizar-se nessas situações deve levar em consideração as características dos oponentes, sem, todavia, resultar necessariamente no abandono do plano plurianual do PFCAAD.

Para um melhor entendimento da metodologia proposta, adotamos uma classificação largamente utilizada nos livros didáticos sobre a modalidade e, a seguir, apresentamos a sugestão dos modelos táticos, de acordo com o sistema de jogo utilizado pelo grupo. Ou seja:

1. Sistema defensivo em W com o centro (posição 6) avançado:
   A. Equipes que utilizam o sistema de jogo 6 x 6 com o levantamento na posição 3:
      - Sem bloqueio.
      - Com bloqueio simples.
   B. Sistema defensivo em semicírculo com o centro (posição 6) recuado:
   C. Equipes que utilizam o sistema de jogo 6 x 6 com o levantamento na posição 2:
      - Com bloqueio simples.
      - Com bloqueio duplo.
   D. Equipes que utilizam o sistema de jogo 6 x 6 com o levantamento feito por quem infiltra da posição 1:
      - Com bloqueio duplo.
      - Variações circunstanciais sem bloqueio e com bloqueio simples.
   E. Equipes que utilizam o sistema de jogo 4 x 2:
      - Com bloqueio duplo.
      - Variações circunstanciais sem bloqueio e com bloqueio simples.
   F. Equipes que utilizam o sistema de jogo 6 x 2:
      - Com bloqueio duplo.
      - Com bloqueio triplo eventual.
      - Variações circunstanciais sem bloqueio e com bloqueio simples.
   G. Equipes que utilizam o sistema de jogo 5 x 1:
      - Com bloqueio duplo.
      - Com bloqueio triplo.
      - Variações circunstanciais sem bloqueio e com bloqueio simples.

A primeira organização (A) é uma mera transferência, com pontuais adaptações, da organização em W já utilizada para receber o saque adversário. Como os competidores ainda não apresentam força suficiente para atacar, esta é a formação que mais se adapta às primeiras necessidades. No entanto, logo será abandonada e, apenas nesse caso, não servirá de base ao sistema vindouro. A partir das demais trocas de formações, os sistemas anteriores servirão plenamente à estruturação do novo, tornando a transição mais fácil e a aprendizagem mais rápida.

Cabe aqui uma consideração importante em relação ao bloqueio e à associação de sua aplicação no sistema defensivo ao desenvolvimento da aprendizagem e aperfeiçoamento técnico desse fundamento. A utilização do bloqueio coletivo segue a sugestão do processo de aprendizagem mais prolongado desse fundamento antes de sua aplicação em situações de jogo. Seria possível a utilização do bloqueio duplo com mais antecedência, porém consideramos que o ganho técnico que será obtido com a protelação de sua aplicação estende-se não apenas ao bloqueio em si, mas também à capacidade de defesa individual, muito mais exigida do que diante do enfrentamento de bloqueadores e atacantes.

Vejamos então como se estabelece a implantação das formações defensivas a cada categoria para os enfrentamentos de acordo com o sistema ofensivo praticado. Para tal estabelecimento parte-se da transferência de aprendizados e da possibilidade técnica e cognitiva do grupo em relação ao desenvolvimento e entendimento das concepções a serem adotadas.

A evolução das táticas defensivas sugeridas a seguir aplica-se igualmente às equipes masculinas e femininas, independentemente do poderio físico, da capacidade de decisão ou da diferença de velocidade de deslocamento.

Tabela 5   Evolução dos sistemas defensivos de acordo com a categoria

Categoria 13 anos:

- Bolas altas para as posições 4 e 2 (6 x 6 com levantador na posição 3):
  - Formação defensiva com bloqueio simples, em W
- Bolas altas para a posição 4, meias-bolas para a 3 e bolas altas para a posição 1 (ataque de fundo) – (6 x 6 com o levantador na posição 2):
  - Formação defensiva com bloqueio simples, em semicírculo, com centro recuado – o jogador da rede mais próximo é responsável pelas largadas
- Bolas altas para a posição 4 e meias-bolas para as posições 3 e 2 (sistema de jogo 6 x 6 com o levantador na posição 1 – com infiltração):
  - Formação defensiva com bloqueio duplo, em semicírculo, com centro recuado – correspondente do fundo de quadra é responsável pelas largadas
  - Formação defensiva com bloqueio duplo, em semicírculo, com centro recuado – jogador da rede mais próximo é responsável pelas largadas

Categoria 14 anos:

- Inclusão de meias-bolas para a posição 4 (sistema de jogo 6 x 6 com o levantador na posição 1 – com infiltração):
  - Formação com bloqueio duplo, em semicírculo com centro recuado – cobertura realizada pelo correspondente
- Variação de bolas altas e meias-bolas para as posições 4, 3 e 1 (sistema de jogo 4 x 2 simples – com bloqueio duplo, em semicírculo com centro recuado – cobertura realizada pelo correspondente):
  - Alternância da cobertura com o correspondente ou pelo que sobra da rede

Categoria 15 anos:

- Adaptação à velocidade do jogo e às circunstâncias próprias dessas variações:
  - Inclusão da possibilidade de cobertura pelo que sobra da rede em situações específicas
- Diversificação das situações de treinamento para enfrentamento coletivo ou individual de ataques mais rápidos e combinações ofensivas
- Iniciação ao agrupamento dos bloqueadores, para as bolas mais lentas atacadas pela posição 6 e para as largadas de segunda

Categoria 16/17 anos:

- Inclusão do bloqueio triplo para ataques das posições 3 e 6
- Inclusão do bloqueio duplo para bolas de velocidade (efetiva em bloqueio agrupado)

Categoria 18/19 anos:

- Inclusão do bloqueio triplo também para ataques de bolas altas das posições 4 e 2 (ou 1)

Especificações sobre os sistemas defensivos

Há duas etapas distintas em que qualquer formação defensiva se baseia – mesmo as menos complexas:

1. Posicionamento de espera ou inicial.
2. Posicionamento de defesa.

O posicionamento de espera dispõe os jogadores em quadra de maneira a facilitar seus deslocamentos para as posições que podem ocupar, dependendo do tipo de ataque e da posição da qual ele será desferido, além de prepará-los para uma opção mais rápida do adversário, como uma largada de segunda, um ataque pelo meio da rede ou mesmo uma recepção defeituosa que se dirige de volta à quadra do sacador.

O posicionamento inicial encerra uma condição técnica indispensável à eficiência das ações imediatas e ao desdobramento da dinâmica coletiva: a posição básica baixa. Devidamente acompanhada da predisposição à atenção e à rápida reação, possibilitará ações mais velozes e eficientes.

As formações em W serão utilizadas apenas durante as primeiras experimentações do jogo seis contra seis e enfrentarão apenas os ataques realizados pelas posições 4 e 2. Para tanto, promovem-se breves deslocamentos de modo a posicionar o W de frente para a região de onde provém o ataque e recuar um pouco os atletas mais próximos ao atacante, conforme as Figuras 22 e 23.

Essa concepção aplica-se apenas enquanto a cortada não foi desenvolvida o suficiente para levar riscos aos defensores. À medida que essa habilidade motora ganha potência, a adoção da formação defensiva em W deixa de ser eficiente e passa a ser até perigosa, já que os golpes mais potentes, que não sofrem a imediata interferência – mesmo que precária – do bloqueio, chegam com força e velocidade que nem sempre permitem reações compatíveis por parte dos iniciantes.

O posicionamento defensivo coletivo para o ataque da posição 2 tem o desenho idêntico ao apresentado, porém com as posições invertidas, ou seja, o recuo maior é feito pelo jogador da posição 5, além do realizado pelo que joga na 6.

A partir da evolução individual do ataque e do melhor desempenho conjunto pode haver a necessidade de implantar o bloqueio simples ainda enquanto for usado o sistema 6 x 6 com levantamento da posição 3. Convém que o bloqueio – nessa etapa resumido a um salto sem muita responsabilidade com o padrão motor do fundamento, apenas para inibir o atacante adversário – seja realizado pelo jogador que ocupa a posição 3, pelo fato de ele já estar próximo à rede.

Para as duas situações básicas – ataques da entrada e saída de rede –, as organizações coletivas são dispostas conforme as Figuras 24 e 25.

A defesa coletiva arma-se para o ataque da posição 2 de maneira idêntica ao desenho apresentado, porém com as posições invertidas******.

A inclusão do bloqueio e a adoção do levantamento da posição 2 ou pelo jogador que infiltra da posição 1 implicam a utilização de um sistema defensivo mais elaborado. Para que a organização em semicírculo seja possível, desestrutura-se toda a formação anterior. É necessário promover o avanço dos três jogadores da linha de frente para junto da rede, o recuo do jogador da posição 6 e o consequente posicionamento dos jogadores que atuam nas posições 1 e 5 mais para a frente e para junto das linhas laterais, conforme é mostrado na Figura 26.

Isso redistribuirá as funções entre eles e as áreas ocupadas quando o grupo se organizar para a etapa 2, o posicionamento para defesa, conforme mostram as Figuras 27 a 29, para as três possíveis regiões de ataque adversário.

Essas três formações constituem a estrutura principal de todas as demais variações de ataque, seja pelas posições 1 e 6 ou advindas das combinações de ataque ou das diferentes bolas de velocidade pela região central da rede.

Com a inclusão do bloqueio – mesmo o simples – introduz-se a noção da "sombra do bloqueio"*******. E é com base nessa "proteção" que a formação defensiva organiza-se coletivamente, posicionando os defensores fora da "sombra". Logicamente é possível que a bola caia nessa faixa teoricamente protegida, mas não de forma tão violenta que seja impossível defendê-la. Para alcançar essa região, o atacante precisará utilizar recursos como a largada ou a batida à meia-força, que permitem que os defensores, por meio de deslocamentos, consigam chegar ao local e impedir a queda da bola.

Cabe aqui uma observação pertinente à consciência dos defensores em relação à ocupação adequada do próprio espaço e da interdependência que o defensor guarda com o(s) companheiro(s) ao seu lado. Por meio da visão periférica, os defensores devem enxergar onde o companheiro está posicionado. Desse modo, cada um terá certeza de que o vizinho ocupa a região que lhe cabe e por ela será responsável. Muitas das confusões em relação à área a ser defendida decorrem do fato de o defensor, ao não visualizar o colega, ocupar uma fatia maior do espaço, desguarnecendo a área que lhe é destinada e desestruturando a organização coletiva.

A partir do aprimoramento do bloqueio na tática defensiva, algumas adaptações fazem parte da evolução coletiva. Dependendo das relações entre bloqueio e ataque, são promovidas modificações pontuais no posicionamento dos defensores. A opção por marcar mais efetivamente o corredor ou a diagonal ou mesmo a superioridade de bloqueadores ou atacantes determinam tais mudanças. Podemos ver nas

_____

****** Assim acontecerá com as demais situações elencadas a seguir nos outros sistemas defensivos.

******* A denominação "sombra do bloqueio" vem de uma analogia. Se a bola a ser atacada se transformasse em um facho de luz dirigido para a quadra contrária, a sombra originada pelas mãos e braços do(s) bloqueador(es) seria projetada no solo. Esta sombra é, a princípio, uma região que o atacante não mais conseguiria alcançar com um golpe potente, podendo, portanto, ser "ignorada" para o posicionamento dos defensores.

Figuras 30 a 41 algumas dessas adaptações contra ataques usualmente utilizados.

Várias serão as modificações a serem implantadas na formação defensiva de acordo com a projeção da sombra oferecida. O importante é que sempre os defensores das bolas eventualmente mais fortes posicionem-se mais à frente, cobrindo os espaços mais vulneráveis, enquanto aqueles que estarão mais protegidos por bloqueios em relativa superioridade coloquem-se na própria sombra, mas preparem-se para bolas exploradas ou largadas.

Enquanto a especialização não for estabelecida, todos devem defender em todas as posições. Essa vivência aumenta a capacidade de defender e possibilita, ao se chegar à especialização, a utilização eventual, dependendo da necessidade, de todos os jogadores em qualquer posição de defesa.

Depois de estabelecidas as formações-padrão a serem utilizadas nas situações básicas, deve-se também implantar as responsabilidades específicas em caso de defesa do levantador, escalando os jogadores que realizarão o levantamento nas diferentes situações, assim como a determinação da ação mais facilitada. Ou seja:

- 6 x 6 com levantamento da posição 3: quem levanta, caso a defesa seja realizada pelo levantador, é o jogador da posição 6.
- 6 x 6 com levantamento da posição 2: quem levanta é o jogador da posição 3.
- 6 x 6 com infiltração: quem levanta é o jogador da posição 2.
- 4 x 2 simples: quem levanta é o jogador da posição 1 (ou 3, na impossibilidade de aquele chegar à bola).
- 6 x 2: quem levanta é o jogador da posição 2.
- 5 x 1: quem levanta é o jogador da posição 3 (ou o líbero, quando este for inserido).

Mesmo assim, deve-se considerar as circunstâncias gerais e a região para onde a bola é dirigida, cabendo ao jogador mais próximo, muitas vezes, a realização do levantamento.

A consciência individual e a organização coletiva na realização desse elemento devem levar em conta para sua montagem as considerações feitas no Capítulo "Bloqueio", que orientam sobre o posicionamento do bloqueio para a marcação do ataque mais potente. A inclusão do bloqueio duplo insere a chamada "marcação da zona", que é a região que passa a ser protegida pelo segundo bloqueador, em composição com a "marcação da bola" realizada pelo primeiro.

Dentro das considerações espaciais, costuma-se diferenciar as marcações da bola em "marcação de corredor" ou "marcação de diagonal". Diferentemente do que muitos pensam, a marcação não tem relação direta com a antena. Equivocadamente pensa-se que o bloqueio que fecha o corredor deva posicionar-se junto à antena, enquanto o da diagonal salta mais longe dela. O salto, e a consequente marcação, da diagonal ou da paralela está relacionada à possível passagem da bola para esta ou aquela região. Portanto, em caso de um levantamento mais curto, o bloqueador que pretende fechar a passagem da bola para o corredor deve saltar não tão próximo à antena, senão deixaria completamente exposto o centro da quadra para um ataque indefensável. Da mesma forma, a marcação para a diagonal pode ser feita junto à antena para uma bola que chega junto a ela e oferece assim o corredor (ou a lateral do braço do bloqueador) ao atacante. Portanto, mais do que basear-se na antena ou na característica individual do atacante, a eficiência do bloqueio está muito mais relacionada ao ponto em que o levantamento chega para o ataque do que a regiões predeterminadas.

Quando o bloqueio de marcação fecha a paralela, as funções do defensor correspondente seriam diferentes caso este anulasse a diagonal do atacante. No primeiro caso, a possibilidade de ataque forte para a região ocupada pelo defensor é substituída por uma eventual largada ou explorada de bloqueio, o que faz que ele precise estar pronto para outro tipo de ação. Inversamente, o defensor que está na diagonal deve se preparar para um ataque mais forte e

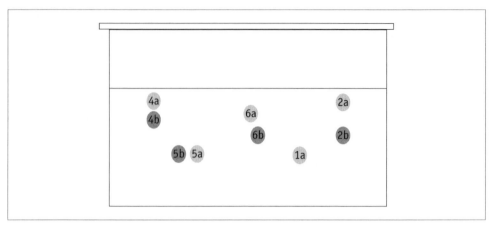

Figura 22 Formação em W para ataque da posição 4 (a – posicionamento de espera; b – posicionamento de defesa).

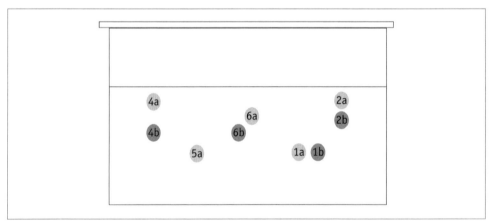

Figura 23 Formação em W para ataque da posição 2 (a – posicionamento de espera; b – posicionamento de defesa).

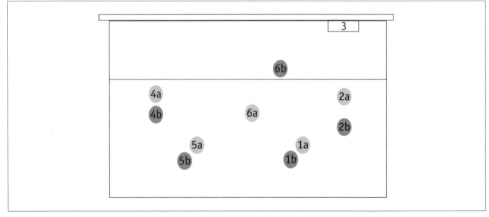

Figura 24 Formação em W para ataque da posição 4 (com bloqueio simples).

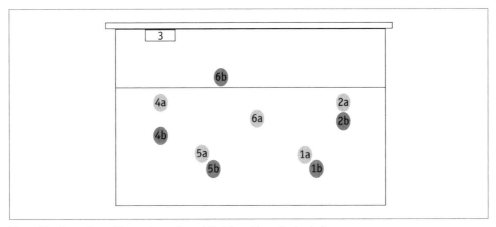

Figura 25 Formação em W para ataque da posição 2 (com bloqueio simples).

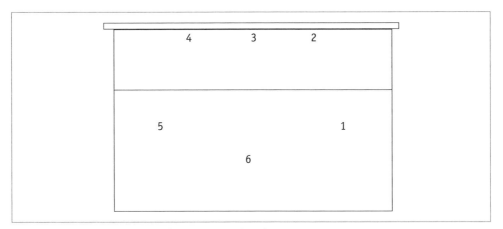

Figura 26 Posicionamento inicial da formação em semicírculo.

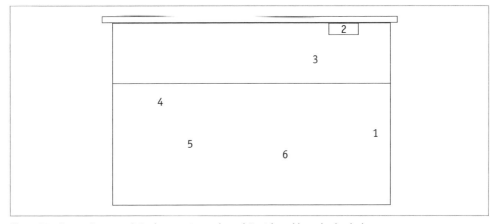

Figura 27 Formação em semicírculo para ataque da posição 4 (com bloqueio simples).

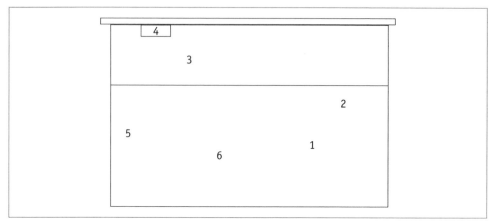

Figura 28 Formação em semicírculo para ataque da posição 2 ou 1 (com bloqueio simples).

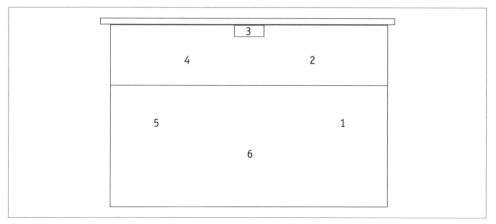

Figura 29 Formação em semicírculo para ataque da posição 3 (com bloqueio simples).

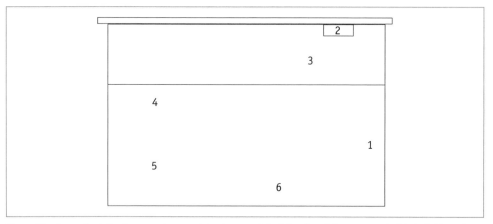

Figura 30 Formação defensiva para ataque originado na posição 4 do adversário com superioridade do bloqueio sobre o ataque.

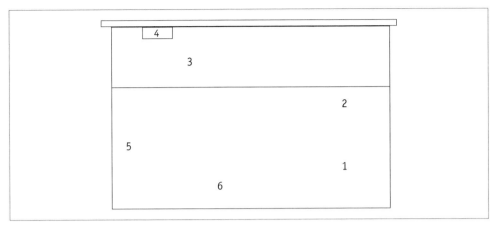

Figura 31 Formação defensiva para ataque originado na posição 2 do adversário com superioridade do bloqueio sobre o ataque.

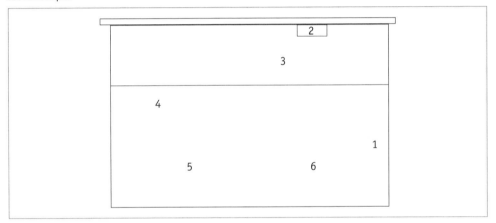

Figura 32 Formação defensiva para ataque originado na posição 4 do adversário com marcação da diagonal e maior exposição da paralela.

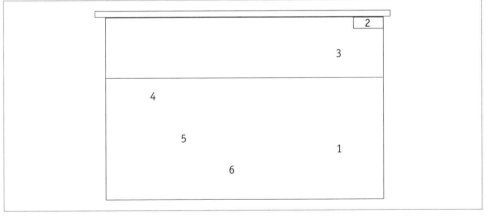

Figura 33 Formação defensiva para ataque originado na posição 2 do adversário com marcação do corredor e maior exposição da diagonal.

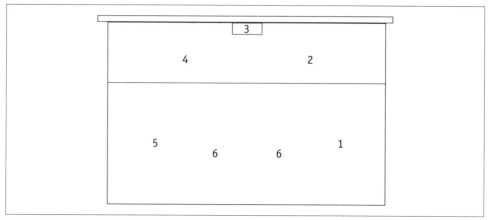

Figura 34 Formação defensiva para ataque originado na posição 6 do adversário com marcação simples.

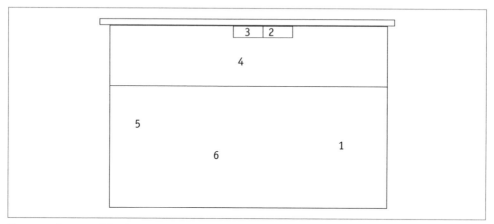

Figura 35 Formação defensiva para ataque originado na posição 6 do adversário com marcação dupla com 2 e 3.

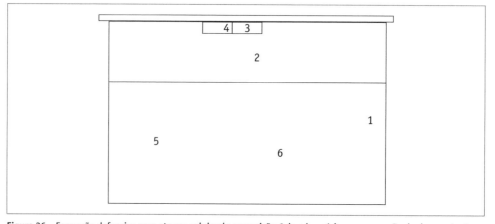

Figura 36 Formação defensiva para ataque originado na posição 6 do adversário com marcação dupla com 4 e 3.

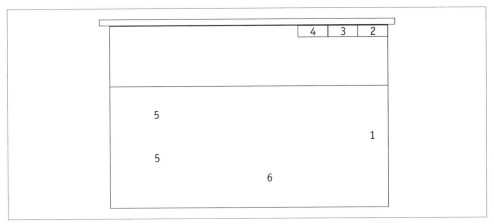

Figura 37 Formação defensiva para ataque originado na posição 4 do adversário com marcação tripla de bloqueio.

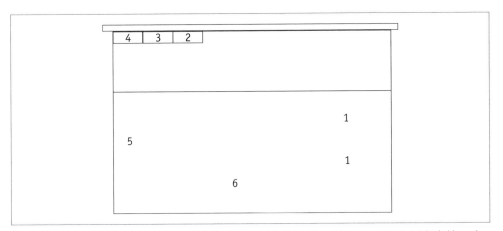

Figura 38 Formação defensiva para ataque originado na posição 2 do adversário com marcação tripla de bloqueio.

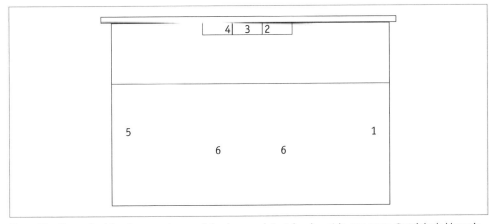

Figura 39 Formação defensiva para ataque originado na posição 6 do adversário com marcação tripla de bloqueio.

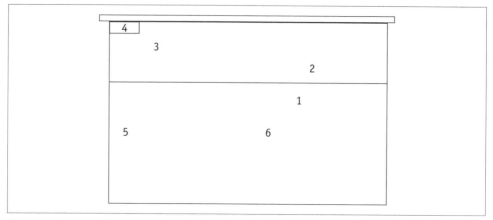

Figura 40 Formação defensiva para china com marcação individual de bloqueio.

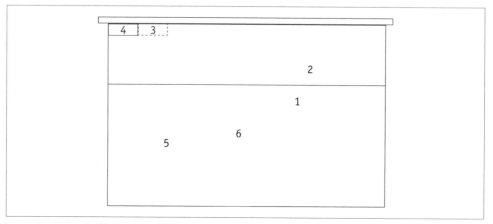

Figura 41 Formação defensiva para china com marcação dupla não compacta de bloqueio.

uma área de responsabilidade maior. Isso altera não só as responsabilidades, mas o próprio posicionamento individual e a organização coletiva.

A relação entre bloqueadores e atacante é a principal referência dos defensores. Mesmo com a formação compacta constrói-se uma relação de forças e de possibilidade de sucesso que tende mais para um lado do que para o outro. É papel dos defensores analisarem essa situação e posicionarem-se de acordo com ela.

Por essas razões específicas, inclusive, é que o PFCAAD recomenda que a cobertura antecipada seja aplicada apenas depois que houver por parte do grupo a total compreensão das situações em que o posicionamento do bloqueio coletivo conduz o defensor responsável pela largada a abandonar sua posição anteriormente determinada para deslocar-se para a região protegida pelos bloqueadores.

A formação de bloqueio duplo deve respeitar o seguinte princípio: o bloqueador da extremidade deve marcar a bola (ombro e mão do atacante de modo que bola e mãos do bloqueador formem uma linha reta), enquanto o segundo bloqueador faz que seus braços se juntem aos do primeiro, sem deixar espaços para a passagem da bola.

Metodologia para aplicação dos sistemas defensivos

Tão logo as formações defensivas são aprendidas, já entram em processo de aperfeiçoamento e são, consequentemente, treinadas para a obtenção de maior eficiência tanto das ações defensivas quanto das transições destas para o contra-ataque. Didaticamente, fica também mais fácil apresentar as múltiplas combinações decorrentes da aplicação das formações de acordo com a evolução tática dos outros sistemas, principalmente quando o bloqueio – desde o simples até o triplo – é incluído e passa a ser determinante para a organização coletiva.

Aprendizagem

O processo para aprendizagem e adoção das formações defensivas segue, de modo geral, aquele utilizado nos sistemas de recepção, guardadas as devidas diferenças próprias de cada situação. Sendo assim, este PFCAAD adotará a ordem a seguir para introduzir as formações em cada categoria.

1. Apresentação da formação defensiva e das inter-relações básicas entre os defensores e da importância de sua utilização correta.
   - A explanação teórica, que pode se valer de fotos, desenhos e filmes, deve ser seguida pelo posicionamento conjunto em quadra, ainda sem bola. Nesse momento, os alunos-atletas elaboram as primeiras orientações espaciais em relação à área ao seu redor e à proximidade dos companheiros, além de ter a primeira noção do desenho tático geral em quadra.
   - A postura baixa de espera é obrigatória e deve ser ressaltada já na apresentação da primeira formação defensiva e cobrada desde as primeiras experimentações. O hábito é construído desde cedo e deve ser princípio do PFCAAD.
   - A inclusão do bloqueio simples ainda na formação em W acarreta mudanças mínimas, mas que devem ser pontuadas, como a responsabilidade pela bola largada e a observação constante do atacante ao lado do bloqueador.
   - A transição para a formação em semicírculo exige uma explanação detalhada tanto da organização quanto das novas relações entre defensores e entre estes e os bloqueadores, além das mudanças e das razões da escolha por um modelo totalmente diferente do anterior. No início não é tão fácil o entendimento da necessidade de tantas alterações, requerendo, portanto, uma explicação plausível e que confira credibilidade em relação aos benefícios que elas trarão em pouco tempo.
   - Nesse momento, cabe simular algumas situações comandadas pelo professor-treinador em que a antiga formação em W apresenta limitações e dificuldades em solucionar os problemas apresentados.
   - Será necessário um cuidado especial e relativamente prolongado para que o posicionamento de espera seja devidamente assimilado e compreendido quando se introduz a formação em semicírculo. Vale lembrar que como o posicionamento de espera servirá de base para as formações futuras, será a partir dele que as bolas mais rápidas vistas pelo grupo em jogos pela televisão e de categorias adiantadas, quando incluídas, poderão também ser defendidas com mais facilidade.
   - Convém fixar nesse momento apenas as formações para as situações básicas de ataque, ou seja, inicialmente para as posições 4, 3 e 2. Quando for introduzido o ataque de fundo e, posteriormente, a infiltração, as bases táticas defensivas já estarão devidamente estabelecidas, necessitando apenas de ligeiras adaptações.
   - Como as formações defensivas das CCI enfrentarão primeiro levantamentos altos, não há necessidade de que a transi-

ção da etapa 1 para a 2 seja tão veloz. Assim, a adaptação será gradativa à aceleração ofensiva da própria equipe. Todavia, deve-se desde o início coibir acomodações e buscar o padrão ideal de velocidade dos deslocamentos e de postura corporal nas duas etapas distintas do sistema defensivo e na transição entre elas, para que não haja dificuldades futuras, quando o jogo se tornar mais dinâmico.
2. Movimentações e posicionamentos predeterminados, sem bola.
   - Antes de incluir a bola nos exercícios, o ideal é que todos experimentem os posicionamentos tanto de espera quanto os consequentes de defesa. Essa etapa diferencia-se da anterior, pois leva os alunos-atletas a vivenciar a dinâmica de movimentação que inclui os posicionamentos de espera e de defesa, intermediados pelas movimentações específicas.
   - Em velocidade ainda reduzida, procede-se à transição da etapa 1 (posicionamento inicial) para a 2 (posicionamento de defesa), simulando as situações básicas. Convém ressaltar que a movimentação deve ser realizada com tipos de passada previamente determinados que serão automatizados com o tempo.
   - Algumas das especificações dessa transição podem ser lidas no Capítulo "Defesa".
   - Mesmo assim, há particularidades de cada posição em relação à região em que ocorre o ataque e o tipo deste:
     • Primeiro, os jogadores que não participam do bloqueio devem se posicionar rapidamente para a defesa. Normalmente eles ocupariam a diagonal curta, deslocando-se com uma passada cruzada inicial que os conduz ao meio da zona de ataque, aproximadamente, e outra lateral simples que os coloca sobre a linha de ataque.
     • Pode ocorrer, em razão do agrupamento do bloqueio, que esse jogador, em vez de compor a diagonal, movimente-se para trás do bloqueio e se responsabilize pela largada.
     • Esta última incumbência pode ser do bloqueador central em casos de bloqueios simples nas extremidades, diante de levantamentos muito rápidos.
     • Os jogadores que atuam nas posições 1 e 5 podem permanecer na mesma postura e local para ataques pelo meio de rede (as chutadas de meio exigem um passo atrás do defesa 1; assim como o tempo-costas, do defesa 5; ou pequenos ajustes laterais destes dependendo da chegada da ajuda ao bloqueador central ou da distância deste em relação ao atacante).
     • Para as bolas levantadas para as extremidades, eles podem compor a diagonal com quem recua da rede, deslocando-se com passadas laterais simples até o local ideal******** ou recuando para defender a paralela. Nesse caso, a primeira preocupação deve ser levar o pé mais próximo à linha lateral para cima dela e dali recuar até o ponto ideal para o posicionamento********.

******** É fundamental que este jogador promova a leitura da situação e anteveja a possibilidade de a diagonal estar mais exposta a um ataque forte (neste caso, ele deve posicionar-se ao lado do bloqueio, enxergando o atacante e adiantando-se para uma defesa mais à frente de seu corpo) ou desta estar protegida (o que o leva a recuar e manter-se atrás do bloqueador central – na sombra –, na direção do bico da quadra para bolas mais longas e menos potentes).

******** É primordial a proteção da região mais próxima à linha lateral e o posicionamento do corpo de frente para o levantador, pois os ataques para o corredor são muito potentes, sendo esta a única maneira, muitas vezes, de o defensor conseguir tocar na bola e dirigi-la convenientemente.

- Esses defensores podem, a partir desse posicionamento, tanto adiantar-se para uma largada atrás do bloqueio quanto saírem da quadra para uma eventual explorada do bloqueio.
- O jogador que atua na posição 6, apesar de geralmente colocar-se sobre a linha de fundo, é o que tem mais liberdade para se posicionar. Porém, para isso, deve valer-se sempre da análise das circunstâncias: pode adiantar-se caso o bloqueio não seja compacto e exponha a região central da quadra; pode juntar-se aos dois defensores da diagonal e reforçar a defesa dessa região; pode sair da quadra para uma explorada para cima que se desenha, etc.

- As mudanças significativas em relação ao posicionamento inicial e às consequentes movimentações específicas para as novas posições de jogo exigem uma introdução que possa esclarecer dúvidas e evitar confusões.
- O professor-treinador pode promover um exercício em que o comando é dado por indicações visuais (indicando o número da posição em que ocorre o ataque com os dedos das mãos), após as quais o alunos-atletas devem se deslocar e assumir a posição defensiva para a situação indicada. Imediatamente retornam à posição de espera e aguardam nova ordem.

  Todos devem passar por todas as regiões, enquanto as posições básicas e movimentações específicas são corrigidas com rigor pelo treinador.
- Exercícios ritmados, que contenham idas e vindas à posição de espera e à de defesa para as situações básicas (ataque da entrada, meio e saída de rede), com a correção por parte do professor-treinador de eventuais incorreções nas posições básicas e nos deslocamentos específicos, evitam retrocessos em etapas posteriores.
- Na adoção da formação em semicírculo, três situações básicas devem ser vivenciadas, pois serão desenvolvidas na sequência com ataques controlados pelo treinador: defesa para ataque originado na posição 4 do adversário, na posição 3 e na posição 2.
- Apesar de as formações defensivas basearem-se nessas três situações básicas, é fundamental que haja uma retomada do processo de aprendizagem, mesmo que não tão extenso, quando forem incluídos ataques de fundo, as combinações ofensivas e as variações das bolas de meio.
- Convém retornar aos posicionamentos sem bola e também aos ataques dirigidos, para sanar qualquer dúvida em relação às adaptações de posicionamento para esses novos tipos de ataque, antes de submetê-los aos ataques reais e à multiplicidade de estímulos.

3. Experimentação conjunta a partir de ataques controlados do treinador.
   - O processo de aprendizagem prossegue com o professor-treinador e um auxiliar atacando do chão, das posições 4 e 2 – no caso do sistema de jogo 6 x 6 com o levantador na posição 3 –, contra a equipe que se posiciona na quadra contrária. Os lançamentos devem ser altos e os ataques dirigidos e de fraca intensidade, de modo a permitir que haja tempo suficiente para o posicionamento para defesa e ações efetivas. Imponha sequências que permitam a realização da defesa.
   - O exercício é interrompido quando a bola chega às mãos do levantador, para que haja mais regularidade e repetição das ações defensivas. Em um segundo momento, o levantamento é finalizado, porém o contra-ataque ainda não é incluído, o que ocorrerá quando houver

uma relativa familiaridade com a organização coletiva e eficácia diante das ações facilitadas.
- Pode-se então imprimir mais força e variação ao ataque, sempre buscando desenvolver a capacidade de leitura e reação do defensor. Os exercícios ganham dinamismo e as ações completam-se com os contra-ataques.
- Depois de devidamente compreendidos o posicionamento inicial e a transição para o posicionamento de defesa dessas três situações básicas, o técnico promoverá ataques dirigidos e com pouca potência, inicialmente das duas extremidades para todas as direções possíveis. É indicado que as primeiras realizações (ainda sem o bloqueio efetivo, apenas virtual) sejam feitas do alto de mesas e da quadra contrária, para dar uma noção próxima do real. No entanto, podem imediatamente ser feitas do mesmo lado da quadra onde ocorre a defesa. Essa proximidade permite que o professor-treinador faça correções pontuais e imediatas e imprima um ritmo mais adequado ao treinamento.
- É importante nesses exercícios que o lançamento antecedente ao ataque seja alto o suficiente para que os alunos saiam do posicionamento de espera e (entre o lançamento e o ataque) consigam posicionar-se adequadamente para a defesa. É recomendável, com a ajuda de um auxiliar, realizar ataques alternados das duas extremidades, para alcançar um maior dinamismo e um aprendizado mais consistente. Caso o professor-treinador não disponha de um assistente, repete o mesmo procedimento da saída de rede adversária depois de promover todos os rodízios possíveis com ataques da entrada de rede.
- Na transição para o sistema em semicírculo, convém realizar ataques que possam esclarecer de quem é então a responsabilidade pela defesa que antes cabia a outro jogador.

4. Fragmentação da organização coletiva (determinação das áreas de responsabilidade).
   - A partir da assimilação das situações básicas, há uma fragmentação da organização coletiva com o objetivo de fixar a ambientação do defensor com a região que ele defenderá e a relação de partes entre os defensores que atuam lado a lado. Inicialmente, porém, convém não compor os pares (ou trios), mas apenas isolar as posições, para que o aluno fixe a região que deve defender nas situações básicas e tome consciência de suas possibilidades e responsabilidades.
   - Quando o companheiro for incluído no exercício, o entendimento da relação de partes fica facilitado com essa introdução. Para que isso ocorra, o professor-treinador deve constantemente orientar e corrigir o aluno-atleta em relação ao espaço a ser ocupado por ele.

5. Remontagem coletiva da formação.
   - Depois do trabalho individual e da fragmentação da formação geral em composição em duplas e trios, deve-se retornar ao conjunto. A fixação da formação defensiva é alcançada somente com a montagem coletiva. A recomposição do todo deve retomar a mesma sequência de ataques.
   - Nesse momento, o professor-treinador promove as variações de direção e força de ataque, procurando atingir pontos em que pode haver dúvidas em relação à responsabilidade.
   - Procure imprimir dinamismo ao treinamento variando tanto as posições de ataque quanto a velocidade do levantamento (ou do lançamento), obrigando assim os defensores a constantemente se reorganizarem e desenvolverem, além da leitura, a agilidade e a velocidade de deslocamentos específicos.

6. Inclusão do bloqueio.

- A complementação do processo de aprendizagem se dá com a inclusão do bloqueio. Depois de devidamente assimilados os posicionamentos individuais e a organização coletiva dos defensores, a relação deles com o bloqueio é implantada na dinâmica do exercício. O que já estava implícito na distribuição conjunta passa a ser explicitamente incluído.
- Em um primeiro momento, o bloqueio não precisa ser real, podendo ser feito com placas ou mesmo com riscas na quadra que sirvam como orientação aos defensores, imaginando uma situação ideal de bloqueio simples ou conjunto. A noção de "sombra" é então inserida de modo determinante para o posicionamento dos defensores.
- A movimentação dos bloqueadores sem o efetivo salto proporciona, além do prolongamento do tempo de realização do exercício, sem desgaste excessivo proporcionado pelos saltos, o aprimoramento das passadas. O ritmo de transição entre o posicionamento prévio e o de organização defensiva também é otimizado sem o salto dos bloqueadores. Quando o objetivo passa a ser a composição bloqueio-defesa, ele passa a ser realizado.
- Ao incluir a movimentação dos bloqueadores, deve-se priorizar primeiro o posicionamento apropriado do bloqueio individual em relação a equilíbrio e marcação da possibilidade mais potente de finalização do atacante.
- A aprendizagem da marcação é fator fundamental para o bom funcionamento do sistema defensivo no presente e no futuro. Do ponto de vista tático, o bloqueio não se limita ao salto vertical na região onde o ataque está sendo realizado. O bloqueador deve orientar-se para saltar de modo a impedir que o atacante consiga desferir o golpe em sua máxima potência e para baixo, ou seja, em regiões próximas à rede ou à zona de ataque – bolas cravadas.
- A montagem coletiva do bloqueio deve ser incluída gradativamente e de maneira facilitada. Para isso, é preciso que os levantamentos sejam predeterminados e mais altos. Aos poucos, a velocidade passa a fazer parte dos exercícios, levando os atletas a se adaptarem às circunstâncias. Eventuais chegadas apenas de um bloqueador ajudam a demonstrar a necessidade de adaptações defensivas de campo imediatas, o que implica a cobertura de uma área maior.
- Nesse estágio, faz-se necessário que todo o desenvolvimento seja novamente mostrado e experimentado, porém o professor-treinador deve logo em seguida fragmentar as posições, isolando-as para que a relação entre bloqueador(es) e defensor(es) seja estabelecida e fixada. O processo todo é retomado até que se remonte o conjunto defensivo, como sugerido no item 5.

7. Variação múltipla progressiva das posições de ataque.
    - Com a evolução tática geral, as formações defensivas são aprimoradas a partir da introdução de novos tipos de ataques e do incremento da velocidade de levantamento. Incluir no exercício apenas duas posições distintas de ataque (inicialmente simuladas) faz que as movimentações do posicionamento de espera para o de defesa ganhem agilidade e dinamismo.
    - Essa etapa do processo deve primar pelo ritmo, com todos retornando rapidamente à posição inicial, à espera da definição do levantamento e sendo imediatamente levados a se concentrar para a próxima ação. A inclusão das três possibilidades básicas (ataques pela entrada, meio e saída de rede) permitirá a evolução geral do sistema e da capacidade

rápida de adaptação a qualquer situação ofensiva, condição fundamental para a eficácia da formação coletiva.
- Atacando de planos mais altos, professor-treinador e assistentes devem, em um primeiro momento, alternar os ataques com o conhecimento prévio dos defensores. Depois, pode-se alterná-los indistintamente.
- O passo seguinte é incluir levantamentos reais para as três posições ainda ocupadas pelos treinadores sobre as mesas. O ataque da posição 3 pode servir nessa etapa como parte do reposicionamento coletivo para o posicionamento de espera, pois a estrutura defensiva para esse tipo de ataque guarda praticamente a organização inicial.
- A inclusão da largada de segunda faz parte da sequência do trabalho, encaixada nas etapas de aperfeiçoamento e treinamento.

8. Variação da velocidade do ataque e da possibilidade de montagem tática.
    - O professor-treinador insere situações em que as possibilidades de organização defensiva não são plenas.
    - Lançamentos mais baixos e tensos levam o bloqueio a não conseguir organizar-se coletivamente e estabelecem novas montagens em quadra que precisam se tornar eficientes, mesmo nessas circunstâncias.
    - Regiões que deveriam estar protegidas pela sombra do bloqueio estão expostas e precisam ser compensadas pelos defensores de quadra.
    - A leitura e o rápido posicionamento são fundamentais para aumentar as chances de sucesso do jogo de campo.
    - Constantemente os defensores são surpreendidos ainda em movimentação para a posição de defesa e têm de se adaptar a uma relação espacial diferente daquela preestabelecida.

9. Enfrentamento de ataques reais.
    - Inicialmente, convém que eles sigam a mesma ordem estabelecida (posição 4, depois a 2 e, por fim, a 3), inicialmente trabalhados de forma isolada, pois o ritmo e a quantidade de ataques aproveitados para a defesa não são constantes. À medida que o ataque ganha regularidade, pode-se incluir combinações de dois e até três ataques, em exercícios mais dinâmicos e próximos a situações reais de jogo.
    - É interessante, enquanto o grupo não adquire controle dos ataques, que o professor-treinador fique sempre próximo ao local onde o ataque deverá ser desferido e, caso ele não ocorra, o próprio técnico o realize, dando assim mais ritmo ao treinamento.
    - Também é válido deixar uma coluna de atacantes em uma das posições e um auxiliar sobre uma mesa em outra posição, promovendo a alternância da origem dos ataques.
    - As colunas devem conter o número ideal de atacantes, de modo a nem sobrecarregá-los nem tirar-lhes a concentração.
    - Quando o ataque real passa a ser utilizado nos exercícios, é importante que os alunos-atletas tenham consciência de que é o sistema defensivo que está sendo treinado e não o ataque.
    - Quando os ataques múltiplos forem incluídos, convém que o professor-treinador assuma o ritmo do exercício, seguindo as mesmas orientações constantes no item 6.
    - Nesse caso, o levantador tem a liberdade para escolher as opções, desde que siga as orientações do técnico em relação à altura dos levantamentos, pois o objetivo é o desenvolvimento da formação defensiva e não o treinamento individual desse aluno-atleta.

10. Aplicação em coletivos dirigidos.
    - Não há como entrar em uma disputa sem ter um sistema defensivo minima-

mente elaborado. Antes de participar de qualquer embate, o técnico deve orientar e treinar seus alunos-atletas nesse sentido. É sempre recomendável testar as formações desenvolvidas em coletivos dirigidos e adaptados, antes de submetê-las a disputas competitivas.
- Estes devem promover a fixação da formação em suas diversas passagens, em condições próximas à dinâmica do jogo. Apesar de o técnico poder idealizar formas diferentes de desenvolver os sistemas, não pode deixar de considerar os sucessivos rodízios, a alternância de situações ofensivas que as formações defensivas têm que enfrentar, etc.
- A mesma alternância predeterminada das posições de ataque pode ser utilizada em coletivos dirigidos.
11. Aplicação em jogos amistosos.
    - Antes de enfrentar adversários em competições oficiais, convém promover amistosos para a devida fixação de posicionamentos e estabelecimento de uma tática conjunta eficiente na qual os alunos-atletas confiem e sintam-se à vontade e conscientes de sua participação na organização coletiva.
    - Gravar os amistosos para posterior exibição ao grupo é prática fundamental para visualização dos acertos e futura correção dos equívocos individuais e coletivos, já que passam despercebidas ações equivocadas que não fizeram parte efetivamente da ação com bola.
    - A marcação de jogos amistosos deve ser devidamente planejada para que o técnico tenha tempo de detectar problemas e promover treinos que possam solucioná-los, antes de submeter seus alunos-atletas à competição oficial.
12. Aplicação em competições oficiais.
    - O início das competições deve apresentar um grupo capaz de realizar conjuntamente as formações básicas de forma harmoniosa.

- Nas categorias mais jovens o aprimoramento se dará com o acúmulo de jogos, pois, de acordo com os objetivos do PFCAAD, a competição em si não pode ser uma meta. No entanto, é de suma importância que os atletas saibam o que devem desenvolver e não sejam expostos a situações que sequer saibam como enfrentar.

Aperfeiçoamento

Há tênues diferenciações entre as etapas de aprendizagem e aperfeiçoamento. Enquanto a aprendizagem deve buscar uma organização sólida a partir de uma composição básica e padronizada, o aperfeiçoamento tem como objetivo o aumento da eficiência e a automatização dos posicionamentos, por meio da variação de ataques, de diversas posições, que passam a ser utilizados à medida que o jogo ganha complexidade.

Do ponto de vista de aplicação da técnica às ações específicas de jogo, os treinos devem levar o aluno-atleta ao aprimoramento das técnicas de defesa, assim como relacioná-las à sequência do rali em funções que podem ser de proteção do ataque, levantamento ou contra-ataque. Além disso, com a especialização, as funções e posições de jogo devem também ser consideradas. O aprimoramento do bloqueio é igualmente importante, tanto no que diz respeito ao desenvolvimento técnico individual quanto à capacidade de análise e resposta pronta e adequada e ao entendimento, adaptação e colaboração com a tática coletiva.

De nada adianta uma tática bem organizada se, ao defender a bola atacada, o aluno-atleta não tem domínio motor para transformar a ação em algo produtivo à própria equipe para a sequência do rali; ou um bloqueador que não consegue compor um bloqueio duplo sem obedecer às responsabilidades que lhe cabem; ou ainda alguém que desempenhe uma função isolada e não se comprometa com a que a antecede ou precede.

É na etapa de aperfeiçoamento que também é introduzida a noção de marcação para o corredor ou para a diagonal. A noção de "sombra" (região protegida pelos bloqueadores) continua norteando o posicionamento dos defensores coletivamente, sobretudo nessas condições. Todavia, a sombra dificilmente é uniforme e constante, o que leva o aluno-atleta a ter de apurar sua capacidade de análise e resposta diante de cada novo enfrentamento.

A velocidade progressiva de ataque enfrentada e experimentada pelos alunos-atletas em treinos e jogos leva a composições inconstantes de bloqueio que precisam fazer parte do arsenal defensivo do grupo. Sessões que priorizam bolas lentas e concedem sempre tempo suficiente para que os bloqueios coletivos se estabeleçam não condicionam o grupo à realidade a ser enfrentada.

Enquanto na fase de aprendizagem existe um comportamento mais automatizado, na de aperfeiçoamento o técnico deve cobrar análises constantes e posicionamentos imediatos para uma ação coerente com a situação que se desenha. Um bloqueio mais fragilizado em relação ao atacante, por exemplo, obrigará um posicionamento mais adiantado, já que a sombra não protege as regiões mais próximas à rede. Da mesma forma, uma configuração que favorece os bloqueadores propicia um recuo dos defensores e uma eventual cobertura antecipada. Deve-se ainda dar especial atenção às variações em que o bloqueio não é compacto ou fica resumido ao individual ou mesmo sem nenhum bloqueador à frente do atacante adversário.

O aprimoramento do sistema defensivo também deve proporcionar recursos que garantam chances de sucesso ao bloqueio e à defesa, mesmo diante de ataques mais altos ou em montagens descompactas. Somente ao conseguir adaptar-se a essas mudanças circunstanciais o grupo evolui. Essas relações promovem rápidas adaptações e permitem a ocupação dos pontos vulneráveis. O defensor deve então ser orientado a ocupar espaços não cobertos pelos bloqueadores, determinando-se assim as funções circunstanciais de cada jogador na formação coletiva.

Assim como a recepção não se basta como elemento de jogo, precisando ser complementada pelo ataque, o sistema defensivo deve servir à preparação subsequente do contra-ataque. O aperfeiçoamento dos sistemas defensivos é complementado necessariamente pela maior eficiência da transição da defesa para o contra-ataque. Isso se dá de maneira mais fluida e rápida se a cobrança pela qualidade da ação de defesa acontecer desde a aprendizagem desse fundamento.

À medida que os sistemas defensivos ganham consistência, pode-se incrementar as possibilidades ofensivas e exigir movimentações rápidas e reposicionamentos que propiciem contra-ataques múltiplos e eficientes. Muitas das práticas sugeridas para a aprendizagem servirão para o aperfeiçoamento das formações defensivas e das transições para o contra-ataque.

A transição da defesa para o contra-ataque inclui também a proteção de ataque e deve ser considerada já nesse momento. Promover e conscientizar os atletas do prosseguimento do rali e da necessidade de contar com todos para as ações subsequentes à defesa faz parte dessa etapa da aprendizagem. Mesmo que o professor-treinador opte por interromper a ação na defesa, pode fazer que os alunos-atletas realizem as movimentações para um posterior levantamento, ataque ou proteção.

Vale lembrar que as formações a serem ensinadas e utilizadas pelas CCI não possuem maiores variações e seguem o enfrentamento das possibilidades ofensivas do próprio grupo. Quanto mais evoluída a tática ofensiva, de mais posições devem partir os ataques, com as devidas variações de velocidade de levantamento. Mesmo depois de fixadas e aplicadas, algumas passagens da equipe necessitam de correções, podendo o técnico retornar a esse estágio para alcançar o objetivo.

Em suma, o treinador, ao comandar essa etapa do treinamento, pode: variar as formas de ataque; enfatizar determinado posicionamento que não está sendo realizado de maneira correta; dar preferência a determinados ataques que possam trazer mais dificuldade ao grupo; oferecer reforços aos atletas que apresentam mais dificuldade; observar os desatentos e exigir-lhes atenção, enviando bolas em sua direção quando o poder de concentração decair; etc.

É função do professor-treinador, na posição de comando, dar ritmo adequado ao exercício, permitindo aos atletas que se reposicionem e partam sempre do posicionamento de espera, sem, no entanto, dar mais tempo que o necessário, o que pode levar à dispersão. Além de enfatizar as situações básicas e mais usuais, o professor-treinador não deve relevar as de menor ocorrência e eventuais, variando as formas e a direção de ataques.

É sempre recomendável na etapa de aperfeiçoamento, mesmo que o ritmo do exercício fique um tanto comprometido, exigir que o defensor retorne à posição inicial de espera, deslocando-se para a região que ocupará somente após a definição do lançamento que antecede o ataque. O ritmo é importante na transição da etapa 1 para a 2 do sistema defensivo, assim como o reposicionamento, tanto para a concentração e o ganho de velocidade e agilidade quanto para a resistência específica de jogo.

Além disso, fazem parte do aperfeiçoamento a correção principalmente dos rodízios deficientes e a busca pelas adaptações circunstanciais que se tornam múltiplas com a exposição aos jogos.

Para orientação do planejamento do desenvolvimento dos sistemas defensivos e das sessões de aperfeiçoamento e treinamento que visem à especificação de regiões a serem defendidas, oferecemos a sugestão a seguir das posições e situações básicas de posicionamento individual ou coletivo dentro da tática de defesa.

- Posicionamento individual:
  - Diagonal longa (posição 5 ou 1).
  - Diagonal curta (posição 4 ou 2).
  - Corredor (posição 1 ou 5).
- Composição de defesa em duplas:
  - Diagonal (posições 5 e 4).
  - Diagonal (posições 1 e 2).
  - Corredor (posições 5 e 6).
  - Corredor (posições 1 e 6).
- Composição de defesa em trios:
  - Diagonal (posições 4, 5 e 6).
  - Diagonal (posições 2, 1 e 6).
- Quadra toda (posições 5, 6 e 1).
- Para bloqueios triplos.
- Composição de defesa em duplas, com cobertura de quem sobra do bloqueio:
  - Diagonal (posições 5 e 6 – 4 vai para a cobertura).
  - Diagonal (posições 1 e 6 – 2 vai para a cobertura).

A alternância dinâmica das possibilidades de ataque leva à coordenação e organização coletivas. O técnico não deve interromper o treino nesse tipo de sessão, deixando para fazê-lo apenas em situações absolutamente necessárias.

É importante que nessa fase as transições tanto da posição de espera para o posicionamento de defesa quanto da ação defensiva para o contra-ataque ganhem coordenação, organização e sincronia. Os exercícios devem prosseguir até que haja a finalização do ataque, mesmo que em condições simples (ataques apenas das extremidades e predeterminados). Recomenda-se a progressão gradativa do número de opções de ataque, para que o grupo fixe melhor as posições correspondentes e, a partir dos modelos básicos, construa as demais variações.

A alternância de duas posições de ataque pode resultar em treinos dinâmicos, sendo elas escolhidas a partir da própria intensidade que se quer dar ao exercício, dos ataques mais usuais ou dos posicionamentos em que a própria equipe demonstra mais dificuldade.

Por exemplo: 4 e 2, 4 e 3, 2 e 3, 1 e 4, 3 e 1, 2 e 1 (nas categorias em que as combinações de ataque ainda não foram incluídas); ou 1 e 6, desmico e 4, *between* e 2, etc. nas mais avançadas.

A seguir, introduz-se a alternância de três e quatro possibilidades, fazendo que as formações defensivas sejam rapidamente modificadas e o estado de atenção dos defensores mantenha-se sempre em alto nível. Entretanto, é importante que o professor-treinador controle o ritmo dos exercícios, de modo a não deixar que se instale a correria, tampouco a morosidade entre os reinícios. O tempo para que novo ataque seja realizado deve ser o suficiente para que todos os atacantes estejam preparados e os defensores novamente posicionados para esperar a definição do ataque.

No caso de ataques do alto das mesas, é importante que o lançamento de quem vai atacar seja alto o suficiente para que os defensores possam perceber de onde será realizado o ataque e posicionar-se adequadamente. Apesar da multiplicidade, o professor-treinador é quem comanda os ataques nesse tipo de exercício, para que não haja confusão na determinação de quem vai realizar o ataque, assim como a escolha não seja alternada, o que leva a acomodação, baixa do estado de atenção e desinteresse.

Não deixe de inserir a possibilidade da largada de segunda. A inclusão dessa jogada faz que os defensores não se antecipem no posicionamento para a defesa e mantenham-se mais atentos por um período maior.

Treinamento

Muitas das sugestões contidas em "Aperfeiçoamento" servem à finalidade do treinamento. O que mais caracteriza esta fase é a adaptação aos padrões alcançados na etapa anterior e a especificidade em relação às próprias passagens e aos possíveis adversários.

O treinamento das formações defensivas visa a manter a padronização para as situações fundamentais e a rápida e eficaz adaptação às diversas situações próprias do jogo. Para isso, deve contar igualmente com os ataques do alto de mesas e isolar posições de ataque ou de defesa, caso seja necessário. O aprimoramento e a manutenção dos sistemas táticos, assim como acontece com as habilidades motoras específicas, acontecem com o treinamento constante.

Os treinos táticos de bloqueio podem ter objetivos que visem ao desenvolvimento das concepções da própria equipe ou preparar a equipe para enfrentar adversários específicos. A adoção do bloqueio coletivo em si já é parte de uma implementação tática que resultará em parte da tática a ser adotada pelo grupo. As orientações sobre marcação também auxiliarão no estabelecimento de táticas mais eficientes e coordenadas quando ensinadas e aplicadas gradativamente, como sugere o PFCAAD.

Com a evolução técnica e tática e principalmente com a adoção do bloqueio agrupado, as movimentações do bloqueio ou da defesa para o contra-ataque sofrem importantes modificações que devem ser treinadas. A montagem de um bloqueio triplo na posição 2, por exemplo, impede que o bloqueador 4 retorne à sua posição para o contra-ataque, o que leva à necessidade de criar alternativas para que o sistema ofensivo da equipe possa ser realizado de maneira múltipla e eficiente. Nesse caso, pode-se incluir a desmico com esse jogador, enquanto um atacante de fundo apresenta-se pela posição 5. É importante que a defesa seja sempre concebida como um meio e não um fim.

De qualquer forma, os treinos que visam ao desenvolvimento da concepção tática da própria equipe, com ênfase na formação coletiva de bloqueio, devem priorizar o ritmo e a variabilidade das situações, aumentando gradativamente as variantes. Por exemplo, bloqueios duplos contra ataques das posições 2 e 4 em levantamentos altos; idem com levantamentos mais rápidos e montagem descompactada do bloqueio; contra ataques das posições 3 e 4; 2 e 3; etc. O treino tático de bloqueio deve conferir sempre funções àqueles que não participam do bloqueio, mas que terão responsabilidades defensivas no caso. A eles deve-se eventualmente atacar ou largar bolas que sejam de sua alçada.

Treinos que antecedem os jogos visam (ou em sua totalidade ou em parte) à adaptação tática ao modo de jogar do adversário. Os treinos táticos de bloqueio são organizados de forma a criar estratégias diretamente relacionadas às características individuais e coletivas do oponente. Esses treinos não são tão intensos, por anteceder jogos, e podem ser, por essa razão, mais pausados e sofrer interferências pontuais do técnico em relação às preferências (e vícios) de cada atacante, às principais opções dos levantadores, às características de cada posição do rodízio e às estratégias a serem utilizadas para neutralizá-las.

Para ambos os objetivos, pode-se determinar que as equipes (ou a reserva em caso de treino específico para jogos) realizem combinações ofensivas previamente determinadas. Caso o técnico opte por fazer que um grupo imite as ações do futuro adversário, convém, mesmo que seja por um tempo menor, inverter a situação ou promover substituições constantes na equipe considerada titular. Vale lembrar que nas CCA a motivação individual aumenta com a possibilidade de atuar entre os titulares, enquanto nas menores não se deve estigmatizar tão precocemente uma condição permanente de reserva.

Interrupções para correções são altamente positivas para que se estabeleça a fixação do que se deseja trabalhar. Procure, no entanto, não travar o ritmo do treino, o que leva a desmotivação e falta de concentração, imprescindíveis para assimilações de ordem tática.

É interessante promover disputas entre as redes e estabelecer prioridades, por exemplo, ataques apenas da posição 4 e 1, ou 4 e tempo-costas (em que há a distribuição de um possível bloqueio duplo para as duas alternativas), etc. Com reposições constantes de bolas (seja a partir de saques, ataques ou bolas de graça, dependendo do objetivo principal), troque a rede cada vez que uma equipe conseguir 4 pontos.

Lembre-se que, a não ser em situações imaginadas de confronto contra futuros adversários, treinos que facilitam a ação do bloqueio conjunto (por exemplo, obrigatoriedade de levantamentos à frente do levantador) servem mais ao desenvolvimento ofensivo do que ao do bloqueio. A previsibilidade serve à automatização da formação compacta de bloqueios coletivos, mas não ao desenvolvimento da análise e da adaptação às variações ofensivas.

Os objetivos devem se basear em análises subjetivas do técnico e, principalmente, na observação e análise das estatísticas da equipe e das filmagens de treinos e jogos. Essa análise objetiva, contudo, não deve se prender a dados generalizados, mas buscar especificidades de cada rodízio, rendimento individual de jogadores que ocupam determinadas posições na rede ou no fundo, verificação de como ocorre o erro ou o acerto durante o Momento 2 da dinâmica do jogo (bloqueio/defesa/contra-ataque), etc.

Uma melhor sincronia entre os defensores e ajustes pontuais podem ser conseguidos por meio de:

- Treinamento isolado, a partir de ataques controlados do professor-treinador (com tempo suficiente para o posicionamento correto dos bloqueadores e defensores).
- Treinamento isolado, a partir de ataques normais (com tempo suficiente para o posicionamento correto dos bloqueadores e defensores).
- Treinamento isolado, a partir de variações de ataques do alto de mesas (fortes, fracos, com desvio, largadas, meia-força, etc.).
- Treinamento isolado, a partir de variações de ataques reais (fortes, fracos, com desvio, largadas, meia-força, etc.).
- Variação da velocidade dos levantamentos.
- Aplicação em coletivos orientados (com tipos de ataque predeterminados).
- Treinamento da transição da defesa para o contra-ataque.
- Aplicação em coletivos orientados (com variações de ataques).
- Treinamento de situações eventuais (de acordo com o posicionamento da própria equipe, formações de bloqueio, etc.).
- Treinamento de variações estabelecidas dentro do plano tático da equipe (quando o líbero defender a posição 6; quando o levantador bloquear na posição 4; etc.).
- Treinamentos específicos para jogos (de acordo com as características adversárias).

Considerações extras e de reforço

- Por que não a formação com centro avançado?

- O sistema defensivo com o centro avançado foi largamente utilizado antes dos anos 1980 pelas seleções soviéticas. Como o alto bloqueio levava constantemente vantagem sobre os atacantes mais baixos de outros países, as equipes da União Soviética e do bloco socialista valiam-se desse expediente para ter sempre um jogador com a função de recuperar bolas que fossem eventualmente largadas próximo à zona de ataque.
- Outras equipes adotaram o mesmo expediente, mais por comodidade do que por razões lógicas. O jogador da posição 6 permanecia adiantado, sobre a linha de ataque, e apenas acompanhava o levantamento, protegendo-se atrás dos bloqueadores.
- Como já foi amplamente mencionado, esse PFCAAD prioriza desde a iniciação a análise e a resposta a partir dos estímulos constantes que ocorrem durante o rali, o que vai no sentido oposto da determinação antecipada de alguém exclusivamente para largadas.
- Além do mais, mesmo as equipes que chegaram a utilizar por décadas essa formação já a abandonaram, em razão da velocidade com que os ataques são realizados atualmente, o que inviabiliza a organização com centro avançado e a consequente exposição de amplas regiões da quadra.

- A capacidade de leitura deve ser treinada desde a iniciação. Com o desenvolvimento da análise, a aplicação de qualquer formação defensiva e suas adaptações em função das situações específicas de jogo ficam muito mais facilitadas, não só pela otimização da resposta motora aos diferentes estímulos, como também pela compreensão da tática coletiva.
- Será, assim, dada prioridade às táticas defensivas sem cobertura específica, com a finalidade de desenvolver a análise, capacidade que tende a se definhar quando se expõe o aluno-atleta a um sistema mais automatizado, ainda que talvez mais eficiente. Em médio prazo, a acomodação proporcionada por posicionamentos automáticos e antecipados forma jogadores incapazes de compreender as ações mais dinâmicas de jogo.
- Para evitar constrangimentos e erros consecutivos, o treinador, ao perceber que o adversário tirará proveito de uma impossibilidade de leitura e resposta apropriada dos defensores, pode autorizar o posicionamento antecipado da cobertura mesmo em CCI.
- A partir da C14 e da C15, a cobertura antecipada aparece como alternativa e não como padrão, pois existem adversários que se sabe com antecedência – por meio de estudos – que tendem a largar diante de algumas situações – bloqueios mais altos, momentos mais tensos do jogo, etc.
- As formações defensivas desenham-se a partir de uma leitura mais madura, baseada em um conjunto de fatores:
    - Qualidade da recepção ou da defesa adversárias.
    - Qualidade do levantamento.
    - Embate entre ataque e bloqueio.
    - Estudo prévio do adversário.
- Mesmo os alunos-atletas das CCA devem vivenciar em treinamento a defesa e o bloqueio em todas as posições, independentemente da região em que normalmente jogam, pois precisarão fazê-lo em algumas circunstâncias (emergenciais ou predeterminadas).
- Não deve o técnico arriscar uma substituição caso os envolvidos não tenham sido treinados para o que ele pretende. Não é raro ver jogadores altos entrarem em quadra para tentar um ponto decisivo de bloqueio em uma posição que não lhes é familiar. Esse expediente só é válido se houve treinamento prévio para isso, caso contrário é um exercício de sorte, algo que não cabe em um ramo que deve primar pela lógica.
- Nos bloqueios "quebrados", em que o segundo jogador chega atrasado, a projeção dos

braços para o espaço entre ambos deve ser feita pelo jogador que chega, e não pelo da marcação.
- A projeção dos braços para o lado só deve ser realizada quando o bloqueador antevir a intenção do atacante e em situações em que as chances deste colocar a bola no chão utilizando aquele espaço aumentam consideravelmente.
- Para as bolas de meio, a inclusão do bloqueio duplo deve ser feita gradativamente ao aumento da capacidade de leitura do aluno-atleta.
- A partir da C16/17, a marcação agrupada (os três bloqueadores se posicionam mais para centro da quadra) já deve estar assimilada e ser aplicada.
- O bloqueio triplo só deve ser ensinado como estratégia coletiva quando houver capacidade técnica para se formar um bloco compacto e os outros três defensores puderem dar conta de todos os espaços da quadra, aptos a defender bolas largadas, batidas com meia-força, etc.
- Os posicionamentos defensivos específicos contra combinações de ataque devem ser ensinados quando a organização coletiva estiver devidamente assimilada para as situações básicas e os atletas forem apresentados a essas combinações em jogos ou dentro da evolução ofensiva da própria equipe. Caso algum adversário utilize jogadas ofensivas desconhecidas, convém gastar um tempo do treinamento para ao menos posicionar a equipe para enfrentá-las.

USO TÁTICO DO SAQUE

Depois de esmiuçarmos as táticas referentes aos sistemas de recepção e ofensivos ganhamos subsídios para abordar a utilização do saque como estratégia tática. Logicamente, as organizações subsequentes na dinâmica de jogo – sistemas defensivos e formações de contra-ataque da própria equipe – é que poderão concluir o que, em teoria, se pretende com o saque tático, mas os elementos necessários para dificultar o *side-out* adversário localizam-se nesse embate: saque vs. recepção + levantamento + ataque.

A intenção clara por parte do sacador, o entendimento de todos quanto aos desdobramentos que se visa provocar na equipe adversária e as ações coordenadas para neutralizar a ofensiva contrária constituem o processo completo do uso tático do saque.

Por se tratar de uma estratégia que exige raciocínio lógico e encadeamento mental de situações que se reverterão em favor da equipe, o processo mental da utilização tática do saque nas CCA (quando ele atinge um grau de evolução mais complexo) não se constrói de um momento para o outro. O PFCAAD desenvolve as formas elementares de raciocínio específico de jogo desde as CI para que o aluno-atleta construa as estratégias mentais de modo gradativo e cumulativo e possa, à medida que pratica as formas mais complexas de jogo, adaptar-se às exigências decorrentes da associação dos elementos com vista à obtenção do ponto. Assim, ao chegar às CCA, quando o uso tático do saque atinge seu mais alto grau de aplicabilidade, o aluno-atleta dispõe do raciocínio lógico e do encadeamento mental para a compreensão e aplicação sistemática desse expediente.

Com a crescente eficácia da recepção e a baixa possibilidade de se fazer um ponto direto de saque, esse fundamento deve ser considerado apenas como início de um processo facilitador para se conseguir o ponto na sequência do rali.

Evolução de acordo com a categoria

A conscientização do uso tático do saque faz parte do processo evolutivo do aluno-atleta e vem desde a estimulação cognitiva nas CI. As formas criativas e elementares de jogo adaptado levam o indivíduo a desenvolver estratégias mentais para submeter o adversário a dificuldades que se reverterão em facilidades à própria equipe na obtenção do ponto disputado em cada rali.

A aprendizagem e a aplicação eficiente das diferentes formas de saque dotam o grupo de armas mais diversificadas para a utilização tática do elemento de jogo. Quanto mais recursos técnicos tem o aluno-atleta, maiores as possibilidades de sucesso na tentativa de surpreender o adversário quando a equipe tiver a posse do saque.

Sendo assim, o uso tático do saque potencializa-se com a aquisição da técnica mais apurada e ganha mais elementos exploratórios quanto mais complexos tornam-se os sistemas de jogo desenvolvidos.

De modo geral, com base nos tipos de saques aprendidos e na adoção dos sistemas de jogo em cada faixa etária, a aplicação pode ser distribuída da seguinte maneira entre as categorias:

Categorias iniciantes:

- Estimulação de ações que envolvam diferentes distâncias e levem o aprendiz a buscar acertar alvos amplos, principalmente em jogos adaptados – Iniciantes 1.
- Vale aqui a consideração de que o objetivo entre os integrantes da Iniciantes 1 não é o desenvolvimento da habilidade específica do saque, mas as habilidades coordenativas relacionadas à orientação espacial e temporal.
- Estimulação por meio de desafios dos integrantes da Iniciantes 2 no minivôlei – o técnico orienta o direcionamento do saque para determinadas regiões ou jogadores.

Categoria 13 anos:

- Direcionamento do saque por baixo às regiões mais amplas – diagonal, paralela, curto e longo, além de suas combinações.
- Domínio do saque por baixo de todas as posições possíveis de realização.
- Direcionamento do saque por baixo a cada uma das cinco pontas do sistema de recepção em W.
- Iniciação ao direcionamento do saque por baixo a cada uma das regiões intermediárias entre as cinco pontas do W.
- Iniciação do desenvolvimento do domínio do saque lateral nas situações descritas.
- Iniciação do domínio do saque lateral mais afastado da linha de fundo – a distância depende do controle do executante, podendo ser estendida à medida que ele consegue atingir as zonas-alvo com regularidade.

Categoria 14 anos:

- Domínio do saque lateral para o local em que é realizada a infiltração no sistema de jogo 6 x 6 com o levantamento feito por quem está na posição 1.
- Direcionamento do saque tipo tênis às regiões para a diagonal, paralela, curto e longo, além de suas combinações.
- Domínio do saque tipo tênis de todas as posições.
- Direcionamento do saque tipo tênis a cada uma das pontas do sistema de recepção em W (também do sistema semicírculo para as categorias masculinas).
- Direcionamento do saque tipo tênis a cada uma das regiões intermediárias entre as cinco pontas do W (também do sistema semicírculo para as categorias masculinas).
- Domínio do saque curto sobre o atacante de meio ou de ponta do sistema de jogo 4 x 2.
- Iniciação do domínio do saque tipo tênis mais afastado da linha de fundo – a distância depende das mesmas condições citadas na C13 para o saque lateral.

Categoria 15 anos:

- Direcionamento do saque tipo tênis a cada uma das quatro pontas do sistema de recepção em semicírculo.
- Direcionamento do saque tipo tênis a cada uma das regiões intermediárias entre as quatro pontas do semicírculo.
- Domínio do saque tipo tênis curto sobre o atacante de meio ou de ponta do sistema de jogo 4 x 2.

- Domínio do saque tipo tênis sobre a infiltração do sistema de jogo 6 x 2.
- Domínio do saque tipo tênis em todas as situações anteriores a qualquer distância da linha de fundo.
- Domínio do saque tipo tênis de modo a fazê-lo cair à frente dos passadores ou alongá-lo com força para o fundo da quadra adversária.
- Domínio do saque tipo tênis veloz, em direção à linha de fundo adversária.
- Domínio do saque tipo tênis à direita, esquerda, às costas ou à frente do jogador-alvo de todas as posições e em todas as direções.
- Iniciação à finta individual a partir do saque tipo tênis – com variações de movimentos de corpo, de braço e de mão.
- Domínio do saque em suspensão com rotação de todas as posições.
- Direcionamento do saque em suspensão com rotação para a diagonal, paralela, curto e longo, além de suas combinações.

Categoria 16/17 anos:

- Domínio do saque flutuante em suspensão de todas as posições.
- Direcionamento do saque flutuante em suspensão às regiões para a diagonal, paralela, curto e longo, além de suas combinações.
- Direcionamento do saque em suspensão com rotação a cada uma das pontas do sistema de recepção em semicírculo (dos três passadores nas categorias masculinas).
- Direcionamento do saque em suspensão com rotação a cada uma das regiões intermediárias entre as pontas do semicírculo (dos três passadores nas categorias masculinas).
- Domínio do saque curto a partir do saque tipo tênis, do saque em suspensão com rotação e do flutuante em suspensão sobre o atacante de meio ou de ponta do sistema de jogo 6 x 2 ou do 5 x 1.
- Domínio dos três tipos de saque sobre a infiltração do sistema de jogo 6 x 2 ou do 5 x 1.
- Domínio do saque flutuante em suspensão de modo a fazê-lo cair à frente dos passadores ou alongá-lo com força para o fundo da quadra adversária.
- Domínio do saque flutuante em suspensão em relação ao passador adversário, conseguindo sacar à direita, esquerda, às costas ou à frente do jogador-alvo de todas as posições e em todas as direções.
- Iniciação à finta individual do saque em suspensão com rotação e do flutuante em suspensão – com variações de movimentos de corpo, de braço e de mão.
- Aprimoramento da finta individual dos três tipos de saque – com variações de movimentos de corpo, de braço e de mão.

Categoria 18/19 anos:

- Domínio completo e uniforme em termos de eficiência de todos os tipos de saque de qualquer posição e para qualquer direção.
- Aprimoramento de todas as possíveis utilizações táticas do saque a partir dos tipos aprendidos e de acordo com as características do sistema 5 x 1.
- Aprimoramento da mudança repentina do saque em suspensão do flutuante para o com rotação e vice-versa.

Especificações sobre o uso tático do saque

Seguindo a evolução sugerida para cada categoria, relacionamos a seguir as possíveis variáveis que envolvem a utilização tática do saque. É possível associar a sequência sugerida por categorias às circunstâncias elencadas a seguir e traçar uma metodologia progressiva de entendimento e assimilação técnico-tática por parte do aluno-atleta.

A intenção tática na realização desse fundamento pode não estar inicialmente conectada à estratégia tática coletiva, mas a consequência da ação adversária se reverte invariavelmente em benefício coletivo, que para ser aproveitado necessita do entendimento e cooperação de todas as peças da equipe. O uso tático do saque pode estar ligado, portanto, aos seguintes fatores, de ocorrência independente ou coligada:

1. Regiões da quadra.
2. Técnica do saque e trajetória da bola.
3. Posições da zona de saque.
4. Análise técnica do passador.
5. Fatores psicológicos envolvidos.
6. Tática coletiva.

Regiões da quadra

A primeira e mais básica orientação para o início da conscientização tática do uso do saque é a determinação das regiões da quadra para as quais o saque pode ser dirigido. É fundamental que os alunos-atletas dominem o envio do saque a essas regiões tão logo desenvolvam o domínio do fundamento e passem a utilizá-lo nos coletivos e jogos.

Tão logo cada tipo de saque aprendido é aplicado, o aluno-atleta deve ser incentivado a buscar com precisão e constância as regiões mais amplas consideradas a seguir. Dessa forma, o saque pode ser dirigido (levando em conta que as posições ideais para sua realização sejam as posições 1 e 5) para:

- A diagonal ou a paralela.
- Próximo à rede – saque curto –; em direção à linha de fundo – saque longo.

Com o domínio do direcionamento do saque para essas regiões é possível dar prosseguimento à busca de áreas mais restritas que farão parte do aprimoramento do uso tático do elemento de jogo.

Técnica do saque e trajetória da bola

A técnica do saque deve levar em conta a facilidade que o sacador tem para empreender determinado tipo de saque e a dificuldade do adversário em recepcioná-lo. A equação deve resultar em coincidir a técnica do sacador com a baixa eficácia do passador e, com isso, obter uma recepção que facilite a armação tática defensiva da equipe sacadora.

O fato de o PFCAAD adotar o ensino de todos os tipos de saque, de todas as posições e para todas as direções para todos os alunos-atletas indistintamente, facilita a múltipla aplicação desse embate, pois não haverá limitações quanto à utilização de determinado tipo de saque. Ou seja, se determinado indivíduo chegar à posição 1 e o melhor saque para aquela situação for um viagem da posição 5, para a posição 1 adversária não haverá impedimento algum de ele ser realizado, assim como se o caso requisitar um saque curto, o aluno-atleta estará apto também a realizá-lo com eficiência.

Diante da diversidade possível de saques, elencamos a seguir os que podem ser utilizados, em quais condições e com qual objetivo.

- Flutuante forte: dado do fundo da quadra e com força, tem por objetivo dificultar a recepção, por conta da velocidade e efeito que a bola assume. É uma boa arma contra passadores que não conseguem analisar com rapidez a trajetória da bola, tampouco possuem mobilidade nas passadas quando estas precisam ser realizadas rápida e constantemente. Por visar mais à força e ao efeito, esse tipo de saque perde em precisão e velocidade, o que o leva a ser utilizado em circunstâncias em que é possível alcançar determinada região da quadra – por exemplo, entre as posições 5 e 6 ou 6 e 1. Nesse caso, não há problema de um ou outro dos passadores ali colocados assumir a recepção. O saque flutuante dado do fundo da quadra não tem grande efeito, por exemplo, nas CCA, quando o líbero é parte do grupo e realiza sua função com desenvoltura. A bola viaja por mais tempo e permite que o líbero analise, antecipe-se e assuma a recepção de uma bola endereçada à região que era ocupada pelo passador-alvo do sacador. Assim, a tática de saque fica sem efeito. Por essas razões, deve ser preterido pelo saque mais próximo à linha de fundo quando a precisão e a velocidade forem prioritárias.

- Flutuante veloz: executado de perto da linha e com trajetória retilínea e rápida, procura surpreender o adversário, diminuindo o tempo de ação do passador. Difere do flutuante forte por algumas razões: dá menos tempo ao passador de se colocar adequadamente para a ação; pode chegar à altura do tórax do adversário, dificultando a recepção daqueles que não têm o domínio da manchete alta ou do toque; permite maior precisão quando se visa buscar regiões mais restritas da quadra; é preferível quando a intenção é fazer que o passador receba a bola à esquerda ou direita do corpo, etc. O saque flutuante realizado próximo à linha de fundo deve levar em conta a região que se pretende atingir e de que forma, pois há estrita relação desse intento com a posição da qual o sacador realizará a ação. Por exemplo, se o sacador pretende obrigar o passador que se encontra na posição 5 a receber a bola à esquerda de seu corpo, é preferível sacar da posição 1. Assim como a direita do passador da posição 1 será alcançada com mais precisão se o saque for realizado da posição 5.

- Viagem: é o saque mais forte; a rotação da bola a faz cair rapidamente. É utilizado pelos sacadores contra equipes que mostram mais dificuldade para receber saques com rotação do que os flutuantes. É importante o domínio de todos os saques para que se possa utilizá-los indistintamente, de acordo com as características do adversário a ser enfrentado. É altamente positivo, também, realizar com a mesma desenvoltura os saques de todas as regiões e para todas as direções, pois algumas áreas são alcançadas com mais força e precisão quando o saque é desferido de determinadas posições. Outro fator que leva à utilização do saque viagem é a montagem coletiva do adversário para recepcionar esse tipo específico de saque. Para isso, as equipes precisam dispor de mais passadores e distribuir as áreas de responsabilidade com mais uniformidade, o que leva alguns menos habilidosos a assumir mais espaço do que conseguem dominar com segurança, expondo-se ao sacador. As C15 e C16/17 ainda não possuem uma estruturação tática consistente para, muitas vezes, lidar com o saque viagem, já que esse fundamento está em seu estágio inicial de aplicação. Assim, sua utilização pode resultar em benefícios sucessivos a favor das equipes que o dominam.

- Curto: procura deslocar o passador para a frente, dificultando o passe e o subsequente deslocamento para o ataque ou comprometendo a velocidade ofensiva adversária. O saque curto pode originar-se dos tipos citados anteriormente, desde que o sacador altere o gesto técnico de modo que a bola perca velocidade e força, descreva uma trajetória menor e caia próximo à linha de ataque adversária. Todavia, essas ações são de difícil execução e a precisão só é alcançada depois de muita prática e equilíbrio tanto motor quanto psicológico. Tal variação vai sendo desenvolvida ao longo do PFCAAD e a eficácia e a regularidade provavelmente serão alcançadas apenas na C18/19. Enquanto isso não acontece – e mesmo quando o domínio permitir tal utilização –, o saque curto é desenvolvido junto à linha de fundo, de modo a encurtar o caminho a ser percorrido pela bola. Nem sempre é necessário tentar esconder do adversário a intenção de utilizar o saque curto; contudo, sempre que possível é indicado que o sacador deixe em dúvida o passador, assumindo durante sua execução postura de quem pode tanto imprimir velocidade ao saque quanto encurtá-lo. O saque curto precisa invariavelmente ganhar uma parábola mais acentuada, pois a intenção é que a bola chegue à zona de ataque da quadra adversária e obrigue o passador responsável a deslocar-

-se até ali para, depois, reposicionar-se para o ataque. Tem ótimos efeitos contra passadores que se incomodam em perder o poder total de ataque; por precisar abaixar-se constantemente para realizar a manchete; por forçar o atacante de meio a receber a bola; ou por forçar o levantador a ter a bola sempre às suas costas (saques curtos na posição 2).

- Caindo à frente: é um tipo de saque que vai sendo aprimorado ao longo do PFCAAD, pois exige pleno domínio do golpe à bola, e requer alta precisão na desaceleração do braço de ataque. É estratégia própria do saque flutuante, pois resulta do efeito deste quando a força é diminuída no momento do golpe, o que causa uma queda repentina da bola tão logo ela ultrapassa a rede. Ao perceber a mudança da trajetória, o passador nem sempre consegue reagir a tempo e posicionar os braços sob a bola. Executado geralmente do fundo da quadra, pode ser utilizado também junto à linha. O efeito é maior e traz mais problemas ao passador quando é realizado do fundo da quadra, porém a utilização junto à linha segue as mesmas recomendações feitas anteriormente, caso a precisão seja priorizada. Nesse tipo de saque, deve ser eliminada a ação do corpo, utilizando-se exclusivamente a velocidade do braço para fazer a bola apenas ultrapassar a rede. A rede será a referência do sacador, fazendo que a bola altere sua trajetória até então previsível tão logo a ultrapasse. Geralmente, esse tipo de saque limita de maneira mais intensa o ataque de quem realiza a recepção, levando-o muitas vezes ao chão e facilitando, assim, a ação dos bloqueadores da equipe sacadora.

O domínio pleno de todos os tipos de saque e de seus possíveis efeitos leva o aluno-atleta a poder utilizar qualquer técnica para atingir diferentes e interessantes objetivos táticos coletivos. A compreensão disso é fundamental para a consciência coletiva. Não se deve permitir a utilização exclusiva de um determinado tipo de saque por preciosismo ou por limitação técnica.

O indivíduo que só utiliza o saque viagem por considerar que a espetacularidade ou a possibilidade de fazer pontos diretos trará benefícios particulares deve ser coibido de tomar iniciativas que não favoreçam à equipe. Da mesma forma, o aluno-atleta que não consegue realizar o tipo de saque que seria mais proveitoso para a equipe, seja por insegurança ou deficiência técnica, deve ser cobrado. Para ambos, o treinamento extra que vise a desenvolver todas as formas de saque de maneira a poder aproveitá-las de modo eficiente em jogos deve ser enfatizado.

Outro detalhe a ser observado, sobretudo pelo técnico, é que a tática de saque baseada na técnica a ser utilizada, principalmente entre equipes de alto nível de desempenho, surte efeito apenas por determinado momento, até que o adversário se adapte ao tipo de saque. É hora, então, de mudar a técnica, mas isso só poderá ser feito por grupos que tenham pleno domínio de todos os tipos de saque e consigam realizá-los de todas as posições e em todas as direções.

Outro diferencial, possível muito provavelmente a partir da C18/19, é a mudança do efeito dado à bola apenas no último momento da ação motora. Esse expediente é utilizado por sacadores habilidosos que, ao perceberem alguma mudança na estrutura tática de recepção do oponente, fazem a bola, por exemplo, ganhar rotação após simular um golpe que daria a ela o efeito flutuante, ou vice-versa. É possível também imprimir velocidade ao golpe após todo o corpo levar o passador a se antecipar para um saque provavelmente curto.

Essas estratégias individuais jamais serão desenvolvidas por alunos-atletas que não tenham tido estímulos técnicos e liberdade criativa ao longo do PFCAAD. Um projeto que leve o indivíduo a apenas seguir ordens e realizar ações sempre predeterminadas por outrem jamais terá iniciativa desse tipo.

Posições da zona de saque

Cada região da zona de saque apresenta possibilidades táticas diferentes para a realização de uma ação consciente e que vise a um desdobramento que interesse à equipe.

A escolha da posição mais apropriada para realizar o saque recai sobre: a região que se pretende buscar na quadra adversária; a proximidade entre os pontos de saque e de recepção; a restrição da zona à qual se pretende dirigir a bola; o tipo de efeito que se pretende ao saque; ou a posição que será assumida na defesa.

Os saques realizados mais afastados da linha de fundo dificultam o posicionamento subsequente do defensor nas posições 1 e 5 nos sistemas defensivos, já que estes devem se colocar próximos à linha de ataque, prontos para uma eventual largada de segunda ou um ataque veloz pelo meio de rede. Nesse caso, é preferível que o sacador ocupe a posição 6 após o saque, deixando que outro jogador posicione-se antecipadamente em uma daquelas regiões.

A filosofia do PFCAAD de levar todos a vivenciar as diferentes posições multiplica as possibilidades de utilização do saque.

Vejamos então quais as razões para promover a escolha da posição ideal para realizar o saque com intenção tática.

Posição 1:

- No sistema de recepção em W, quando se dá início ao raciocínio tático do saque, dessa posição é possível alcançar com mais facilidade o lado esquerdo dos passadores que estão na 4 e na 5.
- No sistema em semicírculo, leva dificuldade aos dois passadores que se encontram à esquerda da formação adversária.
- Ideal para imprimir um saque veloz à esquerda do passador que se posiciona na faixa esquerda adversária – contra as formações em dois ou três passadores.
- Nas três situações anteriores, pode levar também a indefinição entre os passadores dessa área nos saques em que a bola passa rasante à rede e com velocidade.
- No sistema em W causa confusão entre os três elementos à direita da formação.
- No sistema em semicírculo, promove a indefinição entre os passadores que ocupam as posições 1 e 2.
- Quando se busca a diagonal longa ou um saque caindo à frente do passador da posição 1 – contra sistema de recepção em quatro, três ou dois passadores.
- Para um saque curto na posição 4 – a diminuição da distância aumenta a precisão.
- Para saques viagem que priorizam a força e buscam as regiões à direita da quadra adversária.
- É a posição preferida de quem defende na posição 1 – nos saques mais afastados da linha de fundo, recomenda-se que esse indivíduo assuma a posição 6 de defesa.

Posição 5:

- Contra o sistema de recepção em W, é possível dessa posição alcançar com mais facilidade o lado direito dos passadores que estão na 2 e na 1.
- No sistema em semicírculo, é eficiente quando se pretende dificultar o trabalho dos dois passadores que se encontram à direita da formação adversária.
- Para imprimir um saque veloz à direita do passador que se posiciona na posição 1 adversária – contra formações em dois ou três passadores.
- Nas três situações anteriores, os saques em velocidade provocam indefinição entre os passadores dessa região, que muitas vezes não conseguem definir a tempo a quem cabe a responsabilidade pela bola entre eles.
- No sistema em W, causa confusão entre os três elementos à esquerda da formação.
- No sistema em semicírculo, promove a indefinição entre os passadores que ocupam as posições 4 e 5.

- Quando se busca a diagonal longa ou um saque caindo à frente do passador da posição 5 – contra sistemas de recepção em semicírculo, em três ou em dois passadores.
- Para um saque curto na posição 2 – a diminuição da distância aumenta a precisão.
- Saques viagem fortes dirigidos à metade esquerda do campo contrário.
- O sacador fica mais próximo da posição 5, podendo optar por essa região se for posicionar-se ali para a defesa – nos saques mais afastados da linha de fundo, recomenda-se que ele assuma a posição 6 de defesa.

Posição 6:

- Contra o sistema de recepção em W surte bom efeito se realizado entre os três passadores centrais da formação, em especial o saque veloz dirigido à altura da cabeça do jogador da posição 3.
- Contra o sistema em semicírculo pode trazer dificuldades se alternado entre os passadores do fundo de quadra e a posição 3.
- Recomendada quando a intenção é sacar ou entre o passador da posição 1 e o da 6 ou entre este e o da posição 5 – nos sistemas de recepção em três jogadores.
- Para um saque curto na posição 3 – menor distância.
- Saque viagem dirigido ao passador que está no meio da quadra – na formação em três passadores.
- Só se justifica quando a intenção é sacar para o meio da quadra, pois essa posição limita o alcance das diagonais, facilitando, assim, o posicionamento da recepção.

As recomendações anteriores estão baseadas em situações que facilitam a ação do sacador e permitem imprimir mais precisão, força e velocidade à bola. Sempre que não houver a preocupação de deixar em dúvida o adversário sobre a intenção do sacador, essas diretrizes podem ser seguidas. No entanto, à medida que o grupo evolui e os alunos-atletas desenvolvem o domínio técnico e mental, é possível variar o saque a partir das posições assumidas, ludibriando o adversário que espera por uma ação mais provável.

É possível, por exemplo, da posição 1, sacar curto na posição 2 ou imprimir velocidade à bola e buscar a posição 6 adversária. Saques viagem da posição 5 que buscam a direita do passador localizado na posição 1 alteram a lógica e surpreendem os adversários.

Com o tempo, os alunos-atletas desenvolvem estratégias ainda mais elaboradas, conseguindo empreender saques menos prováveis alterando apenas o movimento de braço ou apenas da mão que golpeia a bola.

Análise técnica do passador

O processo de amadurecimento do aluno-atleta começa com o autoconhecimento, passa pela observação do oponente e complementa-se com a visão ampla das relações associadas entre as próprias ações – particulares e coletivas –, as ações alheias – tanto individuais quanto conjuntas – e a associação múltipla entre elas em situação de confronto.

O uso tático do saque envolve essa complexa composição e quanto mais elaborada for a análise do sacador, mais sucesso ele pode obter desse momento em que só ele sabe o que fará com a bola que tem em suas mãos. Em especial nas CCA, os elementos técnicos do passador adversário podem também ser informados antecipadamente pela comissão técnica, que promove análises anteriores e tem indicadores fiéis sobre deficiências de cada oponente. A soma das informações com as observações pontuais do jogador oferece base suficiente para explorar tais dificuldades a favor da equipe sacadora.

Relacionamos a seguir sugestões de saques baseadas nos indicadores técnicos do passador.

Saque à direita ou à esquerda do passador

Quase todos os passadores têm preferência em receber a bola de um dos lados do corpo, no qual tem mais recursos técnicos para dirigir a bola. A observação apurada do sacador possibilita saber qual o lado preferível e como eles se posicionam para não oferecer o lado mais vulnerável. A partir daí, encontra-se a melhor forma de colocá-los em dificuldade.

Na C18/19, tais dificuldades não são tão explícitas, mas indicam algumas propensões, por exemplo, alguns passadores posicionados à esquerda da quadra não conseguem dirigir a bola à posição dois e meio quando recebem à esquerda, deixando-a no centro da quadra. Dependendo da tendência do levantador de optar por determinadas jogadas quando realiza o levantamento dessa região, é possível concentrar o bloqueio para a maior probabilidade de distribuição.

Utilizando o mesmo exemplo, alguns passadores nessa posição deixam constantemente a bola mais afastada da rede quando a recebem do lado direito, levando a própria equipe a atuar com menos velocidade.

Descobrindo tais fragilidades, o sacador pode optar por posicionar-se na zona de saque de modo a conseguir empreender o saque mais eficiente, de acordo com tais orientações.

Longo ou curto
Alguns jogadores preferem atacar partindo mais próximo ou mais longe da rede. O sacador (e a comissão técnica) deve descobrir essas dificuldades e explorá-las.

Os passadores em sistemas especializados sempre têm preferências ou apresentam dificuldades em relação tanto à maneira como realizam o passe quanto à dinâmica de sua consequente movimentação para o ataque. Realizar uma ou outra vez uma determinada ação não incomoda nem leva à queda de rendimento geral do oponente, mas a repetição constante provocada por saques insistentes com certeza provocará no adversário uma alteração de seu equilíbrio emocional e rendimento técnico.

Consequentemente, alternar o saque a partir da acomodação do passador o surpreende e pode levá-lo sempre a não poder antecipar-se. Não são raros os casos em que o uso tático do saque leva à substituição de um jogador que não consegue administrar tal pressão. O saque tático bem realizado e adotado disciplinadamente por toda a equipe leva obrigatoriamente a modificações estruturais na equipe adversária, e esta é a intenção.

Saque à frente ou na altura do tórax
Alguns passadores não têm tanta intimidade com os saques que vêm na altura do tórax, pois sentem dificuldade para tirar o corpo da trajetória da bola e utilizar manchetes altas ou não têm segurança suficiente para recebê-la em toque por cima.

Outros não gostam de abaixar o tempo todo para passar. Muitos passadores chegam a acelerar mais que o apropriado esse tipo de saque, tirando algumas possibilidades ofensivas da própria equipe.

A opção por saques mais velozes, para o primeiro caso, ou de longe, para o segundo, surte bons efeitos. Porém, a insistência em apenas um tipo de saque leva os jogadores mais experientes à adaptação. Estes, percebendo a intenção do adversário, posicionam-se antecipadamente, anulando a estratégia do sacador. É importante que tal comportamento seja percebido e o saque possa levar o passador a recuar ou avançar, não lhe permitindo antecipar-se.

Na C18/19 é comum também a organização coletiva para ocupar espaços de modo a minimizar a ação sobre um passador em particular. O líbero ou outro passador ocupam os espaços que antes eram do jogador "caçado" pelo sacador e anulam a intenção deste. Essa estratégia também deve ser percebida e contra-atacada pela equipe que realizará o saque.

Opção por um tipo de saque diferente daquele normalmente utilizado pelo adversário
Supõe-se que uma equipe que executa bem o viagem tenha passadores mais capacitados para receber esse tipo de saque, assim como um grupo que majoritariamente prefere o saque flutuante apresenta passadores mais acostumados a ele.

Portanto, um tipo de saque diferente do que os adversários estão acostumados pode trazer melhores resultados. Mais uma vez reforça-se a filosofia do PFCAAD de desenvolver todos os tipos de saque desde o início, pois os alunos-atletas poderão optar por aquele que for mais interessante a qualquer adversário e momento do jogo.

Fatores psicológicos

Alguns comportamentos individuais ou circunstâncias podem indicar ou sugerir certa instabilidade emocional do oponente sobre a qual pode-se levar vantagem no momento do saque. Essa percepção pode render preciosos pontos, direta ou indiretamente, para a equipe do sacador. Um saque pode ser favorável se dirigido a um jogador que:

- Esteja visivelmente nervoso ou agitado psicologicamente naquele momento.
- Tenha acabado de cometer um erro.
- Tenha sido punido pela arbitragem.
- Tenha sido repreendido pelo próprio técnico.
- Esteja contundido.
- Tenha acabado de entrar em quadra.

Alguns momentos psicológicos são característicos do jogo de voleibol, potencialmente tensos e igualmente podem ser favoráveis a quem souber explorá-los e induzir o adversário ao erro. O saque deve ser usado favoravelmente diante das situações de intranquilidade e insegurança relacionadas a seguir:

- O primeiro saque de cada jogador: a ansiedade é mais bem controlada se não for exigida tanta precisão do sacador nesse momento, deixando a ele um pouco de margem de erro e aceitando como alvo uma região mais ampla do que se visará na sequência do jogo.
- Depois de um saque errado da própria equipe: o ritmo é componente importante na dinâmica de jogo e deve ser priorizado, sendo preferível um saque menos potente após um erro.
- Após uma substituição ou pedido de tempo: as paradas oficiais levam os jogadores a relativa queda do nível de atenção e concentração, além de ser uma estratégia para induzir o sacador ao erro depois de uma boa sequência de saques; por isso, o sacador deve estar consciente de que desperdiçar o saque após uma interrupção é permitir que o adversário atinja seu objetivo por meio de sua própria ação.
- Depois de um rali longo: a motivação por vencer um rali disputado é altamente benéfica para a equipe, que se fortalece e deve aproveitar para tentar embalar uma sequência de pontos; no entanto, tudo pode ser jogado fora se o saque seguinte for desperdiçado.
- Em momentos de alta ansiedade (início e final de *set* ou de jogo): o início e o final dos *sets* são dois momentos caracteristicamente de alta tensão; caso o sacador desperdice vários saques nos primeiros pontos, acaba por ajudar o oponente a aliviar a ansiedade e talvez encontrar o equilíbrio antes de sua própria equipe, enquanto os últimos pontos trazem a passadores, levantadores e atacantes redobrada responsabilidade, eliminada de pronto por um saque errado.
- Quando um jogador entra exclusivamente para sacar: o técnico, o jogador substituído e a equipe esperam pela execução correta do fundamento por parte de quem adentra a quadra apenas para isso; quando o sacador erra, além do ponto em si, faz que o técnico perca duas substituições e a equipe tenha uma momentânea desmotivação que pode ser aproveitada pelo saque subsequente do oponente.
- Depois do melhor sacador adversário, tenha ele errado ou acertado: quando os bons sacadores passam pela posição existe uma carga de expectativa maior do que o normal tanto dos próprios companheiros quanto dos adversários; se houve um ou dois acertos, é importante que o sacador da equipe que conseguiu tirá-lo da função responda com uma ação positiva, assim como, se aquele come-

teu um erro, deixa a própria equipe um tanto decepcionada, o que deve imediatamente ser aproveitado pelo sacador adversário.

- Todos os saques de final de *set* ou de jogo (os *set-points* ou *match-points*): os saques decisivos concedem ao sacador a possibilidade de protagonismo do *set* ou da partida; contudo, não deve ser permitido a ele desperdiçar o saque por puro preciosismo, cobrando-lhe consciência coletiva sobre a utilização tática da ação.

Esses momentos devem ser considerados pelo próprio sacador, mas sempre recordados pelos demais componentes da equipe, entre jogadores e comissão técnica. Da mesma forma, quando o saque couber ao adversário, deve-se compreender a importância de recepcioná-lo adequadamente, controlando a ansiedade, a queda da concentração, o medo ou a falta de confiança. Os jogadores podem apoiar e dar confiança ao colega que se encaminha para realizá-lo, enquanto o técnico pode paralisar o jogo (pedido de tempo ou substituição) quando o saque for da equipe contrária.

Tática coletiva

Logicamente, a utilização tática do saque envolve a tática coletiva de ambas as equipes, mas em algumas situações a percepção de detalhes táticos auxilia na escolha e na aplicação de determinado tipo de saque. Algumas das considerações feitas a seguir têm relações técnico-táticas e podem induzir a equipe adversária a optar por determinada jogada ofensiva ou de certa forma minimizar sua força psicológica com a alternância de ações.

Algumas estratégias levam o adversário, no mínimo, a ter de raciocinar mais e adaptar-se ao jogo encaminhado pelos sacadores adversários. Essas sugestões surtem maior efeito contra equipes menos experientes, mas constroem também algumas das táticas de saque das CCA. Quanto menos recursos técnicos e táticos tiver uma equipe, menor será a capacidade de adaptação a saques com objetivos claros e pontuais.

As possíveis conduções do oponente para realizar certas ações são discutidas a seguir.

Alternando ritmo e tipo de saque

Durante a partida, mesmo as equipes com menos recursos acabam adaptando a própria recepção a um tipo de saque repetitivo, e encontrando uma saída tática para minimizar seus efeitos. Uma equipe que lucra com determinado tipo de saque no início do *set* ou da partida, mas insiste na mesma estratégia mesmo depois de o adversário ter encontrado um meio de anular a tática dos sacadores, acaba por dar ritmo e confiança aos passadores contrários. Por esta razão, alternar o ritmo e tipo de saque provoca no adversário a necessidade constante de readaptação. É necessário, para utilizar tal tática, versatilidade do sacador. Aqueles que só sabem realizar um tipo de saque não podem contribuir com a equipe nessa tática.

Deslocando o atacante para dentro da quadra

O passador (geralmente nas formações em dois ou três passadores) que precisa realizar a recepção na parte interna da quadra e depois promover o deslocamento para a extremidade para o ataque subsequente perde um pouco da potência deste para todas as regiões da quadra adversária. Caso esse jogador receba o levantamento e não consiga se deslocar adequadamente para o ataque, terá a diagonal reduzida para seu ataque, o que facilita a montagem do bloqueio e da defesa.

No atacante da primeira bola

Quando a recepção é feita pelo atacante de meio, responsável pela bola mais rápida da tática ofensiva, nem sempre a velocidade coletiva é mantida. Alguns jogadores atrapalham-se na realização do passe, ou cometendo erros técnicos ou acelerando em demasia o passe, o que faz que se perca a possibilidade de ele mesmo receber o levantamento ou comprometa a velocidade das ações da equipe. Dependendo da região em que o jogador se encontra e da relação de partes estabelecida no sistema de recepção adversário, o saque nesse atacante o obriga a atacar outro tipo de bola que não o de sua preferência.

Por exemplo, quando o atacante de meio está na posição 4 e ali se posiciona antes do saque adversário, ele pode ser responsabilizado pelo saque curto naquela região; nesse caso, um saque curto naquela posição impede-o de ir, por exemplo, para a china, obrigando-o a atacar à frente do levantador. O mesmo pode ocorrer quando o atacante está na posição 2, levando-o a receber e anulando sua ida, por exemplo, para uma chutada de meio.

Ao perceber a intenção do sacador, a equipe que recepciona o saque pode alterar a relação de partes e escalar outro passador para aquela bola; nesse instante o sacador pode perceber a movimentação antecipada desse jogador e surpreendê-lo com um saque longo ou sacar para a nova região assumida pelo atacante de meio.

Atrás do atacante de velocidade
Alguns atacantes de meio têm dificuldade para acompanhar bolas que vêm de suas costas. Isso os obriga a modificar o posicionamento para acertar o tempo das passadas, o que acaba muitas vezes limitando seu campo de ataque. A cabeça desse atacante serve de referência ao sacador que quer utilizar essa tática de saque.

Alto
Com mais efeito em equipes das CCI, o saque alto leva os passadores a imprimir uma maior parábola à recepção. Com a chegada alta da bola, alguns levantadores têm dificuldade em acionar com precisão os atacantes de velocidade e mesmo de tensionar o levantamento para as extremidades. Com a diminuição da velocidade de jogo do oponente, é mais fácil montar o bloqueio compactamente e antecipar o posicionamento dos defensores.

Nesse mesmo estágio, saques altos próximos à linha de fundo confundem os passadores e os levam, algumas vezes, a retardar a ação, o que consequentemente leva a uma menor precisão, e em outras a até mesmo deixar a bola cair, presumindo que esta esteja fora.

Curto
O saque curto, independentemente de ser ou não no jogador que atacará a primeira bola, altera a dinâmica ofensiva adversária. A movimentação dos atacantes em fintas coletivas ou individuais fica prejudicada e muitos passadores afobam-se já na realização do passe, dando à bola uma trajetória mais baixa e impedindo assim a finta coletiva.

Do ponto de vista individual, o atacante-passador que precisa se deslocar para o saque curto nem sempre consegue reposicionar-se para o ataque de forma adequada. Alguns perdem a capacidade de salto e são mais facilmente marcados pelo bloqueio ou são até preteridos pelo levantador da própria equipe.

Às costas do levantador
Muitos levantadores, sobretudo os menos experientes, não se sentem à vontade em levantar alguns tipos de bola quando o saque é dirigido à posição 2. A recepção ali realizada faz que esse jogador precise adaptar seu posicionamento corporal para o levantamento. O simples giro de tronco obriga-o a dispor de elementos técnicos que não limitem as opções ofensivas coletivas. No entanto, não são todos que conseguem receber a bola às suas costas, promover as acomodações e ter o domínio completo da bola e de suas próprias ações.

Em especial as bolas rápidas à frente ou para trás do levantador – principalmente a "china" –, quando a recepção vem da posição 2, ficam prejudicadas em precisão e velocidade para levantadores sem muitos recursos.

Mesmo do ponto de vista emocional, alguns acabam se desestabilizando diante da repetição desse tipo de saque e não encontram a diversidade suficiente para empreender ataques múltiplos coletivos.

Na infiltração
Em alto nível de rendimento pouco funciona, pois a velocidade do levantador supera a do saque; contudo, nas CCA causa alguma confusão pela saída lenta ou atrasada do levantador. Nesse caso,

o saque deve ser veloz o suficiente para chegar ao campo contrário durante sua realização.

No deslocamento do atacante de fundo
O atacante de fundo desloca-se livremente e não tem qualquer responsabilidade pela recepção, mas alguns saques que levam os passadores a ocupar as regiões (muitas vezes indo ao chão) em que aquele poderia receber o levantamento atrapalham e até mesmo impedem sua movimentação ou finalização.

Diante de uma opção menos efetiva ou menos potente, o bloqueio pode dar preferência a outros atacantes.

No ponteiro-passador que está no fundo de quadra
Nos sistemas mais avançados da C18/19, o ponteiro passador que se encontra no fundo de quadra é hoje peça importante no sistema ofensivo e recebe bolas rápidas que nem sempre conseguem ser anuladas pelo adversário.

No entanto, o saque tático pode intentar anulá-lo ou ao menos dificultar sua movimentação para uma bola rápida. Para isso, o saque precisa obrigá-lo a deslocar-se para uma região em que lhe seja impossível (ou mais difícil) reposicionar-se para o ataque. O ataque pela posição 6 só compensa quando o atacante consegue deslocar-se adequadamente do fundo de quadra em direção à linha dos três metros. Assim, o saque precisa impedi-lo de realizar o passe da região compreendida entre as posições 5 e 1. O saque curto à sua frente também é um bom expediente, desde que o líbero não assuma tal responsabilidade e libere seu companheiro para o ataque.

É importante que a equipe entenda a esperada aplicação da tática e que, cognitivamente, esteja conectada para o desenvolvimento das ações conjuntas conforme o objetivo do saque.

Metodologia para aplicação do uso tático do saque

O saque tático apenas desencadeia uma sucessão de ações do adversário – em geral previsível, pelo menos é a isso que se propõe sua utilização –, que deve ser detectada pela equipe sacadora e gerar prontamente uma organização defensiva coletiva que aproveite os efeitos provocados pela ação. Um saque tático só se completa com essa disposição coletiva. Por essa razão, o processo de ensino-aprendizagem do uso tático do saque envolve outros sistemas táticos: o defensivo e, indiretamente, o ofensivo de contra-ataque. Optamos assim pela seguinte metodologia:

1. Apresentação da importância do uso tático.
2. Exercícios de precisão dos diferentes tipos de saque.
3. Exercícios de saque vs. recepção.
4. Exercícios com complementação da armação defensiva e consequente contra-ataque.
5. Aplicação em coletivos.
6. Aplicação em jogos amistosos.
7. Aplicação em jogos oficiais.

Aprendizagem e aperfeiçoamento

Essa etapa caracteriza-se pela consciência da tarefa a ser desenvolvida e a realização da ação motora de acordo com a necessidade para se alcançar o objetivo. O saque pode ser elemento isolado em uma sessão, mas não se deve incluí-lo dessa maneira por muito tempo sem que haja a inclusão da recepção.

Apresentação da importância do uso tático
É possível coletar vários exemplos para demonstrar ao grupo como o saque pode beneficiar a equipe sem necessariamente fazer o ponto direto. É importante que o técnico demonstre a sequência de ações que leva à facilitação. Nem sempre, por mais que possa estar claro, o aluno-atleta consegue compreender as relações táticas para a obtenção do ponto a partir dessa estratégia, prendendo-se mais a uma ação espetacular de bloqueio ou defesa, sem ligá-la ao primeiro elemento do rali.

Procure oferecer várias e diferentes situações: saques curtos, longos, para o centro da quadra, sobre o tórax do passador, às costas do levantador, etc. Dessa forma, quebra-se também a ideia de que apenas o saque curto deve ser considerado com finalidades táticas. Cada item levantado em *Especificações sobre o uso tático do saque* deve ser acompanhado da orientação do professor-treinador sobre a dinâmica do gesto motor para alcançar as regiões ou efeitos determinados.

Exercícios de precisão dos diferentes tipos de saque

É importante lembrar que por mais desdobramentos táticos que envolvam o saque tático, ele é exclusivamente uma execução técnica. O sacador precisa enviar a bola para certa região – mais ou menos ampla – e imprimir-lhe determinado efeito – rotação, velocidade, força, mais ou menos parábola. De nada adianta a consciência de tais desdobramentos se o executante não tiver domínio absoluto de todas as possíveis variações motoras indispensáveis ao direcionamento e efeito pretendidos. Assim, a aprendizagem do uso tático do saque deve envolver exercícios de precisão que podem ser inseridos como aquecimento da sessão, ou imediatamente antes do treino tático específico, e seguidos obrigatoriamente por situações que permitam a compreensão dos efeitos da ação com a finalidade tática.

Lembre-se que o uso tático de saque como estratégia coletiva terá mais eficiência quanto maior for a versatilidade do grupo em relação a esse fundamento. A C13, por exemplo, dispõe de menos recursos, pois só conhece o saque por baixo e o lateral; enquanto as CCA já aprenderam todos os tipos. No entanto, se não houver dedicação e exigência, o aluno-atleta descartará aqueles tipos com os quais não tem tanta intimidade e optará por apenas um tipo com o qual mais se identifica.

O treinamento da habilidade técnica e sua aplicação plena em todas as situações de jogo dão à equipe muito mais possibilidades táticas do que àquelas que não possuem tantas variações, mesmo que com um rendimento aceitável em uma delas.

Promova séries de determinado tipo de saque, depois varie as regiões a serem alcançadas e as posições das quais ele se origina. Em seguida, inclua outra variação e continue a prescrever tarefas com metas predeterminadas a serem alcançadas ora por um tipo, ora por outro – por exemplo, flutuante e com rotação, ou da posição 1 e da posição 5. Até, por fim, incluir o desafio de dirigir a bola a qualquer direção, de qualquer origem e com qualquer tipo de saque. Esse domínio dará confiança ao aluno-atleta para realizar o saque que for mais interessante à equipe em diferentes circunstâncias do jogo.

Exercícios de saque *vs.* recepção

Os jogos de saque vs. recepção sugeridos no Capítulo "Recepção do saque" na Seção "Preparação Técnica" podem ser utilizados com objetivos voltados também ao uso tático do saque.

É possível isolar algumas situações em exercícios específicos de saque, recepção e ataque, com a finalidade de levar todos os envolvidos a vivenciarem as dificuldades – e consequentemente a buscar soluções caso o adversário tenha as mesmas intenções. A organização em grupos de três sacadores e três passadores-atacantes permite ritmo e sequência capazes de gerar tanto o problema quanto a adaptação dos passadores à circunstância adversa.

Pode-se variar o exercício distribuindo os passadores em diferentes regiões – entrada, meio e saída – e mudando os sacadores de posição. Quanto mais recursos tiver o grupo, mais os saques podem ser variados. As formações táticas de recepção devem complementar o trabalho, dando ao sacador a possibilidade de visualizar a quadra por inteiro e perceber como o adversário pode se organizar para anular sua intenção, seja alterando a formação, seja escalando outro passador para recepcionar o saque.

Esses exercícios servem para criar uma situação semelhante àquela a ser enfrentada na sequência do treinamento e levar o aluno-atleta ao entendimento do primeiro ato do roteiro que se busca traçar em benefício da equipe no transcorrer do rali.

Exercícios com complementação da formação defensiva e contra-ataque

Como o saque tático envolve o posicionamento coletivo próprio de bloqueio e defesa, sempre em função das consequências levadas ao adversário, não se pode deixar de incluir o sistema defensivo na sequência do exercício. Assim, o rali deve prosseguir, mesmo que o exercício seja interrompido (se assim preferir o treinador) após a defesa.

O *feedback* e as orientações complementares do professor-treinador são indispensáveis ao pleno entendimento da tática do saque e de seus desdobramentos. É fundamental que todos compreendam os desdobramentos e como se comportar diante da situação provocada. Se uma das peças deixa de atuar de acordo com o roteiro estabelecido pelo saque eficiente, tudo pode ser perdido.

Os exercícios sugeridos no item anterior complementam-se com a inclusão do bloqueio. De acordo com a reação do passador e com a qualidade de sua recepção, os três bloqueadores se organizam, dando preferência às maiores possibilidades ofensivas do adversário e deixando em segundo plano as menos prováveis (ou mesmo abandonando aquelas que se inviabilizam com um saque tático eficaz).

Nesse momento, mais uma vez, a orientação do professor-treinador é imprescindível. Não se deve deixar passar, sem observações e interrupções, comportamentos displicentes que não levem em conta o efeito conseguido pelo saque, assim como uma ação conjunta em consonância com o resultado obtido pelo sacador deve ser elogiada e enfatizada.

Procure, nessa etapa, variar o saque e levar os bloqueadores sempre a pensar nas situações provocadas e agir de imediato. O ritmo desse tipo de trabalho também é importante para que os executantes possam tanto raciocinar quanto não perder o poder de concentração contínua.

A complementação desse grupo de exercícios é feita com a inclusão da defesa. Igualmente, o posicionamento dos defensores deve ser em consonância com o efeito provocado pelo saque e a montagem antecipada do bloqueio. Se, por exemplo, a recepção deficiente elimina a possibilidade da primeira ou segunda bola, não há razão para os defensores da posição 1 e 5 permanecerem adiantados.

Por fim, a ação tática coletiva deve ser completada com o contra-ataque, estendendo a possibilidade de aproveitamento pleno da ação iniciada com o saque.

Apesar da importância do fracionamento das sessões para a assimilação progressiva da ação tática do saque, apenas o jogo como um todo completa o raciocínio tático do saque. O rali que se segue a um saque tático nem sempre termina na primeira ação. A sequência de ações leva, às vezes, à realização do ponto depois de algumas trocas de bola, em que, sem parecer, foi favorável sempre à equipe sacadora, em razão daquela primeira situação de dificuldade imposta pelo saque.

Aplicação em coletivos

Poucas são as vezes em que o aluno-atleta terá total liberdade para sacar, sem ter em mente um desdobramento de sua ação em favor da equipe. Essa ideia deve ser implantada nos coletivos e as ações coordenadas fazem parte de uma mentalidade coletiva que envolve todos os elementos para a obtenção do ponto.

Aplicação em jogos amistosos

É importante que em jogos amistosos promova-se a utilização tática do saque por todos os alunos atletas. Nesse momento, eles passam a se acostumar com as exigências, entender a dinâmica da estratégia e ter confiança para arriscar saques mais difíceis em situações menos tensas do que aquelas vivenciadas em jogos oficiais.

Aplicação em jogos oficiais

Se o grupo passar por todas as etapas sugeridas, com certeza entrará em quadra em competições oficiais muito mais seguro e consciente da importância de um saque que envolva todos para a obtenção do ponto. Mesmo aqueles que têm saques potentes vão se sentir mais seguros e comedidos nas tentativas, pois sabem que a obtenção do ponto não depende exclusivamente de seu esforço individual, mas de uma organização coletiva, que será possível se seu saque for eficiente – e não um *ace*.

Treinamento

O treinamento do uso tático do saque deve sempre incluir parâmetros de rendimento que não são absolutos. Os exercícios sugeridos anteriormente podem até ser incluídos como reforço de alguma situação que ainda não se desenha como o esperado, assim como treinos isolados de saque podem ser estendidos àqueles com dificuldade em alcançar precisão ou dominar todos os tipos.

Deve-se exigir concentração, colocar poucos jogadores em cada série e dar função a todos – entregar bolas ao sacador, recolher as que escapam da quadra, receber o passe, etc.

No entanto, são os coletivos dirigidos que permitirão o treinamento do uso tático do saque de maneira global. Para que esse objetivo seja alcançado, a atenção do professor-treinador deve estar voltada exclusiva e intensamente aos desdobramentos provocados por cada saque realizado.

Desenvolva uma contagem diferenciada que valorize o ponto conseguido por uma ação coletiva possibilitada por um saque com clara intenção tática. Dobre a pontuação em caso de repetição da situação, sem que o adversário consiga desvencilhar-se da armadilha.

Varie também os saques utilizados, obrigando que a cada novo saque o executante faça a opção por um tipo diferente daquele utilizado no rodízio anterior ou na obtenção do ponto imediatamente finalizado. Pode-se também estabelecer um tipo único de saque para cada rodízio completo de ambas as equipes.

Só não permita que os sacadores tenham preocupações apenas individuais.

Considerações extras e de reforço

- O uso tático do saque não se limita, como pensa o senso comum, ao saque curto. Todos os saques que têm por finalidade facilitar o trabalho coletivo da própria equipe a partir da dificuldade imposta ao adversário em desenvolver seu sistema ofensivo em plenas condições são considerados táticos.
- A porcentagem de saques que entram direto é muito baixa e o aproveitamento do primeiro ataque é cada vez mais alto nas equipes adiantadas. O saque deve direcionar o jogo do adversário para o que se pretende em termos de organização defensiva (bloqueio + defesa) e obter o ponto a partir daí. Se o sacador conseguir um *ace*, ótimo, mas esse não deve ser o objetivo maior.
- Em princípio, um saque que está dando certo não deve ser mudado até o momento em que passa a ser anulado. Todavia, o uso constante de determinada tática leva o adversário a se armar melhor assim que percebe a intenção do sacador. Inicia-se, então, uma briga particular entre sacador e passador. Nesse momento, entram em jogo a presença de espírito e a observação do sacador, que, utilizando uma tática individual, envia a bola para uma região contrária àquela que o passador esperava.
- A utilização dessa estratégia tática só é possível em um grupo que domine todos os tipos de saque e tenha habilidade para dirigi-lo a todos os pontos da quadra adversária e a partir de todas as posições.
- O aperfeiçoamento técnico da habilidade específica é primordial para que a equipe atinja a excelência na aplicação da tática de saque.
- O aluno-atleta que tem pleno domínio de todos os tipos de saque pode se valer de artimanhas valiosas, como a mudança repentina do efeito ou velocidade dados à bola. É possível lançar a bola para um saque em suspensão sem que o adversário saiba se o sacador imprimirá rotação ou flutuação à bola. O ideal é que a altura de alcance permita que não se perca o alcance de diferentes regiões da quadra adversária com a mesma eficiência.

- Os treinamentos que visam à utilização tática do saque devem sempre ser complementados com os desdobramentos coletivos de bloqueio, defesa e contra-ataque da própria equipe.
- Sem o entendimento de todos os jogadores da equipe, o esforço individual de um sacador que realiza sua ação de modo correto e de acordo com as orientações do técnico é desperdiçado.
- Mesmos os reservas devem saber quais são os propósitos de cada saque realizado especificamente nos jogos, pois quando entrarem em quadra o farão, nessas situações, com uma responsabilidade coletiva baseada na ação do sacador.
- O técnico deve estar constantemente atento aos comportamentos individuais em cada saque tático, pois a displicência de um aluno-atleta pode comprometer toda a estratégia coletiva. O *feedback* do técnico não pode ser deixado para outro momento que não aquele em que o equívoco ou o acerto aconteceram.
- Vídeos apresentados antes e depois dos jogos auxiliam a visualização e o entendimento do processo como um todo e permitem acertos e correções individuais e coletivos.

PROTEÇÃO DE ATAQUE

É a forma como os jogadores da equipe que realiza o ataque – exceto o atacante – organizam-se para defender a bola que possa eventualmente tocar o bloqueio adversário e retornar à própria quadra.

A cobertura de ataque – como também é chamada – é muitas vezes subestimada não somente pelos alunos-atletas, mas também pelo treinador, que não a inclui como um componente tático a ser treinado e aprimorado como elemento coletivo. Considerada muito cansativa pelos primeiros, é tratada por eles com negligência, considerando-a expediente eventual e sem muita importância na construção do ponto, principalmente no naipe masculino. No entanto, em um esporte em que quanto mais a equipe evolui tecnicamente mais o resultado é sacramentado por detalhes, ela torna-se decisiva nas competições. Deve, por isso, ser treinada em todas as possíveis formações e incentivada como forma de dar segurança ao atacante e possibilitar a reversão da chance de pontuar que em algumas situações está muito mais favorável ao adversário.

A importância da proteção de ataque excede até mesmo a questão tática em si. A predisposição e o sentido de cooperação individuais são condições indispensáveis para se construir uma tática eficiente de proteção de ataque. O hábito da proteção de ataque desenvolve ainda um considerável ganho de condição cardiorrespiratória e de resistência de membros inferiores e de jogo.

O gesto motor da proteção de ataque é muito semelhante ao da defesa, mas guarda algumas particularidades que obrigam o professor-treinador a proceder à aprendizagem da técnica, que ocorre paralelamente à aplicação da concepção tática, já que sua utilização só se justifica nessa situação específica do jogo. As movimentações para junto da rede e o posicionamento baixo que possibilite a recuperação, além de detalhes técnicos específicos, são ações introdutórias à tática que se desenvolverá com a evolução dos sistemas.

A disposição em auxiliar o companheiro e contribuir para a equipe, colocando-se pronto para recuperar uma bola que possa eventualmente voltar do bloqueio adversário, é algo a ser incentivado desde a iniciação, quando, no minivôlei, salta-se junto à rede para tentar diminuir a chance de um ataque mais forte. Desde as primeiras partidas disputadas em quadra oficial contra adversários que eventualmente utilizem o bloqueio, mesmo que de modo precário, convém incutir a ideia da participação coletiva para uma possível volta da bola para a própria quadra.

Evolução de acordo com as categorias

O processo de implantação da proteção de ataque seguirá uma organização baseada na probabilidade das ocorrências usuais de combinação entre recepção (ou defesa) e ataque (ou contra-ataque), de acordo com a complexidade em que se pratica o jogo.

Tabela 6   Evolução dos sistemas de proteção de ataque de acordo com a categoria

Categoria 13 anos:
- Formação 2 + 3 (dois mais próximos e três mais longe)

Categoria 14 anos:
- Formação 2 + 3 (dois mais próximos e três mais longe)
- Formação 3 + 2 (três mais próximos e dois mais longe)

Categoria 15 anos:
- Formação 2 + 3 (aprimoramento)
- Formação 3 + 2 (aprimoramento)
- Variação em função da leitura das possibilidades do ataque contra o bloqueio adversário
- Variações das duas formações básicas
- Variações com menos jogadores

Categoria 16/17 anos:
- Variações das duas formações básicas
- Variações com menos jogadores
- Variação em função da leitura das possibilidades do ataque contra o bloqueio adversário

Categoria 18/19 anos:
- Variação em função da leitura das possibilidades do ataque contra o bloqueio adversário
- Variações em função do número de jogadores, das combinações de ataque e de situações diversas

Especificações sobre o sistema de proteção de ataque

A cobertura de ataque pode contar com cinco, quatro, três, dois ou até um jogador. Somente em levantamentos altos é possível dispor dos cinco jogadores para executá-la. Nesse caso, pode-se organizar o grupo em duas linhas, uma mais próxima ao bloqueio e outra mais distante. O primeiro modelo a se adotar é com dois jogadores na primeira linha (responsáveis pelas bolas que retornam do bloqueio com mais força e mais próximas à rede) e três na segunda (bolas que voltam mais lentas e mais para o fundo da quadra). Ver Figura 42.

Essa distribuição pode variar dependendo da ordem de chegada dos protetores e das chances do bloqueio em relação ao atacante. A primeira linha pode ser formada por três jogadores e a segunda por dois, caso o ataque esteja em condição desfavorável. Ver Figura 43.

Como a organização coletiva da proteção de ataque é, na maioria das vezes, imprevisível e costuma se dar de acordo com a chegada dos jogadores, a ocupação da quadra e a formação das linhas partem da ocupação de espaços, ou seja, os que chegam depois devem ficar entre os jogadores da frente, nunca atrás deles – como se eles ocupassem as casas escuras (ou as claras) de um tabuleiro de xadrez. Muitas vezes, as duas

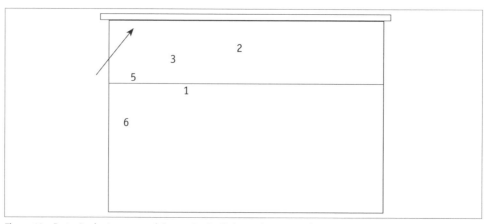

Figura 42   Proteção de ataque com dois na primeira linha e três na segunda.

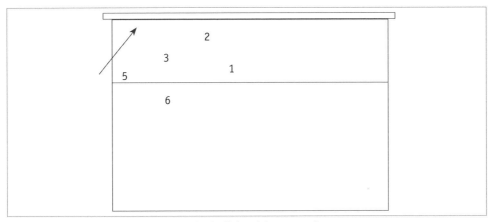

Figura 43   Proteção de ataque com três na primeira linha e dois na segunda.

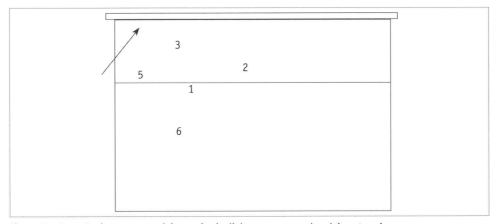

Figura 44   Proteção de ataque com dois na primeira linha, um na segunda e dois na terceira.

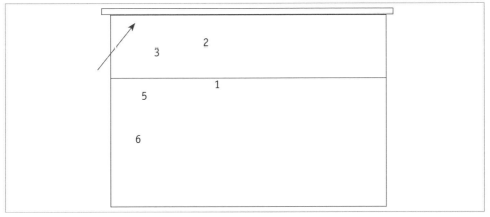

Figura 45   Proteção de ataque com um na primeira linha, dois na segunda e dois na terceira.

linhas transformam-se em três, em uma formação 2 + 1 + 2 ou 1 + 2 + 2, por exemplo, como pode ser conferido nas Figuras 44 e 45.

Dois atletas são teoricamente os primeiros a compor a primeira linha, o líbero (quase sempre) e o levantador (o primeiro a saber para onde será realizado o levantamento). Todavia, isso não é regra geral, pois o líbero pode ter ido ao chão para defender ou receber e, assim, chegará depois dos demais para a cobertura, assim como o levantador, caso se desloque para levantar uma bola longe da rede, também não formará a linha de frente. Por isso, a orientação básica é a formação de duas linhas, mesmo que dificilmente sua organização tenha a mesma disposição.

A distância das linhas em relação ao bloqueio depende, além das chances do ataque, da chegada dos jogadores e das características tanto dos atacantes quanto dos bloqueadores. Contra um bloqueador mais baixo, por exemplo, que não costuma dar "caixotes" (bolas que voltam diretamente ao chão adversário), é preferível que a formação de proteção de ataque não se aproxime muito da rede e se coloque mais para o fundo da quadra, para onde as bolas bloqueadas por ele normalmente se dirigem. A distância entre as linhas e entre cada jogador deve sempre proporcionar um campo de ação à frente e a extensão dos braços lateralmente. Para isso, os componentes devem afastar-se o suficiente entre si para estender ao menos os braços para a bola, seja para a frente ou lateralmente.

Metodologia para a aprendizagem

Apresentação da formação e das inter-relações básicas entre os protetores e a importância de sua utilização correta

O técnico pode escolher filmes com ralis que se prolonguem graças a constantes proteções de ataque e que sirvam de motivação e parâmetro para os alunos-atletas. Igualmente são importantes vídeos que mostrem o que a ausência de proteção provoca.

Convém seguir os procedimentos iniciais adotados para o ensino das concepções táticas anteriores e, desde a demonstração teórica e prática sobre o sistema, a distribuição de áreas de responsabilidade e importância de sua correta aplicação, dispondo a equipe em quadra e permitindo a visualização da ocupação de espaços e da organização conjunta.

Aprendizagem do gesto técnico

Há duas etapas típicas e subsequentes que antecedem a proteção de ataque em si e consequentemente dois tipos de postura corporal e de movimentação:

A. O deslocamento em direção ao levantador, antes de ser definido o local em que ocorrerá o ataque, é realizado em corrida normal e a posição básica a ser guardada é a média. Enquanto se acompanha recepções altas em direção ao levantador, o executante pode guardar uma postura mais cômoda e promover um deslocamento sem preocupação em ganhar muita velocidade. Posições básicas baixas e deslocamentos mais velozes são utilizados, já nesse momento, em caso de recepções rasantes.

B. A movimentação em direção ao local onde será realizado o ataque varia de acordo com a velocidade do levantamento e a distância que o defensor se encontra dele. A postura média e a corrida normal são mantidas em caso de levantamentos altos, até o executante chegar à região que lhe caberá na organização coletiva. Posição baixa e movimentações mais rápidas são requeridas para chegar ao local determinado (ou possível) e preparar-se para recuperar a bola que eventualmente retorne do bloqueio adversário. A posição básica mais baixa e os deslocamentos mais rápidos são mantidos para a recuperação propriamente dita quando a bola foge da região em que o defensor se estabeleceu. Quando estiver próximo à rede e na região a ser defendida, o executante assume a posição básica baixa, afasta os braços e os deixa semiflexionados e próximos aos joelhos. O tronco flexiona-se para deixar o centro de gravidade e os braços mais próximos ao chão. A cabeça mantém-se erguida e os olhos atentos aos movimentos do atacante e do bloqueador, conforme a Figura 46.

Quando for definida a trajetória da bola após o toque no bloqueio, o executante busca impedir que ela vá ao chão, utilizando preferencialmente a manchete. No entanto, nem sempre há tempo para armar o gesto técnico desejado, obrigando o executante a utilizar apenas um dos braços ou uma das mãos. Outras vezes a bola vai de encontro ao peito, cabeça ou outras partes do corpo do defensor. Sempre que possível, ele deve buscar dirigir a bola para o alto e/ou para trás, evitando assim que ele retorne ao campo contrário, possibilitando a recuperação e contra-ataque pela própria equipe.

Aconselhamos que o processo de aprendizagem seja realizado nessa ordem, depois da apresentação do fundamento e da explicação sobre sua importância:

1. Individualmente, o executante ataca (ou arremessa) uma bola contra a parede, de modo a fazer que ela retorne contra seu corpo. Nesse caso, convém realizar as ações a uma distância capaz de evitar choques e consequentes contusões.
2. O treinador ataca a bola contra a parede e o aluno tenta recuperá-la.

Figura 46   Proteção de ataque (posicionamento de espera).

3. Em duplas, um lança a bola de cima para baixo contra os braços do companheiro que, a partir da posição básica da proteção de ataque, realiza a ação. Deve-se alternar quem realiza a proteção a cada recuperação. Pode-se incluir a recuperação da bola defendida, ora pelo próprio executante, ora pelo lançador.
4. Nos dois casos anteriores, deve-se variar as distâncias e a força dos lançamentos.
5. Organizados em colunas, os alunos-atletas tentam recuperar uma bola que o professor-treinador lança de cima para baixo após um deslocamento prévio do protetor em sua direção. Pode-se permitir que se segure primeiro a bola. Variar o momento em que se realiza o lançamento, obrigando o aluno-atleta a manter-se na posição baixa e permanecer atento.
6. Idem, com o professor-treinador colocado sobre um banco, do outro lado da rede. Variar com lançamentos altos para o fundo da quadra, obrigando o executante a girar o corpo e movimentar-se com velocidade para recuperá-la.
7. O treinador ataca contra uma tábua colocada acima da rede (pode ser um aparato seguro por um auxiliar ou algo fixo) que simule um bloqueio. Convém deixar o aparato na vertical, possibilitando a recuperação da bola mais facilmente e, gradativamente, incliná-lo para o chão, dificultando a ação. Variar a força do ataque. Pode-se usar diferentes materiais, que permitam um amortecimento maior nas primeiras tentativas, possibilitando a recuperação mais fácil.
8. Seguindo esse roteiro, a transição para a proteção de ataque como concepção tática coletiva é automática.

Movimentações e posicionamentos predeterminados, sem bola

■ Após esse breve processo de aprendizagem do gesto técnico específico da proteção de ataque, inicia-se a experimentação sem bola da proteção de ataque já como concepção tática, em quadra.

- Da mesma forma como foram aplicadas as formações defensivas, os alunos-atletas posicionam-se para receber um hipotético saque e, ao comando do técnico, movimentam-se para proteger um ataque na entrada de rede, depois na saída de rede (para as primeiras formações de jogo seis contra seis).
- A mudança na adoção de sistemas de jogo leva a algumas variações de posicionamento e possibilidades ofensivas que alteram a organização coletiva da cobertura de ataque. Por essa razão, mesmo que brevemente, devem ser retomadas as movimentações sem bola quando da adoção de novo sistema de jogo.
- Pela mesma razão, quando as proteções com menos elementos forem incluídas, convém experimentá-las em exercícios desse tipo.

Experimentação conjunta a partir de ataques controlados do professor-treinador contra placas
- Retomar o exercício utilizado na aprendizagem do gesto técnico, em que o professor-treinador ataca contra uma tábua colocada acima da rede que simula o bloqueio. A proteção é primeiro realizada em duplas, sendo a bola defendida recuperada pelo segundo elemento.
- O número de executantes aumenta gradativamente, até chegar a cinco.
- Nesse momento é importante que os alunos-atletas desenvolvam a noção espacial em relação à área pela qual podem ser responsáveis e a proximidade do vizinho.
- Igualmente, deve-se incutir a ideia de preenchimento dos espaços. Para isso, o professor-treinador pode fazer que os alunos-atletas saiam de posições que guardem diferentes distâncias do local em que o ataque será realizado.

Fragmentação da organização coletiva (determinação das áreas de responsabilidade)
- Utilizando a organização proposta no item anterior, a preocupação do técnico passa a ser otimizar a ocupação dos espaços, distribuindo as áreas de responsabilidade.

- Como as formações de proteção de ataque são dinâmicas e variáveis, convém sempre fornecer um *feedback* sobre as possíveis dúvidas.
- As relações devem ser estabelecidas entre dois, três, quatro e cinco elementos, sem jamais deixar de distribuir o espaço mais amplo da quadra.
- À medida que as formações ofensivas ganham complexidade e velocidade, as situações decorrentes dessas evoluções devem ser igualmente treinadas.

Remontagem coletiva da formação
- O prosseguimento do processo dá-se com a montagem coletiva, que nem sempre é com cinco elementos. Todavia, esta é a formação a ser incentivada e a primeira a ser treinada.
- O retorno à montagem coletiva deve considerar todas as possibilidades de volta da bola do bloqueio: ao fundo da quadra, junto à rede ou às laterais, fortes, fracas, etc.
- O professor-treinador recebe o levantamento no lugar do atacante e, após a movimentação coletiva em direção a si, envia a bola para baixo (simulando uma volta do bloqueio adversário). Deve-se variar com lançamentos para o fundo da quadra e aumentar gradativamente o número de participantes da proteção.
- O professor-treinador recebe o levantamento no lugar do atacante e ataca do alto de uma mesa contra placas (fixas ou seguras por outra pessoa) que simulam a ação do bloqueio. Além do primeiro da coluna, o levantador também participa da proteção.
- Idem, com dois treinadores, um em cada posição atacando do alto de mesas contra placas. Apenas o primeiro de cada coluna que não atacou participa da proteção, com o levantador.
- Idem com três na proteção, o levantador e os dois primeiros de cada coluna.
- Idem com os dois primeiros de cada coluna assumindo, no ataque seguinte, as posições 5 e 6.

- Idem simulando o levantamento do atacante de meio, o que leva o levantador a sair da posição 2 ou da 1 para a proteção.
- Variar os dois exercícios anteriores, ora com a bola sendo levantada pelo levantador, ora pelos atacantes.
- Variar tanto a região da quadra em que é realizado o levantamento quanto o responsável por ele.

Inclusão do ataque e bloqueio
- Organizados em quatro colunas nas duas meias-quadras (nas posições 4 e 2), os atacantes recebem um levantamento alto e, em vez de dirigir a bola para a quadra adversária, dão um tapa para trás e para baixo. O companheiro que está atrás dele na fila (colocado a uns 3 metros de distância) desloca-se e tenta impedir que a bola vá ao chão. Caso haja continuidade, este realizará o próximo "ataque" e o de trás recuperará a bola. Quando o exercício for interrompido, outra bola é lançada ao levantador pelo segundo da coluna.
- Duas colunas de atacantes, uma na posição 4 e outra na 2, com levantamentos alternados para ambas. A proteção é feita pelo levantador e pelo segundo da coluna correspondente ao ataque.
- Idem, incluindo um terceiro protetor, o primeiro da coluna oposta. A dinâmica desse exercício pode ter variações como sequências de ataques, revezamento entre as colunas, etc.
- Os atacantes finalizam para a quadra adversária sem a interferência do bloqueio, porém o professor-treinador (posicionado na quadra contrária, junto à rede) lança outra bola para recuperação daqueles que se posicionam para a proteção após a passagem do ataque por sobre a rede. Essa bola é recuperada e novo ataque é então realizado ou pelo mesmo atacante ou por outro. Convém que nas primeiras tentativas a realização do contra-ataque seja de responsabilidade de alguém que não tenha participado da proteção.
- Idem com dois assistentes, um da entrada e outro da saída de rede.
- As trocas e o tempo dos dois exercícios anteriores dependem dos objetivos físicos e psicológicos da sessão.
- Incluir ataque normal contra placas. Sempre que o ataque não atingir a placa ou não houver sequência do exercício, a reposição de bolas é feita imediatamente pelo professor-treinador para os protetores no fundo de quadra, dando tempo suficiente para que todos retornem aos lugares iniciais e façam a transição para novo contra-ataque. Pode-se manter os atacantes ou revezá-los a cada proteção.
- Aos exercícios propostos anteriormente somam-se mais protetores, até chegar ao número máximo de cinco, mesmo que a organização tática não seja prioridade.
- Idem, com uma coluna em cada meia-quadra (primeiro na posição 4 e depois na 2). Caso haja recuperação, o ataque é realizado normalmente em direção à quadra contrária a partir do segundo levantamento.
- Após a fixação da dinâmica de movimentação e organização coletiva da proteção de ataque, pode-se trocar a placa pelo bloqueio real. Nesse momento, é importante que os ataques sejam dirigidos ao bloqueio e não tentem vencê-lo, afinal o objetivo é a proteção de ataque, que só pode ocorrer se a bola retornar ao campo de quem ataca.

Variação múltipla progressiva de ataque
- Dispor a equipe em quadra e lançar bolas que serão passadas ao levantador. As formações ofensivas variadas e a opção do levantador acarretarão diferentes organizações de proteção de ataque.
- As reposições de bola pelo professor-treinador devem variar o suficiente (longe, perto, alternando quem deve recebê-la, ataques fortes, largadas, etc.) para que o número de

protetores e a disposição deles em quadra sejam múltiplos.
- A multiplicidade recai então sobre o ataque, desenvolvendo formações ofensivas que alterem a distribuição dos jogadores após o levantamento.
- Convém alternar o número de protetores durante o rali, aproximando assim às situações reais de jogo.
- Nessa etapa, começa a ficar flagrante a prioridade da ocupação de espaços, que é a base do posicionamento coletivo.

Aplicação em coletivos dirigidos
- A cobrança por constante disponibilidade dos alunos-atletas deve fazer parte dos coletivos.
- Da mesma forma, é possível criar estratégias que levem o grupo a iniciar os ralis já com uma diferenciada disposição para tal, iniciando-os com bolas altas para a extremidade, situação em que todos podem participar da montagem coletiva.

Aplicação em jogos
- É natural a transferência dos coletivos para os jogos, não necessitando que haja experimentações anteriores específicas em jogos amistosos apenas para essa concepção tática, afinal a proteção de ataque está intimamente ligada às táticas de recepção e defensivas.

Aperfeiçoamento

O aprimoramento e a variação das formações de proteção de ataque, assim como acontece com as outras táticas, evoluem junto às necessidades da equipe e vinculam-se principalmente às formas adiantadas de jogo. O aperfeiçoamento da proteção de ataque também deve visar à leitura mais apurada das circunstâncias que envolvem cada situação em particular e a ocupação individual de espaços maiores, graças ao desenvolvimento coletivo da análise e da capacidade técnica.

Circunstancialmente, por conta da velocidade do jogo que se intensifica com o tempo, a proteção de ataque com número reduzido de participantes será um expediente normal nas CCA. No entanto, a proteção com cinco jogadores não pode deixar de ser enfatizada e buscada, pois ela será importantíssima em situações em que o bloqueio adversário (muitas vezes triplo) tem mais chances de sucesso e somente a organização coletiva poderá reverter essa condição de inferioridade.

Como a organização espacial da proteção de ataque dificilmente se repete, convém fazer correções pontuais imediatamente, interrompendo o exercício e reposicionando os jogadores, de acordo com a situação. Todavia, deve ser considerado o ritmo a ser empregado associado aos objetivos fisiológicos e psicológicos da sessão.

É interessante que a quadra seja utilizada em sua totalidade. O aperfeiçoamento da tática virá com a insistência da formação coletiva, independentemente do número de jogadores disponíveis.

Exercícios de ataque contra tábuas ou aparatos continuam sendo mais indicados do que ataques contra bloqueios reais, pois permitem maior repetição e concentração do grupo. O aperfeiçoamento deve levar em conta o sistema de jogo utilizado pela equipe. À medida que a tática evolui, deve-se planejar exercícios que possibilitem vivenciar as situações próprias do sistema de jogo utilizado. O que antes era desenvolvido com bolas altas levantadas para a extremidade ganha dinamismo e variação com bolas de meio, de fundo, rápidas, fintas, etc.

Treinamento

Devidamente assimilada, a proteção de ataque deve fazer parte efetiva de todos os treinos coletivos, sejam eles livres ou dirigidos. A participação torna-se habitual nas fases anteriores de aprendizagem e aperfeiçoamento e deve ser cobrada sempre, mesmo que não haja necessidade ou efetivamente ela não tenha ocorrido.

Como estímulo à proteção de ataque, a contagem de pontos de um coletivo dirigido pode dar pontos acumulados a cada contra-ataque resultante de uma proteção bem-sucedida ou puni-la quando tomar pontos de bloqueio sem que ela tenha se efetivado.

Considerações extras e de reforço

- A proteção de ataque é uma concepção tática que não possui uma estrutura de organização fixa e predeterminada. Ela se modifica em função dos elementos que a antecedem.
- A organização espacial dos participantes da proteção de ataque, como tática coletiva, depende do local para onde se dirigiu o passe, da região para onde foi realizado o levantamento, da distância que cada jogador se encontra do atacante, dos indivíduos envolvidos na combinação ofensiva e da velocidade de análise e de deslocamento dos jogadores que farão a cobertura ao atacante.
- A organização desse elemento tático vai se desenhando durante a realização dos fundamentos que antecedem o ataque.
- Duas premissas devem ser observadas para que se efetive o posicionamento dos jogadores: a disponibilidade de espaços vazios e a possibilidade de sucesso do bloqueio contra o ataque. Os espaços devem ser ocupados por quem chega primeiro, enquanto os demais se colocam entre os primeiros; quanto maiores as chances de sucesso do bloqueio, mais próximos à rede os protetores devem se posicionar. No entanto, não se deve adentrar tanto a zona de ataque, pois a aproximação excessiva impede a reação.
- Deve-se estimular os alunos-atletas a participarem sempre da proteção de ataque, criando uma mentalidade de colaboração que muito contribuirá para o sucesso da ação e do sentido de cooperação, indispensável em um esporte coletivo.

- As formas de organização sugeridas sofrem adaptações circunstanciais, porém não pode haver negligência dos alunos-atletas. A disponibilidade para auxiliar a equipe deve ser priorizada e exigida, não se permitindo acomodação de qualquer espécie.
- À medida que a velocidade dos levantamentos aumenta, o número de indivíduos disponíveis para a proteção diminui. Cabe ao professor-treinador cobrar a ajuda ao sistema de cobertura, mesmo que alguns (principalmente aqueles que não receberam o levantamento) estejam restritos a faixas de menor incidência de retorno das bolas.
- Um atacante de meio, por exemplo, não está descompromissado de participar da proteção de ataque só porque não recebeu o levantamento e está retornando ao chão quando seu companheiro realiza o ataque. Com um passo para trás e uma postura adequada, esse jogador estará contribuindo para que a equipe se organize de forma mais efetiva para recuperar uma bola que eventualmente volte do bloqueio adversário junto à rede.
- Com o tempo, as diferentes situações de jogo vão solicitar dos atletas mais disposição para cumprir com as funções táticas de proteção de ataque. Essas exigências devem ser reforçadas em treinamento, pois a condição física influi na eficiência das movimentações e na consequente organização coletiva.
- Em contrapartida, o ritmo imposto ao treino deve ser administrado para que não se leve os alunos-atletas ao esgotamento. Séries de no máximo 30 segundos podem atingir o objetivo proposto sem que eles deixem de executar as ações subsequentes por cansaço.
- Criar o hábito da proteção de ataque desde as CCI treina mentalmente os alunos-atletas para um esforço mais intenso e a exigência constante enquanto o rali não é definido.

Seção 4

Preparação física

Capítulo 1
Introdução

A preparação física é parte da formação integral do aluno-atleta e é seu principal objetivo condicioná-lo a executar eficientemente as habilidades motoras específicas que estiverem sendo ensinadas e suportar o jogo na intensidade em que ele é disputado em cada categoria. Assim, a preparação física está intimamente ligada às preparações técnica e tática, de forma integrada e complementar, para atender às necessidades e potencialidades de cada aluno-atleta, de acordo com sua maturação fisiológica e musculoesquelética. O trabalho continuado proporcionará uma gradativa evolução do indivíduo, capacitando-o a assimilar novas cargas durante o planejamento de longo prazo.

Além destes, outro dos principais objetivos da preparação física é evitar o risco de lesões de articulações, estruturas e grupos musculares utilizados de forma repetitiva. Para isso, são frequentes nas sessões cuidados apropriados e reforço específico, como: equilíbrio entre agonistas e antagonistas; estabilização de articulações, tendões e musculatura para as ações de contração e extensão; reequilíbrios posturais com treinamento complementar de reforço da musculatura; etc.

Em conjunto com a fisioterapia, a preparação física deverá devolver as condições ideais de treinamento aos atletas contundidos ou necessitados de reforços articulares ou musculares. Para isso, é necessário que técnico e preparador físico conheçam os métodos apropriados para reduzir os quadros apresentados e, orientados pelos fisioterapeutas que cuidam do aluno-atleta, dosem o treinamento físico e técnico-tático, aliviando a carga de exigência sobre ele. Indivíduos com propensão a contusões articulares e musculares devem realizar trabalhos extras específicos rotineiros com elásticos, alongamentos, reforços musculares e tratamento com gelo após os treinos.

Para realizar os primeiros fundamentos do esporte, a criança disponibiliza capacidades inatas e básicas. O nível de exigência nessas primeiras experiências é baixo, apesar de ser necessário o mínimo suficiente para realizar os movimentos. As capacidades motoras são pré-condição para o desenvolvimento das habilidades técnicas e aprimoram-se a partir da repetição da ação. Quando o aprendiz apresenta deficiências que o impedem de realizar determinada habilidade específica de modo a aplicá-la adequadamente em situações de jogo, o professor-treinador deve valer-se de exercícios formativos. Esse procedimento, no entanto, ainda não tem relação enfática, embora direta, com a preparação física como modalidade do treinamento total.

Nas CI, em especial na I2, a ênfase deve recair sobre a busca pelo padrão motor específico de cada fundamento, que nem sempre é alcançado de imediato. Até mesmo nas CCI é mais proveitoso elaborar estratégias para que o próprio gesto motor seja aprimorado e proporcione alavancagem necessária para a realização do fundamento do que buscar aumentar uma capacidade condicional por meio de treinos físicos específicos. O treinamento de crianças deve empregar exercícios abrangentes, isentos de risco de lesões e que favoreçam a capacidade de desempenho. As capacidades coordenativas são priorizadas nos primeiros anos, ficando o aprimoramento das condicionais para um momento posterior. Nessa etapa, atividades em que o aluno-atleta desloca e eleva apenas o peso do próprio corpo ou interage com o companheiro ou lança e arremessa eventualmente elementos pouco mais pesados que a bola servem à finalidade de garantir-lhe o mínimo de força, potência, flexibilidade e velocidade necessárias à prática do esporte.

À medida que as exigências do jogo aumentam, surgem dificuldades para realizar com eficácia os fundamentos. Quando essas limitações não estão relacionadas à técnica, já não basta disponibilizar apenas a força natural, tampouco os elementos neuromotores são suficientes. Não há como impulsionar a bola em toque por cima para regiões mais distantes, por exemplo, ou sem o auxílio dos membros inferiores ou sem potência muscular diferenciada de membros superiores e cintura escapular. A partir desse estágio, a preparação física ganha tanto destaque quanto o desenvolvimento da técnica e dos princípios táticos elementares, tendo o mesmo grau de importância destes, e não devendo mais ser dissociada do processo geral do PFCAAD. Como parte relativamente autônoma e integrada ao treinamento total, ela só ganhará importância maior depois de os parâmetros motores devidamente automatizados e associados à maturidade biológica dos praticantes possibilitarem a potencialização do gesto motor com um trabalho específico.

Na puberdade, o desenvolvimento humano altera o metabolismo, as dimensões corporais, a produção de hormônios, as características dos sistemas musculoesquelético, cardiorrespiratório, circulatório e nervoso, levando o corpo do indivíduo a transformações que são altamente interessantes e fundamentais ao treinamento desportivo. Assim como para algumas faixas etárias deve-se evitar alguns estímulos que visem ao ganho de certas capacidades motoras, existem momentos oportunos para o desenvolvimento de cada capacidade, que não podem ser ignorados, devendo a criança ser estimulada a partir dessa predisposição.

No voleibol, especificamente, algumas chamadas capacidades condicionais são predominantes na determinação do sucesso de uma ação motora. Por exemplo, para que uma cortada seja eficaz, é necessário que a potência de salto e da musculatura envolvida no golpe à bola seja tanto mais desenvolvida quanto mais alto o nível de desempenho. Associadas à técnica individual e ao raciocínio tático desenvolvido pelo aluno-atleta, essas valências determinam a supremacia dos mais capacitados.

Ademais, as exigências motoras crescentes, quando não acompanhadas de um processo de fortalecimento geral e uma capacitação compatível ao nível de esforço a que os atletas são submetidos, podem provocar sérias limitações ao desempenho e até impedimentos temporários ou definitivos. Dessa forma, a preparação física vai além do incremento das capacidades condicionantes, tendo papel fundamental na prevenção de lesões e longevidade do atleta.

Esse PFCAAD sempre respeitará a regra de que somente a partir da correta execução técnica do fundamento é possível torná-lo mais eficaz com o treinamento de outras valências. Em outras palavras, as capacidades condicionais constroem-se sobre as coordenativas. A tentativa de desenvolver força ou potência em um modelo motor inexato é geralmente desastrosa.

O técnico ou o preparador físico devem utilizar todas as instalações, equipamentos e materiais disponíveis para desenvolver os treinos físicos da maneira mais adequada possível. Já no período de planejamento deve ser feito um levantamento de equipamentos, materiais e instalações disponíveis e, caso necessário, requisitar o que for julgado imprescindível e estiver ao alcance dos recursos financeiros do PFCAAD.

Abaixo, relacionamos alguns itens.

Instalações:

- Sala de musculação devidamente aparelhada; sala de ginástica olímpica; piscina; outras instalações adaptáveis ou utilizáveis com determinados fins (campos, saletas, ginásios, etc.)

Material:

- Bolas medicinais; bastões; elásticos; halteres; plintos; colchonetes; colchões; cordas elásticas; bolas variadas; cones, etc.

Várias áreas do treinamento desportivo oferecem métodos eficientes para atingir os objetivos propostos pela preparação física, associando especificação de treinamento, individualização do trabalho, profilaxia e desenvolvimento físico. Entre eles, os mais indicados são:

- Reeducação postural global (RPG): por meio do *stretching* global ativo, técnicas posturais promovem melhor organização musculoesquelética.
- Facilitação neuromuscular proprioceptiva: estratégia de alongamento com atuação de músculos agonistas e antagonistas.
- Diagonais de Kabbat: exercícios que geram fortalecimento de músculos envolvidos em cadeia.
- Cadeias musculares (GDS): alongamentos que promovem maior amplitude do movimento realizado por uma cadeia de músculos.

- Pilates: técnica de fortalecimento e alongamento simultâneos e de movimentos coordenados, que prioriza a estrutura ventral, chamada de "colete abdominal".
- *Deep runner*: atividades em piscina profunda.
- Minitramp ou trampolim acrobático: exercícios em trampolim, que favorecem o fortalecimento de tornozelos e joelhos.
- Treinamento funcional: método baseado em movimentos naturais do ser humano.

CAPACIDADES FÍSICO-MOTORAS* ENVOLVIDAS NA PRÁTICA DO VOLEIBOL

Adotamos Weineck (2003) e Barbanti (1997) para definir, classificar e relacionar ao voleibol as capacidades físico-motoras. Inicialmente, elas podem ser divididas em dois tipos:

1. Coordenativas.
2. Condicionais.

---

* O leitor encontrará inúmeras denominações que definem, classificam e subdividem o que autores respeitados chamam, além do termo citado acima, de capacidades físicas, capacidades motoras e valências físicas, entre outros. Podemos ao longo dos textos utilizar qualquer um desses termos, e sempre que o fizermos estaremos nos referindo às definições dos autores escolhidos para tal.

Capítulo 2
Capacidades coordenativas

As capacidades coordenativas estão relacionadas aos componentes neurais e são determinadas com base no controle dos movimentos. Para possibilitar um treinamento bem elaborado das capacidades coordenativas, é necessário o conhecimento dos componentes isolados das habilidades, o que facilita tanto a aprendizagem das habilidades específicas quanto a identificação das necessidades e deficiências observáveis do desempenho esportivo. Elas são subdivididas por Weineck (2003, p. 517) em sete tipos e envolvem os seguintes níveis de coordenação:

1. Capacidade de concatenação de movimentos: coordenação dos movimentos de determinadas regiões do corpo.
2. Capacidade de diferenciação: coordenação harmônica de todos os membros do corpo.
3. Capacidade de equilíbrio: manutenção ou recuperação do equilíbrio durante uma ação motora.
4. Capacidade de orientação: determinação e mudança de posição ou de movimento de um corpo no espaço e no tempo, em situações específicas.
5. Capacidade de ritmo: adaptação dos movimentos e postura a um ritmo determinado pela situação e inicialmente independente do executante.
6. Capacidade de reação: resposta motora objetiva na máxima velocidade possível a determinado estímulo sensorial.
7. Capacidade de adaptação a variações: adaptação motora de modo a realizar outro movimento que seja compatível com a mudança percebida das novas circunstâncias.

A excelência na execução de qualquer habilidade específica está condicionada ao desenvolvimento total e eficiente desse sistema. Se tomarmos a recepção do saque como exemplo, é possível relacionar todos os níveis de coordenação das capacidades coordenativas como pré-requisitos para sua execução:

1. Capacidade de concatenação de movimentos: coordenação dos movimentos de membros superiores para a execução da manchete.
2. Capacidade de diferenciação: coordenação harmônica de membros inferiores, para deslocar-se para o local desejado, e de membros superiores, para movimentá-los de acordo com a necessidade imposta pelo saque e pela direção que se deseja dar à bola.
3. Capacidade de equilíbrio: manutenção ou recuperação do equilíbrio durante o deslocamento e a aproximação à bola.
4. Capacidade de orientação: alteração dos níveis posturais para melhor posicionar-se

para a recepção da bola, que chega com trajetória oscilante e veloz.
5. Capacidade de ritmo: adaptação do ritmo de deslocamento e posicionamento do corpo para a manchete à velocidade de chegada da bola.
6. Capacidade de reação: resposta rápida e objetiva, baseada na leitura gestual do sacador e na velocidade e nas oscilações da bola.
7. Capacidade de adaptação a variações: adaptação dos movimentos, após a bola sacada tocar a rede e alterar seu curso inicialmente previsto.

As capacidades coordenativas estão essencialmente contidas na execução motora das habilidades gerais e específicas. No entanto, quando o enfoque recai sobre a preparação física, faz-se necessário analisar os componentes de coordenação que fornecem a base neuromotora para que ela seja aprendida, aperfeiçoada e treinada. Assim, elementos da aprendizagem motora ganham destaque no conteúdo paralelo e coordenado a ser desenvolvido durante os anos iniciais da formação do aluno-atleta. A ideia da "Escola da Bola"*, de Klaus Roth, encaixa-se perfeitamente na essência dos primeiros anos desse PFCAAD, já que o objetivo das categorias iniciais, mais do que ensinar os fundamentos do vôlei, é valer-se dele – e dos demais esportes – para construir um alicerce motor rico e que possa ser disponibilizado pelo indivíduo para a aquisição futura de novas habilidades e dispor elementos neuromotores que possibilitem todo tipo de adaptação motora às situações próprias do jogo em nível adiantado. Em suma, são as capacidades coordenativas que sustentam todo o mecanismo motor de execução dos fundamentos, assim como a aprendizagem e aperfeiçoamento deles. Por essa razão, Weineck (2003, p. 515) refere-se às capacidades coordenativas também como "habilidades".

Sendo assim, a criatividade e a versatilidade do professor-treinador responsável pela condução dos treinamentos das CI oferecerá aos alunos-atletas a mais variada e rica experiência motora que eles possam ter para alicerçar sua formação físico-motora. Muitas das observações constantes na Seção "Preparação Técnica" referem-se ao desenvolvimento das capacidades coordenativas da forma ampla e geral que este PFCAAD propõe, podendo ser complementadas com as observações que vêm a seguir, para correções e reforços pontuais de questões de coordenação que interfiram na aquisição do padrão ideal ou relativamente descaracterizem a habilidade quando de sua aplicação a situações de jogo.

A aprendizagem dos fundamentos dos grupos II e III exige um pouco mais de algumas capacidades condicionais, mas esse detalhe não pode deixar que elas prevaleçam sobre as coordenativas, que continuam sendo as responsáveis por um padrão motor sobre o qual as capacidades condicionantes serão incorporadas.

A partir das C15 e C16/17 anos, quando a ênfase recai no trabalho técnico-tático e tem início a especialização, o desenvolvimento das capacidades condicionais passa a fazer parte dos objetivos principais da treinabilidade.

---

* Escola da Bola (Ballschule) é um projeto de esportes para crianças do Sports Institute da Universidade de Heidelberg (Alemanha). Criada em 1998 pelo professor Klaus Roth, a ideia é proporcionar à criança a oportunidade de vivenciar as várias habilidades relacionadas aos principais esportes, sem dar exclusividade a apenas um. Depois de estabelecer-se com sucesso na Alemanha, a iniciativa foi adotada em vários países do mundo.

Capítulo 3

Capacidades condicionais (ou condicionantes)

Há entre os autores muita diversidade em relação à classificação das capacidades condicionantes. De qualquer forma, optamos por utilizar as considerações de Barbanti (1997), para promover uma adaptação que interesse especificamente ao voleibol e diretamente a esse PFCAAD. As capacidades condicionais estão diretamente relacionadas aos componentes metabólicos e, para Barbanti, é de fundamental importância o treinamento delas para a obtenção de resultados com atletas de alto desempenho.

A excelência do rendimento esportivo está condicionada tanto às capacidades coordenativas, que fundamentam uma boa técnica de execução, quanto às condicionais. Enquanto o aprimoramento das capacidades coordenativas é determinado pela otimização dos processos neuromotores, as condicionais têm relação direta com a transformação em trabalho efetivo da fonte energética sintetizada nos músculos e órgãos, com a disponibilização das fibras musculares correspondentes ao trabalho que se espera delas e a eficácia com que esses processos ocorrem.

De modo geral, as capacidades condicionais são quatro: 1. resistência; 2. força; 3. velocidade; e 4. flexibilidade, e alguns consideram as duas últimas como capacidades intermediárias. Eis as subdivisões e, a seguir, as características de cada uma delas especificamente aplicadas a esse PFCAAD:

1. Resistência
   I. Resistência aeróbia
   II. Resistência anaeróbia
      A. Alática
      B. Lática
   III. Resistência de saltos
   IV. Resistência de jogo
2. Força
   I. Força máxima
   II. Força rápida
   III. Resistência de força
3. Velocidade
   I. Velocidade de percepção e resposta
   II. Velocidade de movimentos cíclicos (deslocamentos e movimentações específicas)
   III. Velocidade de movimentos acíclicos (agilidade)
   IV. Velocidade de força
4. Flexibilidade

RESISTÊNCIA

A resistência é a base para a realização de qualquer atividade esportiva intensa, seja de curta, média ou longa duração. De modo geral, ela permite que o desempenho seja mantido em nível elevado durante o maior tempo possível. A resistência administra o consumo energético e permite que o cansaço e a fadiga sejam controlados durante a atividade.

Há dois tipos básicos de resistência, diferenciados entre si principalmente pela fonte energética utilizada pelo indivíduo, consequente da intensidade e da duração do esforço:

- Aeróbia.
- Anaeróbia.

Resistência aeróbia

Grosso modo, a resistência aeróbia permite a realização de atividades de média intensidade por longo período de tempo. Para Barbanti (1997), ela é a base fisiológica da resistência geral.

Apesar de o voleibol ser considerado um esporte com características anaeróbias e atualmente muitos dos planejamentos de preparação física basearem-se nessa premissa, a resistência aeróbia é de fundamental importância na preparação de atletas em longo prazo. Vários autores defendem o desenvolvimento da condição aeróbia em quaisquer circunstâncias e esse PFCAAD também a considera como de vital importância para a formação integral do indivíduo.

A resistência aeróbia desenvolvida aumenta a condição do aluno-atleta de suportar a carga geral, acumulada e diária de treinamento e a condição competitiva em alto nível de exigência por mais tempo, proporcionando-lhe maior facilidade para lidar com a fadiga física e mental, responsável por: queda do nível de concentração; erros técnicos e táticos; e imprecisão do gesto motor refinado, etc. A capacidade de resistência aeróbia, além de encerrar em si vários objetivos, favorece o desenvolvimento de outras capacidades condicionais como velocidade, força rápida, resistência em velocidade, força e resistência de força. Ademais, de modo geral, quanto maior a capacidade aeróbia do indivíduo, mais rapidamente ocorrem os processos de recuperação entre estímulos subsequentes de curta duração e máxima intensidade.

Além disso, o desenvolvimento da resistência aeróbia é altamente benéfico para a perda de gordura e ganho de condição geral para assimilação do treinamento específico vindouro. O sobrepeso é prejudicial não só à boa condição cardiorrespiratória do indivíduo, mas também à preservação das articulações em geral, que sofrem desgaste extra quando o aluno-atleta apresenta-se fora de forma.

Reiteramos a importância do desenvolvimento da capacidade aeróbia para os atletas em geral, considerando que o objetivo principal desse PFCAAD é a formação integral do indivíduo e, para que isso aconteça, é necessário oferecer-lhe as melhores condições para o desenvolvimento de sua saúde. Muitas vezes, a única atividade física que a criança ingressante na iniciação pratica é o próprio voleibol. Por isso, ela deve receber estímulos gerais, que não visem exclusivamente à especificidade do esporte. O ingresso de uma criança no PFCAAD não garante que ela percorrerá todas as etapas do projeto, cabendo aos professores-treinadores fornecer-lhe as condições ideais de desenvolvimento tanto motor quanto físico, adequadas ao desenvolvimento próprio de sua faixa etária.

Da mesma forma que existe um chamado "estado de prontidão" para a aprendizagem de determinadas habilidades motoras e iniciação esportiva específica, há os períodos ideais para iniciação ao desenvolvimento das capacidades condicionais. O sistema cardiorrespiratório desenvolve-se de modo determinante a partir da puberdade e o desenvolvimento da capacidade aeróbia traz benefícios que repercutirão diretamente no desenvolvimento cardíaco, respiratório e vascular do púbere, fornecendo-lhe base importante para sua trajetória esportiva e pós-competitiva.

As modificações morfológicas e funcionais que ocorrem nessa fase permitem que o treinamento da resistência aeróbia seja implantado a partir das CCI. O planejamento dessas categorias passa a priorizá-la em relação às demais, principalmente as de caráter anaeróbio.

O planejamento da resistência aeróbia junto a grupos mais jovens deve considerar a baixa motivação para se realizar trabalhos contínuos e repetitivos. Em vez de utilizar corridas em volta da quadra, controladas por tempo ou número de voltas, por exemplo, convém elaborar exercícios que levem o aluno-atleta a desenvolver a capacidade de maneira lúdica e dinâmica. Os próprios fundamentos do voleibol, combinados com deslocamentos – específicos ou não – podem servir para desenvolver a resistência aeróbia, desde que idealizados de forma a fazer que os alunos-atletas os realizem em um ritmo constante e por tempo adequado.

Treinos em forma de circuito, nos quais os alunos-atletas trocam de estação após realizar determinada ação técnica ou física e mantenham a frequência cardíaca ideal para o desenvolvimento dessa capacidade surtem o efeito desejado, sem enfastiar o executante. É importante, no entanto, prever a continuidade do exercício. Não adianta estabelecer estações ou pontos de referência dentro do exercício, sem que haja continuidade das ações. Por exemplo, em uma tarefa em que há três pontos de execução distantes poucos metros entre si e 12 participantes, não haverá ganho aeróbio nenhum. Em contrapartida, um elevado número de estações, com poucos executantes, poderá levar o esforço a uma anaerobiose indesejável. O ideal é que o executante chegue à estação com tranquilidade, execute a tarefa proposta e mantenha uma corrida uniforme e de baixa ou média intensidade até o próximo ponto.

A parte inicial do treino é altamente propícia à realização de um trabalho técnico-físico integrado. O aquecimento pode utilizar habilidades técnicas já aprendidas associadas a movimentações contínuas ou tarefas intercaladas com objetivos voltados ao treinamento da resistência aeróbia.

A integração desses dois objetivos, todavia, não deve acontecer em momentos do treinamento em que se deseja o refinamento técnico ou a fixação de um sistema tático. No primeiro caso, é importante que o aluno-atleta tenha tempo suficiente para o *feedback* motor da correção e para recuperar-se e realizar o movimento seguinte com 100% da energia restabelecida. Quando se deseja implantar ou fixar sistemas táticos, as constantes pausas necessárias para correção impedem a continuidade de um trabalho que pudesse visar à resistência aeróbia.

À medida que os alunos-atletas chegam ao final da adolescência – C16/17 e C18/19 anos –, os treinos aeróbios deixam de ser prioritários, sendo substituídos gradativamente por treinos anaeróbios aláticos que se aproximem da realidade dos jogos de voleibol. A resistência aeróbia continua tendo espaço no planejamento da preparação física, mais associada, porém, à resistência de jogo e treino, fazendo parte mais efetiva da etapa inicial de um planejamento anual ou em prescrições individuais a alunos-atletas com sobrepeso.

Sugestões
Circuito:

- 10 estações intercaladas com objetivos técnicos e/ou físicos organizadas no espaço mais amplo da quadra.
- Os alunos-atletas realizam o exercício proposto em cada uma delas por 30 segundos (com baixa intensidade) e durante os 60 segundos de pausa correm em volta da quadra.
- Quando faltarem 10 segundos para o reinício, o professor-treinador avisa-os para que se aproximem da estação seguinte.
- As estações podem conter deslocamentos variados – na forma e na distância –, exercícios de coordenação motora e de fortalecimento abdominal e dorsal.
- Cada estação pode contar com dois atletas que realizam as tarefas ao mesmo tempo. O controle da frequência cardíaca a cada terço do trabalho ajuda a manter o aluno-atleta dentro de seu patamar aeróbio e, assim, o objetivo ser alcançado.
- É conveniente que haja um estágio de adaptação, com repetições menos intensas e exigências menores nas estações e, gradativamente, evoluam para um maior grau de intensidade e dificuldade a cada nova etapa de treinamento.

- À medida que novos fundamentos são aprendidos, eles podem ser incluídos nas tarefas.
- Com o desenvolvimento da resistência aeróbia, deve-se aumentar o tempo de execução dos exercícios, as estações ou o número de passagens pelo circuito, substituindo assim a corrida em torno da quadra.

Exercícios em quartetos ou quintetos:

- Dispostos em grupos de quatro ou cinco elementos, sendo dois (ou três) junto a cada uma das linhas laterais, um atrás do outro, os alunos-atletas realizarão toques ou manchetes para o companheiro que está do outro lado, deslocando-se após a ação para onde enviou a bola.
- O companheiro faz o mesmo e o exercício segue com ritmo e qualidade de execução.
- O professor-treinador é responsável por avaliar se a intensidade da atividade está atingindo o objetivo e, caso necessário, diminuir a distância entre os executantes ou incluir um ou dois toques a mais na bola.
- Os alunos-atletas precisam manter ritmo e qualidade de execução pelo tempo necessário ao objetivo físico.
- Cabe também ao professor-treinador variar as formas de envio da bola e variar as formas de deslocamento, a fim de motivá-los e desenvolver outras habilidades.
- Os grupos podem ter seu número de participantes reduzido ou aumentado de acordo com a frequência cardíaca atingida, adaptando-se o ritmo de modo a atingir o objetivo de desenvolvimento da capacidade aeróbia.

Resistência anaeróbia

A resistência anaeróbia capacita o praticante a esforços de curta ou média duração com alta intensidade e divide-se em:

- Alática.
- Lática.

A diferença entre esses dois tipos está na produção ou não de lactato durante a atividade muscular e na capacidade do indivíduo em manter a qualidade de rendimento sob essas condições.

Alática

O conjunto de ações que caracteriza o jogo de voleibol é composto por sequências sucessivas de esforços médios e submáximos (deslocamentos variados e as combinações entre eles, afundos, posicionamentos para a bola) que podem ser executados tanto na rede quanto no fundo da quadra, alternados com um número menor de ações de intensidade máxima (saltos da cortada, corridas em velocidade, mergulhos), porém com intervalos de recuperação com, no mínimo, o dobro da fase ativa. A relação entre o tempo de bola em jogo (cerca de até 10 segundos em média) e a pausa entre as ações (de no mínimo 30 segundos), tanto no masculino quanto no feminino, evidencia a predominância do metabolismo anaeróbio alático baseado na síntese de ATP-CP. Esses períodos intercalados de atividade e descanso próprios do voleibol caracterizam o esporte como de natureza predominantemente anaeróbia alática, ou seja, durante a recuperação ocorre a eliminação quase integral do lactato que se formou com o esforço.

Em razão dessas considerações, o treinamento adiantado do voleibol deve ser conduzido predominantemente por métodos que aumentem quase que exclusivamente a capacidade anaeróbia alática do aluno-atleta. A treinabilidade interfere no aumento da capacidade de recuperação e ressíntese do lactato – substrato da contração muscular que em excesso limita e, por fim, impede a realização da atividade – e consequente aumento da capacidade anaeróbia.

Para efeitos de planejamento do treino, quanto menor o tempo de esforço e maior o de recuperação, maior a probabilidade de eliminação do ácido lático, o que como consequência garante novo esforço nas condições anteriormente realizadas. Os objetivos de um treinamento que vise ao desenvolvimento da resistência anaeróbia alática devem se pautar na diminuição do tempo de recuperação e aumento do tempo de esforço, concedendo pausa suficiente para que o organismo possa, em consequência da treinabilidade, aumentar a eficácia na eliminação do substrato.

Em esforços intensos mantidos por alguns segundos, porém sem períodos suficientes de recuperação, a eliminação do lactato produzido durante as contrações musculares fica prejudicada e a capacidade de se submeter a novos esforços diminui de modo gradativo. A treinabilidade confere ao aluno-atleta condições de eliminar os resíduos dessa substância com mais eficácia, apesar das condições adversas, e suportar esforços repetidos mantendo a excelência técnica-física nas ações subsequentes.

Com o tempo, os atletas suportam gradativamente maior período de esforço e recuperam-se em intervalos mais exíguos. No entanto, esse limite está estabelecido por fatores fisiológicos e metabólicos. A partir de um certo ponto, por mais treinável que esteja o indivíduo, o sistema entrará em laticidade se o esforço se mantiver intenso por tempo exagerado e não houver recuperação suficiente para recomposição do sistema ATP-CP.

Ao contrário da resistência aeróbia, a resistência anaeróbia alática pode ser trabalhada desde a infância. No entanto, o desenvolvimento dessa capacidade é consequência da estimulação vivenciada nos exercícios que visam ao desenvolvimento das capacidades coordenativas. Nos exercícios, tarefas e jogos que estimulem movimentações, por exemplo, o professor-treinador idealiza o tempo de execução e de pausas de modo a atingir suas metas e não levar o aluno a uma acidose precoce.

As cargas, a velocidade e a recuperação – tanto a duração quanto a forma – utilizadas com as crianças devem ser menores e controladas, ou seja, de curta duração e com mobilização de energia via alática. Nas CI, a resistência anaeróbia não deve estar baseada na dinâmica do jogo de seis contra seis, pois as formas adaptadas que as crianças praticam apresentam outras exigências.

- Quando da aprendizagem das movimentações específicas, o treinamento pode incluir o desenvolvimento da resistência anaeróbia alática associada ao aprimoramento dos deslocamentos.
- Exercícios em forma de circuito, com variações de distância e amplitude de passadas são altamente favoráveis à associação do treino físico ao técnico e ao controle do tempo das execuções.
- O planejamento de treinos para essa faixa etária não pode exagerar no tempo de execução, conduzindo o grupo ao esgotamento logo no início da sessão.
- A associação dos fundamentos a um objetivo físico deve ocorrer com total controle do professor-treinador, já que a alta intensidade pode levar a fadiga e prejudicar a execução correta da habilidade.
- Sempre que houver a intenção por parte do professor-treinador em conjugar objetivos técnicos e físicos, deve-se cuidar para que o gesto motor seja preservado em qualidade. Caso não seja possível tal preservação, o melhor é dissociar os objetivos.

Gradativamente, a criança vai ganhando condições melhores e aumentando sua capacidade anaeróbia, estendendo o limiar de tolerância ao esforço e conseguindo realizar exercícios mais exigentes em uma condição alática por mais tempo.

Quando defesa, bloqueio e ataque adentrarem no estágio de aperfeiçoamento e treinamento, a partir das CCI, a associação desses fundamentos ao desenvolvimento da condição anaeróbia alática é altamente rica em variações possíveis.

- Séries de saltos, deslocamentos que culminem com a realização técnica do fundamento, seguidas por recuperações de bolas, retomadas de equilíbrio, novos deslocamentos em direção oposta ao anterior, análise de situações adversas e arranques trazem tanto ganho técnico quanto físico.

Sobretudo nas CCA, quando a temporada anual ganha importância dentro do planejamento plurianual, não se deve esquecer do limite existente entre a alaticidade e a intoxicação muscular pelo acúmulo de ácido lático, principalmente nos primeiros dias após as férias, pois a capacidade de ressíntese bioquímica do aluno-atleta está em níveis baixíssimos, o que o levará rapidamente à acidose. Apesar de o folclore esportivo se entusiasmar com as dores musculares pós-treino, quase sempre – em especial nesse caso – elas são, na verdade, a comprovação da inabilidade ou do desconhecimento do professor-treinador responsável pelo grupo na administração do treinamento.

Sugestões:

- Jogos de estafeta: este conhecido tipo de atividade recreativa pode servir de maneira muito positiva ao ganho de resistência alática. É fundamental, no entanto, que o professor-treinador elabore tarefas a serem cumpridas de acordo com as características do voleibol, em especial as formas de deslocamento. Recomenda-se também que as distâncias e o tempo de recuperação aproximem-se das particularidades do esporte. As distâncias não devem exceder os 10 metros de percurso (entre ida e vinda) e a pausa entre os estímulos nunca deve ser inferior a 30 segundos. Acima desses limites, corre-se o risco de levar o indivíduo à acidose, no primeiro exemplo, ou a um grau de treinabilidade irrelevante, em pausas muito extensas. Recomendamos grupos de quatro ou cinco atletas (no máximo) para que tais objetivos possam ser alcançados. A bola pode ser usada como referência e como fator motivacional; contudo, a inclusão de habilidades específicas nesse tipo de trabalho é contraindicada, pois a pressa em realizar os deslocamentos interfere na qualidade do gesto.
- Aquecimento: utilizando as linhas da quadra e as dimensões do ginásio é possível propor deslocamentos variados de uma linha a outra em velocidade. Pode-se incluir a bola como elemento a ser recuperado a partir de um lançamento, ou o companheiro, em forma de perseguição ou de referência, no estilo "siga o mestre"*. Nas CI pode-se utilizar o espaço geral, não se prendendo aos limites da quadra oficial, que ainda não é referência aos alunos-atletas.
- Pega-pega: a aplicação dos jogos de pega-pega deve ser criteriosa e evitar cair no erro comum de levar o pegador ao cansaço excessivo e a uma acidose precoce que pode limitá-lo para o restante do treino. O ideal é escalar dois ou até três pegadores em espaços limitados, para que os percursos sejam curtos, as pausas suficientes para a ressíntese do ácido lático e a motivação de todos mantenha-se alta.
- Exercícios técnicos: é possível associar um objetivo físico à realização de exercícios técnicos, desde que criteriosamente. Alternar ataques, bloqueios, defesas e contra-ataques individuais que durem o quanto for necessário para desenvolver a resistência anaeróbia alática específica do jogo é perfeitamente aplicável a sessões diárias.

O planejamento conjunto dos treinos por parte do técnico e do preparador físico pode tornar a sessão rica e variada, desde que os objetivos estejam integrados. Muitas vezes, os objetivos técnicos não são alcançados porque a realização do gesto motor é interrompida ou ocorre de maneira inadequada em decorrência da pressa ou inabilidade do aluno-atleta em coordená-la com corridas ou tarefas que se intercalam com os exercícios técnicos. Exercícios educativos, por exemplo, jamais devem ser associados a outras tarefas, assim como quando se visa à eficácia de algum elemento do jogo o aluno-atleta precisa concentrar-se exclusivamente em realizá-lo com excelência.

---

* Brincadeira infantil em que um indivíduo tenta repetir os movimentos do companheiro, ao mesmo tempo em que este os realiza.

Para isso, é conveniente formar grupos de três ou quatro jogadores de modo a aproximar as pausas necessárias para o pleno desenvolvimento da capacidade. Em períodos próximos a jogos, recomenda-se aproximar o tempo de realização e descanso com os característicos da dinâmica do jogo e da função do aluno-atleta.

Lática

A resistência anaeróbia lática é a capacidade do indivíduo de suportar esforços de curta ou média duração sob alta intensidade, na maior parte das vezes intercalados por períodos de recuperação insuficientes para a eliminação do lactato e de outras toxinas. Quanto mais apurada a resistência anaeróbia lática do indivíduo, por mais tempo ele consegue manter um desempenho de qualidade, além de contar com mecanismos mais eficazes de recuperação de fontes energéticas e eliminação de toxinas. Em contrapartida, aqueles que não dispõem de uma boa preparação apresentam quadros precoces de fadiga muscular diante de esforços contínuos ou de estímulos intermitentes em que a recuperação não ocorre de maneira suficiente para nova execução da tarefa.

Apesar da caracterização quase exclusiva das fontes anaeróbias aláticas para a prática do voleibol, isso não significa que a resistência anaeróbia lática não deva fazer parte do desenvolvimento do aluno-atleta de voleibol, pois os ralis mais longos ocorrem em jogos mais disputados, principalmente entre as mulheres, e algumas vezes de forma sucessiva. Os atletas que não têm a capacidade aeróbia lática desenvolvida têm mais dificuldade para ressintetizar o lactato gerado durante esses estímulos seguidos. Também é verdade que o estado emocional de mais tensão e estresse leva à produção de toxinas que se acumulam na corrente sanguínea e dificultam a "limpeza" lática. Atletas com recursos metabólicos adquiridos com o treinamento terão mais condições de lidar com a laticidade.

O treinamento da resistência lática, todavia, não precisa compor as sessões específicas de preparação física tampouco integrar os objetivos desta, podendo ser incluído nos treinos técnicos. Nesse caso, recomenda-se que o tempo de duração dos estímulos seja dosado de modo a não levar o aluno-atleta a um quadro de laticidade que o impeça de continuar treinando com qualidade técnica nem prolongue o efeito para os treinos futuros.

- Repetições que durem até 30 segundos individualmente ou de 2 a 3 minutos em organizações em trios ou quartetos podem render treinos de qualidade.

A resistência anaeróbia lática deve ser trabalhada de forma mais efetiva apenas a partir das CCA, podendo ser aplicados estímulos às CCI, desde que sem exageros. Até o mais inocente pega-pega pode pôr a perder um treino técnico (que exige refinamento do sistema neuromuscular) se levar o aluno-atleta a uma fadiga precoce.

Além das considerações levantadas, os treinos que levam à laticidade têm um efeito muito interessante na capacidade de o indivíduo atuar sob estresse físico. O aluno-atleta que consegue superar o cansaço, a indisposição, a dor e o incômodo da acidose ("os músculos queimando") durante os exercícios e realiza a ação técnica repetidamente e com eficiência desenvolve uma capacidade mental de superação importantíssima. Para que essas iniciativas não interfiram no planejamento, treinos com tal objetivo devem ser programados para dias que não antecedam jogos nem sejam no início da semana.

Principalmente com crianças e pré-púberes, o controle da frequência cardíaca é de suma importância, para que não se leve os alunos-atletas a uma situação extrema de esforço, o que pode, em alta dosagem ou repetidos períodos de esforço, resultar em prejuízo ao sistema cardiovascular.

Por isso, deve-se estar atento ao comportamento do aluno-atleta durante os períodos mais intensos do treino. Palidez, fraqueza dos membros superiores, descoordenação motora em habilidades básicas, desequilíbrios e tontura são sintomas indicadores de um grau muito elevado de fadiga.

Nesses casos, o aluno-atleta deve ser retirado do treino, colocado em repouso, observado e, caso necessário, enviado a cuidados médicos.

Resistência de saltos

A capacidade de salto é, sem dúvida, decisiva no voleibol. No entanto, mais que isso, é importante que o aluno-atleta mantenha a máxima potência do início ao final do rali e durante todos os *sets*, até o último ponto da partida. A resistência de saltos, conforme adaptação feita à definição de Barbanti (1997), é a capacidade de saltar repetidamente, com ótimo desempenho de alcance ou distância.

Vários dos fundamentos do voleibol incluem saltos em sua dinâmica e são repetidamente utilizados durante os ralis. Se tomarmos um único rali hipotético, podemos ter uma sucessão de saltos em poucos segundos que confirmam essa premissa: a sequência começa com um saque em suspensão; a recepção exige um salto em mergulho para evitar que a bola caia; o levantador realiza um levantamento em suspensão; os atacantes realizam uma finta coletiva (dois saltam sem atacar e um terceiro finaliza); dois bloqueadores sobem para tentar evitar o sucesso do oponente; a bola desvia no bloqueio e se dirige para o fundo de quadra; o defensor salta para tocá-la com a mão fechada; o levantador salta para levantá-la em suspensão; a bola é contra-atacada na posição 4 contra um bloqueio triplo e o ponto é definido. Um total de 14 saltos realizados por diferentes jogadores em um único rali!

Para dar outro exemplo da importância da resistência de saltos, podemos tomar um atacante de meio que bloqueia duas vezes seguidas as tentativas de ataque do adversário, retorna para o contra-ataque depois de amortecer a bola anterior, ataca a bola seguinte e complementa em xeque a defesa equivocada do adversário. Em menos de 10 segundos, ele realizou 4 saltos em potência máxima. Imagine, então, se esse lance precisar ocorrer no 15º ponto do 5º *set*... A exigência natural da potência e da resistência de salto faz que essas características mereçam especial atenção de treinadores e preparadores físicos (e também médicos e fisioterapeutas).

Ainda com o objetivo de prevenir lesões e levar os alunos-atletas a aumentarem sua sobrevida saudável no PFCAAD – e além dele –, as sessões específicas de resistência de saltos ou aeróbios devem ser planejadas para superfícies menos duras. A areia é indicada para trabalhos que visem a essas capacidades e serve também ao desenvolvimento da resistência de jogo – com a inclusão de movimentações específicas e transições de um elemento de jogo para outro.

A resistência de saltos merece consideração especial na preparação técnico-física não apenas por sua importância flagrante na dinâmica do jogo, mas também pela necessidade de que as sessões de treinamento sejam cuidadosamente pensadas, para que não haja sobrecarga com estímulos cumulativos e repetitivos.

O desenvolvimento dessa capacidade deve ser conduzido com cautela por dois motivos principais. Primeiro, carga e volume acima de um nível aceitável podem levar a uma limitação da capacidade de suportar o treinamento, limitação esta relacionada diretamente ao desgaste do sistema nervoso central. Além disso, o excesso pode conduzir ao risco de lesões ou desgaste de articulações, músculos, tendões, ligamentos e cartilagens envolvidos nos movimentos repetitivos.

É importante que a quantidade de saltos seja cuidadosamente dosada na elaboração do planejamento, sobretudo dos microciclos semanais e diários. A elaboração do conteúdo e a distribuição de carga de saltos devem considerar os estímulos a serem ministrados nas sessões técnicas, táticas e físicas. O acúmulo de saltos, sem que haja tempo suficiente para recomposição dos sistemas envolvidos, é responsável pela imensa maioria das contusões crônicas de joelhos e coluna (além de poderem se associar às de ombro, já que grande parte dos saltos se complementa com saques e cortadas).

Por meio do aprimoramento motor, já na I2, em especial da frenagem, do amortecimento e do reequilíbrio após o salto, é possível minimizar muitos dos problemas futuros. Ainda assim, a carga de saltos deve respeitar o grau de desenvolvimento da faixa etária em questão e limitar-se às repetições eventuais do gesto, mesmo que de forma ainda rudimentar, não fazendo parte do conteúdo de sessões com objetivos exclusivamente físicos (potência ou resistência de salto). O início da aprendizagem da cortada na I2 não pode incorrer no erro da repetição excessiva durante o processo pedagógico. Nas CI, a resistência de saltos é adquirida com a repetição de ações que envolvam o salto, sejam eles de qualquer tipo, já que a especificação não faz parte das preocupações de quem trabalha com esses grupos.

Nas CCI, à medida que os fundamentos que envolvem saltos – principalmente cortada e bloqueio – são ensinados e aperfeiçoados, a resistência de saltos deve ser gradativamente trabalhada a fim de dar aos alunos-atletas condições de realizá-los de maneira coordenada e sem prejuízo da eficiência em sequências mais longas.

Em razão da baixa condição técnica dos integrantes da C13, que não permite ralis mais frequentes e com qualidade, a resistência de salto só aparece de forma predominante como objetivo do treinamento físico na categoria subsequente. Antes disso, formas que utilizem apenas a repetição do gesto motor, suas variações de acordo com as especificações técnicas e as adaptações dentro da dinâmica de jogo são suficientes para o desenvolvimento da resistência de saltos. Não é necessário o incremento de trabalhos paralelos de fortalecimento ou outros métodos de treinamento, o peso do próprio corpo e exercícios técnicos bem administrados bastam.

Por exemplo, combinações simples como a realização de duas cortadas consecutivas, exigindo entre ambas o retorno ágil e veloz do aluno-atleta à linha de ataque.

Com o tempo, os exercícios ganham complexidade e podem tanto servir a objetivos específicos de treino quanto a aproximá-los da realidade de jogo.

Já nas CCA, o treinamento da resistência de salto ganha importância e é desenvolvido tanto nas sessões técnicas quanto nas físicas e também em situações de associação de objetivos das duas áreas. Os treinos táticos também são altamente proveitosos para o desenvolvimento dessa capacidade, pois o conhecimento das características dos companheiros leva a uma sucessão de ralis mais longos, e consequentemente saltos mais numerosos. É possível também que o treino tático tenha alguns objetivos dirigidos a determinadas posições, funções ou situações específicas, o que levará invariavelmente a uma carga individual maior de repetição de saltos aos alunos-atletas que estiverem no centro da atividade. Esse acréscimo à carga individual deve ser contabilizado.

Com a entrada no processo de especialização, determinadas funções exigem uma capacidade de salto muito mais apurada que outras. Opostos são levados a séries mais longas de ataque com máxima potência; centrais precisam bloquear, apresentar-se para o contra-ataque (mesmo que não recebam o levantamento), bloquear novamente, contra-atacar e assim enquanto durar o rali; líberos e levantadores já não apresentam necessidade de desenvolver a resistência de saltos com o mesmo volume daqueles.

Sugestões:

- Exercícios técnicos: várias são as possibilidades de associar o desenvolvimento da resistência de saltos à dinâmica dos exercícios. Séries de quatro ou cinco saltos podem ser realizadas isoladamente, assim como a associação com outros elementos que possam se combinar durante os ralis, como ataque, bloqueio e defesa, por exemplo. A resistência de saltos não está associada exclusivamente à realização de saltos consecutivos, mas a outros elementos do jogo que se alternam com os gestos de ataque, bloqueio, levantamento ou mergulhos. É necessário atentar para que as séries sejam breves e o tempo de recuperação suficiente para que haja a recomposição do metabolismo anaeróbio alático.

- Exercícios físicos em quadra: o preparador físico pode utilizar a quadra para desenvolver a resistência de saltos, sem que haja um objetivo técnico claramente associado ao trabalho. Por exemplo, junto à rede, o aluno-atleta saltará de cinco a seis vezes, retornando sempre a uma cadeira, pegando uma bola de tênis ou handebol e lançando-a sobre a rede. Igualmente, pode realizar o mesmo número de mergulhos, sem que haja a preocupação em treinar a defesa. É possível também desenvolver um trabalho de pliometria de salto com os alunos-atletas na zona de defesa e logo em seguida levá-los a executar três ataques em sequência junto à rede (o mesmo pode ser feito com saques viagem). O recrutamento de fibras próprio da pliometria é complementado com a utilização delas para a realização de um gesto motor específico, ganhando assim o treino físico mais eficácia e especificidade.
- Circuito de saltos: o método é interessante para o desenvolvimento da resistência de saltos, pois permite o controle sobre a quantidade de saltos em cada estação e o tempo de execução e recuperação. Com isso, é possível aproximar as tarefas às exigências do jogo em si. As estações devem estar intercaladas para que haja recuperação das estruturas metabólicas e articulares para nova estimulação. Entre elas pode haver pausas ativas com exercícios de solo ou de reforço dos membros superiores.

Resistência específica de jogo

Barbanti (1997) define a resistência de jogo como a capacidade de jogar continuadamente, sem queda de rendimento físico ou técnico. Apesar de estar diretamente ligada ao desenvolvimento das resistências citadas anteriormente, a resistência de jogo sofre a interferência do início ao final da partida de fatores emocionais, mais especificamente da maneira como o aluno-atleta lida com eles.

A resistência de jogo é adquirida não exclusivamente nos coletivos, mas em todos os exercícios e tarefas que compõem a sessão, além dos próprios amistosos que antecedem a temporada e a sequência de jogos oficiais. Para desenvolver tal capacidade é necessário levar o aluno-atleta e a equipe a um ritmo próprio de execução e a todo tipo de ambientação à realidade de jogo: técnica, tática, física, psicológica e todas elas associadas.

Nas CI não deve haver preocupação com a aquisição de uma resistência de jogo, nem mesmo quando for introduzido o minivôlei. Essa capacidade é adquirida naturalmente com os treinos, por meio de exercícios técnicos dinâmicos, e com os jogos, e essa vivência basta.

O planejamento das sessões de treinamento a partir das CCI deve considerar o ritmo e a velocidade com que as ações acontecem dentro da realidade de jogo em cada faixa etária e associar as distâncias possíveis a serem percorridas por um jogador às diversas situações combinadas de jogo (ataque + bloqueio + contra-ataque + defesa, etc.) com sequências de saltos, deslocamentos e reposicionamentos que exijam agilidade e velocidade.

Com o tempo, a aprendizagem dos novos fundamentos acrescenta mais elementos ao cabedal técnico do aluno-atleta, o ganho físico torna-se mais desenvolvido, o jogo desenrola-se com mais naturalidade e a aplicação das táticas mais elaboradas alteram a dinâmica de jogo. Para desenvolver essa "nova" resistência de jogo – que se renova a cada mudança de categoria e até mesmo durante um ano –, é necessário adaptar a intensidade do treinamento às novas características da prática.

Quanto menos os fundamentos forem treinados isoladamente, maior será o ganho do grupo.

A especialização também deve acompanhar essa dinâmica, com os jogadores recebendo estímulos diferenciados, de acordo com as funções que desempenham. O planejamento da C18/19 deve ser cuidadosamente elaborado para que cada aluno-atleta realize suas funções de acordo com as exigências máximas possíveis do jogo.

Os alunos-atletas das CCA recebem estímulos que se assemelham quase exclusivamente à realidade do jogo adulto. Nessa fase, a proteção de ataque deve ser utilizada constantemente como catalizadora da resistência específica de jogo a ser trabalhada. Esse elemento técnico-tático permite que o jogador não se acomode e participe ativamente do rali, não se limitando a atacar ou ficar torcendo para que o companheiro coloque a bola no chão. O estímulo e a criação do hábito coletivo à proteção de ataque são um dos mais eficazes meios de treinamento da resistência de jogo, além de condicionarem o aluno-atleta a realizá-la em qualquer momento da partida. Se esse hábito (iniciado efetivamente nas CCI) não for desenvolvido, a resistência de jogo e as chances de vitória diminuem.

A especialização também deve acompanhar essa dinâmica, com os jogadores recebendo estímulos diferenciados, de acordo com as funções que desempenham. O planejamento da C18/19 deve ser cuidadosamente elaborado para que cada aluno-atleta realize suas funções de acordo com as exigências máximas possíveis do jogo. Por exemplo, se o próximo adversário for teoricamente mais fraco, os treinos não podem se basear nas exigências que ele oferecerá, mas, sim, no potencial do grupo e nas projeções futuras de médio e longo prazos.

Para que a resistência específica de jogo seja desenvolvida, é importante que o professor-treinador transfira para os treinos as exigências do jogo. O ritmo, a carga, o volume, os intervalos entre esforço e descanso desenvolvidos nas sessões devem ser sempre próximos do que o aluno-atleta encontrará nos embates. Para efeitos de treinabilidade, é possível que se extrapole um pouco as exigências e a duração dos exercícios seja mais prolongada do que a realidade que normalmente o aluno-atleta enfrenta. No entanto, o tempo de duração dos treinos também deve considerar a carga horária similar à de partidas oficiais. As sessões não precisam ter sempre duração semelhante à média das partidas, mas é indicado que elas durem, com certa frequência, o equivalente, para que os alunos-atletas possam manter todas as valências e a técnica em estado de excelência do início ao final do treino e, assim, capacitar-se adequadamente para os jogos.

Há uma relação muito forte no desenvolvimento das capacidades de resistência de salto e de jogo, em função das características do voleibol, mas o treinamento visando ao desenvolvimento dessa capacidade não pode se resumir aos saltos. A associação de todos os elementos da forma como eles aparecem no jogo em treinos dinâmicos e motivantes, sem paradas sucessivas ou baixa intensidade, que levem os alunos-atletas a atuar constantemente com alto poder de concentração e de exigências máximas, conduz à resistência específica de jogo, sempre baseada no potencial do grupo e nas projeções futuras de médio e longo prazos.

Dependendo de como o indivíduo absorve, por exemplo, os constantes e cumulativos tipos de estresses – pressão, cobranças, torcida, desconcentração, placares adversos, cansaço, euforia, abatimento, etc. –, há o pleno uso de sua capacidade de resistência específica de jogo ou a queda dessa capacidade e consequentemente da qualidade de execução das habilidades técnicas.

Dificuldades momentâneas também podem levar à queda da resistência de jogo. Diante das circunstâncias, o aluno-atleta tenta resolver sozinho o problema, deixando de lado a disciplina tática previamente estabelecida para a equipe, o que leva a um desgaste maior do que o normal.

O baixo nível técnico de um grupo igualmente leva todos a precisarem se esforçar mais do que um elenco tecnicamente mais capacitado, e consequentemente decai a resistência de jogo, que precisa ser exigida em um patamar mais elevado. Uma organização tática caótica também pode levar todos os atletas a terem mais dificuldades para manter um nível adequado de resistência de jogo. Não é raro algumas equipes saírem de quadra muito mais cansadas que outras. Sem unir os esforços, o resultado é o mesmo do exemplo citado anteriormente.

Sugestões:

- Exercícios associados: depois de aprendido o fundamento, compete ao professor-treinador associá-los de forma dinâmica e criativa, levando o aluno-atleta a familiarizar-se com as combinações e executá-las com cada vez mais desenvoltura e eficiência. Várias são as possibilidades, como receber e atacar; atacar e bloquear; defender e contra-atacar; levantar e proteger o ataque, etc. A resistência de jogo inclui também a participação de outros jogadores, o que torna o exercício mais próximo da realidade e a integração mais motivante, assim como a dependência da ação alheia leva à exigência por maior qualidade.

- O trabalho de resistência de jogo pode potencializar também a capacidade de concentração do aluno-atleta, ainda que com sequências pouco usuais, com sequências que exijam a memorização de ações sequenciadas, como:
  1. Receber o saque na posição 5.
  2. Atacar da posição 4.
  3. Bloquear uma bola atacada da posição 3.
  4. Receber o saque na posição 6.
  5. Atacar do fundo pela mesma posição.
  6. Bloquear triplo na saída de rede.
  7. Receber o saque da posição 1.
  8. Atacar da posição 2.
  9. Defender na posição 2 um ataque vindo da saída de rede adversária.
- Coletivos dirigidos: são múltiplas as possibilidades de desenvolver a resistência de jogo a partir de coletivos. Mais do que simplesmente um jogo entre reservas e titulares, eles devem primar pela variabilidade, criatividade e busca por objetivos específicos.

  Os objetivos podem ser individuais (por funções) ou coletivos e as regras estabelecidas pelo professor-treinador é que conduzem à conquista dessas metas. O ritmo também deve ser priorizado, evitando interrompê-lo por muito tempo, nem sucessivamente, descaracterizando-o da realidade de jogo a ser encontrada. É comum extrapolar o ritmo de treino, deixando-o muitas vezes acima do que será encontrado em partidas oficiais. Tal procedimento é válido, desde que não produza acidose constante e por muito tempo, abreviando a sessão.

  – Isolar as posições de ataque (4 e 2) para realização de contra-ataques; saques apenas em direção à posição 6; saques sempre em suspensão; reposição de bolas extras até que se atinja um tempo estabelecido como ideal para o que se deseja, etc. são exemplos de coletivos que desenvolvem a resistência de jogo.

  Como pode-se perceber, apesar de ser incluída na Seção "Preparação Física", a resistência específica de jogo está diretamente ligada à qualidade dos treinos técnico-táticos; no entanto, o preparador físico deve também considerar a dinâmica do jogo de voleibol para elaborar determinados períodos de treinamento dentro da periodização. Por exemplo, quanto mais se aproxima o período pré-competitivo, mais os treinos devem igualmente levar o aluno-atleta a situações que se assemelhem ao jogo e ao que ele vai realizar. Treinos em circuito devem ser pensados de modo a ter períodos de estímulo e descanso semelhantes aos de jogo, os exercícios devem buscar a especificação das funções, etc.

- Proteção de ataque: ver sugestões na Seção "Preparação Tática".

FORÇA

Resumidamente, força pode ser definida como a capacidade de aplicar esforço contra uma resistência. No voleibol, essa resistência pode ser o solo (saltos, apoios em quedas) ou a bola (ataques, levantamentos, saques).

No treinamento desportivo ela manifesta-se de três formas, de acordo com as definições adaptadas de Weineck (2003, p. 225):

- Força máxima: maior força disponível que o sistema neuromuscular pode mobilizar por meio de uma contração máxima voluntária.
- Força rápida: capacidade do sistema neuromuscular de movimentar o corpo (membros) ou objetos (bolas, pesos, etc.) com uma velocidade máxima.

- Resistência de força: capacidade de resistência à fadiga em condições de desempenho prolongado de força (com base em vários autores).

As modalidades esportivas caracterizam-se pela utilização determinante de um ou outro tipo de força. O halterofilismo, por exemplo, apesar de contar com a velocidade para a suspensão do peso, vale-se principalmente da força máxima para a superação de marcas; as provas de velocidade do atletismo baseiam-se na força rápida, porém com predominância da velocidade.

Pela diversidade biomecânica das habilidades específicas do voleibol, fica difícil generalizá-las na busca por uma classificação única. No entanto, em razão da influência decisiva do controle motor e da necessidade de acionar os ajustes finos constantemente, podemos considerar que a manifestação da força máxima pura inexiste no voleibol. Ela é requisitada na corrida, nos saltos e ataques à bola, porém sempre em associação com a velocidade. Portanto, podemos dizer que o voleibol é um esporte em que a maior parte de suas habilidades baseiam-se predominantemente na força rápida (potência).

A relação entre força e velocidade, contudo, varia. As habilidades específicas de definição do ponto no voleibol (cortada e saque viagem, por exemplo) caracterizam-se pela utilização da força rápida de salto e de membros superiores para tornar a ação mais eficiente, e a relação entre força e velocidade praticamente se equivale. O bloqueio guarda a mesma relação, mas limita-se à potência de salto para poder fazer frente ao ataque adversário. Os três dependem de um deslocamento igualmente potente que requer mais velocidade do que força máxima.

Outros elementos em que a relação pende mais para a velocidade do que para a força máxima para constituir a força rápida a ser utilizada em jogo são o levantamento e os saques flutuantes.

A diversidade dos fundamentos quanto à utilização mais da velocidade ou da força para constituir a potência de suas biomecânicas pode ser complementada pelo mergulho frontal, que requer a força rápida de membros inferiores para correr e impulsionar o corpo em direção à bola e a força de membros superiores e cintura escapular em contração excêntrica no amortecimento da queda.

Por todas essas razões, a força e a velocidade máximas não se manifestam nem são objetivadas de maneira pura. Para o voleibol, a equação Potência = Força vs. Velocidade não é tão direta e a potência ideal não é o resultado, na prática, da máxima capacidade de força associada à mais alta velocidade possível. Assim, a força rápida que interessa ao voleibol, em termos de treinamento e utilização em sua dinâmica de jogo, situa-se entre a máxima e a submáxima, e é sobre ela que será possível aplicar a velocidade que resultará em potência, sem prejuízo da qualidade motora do fundamento.

Ambas, se levadas ao extremo durante a preparação, poderão provocar sérias lesões em músculos, tendões e ligamentos, que precisam do suporte da força muscular para que não se prejudiquem com a tração resultante sobre suas estruturas de fixação e intersecção quando o movimento é realizado com potência.

A resistência de força, por sua vez, aparece de modo claro na dinâmica da modalidade à medida que as exigências de um jogo ou uma sessão de treinamento prolongam-se, tanto em volume absoluto quanto em intensidade, durante ralis mais longos. De nada adianta um atacante saltar em condições ideais e no máximo alcance possível apenas uma dúzia de vezes. É necessário que o primeiro e o último ataque ou bloqueio – sejam eles de um rali ou de um jogo – sejam realizados na máxima condição de rendimento. Nesse ponto, a resistência de força está diretamente ligada à resistência específica de jogo, sustentada, porém, por uma preparação física que possibilite a manutenção das capacidades de salto e ataque à bola em potência ideal.

O estudo aprofundado da biomecânica do movimento, da anatomia do sistema musculoesquelético em geral e da função dos diferentes músculos em cada situação específica é de fundamental importância para o desenvolvimento do trabalho consciente e eficaz de força e da prevenção de lesões.

As considerações sobre treinamento de força para crianças, púberes, adolescentes e jovens são particularmente delicadas. Ao mesmo tempo em que temos estudos que comprovam uma resposta positiva em quase todas as faixas etárias e alterações metabólicas que potencializam o ganho dessa capacidade condicionante, outros alertam para os riscos e restrições.

Até a puberdade, as sugestões recaem sobre as atividades naturais e a utilização de materiais de pouco peso para a aquisição da força específica própria da modalidade. Nessa fase, é fundamental que os exercícios idealizados envolvam a bilateralidade e levem em consideração a fragilidade do sistema musculoesquelético da criança. Da mesma forma, deve-se pensar com cuidado as cargas a serem ministradas, pois a tolerância ao esforço é menor entre elas.

Essas ponderações vão ao encontro das recomendações desse PFCAAD de ampliar a variedade das habilidades a serem desenvolvidas durante a iniciação. O treinamento específico e inapropriado de uma única modalidade esportiva causa sobrecarga a determinados grupos musculares e articulações, às vezes irreversíveis para essa faixa etária. Do ponto de vista biomecânico, há estruturas do aparelho musculoesquelético que não se harmonizam com as exigências de movimentos próprios do voleibol. Por isso, é importante que o professor-treinador estabeleça um plano paralelo de desenvolvimento da força e de estabilidade articular para que o aluno-atleta suporte as tensões provenientes dos gestos motores específicos e possa também desenvolver outros grupos musculares que não são exigidos pela dinâmica da modalidade.

O treinamento das CI deve englobar exercícios que desenvolvam, com parcimônia e naturalidade, a força geral do praticante, sem visar a nenhum dos três diferentes tipos de força, mas, sim, proporcionar ao aluno-atleta a execução dos fundamentos de forma a cumprir com os objetivos específicos da ação de jogo, por exemplo,

levantar a bola a zonas-alvo diversas ou golpear a bola de maneira a fazê-la dirigir-se à quadra adversária. A diversidade das habilidades a serem estimuladas, não se limitando ao voleibol, permite o fortalecimento menos específico e o equilíbrio entre as estruturas musculoesqueléticas.

O trabalho de força em crianças deve favorecer o desenvolvimento geral harmônico e bilateral, por meio de exercícios lúdicos, abrangentes e variados. O incremento do treinamento físico deve priorizar a abrangência e não a intensidade. Com o objetivo de evitar desequilíbrios musculares decorrentes de um desenvolvimento exageradamente unilateral, são recomendados treinos complementares.

A preocupação com a preservação da integridade do aluno-atleta, todavia, não pode levar o professor-treinador a incorrer no erro da não observância do potencial físico para a aquisição de força. Weineck (2003) reforça a importância da sensatez do técnico na prescrição do treinamento de força para crianças quanto às limitações, mas chama a atenção também para o conhecimento quanto ao potencial de treinabilidade: "muitas crianças e jovens deixam de atingir o seu potencial esportivo simplesmente porque os estímulos para o fortalecimento do aparelho motor e postural foram insuficientes ou unilaterais durante sua fase de crescimento" (p. 359).

Essa questão é crucial para o PFCAAD, pois é muito fácil prescrever um treinamento que não prejudique o desenvolvimento da criança e do adolescente, obedecendo critérios que se colocam sempre em um nível abaixo do que os prejudicaria. No entanto, é necessário trabalhar não nesse nível, mas em um estágio em que a prontidão da criança ou do púbere ou do adolescente seja não apenas respeitada, mas aproveitada em sua plenitude de rendimento e de assimilação de cargas. Conhecer as limitações e respeitar limites em um PFCAAD é ir ao encontro das prontidões motoras, físicas e fisiológicas para atingir objetivos compatíveis com as possibilidades do aluno-atleta.

A imaturidade física das crianças de 11/12 anos impede que a força defina os ralis com mais frequência que a técnica. Essa falsa impressão de "falta de força" pode levar a duas conclusões precipitadas: ou é preciso intensificar o treinamento físico ou o movimento necessita de correção. É importante que tanto os professores-treinadores quanto os alunos-atletas saibam que os movimentos nessa idade parecem descoordenados e desconjuntados, principalmente a cortada, mas não que a habilidade esteja sendo realizada com incorreção. A maturidade física ainda não permite que ela seja realizada dentro dos padrões motores dos grandes ídolos do esporte.

A grande solicitação energética do treinamento de força exige atenção à relação entre trabalho e pausa. Com iniciantes e até o começo da puberdade, as pausas devem ser maiores, já que a recuperação metabólica da criança é mais lenta.

A entrada na puberdade leva o indivíduo a alterações hormonais e metabólicas que interferem diretamente na questão levantada no parágrafo anterior. Da mesma forma que o aumento da produção de testosterona, tanto nas meninas quanto nos meninos, predispõe ao início do trabalho para aquisição de força, o estirão de crescimento impõe cuidados especiais na prescrição de cargas. O crescimento acelerado longitudinal leva à desarmonia das proporções corporais e, consequentemente, a um desajuste na sincronização das ações motoras. As readaptações físico-motoras decorrentes desse processo levam os púberes a sucessivas dores, limitações e lesões, sobretudo nas articulações e na coluna vertebral. A dosagem de treinamento precisa sempre ser reconsiderada, em especial o desenvolvimento da força, pois as relações biomecânicas tanto alteram a possibilidade de ganho quanto aumentam a propensão a lesões.

Nas CCI, as sessões devem se basear em exercícios que envolvam a sustentação do peso do próprio corpo, sem interferências externas que possam comprometer a estabilidade das articulações.

Ao ingressar na C14, a maioria dos alunos-atletas ganha aptidão para se submeter a treinamentos mais específicos de força explosiva e resistência de força, assim como o próprio dinamismo do jogo exige mais do praticante. Nessa categoria, é visível o aumento do nível de força associado ao padrão motor, tornando o jogo mais dinâmico e bem jogado, principalmente se o púbere já vivenciou o estirão de crescimento.

O fortalecimento muscular postural é requisito básico para que o aparelho motor seja mais tolerante às cargas de treinamento em geral e deve ser ministrado desde a iniciação. Nessa faixa etária, o treinamento da força deve ser variado, com exercícios que levem à formação geral.

Não custa lembrar que a puberdade é um processo universal, porém o tempo de ocorrência e a maneira como ele se desenvolve respeitam diferenças individuais que precisam ser consideradas pelos professores-treinadores, fazendo que o treinamento de força seja baseado principalmente na idade biológica do indivíduo, não na cronológica. A adaptação das cargas e o volume de treinamento devem ser individualizados e acompanhados pelos médicos do PFCAAD, já que alguns apresentarão predisposições ao ganho que não podem ser ignoradas, assim como outros não estarão ainda aptos a desenvolver a força, mesmo tendo, às vezes, idade cronológica maior que aqueles.

Por volta dos 14 anos, as garotas adquirem mais gordura corporal e a secção transversa dos músculos aumenta. É nessa fase que o mito de que o treinamento de força "masculiniza" a mulher leva as alunas-atletas a relutarem em se submeter a treinos específicos. A pressão do senso comum as leva, às vezes, a trabalhar em níveis mais baixos de exigência, para não correr o risco de "ficarem musculosas". Os apelos equivocados da sociedade para que elas se enquadrem em atividades menos intensas e desgastantes acabam por subtrair bons valores adolescentes das quadras.

Enquanto o desenvolvimento da força não é tão notado na puberdade, ele é flagrante na adolescência, por conta principalmente do crescimento transversal dos músculos e do ganho relativo de gordura. É nessa fase que o corpo se reequilibra em termos de proporção e a produção de testosterona atinge níveis altíssimos, gerando melhores respostas aos estímulos de treinamento específico e permitindo maiores incrementos no ganho de força.

Os hábitos e exercícios preventivos devem ser mantidos e receber especial atenção na C18/19, pois esta é uma fase em que o aumento do número de contusões é considerável, por causa do aumento da carga de treinamento e do aproveitamento dos juvenis na categoria adulta. O treinamento de força deve continuar preocupando-se com as questões de preservação da integridade física no logo prazo e possibilitar ao aluno-atleta a realização de ações motoras amplas, constantes e potentes, sem que as estruturas musculoesqueléticas sejam comprometidas pelo esforço repetitivo ou por estímulos impróprios.

Em relação ao treinamento da força explosiva específica, em particular, ela acaba sendo requerida pela própria dinâmica do jogo e desenvolve-se naturalmente nos primeiros anos. A baixa capacidade de assimilação a cargas e a estrutura musculoesquelética ainda imatura das crianças contraindicam qualquer prescrição de treinamento específico de força rápida para busca de maior rendimento. Saltos e ataques à bola não devem ser enfatizados, apenas fazer parte da variedade motora indicada para essas faixas etárias, assim como a bilateralidade deve ser incentivada.

A entrada nas CCI leva naturalmente a ações mais dinâmicas de jogo. As cortadas, por exemplo, passam a ser mais potentes pela repetição do gesto e um trabalho extra para incrementar o ganho de potência pode ser realizado com objetos um pouco mais pesados (bolas medicinais de 3 kg com ambas as mãos) arremessados de acordo com a técnica do fundamento.

A preparação física, desde as CCI, desenvolve a força do aluno-atleta próximo ao limite de sua capacidade submáxima (85% da força máxima). Os trabalhos específicos para ganho de força devem ser conduzidos sempre dentro deste limite.

A força submáxima, no entanto, deve ser treinada efetivamente apenas a partir da C18/19 – alguns da C16/17 já apresentam idade biológica adequada para se submeter a uma adaptação gradativa a esse tipo de treinamento –, principalmente em salas de musculação e sempre com supervisão dos técnicos.

Nas CCA são possíveis maiores ganhos de potência específica ao associar os treinos físicos aos técnicos. Sessões de aumento da força máxima seguidas de exercícios com bola visando à velocidade levam ao recrutamento e imediata utilização de fibras musculares e ganho mais significativo da força rápida nos gestos específicos.

A resistência de força é alcançada por meio de controle da natureza e da duração dos exercícios que envolvam força rápida. Essa capacidade é conseguida apenas com as ações específicas de jogo, desde que sempre em máxima exigência, em sessões com duração apropriada e ações sucessivas.

A dinâmica de qualquer esporte baseia-se na repetição de gestos motores, o que leva certos grupos musculares a assumir o protagonismo na maioria das ações. Em contrapartida, para que esses músculos realizem o movimento potente, existem outros que, juntamente com os tendões daqueles e os ligamentos, exercem o papel de contendores do movimento.

Essa relação é semelhante à do estilingue; por maior que seja a resiliência do elástico, ela de nada adiantará se o galho escolhido para fazer a forquilha não for resistente para suportar a força exercida sobre suas pontas. Por sua importância na realização dos movimentos específicos, os antagonistas não podem ser ignorados no treinamento de força.

No voleibol, há uma predominância dos músculos anteriores da cintura escapular e tronco, principalmente tórax, e posteriores de braço nos movimentos realizados com os membros superiores (cortada, saque, levantamento e peixinho). Os fundamentos que incluem saltos, por sua vez, valem-se principalmente da ação agonista dos músculos da cadeia da impulsão (posteriores da perna, anteriores da coxa, glúteos, lombares e paravertebrais). Basta um exercício de dedução, com conhecimento básico da anatomia humana, para relacionar os antagonistas de cada movimento. Ou seja, os "figurantes" são os abdominais, posteriores da coxa, anteriores da perna (nos saltos) e os dorsais torácicos, a porção posterior do deltoide, manguito rotador e bíceps braquial (nos movimentos de ataque à bola). Portanto, enquanto os grupos predominantemente agonistas recebem treinamento de força rápida, os antagonistas devem ser condicionados a suportar a ação potente daqueles, ou seja, submetidos a exercícios de força máxima com contrações isotônicas concêntricas e excêntricas e isométricas.

É importante lembrar, todavia, que alguns grupos exercem ora o papel de protagonistas, ora de coadjuvantes, e por isso devem receber estímulos de contração compatíveis com a função que podem exercer. Sem o fortalecimento dos antagonistas, não há como desenvolver a força rápida dos agonistas, pois a condição de contenção deve ser compatível com a potência do gesto.

O profissional que trabalha no PFCAAD deve empregar, paralelamente ao treinamento principal, um trabalho complementar de força que distribua as tensões e complemente as exigências entre agonistas e antagonistas. Em linhas gerais, o treinamento de força na infância e na adolescência visa tanto à otimização do desempenho quanto a profilaxia postural e de lesões.

Treinos pouco exigentes e exercícios e tarefas nos quais o aluno-atleta realiza saltos e ataques à bola sem a devida potência são improdutivos no ganho de resistência de força. É importante, todavia, vislumbrar o limite ideal entre o treinamento que desenvolva a resistência de força e não desgaste desnecessária e perigosamente o indivíduo. Sessões exageradamente prolongadas não desenvolvem essa capacidade, ao contrário, destroem a integridade do aluno-atleta.

Sugestões:

- Lançar, arremessar, receber e rebater e empurrar e puxar: exercícios, jogos, tarefas e brincadeiras de lançar ou arremessar e receber (bolas de voleibol, basquete ou tênis, bolas medicinais), rebater (bolas de vôlei, uso de raquetes, petecas) e empurrar e puxar (cordas, companheiro, câmaras de pneu) podem desenvolver a força geral nas CCI.
- Ginástica artística e seus elementos: é altamente motivante e eficiente a utilização de outros meios para desenvolver a força geral nas CCI. A ginástica artística oferece elementos de força que são utilizados no solo, em aparelhos da modalidade, na cama elástica, em habilidades circenses e podem ser parte da preparação física do voleibol. Além de desenvolver a força, é rica em habilidades que trabalham as capacidades coordenativas, igualmente importantes na iniciação e nas CCI.
- Musculação: o trabalho desenvolvido em salas de musculação é importante como método de treinamento global do componente força. Conforme aumentam as exigências do jogo e os fundamentos são aplicados com mais dinamismo, exercícios que foram utilizados até então com materiais diversos, uso do companheiro e com apoios sobre o solo devem ser complementados.

Isso não exclui a validade nem a continuidade das outras formas de treinamento, no entanto, em razão da exigência crescente de articulações, músculos, ligamentos e tendões, faz-se necessário que as trações sejam trabalhadas com mais ênfase. Os aparelhos de musculação permitem movimentos mais lineares, sem oscilações de tração que possam lesionar certas regiões do corpo do aluno-atleta. O sistema de roldanas fixas e a especificação de cada estação permitem que os vetores de força aplicados ao movimento não exponham tendões e cartilagens ou ossos a atritos ou forças desproporcionais que possam ser provocados por apoios, quedas e pressões de outrem.

A partir da C15, os exercícios e as cargas devem ser escolhidos e prescritos de forma a educar o movimento e ambientar os alunos-atletas ao novo ambiente. O preparador físico deve priorizar a postura e a linearidade dos movimentos, corrigindo prontamente os desvios e dosando as cargas de acordo com as alterações de postura decorrentes de pesos incompatíveis com a capacidade individual. Convém trabalhar, no início, com cargas intermediárias, até que se homogeneíze a execução do grupo.

Na C18/19, as cargas são individualizadas e aumentadas de acordo com o estágio de treinamento, não devendo, entretanto, nunca atingir a força máxima. Com a especialização, estações extras podem ser incluídas em função das posições de jogo. É interessante que haja associações de exercícios com peso e adaptados à dinâmica de jogo, por exemplo, o aluno-atleta realiza o *pulley* tríceps e, logo em seguida, arremessa em forma de toque uma bola medicinal de 5 kg contra a parede.

O ganho de força rápida pode ser conseguido nos aparelhos da sala de musculação, mas se ela não for associada aos fundamentos, não alcança sua máxima utilização, pois a potência só se desenvolve plenamente quando aplicada aos movimentos específicos.

VELOCIDADE

Para entender a complexidade da velocidade motora, é necessário desmembrá-la nas diversas categorias propostas pelos autores. Inicialmente, é importante ressaltar que a velocidade em si depende da capacidade de mobilização do sistema neuromuscular, das fibras musculares de contração rápida e dos mecanismos metabólicos responsáveis por tais contrações – quantidade e tempo de ressíntese do ATP-CP muscular –, além da coordenação dos movimentos em tempo suficiente para realizar a ação motora de forma eficaz e rápida.

O desenvolvimento desse tema vai basear-se em uma adaptação a partir da classificação de Barbanti (1997, p. 53). São quatro os tipos de velocidade a serem desenvolvidos no voleibol**:

- Velocidade de percepção e resposta (pronta reação): capacidade de analisar as situações de jogo, antecipar-se na avaliação das possíveis respostas e reagir adequadamente no menor espaço de tempo possível.
- Velocidade de movimentos cíclicos (deslocamentos e movimentações específicas): capacidade de realizar deslocamentos simples ou combinados no menor tempo possível e com equilíbrio para realizar a ação motora desejada.
- Velocidade de movimentos acíclicos (agilidade): capacidade de executar movimento(s) específico(s) simples ou combinados com qualquer parte do corpo com rapidez e eficiência, para realizar a ação com a técnica adequada.
- Velocidade de força: capacidade de realizar ações específicas com rapidez – mudança de movimentos ou aceleração do gesto motor – e força suficientes para, geralmente, conquistar o ponto.

A velocidade está intrinsicamente associada à dinâmica do voleibol e é condição para que os atletas o pratiquem de modo eficiente. Ela está presente tanto nas ações defensivas quanto nas ofensivas e manifesta-se de diferentes maneiras que precisam ser aprimoradas para um desenvolvimento adequado em um projeto de formação de longo prazo.

A velocidade de percepção e resposta é fundamental nas ações defensivas como a recepção e a defesa. Nem sempre ela ocorre de maneira direta e sem interferências e obriga o aluno-atleta a reprogramar respostas motoras de acordo com os novos *insights* que ocorrem até a bola chegar a si ou ele movimentar-se até ela. Um saque flutuante faz que a bola sofra constantes desvios provocados pelas correntes de ar até chegar aos braços do receptor; enquanto ela viaja, o aluno-atleta realiza seguidos reajustes neurais que o fazem aprontar-se para a resposta motora. A reação final – ajustada constantemente e baseada nas análises subsequentes – será responsável pela qualidade da recepção. Igualmente, um saque mais potente exigirá resposta menos segmentada, porém mais rápida, cuja qualidade dependerá da velocidade de análise

---

** Tais denominações poderão ser encontradas no livro, com o mesmo sentido, respectivamente como: tempo de reação ou tempo de resposta; velocidade de deslocamento; agilidade; potência.

do movimento realizado pelo sacador. Ainda usando o mesmo exemplo, caso a trajetória do saque seja interrompida pela fita superior da rede, dando à bola outra direção, será também a velocidade de reação, baseada na velocidade de percepção – anterior ao toque da bola na rede e consequente previsão da nova direção que ela tomará –, que permitirá ao executante iniciar a movimentação para realizar a ação e impedir o sucesso do adversário. O mesmo ocorre entre os bloqueadores com desenvolvida velocidade de reação, que conseguem reagir prontamente, com base nas diversas análises que antecedem o levantamento, e chegar antecipadamente ao local onde será realizado o ataque adversário.

O desenvolvimento da velocidade de movimentos cíclicos no voleibol encerra algumas particularidades que precisam ser consideradas para que o treinamento aproxime-se das reais necessidades e alcance resultados. O desenvolvimento das capacidades coordenativas tem importância decisiva no consequente ganho de velocidade nos deslocamentos. Somente a aprendizagem das movimentações específicas com qualidade propiciará ganho de velocidade compatível com o que a dinâmica do jogo de voleibol exige.

O treinamento da capacidade também chamada de velocidade de *sprint*, porém sem a especificação dos deslocamentos próprios para cada situação, não resulta em ganho aplicável. Todavia, cada uma das movimentações específicas tem aprimorada a velocidade a partir da base motora e das situações em que elas podem e devem ser utilizadas.

O desenvolvimento de uma gama variada de estímulos para a velocidade acíclica nos estágios iniciais do PFCAAD proporciona um rico acervo sobre o qual todas as formas específicas futuras vão se basear. A velocidade de movimentos acíclicos, apesar de ser aprimorada a partir de padrões motores, envolve a capacidade adaptativa do executante, potencializada pelo acervo disponível de situações vivenciadas.

A velocidade de força é diretamente relacionada ao ganho das duas capacidades nela envolvidas: a velocidade do gesto motor – ligada à melhora do gesto técnico – e a força específica da musculatura agonista. No entanto, a equação não se potencializa proporcionalmente ao trabalho de ambas e nem elas se bastam para o ganho da velocidade de força. Essa capacidade em particular merece especial atenção e cuidado dos técnicos, pois as estruturas musculoesqueléticas em formação da criança e do adolescente não suportam estímulos combinados e acumulados de força máxima e alta velocidade, podendo o treinamento equivocado provocar inclusive o abreviamento da carreira esportiva individual.

A diferença entre força rápida e velocidade de força está basicamente no predomínio da velocidade nesta segunda. Enquanto a força rápida é requisitada nos saltos e ataques à bola e depende significativamente da força para que se torne mais eficaz, a velocidade de força tem na força a sustentação para sua otimização, mas sem o componente velocidade torna-se inoperante. Por exemplo, as mudanças de direção nos deslocamentos exigem a força para a sustentação do peso do corpo sobre as articulações, giros e retornos necessários a fim de que se chegue à bola no tempo preciso. Outro exemplo: o defensor mergulha, recupera a bola e precisa voltar para o jogo rapidamente; é a velocidade de força que permite que ele erga o corpo do chão com a ajuda de membros superiores e inferiores rapidamente. Sem a força, ele não consegue levantar-se, mas sem a velocidade – partindo do pressuposto de que ele possui força adequada para realizar o movimento –, a ação de jogo estaria comprometida.

De modo geral, a velocidade máxima tem na genética sua principal determinação; contudo, ela só se desenvolverá de acordo com suas potencialidades se for trabalhada oportunamente, desde a infância. A estimulação tardia pode inibir o desenvolvimento pleno da velocidade em todas as suas subdivisões.

O trabalho de velocidade deve ser realizado no início dos treinos. Enfatize as distâncias que serão percorridas pelos alunos-atletas em situações de jogo, principalmente nas CCA. Os vários tipos de velocidade coordenam-se em vários movimentos do voleibol – deslocamento, salto e membros superiores, na cortada, por exemplo. Lembre-se disso para planejar os treinos e não deixar as ações isoladas.

Para estruturarmos o treinamento da velocidade nesse PFCAAD, utilizaremos a divisão do processo de treinamento prolongado de velocidade proposta por Weineck (2003, p. 466). Ele está concebido em três estágios:

- Básico.
- De formação.
- De alto desempenho.

O treinamento básico deve ser ministrado a crianças e púberes entre 9 e 14 anos, o que compreende as CI e as CCI. O conteúdo não deve ser específico, mas, sim, ampliar ao máximo a variedade de estímulos, com o objetivo de conceder uma base não apenas para ganho de velocidade, mas de preparação do sistema musculoesquelético para as exigências vindouras. Equilíbrio geral da musculatura, com exercícios complementares e compensatórios de flexibilidade, deve acompanhar os treinos que visam ao desenvolvimento da velocidade.

A partir das CCI, o treinamento volta-se gradativamente a uma especificação maior e as dimensões da quadra e as situações mais próximas à realidade do voleibol servem como parâmetro aos estímulos e exercícios. Os objetivos dessa etapa voltam-se a preparar o aluno-atleta para o treinamento total dos próximos anos.

O trabalho de velocidade desenvolvido durante a puberdade requer especial cuidado no que se refere à coordenação motora, já que as alavancas sofrem alterações em relação à distância dos pontos de inserção tendinosa e consequentemente modificam a biomecânica individual. Nesse sentido, convém priorizar a qualidade motora de ajuste às novas condições em vez de aumentar as exigências em relação à velocidade em si.

O aumento da força – consequência direta da maior produção de testosterona –, juntamente com o da capacidade anaeróbia, confere visível evolução, durante a puberdade, da velocidade de força e da velocidade de movimentos cíclicos.

O treinamento de formação, correspondente às CCA, por sua vez, vale-se da base construída até os 14 anos e promove uma maior especificação das tarefas às ações de jogo. Com todos os fundamentos aprendidos e a maioria dos alunos-atletas na adolescência, é possível visar ao ganho das capacidades associadas à velocidade e à execução motora eficiente. O sucesso competitivo começa a ser definido também pelo aprimoramento das capacidades físicas condicionantes, entre elas a velocidade, que tem um lastro considerável de pré-treinamento.

Apesar de o produto final resultante da velocidade de percepção e reação ainda precisar ser aprimorado com o aumento da velocidade de resposta, o tempo absoluto de reação atinge na adolescência praticamente os valores observados na idade adulta.

Todos os tipos de velocidade são gradativamente incluídos nas sessões dentro da maior especificidade possível, à medida que os alunos-atletas evoluem de categoria e a especialização é definida. A partir da C18/19, treinos que utilizem distâncias que não condizem com as que os jogadores normalmente cobrem ou passadas não usuais são desaconselháveis. Nesse estágio, a especificação e a especialização começam a determinar os objetivos dos treinamentos técnicos e físicos.

Há diferenças entre as posições de quadra em que se costuma jogar e entre as funções desempenhadas, o que acaba por definir também os tipos de velocidade e as especificações destas; um levantador, por exemplo, não deve receber os mesmos estímulos que um atacante de meio. São treinos que não podem ser reduzidos a um mesmo formato, já que as distâncias a serem percorridas, as posturas utilizadas, as condições de reequilíbrio, os fundamentos realizados, entre outros fatores, exigem treinos de velocidade diferenciados. A análise dos movimentos próprios de cada jogador, de acordo com suas funções, e a adaptação dessas exigências ao treinamento são responsabilidade dos treinadores e preparadores físicos.

Sugestões:

- Pega-pega: é possível criar variações da brincadeira de pega-pega que atingem ótimos resultados no ganho específico de velocidade de movimentos cíclicos e de movimentos acíclicos. Por exemplo, dentro da zona de defesa da quadra de vôlei, um pegador tem a liberdade de correr da maneira que quiser, enquanto os perseguidos precisam se deslocar ou de lado ou de costas, nunca de frente. Troca-se o pegador toda vez que ele tocar alguém.
- Queimada: esse tipo de jogo recreativo pode ser incluído na parte inicial da aula e adaptado aos objetivos que se deseja enfatizar em questão de velocidade. A agilidade está naturalmente incluída nas constantes movimentações para não ser queimado, a velocidade de deslocamento também é trabalhada de forma variada e criativa, da mesma maneira que a velocidade de força é destacada nos lançamentos para tentar queimar o adversário e nas mudanças de direção para se esquivar. Pode haver determinações de como lançar (com uma das mãos, com a não dominante, com ambas, em forma de cortada, etc.), para especificar o movimento e os grupos musculares envolvidos. Pode-se ainda conceder uma vida extra aos que forem queimados pela primeira vez, desde que eles não possam mais ficar em pé, deslocando-se de joelhos (naturalmente protegidos por joelheiras) ou arrastando-se ou equilibrando-se sobre um *step****.
- Jogos de estafeta: para desenvolver a velocidade de movimentos cíclicos, o jogo de estafeta tem a vantagem de promover variadas formas de tarefa e, assim, levar o participante a percorrer distâncias variadas, com diferentes formas de deslocamento, com a inclusão do parceiro, de objetos, de formas de resistência (elásticos, pesos, etc.) e até de habilidades específicas a serem realizadas durante ou ao final do percurso. Dependendo da forma escolhida para o deslocamento ou da ação que o executante precisa realizar ao mudar de direção, a velocidade de movimentos acíclicos é potencialmente incluída na estratégia.
- Deslocamentos específicos: é possível criar certa ludicidade nos exercícios diante da rede: os bloqueadores podem disputar corridas utilizando as passadas específicas desse fundamento, cobrindo diferentes distâncias e para ambos os lados.
- O mesmo pode ser feito para defesas seguidas de rolamentos ou mergulhos – nesse caso, a mudança de direção e da forma de deslocamento aproxima os exercícios das situações reais de jogo. Levantadores devem ter os vários tipos de velocidade trabalhados de maneira tanto específica quanto variada – deslocamentos para todas as direções, em vários planos, acomodação rápida à bola, velocidade de membros superiores para impulsionar a bola para a região determinada nos vários tipos de toque possíveis, etc.
- A especialização leva os atacantes a realizar diferentes tipos de deslocamentos, saltos e ataques, o que obriga os professores-treinadores a planejar treinamentos que levem ao desenvolvimento da velocidade em suas manifestações diversas, porém cada vez mais voltadas às especificações da posição.
- Circuitos: são ótimas estratégias para o desenvolvimento da velocidade em geral, porém é necessário que a organização não cause fadiga localizada, provocada por estações seguidas que trabalhem os mesmos grupos musculares ou por relações entre esforço e pausa incompatíveis que levem os músculos a acumular lactato rapidamente e prejudicar os objetivos do trabalho.
- O treinamento em circuito deve alternar, por exemplo, uma estação que vise à velocidade com duas de exercícios localizados, ou ins-

---

*** Banqueta de cerca de 20 cm de altura utilizada em aulas de academia.

tituir tempo suficiente de pausa para que o sistema muscular se recomponha.
- Velocidade de percepção e resposta: os treinos de voleibol devem priorizar sempre e constantemente a resposta motora a partir de estímulos visuais. Evite incorrer em dois erros muito comuns: valer-se predominantemente de estímulos auditivos – apitos, assobios, ordens de "vai" ou "já" – pois a estimulação do circuito reação-resposta é dada pela visão; igualmente, treinos principalmente de defesa, em que o aluno-atleta posiciona-se e o professor-treinador ataca cada vez mais forte contra ele, podem ser interessantes para aprimorar o amortecimento da bola; entretanto, treinos desse tipo esgotam-se nesse objetivo, pois não desenvolvem a leitura e o consequente aprimoramento da velocidade de percepção-reação, já que o indivíduo não aciona o mecanismo decisório nenhuma vez.

FLEXIBILIDADE

Os autores divergem bastante para chegar a definições de flexibilidade que atendam às especificações de cada esporte. Para Weineck (2003), a "flexibilidade é a capacidade e a característica de um atleta de executar movimentos de grande amplitude, ou sob forças externas, ou ainda que requeiram a movimentação de muitas articulações" (p. 470). Já as classificações da flexibilidade encontradas na literatura referem-se mais aos métodos de treinamento do que às diferenciações relativas à prática esportiva, além de a maioria das obras entender que os tipos de flexibilidade dificilmente estão dissociados entre si durante uma ação motora.

Os autores, no entanto, são unânimes em considerar a flexibilidade uma capacidade da qual todas as demais, tanto coordenativas quanto condicionantes, são dependentes. A otimização da qualidade motora dos gestos técnicos passa necessariamente pela aquisição de níveis ideais de flexibilidade, assim como o ganho de força, potência e velocidade não será pleno se não houver um nível de desenvolvimento apropriado dessa capacidade. Além disso, a importância do desenvolvimento da flexibilidade é comprovada por diversos estudos na prevenção de lesões musculares e articulares.

Da mesma forma que a força considerada máxima não deve ser objetivada no voleibol, a flexibilidade a ser buscada também deve ser a considerada ideal, e não a máxima. Diferentemente de algumas outras modalidades, os gestos técnicos do voleibol dificilmente levam o executante a exigir graus de flexibilidade além da amplitude necessária das articulações para conseguir imprimir potência ao movimento.

O relaxamento da musculatura antagonista e a dinâmica coordenada e subsequente de elasticidade e contração dos agonistas reforçam a importância da flexibilidade para a execução de todas as ações motoras específicas em suas plenas possibilidades não apenas em relação à potência e à velocidade, mas também à técnica.

A flexibilidade deve ser estimulada diariamente, pois pausas prolongadas levam à perda relativa dessa capacidade motora.

Não se pode pensar que a carga menor de esforço a que a criança é submetida nas CI descarte a necessidade do treinamento da flexibilidade em aquecimentos, finais de aulas e mesmo em compensações nas pausas entre momentos mais intensos. Ademais, a iniciação na prática esportiva leva a musculatura da criança ao encurtamento, o que exige a estimulação dessa capacidade por meio de exercícios habituais.

Some-se ainda o fato de que a flexibilidade apresenta-se em estado de alta treinabilidade na infância e que o ganho obtido no desenvolvimento dessa capacidade até os 14 anos pode ser apenas mantido quando o indivíduo atinge a idade adulta. Com o estímulo diário e constante da flexibilidade geral desde as CI – principalmente da musculatura postural e da pelve –, é possível deter o progressivo enrijecimento articular e tendinoso, alcançar um grau de treinabilidade elevado e promover um trabalho preventivo de lesões e desequilíbrios. Entre as pausas, exercícios localizados de relaxamento dos grupos musculares exigidos, como os da cintura escapular, cintura pélvica, membros inferiores – principalmente os da cadeia do salto – e posturais – dorsais e paravertebrais – aliviam a tensão e preparam o aluno-atleta para novos estímulos subsequentes.

Enquanto até os 11 anos os treinos de flexibilidade podem ocorrer de forma lúdica e as posturas de alongamento ser incluídas em exercícios mais dinâmicos, com bolas e outros materiais, a partir dessa idade e até os 14 anos – faixa em que a flexibilidade atinge o mais alto grau de treinabilidade – os treinos devem priorizar o desenvolvimento dessa capacidade por meio de exercícios específicos.

Com as mudanças biomecânicas provocadas pelo estirão de crescimento, o treinamento da flexibilidade com púberes deve evitar práticas como alongamento passivo ou dinâmico com cargas. É importante relembrar que a idade biológica deve também ser considerada para o desenvolvimento dessa capacidade, pois a flexibilidade perde um pouco de sua treinabilidade na adolescência, com possibilidades de ganho cada vez menores. Apesar de não apresentar tanto potencial de evolução a partir das CCA, ela deve ser estimulada diariamente, pois pode regredir, caso seja negligenciada. Nessas categorias também é possível incluir o treino em duplas, com resistência passiva, pois os adolescentes têm mais consciência das possibilidades de insistência sem colocar em risco a integridade muscular do companheiro.

Atualmente, busca-se sempre que possível promover o alongamento dos músculos em cadeia, deixando apenas alguns para se trabalhar isoladamente. No entanto, nem sempre é possível envolvê-los em grande número em um só exercício.

É importante criar desde cedo a conscientização e o conhecimento das técnicas variadas de alongamento, para que o aluno-atleta crie o hábito de alongar-se e possa adquirir meios de autotreinamento.

Sugestões:

- Alongamento do "macaco trapalhão": as crianças dispostas livremente no espaço são dirigidas pelo professor-treinador, que encena a tentativa de um "macaco trapalhão" de se desvencilhar de um chiclete no qual ele pisou. Os alunos devem seguir os movimentos do treinador, que flexiona o tronco e finge tirar a goma da sola do pé (alongamento dos posteriores de coxa), esta solta-se, mas volta ao chão e o macaco acaba pisando nela com o outro pé, o que faz que a criança flexione o tronco sobre a outra perna. Em seguida, o chiclete gruda nas costas do macaco, o que obriga a criança a tentar tirá-lo com a flexão do braço para trás (alongamento do tríceps braquial). E assim por diante, até que a maioria dos músculos possa ser alongada.
- Alongamento com o uso de bolas ou bastões: em duplas, sentados um de frente para o outro, os alunos-atletas entregam a bola (ou o bastão) para o companheiro, flexionando o tronco (alongamento dos posteriores de coxa e lombares), idem com as pernas afastadas, unidas, flexionadas, etc. Mudanças em relação à posição (em pé, de costas um para o outro, de lado, etc.) permitem, com criatividade do professor-treinador, alongar todos os principais grupos musculares, em especial os da coluna vertebral.

DISTRIBUIÇÃO DE CONTEÚDO ENTRE AS FAIXAS ETÁRIAS

Antes de promover a distribuição das capacidades motoras de acordo com a faixa etária, elencaremos, de acordo com as especificações abordadas, os pontos gerais propostos pelo PFCAAD para cada categoria:

- Categorias Iniciantes:
    - Trabalho geral com ênfase nas capacidades coordenativas.
    - Desenvolvimento das habilidades deve nortear os trabalhos físicos.
    - Desenvolvimento da flexibilidade.
    - Estímulos de velocidade de movimentos cíclicos e acíclicos.

- Categorias Competitivas Intermediárias:
  - Aprimoramento das capacidades coordenativas.
  - Introdução às capacidades condicionais, de forma geral e gradual.
  - Desenvolvimento da flexibilidade.
  - Estímulos de velocidade de movimentos cíclicos e acíclicos.
- Categoria 15 anos:
  - Manutenção das capacidades coordenativas.
  - Ênfase nas capacidades condicionais gerais.
  - Especificação gradativa das capacidades condicionais.
- Categoria 16/17 anos:
  - Especificação das capacidades condicionais.
  - Preparação para a especialização da C18/19.
- Categoria 18/19 anos:
  - Ênfase nas capacidades condicionais específicas, visando ao atingimento do potencial máximo nos anos seguintes.

As capacidades coordenativas estão diretamente relacionadas às habilidades gerais e específicas a serem desenvolvidas, cada qual a seu tempo e devidamente discutidas na Seção "Preparação Técnica". Quando aqui se fizer referência a elas, temos a intenção de enfatizar a sugestão e a provável necessidade de promover o incremento dessas habilidades com algumas valências condicionais que farão que o desempenho motor se adeque às exigências do jogo.

O conteúdo da preparação física específica a ser desenvolvido em cada categoria, em consonância com os fundamentos a serem aprendidos e visando ao planejamento de longo prazo, é apresentado a seguir.

Categorias iniciantes

- Capacidades coordenativas:
  - Coordenação motora geral:
    - Habilidades primárias e secundárias gerais.
    - Habilidades gerais de lançar e receber.
    - Habilidades gerais de rebater e volear com diferentes partes do corpo.
    - Estratégias: utilização de material variado e leve; variação de distâncias e alvos; atividades em diferentes ambientes e pisos; etc.
  - Coordenação motora de locomoção:
    - Formas diferenciadas e múltiplas de locomoção, abrangendo outras modalidades esportivas.
    - Movimentações nos planos alto, médio e baixo.
    - Estratégias: uso de sinalizações no solo para deslocamentos variados, com mudanças de direção; jogos de estafeta e adaptados (com distância e tempo reduzidos), etc.
  - Orientação espacial específica:
    - Movimentações utilizando as dimensões da quadra poliesportiva e das miniquadras de minivôlei.
    - Estratégias: tarefas de deslocamento sobre as linhas; jogos que utilizem as zonas de ataque e defesa como limites do campo, etc.
  - Coordenação visual-motora geral:
    - Vivências variadas e generalizadas com desenvolvimento de "tempo de bola", que incluam saltos, deslocamentos, situações que requeiram agilidade, etc.
    - Vivências baseadas nas diversas situações possíveis na dinâmica do jogo de vôlei que desenvolvam "tempo de bola".
    - Estratégias: exercícios individuais e em duplas que envolvam lançar e recuperar conforme objetivos traçados pelo treinador; utilização de diversos materiais (com diferentes tempos de sustentação no ar), etc.
- Capacidades condicionais:
  - Resistência:
    - Resistência aeróbia:

» Estratégias: exercícios com aspecto lúdico de média duração e baixa intensidade.
- Resistência anaeróbia de prevalência alática:
  » Estratégias: jogos de estafeta de curtas duração e distância, aplicados às movimentações específicas e associados ao objetivo de ganho de velocidade – com o devido cuidado para não acumular trabalhos técnicos desse tipo com objetivos idênticos na mesma sessão.
- Força:
  - Fortalecimento das articulações e cadeias musculares agonistas e antagonistas de forma geral, valendo-se de habilidades de outras modalidades esportivas.
  - Prescrição de exercícios compensatórios, preparando o aparelho musculoesquelético para os fundamentos do voleibol em desenvolvimento e a serem aprendidos futuramente, mas também fortalecendo grupos que não são normalmente utilizados.
  - Fortalecimento das estruturas responsáveis pela postura.
  - Estratégias: utilização de objetos diversos, de pesos e formas variados e bolas de outros esportes; uso do companheiro e do solo em exercícios de apoio, com elásticos, com bolas pouco mais pesadas; alongamentos; alinhamentos posturais em suspensão; princípios do pilates e do ioga, etc.
- Velocidade:
  - De percepção e reação:
    » Leitura das ações do companheiro e antecipação de movimentos a partir da análise.
    » Estratégias: exercícios que não automatizem reações; diferenciação de estímulos, etc.
  - De movimentos cíclicos:
    » Distâncias curtas.
    » Posições básicas variadas durante os deslocamentos.
    » Inclusão de desequilíbrios e reequilíbrios durante e ao final da corrida.
    » Mudanças de direção.
    » Estratégias: jogos de estafeta; aquecimento em colunas; exercícios em pequenos grupos, etc.
  - De movimentos acíclicos (agilidade):
    » Movimentos acrobáticos não específicos: cambalhotas; deslizes não específicos; apoios invertidos; rolamentos não específicos; suspensões, etc.
    » Estratégias: uso do companheiro; apoios sobre o chão; colchonetes; aparelhos de ginástica olímpica, etc.
- Flexibilidade:
  - Formas lúdicas de alongar.
  - Educação postural profilática.
  - Estratégias: em duplas – sem resistência passiva –; com manuseio de material; utilizar a ludicidade e constante observação em relação à postura e alinhamento articular; uso de material como bastões, elásticos, etc.

Categoria 13 anos

- Capacidades coordenativas:
  - Coordenação motora geral:
    - Habilidades gerais mais complexas como forma de enriquecer o acervo motor.
    - Habilidades específicas do voleibol potencializadas com as capacidades condicionais que as fundamentam.
  - Coordenação motora de locomoção:
    - Movimentações nos planos alto, médio e baixo, com especificação às situações próprias do jogo.

- Incremento das movimentações específicas com desafios motores (inclusão de giros, apoios, inversões de direção, desvios, etc.).
- Orientação espacial específica:
  - Movimentações limitadas às dimensões das quadras de voleibol.
  - Estratégias: tarefas de deslocamento sobre as linhas; jogos que utilizem as zonas de ataque e defesa como limites do campo, etc.
- Coordenação visual-motora geral e específica:
  - Vivências generalizadas e, principalmente, específicas que desenvolvam "tempo de bola".
  - Estratégias: exercícios individuais e em duplas que envolvam lançar, recuperar e rebater ou volear; utilização da bola de voleibol, etc.

■ Capacidades condicionais:
- Resistência:
  - Resistência aeróbia:
    » Estratégias: exercícios de movimentação em quadra, utilizando os fundamentos do voleibol, em forma de circuito e intensidade compatível com o objetivo.
  - Resistência anaeróbia:
    » Estratégias: jogos de estafeta de curta duração e média distância; utilização de elementos do jogo de voleibol.
  - Resistência de saltos:
    » Estratégias: inclusão de sequências breves de saltos (exercícios de cortada ou bloqueio) com volume e intensidade cuidadosamente dosados.
  - Resistência de jogo:
    » Início do desenvolvimento dessa capacidade na situação de seis contra seis.
    » Gradativamente (de acordo com a capacidade de manter a bola em jogo), esse tipo de resistência pode ser o objetivo principal de exercícios elaborados pelo professor-treinador.
- Força:
  - Resistência de força:
    » Fortalecimento geral do sistema musculoesquelético: o aluno-atleta passa a receber uma carga maior de estímulo, pois a aprendizagem de fundamentos mais impactantes exigirá articulações mais fortes, como é o caso da cortada e da defesa.
    » Reforço dos estímulos bilaterais e do fortalecimento das musculaturas antagonistas.
    » Manutenção do fortalecimento das estruturas responsáveis pela postura.
    » Sugestões: utilização de objetos diversos, de pesos e formas variados e bolas de outros esportes; uso do companheiro e do solo em exercícios de apoio (força de resistência); utilização de outros esportes e aparelhos (ginástica olímpica, natação, judô, etc.).
  - Força explosiva:
    » Treinos com bolas medicinais para os membros superiores e de saltos em profundidade podem ser iniciados com o objetivo principal de educação dos movimentos, com prescrição de peso, altura e volume reduzidos e controlados.
- Velocidade:
  - De percepção e reação:
    » Leitura das ações do companheiro e antecipação de movimentos a partir da análise.
    » Ampliação do leque de possibilidades, associando-as aos elementos característicos do jogo, exigindo mais do raciocínio tático do aprendiz.

- » Estratégias: exercícios que não automatizem reações; alternar estímulos diferenciados; jogos adaptados de no máximo três contra três, que proporcionem maior número de ações individuais, etc.
- De movimentos cíclicos:
  - » Deslocamentos em distâncias curtas e médias.
  - » Ganho imediato de velocidade em deslocamentos curtos.
  - » Deslocamentos nos quais se guardam as posições básicas específicas.
  - » Inclusão de desequilíbrios e reequilíbrios durante e ao final da corrida.
  - » Mudanças de direção em diferentes posições básicas e formas de deslocamento.
  - » Simulação de situações de jogo.
  - » Estratégias: com raras exceções, utilizar preferencialmente os fundamentos do voleibol na dinâmica dos exercícios, tarefas e jogos; jogos de estafeta; aquecimento em colunas; exercícios em pequenos grupos, etc.
- Velocidade de força:
  - » Inclusão de jogos de estafeta e movimentações em quadra, mudanças bruscas de direção, apoios no solo e imediata recuperação, etc.
  - » Iniciação ao desenvolvimento da velocidade de braço como forma de alcançar o padrão motor do saque e da cortada.
  - » Estratégias: utilização de objetos mais leves (bolas de tênis, raquetes, etc.), porém com extremo cuidado, sem permitir que a velocidade empregada seja exagerada a ponto de desestabilizar as articulações.

- De movimentos acíclicos (agilidade):
  - » Aprimoramento dos movimentos acrobáticos não específicos aprendidos: cambalhotas, deslizes, apoios invertidos, rolamentos e suspensões.
  - » Estratégias: uso do companheiro; apoios sobre o chão; colchonetes; aparelhos de ginástica olímpica, etc.
- Flexibilidade:
  - Formas lúdicas de alongar (em duplas, com manuseio de material, etc.).
  - Educação postural profilática.
  - Iniciação às formas mais específicas individuais (educação do movimento e do autotreinamento).
  - Estratégias: utilizar a ludicidade e constante observação em relação à postura e alinhamento articular; uso de material como bastões, elásticos, etc.

Categoria 14 anos

- Capacidades coordenativas:
  - Especificidade das ações motoras determinadas pelas novas dinâmicas táticas e pela coordenação entre elas.
  - Treinamento de ênfase, caso haja deficiência em alguma das capacidades coordenativas que impeça ou dificulte a evolução técnica específica – por exemplo, equilíbrio recuperado na aprendizagem do bloqueio.
- Capacidades condicionais:
  - Resistência:
    - Resistência aeróbia:
      - » Continuidade ao trabalho iniciado na categoria anterior.
      - » Inclusão de reforços individuais de acordo com necessidades específicas (perda de gordura, debilidade do sistema cardiorrespiratório em suportar esforços continuados, etc.).

- » Estratégias: os reforços poderão ser realizados na piscina, esteira e bicicleta ergométricas; treinos com bola em forma de circuito, desde que não extrapolem a carga total de treinamento que envolva membros inferiores; exercícios de movimentação em quadra, utilizando os fundamentos do voleibol, em forma de circuito e com intensidade compatível ao objetivo.
- Capacidade anaeróbia:
  - Adaptação da administração de pausas e esforço de todos os momentos do treino, para ganho específico da condição anaeróbia alática.
  - Eventualmente, com objetivos de superação psicológica, inclusão de esforços que levem à produção de ácido lático e à sensação de desconforto muscular.
  - Estratégias: jogos de estafeta de curta duração e média distância; utilização de elementos do jogo de voleibol para desenvolver essa capacidade; jogos adaptados e coletivos dirigidos, nos quais o professor-treinador dá o ritmo desejado ao treino, repondo bolas de acordo com o ritmo ideal.
- Resistência de saltos:
  - O período de aperfeiçoamento da cortada e do bloqueio favorece o desenvolvimento da resistência de saltos.
  - Elaboração de exercícios que variem a quantidade de repetições dentro de determinados períodos de tempo, aproximando-os da realidade de jogo.
  - Deve-se tomar cuidado quanto ao acúmulo de estímulos repetitivos sobre os membros inferiores.
  - Inclusão das diversas movimentações e elementos técnicos que antecedem o gesto da cortada na dinâmica de jogo.
- Resistência de jogo:
  - A aprendizagem da grande maioria dos fundamentos e a introdução de táticas mais complexas permitem que a resistência de jogo seja desenvolvida com variados elementos e situações, seja em exercícios isolados ou em coletivos orientados.
  - Afora as sequências para aprendizagem e correção dos fundamentos, os exercícios devem buscar a máxima aproximação do ritmo de jogo característico da idade.
  - É interessante, todavia, que os parâmetros para impor um ritmo de treino apropriado aos objetivos superem o que normalmente se observa entre as equipes da mesma categoria. Só assim o grupo poderá evoluir a patamares mais altos de rendimento.
- Força:
  - Força submáxima:
    - » Utilização de bolas medicinais mais pesadas e específicas de levantamento.
    - » Aparelhos da sala de musculação podem começar a ser utilizados, principalmente com alunos-atletas que já passaram pelo estirão de crescimento e puberdade:
      - ◆ O objetivo principal é a educação dos movimentos.
      - ◆ Cargas leves e sob orientação permanente de treinadores e preparadores físicos.
      - ◆ Vivência e automatização dos diversos movimentos possíveis.
      - ◆ Educação da postura adequada e desenvolvimento do equilíbrio articular.
      - ◆ O aumento da carga será gradativo, visando ao ganho progressivo de força.

» Estratégia: uso do companheiro e do solo em exercícios de apoio (força de resistência); utilização de outros esportes e aparelhos (ginástica olímpica, natação, judô, etc.).
- Força explosiva:
  • Treinos com bolas medicinais e saltos em profundidade prosseguem, porém ainda com o objetivo principal de educação dos movimentos, com prescrição de peso, altura e volume reduzidos e controlados.
- Velocidade:
  • De percepção e reação:
    » Leitura das ações do companheiro e antecipação de movimentos a partir da análise.
    » A maior exigência em jogos e treinamento, por conta da evolução técnica do grupo, permite que o aluno-atleta aprimore essa capacidade com os desdobramentos próprios do jogo de voleibol.
    » Estratégias: situações de jogo e escolha dos sistemas táticos que estimulem a leitura e a análise das jogadas; jogos adaptados de manchete e toque em áreas reduzidas, etc.
  • De movimentos cíclicos:
    » Deslocamentos em distâncias curtas, médias e longas.
    » Ganho imediato de velocidade (curtas distâncias).
    » Posições básicas específicas durante os deslocamentos.
    » Inclusão de desequilíbrios e reequilíbrios durante e ao final da corrida.
    » Mudanças de direção em diferentes posturas e formas de movimentação, especificando os gestos técnicos.
    » Simulação de situações de jogo.

» Especificação individual dos fundamentos aos elementos de jogo.
» Estratégias: utilizar os fundamentos do voleibol na dinâmica dos exercícios, tarefas e jogos; jogos de estafeta; aquecimentos em colunas; exercícios em pequenos grupos; aplicação dos fundamentos de acordo com a ocorrência em jogo (deslocamentos rápidos de bloqueio a partir de variados estímulos, cortada associada a deslocamento prévio de recepção ou defesa, etc.).
• Velocidade de força:
  » Continuação do trabalho iniciado na C13 de velocidade de força de membros superiores, agora com objetos de peso não muito maior do que o da bola de vôlei (bolas de basquete ou de handebol) e com número de repetições moderado.
  » Deve-se evitar o desenvolvimento dessa valência com objetos muito mais leves ou muito mais pesados que a bola de vôlei.
  » O cuidado deve ser redobrado em relação às alavancas, não permitindo que as articulações sejam estendidas além do limite.
  » O fortalecimento dos antagonistas é tão importante quanto o trabalho desenvolvido com os agonistas.
  » O fortalecimento iniciado na sala de musculação, juntamente com os reforços articulares, permite que as exigências se tornem maiores. Convém, porém, submeter o aluno-atleta a relaxamentos específicos após as sessões.
  » A velocidade de força dos membros inferiores continua sendo buscada com deslocamentos rápidos e mudanças de direção re-

pentina, assim como apoios e reposicionamento em pé ou para outras ações motoras, porém cada vez com mais especificidade. Por exemplo: quedas para defender e recuperações rápidas para cumprir outra tarefa na sequência; recepções e aberturas rápidas para a esquerda e direita, etc.
- Velocidade de movimentos acíclicos (agilidade):
  » Aprimoramento dos movimentos acrobáticos não específicos aprendidos: cambalhotas, deslizes, apoios invertidos, rolamentos e suspensões.
  » Estratégias: uso do companheiro; apoios sobre o chão; colchonetes; aparelhos de ginástica olímpica, etc.
- Flexibilidade:
  - Aquisição de autonomia na realização das próprias rotinas de alongamento, principalmente individuais. Consciente de sua importância e da correta execução (alongamentos, reforços, aquecimento, etc.), vai realizá-las antes, durante e após os treinos, além de fazê-lo nas pausas entre estímulos intensos que envolvam determinados grupos musculares.
- Profilaxia:
  - O aumento da carga de treinamento, sobretudo do volume de saltos, exigirá, a partir da C14, a utilização de outros meios para recomposição estrutural, metabólica e fisiológica; além da variação na utilização das superfícies, para atingir os mesmos fins sem prejuízo das articulações de coluna, joelhos e tornozelos. Entre as recomendações, podemos elencar:
    » Relaxamento e treinamento de saltos em piscinas: a água em temperatura morna possibilita a regeneração da tensão muscular; coletes especiais, que promovem a flutuação e mantém o indivíduo em pé, permitem o trabalho contínuo de deslocamento na água, sem que se submeta as articulações de membros inferiores e coluna vertebral a sobrecargas constantes quando em solo duro.
    » Treinamento de saltos e agilidade na cama elástica: além do ganho em agilidade, equilíbrio e domínio e controle corporal, o impacto é menor do que na quadra ou outras superfícies mais duras.
    » Treinamento de saltos e agilidade em minitramps: por razões idênticas às já relacionadas.
    » Treinamento de saltos em colchonetes: a superfície mais macia absorve o impacto sobre as articulações na queda.
    » Treinamento de saltos e movimentações diversas em colchões de salto em altura: a sua espessura permite, além do amortecimento quase total da queda, a resistência para a realização de novos saltos, o que potencializa o ganho de impulsão; da mesma forma, a resistência da espuma permite resultado mais acentuado no ganho de velocidade de deslocamento, principalmente no arranque.

Categoria 15 anos

- Capacidades condicionais:
  - Resistência:
    - Resistência aeróbia:
      » Continuidade ao trabalho iniciado na C14, com as mesmas orientações específicas.

- » Incremento das exigências quanto à intensidade, menos que ao volume.
- Resistência anaeróbia:
  - » Exercícios específicos, utilizando elementos do jogo de voleibol.
  - » Coletivos dirigidos e exercícios em grupos devem contribuir para o desenvolvimento dessa capacidade.
  - » Administração adequada de pausas e tempo de esforço, de modo a gerar ganho específico da condição anaeróbia alática.
  - » Com objetivos de superação psicológica, inclusão de esforços que levem à produção de ácido lático nos exercícios (atenção para a etapa do planejamento em que ele é administrado e o momento do treino, para não anular os possíveis ganhos neuromotores e fisiológicos nas atividades subsequentes).
- Resistência de saltos:
  - » O desenvolvimento dessa capacidade deve basear-se nas repetições de cortadas e bloqueio durante os exercícios em quadra. Trabalhos extras devem ser planejados de acordo com a sincronia entre treino técnico-tático e físico, sem incorrer no equívoco da sobrecarga.
  - » Elaboração de exercícios que variem a quantidade de repetições dentro de determinados períodos de tempo, aproximando-os da realidade de jogo.
- Resistência de jogo:
  - » O jogo é praticado com desenvoltura e os coletivos e exercícios em quadra devem ter como um dos objetivos principais o desenvolvimento dessa capacidade.
  - » Manutenção de um ritmo intenso de treinamento, sem intoxicar a musculatura dos alunos-atletas e adequando-o à ressíntese de ATP-CP, produz treinos de alta concentração mental e apropriada adequação às características metabólicas do jogo de voleibol.
- Força:
  - Força submáxima:
    - » Os pesos devem ser aumentados gradativamente, buscando superação dos limites, de acordo com a possibilidade do indivíduo; todavia, sempre em condições submáximas.
    - » A principal meta continua a ser a de manter a consciência postural e de movimento adquirida, porém o incremento da carga passa a visar um efetivo ganho de força.
    - » Qualquer alteração do padrão motor para a realização do movimento proposto deve ser imediatamente solucionada com a diminuição do peso.
    - » O fortalecimento da musculatura responsável pelos apoios para a realização dos mergulhos deve prover o aluno-atleta da segurança de realização desses fundamentos.
  - Força explosiva:
    - » A complementação do trabalho de força submáxima (de membros superiores e inferiores) é feita na quadra, com os elementos de jogo (cortada, saque, etc.), preferencialmente após sessões de musculação, mas não necessariamente de imediato.
    - » Associar o trabalho de força submáxima e velocidade específicas desses grupos musculares: po-

tência de membros superiores e inferiores.
» O fortalecimento dos antagonistas continua sendo tão importante quanto o trabalho de potência desenvolvido com os agonistas.
» Potência de saltos: a pliometria é incluída como método de treinamento, com planos ainda baixos (cerca de 30 cm de início).
• Resistência de força:
» Os treinos mais prolongados levam à melhora do rendimento dessa capacidade, desde que o professor-treinador mantenha as exigências em alto nível até seu final.
» Aliás, a queda de rendimento técnico é um dos indicadores de saturação.
– Velocidade:
• De percepção e reação:
» Ligada às situações de jogo e estimulada em exercícios isolados em duplas ou trios, pequenos jogos de toque ou manchete e coletivos em que as táticas facilitem o desenvolvimento dessa capacidade.
» Os treinos de defesa, bloqueio e recepção devem se basear na velocidade de percepção e reação e, além de terem a estimulação frequente dos professores-treinadores, os alunos-atletas devem ser cobrados a cada ação sobre tomadas de decisão com base na percepção (leitura) e não no automatismo ou na aleatoriedade.
• De movimentos cíclicos:
» Deslocamentos curtos, médios e longos específicos às situações de jogo e combinados – por exemplo, bloqueio e retorno para o contra-ataque; saque e posicionamento para a defesa, etc.

» Ganho imediato de velocidade nas ações específicas de jogo e de acordo com as funções adquiridas no sistema de jogo.
» Exercícios específicos com mudanças de direção específicas dos elementos envolvidos em situações diversas de rali.
» Exercícios que envolvam elementos do jogo de voleibol em situações reais ou de dificuldade além do normal.
» Simulação de situações de jogo em velocidades e exigências maiores que o normal.
» Especificação dos exercícios às funções individuais e sequenciais próprias e variadas de um rali, como defesa e contra-ataque, saque e defesa, bloqueio e contra-ataque, recepção e ataque, recepção e proteção de ataque a serem desempenhadas nos sistemas de jogo adotados.
» Em alguns casos, as distâncias podem exceder o que comumente se pratica em jogo, levando o aluno-atleta a percorrer trajetos maiores até chegar ao local de execução do fundamento. Por exemplo, deslocar-se da linha de fundo para receber uma bola sacada na posição 5 ou defender uma bola largada na linha de ataque, tendo se posicionado anteriormente na linha de fundo.
» É importante que a escolha dessas situações não desvirtue a qualidade motora do fundamento a ser realizado; caso isso ocorra, convém diminuir as distâncias.
• De movimentos acíclicos:
» Associação dos fundamentos técnicos aos gestos motores especí-

ficos que envolvam quedas (rolamentos e mergulhos com domínio da bola).
  » Sequências de jogo que envolvam gestos específicos e ágeis (bloqueio com recuperações junto à rede; bolas defendidas que retornam da rede; levantamentos de bolas baixas ou que se afastam do corpo, etc.).
  » Sequências de 3 ou 4 fundamentos associados a serem realizados com velocidade e apuro técnico.
- Velocidade de força:
  - A utilização de objetos mais leves (raquetes, bolas de beisebol ou tênis, etc.) é proveitosa, principalmente para casos individuais de deficiência dessa valência, porém sem a exigência da força máxima.
  - A força deve ser controlada em relação ao pouco peso a ser deslocado, para que não haja exigência desproporcional da articulação.
- Flexibilidade:
  - Autonomia:
    » Rotinas de alongamento individuais e em duplas.
    » Métodos diversos (grandes cadeias, com resistência, passivos, etc.).
    » O aluno-atleta deve intensificar sua autonomia para realizar exercícios de alongamento e reforço por conta própria antes, durante e após os treinos.
- Profilaxia:
  - Os mesmos métodos recomendados à C14 seguem sendo utilizados. Quanto maior a familiaridade do aluno-atleta com o meio ou aparelho utilizado para tal fim, mais dinâmico e variado pode ser o trabalho desenvolvido.

Categoria 16/17 anos

- Capacidades condicionais:
  - Resistência:
    - Início da especificação do treinamento da resistência anaeróbia.
    - Continuação do desenvolvimento da resistência aeróbia, porém sem a mesma ênfase anterior, exceto em início de ciclos e com finalidades específicas e individuais.
    - Resistência de saltos e resistência de jogo são intensificadas e podem levar à acidose, como meio de treinamento com objetivos psicológicos.
    - Exercícios e coletivos dirigidos passam a ser aproximados às durações dos ralis do jogo. Vale lembrar que o parâmetro das exigências deve sempre exceder a média observada, para que a preparação do grupo possibilite enfrentamentos mais intensos e a perspectiva de evolução de rendimento mantenha-se sempre alta.
  - Força:
    - Continuação do trabalho anterior, com intensificação do treinamento de força submáxima, guardando as limitações próprias da idade e da maturação biológica do aluno-atleta.
    - Os pesos aumentam, buscando a superação dos limites de acordo com a possibilidade do indivíduo.
    - A principal meta passa a ser o aumento da capacidade de força de grupos musculares específicos do voleibol.
    - A atenção com a preservação das articulações do aluno-atleta continua constante.
    - O cuidado com a consciência postural e de movimento adquirida nas categorias anteriores não deve ser negligenciado.

- O fortalecimento geral e especificamente das cadeias musculares responsáveis pelo ataque e pelo salto deve ser intensificado e, proporcionalmente, o dos antagonistas.
- Qualquer alteração do padrão motor para a realização do movimento proposto deve ser imediatamente solucionada com a diminuição do peso.
- A inclusão dos recursos técnicos como estratégias constantes requer uma reconsideração dos músculos exigidos. Por exemplo, alguns ataques com pronação ou supinação de ombro acabam colocando em ação, de maneira decisiva, o manguito rotador, que compreende músculos e tendões menores e menos resistentes, para suportar os golpes em alta potência. Em maior exposição, ele requer fortalecimento diferenciado principalmente nessa fase.
- O início da aprendizagem dos mergulhos é possível graças ao trabalho anterior de fortalecimento da musculatura envolvida em tais gestos.
- Os mergulhos devem ser treinados de forma a exigir do executante as mais variadas formas de adaptação à situação em que eles ocorrem (variar velocidade de chegada, distância do salto, altura dos mergulhos, etc.).
- O equilíbrio entre grupos agonistas e antagonistas torna-se ainda mais importante, já que a exigência é maior e a capacidade de força está plenamente desenvolvida nas ações ofensivas.

– Potência de salto:
  - A pliometria iniciada na C15 é intensificada, a altura das plataformas pode ficar entre 30 e 50 cm.
  - A escolha das superfícies é importante para preservar as articulações e permitir um volume maior de treinamento.

– Potência de membros superiores:
  - Deve ser adaptada aos gestos do voleibol.
  - Preferencialmente ser desenvolvida após as sessões de musculação.
  - Utilização de bolas mais pesadas (bolas medicinais) surtem bom efeito, porém somente em forma de lançamento. Rebater ou atacar bolas mais pesadas traz sérios riscos às articulações envolvidas no movimento.

– Resistência de força:
  - A sequência coordenada de saltos e deslocamentos deve buscar progressivamente a especialização, sem, no entanto, abandonar a versatilidade.
  - A resistência de força é conseguida apenas com a repetição de gestos potentes, sem que os movimentos percam força ou aceleração com o intuito de prolongar a duração do exercício.

– Velocidade:
  - De percepção e reação:
    » Deve ser aprimorada de acordo com as orientações anteriores, porém a partir das novas exigências do jogo.
  - De movimentos cíclicos:
    » Deslocamentos curtos, médios e longos específicos à realidade do jogo.
    » Ganho imediato de velocidade, qualquer que seja a distância dos deslocamentos.
    » Exercícios que envolvam elementos do jogo de voleibol.
    » Simulação de situações de jogo.
    » Especificação dos exercícios às funções individuais.
  - De movimentos acíclicos:
    » Desenvolvimento dos fundamentos específicos e situações de jogo que exijam agilidade.

– Flexibilidade:
  - O aluno-atleta deve ter nesse momento total autonomia para realizar rotinas de alongamento individual.

- Métodos diversos (grandes cadeias, com resistência, passivos, etc.).

Categoria 18/19 anos

- Capacidades condicionais:
  - Resistência:
    - Intensificação do desenvolvimento da resistência anaeróbia específica.
    - O desenvolvimento da resistência aeróbia se dará em início de mesociclos e com finalidades específicas e individuais.
    - A resistência de saltos e de jogo é intensificada, muitas vezes levando à acidose, como estratégia de treinamento psicológico.
    - Exercícios e coletivos dirigidos passam a ser quase que exclusivamente simulações das situações de jogo em ritmo semelhante e acima do normal.
  - Força:
    - Todo e qualquer desvio (postural, desequilíbrio entre agonistas e antagonistas, deficiência de força, excesso de peso, etc.) deve ser sanado ou diminuído.
    - O treinamento de força máxima relativa (como já foi comentado) substitui gradativamente o de força submáxima.
    - Os pesos aumentam, buscando superação dos limites de acordo com a possibilidade do aluno-atleta. Supõe-se que os movimentos são executados com perfeição e as cargas podem ser aumentadas de acordo com a resposta motora individual.
    - Alternância de utilização de métodos de força máxima e explosiva na sala de musculação.
    - A principal meta é o aumento da capacidade de força de grupos musculares específicos do voleibol.
    - A busca da consciência e do domínio postural e o cuidado com a preservação geral do alunos-atletas se mantêm.
    - O fortalecimento geral dos antagonistas (principalmente das cadeias musculares responsáveis pelo ataque e pelo salto) deve fazer parte da rotina de treinamento.
  - Potência de salto:
    - A pliometria é parte habitual do treinamento da impulsão.
    - A escolha das superfícies é usual para preservar as articulações e permitir um volume maior de treinamento (treinos de bloqueio sobre tapetes especiais, uso de materiais e meios menos traumáticos, etc.).
  - Potência de membros superiores:
    - Deve ser adaptada aos gestos do voleibol.
    - De preferência ser desenvolvida após sessões de musculação com arremesso de elementos mais leves (bolas medicinais, de basquete ou de handebol) ou com o gesto técnico específico com a bola oficial de voleibol (soltura de movimentos).
    - A utilização de bolas mais pesadas (bolas medicinais) em forma de lançamento – em pé, saltando ou sentado – surte bom efeito.
    - O fortalecimento dos antagonistas é tão importante quanto o trabalho desenvolvido com os agonistas.
  - Resistência de força:
    - Sessões eventuais mais prolongadas conduzem a uma melhora dessa capacidade. Evite, contudo, treinos mais extensos seguidamente, que acumulados geram desgaste fisiológico e biomecânico.
    - Lembre-se de exigir a manutenção da potência máxima durante todas as execuções.
  - Velocidade:
    - De percepção e reação:

» Exercícios altamente específicos devem levar o executante a reagir a partir de estímulos que exijam análise (p. ex., defesa a partir de bolas atacadas ou largadas, sem prévia determinação da ação do atacante).
 » Exercícios com alterações do padrão previamente idealizado (p. ex., defesa com desvios do bloqueio).
- De movimentos cíclicos:
 » Deslocamentos específicos à realidade do jogo.
 » Exercícios que envolvam elementos do jogo de voleibol e simulações.
 » Especificação dos exercícios às funções individuais de jogo.
 » Repetição de situações em coletivos dirigidos.
- De movimentos acíclicos:
 » Desenvolvimento dos fundamentos específicos que exijam agilidade em situações de jogo.
- Flexibilidade:
  - Rotinas de alongamento individuais e em duplas.
  - Métodos diversos (grandes cadeias, com resistência, passivos, etc.).
  - Pilates.
  - Autonomia de treinamento.

CONSIDERAÇÕES EXTRAS E DE REFORÇO

- A preparação física faz parte da preparação integral do aluno-atleta, assim como a técnica e a tática. Não permita que os vícios de linguagem tornem-se habituais, como "depois do treino tem preparação física", como se ela não fosse parte do treinamento.
- Por esse motivo, é importante que o professor-treinador acompanhe com atenção e controle o treino físico de seus alunos-atletas, mesmo sob o comando do preparador físico.
- A sintonia entre treinadores e preparador físico é fundamental para um planejamento linear de formação integral.
- As avaliações que o preparador físico faz dos treinos técnico-táticos são parâmetros para a elaboração das sessões subsequentes e de treinos complementares. Por essa razão, esse profissional deve acompanhar diariamente os treinos com bola.
- A preparação física das CI deve basear-se na abrangência dos estímulos gerais e nas capacidades coordenativas.
- O desenvolvimento bilateral é um dos principais pontos a serem objetivados na iniciação, utilizando-se de outras modalidades e atividades lúdicas que estimulem o aluno-atleta a vivenciar diversas habilidades e com ambas as pernas e braços (saltos, arremessos, voleios, rebatimentos, etc.)
- Em certas etapas do desenvolvimento, crianças pré-púberes ou em estirão de crescimento demonstram gestos que podem ser confundidos com uma possível falta de potência, caracterizados por movimentos descoordenados ou sem velocidade. O que ocorre nesses casos é que os padrões motores ainda não foram atingidos em decorrência do processo de maturação do aluno-atleta, não necessitando de aportes de treinos físicos que visem ao desenvolvimento da força.
- Garotas não ganham volume muscular como os homens, podendo ser submetidas a trabalhos de força sem o risco de adquirir formas masculinas.
- Os treinamentos em circuito são altamente válidos e atendem a vários objetivos; contudo, seu pleno aproveitamento dependerá de como o preparador físico organiza a sequência das estações, a alternância de estímulos a diferentes grupos musculares, os tempos de esforço e pausa, a atividade nas pausas, o tempo total de execução, etc., além da integração aos treinos técnicos e táticos anteriores e posteriores.
- A observação subjetiva é um meio fidedigno de avaliar o grau de cansaço do grupo e

de alguns alunos-atletas em particular. O preparador físico deve saber diferenciar atingimento de nível de treinabilidade – indispensável para a evolução – com entrada em processo de fadiga.
- Estados psicológicos de estresse levam alguns indivíduos a ter uma capacidade de ressíntese de ATP-CP diminuída, o que pode levar o jogador a acumular lactato com mais facilidade durante os jogos mais tensos e competições mais extensas.
- Treinamentos que levam o aluno-atleta à acidose têm a finalidade mais de levá-lo a aumentar sua capacidade de lidar com níveis altos de fadiga e estresse físico do que de aumentar a resistência anaeróbia lática, já que esta manifesta-se esporadicamente na dinâmica do jogo de voleibol.
- Um dos principais objetivos relativos à preparação física é evitar o risco de lesões de articulações e grupos musculares utilizados de forma repetitiva. O fortalecimento muscular postural é fundamental para a integridade do sistema musculoesquelético do aluno-atleta.
- Treinadores e preparadores físicos devem conversar constantemente a respeito de cargas a serem ministradas ou dosadas, sugestões de providências e atitudes, assim como elaborar em conjunto desde a periodização até os replanejamentos diários.

Seção 5

Preparação psicológica

Capítulo 1

Introdução

Não há formação integral sem a preparação psicológica do aluno-atleta. Fatores psicológicos interferem em suas reações corriqueiras e eventuais, determinando muitas vezes o sucesso ou o fracasso de uma ação que envolva outras capacidades. Da mesma forma que a potência muscular de um atacante pode determinar a eficácia de uma cortada, a força mental leva à superação de dificuldades e a uma resposta adequada à situação vivenciada. Um indivíduo bem preparado psicologicamente consegue realizar tarefas mais difíceis e sob variados tipos de pressão de modo mais eficiente do que aqueles que são dominados pelo medo, insegurança ou outro fator de ordem psicológica.

Mesmo quando não flagrante, a psicologia está inserida tanto no treinamento quanto nos jogos de voleibol. Apesar de absolutamente integrada à estruturação coordenada do PFCAAD, não há como diferenciá-la no planejamento técnico, tático ou físico de maneira a trabalhá-la isoladamente. Mesmo se contarmos com um psicólogo com formação em psicologia desportiva como membro da comissão técnica, este não terá um gabinete no qual receberá atletas "com problemas", em que poderá dar jeito nas limitações e dificuldades em um passe de mágica. Sendo claro, não podemos dizer: "Ok, agora vamos todos treinar a parte psicológica" ou "esqueçam a parte psicológica e façam apenas força".

O aluno-atleta convive com situações que exigem um comportamento psicológico diferenciado em relação aos não esportistas. A própria rotina diferenciada exige comportamentos espartanos diante da imposição de uma disciplina coletiva, da necessidade imperiosa da persistência para progredir em sua preparação integral, além da superação constante do cansaço e às vezes da dor, para continuar realizando tarefas em nível de excelência. E à medida que se aproximam da adolescência, todas as exigências entram em conflito com os apelos sociais por uma participação descompromissada em reuniões, festas e baladas que são apresentadas como hedonistas possibilidades de substituição da rotina atlética.

Em âmbito coletivo, as interações diversas de dependência entre os elementos do grupo diante das situações-problema – seja pela própria característica coletiva das ações do jogo de voleibol ou pela convivência cotidiana – levam à criação de relações de amizade, cumplicidade, animosidade e até discórdia que se transformam de acordo com o momento ou mantêm-se veladas ou escancaradas diante da discordância em relação ao rendimento do companheiro ou ao comando do treinador. E, apesar disso, precisam ser relevadas, pois apenas com o grupo coeso e as forças canalizadas é possível atingir um objetivo coletivo, muitas vezes em prejuízo de outros individuais.

As situações específicas de jogo interferem direta e decisivamente no controle mental do aluno-atleta. O erro ou o acerto podem conduzir à frustração ou à sublimação. O controle de ações motoras finas fica prejudicado sob o domínio de uma mente não preparada. A tomada de iniciativa em momentos decisivos é privilégio dos psicologicamente "fortes", assim como a exposição a fatores altamente estressantes leva jogadores e membros da comissão técnica a comportamentos que não teriam em contextos menos tensos.

O desenvolvimento psicológico é alcançado no dia a dia, em cada momento do treinamento, em todas as ações e diante de variados tipos de pressão. O aluno-atleta se fortalece mentalmente quando constrói ferramentas para superar as sucessivas dificuldades.

As questões psicológicas começam a aparecer de modo mais claro tão logo o aluno-atleta aprende (ou não) as habilidades específicas e tenta aplicá-las em situações de jogo. As dificuldades vão desde a articulação de aspectos internos até fatores determinados pelo adversário que deverão ser decodificados pelo jogador e, a partir de adaptações das habilidades já assimiladas à situação-problema, gerar uma contra-ação para anular tal ofensiva. No entanto, nem sempre, mesmo com suficientes recursos físico-motores, o aluno-atleta consegue solucioná-las. O campo psicológico é responsável por interferências que inibem, sufocam ou até mesmo parecem deletar aprendizados e possibilidades. Às vezes o rendimento comparado de determinados indivíduos em treinos e jogos não parece referir-se às mesmas pessoas. Como explicar que alunos-atletas altamente técnicos e determinados comportem-se tão abaixo das expectativas diante da competição, enquanto outros que estão longe de serem exemplos de refino técnico apresentam-se com desenvoltura e acabam por aplicar sua técnica nem tão plástica com mais eficácia que o companheiro mais hábil?

Da mesma forma, um grupo pode enfrentar dificuldades semelhantes coletivamente e, apesar de estar bem preparado técnica, tática e fisicamente, não conseguir êxito na disputa. Não são raros os casos em que uma equipe sai de quadra, após uma derrota, desconsolada, não por ter perdido, mas por ter mostrado um voleibol de tão baixa qualidade que não condiz com o nível apresentado em treinamentos ou em partidas anteriores.

A todos esses aspectos é que a preparação psicológica deve se atentar e procurar contribuir para levar o aluno-atleta e a equipe a resultados positivos. Há vários meios aplicáveis para que esse propósito seja atingido, principalmente com exercícios e tarefas que reproduzam situações próximas às que serão encontradas em jogos oficiais.

Reproduzir integralmente uma situação a ser vivenciada ou já experimentada é quase impossível – tanto no que se refere aos estímulos externos quanto às reações internas do executante – e faz do treinamento dos aspectos psicológicos um desafio constante. Por mais que se dê asas à criatividade, não há como inserir em sessões de treinamento um ambiente absolutamente igual ao de jogo. Todavia, é possível aproximar a realidade a ser encontrada por meio de simulações e estimulações que levem o aluno-atleta a confrontar-se consciente e controladamente com elas – e consigo mesmo.

Cabe ao professor-treinador criar situações que se aproximem do real e visem a deixar o aluno-atleta diante de uma realidade aproximada de modo a capacitá-lo a enfrentar o desafio com conhecimentos básicos da situação, da atmosfera e dos problemas que o esperam e dotá-lo de ferramentas para superar suas dificuldades interiores, além de conscientizá-lo da importância de assumir atitudes gregárias, condizentes a um esporte coletivo.

Critica-se às vezes o indivíduo por agir de maneira individualista, mas não se avalia se os treinamentos negligenciaram atitudes que iam contra a cooperação e que visavam a satisfazer unicamente o ego daquele que agia sem pensar no grupo. Desenvolver o senso coletivo e gregário também é função do treinador, que deve incluir estratégias para alcançar uma coesão de esforços no elenco e eliminar o pensamento de que qualquer um pode decidir por si a sorte da equipe, sem respeitar planos táticos e a distribuição de funções. Com treinos devidamente planejados para esse fim alcança-se o desenvolvimento psicológico coletivo, uma noção que, apesar de poder ser contestada, vale para a compreensão do valor da integração harmônica entre os componentes de um grupo para se alcançar objetivos comuns. Afinal, com o tempo é possível construir uma mentalidade coletiva que impulsiona o grupo ou a voos mais elevados ou a acomodar-se a patamares medíocres de rendimento.

A PREPARAÇÃO PSICOLÓGICA NO PFCAAD

Cerca de dez anos são transcorridos desde que a criança ingressa no PFCAAD até o final do ciclo, já adulta. Durante esse período, ocorrem as maiores transformações morfológicas, físicas, fisiológicas, metabólicas, sociais e psicológicas do ser humano. Essa complexa metamorfose e suas consequências devem ser de pleno domínio do conhecimento dos profissionais que trabalham no projeto.

Quando falamos de preparação psicológica em um planejamento de formação continuada, fazemos referência principalmente ao condicionamento mental do atleta e do grupo para transferir e potencializar a aplicação de todos os aprendizados para as situações de jogo. Sessões que não exigem do atleta a superação também de seus limites psicológicos estão subestimando uma das mais importantes aliadas do rendimento esportivo. Jamais um atleta de alto rendimento estará suficientemente preparado se fatores mentais não forem incorporados ao treinamento geral.

O planejamento da preparação psicológica deve considerar ainda o desenvolvimento humano e suas diferenciações por faixa etária e associá-lo às situações a serem encontradas no jogo de voleibol e às etapas de competição. Cada faixa etária tem suas particularidades de desenvolvimento psicológico e é importante que o técnico saiba quais são os estímulos mais adequados para cada uma delas e como ocorrem as transformações ao longo da puberdade e da adolescência.

Conscientes da importância da preparação psicológica no PFCAAD, defendemos a presença de um profissional da área com especialização em psicologia desportiva na comissão técnica (como será abordado com mais detalhes na Seção "Funções e Responsabilidades"). Sua presença auxilia no amadurecimento consistente do atleta, preparando-o para cada etapa e eliminando resistências, medos, inseguranças, etc. que o treinador, por sua formação, não tem condições plenas de desenvolver. O psicólogo desportivo também está habilitado a promover sessões individuais e coletivas específicas, com o objetivo de potencializar tanto o rendimento do aluno-atleta como canalizar as energias para a construção de um grupo mentalmente mais forte e unido em torno de seus objetivos.

No entanto, sabemos das dificuldades de iniciativas sem recursos suficientes para contar com equipes técnicas mais numerosas e variadas e, por essa razão, desenvolveremos a seção de modo a fornecer o máximo de informações pertinentes aos treinadores, para que, mesmo na ausência daquele profissional, possam conduzir o trabalho de modo a dar o mínimo de sustentação ao desenvolvimento psicológico dos alunos-atletas ao longo de sua formação. As soluções das questões aqui abordadas estão ao alcance dos treinadores e devem ser estendidas ao aluno-atleta, sem as quais este não conseguirá atingir a excelência a que se propõe o PFCAAD. Do mesmo modo, essas considerações podem servir como orientação ao eventual psicólogo sobre particularidades do voleibol que podem lhe escapar do conhecimento.

Apesar de nossos esforços em selecionar alguns itens que julgamos importantes, temos plena consciência de que o tema está muito longe de se esgotar nessas poucas páginas, assim como alguns outros assuntos certamente não estão aqui incluídos e muito ainda há a ser dito, discutido e estudado sobre psicologia desportiva. Trata-se, logicamente, de um recorte entre muitos possíveis. Não pretendemos estabelecer prioridades, apenas apontar aspectos pertinentes a um PFCAAD e ao desenvolvimento psicológico que permeia o processo.

De modo geral, esta seção se ocupará das causas, características e consequências de algumas das principais manifestações psicológicas do indivíduo que interferem no rendimento esportivo. Procurará ainda, analisando as etapas nas quais elas ocorrem, indicar caminhos que possam minimizar os aspectos potencialmente negativos e maximizar aqueles que podem ser benéficos à construção individual e à coesão do grupo.

Optamos por organizar a seção com considerações teóricas sobre a psicologia evolutiva, em particular as faixas etárias englobadas nesse PFCAAD. O período compreendido entre a infância e o final da adolescência caracteriza-se por um processo evolutivo psicológico gradual, mas não uniforme, e contínuo que acompanha o aluno-atleta durante toda a sua trajetória no projeto. Cada fase, todavia, encerra particularidades que devem ser conhecidas por todos os profissionais envolvidos, a fim de que a formação integral seja alcançada em sua plenitude.

Ao mesmo tempo, adentraremos nas especificações do jogo de voleibol e sugeriremos iniciativas dirigidas diretamente aos treinamentos e ao jogo em si.

Capítulo 2

Desenvolvimento psicológico nas categorias iniciantes

CI

Os comportamentos e estágios da evolução psicológica que abordaremos neste item referem-se a manifestações que começam a se tornar mais constantes e firmadas a partir dos 7/8 anos, exatamente a idade em que a criança inicia a prática esportiva no PFCAAD. Até a puberdade, essas características tendem a se intensificar e constroem a base emocional e mental que permite às crianças a vivência plena de algumas situações.

Descobrir o que motivou a criança a procurar o voleibol como prática esportiva possibilita atender às expectativas do iniciante e motivá-lo a continuar praticando a atividade com cada vez mais prazer e constância. Por todos esses motivos, é fundamental que o professor-treinador busque meios para motivar o aluno-atleta, transformando suas aulas em fonte de prazer à criança.

A criança que busca o esporte como atividade o faz com base em uma expectativa própria, uma imagem construída em sua mente. Em suas projeções, ela está ingressando em um cenário em que se sentirá acolhida, feliz e importante ao desenvolver habilidades que lhe trarão prazer. Ter assistido a jogos, a colegas praticando ou mesmo o histórico familiar são alguns dos motivos que levam a criança a praticar o voleibol. Mesmo aqueles que chegam ao esporte sem essa carga de informações prévias esperam que a novidade lhes dê, principalmente, prazer.

A preparação psicológica nas CI deve primar, além da busca pela prática prazerosa, por oferecer um ambiente favorável à socialização. Treinos extenuantes, repetitivos e entediantes, que provocam dores físicas e frustrações psicológicas em relação à realização de tarefas, costumam levar as crianças ao abandono precoce da atividade. Exigências extremas em relação a rendimento em competições levam ao mesmo fim.

Também por causa da motivação é que defendemos a variabilidade de conteúdo nas aulas das CI. O voleibol não pode ser o único tema de uma aula de iniciação. Outros esportes, brincadeiras e jogos devem fazer parte da aula.

Nas CI é comum a frequência inconstante e até mesmo o abandono. Muitas vezes essas ocorrências nada têm a ver com a aula em si, mas são advindas de motivações familiares ou outras razões circunstanciais. Entre os variados motivos que podem interromper a prática estão: mudanças de interesse; busca por outras ocupações; fatores negativos vivenciados no dia a dia; pressão excessiva; incompatibilidade com o professor-treinador; sentimento de fracasso; ênfase no rendimento; etc.

Os iniciantes devem adquirir o gosto pela prática sistemática, sem que deles se cobre altas responsabilidades que só deverão ser observadas nas categorias subsequentes.

Cobranças familiares em relação a rendimento devem ser adiadas para um período em que eles evoluam em todos os aspectos e possam responder adequadamente, de acordo com seu grau de desenvolvimento integral.

A ludicidade torna-se, assim, fundamental para que o iniciante não só pratique com alegria e desenvoltura o voleibol, mas também estabeleça um vínculo afetivo com o esporte, que o levará a prosseguir no PFCAAD. As práticas lúdicas desenvolvem, além da técnica, a responsabilidade e a dedicação do aluno-atleta com vistas ao desenvolvimento individual. O estresse provocado pela frustração da derrota, em especial a frequente, reverte-se em desânimo e desprazer.

Ao idealizar formas de jogo para atender às expectativas da criança, o professor-treinador não deve dar exclusividade apenas às formas competitivas. A ludicidade não pode incentivar práticas diárias e habituais em que existam sempre vencedores e perdedores absolutos, sem valorização do esforço, da cooperação e do resultado baseado nas possibilidades individuais.

As formas competitivas externas propostas para essa idade são em formato de festivais, nos quais a participação é mais enfatizada que o resultado em si. Se houver premiação, que seja em forma de medalhas e diplomas a todos os participantes e que o sistema de disputa entre as equipes tenha caráter lúdico e consiga congregar o maior número de equipes, interagindo entre elas em sistema de rodízio que permita a diversificação de experiências.

O resultado em si – vitória ou derrota, sucesso ou insucesso – e a cobrança interna ou externa vão existir naturalmente e não serão excluídos, mas podem não ser priorizados. O lado positivo dessa natural cobrança é que ela deve ser canalizada para motivar o aluno-atleta e o grupo a evoluírem. Resultados absolutos ou relativos servem como catalisadores de reações positivas, da vontade de se aprimorar, de conseguir realizar o que se deseja naquele instante. A forma como o técnico aborda os acontecimentos faz a diferença entre a vontade de mudar e a decepção paralisante.

Nas CI, mesmo que o técnico busque diminuir o enfoque competitivo, influências externas diversas provavelmente estarão fora de seu alcance e conhecimento. Pressões de familiares e históricos psicológicos desconhecidos determinam comportamentos negativos de crianças que praticam o esporte por imposição dos pais. Além de serem cobrados acima de suas possibilidades por métodos ríspidos de educação ou até em razão de frustrações anteriores dos genitores em experiências próprias no esporte, os filhos apresentam comportamentos que transitam entre a apatia e a agressividade. Em casos extremos, um mero festival de minivôlei pode se transformar em um ringue, causando constrangimentos e até discussões diante da presença dos pais.

É imprescindível que já no primeiro contato com os pais o professor-treinador esclareça os objetivos, a filosofia de trabalho e a importância do reforço positivo em caso de fracasso ou frustração no PFCAAD e, se necessário, faça inferências pontuais caso o comportamento deles possa interferir na formação integral que se deseja implantar. Muitas vezes, conscientes da influência inconveniente dos pais, alguns treinadores preferem manter distância em relação a eles a se exporem a consultas, explicações e possíveis cobranças. O técnico não vai ensiná-los como educar seus filhos, apenas vai pedir que o método que ele pretende aplicar em longo prazo receba o reforço imprescindível daqueles que mais influenciam e, muitas vezes, decidem pelos pequenos.

É importante que o professor-treinador crie situações diárias em que seja possível ao aluno-atleta experimentar o sucesso e o insucesso, e não somente um deles. Determinar metas muito difíceis desestimula a criança e a leva a se frustrar com as tentativas em vão, assim como a desmotivação também vem pela facilidade extrema em realizar as tarefas. Dessa forma, as propostas devem basear-se na possibilidade de realização, desde que haja mérito para isso.

As palavras de Coll, Marchesi e Palacios (2004) servem bem a esse PFCAAD no tocante às atitudes do técnico diante do aluno-atleta e ao incentivo real e condizente com as possibilidades do indivíduo.

> Quando as mensagens que um professor transmite a um aluno são de altas expectativas em relação a suas capacidades, de uma boa valoração de suas ações e de seu rendimento, está aumentando nesse aluno a confiança em suas próprias capacidades e facilitando seu êxito escolar. Ao contrário, quando um professor mantém expectativas baixas ou uma atitude de desconfiança sobre as capacidades de um aluno, está reduzindo sua autoestima e favorecendo os sentimentos de incompetência e de insegurança (p. 261).

A consciência do aluno de que algumas tarefas estão ao seu alcance se houver dedicação suficiente para solucioná-las e outras, em razão do estágio evolutivo em que ele se encontra, ainda não, constitui poderosa estratégia de motivação. O professor-treinador deve propor objetivos que possam ser atingidos em curto prazo, no máximo após duas sessões. Caso a intenção do professor-treinador seja levar o aluno-atleta a levantar uma bola de uma extremidade à outra da rede, esse objetivo deve ser fracionado. A distância total deve ser alcançada somente depois de o aluno-atleta ter conseguido chegar ao alvo a partir de distâncias menores que aumentam gradativamente. A busca por uma superação psicológica não pode comprometer a técnica.

Certos comportamentos corriqueiros do professor-treinador auxiliam no desenvolvimento psicológico positivo de crianças e adolescentes, como ter expectativas realistas e compatíveis com a idade, ser encorajador e sincero, fornecer *feedbacks* positivos, valorizar o esforço individual, traçar objetivos que possam ser alcançados em prazo mais curto, abordar o desempenho dos alunos sempre de forma otimista e acrítica, dar atenção sem privilégios, não negligenciar os menos capacitados, etc.

As adaptações das regras dos jogos às possibilidades técnicas individuais surtem efeito positivo ao permitir que determinados alunos compensem as dificuldades com algumas facilidades oferecidas pelo treinador. Porém, esse expediente deve ter duração determinada e não prolongar-se definitivamente como "muleta" para uma possível falta de dedicação ou servir como acomodação. Juntamente com a facilitação – sacar de dentro da quadra, por exemplo –, deve haver um reforço para que a dificuldade seja sanada, por meio de educativos e/ou formativos.

O desenvolvimento da personalidade se dá inicialmente no contexto familiar e, à medida que a criança participa de novos grupos (de maneira mais determinante na escola), sofre influências que o modificam. A prática esportiva, por sua ênfase no rendimento, mesmo que ainda não competitivo, e pela convivência entre iguais que compartilham gostos e objetivos semelhantes, tem também forte influência na formação da personalidade e no desenvolvimento psicológico de crianças e adolescentes. No entanto, a simples participação em esportes organizados não garante o desenvolvimento do caráter, da liderança e do espírito esportivo. Esses benefícios podem ser incorporados quando o treinamento é liderado por profissionais que possibilitem experiências de aprendizagem positivas que contribuam para o desenvolvimento integral do aluno-atleta.

O indivíduo nessa faixa etária começa a voltar-se para si, com maior capacidade para formar os conceitos sobre si mesmo. O autoconhecimento passa a utilizar de forma mais efetiva a comparação com os outros, graças a uma convivência mais abrangente. A comparação acaba tornando-se natural entre os iguais que participam de treinamentos desportivos. Os parâmetros são elaborados internamente, apesar de altamente influenciáveis pelos estímulos externos, em especial dos pais.

No campo esportivo, o professor-treinador tem papel destacado na moderação dessas avaliações, já que é uma pessoa influenciadora dos parâmetros nos quais o indivíduo se baseia para as avaliações de si mesmo durante as experiências que vivencia. O ingresso em modalidades esportivas reforça a importância da autoestima física entre as outras competências, auxiliando na formação gradual de uma autoestima global. A ênfase que a criança dá ao rendimento esportivo define o quanto aquela influenciará na construção desta.

A autoestima física, no entanto, é influenciada por questões subjetivas que muitas vezes não têm base no real. Como no esporte o rendimento absoluto é muitas vezes priorizado, ele pode gerar com quase exclusividade os parâmetros de autovaloração na criança, desprezando questões objetivas de evolução individual e comparação com padrões próprios anteriores. Reforços positivos constantes e incentivos sinceros sobre possíveis correções e aprimoramento do rendimento devem reger a construção da autoestima geral.

Não podemos, todavia, negligenciar o rigor no trabalho com crianças; elogios vazios não servem para construir o ser humano integral, a evolução resulta em consciência do rendimento e do quanto houve de dedicação à realização da tarefa. Elogiar a criança que ingressa na prática esportiva e tenta pela primeira vez realizar um saque é diferente de ter a mesma atitude com outra que participa há mais tempo do grupo e não acerta o saque por negligenciar posturas já ensinadas ou ignorar orientações do treinador. Elogio só deve ser dirigido a quem o faz por merecer.

Outro sentimento desenvolve-se mais nesse período. A partir dos 9 anos a criança apresenta a compreensão plena do orgulho, por exemplo, o que faz que se sinta mais realizada com o sucesso fruto do empenho do que com aquele motivado pelo acaso. A ênfase na obtenção do sucesso por meio do esforço e da persistência produz consequências valiosas para o prosseguimento do trabalho em longo prazo.

A capacidade para integrar conceitos opostos permite à criança tomar conhecimento de que tem facilidade para algumas coisas e dificuldade para outras; no entanto, apresenta a tendência de enfatizar tanto os aspectos negativos quanto os positivos, oscilando entre os dois extremos da autoavaliação. É nesse período que se constroem algumas barreiras para a evolução, por conta do rótulo que a criança reforça sobre suas "más" qualidades: "eu sempre fui ruim nisso" ou "eu nunca consegui fazer aquilo direito".

O professor-treinador que trabalha no PFCAAD pode colaborar baseando-se exclusivamente em parâmetros internos do indivíduo, comparando sempre o progresso a partir de seus próprios desempenhos anteriores. Um projeto que prima por respeitar a idade biológica individual e não generalizar rendimentos não pode pecar por comparar desempenhos entre seus participantes ou com seus competidores. Parâmetros externos não podem determinar o fracasso ou o sucesso na obtenção de uma autoestima positiva.

A convivência, por sua vez, é facilitada nessa faixa etária, pois é a fase em que as crianças começam a compreender as emoções alheias, inclusive as contraditórias. Acostumar-se a reconhecer e sensibilizar-se com as emoções controversas diante de situações que expõem os conflitos acerto vs. erro, sucesso vs. fracasso, alegria vs. tristeza, euforia vs. decepção, etc. ajuda no desenvolvimento, entre outros aspectos, do senso ético. O respeito ao adversário e a empatia com o companheiro têm campo fértil para vicejar. Ao chegar na adolescência, essa capacidade estende-se a situações mais abstratas.

A melhor organização do conhecimento nos vários domínios, inclusive o físico, faz que a memória desenvolva-se com outros processos diretamente ligados sobretudo à resolução de problemas. As vivências anteriores tornam-se disponíveis para ajustes, replanejamentos e correções motoras, o que faz que o indivíduo mantenha uma estratégia enquanto ela se mostra eficaz e abandone-a quando não tem mais efeito.

O raciocínio tático é incrementado gradativamente, também em razão do desenvolvimento da compreensão da inter-relação com os demais. As estratégias que se limitavam a operações mais simples tornam-se complexas e é papel do professor-treinador estimular o aluno-atleta a incluir elementos mais adiantados de raciocínio tático e torná-los acessíveis diante de situações mais difíceis de serem resolvidas. Jamais deve-se achar que o raciocínio tático é algo a ser incluído apenas quando as concepções coletivas mais elaboradas forem aplicadas.

Por volta dos 10 anos, segundo Kohlberg *apud* Coll, Marchesi e Palacios (2004, p. 277), a criança sai do estágio da moral convencional para ingressar no estágio da moral autônoma, o que significa uma mudança no entendimento da razão do estabelecimento das normas. A criança entende que as regras adotadas devem ser mantidas por todos, para assegurar a harmonia das relações humanas e manter o bom funcionamento social. Anteriormente, elas as obedeciam, mas sem tal reconhecimento pleno.

Desenvolve-se, também, a partir dos 10 anos a adoção de outros critérios para embasar a noção de justiça. A criança passa a considerar as perspectivas e as circunstâncias para definir o que é justo ou não, valorizando o esforço, a capacidade e os resultados. Nessa idade, deixam de ter o mesmo peso de antes critérios como piedade, privilégio ou acaso. Não é mais visto com bons olhos ceder a vez a quem reclama, chora ou é mais frágil. As regras devem valer para todos, sem exceções, assim como aqueles que realizarem o que foi proposto e combinado devem ser valorizados (não privilegiados) por isso.

Até os 8 anos, a criança abstrai as regras de um jogo como algo absoluto, o que faz que o estabelecimento das regras nessa idade deva ser rigoroso, para que não haja conflitos – muitas vezes incontornáveis – durante sua realização. Depois, aos poucos, vai ocorrendo uma maior flexibilização desse novo entendimento, abrindo-se espaços para discussões e novas regulamentações. O professor-treinador deve então ser bem claro nas determinações para a categoria Iniciantes 1, flexibilizando as regras aos poucos. A bola fora não pode ser considerada dentro se "quase" tocou a linha, assim como mais tarde dois toques nem um manejo de bola não precisam ser tão rigorosos em algumas situações.

A agressividade pode manifestar-se entre crianças nessa faixa etária de maneira explícita e a força física começa a valer para resolver animosidades. As equipes esportivas são instituições em que as regras mais rígidas intimidam reações desse tipo, no entanto não estão imunes a elas. De forma mais sutil, por meio verbal e por demonstrações de indiferença, isolamento, deboche ou difamação, ocorrem manifestações de hostilidade nas CI que nem sempre resultam em agressões físicas, mas trazem consequências indesejáveis à sequência do trabalho. O técnico precisa estar mais atento a essas manifestações que por vezes tomam proporções maiores, com a participação de vários indivíduos contra apenas um ou a promoção de divisões na equipe, as chamadas "panelinhas". Coll, Marchesi e Palacios (2004, p. 289) ressaltam, no entanto, que "[...] às vezes o motivo das brigas não está ligado somente à obtenção de metas ou de interesses individuais, mas também a interesses que afetam a turma ou o grupo [...]". Nesse caso, compete ao técnico canalizar o motivo para um interesse coletivo.

A competência social é um dos componentes da autoidentificação que se desprende do egocentrismo da primeira infância para desenvolver-se a partir de uma interpretação menos centrada em si mesmo. A criança passa a saber-se agente responsável e interferente nas relações. O sentido de pertencimento acentua-se no período, auxiliando cada vez mais no propósito de coesão do grupo. Há uma valorização do coletivo para alcançar objetivos comuns, como também o reconhecimento daqueles que se esforçam para auxiliar os demais e se disponibilizam para o bem comum.

Entre iguais, em um grupo esportivo, é possível já a partir das CI desenvolver métodos que potencializem a conscientização do coletivo e a descoberta de resultados oriundos de esforços não apenas individuais, mas coordenados e múltiplos. O incentivo à solidariedade, ajuda mútua e cooperação encontram ressonância favorável já nesses primeiros anos de iniciação esportiva.

A identificação perante os iguais é parte de um processo mais amplo, baseado principalmente na competência social. Segundo Coie *apud* Coll, Marchesi e Palacios (2004, p. 294), a criança passa por quatro fases distintas para obter *status* no grupo: primeiro ela gesta a obtenção do *status*; depois, adquire-o; consolida-o; e, por fim, convive com as consequências do *status* adquirido. Apesar de cada fase estar relacionada a vários aspectos e circunstâncias, o papel do professor-treinador pode ser também catalisador desse processo, facilitando as transições e levando a criança à obtenção de um *status* positivo e agregador. Elogios, delegação de tarefas e funções, destaque a partir do mérito e valorização de características pessoais positivas auxiliam os menos capazes no desenvolvimento da competência social e os levam, consequentemente, a serem ou sentirem-se incluídos e bem aceitos no grupo.

Vale lembrar que, para a criança, quando atingida a fase de manutenção ou consolidação, o grupo passa a ser o principal determinante do *status* social do indivíduo. Mesmo aqueles com maior competência social já não dependem apenas de suas atitudes para gozar de aceitação. O grupo os escolhe e, muitas vezes, com base nos enquadramentos feitos anteriormente, estigmatiza, rotula e determina as funções e competências de todos os seus elementos.

Price *apud* Coll, Marchesi e Palacios (2004) reforça a importância do professor-treinador na transformação do comportamento da criança, na aceitação desta pelo grupo e no aprimoramento de suas competências sociais.

> [...] se uma criança com estas características encontra um professor ou outro profissional que se esforça para integrá-la em um grupo, ou cai em um grupo especialmente acolhedor, conseguindo por uma ou outra razão estabelecer relações estreitas com os amigos, estes podem transformar-se em um fator crucial de proteção e de mudança em suas vidas (p. 303).

As exigências de um treinamento esportivo, mesmo que ainda em caráter não competitivo, levam a uma profusão de sentimentos e emoções que não são inéditos para a criança, mas que não vinham sendo tão expostos em ambientes externos ao lar. A vantagem é que nessa idade é possível ajudar a criança a lidar, por exemplo, com a frustração, emoção comum na vivência esportiva e que se não for bem administrada pode representar dificuldades na formação do aluno-atleta. As crianças reconhecem a emoção negativa e sabem que é possível revertê-la com atitudes positivas, porém nem sempre encontram ferramentas para isso. Se apoiadas, o processo é facilitado. Além da importância do professor-treinador, o papel dos amigos é igualmente relevante nesse momento.

A criança passa a utilizar ajuda externa de forma funcional e autônoma, diferentemente do que ocorria na primeira infância, quando ainda precisava ser guiada para a realização de certas tarefas. Ela começa a desenvolver mais a atenção seletiva e concentra-se nos aspectos relevantes de um jogo ou tarefa, não precisando mais de tanta ajuda externa para manter-se atenta por um tempo mais prolongado.

Já nas CI deve-se incutir paulatinamente valores como pontualidade, assiduidade, atenção, concentração, disciplina, persistência, dedicação, cooperação, empatia e proatividade, para melhor preparar cada aluno-atleta para exigências futuras do treinamento continuado (e da própria vida). No entanto, cobrar rendimento técnico ou traçar projeções em nada contribui para a evolução individual do pequeno aluno-atleta. Da mesma forma, aspectos como comprometimento, colaboração e compromisso com a evolução pessoal podem ser incentivados sem que para isso o aluno-atleta precise ser tratado como um miniadulto.

Capítulo 3

Desenvolvimento psicológico na puberdade e na adolescência

Antes de iniciarmos este item, convém padronizar algumas denominações, principalmente puberdade e adolescência. Enquanto a puberdade é universal e determina a transição das configurações do corpo humano da infância para a idade adulta, a adolescência é um processo psicossocial que se inicia após a puberdade e, para alguns autores, tem relação direta com as alterações físicas puberais, enquanto para outros refere-se mais a adaptações a padrões culturais e sociais estabelecidos.

É ainda importante ressaltar que algumas das imaginadas mudanças abruptas da adolescência são meras continuações do processo evolutivo iniciado na infância e vêm ocorrendo de forma gradual e contínua. Além disso, é muito provável que comportamentos contumazes demonstrados na fase anterior sejam muito semelhantes aos apresentados na sequência. Por essa razão, discorreremos sobre o desenvolvimento psicológico na puberdade e na adolescência sob o entendimento de que nada ocorre repentinamente. As fases muitas vezes se sobrepõem e é praticamente impossível dissociar os efeitos da puberdade no comportamento adolescente, sendo esta a razão de alguns autores determinarem a puberdade como fase inicial da adolescência.

O início da puberdade difere entre os gêneros, ocorrendo mais cedo em geral entre as meninas – por volta dos 10-12 anos – do que entre os meninos – 13-14 anos. As mulheres têm na primeira menstruação (menarca) a principal ocorrência que caracteriza a entrada nessa fase. A idade da menarca pode estar relacionada a fatores, como estresse, atividade física e peso – meninas com maior porcentagem de gordura corporal, sedentárias e submetidas a pressões familiares ou sociais tendem a entrar antes na puberdade.

Às alterações físicas e fisiológicas que ocorrem durante a puberdade somam-se as mudanças psicológicas e comportamentais que persistem na adolescência, tornando essenciais a flexibilidade e a adaptação no trato com essa faixa etária.

Todas as transições sociais que ocorrem a partir da puberdade devem ser consideradas como momentos potencialmente desestabilizadores e geradores de sentimentos diversos, entre eles a insegurança. No entanto, a passagem para a adolescência não deve levar o técnico a pensar – como julga o senso comum – que é preciso adotar novas formas de liderança, regras ou linhas de conduta mais rígidas com os alunos-atletas apenas porque eles avançam para as categorias competitivas. Pesquisas mostram que algumas características da personalidade (Costa e McCrae *apud* Coll, Marchesi e Palacios, 2004, p. 321) – como introversão, temperamento e abertura a novas experiências – são adquiridas ainda na infância e mantêm-se estáveis durante a adolescência.

Ao ingressar nas categorias competitivas, o aluno-atleta descobre um mundo de dimensões maiores que o anteriormente vivenciado. A quadra do minivôlei se expande para a de medidas oficiais e – dependendo da possibilidade de utilização das bolas especiais na iniciação – a bola torna-se mais pesada. O esforço para enviá-las para regiões mais distantes e cobrir áreas maiores deve ser conduzido de modo gradativo pelo treinador, adaptando regras e dimensões paulatinamente, até chegar às oficiais. O indivíduo deixa de estar ali para apenas se divertir e passa a jogar para vencer, para ocupar um local de destaque, inicialmente dentro do grupo. Essas influências – com potencial para se transformarem em formas de pressão – são geradas interna e externamente, passando o professor-treinador a assumir uma função contemporizadora dessas tensões.

É papel do técnico também satisfazer as expectativas nascentes com a prática e com o desenvolvimento das habilidades. À medida que a criança aprende novos fundamentos, pratica melhor o esporte e o grupo se desenvolve, pois é levado a superar as dificuldades naturalmente surgidas dessa evolução. Ela demonstra interesse crescente e está apta a se entregar à evolução técnica quando percebe isso. Não se deve desperdiçar essa motivação. Conseguir tocar mais alto e mais distante ou sacar em direção a vários pontos da quadra, por exemplo, leva o aluno a potencializar sua entrega ao processo e a se integrar positivamente ao grupo, percebendo-se e mostrando-se capaz de evoluir.

Nessa fase, os exercícios técnicos de aprendizagem e aperfeiçoamento demandam sequências em que o fator tempo é relevante, pois a fixação e a eficácia só se dão após repetições sucessivas do fundamento ou do elemento de jogo. Esse detalhe incorre em duas situações de fundo emocional às quais o técnico precisa atentar. A repetição prolongada de qualquer atividade realizada por pré-adolescentes leva a rápido fastio. Consequentemente, a execução perde em qualidade e a motivação diminui gradativa e perigosamente. Em médio prazo, as consequências são devastadoras.

É fundamental que o técnico elabore formas de atingir a automatização e o refino técnico de modo a não entediar o aluno-atleta. Exercícios em que o executante tenha objetivos claros e metas alcançáveis – número de repetições ou acertos, alvos a serem atingidos, etc. – levam a uma evolução técnica e psicológica mais duradoura. Sem poder dissociar o tempo necessário à fixação do movimento objetivado, o técnico organiza a sessão de modo a complementar a carga horária que julgar necessária com variados exercícios e tarefas mais curtas e diretas. Estímulos complementares lúdicos ajudam a quebrar o rigor e reconduzir o aluno-atleta a um ambiente acolhedor no qual ele possa aplicar aquilo a que se dedicou até o momento.

A concentração é facilmente perdida em treinos monótonos ou nos quais o técnico não se mostra atento a cada ação do grupo. Estabelecer metas claras, cobrar constantemente e corrigir desvios técnicos ou de atenção, etc. ajudam a desenvolver a concentração que em jogo se multiplica em exigência.

Recentes pesquisas relacionadas à discussão do pensamento formal estabelecido por Piaget reiteram suas considerações de que, em muitos casos, a entrada nessa fase cognitiva pode ocorrer não aos 11 anos, mas aos 15, o que obriga a adaptações e reconstituições em relação à dificuldade de alguns em lidar com certas situações-problema. Isso escancara um dilema: a mera divisão em categorias e a distribuição dos alunos-atletas de acordo com sua idade cronológica pode levar a equívocos de graves consequências, caso o técnico não considere a idade biológica como determinante de suas ações e as particularidades em função dos diversos níveis de desenvolvimento em que cada elemento se encontra. O pensamento formal é fundamental para o entendimento das concepções táticas e o encadeamento do raciocínio tático individual.

Algumas "vitórias" no desenvolvimento comportamental dos atletas que ingressam nas categorias competitivas são alcançadas com ações alheias à prática em si. É nessa fase que a consciência do grupo e da interdependência de seus componentes favorece a prontidão individual para situações que acontecem fora dos limites da quadra. A determinação de tarefas "menos nobres", como levar ou trazer material, enxugar o chão, recolher bolas, etc. deve ser conduzida pelo técnico de maneira polida e não preconceituosa ou seletiva. A disposição em ajudar e o entendimento de que o papel desempenhado auxilia o desenvolvimento do trabalho como um todo é que vai construir um grupo coeso e formar um indivíduo responsável e prestativo, o que refletirá na disposição para a entrega também dentro de quadra. O professor-treinador não deve subestimar esses detalhes e estar sempre atento a eventuais atitudes individuais de descompromisso. Não são incomuns, infelizmente, treinadores que delegam tais funções exclusivamente aos mais jovens ou aos reservas, ou mesmo aos indisciplinados, como forma de punição.

A partir dessa idade começam a se solidificar os papéis sociais dentro do grupo. As lideranças impõem-se de forma mais clara e as amizades dividem-se em pequenos grupos. Os agrupamentos acontecem de forma natural, por afinidades que vão sendo descobertas com a convivência. Essas divisões podem eventualmente transformar-se nas conhecidas "panelas". Não que elas já não existissem desde as categorias anteriores, mas com o recrudescimento dos traços pessoais mais marcantes, elas se potencializam. Quando criadas em ambiente favorável, elas servem para que cada indivíduo componente desse pequeno grupo se fortaleça a partir da energia que emana dos colegas com os quais guarda mais semelhanças. No entanto, quando não controladas e alimentadas por sentimentos de rivalidade e antipatia em relação aos demais companheiros, certamente trarão problemas para a coesão do grupo e a formação de uma equipe competitiva solidária.

A força do grupo deve ser considerada no efeito positivo que causa em cada indivíduo que dele faz parte. A mobilização do grupo para ajudar companheiros que se encontram em situação de vulnerabilidade, dificuldade ou de qualquer outra ordem que esteja atrapalhando seu desempenho ou inserção é altamente eficaz, principalmente nas CCI.

Durante o processo de aprendizagem, a velocidade de evolução difere de um aluno para o outro. Essas diferenças muitas vezes também provocam a formação de grupos, de acordo com o grau de facilidade ou dificuldade que os praticantes apresentam. Eles se formam naturalmente e não há necessidade de dissolvê-los, mas é importante que o professor-treinador se mantenha atento a possíveis discriminações para com os menos habilidosos. A escolha dos times em jogos coletivos e dos grupos de trabalho em exercícios muitas vezes exclui aqueles que podem "atrapalhar". Além de inibir esse tipo de atitude, o professor-treinador deve reforçar a atenção aos menos capazes. Exercícios que corrijam ou acelerem o processo de aprendizagem devem ser utilizados para que a defasagem entre os alunos-atletas seja minimizada.

A diferença entre gêneros não se restringe apenas à idade de início da puberdade. Há diferenças na maneira como eles lidam com as transformações, principalmente em relação a autoimagem, autoestima e autoconceito. A entrada na puberdade se reverte em autoimagem mais positiva para os meninos do que para as meninas, principalmente entre os esportistas. Enquanto o ganho de estatura e gordura corporal e o aumento das capacidades – em especial a força – incrementam a autoimagem e o desempenho esportivo masculino, os efeitos sociais da primeira menstruação e o acúmulo de tecido adiposo acarretam uma queda da avaliação da própria imagem entre as meninas, além de apresentarem maior índice de depressão e irritabilidade nessa etapa. O professor-treinador precisa estar atento às mudanças comportamentais femininas, principalmente aquelas em puberdade precoce, como baixa autoestima, estados emocionais negativos e transtornos alimentares.

Do ponto de vista técnico, os ralis passam a ser disputados com mais componentes, porém sem muito apuro técnico. Na ânsia de conseguir realizar a ação, e ainda adaptando-se às novas exigências, o aluno-atleta opta por execuções afobadas e muitas vezes sem consonância com o padrão motor. Assim, a precisão das ações e a tranquilidade para realizá-las – aquela consequência desta – determinam o vencedor da disputa. Isso passa a exigir que o aluno-atleta busque (e seja estimulado de modo mais enfático a alcançar com mais comprometimento) a evolução técnica individual. O controle da ansiedade e o domínio do gesto técnico devem ser buscados de forma coordenada, devendo o treinador, para isso, criar estratégias que associem ambos na realização de tarefas e exercícios nos treinamentos.

Não se deve concentrar o sucesso da ação sempre no resultado final. Logicamente o apelo do erro/acerto é mais forte e claro do que incentivos positivos posteriores; no entanto, o aluno-atleta deve obter reforços no sentido de que a correção deste ou daquele detalhe motor levará ao acerto na próxima oportunidade. A trajetória de um aluno-atleta é repleta de inúmeras confrontações desse tipo: erro-*feedback*-acerto ou erro-*feedback*-erro. Se o equilíbrio emocional não for trabalhado de maneira positiva, principalmente a partir da C14, a chance de o indivíduo crescer sem condições de reverter situações de insucesso em futuros acertos é grande.

Desde as primeiras vivências competitivas – mesmo os festivais para as CI –, o praticante é levado a conviver com a ansiedade. A expectativa em relação ao próprio rendimento, a consciência da dependência que o grupo tem em relação a ele, a presença de espectadores, as cobranças próprias e de outrem, etc. conduzem o aluno-atleta a um estado emocional alterado. Por anteceder a ação e elevar excessivamente o nível de adrenalina e outras catecolaminas, o corpo não só fica em condições menos propícias a solucionar o problema da maneira mais adequada como também entra em um estágio de fadiga antecipado pela descarga bioquímica provocada pela ansiedade.

Essa carga emocional, que pode se intensificar e passar a ser companhia constante do aluno-atleta, pode ser minimizada com amistosos – dentro ou fora dos domínios da equipe –, jogos-treinos contra reservas de equipes mais adiantadas ou, no caso dos garotos, contra times femininos mais velhos. Até mesmo os festivais podem ser antecedidos por torneios simulados, para os quais pais e outros alunos podem ser convidados a participar como torcedores. A ansiedade é natural e não poupa nem os mais experientes, porém precisa ser controlada. E isso se consegue com a prática diária, com estratégias implantadas nos exercícios e jogos, e, nas categorias subsequentes, também com o auxílio de outras atividades, como ioga ou tai-chi-chuan.

A passagem para as CCA descortina novas exigências psicossociais. Aos 15/16 anos, o senso de grupo se altera. A responsabilidade individual em relação à organização tática conjunta passa a ser mais consciente, algo que já vinha crescendo desde as CCI. A determinação de certos papéis táticos aos alunos-atletas exige tempo, entendimento e aceitação dessa condição por parte deles. A engrenagem toda depende de modo mais determinante da participação eficaz individual, todavia associada ao conjunto.

O adolescente quer seu espaço e cobra do companheiro o que acha justo para que o grupo alcance seus propósitos. Esse comportamento leva a um maior comprometimento. Recrudesce, também, a cobrança em relação a si mesmo e ao companheiro próximo, que se torna mais enfática e direta. Não são poucas as vezes em que o técnico precisa interferir para arrefecer os ânimos e estabelecer a ordem e, em última instância, interromper discussões ou eliminar animosidades. Sabendo lidar com essa adrenalina toda, o técnico terá a possibilidade de canalizá-la para o objetivo coletivo, além de alcançar resultados individuais proveitosos, por conta da predisposição pessoal em aprimorar todos os aspectos.

A especialização gradativa concede ao aluno-atleta uma diferenciação até então não experimentada. Ele passa a descobrir que as facilidades que encontrava nos anos anteriores deram-lhe a condição de se tornar levantador ou atacante de ponta, meio ou saída – ou ainda, começar a atuar como líbero. A responsabilidade diante da tática conjunta acentua-se. Dele se espera especificamente o que ele sabe fazer – ao menos na teoria – melhor que os demais.

Principalmente durante a adolescência média (15-17 anos), os indivíduos demonstram não só vontade, mas necessidade de participar democraticamente das tomadas de decisão do grupo. É uma etapa potencialmente promissora para que a responsabilidade maior seja alcançada por meio do convite ao diálogo e à participação.

É um período altamente favorável para se abrir discussões a respeito de comportamentos individuais, avaliações de jogos, treinos ou condutas extraquadra. A escolha coletiva do capitão ou de alguma determinação logística é um exercício válido e proveitoso. Da mesma forma, a etapa é altamente favorável à predisposição de buscar no grupo a solução para os problemas comuns. Muitas vezes, o técnico pode estender ao grupo a responsabilidade por solucionar algo e obter resultados muito mais positivos do que se tomasse a frente de uma resolução.

Assim como os alunos-atletas tornam-se mais competitivos, contestadores e críticos, abrem-se a novas experiências, desafios e diálogos. O professor-treinador não deve encarar os questionamentos e alguns comportamentos como afronta à hierarquia ou desrespeito. Logicamente não deve permitir abusos que firam sua autoridade ou o respeito ao companheiro, mas deve saber lidar com o comportamento potencialmente positivo de contestação. O indivíduo chega a essa idade querendo ter certeza de que pode confiar não só em si, mas também naqueles que o rodeiam. É por isso que as amizades verdadeiras começam a se formar nessa fase. Quando o adolescente sente que é merecedor da confiança do técnico, entrega-se à relação e à atividade com mais desprendimento. É fundamental que este também se entregue à relação de coração aberto. Muitas vezes o diálogo entre ambos pode parecer áspero, mas se for sincero e o aluno-atleta perceber que a intenção do professor-treinador é fazer dele um atleta e um cidadão melhor, ele se submete às ordens e se supera na entrega e na busca por melhores resultados.

Pesquisas sobre o estilo disciplinar dos pais e o reflexo dessas atitudes na autoestima dos adolescentes podem sugerir boas indicações ao comando dos treinadores. De acordo com Oliva, Parra e Sánchez *apud* Coll, Marchesi e Palacios (2004, p. 338), o estilo que menos contribui para uma autoestima positiva é o indiferente, até menos que o autoritário.

Atenção deve ser dispensada aos meninos que apresentam puberdade tardia, já que estes vão se sentir inferiorizados em relação àqueles que já "lucram" com as mudanças. Além das diferenciações de carga de treinamento próprias da idade biológica que atravessam, há manifestações psicológicas de baixa autoestima, menor rendimento esportivo e sentimento de inferioridade, por apresentarem força e estatura menores e biótipo mais próximo dos padrões infantis do que dos adultos.

O autoconceito do adolescente tem conexão direta com as relações sociais, tanto na forma como ele se relaciona com os colegas quanto na maneira como administra a imagem que os demais têm dele. Como a convivência com os iguais passa a dispender muito mais tempo e ganha importância considerável durante a adolescência, o grupo passa a interferir enfaticamente na determinação desses aspectos. Consequentemente, o ambiente cordial, cooperativo e amistoso de convivência da equipe esportiva constitui importante instrumento na formação psicológica do aluno-atleta.

Só ao final da adolescência é que o autoconceito adquire um padrão mais maduro, e a forma como ele foi elaborado ao longo do período facilita sua mais bem definida estruturação. Nesse processo múltiplo, o desenvolvimento do pensamento formal, baseado nas abstrações mais complexas, é que alicerça a criação de um autoconceito sólido e positivo.

Outros resultados interessantes levantados por pesquisas são de que a autoestima geral não se define de modo adequado quando o adolescente concentra-se apenas no grupo de iguais e, com a intenção de conseguir aceitação, dedica a ele e a isto todo seu tempo e energia. É muito comum que, ao ingressar em um grupo esportivo, o indivíduo busque preencher com suas atividades todas as demais necessidades próprias da adolescência. É salutar, em especial à formação de uma autoestima positiva, que o adolescente possa transitar por todos os âmbitos próprios da idade, com qualidade e interesse. O mesmo ocorre com adolescentes que, por exemplo, jogam todas as suas fichas em relacionamentos afetivos ou na dedicação escolar. O equilíbrio entre os diferentes domínios diminui a manifestação de problemas como ansiedade, medo, insegurança e distanciamento social. Paradoxalmente, o remédio para essas manifestações negativas pode não estar necessariamente dentro da quadra nem regido pelas estratégias do treinador, mas na possibilidade de vivências fora do ambiente esportivo, que devem ser incentivadas.

A busca da identidade pessoal é um fenômeno geral e de múltiplas interferências que acaba sendo influenciado pela vida esportiva do atleta e também refletindo diretamente nesta. Enquanto se desenvolve essa busca, o rendimento esportivo ocupa importante papel na vida de quem se dedica a ele. Segundo James Marcia *apud* Coll, Marchesi e Palacios (2004, p. 341), a construção da identidade pessoal passa por níveis distintos: difusão, identidade hipotecada, moratória e conquista. Neles o adolescente passa ou não por crises, assim como assume ou não compromissos pessoais identitários.

Mesmo levando em conta que o processo de construção da identidade é amplo e envolve principalmente os campos vocacional e ideológico, é possível identificar os níveis com nosso assunto. Podemos dizer que durante a fase de difusão da identidade o indivíduo pratica o voleibol por praticar, sem que ele se dedique àquilo como fará ao escolher uma profissão. À medida que esse caminho se delineia, o técnico nota que alguns alunos-atletas demonstram mais dedicação e interesse, enquanto outros não têm mais o mesmo compromisso com a evolução. Não que estes ajam de má-fé, mas em razão das novas prioridades o esporte deixa de fazer parte de seus planos futuros, não justificando esforços extras no presente. É importante, então, que o professor-treinador adote uma postura de diálogo franco com esse indivíduo e faça opções por outros alunos-atletas que, mesmo mais fracos técnica ou fisicamente, demonstrem maior compromisso com o grupo.

Atualmente, a identidade pessoal é conquistada mais tardiamente do que tempos atrás, por isso é comum que o indivíduo adentre as CCA sem ter resolvido questões identitárias muito amplas e prossiga dedicando-se ao voleibol competitivo apesar de demonstrações claras de sua inaptidão para a continuação da atividade com características profissionais. O adolescente permanece na moratória da identidade, sem definir-se em termos vocacionais, talvez indeciso, mas sem que isso o impeça de se dedicar com afinco ao voleibol.

Durante essa fase, aparecem "personagens" que interferem na construção do autoconceito, entre eles o "falso eu" (Harter *apud* Coll, Marchesi e Palacios, 2004, p. 337), que busca satisfazer as expectativas dos demais. Esse conflito leva a um desgaste invariavelmente maior naqueles que buscam um reconhecimento externo para serem aceitos no grupo. Apesar de parecer encerrar um caráter negativo, tal comportamento pode ser motivado pela "exploração de papéis e opções características da adolescência" (Coll, Marchesi e Palacios, 2004, p. 337). No campo esportivo, cabe ao professor-treinador identificar as razões obscuras de tal tendência e intermediar a busca da identificação do indivíduo perante o grupo, com base nas suas condições reais – "o eu real" – e não permitir que a busca por padrões irreais e inatingíveis leve o adolescente à frustração e até a uma desistência prematura da participação esportiva.

O conflito entre o eu real e o eu ideal (Harter *apud* Coll, Marchesi e Palacios, 2004, p. 337) pode render bons resultados se administrado como busca de padrões mais elevados, superação e resultados mais significativos. Mais uma vez, o conhecimento e a sensibilidade do professor-treinador incentivando, propondo desafios alcançáveis e servindo como catalisador nessa busca são importantes para a evolução do aluno-atleta.

Outra peculiar característica da adolescência surge como coadjuvante nessa busca e deve ser considerada no treinamento esportivo: a audiência imaginária (Elkind *apud* Coll, Marchesi e Palacios, 2004, p. 320). O adolescente age muitas vezes com base no egocentrismo e na onipotência, o que o faz julgar-se capaz de resolver todos os problemas e acreditar que os outros dependem dele. No campo esportivo, se esse comportamento não for detectado e inibido, o técnico terá sérios problemas em contornar atitudes que podem colocar todo o plano coletivo a perder, por ações individuais inconsequentes e precipitadas de atletas que se julgam capazes e "designados" para decidir o ponto, o *set* ou o jogo. Se o técnico não interferir, essas ações tempestuosas vão se repetir a cada insucesso. É importante, contudo, detectar se tal comportamento não está relacionado à ansiedade, que requer outro tratamento.

Também se intensifica a cobrança própria por resultados absolutos. E esta é uma característica importantíssima que requer pronta e pontual interferência do treinador. Principalmente os garotos, ao entrarem na adolescência, passam a ser mais exigentes não com o resultado em si diretamente, mas com a imagem que pensam passar de si próprio aos demais com suas ações. Uma cortada certa reforça a imagem que ele deseja transmitir, porém, um erro joga por terra tal intenção. Essa necessidade afirmativa precisa ser controlada e a intermediação do técnico pesa no equilíbrio do autojulgamento.

A ansiedade é um componente observável e diferenciado nos estágios da construção da identidade em que o indivíduo se encontra e altamente interessante no campo esportivo. No estado de difusão, a manifestação da ansiedade é alta, acarretando, junto com a baixa autoestima, perigosas manifestações de descontrole e até imobilizações diante de situações-problema. O mesmo acontece em grau menor e com consequências menos desastrosas entre os que vivem a fase de moratória, na qual, associada igualmente à baixa autoestima, o indivíduo mostra-se indeciso e recusa ou foge de situações em que precisa tomar a iniciativa. Já aqueles em identidade hipotecada – alcançam antecipadamente uma identidade que, no entanto, está baseada mais nas projeções alheias do que nas próprias – demonstram certo controle da ansiedade e têm um autoconceito positivo, apesar de serem menos autônomos que aqueles que conquistaram a identidade, pois ajustam-se facilmente às expectativas do treinador.

Há, desde o ingresso nas CCI, uma tendência de as equipes femininas serem construídas sobre uma relação de cuidado entre as atletas que se intensifica. Existe uma preocupação em amparar e sensibilizar-se com a companheira que passa por dificuldades ou se abala com críticas mais duras ou erros. A intimidade na relação entre meninas ocorre de maneira intensa geralmente entre 15 e 17 anos.

Essas relações de confiança mútua podem ser importantes pontos de apoio para o técnico na solução de conflitos que envolvam atletas *vs.* atletas ou atleta *vs.* treinadores. Mais eficaz do que outras tentativas, recorrer aos amigos íntimos pode resultar em soluções inclusive com menores consequências. Entre os meninos, as amizades íntimas não influenciam de modo tão claro e consolidam-se apenas por volta dos 18 anos.

Da mesma forma que há a indignação com a injustiça, há consequentemente o acolhimento de quem foi injustiçado – ou que o grupo assim considerou. Já entre os garotos, a lida com essas situações tende a ser mais individual, tendo, no entanto, como acontece com as meninas, o apoio do grupo quando se trata de fatos considerados injustos. Condutas do técnico em relação a procedimentos básicos como divisão de tarefas complementares – pegar bolas, levar água, enxugar o chão, etc. – têm um significado que pode determinar a união entre os integrantes em ambiente saudável e o sucesso de um grupo adolescente.

Essa questão, em particular, engloba outro processo importante na adolescência, o desenvolvimento mais enfático do juízo moral. Nesse período, o jovem constrói sua opinião sobre os fatos e estabelece linhas de conduta e pensamento. Conflitos e discussões com os colegas e o técnico são comuns quando ocorrem episódios controversos. É fundamental que as equipes estabeleçam seu compromisso moral de modo claro, democrático e sólido. Convivendo em ambientes em que as regras são justas e colocadas em prática, os adolescentes sentem-se respeitados e mais à vontade para cumpri-las para o bem comum e reivindicar o que consideram legítimo.

À medida que o treinamento físico se intensifica, a partir das C14/15 anos, os alunos-atletas, sobretudo as garotas, passam a conviver com eventuais desconfortos musculares e psicológicos. Superar dores e cansaços eleva a capacidade de absorção do treinamento e de superação em situações de estresse físico. Em médio prazo o atleta se acostuma a lidar com isso, transforma o desconforto em ações mais vigorosas e se supera. É interessante que alguns exercícios sejam realizados nessa condição de cansaço relativo, pois assim é possível desenvolver a eficácia técnica nessas condições. Porém, o bom senso deve saber o limite entre obter resultados positivos ou aumentar o risco de possíveis contusões e desgastes gerais desnecessários. É importante lembrar também que estamos discorrendo sobre o trabalho com categorias de base e não com profissionais: a chamada "zona de desconforto" na qual muitos técnicos trabalham tem um limite de acordo com a capacidade do grupo e a idade envolvidas e não cabe em categorias de base nos moldes que são aplicados em seleções nacionais e equipes adultas profissionais.

A mente do atleta não é exigida apenas em jogos mais disputados. A própria rotina diária de treinos leva o atleta a um grau de entrega que requer muita força de vontade, disciplina, determinação e renúncia. Festas, bebidas, banquetes saborosos e viagens de fim de semana desfrutados por familiares, amigos e parceiros precisam ser substituídas por noites de sono, sucos, alimentação controlada e concentração. É difícil para o jovem trocar o prazer da convivência e da "vida despreocupada" por treinamentos extenuantes, corpo dolorido, imposições e restrições. O ambiente favorável ao prazer, à boa convivência e ao cultivo de amizades sinceras no dia a dia dentro de quadra reduz o peso das pressões sociais sobre os adolescentes, que passam a enxergar no convívio com o grupo e na entrega a objetivos coletivos e individuais válidos um bom motivo para abrir mão daqueles apelos.

O componente psicológico também está presente no campo da preparação física e precisa receber atenção especial. Alguns períodos de treinamento exigem níveis de esforço e superação da fadiga superiores àqueles a serem encontrados em situações normais de jogo. O planejamento das atividades de preparação física deve explorar esse aspecto e conduzir o atleta a desenvolver condições emocionais de superação, autoconfiança, persistência, etc.

Com o ingresso nas CCA, a competitividade fica exacerbada e leva os adolescentes a querer se destacar perante os próprios colegas – a busca pela titularidade – e diante dos adversários – surgimento de rivalidades. No entanto, é importante que o técnico foque sempre as projeções em uma perspectiva interna – seja individual ou do próprio grupo –, pois a tendência é o adolescente buscá-las em expectativas alheias e comparação com modelos externos.

O convívio com o estresse é comum ao ser humano desde antes do nascimento e cada indivíduo tem mais facilidade ou dificuldade para lidar com suas diferentes manifestações. Uma avaliação inicial para conhecer um pouco mais sobre essa particularidade pode ajudar na obtenção de um rendimento melhor tanto em treinos quanto em jogos. Alguns têm dificuldade para atuar com dor, outros para lidar com barulho; diante da frustração por uma ação equivocada, apresentamos comportamentos diferentes, uns se superam, outros erram novamente na sequência; diante do sucesso, um indivíduo pode ter sua confiança aumentada e acumular uma série de pontos a favor de sua equipe, enquanto outro pode, com o ego inflado, errar a bola seguinte por preciosismo.

Há uma infinidade de hábitos que podem influenciar positiva ou negativamente o aluno-atleta. A maneira como ele se comporta diante das práticas diárias pode influenciar até mesmo sua trajetória esportiva. Cabe ao treinador, atento a tais manifestações, tanto estabelecer conversas sinceras, diretas, pontuais e construtivas sobre esses aspectos quanto incentivar aquelas manifestações que o mantêm atento, concentrado, aplicado e em busca de melhores resultados individuais e coletivos.

A intensificação dos impulsos própria dessa fase conduz a resultados potencialmente positivos, os adolescentes são levados ao extremo da cobrança e se entregam não raro a uma busca que beira a insanidade para corrigir suas dificuldades ou aprimorar os fundamentos para os quais se consideram mais aptos. Treinos extras – até mesmo escondidos do técnico – acabam levando-os a um estágio de estresse emocional e físico perigoso. Cabe ao professor-treinador controlar a impulsividade e orientar o aluno-atleta em relação à dosagem e à cobrança própria. Os excessos podem ocorrer também na dedicação à preparação física e ingestão de suplementos alimentares – e até outras substâncias – sem orientação. A vaidade natural da idade leva alguns a buscarem um desenvolvimento físico que, mais do que servir à prática, visa tão somente a impressionar a audiência.

A fase inicial da adolescência coincide com a passagem do ensino fundamental para o médio e implica uma transição em que o adolescente deixa de ser o mais velho do grupo para se tornar o menos experiente, abandonando um papel de protagonista para assumir outro de coadjuvante. Em um primeiro momento, as adaptações a novos grupos, método de ensino e expectativas gerais provocam insegurança e dúvida, entre outros sentimentos que podem ser minimizados por acolhimento e identificação junto à equipe. Mesmo a transição de uma categoria para outra, nessa fase em especial, precisa considerar esses aspectos e proporcionar uma acolhida que facilite o início prazeroso e profícuo. Mudanças de categoria e principalmente de técnicos levam também os púberes e adolescentes a vivenciar sentimentos parecidos. Essa transição pode ser conduzida no PFCAAD de modo mais harmonioso com o acompanhamento do técnico anterior aos treinos e jogos de seus ex-atletas.

Já o encerramento do ciclo médio coincide com as preocupações com vestibular e o encaminhamento de uma futura profissão, o que demanda às vezes algum desinteresse ou priorização dos estudos. O professor-treinador não pode travar uma queda de braço com o rendimento escolar; ao contrário, pode resolver algumas dessas questões com a cessão de tempos maiores de descanso a serem dedicados ao estudo. Dessa forma, terá muito mais assertividade dos atletas quando propuser uma entrega à equipe e aos treinamentos em momentos importantes da competição. Um projeto de formação integral não pode desconsiderar a educação escolar do cidadão.

Durante o ensino médio e o período em que o indivíduo se insere nas CCA ele começa a projetar sua condição de adulto e avaliar suas reais possibilidades dentro do esporte que pratica. O afunilamento se intensifica e poucos são aqueles que continuam treinando com objetivos claros de tornarem-se atletas profissionais. A autocrítica passa a determinar a escolha, mais do que outras influências que antes afetavam os caminhos do agora adolescente. A opinião dos pais e o incentivo do professor-treinador não pesam tanto quanto a projeção que ele faz para si próprio. É nesse momento que o indivíduo que opta pelo esporte mais se entrega ao treinamento.

A C18/19 é um ensaio para o adulto também em termos psicológicos. Quem permaneceu no PFCAAD até essa etapa é porque pretende ser atleta profissional ou ao menos disputar a categoria em condições atléticas ideais. Toda a carga emocional que será encontrada na categoria principal deve ser trabalhada gradativamente nessa faixa etária. Logicamente, os comportamentos diante das situações serão condizentes com as de um jovem em processo de formação.

É aí que ele começa a forjar aquele que será seu alicerce definitivo de atleta adulto. Se ele não perder nesse momento o medo de definir o último ponto de um *set* ou não tiver condições de sacar forte ou apresentar-se para recepcionar o saque adversário em um momento igualmente decisivo, muito provavelmente não obterá o sucesso esperado mais à frente.

O atleta juvenil já se sente adulto e exige que os outros o vejam assim, porém apresenta comportamentos inconsequentes ou inconsistentes. O técnico deve navegar entre um universo e outro, ou seja, tirar proveito muitas vezes da pretensão do aluno-atleta de já se julgar maduro, mas entender que medo, insegurança, ansiedade e autoafirmação ainda fazem parte do trato psicológico do indivíduo. A percepção do jogo como um todo também ainda não se desenvolveu e é necessário que o professor-treinador transmita informações que permitam a assimilação de determinados aspectos de sua dinâmica e o capacitem a aplicar soluções para tais problemas.

A ansiedade e a impulsividade parecem juntar forças e acometer o grupo por inteiro em alguns momentos, em especial nas CCA. O jogo torna-se mais célere, tanto durante os ralis – passes rasantes, levantamentos cada vez mais acelerados e ataques sem muito discernimento – quanto durante as pausas – o sacador vai correndo para o saque, não aguarda o tempo disponível e o realiza com afobação ou o time retorna do tempo técnico antes mesmo do chamado do árbitro. No calor da partida, o jovem entra nessa sintonia, pois acha que conseguirá resolver tudo o mais rápido possível. No entanto, não adianta apenas o técnico se esgoelar fora da quadra pedindo calma, ele precisa, durante os treinos, levar os atletas a perceberem os indícios da afobação geral e estimulá-los a, a partir da percepção, desacelerar as ações e controlar a ansiedade, levando corpo e mente a se unirem novamente para uma execução excelente.

O despertar das lideranças dentro de quadra é presenciado de modo mais flagrante nas CCA.

Entre os juvenis já é possível delegar aos capitães* a responsabilidade por transmitir mais calma e baixar a ansiedade dos mais afoitos – mesmo que ainda sob iniciativa do técnico.

O jogo de voleibol possui elementos que devem ser treinados de acordo com as exigências emocionais próprias de sua peculiar dinâmica, em cada um de seus diferentes momentos. O início das partidas, por exemplo, pode levar alguns alunos-atletas a conviver com um estado de ansiedade maior do que o que outros vivenciam ao final dos *sets*; a autoconfiança pode ficar abalada para realizar determinado fundamento, mas não outro para o qual o indivíduo se sinta mais seguro; o discernimento muitas vezes dá lugar à vontade excessiva e leva o jogador a tentar uma ação intempestiva em vez de optar por uma ação mais comedida e estudada.

À medida que a especialização solidifica-se, a exigência individual aumenta. A determinação de funções específicas e a dependência da equipe em relação às habilidades que cada um precisa desempenhar para que o grupo alcance seus objetivos imediatos implica uma carga emocional mais forte sobre o aluno-atleta. Se sua função é de recepcionar o saque adversário, ele e todos no ginásio sabem que da qualidade desse fundamento dependerá o sucesso do ataque coletivo. Muitas vezes, o adversário entra em quadra determinado a sacar em um dado jogador que apresenta teoricamente um desempenho mais baixo. Esse "bombardeio" ao atleta certamente provocará uma reação psicológica que pode ser positiva ou negativa, dependendo da eficácia

---

* O exercício do voto democrático é importantíssimo, principalmente nas CCA. A escolha dos capitães – não apenas um – deve partir do voto direto da equipe. Os escolhidos podem guardar qualidades que são admiradas e eles terão o respaldo tanto do técnico quanto dos alunos-atletas. Com o tempo eles assumem diferentes funções, seja por suas idiossincrasias ou pelas expectativas da equipe. Um pode ser responsável por levantar o ânimo do grupo, outro por intermediar o contato entre técnico e alunos-atletas e um terceiro oficial, com mais habilidade para conversar com a arbitragem e representar o grupo nos jogos oficiais.

demonstrada após os primeiros lances e da maneira como ele lida ao receber o protagonismo – mesmo por opção alheia.

Em consonância com o entendimento das fases de desenvolvimento, deve-se considerar também os diferentes momentos específicos de uma planificação. Quanto mais se avança na formação de um atleta e de uma equipe, mais as etapas do planejamento priorizam as competições e preparam o grupo para determinadas fases. Isso leva os grupos mais adiantados a terem de conviver com condições não ideais de rendimento em determinados períodos, mas mesmo assim entrar em quadra e apresentar alto desempenho, apesar de prejudicado pela imperiosa necessidade da periodização. Não é incomum uma equipe precisar ruminar uma série de jogos ruins – e até derrotas consecutivas – por causa de um treinamento físico mais forte que não pode deixar de ser realizado. A preparação psicológica entra de maneira fundamental no controle dessas frustrações e na superação sem traumas de períodos semelhantes, entendendo que as metas a serem atingidas estão mais à frente.

SUGESTÕES PRÁTICAS

A seguir relacionamos uma série de exercícios, tarefas e até mesmo atitudes que associam objetivos físicos, técnicos ou técnico-táticos a psicológicos e podem ser utilizados em diferentes momentos das sessões de treinamento. Como os comportamentos individual e coletivo nem sempre ocorrem como se espera ou deseja, muitas das sugestões podem levar a resultados diferentes do esperado; cabe ao professor-treinador estar atento e conduzir as ações e atitudes para que o objetivo seja alcançado ou, caso seja necessário, alterar a dinâmica da tarefa para que não sejam reforçados comportamentos indesejados.

A maioria das sugestões, apesar de estarem relacionadas a determinadas categorias, também servem às subsequentes, com objetivos e dinâmicas devidamente adaptadas.

Iniciação

- Deixe que os menos habilidosos escolham os times para os jogos.
Justificativa: eles se sentirão mais importantes e escolherão aqueles com os quais se sentem melhor ou aqueles que os ajudarão a se superar.
- Divida-os em grupos ora homogêneos, ora heterogêneos.
Justificativa: grupos heterogêneos podem levar à cooperação dos mais desenvolvidos tecnicamente para com os companheiros, enquanto os homogêneos desenvolvem a iniciativa de todos, que, vendo-se tão capazes quanto os colegas de resolver os problemas, tomam a dianteira em muitas ações.
- Torne a divisão nos jogos de um por um e dois por dois mais homogênea.
Justificativa: jogando contra ou com colegas de mesmo nível técnico, os alunos ficam menos constrangidos ao errar e soltam-se mais para tentar novas formas de solucionar problemas.
- Permita que um aluno com mais dificuldade tenha tempo e exclusividade para realizar certas tarefas. Deixe-o em um espaço em que ele possa se sentir menos vigiado. No entanto, trace metas a serem atingidas e mantenha observação constante, sempre orientando-o sobre eventuais correções motoras que o levarão a atingir os objetivos propostos.
Justificativa: sem a vigilância e julgamento dos outros, sabendo que suas ações não atrapalharão os demais e tendo metas a cumprir sem a pressão de estar inserido num trabalho coordenado, o aluno pode desenvolver-se com menos ansiedade e mais afinco.
- Facilite as ações dos menos habilidosos nos jogos adaptados, permitindo, por exemplo, que o saque seja realizado de uma distância compatível com a capacidade da criança.
Justificativa: a motivação com a possibilidade de acerto conduzirá a uma evolução técnica mais rápida.

- Em vez de priorizar o sucesso absoluto, elogie o esforço individual com esmero técnico na realização dos fundamentos.
  Justificativa: o reforço positivo precisa enfatizar a busca pelo padrão motor. Algumas crianças são mais fortes que outras e valem-se disso para atacar ou sacar, sem dar muito valor ao gesto técnico; em médio prazo, as dificuldades advindas da evolução do grupo limitarão esses alunos que se destacam precocemente por esse meio.
- Ao final da aula, reúna o grupo e explane sinceramente sobre os comportamentos notados.
  Justificativa: muitas atitudes negativas ganham força e acabam por se tornar habituais quando o professor-treinador finge não as notar ou as julga sem importância. Uma brincadeira de jogar água no rosto do outro durante a pausa para descanso, por exemplo, pode gerar, sem a repreenda do professor-treinador, uma sucessão de atitudes desrespeitosas cada vez mais severas entre os alunos-atletas. Da mesma forma, furar filas, não auxiliar nas funções de pegar bolas ou arrumar materiais e não colaborar com a ordem do treino tornam-se hábitos que priorizam o individualismo, a malandragem e dificultam a possibilidade de criação de um grupo coeso, unido e justo, além de não estarem comprometidos com a formação integral.
- Distribua funções entre todos, revezando papéis durante o mês.
  Justificativa: os alunos-atletas devem ser responsáveis pela organização do treino e pelo cuidado com o material que utilizam diariamente. Distribuir funções como trazer as bolas do almoxarifado para a quadra e guardá-las após o treino, enxugar o piso caso necessário, auxiliar o professor-treinador nos exercícios, conferir a sacola de primeiros socorros, etc. ajuda na construção do apreço por todos os elementos que permitem ao aluno-atleta divertir-se e praticar o que o gosta. Em dias de jogos ou festivais, também dê responsabilidades no transporte e cuidado com os materiais durante a realização do evento.
- Evite aulas maçantes ou sem que a ludicidade dê as caras; crie formas recreativas baseadas nos objetivos traçados para a sessão e para o período.
  Justificativa: mais do que treino, a criança iniciante precisa de diversão, gostar do que começou a fazer com regularidade. Escolha formas dinâmicas de jogo, em que o sucesso possa ser alcançado e cujas exigências sejam compatíveis com as possibilidades dos alunos-atletas. A evolução vem da perspectiva de alcançar o sucesso, não da sucessão de insucessos.

Categorias competitivas intermediárias

CCI

- Introduza gradativamente novas funções táticas à medida que os alunos-atletas possam exercê-las.
  Justificativa: a entrada no jogo de seis contra seis leva a modificações estruturais não apenas da dinâmica de jogo, mas também da cognição individual. Incluído em situações de jogo sem estar devidamente preparado técnica e emocionalmente para realizar certas funções, o aluno se retrai e desiste de aceitar os novos desafios. Prepare-o para tal função com exercícios específicos de reforço antes de colocá-lo como responsável por dar continuidade a um jogo ou um exercício coletivo.
- Alterne grupos de trabalho em que a composição seja por vezes homogênea e outras heterogênea.
  Justificativa: com a participação de indivíduos com mesma qualidade técnica é possível conviver com dificuldades semelhantes e desempenhar as ações sem receio de errar, enquanto a presença de alunos com diferentes níveis técnicos permite que os mais habilidosos corrijam muitas vezes o curso do exercício, contribuindo para a sequência do treino e o aprimoramento dos demais colegas. Cuidado, porém, para não reforçar "panelas" instituídas oficialmente. É possível também nas duas

organizações permitir que os menos hábeis realizem com menos rigor as tarefas propostas – por exemplo, dar dois toques antes de enviar a bola ao companheiro ou adiantar-se para colocar-se em locais determinados.
- Evite ordens vazias de sentido.
Justificativa: palavras como "atenção" ou "concentração" podem soar sem sentido para quem precisa adotar algumas posturas. Receber instruções mais claras e diretas otimiza seu estado de atenção ou seu poder de concentração. Prefira frases como "flexione as pernas e olhe mais para a bola", "não se distraia com os colegas ao lado, fixe seus olhos no sacador", "tente perceber nos gestos de seus adversários o que eles pretendem fazer antes de enviar a bola ao seu campo", etc.
- Evite comparações entre os alunos-atletas.
Justificativa: o desempenho individual nessas duas categorias varia incrivelmente, em função do desenvolvimento geral que se acelera para alguns e não para outros. Buscar colegas como exemplo pode ser algo positivo desde que se enfatize o gesto em si e não o indivíduo em especial. "Vocês têm de fazer como o fulano" mais atrapalha do que ajuda, não só o grupo, mas também o modelo escolhido; prefira mostrar a técnica que é desenvolvida pelo fulano, de acordo com o padrão motor idealizado, enfatizando esse detalhe e não o executor.
- Não perca a chance de destacar desempenhos elogiáveis.
Justificativa: alunos-atletas que se sentem isolados do grupo e preteridos pelo professor-treinador costumam ter a evolução restringida por um sentimento de insignificância. Ao receber elogios pelo empenho com que se dedica a aprimorar os fundamentos – ou mesmo ao se mostrar voluntarioso para ajudar com funções extraquadra ou com os colegas –, o aluno-atleta pode sentir-se valorizado e, com a autoestima estimulada, alcançar evoluções. Mas atenção: elogie com sinceridade e com base em fatos, não como um ato de piedade; o elogio não sincero é contraproducente e potencialmente negativo.
- Proponha desafios individuais.
Justificativa: percorra a quadra enquanto os alunos-atletas praticam os exercícios e, em particular, proponha desafios do tipo: "quero ver se você consegue sacar lá na posição 1", "em vez de levantar mais uma vez para a frente, você consegue levantar para trás?", "está muito fácil para você, dê dois passos para trás e tente acertar agora". Cria-se assim uma cumplicidade positiva entre professor-treinador e aluno-atleta e a motivação é desenvolvida sem que a criança precise ser desafiada diante de todos, o que pode inibi-la. Com os mais seguros e desinibidos, é possível fazer o desafio publicamente de vez em quando. Faça o mesmo coletivamente, propondo pontos seguidos ou ralis em que a bola passe por três jogadores diferentes.
- Promova alterações para que os coletivos e jogos adaptados transcorram com possibilidade de atingir os objetivos da aula.
Justificativa: os jogos são propostos inicialmente com vista a desenvolver determinados objetivos, mas, por questões circunstanciais, podem enveredar por caminhos indesejáveis. Por exemplo, quando se deseja desenvolver a sequência coordenada dos fundamentos de um rali e o sacador imprime muita força a suas ações, dificultando sobremaneira a continuação do jogo. Mais do que atingir metas individuais, o treino deve servir para um objetivo coletivo comum. Não permita que demonstrações de superioridade individual sobreponham-se aos interesses coletivos. Peça ao sacador que controle seu saque e contribua para o treino. Em caso de insistência, afaste-o do treino, explicando as razões. Da mesma forma, às vezes é necessário retirar de quadra um aluno-atleta que não consegue executar determinada função e repetidamente prejudica a sequência das ações. Nesse caso, o professor-treinador deve ter mais cuidado e conduzi-lo, de preferência sob sua supervisão, a exercícios de cor-

reção e reforço da técnica. O processo de aprimoramento deve capacitar o aluno-atleta a participar das sessões vindouras com mais eficiência e segurança.
- Planeje jogos amistosos antes de os torneios oficiais terem início.
Justificativa: um dos mais altos graus de ansiedade da temporada para as categorias competitivas manifesta-se na estreia oficial em competições. As cobranças e expectativas individuais, familiares e dos associados do clube (ou demais alunos da escola) levam os alunos-atletas a vivenciar alterações de todo tipo – sono, alimentação, humor, etc. – e ver sua autoconfiança abalar-se diante da possibilidade de insucesso. Jogos amistosos – contra os reservas da categoria superior, contra outras equipes de mesmo nível – dentro e fora de casa ajudam a tornar a estreia menos preocupante. É importante que todos tenham oportunidade de participar dessas atividades e que o técnico deixe claro o que espera da equipe e de cada jogador, sem cobrar resultados absolutos. Os alunos-atletas devem saber se sairão jogando como titulares ou se começarão no banco, que podem entrar para sacar – "fundamento que você está realizando muito bem" – ou vão apenas para completar o grupo – "pois você está apenas começando e eu não vou colocá-lo em uma fogueira; é um prêmio por sua dedicação". Aproveite, se julgar necessário, para conversar com os pais sobre os objetivos dessas iniciativas e esclarecer que alguns alunos-atletas terão mais oportunidades que outros. Peça que colaborem para a harmonia do grupo, mesmo que as opiniões divirjam. Se houver algum diretor ou coordenador que possa manter esse contato, pode-se valer dele.
- Evite ambientes propícios à desconcentração.
Justificativa: a pré-adolescência leva garotas e garotos a desconcentrar-se facilmente diante de fatores externos. Treinar em locais em que pessoas da mesma idade circulam livremente e sem compromisso algum com o que se pretende desenvolver em quadra é um convite à displicência e à perda de aspectos importantes para o treinamento e para o desenvolvimento emocional do aluno-atleta. Não tenha receio de ser "antipático" com os outros e atenda às necessidades de seu grupo: feche a porta do ginásio.
- Filme as partidas, elabore planilhas estatísticas simples e apresente-as aos alunos-atletas.
Justificativa: o *feedback* externo do filme contribui enormemente para correções individuais e coletivas e é importante aliado para a evolução do aluno-atleta e a compreensão de determinadas concepções táticas em situações mais complexas de jogo. A estatística contribui para pontuar a evolução ao longo do tempo e também serve de referência para o aluno-atleta perceber por que realmente precisa treinar este ou aquele fundamento com mais intensidade.
- Não deixe de fazer observações pontuais durante o treinamento e um balanço sincero de todas as atividades, tanto de treinos quanto de jogos.
Justificativa: os alunos-atletas precisam do retorno do professor-treinador para avaliar seu desempenho e sua dedicação. Olhos atentos e exigentes são a confirmação do interesse do professor-treinador na evolução integral do aluno-atleta. Da mesma forma, cobre constantemente a manutenção da dedicação e da disciplina, compreendendo as individualidades e estimulando-os de acordo com suas particularidades. Alguns são mais sensíveis, outros precisam de mais rigor para serem motivados, etc.

Categoria 15 anos

- Especialização com flexibilidade.
Justificativa: nessa categoria tem início a especialização. Nem sempre as observações, escolhas e determinações do professor-treinador coincidem com as expectativas de aluno-atleta e/ou familiares. A informação de que o técnico pretende especializar o alu-

no-atleta como levantador nem sempre é bem recebida, caso a expectativa do indivíduo seja tornar-se atacante. Não são raros comportamentos de frustração ou mesmo revolta durante o período inicial da especialização. Esse processo deve ser muito bem administrado com cada indivíduo, instalado gradativamente e nunca de forma definitiva, permitindo que todos continuem, ao menos nos treinamentos, realizando outras funções. Há casos de superação a partir da chance que se dá para que o aluno-atleta demonstre que pode atuar na posição que deseja. E, principalmente, não tolhe futuras possibilidades individuais, pois sempre existe a chance de o técnico estar equivocado em suas conclusões ou de haver um desenvolvimento físico e motor tardio.

- Estimule a cooperação e o controle da impulsividade.

 Justificativa: até mesmo nos exercícios em duplas ou pequenos grupos é possível incluir objetivos que desenvolvam o controle psicológico. Um ataque e defesa em duplas pode levar os atletas a buscarem metas em conjunto, como superação do estresse físico e emocional diante da dificuldade da tarefa ou controle da ansiedade em não poder decidi-la na força ou imediatamente. Por exemplo: manter a bola no ar por minutos determinados pelo professor-treinador – à medida que as bolas vão caindo, as duplas param o exercício, enquanto as demais prosseguem o exercício; a pressão emocional vai aumentando consideravelmente para os que continuam na disputa, sabendo que restam cada vez menos competidores e que todos passam a observá-los e até incitá-los ao erro. O mesmo pode ser desenvolvido em movimentações que envolvam defesa-levantamento-ataque, com troca de bolas entre os dois lados.

- Estabeleça então metas coletivas.

 Justificativa: os desafios começam a ser enfaticamente coletivos. Não apenas com o objetivo de aumentar a competitividade, mas como forma de controlar alguns aspectos emocionais de forma conjunta, enfatizando a importância da coordenação das ações para que se alcance o sucesso. Não deixe de elaborar estratégias que busquem um fim determinado pelas necessidades da idade ou das características do indivíduo ou do grupo. Por exemplo: durante cinco minutos de exercício coletivo não permitir que haja erro absoluto de nenhum aluno-atleta, ou seja, o ponto deve ser conquistado por méritos próprios – é importante entender que há momentos do jogo em que o erro precisa ser controlado e que a equipe ganhará se não houver precipitações individuais inconsequentes, além do discernimento de que uma ação corretiva vale mais do que um ponto dado diretamente ao adversário. Depois, permita que apenas uma das equipes erre, incentivando-os assim a ter mais audácia em decidir o ponto. Exija então que durante certo número de ações trocadas entre os lados a bola não caia em hipótese alguma – esse exercício estimula a paciência e aumenta a concentração e o sentido de cooperação, trabalhada assim em um estado crescente de ansiedade e exigência psicológica.

- Utilize a proteção de ataque como estratégia para implantar um sentido de cooperação.

 Justificativa: a proteção de ataque é muitas vezes subestimada e até relegada por uma parte dos alunos-atletas. No entanto, é de fundamental importância não apenas para a conquista de pontos mais difíceis, como para a consolidação do espírito de equipe. No momento do levantamento, todos os atacantes desejam recebê-lo, no entanto apenas um realizará o ataque; a frustração deve ser imediatamente reconfigurada em colaboração ao colega privilegiado – em frações de segundo o aluno-atleta deve se transformar de potencial protagonista da ação em "operário" e realizar a função "menos brilhante" da melhor forma possível e com a máxima dedicação e voluntariedade. Valorize esse momento do treino e do jogo e conceda bônus aos pontos conseguidos a partir desse expediente.

- Determinar objetivos concretos e estabelecer prazos para serem conseguidos.
Justificativa: determine metas individuais – baseadas nas estatísticas de treino ou na observação subjetiva do técnico – que o aluno-atleta possa cumprir durante uma semana de treino. Por exemplo: acertar 20 recepções em sequência no treino específico; na semana seguinte aumente a dificuldade do saque e trace a meta de 15 recepções em 20 tentativas; na próxima, o objetivo pode ser cinco séries de 5 recepções positivas. É importante que o aluno-atleta possa conscientizar-se de sua evolução e aumentar sua capacidade de superação e determinação; também faz-se necessário que as metas sejam estabelecidas de forma variada, mas diretamente relacionada às características do jogo.
- Reforce o papel de liderança do técnico perante o grupo.
Justificativa: o desenvolvimento do caráter ganha força nessa idade e ocorrências diversas observadas pelo professor-treinador devem ser pontuadas para serem estimuladas ou outras coibidas no ambiente coletivo. Tenha sensibilidade para tratar de algumas questões particularmente ou entre os envolvidos no incidente e outras, em grupo. Cuidado com acusações públicas e exposições humilhantes desnecessárias; trate de expor e contestar atitudes e não pessoas, deixe claro que certos comportamentos prejudicam a unidade do grupo e a formação individual integral de um aluno-atleta e que isso não será admitido pela comissão técnica.

Categoria 16/17 anos

- Estude o histórico do aluno-atleta e forneça subsídios para superação de dificuldades.
Justificativa: quando ingressa nessa categoria, o aluno-atleta já acumulou um histórico de comportamento emocional que precisa ser devidamente analisado e trabalhado pelo treinador. Quem passa por essa fase sem que aspectos que limitam seu desenvolvimento sejam eliminados ou ao menos minimizados tem grande chance de ver sua trajetória seriamente afetada por eles. O professor-treinador nunca deve permitir que o indivíduo receba alcunhas do tipo "amarelão", "afinão", "covarde", "medroso", "individualista", etc. sem que tenha feito algo efetivo para que essas dificuldades fossem superadas. Use dados estatísticos, vídeos e converse abertamente sobre o comportamento e sua intenção de ajudá-lo. O processo não é curto, tampouco pode depender apenas do esforço do técnico ou da disposição do aluno-atleta, necessitando muitas vezes da ajuda de um profissional da psicologia clínica. No entanto, valem tentativas como determinar que a última bola do *set* em coletivos seja de sua responsabilidade; que os saques em determinado *set* sejam sempre realizados em sua direção; que os contra-ataques sejam decididos por ele, etc. Aproxime-se e demonstre solidariedade diante do insucesso, incentive-o ressaltando a importância da persistência, da consciência do problema e da possibilidade de sua solução. Cuidado no entanto com os excessos, lembre-se de que o técnico da equipe não é um *personal trainer*, ponderando a atenção dispensada a ele.
- Estabeleça metas coletivas.
Justificativa: com base nas estatísticas e nas metas a serem alcançadas nos períodos, estabeleça objetivos concretos mais elaborados do que na categoria anterior. Por exemplo: conseguir 4 pontos de bloqueio ou realizar 8 defesas durante determinado momento do treinamento. Nessa idade é interessante colocar o desafio a ambos os lados, vencendo quem conseguir o intento primeiro. Para evitar malandragens do tipo atacar para fora a fim de que o adversário não bloqueie nem defenda, deve-se estabelecer esse tipo de erro como ponto extra para o lado contrário. Momentos que parecem sem importância em uma sessão podem servir não somente ao desenvolvimento psicológico, mas também ao aprimoramento técnico; o aqueci-

mento de rede é um deles. Após os alunos-atletas terem a oportunidade de realizar uns três ataques, pode-se estabelecer que não serão mais permitidas bolas atacadas contra a fita ou cravadas – com isso, principalmente com as categorias masculinas, controla-se o ímpeto de impressionar(-se) com ataques rente à rede, que raramente guardam relação com a realidade de jogo, contra bloqueios. Cuidado, no entanto, com metas absolutas, principalmente em jogos amistosos ou oficiais. É improdutivo, por exemplo, ao enfrentar equipes mais fracas, determinar como meta não permitir que o adversário faça mais de 15 pontos. Quase nunca dá certo! E quando o adversário alcança a marca, a tendência é que os jogadores se desmotivem e apresentem um quadro de apatia que em nada favorece a evolução emocional da equipe.

- Dê início a desafios individuais contra companheiros de mesma posição.
Justificativa: nos coletivos, determine dois alunos-atletas, um de cada lado, que poderão forçar o saque livremente; será feita uma contagem dessas ações, em que o erro será punido com 1 ponto para o adversário, mas o *ace* com 2 pontos a favor. O mesmo pode ser feito com outros fundamentos, principalmente o contra-ataque, mas nunca deixe de enfatizar que a disputa visa à evolução individual de ambos. Enfatize o caráter amistoso da disputa ao final do exercício, fazendo-os entender que a dedicação de um leva ao desenvolvimento do outro e que os insucessos servem de estímulo para a superação e o sucesso, todavia, não pode levar à acomodação. Esse tipo de estratégia deve ser utilizado com critério e parcimônia.

Categoria 18/19 anos

- Enfatize todas as sugestões da categoria anterior, em especial as cobranças individuais.
Justificativa: ao chegar na categoria que antecede a adulta, o aluno-atleta deve ser preparado para as exigências que encontrará de maneira nem tão amistosa como estava acostumado até então. O adolescente precisa amadurecer e aprender a conviver com críticas mais ácidas que virão de vários lados, e ninguém mais apropriado para prepará-lo para assimilá-las e reagir com base no autoconceito e na autoavaliação do que o técnico. A confiança no comandante permite ao aluno-atleta ouvir as críticas severas com abertura para a construção, além do que, se tiver sido preparado ao longo do tempo para desenvolver uma autoestima sólida, saberá ponderar sobre a real intenção do professor-treinador e encontrar soluções para solucionar tal situação-problema.

- Os alunos-atletas passam a ter responsabilidades cada vez mais específicas e as ações devem ser monitoradas constantemente.
Justificativa: o *scout* passa a ser instrumento fundamental para aferição da evolução individual e coletiva. As posições podem ser analisadas separadamente e os alunos-atletas devem acompanhar seus rendimentos e aprender a usá-los como referência para buscar o aprimoramento. É função do técnico ensinar o aluno-atleta a ler e entender o *scout* e relacionar os dados com os objetivos do período. O aluno-atleta deve, por exemplo, verificar quantas recepções perfeitas está realizando, mas ponderar com as boas e comparar a soma das perfeitas e boas com as que resultam em erro absoluto – nesse caso é muito diferente um indivíduo que tem 20% de recepções perfeitas, 70% de boas e apenas 10% de erro quando comparado a outro que apresenta 30% de perfeitas, 10% de boas e 60% de erros. O próprio treinamento a ser ministrado a um e outro deve priorizar objetivos diferentes. Sem a consciência do aluno-atleta, o trabalho do técnico fica restrito a uma visão unilateral e um esforço incompatível com o que se precisa desenvolver e atingir.

- Os confrontos individuais em desafios intensificam-se.

Justificativa: aqueles confrontos individuais iniciados na categoria anterior ganham agora mais cobrança tanto individual quanto do treinador. A briga pela titularidade vira um mote na vida do aluno-atleta e seu rendimento em treinamentos é que determinará a possibilidade de ou manter o lugar entre os titulares ou alçar um outrora reserva a essa condição. A disputa será saudável entre eles se o caráter amistoso tiver sido desenvolvido de forma criteriosa e natural nos anos anteriores e renderá frutos altamente positivos para a equipe. É importante que o professor-treinador analise os resultados dessa disputa e os considere, não deixando que esse estímulo perca sua importância para o grupo. Se determinado aluno-atleta apresenta resultados positivos constantes nos treinamentos desse tipo, deve receber chances de demonstrar em jogos suas qualidades. Desconsiderar os resultados alcançados nas sessões é soterrar a validade de trabalhos que buscam a superação psicológica e a mudança de comportamentos. Pode ser que o reserva nem aproveite a chance, mas esta não lhe pode ser negada se ele demonstra potencial nos treinos.

- Aproxime a realidade do jogo aos coletivos orientados.

Justificativa: ao traçar estratégias que conduzam o aluno-atleta a vivenciar um ambiente que o remeta a uma situação em especial, a mente se acostuma com aqueles *insights* e os reconhece com mais facilidade, diminuindo o estresse próprio da situação. A memória individual e coletiva registra os casos de superação alcançados nos treinos e pode recorrer a essas emoções positivas para empenhar-se em busca de resultados positivos durante as partidas. Há várias maneiras de realizar essas aproximações, e a seguir citaremos algumas, lembrando que a condição sempre precisa ser invertida, para que todos vivenciem as situações opostas:

- *Sets* que começam com o placar de 7 × 0: a equipe que sai em desvantagem tem de se superar para virar o placar, enquanto a outra não pode se acomodar com a enganosa facilidade.
- *Sets* que começam com o placar de 16 × 11: com os mesmos objetivos da anterior, mas considerando o momento intermediário do *set* (varie também a ordem de saque, pois os rodízios muitas vezes não se completam e os alunos-atletas deixam de vivenciar tais situações em posições de definição do resultado).
- *Sets* que começam com o placar de 22 × 19: com os mesmos objetivos da anterior, mas levando em conta a proximidade do final do *set* (lembre-se que a posse do saque pode ser determinante nessas situações; varie a equipe que começa sacando), assim como os rodízios que iniciam o embate.
- *Sets* que começam em 23 × 23: permita que todos os rodízios passem por todas as possibilidades de definição, tanto sacando quanto recebendo o saque.
- *Sets* que terminam em 5 pontos, mas devem ter todos os pontos conquistados com mais dois contra-ataques (além da primeira bola colocada no chão adversário) em bolas repostas pelo treinador; ou seja, o time só pontua quando vence três ralis consecutivos – visando ao desenvolvimento da persistência e aumento da concentração.
- *Sets* em que as equipes só rodam se conseguirem o ponto a partir do saque – toda vez que a equipe sacou e conseguiu o ponto com um *ace* ou na sequência do rali, esta tem o direito a realizar o rodízio e continua sacando; caso perca a posse da bola, o adversário tem o direito a tentar pontuar; ganha quem conquistar 1 rodízio completo, com o retorno do primeiro sacador à posição 1 – o objetivo é aumentar a concentração prolongada e a cooperação para o resultado coletivo.
- Idem à sugestão anterior com o objetivo sendo o ponto a partir da recepção –

o rodízio acontece a cada bola rodada no ataque ou na sequência do rali e o saque continua com o adversário; vence quem conseguir completar dois rodízios.
- Idem ao anterior, com a mesma formação precisando pontuar com 3 bolas seguidas para depois rodar – vence quem conseguir chegar a 1 rodízio completo.
- *Sets* de 5 pontos com as redes fixas e com reposição constante de bolas: visando ao aproveitamento do contra-ataque sob estresse físico e emocional, a equipe que pontua recebe outra bola reposta pelo professor-treinador até perder o rali ou conseguir cinco pontos seguidos; equipes se alternam nas tentativas, até o máximo de três séries cada (trocar sempre a rede toda a cada disputa de três séries ou vitória de um dos lados).
- *Sets* de 8 pontos com dois sacadores fixos: os pontos são contabilizados a cada rali, mas não há rodízio. Os sacadores, fixos, voltam a sacar toda vez que a equipe pontua – a permanência deles na posição desenvolve a responsabilidade individual concentrada e aprimora o rendimento coletivo rede a rede.
- Disputas individuais com aumento da dificuldade: dê continuidade aos desafios individuais, estabelecendo que o ponto de contra-ataque só valerá se este for realizado por determinado jogador; coloque um bloqueador extra que se posiciona ao lado do poste e só entra nessas situações para marcar os contra ataques; faça o mesmo com os atacantes de meio, mesmo que eles sofram uma marcação um tanto fora do que encontrarão em jogo – a superação de situações mais difíceis facilita a adaptação a situações reais.
- Considere bônus ao ponto conseguido por um ataque em que o levantador deixou o atacante contra um bloqueio simples, dobre o bônus para um enfrentamento sem bloqueio – valorização do trabalho do levantador, nem sempre reconhecido.
- O bloqueio pode ser valorizado em *sets* que concedam bônus aos pontos conseguidos nesse fundamento – a disputa individual com base nesse fundamento pode também valer para os centrais.
- Valorização da proteção de ataque: o início dos ralis em treinos específicos de contra-ataque pode ocorrer a partir de ataques do professor-treinador contra bloqueios ou placas.
- Combate à displicência e ao preciosismo: desenvolva *sets* em que apenas bloqueios simples poderão ser realizados, penalize com pontos extras os ataques desperdiçados e valorize os pontos conquistados a partir de defesas nessas condições.

CONSIDERAÇÕES EXTRAS E DE REFORÇO

- Alguns aspectos parecem aflorar na adolescência e são significativos para tomadas de atitudes e mudanças de conduta por parte dos profissionais envolvidos no PFCAAD. Nessa etapa, o pensamento abstrato que começa a se desenvolver na infância adquire o reforço da elaboração de hipóteses. Isso é de substancial importância no raciocínio tático geral e na compreensão das concepções mais elaboradas. Não economize informações ou estímulos no sentido de fazê-los pensar.
- Outra questão abordada em estudos recentes corrobora com os princípios desse PFCAAD, em especial a aprendizagem múltipla dos diversos fundamentos, as variações na aplicação tanto em tarefas quanto em jogos adaptados, a insistência na manutenção da prática e o adiamento da especialização durante o processo de formação. Segundo Coll, Marchesi e Palacios (2004, p. 330), "[...] hoje todos os autores aludem que as variáveis, tais como a familiaridade e o conhecimento prévio que o sujeito tem sobre a tarefa, são determinantes na hora de expressar um raciocínio formal adequado". A forma-

ção continuada e a evolução gradual e sistemática alcançarão a excelência no tempo devido.
- Os treinamentos da C18/19 devem visar ao desenvolvimento dos aspectos mais aproximados à realidade do jogo e das situações extremas e específicas às funções individuais. Quanto mais a simulação levar a *insigths* que revertam a ações que conduzam o aluno-atleta a ter de solucionar problemas que enfrenta habitualmente e/ou diante dos quais encontra dificuldades, mais segurança terá para enfrentá-los em condições estressantes de competição.
- O grau de superação do aluno-atleta diante de dificuldades próprias do jogo pode ser maximizado nos treinos. Exercícios individuais que o levem a realizar, por exemplo, determinado número de passes corretos ou em sequência durante uma série ininterrupta de saques em sua direção podem fazê-lo habituar-se a situações parecidas.
- Logicamente, os componentes emocionais desencadeados em jogo não podem ser transferidos em sua complexa totalidade para um simples treino, porém o condicionamento a situações mais estressantes é diferente para o aluno-atleta que eventualmente passa, defende ou ataca uma bola ou outra em relação ao colega que é submetido a sequências que testam sua capacidade psicológica de realizar ações eficazes por tempo prolongado e repetidamente.
- Em coletivos, há a possibilidade de se aproximar mais ainda da realidade de jogo. Colocar atacantes adversários em confronto pode resultar em uma evolução psicológica que será transferida e complementada com as situações reais. Em um *set* normal ou de menor duração, por exemplo, fazer que somente os dois opostos ataquem dá a eles a real importância de suas funções: decidir as bolas mais difíceis. Ademais, de nada adianta treinar ataques sem bloqueio ou sem a responsabilidade em acertar o máximo possível.

- Fatores extraquadra também devem ser considerados pelos profissionais do PFCAAD para que o grupo não seja pego de surpresa em um confronto que se avizinha. Por exemplo, um aluno-atleta que se incomoda em treinar em ambiente de algazarra provavelmente vai sentir dificuldade em atuar em ginásios com torcida barulhenta. Isso não quer dizer que o ambiente de treino precise ser sempre caótico, porém em alguns momentos essa dificuldade precisa ser testada e experimentada.
- O professor-treinador pode conduzir um coletivo sendo mais rigoroso nas marcações de arbitragem para fazer que seus jogadores não se abalem se o primeiro árbitro do jogo seguinte for muito exigente quanto ao manejo de bola.
- Treinar crianças, púberes e adolescentes exige pleno conhecimento das etapas de desenvolvimento psicológico. Nenhum técnico obterá sucesso se tratá-los como adultos em miniatura ou desconsiderar as diferenças entre as faixas etárias.
- Muitas vezes, o treinador não tem ideia de sua importância e representatividade na vida pessoal do aluno-atleta. Condutas e atitudes constantemente apropriadas fundamentam um PFCAAD.
- O psicólogo de um PFCAAD não pode ter participação eventual. Mesmo que não possa estar presente todos os dias, precisa organizar-se para comparecer aos treinos ao menos uma vez por semana e à maioria dos jogos. Se necessário, deve-se disponibilizar as gravações dos jogos a esse profissional.
- Não subestime a evolução psicológica e cognitiva dos alunos-atletas, exija o máximo que puder, dentro das características individuais e de cada faixa etária.
- À medida que as competições começam a pontuar a programação das equipes, é natural que a atenção dos treinadores se volte a elas. Porém, não esqueça que reservas e alunos-atletas não selecionados não podem ficar à margem de sua atenção.

Seção 6

Planejamento

Capítulo 1

Introdução

Uma das etapas mais importantes do PFCAAD é a elaboração do planejamento. O sucesso do projeto só pode ser vislumbrado se o plano de trabalho para o desenvolvimento do aluno-atleta estiver baseado em um contínuo aprimoramento de todas as qualidades e capacidades, com ciclos que se interligam, até a C18/19. Por isso, ele deve ser elaborado detalhadamente, de modo a promover continuidade e harmonia entre o trabalho de todos os profissionais envolvidos e tendo como meta principal a evolução físico-técnica-psicológica do aluno-atleta em longo prazo, além da gradativa implantação das táticas compatíveis a cada categoria.

A periodização é um dos mais importantes conceitos sobre planejamento do treinamento. Ela se fundamenta na divisão do tempo disponível para atingir certos objetivos e, obedecendo preceitos fisiológicos e cronológicos, estabelece etapas nas quais o aluno-atleta atinge determinados graus de rendimento, entre eles o de máximo desempenho.

No PFCAAD, o planejamento estende-se por todo o período de formação do aluno-atleta, perfazendo um extenso ciclo que culmina na aquisição de possibilidades plenas de ingressar nas categorias adultas e manter o alto nível de rendimento. Os ciclos coordenam-se a partir de um princípio característico da periodização: as ondas. A ondulação das cargas de treinamento leva o indivíduo a adquirir, manter e perder relativa e temporariamente a forma esportiva, conectando-se assim com os alicerces fisiológicos de relação entre esforço e recuperação.

A periodização divide-se em três etapas (com os respectivos objetivos):

1. Período preparatório: aquisição da forma esportiva.
2. Período competitivo: manutenção da forma esportiva.
3. Período de transição: perda temporária da forma esportiva.

Essas etapas ocorrem em níveis (ciclos) de duração variável que possibilitam que seus objetivos sejam atingidos. São eles:

1. Ciclo plurianual.
2. Macrociclo.
3. Mesociclos.
4. Microciclos.
5. Ciclo semanal.
6. Plano diário.

Apesar dessas divisões, o planejamento de um PFCAAD é dinâmico e nem sempre as áreas – técnica, tática e física – coordenam-se com objetivos coincidentes, algo que ocorrerá apenas nas CCA. Durante um ciclo anual das CCI, por exemplo, é possível que estejam nele inseridos objetivos relativos à preparação tática, que se estendem além de ciclos menores durante os quais se atingiram determinados resultados técnicos.

Vamos então aos ciclos de treinamento e suas especificações.

Capítulo 2
Ciclos de treinamento

CICLO PLURIANUAL

Está baseado na formação geral do aluno-atleta, desde a entrada dele na iniciação até os 19 anos. É sobre um ciclo plurianual que englobe toda a trajetória do indivíduo que construiremos o PFCAAD. Nele ocorre a formação integral do aluno-atleta em todos os aspectos. Conhecedores dos objetivos a serem buscados no plano geral de formação, os técnicos elaboram a planificação do trabalho a ser desenvolvido, de modo a distribuir o conteúdo de maneira harmônica ao longo das temporadas. Em termos práticos, é o que vem sendo descrito desde o início deste livro*.

No entanto, outros planos plurianuais menores inserem-se como subdivisões do plano geral, por exemplo: a divisão das categorias em iniciantes, competitivas intermediárias e competitivas avançadas. Um plano plurianual menor, por sua vez, é subdividido em vários planos anuais, específicos para cada uma das categorias – ou como parte de uma delas –, todos interligados entre si e obedientes àquele mais amplo.

---

* Por esse motivo, o capítulo não se estenderá como conviria a tema tão importante. Todos os anteriores fazem menção ao planejamento plurianual e discriminam conteúdos e objetivos por categoria.

A fragmentação permite que o controle do trabalho geral seja mais apurado, e as correções de rumo, pontuais (vide Tabela 1).

MACROCICLO

Um macrociclo se caracteriza por englobar os três níveis da periodização:

1. Preparatório.
2. Competitivo.
3. De transição.

De acordo com a proposta desse PFCAAD, principalmente nas CI e CCI, ele geralmente é anual ou bianual, com o propósito de facilitar a organização do conteúdo e adaptar-se às contingências. Nessas faixas etárias, a periodização não visa ao rendimento imediato nem se estabelece a partir desses três níveis. É possível identificar os macrociclos nos capítulos anteriores, nos conteúdos que constituem as categorias e alternam-se nos anos correspondentes.

O macrociclo anual é uma decomposição do plurianual e deve basear-se nos objetivos físico--técnico-táticos-psicológicos determinados para serem alcançados por cada faixa etária em um período geralmente determinado pelas competições. Nas CI e CCI não é raro que um objetivo geral se estenda por todo o período ou determinada habilidade tenha seu processo de ensino-aprendizagem iniciado em um ano e complementado no outro; nesse caso, o detalhamento dos objetivos específicos intrínsecos a cada etapa deve ser bem explicitado a fim de que não se perca o "fio da meada". Por razões como essas, os macrociclos, quando anuais ou semestrais, são interdependentes, porém inseridos em um plano mais amplo e diretor, o ciclo plurianual.

A C13 deve ter como principal meta o desenvolvimento das habilidades técnicas, apesar da disputa de alguns eventos competitivos que se inserem no planejamento geral e que não devem ser considerados prioritários na elaboração dos objetivos.

A partir dos 14 anos, gradativamente vão se estabelecendo objetivos táticos e físicos mais definidos que devem ocupar espaço maior nas prioridades dentro da temporada. Nas categorias subsequentes, as competições ganham importância e passam a dirigir a periodização. É com base nelas que se determinam os períodos preparatórios, competitivos e de transição. A partir da C16/17, as competições passam a nortear o planejamento no tocante à distribuição do conteúdo, sem, contudo, assumir importância maior que o aperfeiçoamento e o treinamento das habilidades técnicas, concepções táticas e capacidades motoras, nem desviar o foco da formação integral do aluno-atleta. Na C18/19, principalmente, a periodização é regida pelo calendário de competições e, dependendo da sucessão de torneios, o macrociclo pode durar 6 meses.

Para a elaboração do planejamento anual, sugerimos que os técnicos sigam os passos a seguir:

1. Avaliação subjetiva e objetiva do grupo de alunos-atletas.
2. Avaliações das condições humanas (número de profissionais envolvidos no PFCAAD e serviços disponíveis) e físicas (instalações, equipamento e recursos materiais).
3. Determinação dos objetivos gerais (físicos, técnicos, táticos e psicológicos) a serem buscados ao longo do ano.
4. Determinação dos objetivos específicos (físicos, técnicos e táticos) de cada etapa do ano.
5. Estabelecimento do conteúdo (baseado nos objetivos traçados).
6. Periodização (organização do conteúdo e dos objetivos de acordo com o tempo disponível e perspectiva de alcance das metas idealizadas).

As categorias competitivas terão as folgas definidas pelos torneios em disputa. O período de férias de meio de ano, sempre que possível, não deverá ser superior a 15 dias para as CCA e a 20 dias para as CCI. Os iniciantes podem folgar o período correspondente às férias escolares.

Eventualmente, diante da possibilidade (folga no calendário de competições) e/ou necessidade (excesso de jogos ou treinos), as equipes competitivas poderão dispor de alguns dias a mais de descanso, a critério do professor-treinador.

As avaliações de controle devem ser planejadas levando em consideração dois pontos: não devem atrapalhar o calendário de treinos em época de competição e ser programadas para antes do término das atividades.

MESOCICLOS

O mesociclo pode ser entendido como cada um dos três níveis da periodização citados no macrociclo acima (preparatório; competitivo; e de transição), como também uma subdivisão do trabalho técnico, físico ou tático mais amplo que está sendo realizado.

No primeiro caso, um mesociclo engloba todo o conteúdo referente ao respectivo período preparatório, ou competitivo ou de transição. Os objetivos a serem alcançados nesse caso são aqueles relacionados anteriormente: aquisição, manutenção e perda temporária da condição esportiva.

Nas CCA, os mesociclos têm como base, para a determinação de seu início e fim, as competições e o prazo possível para alcançar certos objetivos. Planejamentos equivocados baseiam-se unicamente nas competições, sem conside-

Tabela 1   Modelo explicativo de uma possível periodização das categorias de base (a especificação do conteúdo é feita à parte, tendo como base a planificação idealizada)

JAN	FEV	MAR	ABR	MAI	JUN	JUL	AGO	SET	OUT	NOV	DEZ	
Desenvolvimento das habilidades, capacidades e táticas próprias da faixa etária											Anual geral
Férias	Desenvolvimento das habilidades e formas de jogo								Férias	CI
Férias	Preparatório								Competitivo	Férias	CCI
Férias	Preparatório					Pré-comp	Competitivo			Transição	C13
Férias	Preparatório				Pré-competitivo	Competitivo				Transição	C14/C15
Férias	Preparatório			Pré-competitivo	Competitivo					Transição	C16/17
Férias	Preparatório		Pré-comp	Competitivo		Trans/prep	Pré-comp	Competitivo		Transição	C18/19

rar o tempo necessário para que as metas estabelecidas sejam alcançadas. O estreitamento de períodos resulta em percursos incompletos que não contribuem para os ganhos pretendidos das fases seguintes do ciclo. Por exemplo, o desenvolvimento de força submáxima é imprescindível para que o aluno-atleta possa ser submetido ao trabalho subsequente que vise à força explosiva; sem a aquisição daquela capacidade, esta ficará certamente aquém do necessário para seu pleno desenvolvimento, além de predispor o indivíduo a lesões.

No segundo sentido, cada macrociclo divide-se em vários mesociclos, conforme os objetivos gerais a serem atingidos em períodos menores de tempo. No PFCAAD, o planejamento dos mesociclos leva em conta cada período destinado ao desenvolvimento de um objetivo geral e detalha o conteúdo a ser desenvolvido nos dias destinados a ele. Por exemplo, um mesociclo destinado à aprendizagem da cortada (dentro do macrociclo "C13") pode ter a seguinte distribuição, de acordo com os objetivos específicos:

1. Desenvolvimento do tempo de bola e da coordenação visual-motora – 5 dias.
2. Passada – 3 dias.
3. Breque e salto – 3 dias.
4. Preparação e ataque à bola – 3 dias.
5. Queda – 2 dias.
6. Exercícios educativos e formativos – 5 dias.
7. Fixação – 6 dias.
8. Aplicação – 5 dias.

MICROCICLOS

Os mesociclos são subdivididos em microciclos, estes mais específicos e detalhados. Os microciclos têm objetivos bem estabelecidos e início e final bem definidos. Utilizando o exemplo da cortada descrito no item anterior, tomemos o mesociclo 4 (preparação e ataque à bola) e determinemos o objetivo específico dele:

- Dia 1: preparação do ataque.
- Dia 2: ataque à bola.
- Dia 3: associação da preparação e do ataque à bola.

CICLO SEMANAL

O ciclo semanal não deixa de ser um microciclo, porém ele se diferencia por questões organizacionais. O técnico estabelece no semanal qual será o conteúdo e o objetivo de cada dia da semana.

A definição da carga horária e a distribuição das sessões na semana devem levar em consideração as necessidades e possibilidades da faixa etária em questão. O mais importante é não sobrecarregar física e emocionalmente as crianças, adolescentes e jovens e, ao mesmo tempo, oferecer-lhes carga compatível com a melhor resposta possível aos estímulos de rendimento esportivo.

Uma das questões cruciais, que resultará no volume total do PFCAAD e de cada categoria, é a determinação da carga horária destinada às sessões e à soma destas na semana. Um projeto de longo prazo tem sua possibilidade de sucesso diretamente ligada à adequada dosagem da carga, do volume e da intensidade de seus ciclos menores. Acumulados exageradamente ao longo dos anos, resultam também no abreviamento da carreira do aluno-atleta.

Não podemos esquecer que crianças e adolescentes devem ter outras ocupações, diversões e convivência com outros grupos de relação social. Muitas vezes, a vontade de oferecer uma quantidade maior de treinamento acaba por alienar o indivíduo, privando-o de atividades diferentes próprias da idade.

Sugerimos, assim, a seguinte organização semanal:

- Iniciantes 1:
  - 2 sessões semanais (com 2 dias de intervalo) de 45 minutos.
- Iniciantes 2:
  - 2 sessões semanais (com 2 dias de intervalo) de 60 minutos.
- Categoria 13 anos:
  - 3 sessões semanais (preferencialmente de segunda, quarta e sexta) de 1 hora e 15 minutos.
- Categoria 14 anos:
  - 3 sessões semanais (preferencialmente de segunda, quarta e sexta) de 2 horas.
- Categoria 15 anos:
  - 3 sessões semanais (preferencialmente de segunda, quarta e sexta) de 2 horas.
  - + 2 sessões de musculação de 30 minutos (incluídas nos dias normais de treino, preferencialmente antes do treino com bola).
- Categoria 16/17 anos:
  - 4 sessões semanais (de segunda, terça, quinta e sexta; ou segunda, quarta, sexta e sábado) de 2 horas.
  - + 2 sessões de musculação de 40 minutos (incluídas nos dias normais de treino, preferencialmente antes do treino com bola).
- Categoria 18/19 anos:
  - 5 sessões semanais de 2 horas.
  - + 2 sessões de musculação de 60 minutos (incluídas nos dias normais de treino, preferencialmente antes do treino com bola).

Grupos maiores, principalmente entre os iniciantes, podem necessitar de maior carga horária, para que todos participem das atividades propostas em condições de realizá-las.

Em razão da logística própria de cada instituição, pode ser necessário distribuir as categorias em dias diferentes dos sugeridos. Nesse caso, propomos que sempre haja, para as C13, C14 e C15, um dia de folga entre duas das três sessões.

É necessário também disponibilizar dias e horários para os jogos. Geralmente, as federações, ligas ou associações que organizam os campeonatos já os distribuem de modo a conciliar as diferentes categorias, mas mesmo assim, se preciso, promova adaptações que equalizem a carga semanal total.

A carga geral de treinamento das categorias competitivas deve ser equilibrada de acordo com a programação de jogos, de modo a não sobrecarregar o aluno-atleta. O bom senso do professor-treinador é o primeiro mediador para a dosagem, de modo a permitir que o corpo repouse de acordo com a exigência do esforço a que foi ou será submetido.

A partir dos 15 anos, o aluno-atleta deve ter sempre que possível 2 dias de descanso durante a semana. Por exemplo, se houver um jogo na quarta e outro na sexta, o ideal é programar treinos para segunda, terça e quinta, liberando o final de semana para descanso.

No caso de sobrecarga incontornável, a dosagem do volume e da intensidade dos treinos deve ser cuidadosamente pensada, de modo a não produzir efeitos indesejáveis no indivíduo. Como a carga quase sempre não pode ser controlada durante o jogo, cabe ao técnico programar os treinamentos de modo a recuperar os alunos-atletas para a próxima partida ou para a sequência futura de jogos.

O *overtraining* é decorrência normalmente da ausência de descanso. As consequências são irremediavelmente prejudiciais à saúde do aluno-atleta e ferem os princípios do treinamento desportivo e desse PFCAAD.

O plano semanal deve ser regularmente entregue, com antecedência, à coordenação e aos alunos-atletas, para que todos tomem conhecimento e possam se organizar para a semana vindoura. Devem constar nele os dias de atividade (treino, jogo ou outro evento) e os horários correspondentes de início e término da atividade, com especificações – horário de saída, cor do uniforme, etc. – quando necessário.

PLANO DIÁRIO

É o menor microciclo de um planejamento. O plano diário se caracteriza pela escolha das estratégias pedagógicas e didáticas para se atingir a meta desejada e é a própria sessão de treinamento, organizada em pormenores. Nele devem constar, para organização da sessão e orientação do próprio técnico:

1. Objetivos do treino.
2. Conteúdo a ser desenvolvido.
3. Divisão do treino.
4. Tempo destinado a cada um dos itens.
5. Exercícios e tarefas a serem aplicados.
6. Atletas escalados para cada exercício e/ou rodízios programados.

Seção 7

Funções e responsabilidades

Capítulo 1

Introdução

Um PFCAAD deve ter todos os profissionais envolvidos e sintonizados entre si. A evolução pretendida só pode ser alcançada se todos interagirem durante todo o tempo e juntarem esforços coordenados para o alcance das metas específicas propostas e do objetivo principal: a formação integral do aluno-atleta. Com o objetivo de organizar a hierarquia, distribuir funções e dirimir dúvidas quanto às obrigações, este capítulo relaciona o que cabe a cada profissional dentro da organização administrativa e logística durante o processo.

O conhecimento das próprias funções e das respectivas responsabilidades leva a um desenvolvimento melhor do trabalho, assim como a um respeito maior pelo papel desempenhado pelos colegas. Assim, todos devem ter consciência de sua importância e parcela no sucesso do projeto, desempenhando suas atividades com qualidade, sincronismo e dedicação.

É função de todos também zelar pela obediência da organização como um todo, alertando aqueles que não cumprem o estabelecido ou até mesmo comunicando diretamente o responsável quando este ou aquele não estiver agindo de acordo.

Levando-se em conta que nem sempre um projeto mais modesto conseguirá empregar todos os profissionais aqui sugeridos, é importante que, mesmo com um grupo de trabalho reduzido, as funções primordiais que caberiam a outros profissionais sejam supridas por outros. Assim, a organização desta seção possibilita àqueles que dispõem mais de iniciativa própria do que de uma estrutura ideal visualizar as necessidades práticas e burocráticas essenciais para a viabilização de seu projeto de formação de atletas.

A viabilização de um PFCAAD pode começar com menos categorias e menos profissionais. Muitas vezes é preferível optar por uma estruturação mais enxuta e crescer aos poucos do que tentar ampliar muito a ideia, porém sem a sustentação logística apropriada. É bem possível, por exemplo, uma proposta com um grupo de iniciantes e as duas CCI sob o comando de dois técnicos, que se revezam nas funções de treinador e assistente, contando com uma estrutura de secretaria da própria instituição. Os serviços médicos e de fisioterapia podem ser conseguidos por meio de parcerias com conhecidos.

Mais importante que o tamanho do projeto é tornar viável uma iniciativa, mesmo que mais modesta que o imaginado. Com o tempo, com base no sucesso inicial, torna-se mais fácil ampliar a ideia.

Em projetos mais modestos, a colaboração espontânea de membros da comunidade é bem aceita e pode render bons resultados, sem custos adicionais. Nesse caso, esses voluntários podem auxiliar nos treinos – ajudando nos exercícios

– e nos controles extraquadra, como providenciar materiais necessários à realização dos treinos e jogos e responsabilizar-se por preenchimento de fichas, memorandos, documentos, etc.*

É interessante que um técnico acumule a função diante de duas categorias próximas, por exemplo, as duas iniciantes ou as intermediárias, com a finalidade de dar continuidade a um trabalho que não tem naturalmente limites muito claros de transição.

Todo o PFCAAD é ininterrupto. No entanto, é contraindicada a nomeação de um único técnico para várias categorias, principalmente de diferentes faixas etárias. Além da questão da especialização, que leva o profissional a aprofundar seus conhecimentos na área em que trabalha, convém lembrar que o acúmulo de funções leva a uma sobrecarga particular que invariavelmente prejudica a qualidade dos treinos, da elaboração deles, bem como da condução e envolvimento com a equipe. É preferível diminuir o número de categorias ou optar apenas por um naipe a perder a qualidade do trabalho e a disponibilidade do responsável.

Em princípio, a organização ideal para um PFCAAD deve contar com:

1. Um coordenador de departamento.
2. Um coordenador técnico.
3. Cinco técnicos (1 para as CI, 1 para as CCI, 1 para a C15, 1 para a C16/17 e 1 para a C18/19).
4. Cinco assistentes-técnicos (1 para as CI, 1 para as CCI, 1 para a C15, 1 para a C16/17 e 1 para a C18/19).
5. Dois preparadores físicos (1 para as CI e CCI, 1 para as CCA).
6. Alunos-atletas em número suficiente (indefinido para as CI, até 20 para as CCI, até 16 para as CCA).
7. Um médico.
8. Dois fisioterapeutas.
9. Um psicólogo.
10. Duas secretárias.
11. Um almoxarife.

A distribuição de funções depende da forma particular como cada técnico coordena as categorias sob seu comando, sobretudo em relação aos assistentes. Assim, algumas responsabilidades creditadas aos técnicos podem ser realizadas pelos assistentes ou delegadas pelos coordenadores a eles, dependendo da circunstância ou da organização própria da categoria ou pessoal. No entanto, todas as obrigações aqui levantadas devem ter seus respectivos responsáveis, já que todas as atividades e procedimentos cotidianos relacionados são de fundamental importância para o desenvolvimento do projeto. Deve-se promover alterações ou incluir novas responsabilidades sempre que necessário.

As funções e responsabilidades de cada um dos membros aqui relatadas flexibilizam-se quando outras ocupações do profissional dentro do próprio projeto o impeçam de realizá-las ou quando não é possível contar com todo o contingente sugerido. Sendo assim, sempre que necessário, a pessoa responsável por determinada função deve comunicar ao superior a impossibilidade de cumpri-la caso outra tarefa lhe seja requisitada. No entanto, deve partir do próprio envolvido a imediata transferência da responsabilidade, pedindo auxílio aos colegas e não deixando que a tarefa deixe de ser cumprida.

As responsabilidades dos atletas devem ser rigorosamente cumpridas, independentemente do tamanho do projeto. A condição de atleta exige comportamentos que devem ser cobrados por coordenadores e técnicos. Direitos e deveres bem estabelecidos fazem que eles tomem consciência de que a ordem e a disciplina são indispensáveis para alcançar seus objetivos individuais. A participação ativa do aluno-atleta cria também a noção de importância individual no contexto geral do projeto e do trabalho.

---

* É necessário, todavia, cuidado com questões trabalhistas, já que o vínculo, mesmo que aparentemente voluntário, cria elos que posteriormente podem trazer problemas aos organizadores do projeto. Procure consultar o departamento pessoal da instituição que abriga o PFCAAD antes de abrir essa possibilidade.

Capítulo 2
Funções

COORDENADOR DE DEPARTAMENTO

É o principal responsável pelas questões administrativas e elo entre a instituição e o grupo de trabalho, desde técnicos até alunos-atletas. Não precisa necessariamente ser um profissional da educação física ou do esporte, porém deve ter conhecimento sobre o meio e, de preferência, possuir especialização em administração esportiva.

Deve ter amplo conhecimento técnico e capacidade organizacional e administrativa, além de tempo disponível para supervisionar treinos e cuidar das obrigações administrativas. Quando não estiver presente fisicamente, deve estar disponível por outros meios de comunicação, podendo ser localizado para tentar solucionar eventuais problemas.

São suas funções:

- Viabilizar a execução do projeto oferecendo as condições físicas e materiais adequadas.
- Oferecer condições apropriadas de trabalho a técnicos, alunos-atletas e demais profissionais.
- Providenciar soluções às requisições de todos os profissionais do projeto.
- Dirigir o grupo de trabalho, dirimindo dúvidas, resolvendo conflitos, delegando funções, cobrando atitudes e responsabilidades.
- Supervisionar o almoxarifado, providenciando a renovação do estoque e evitando a falta de qualquer material ou medicamento.
- Solucionar problemas corriqueiros de treinamento, como falta de material, substituição de bolas, consertos no ginásio, etc.
- Antecipar-se a problemas extraquadra que possam atrapalhar treinamentos e jogos.
- Cuidar das inscrições das equipes nos campeonatos e transferências, assim como de todos os trâmites burocráticos, além da elaboração de comunicados às federações ou outros clubes.
- Ler os regulamentos das competições; deixar os membros da equipe a par das correspondências recebidas, reuniões, eventos e datas importantes.
- Entrar em contato com outros clubes e federações para marcar jogos amistosos.
- Agendar horários de treinos extras.
- Providenciar transporte para jogos e eventos externos oficiais e, a partir de solicitação dos técnicos, para eventos não oficiais.
- Tratar questões pertinentes à disciplina transferidas a ele pelo técnico.
- Cobrar de cada elemento do grupo o cumprimento das normas estabelecidas.
- Comunicar advertências, afastamentos ou até dispensa – em casos mais graves – a alunos-atletas e membros da comissão técnica.

- Acompanhar o rendimento escolar e esportivo do aluno-atleta, oferecendo condições para que ele consiga conciliar esporte e estudo, sem prejuízo de nenhuma das duas partes.
- Oferecer esclarecimentos aos pais sobre dúvidas e questionamentos relativos às equipes de competição e rendimento individual dos filhos.
- Entrar em contato com atletas de outras agremiações indicados pelos técnicos, para estabelecer convite, normas para contratos, etc.
- Antes de jogos ou festivais nas dependências da própria entidade, organizar a quadra: conferir material e instalações; orientar boleiros e enxugadores; deixar súmulas prontas para serem utilizadas pela arbitragem; entregar a documentação dos atletas; verificar placares, altura da rede, limpeza da quadra e sistema de som.
- Durante o jogo ou evento, deve estar atento a ocorrências que atrapalhem seu andamento, providenciar algo que seja requisitado por membros da equipe, atender autoridades, imprensa ou espectadores com dúvidas ou querendo explicações, além de providenciar água para a arbitragem e pessoal da logística.
- Após o jogo, pagar árbitros, boleiros e enxugadores, recolher a documentação, verificar se a ordem impera, oferecer apoio a qualquer dificuldade encontrada no controle de invasões ou confusões e, com a ajuda de um auxiliar, retirar material e eventuais placas de publicidade.
- Encaminhar à direção da entidade e eventual patrocinador os relatórios parciais e finais de temporada elaborados por ele e pelos técnicos.

COORDENADOR TÉCNICO

É um profissional com experiência no voleibol e na formação de atletas. Deve ser formado em Educação Física ou Esporte ou possuir o registro do Conselho, além de possuir especialização em voleibol.

São suas funções:

- Coordenar e supervisionar os técnicos e assistentes do projeto, oferecendo auxílio nas várias etapas de trabalho: planejamento da temporada, montagem das equipes, escolha das metodologias, planificações periódicas e direção das equipes durante treinos e jogos.
- Ter pleno conhecimento sobre todas as etapas do PFCAAD e uma visão geral do projeto em andamento, sendo igualmente responsável por sua execução de acordo com o planejamento.
- Estar presente em treinos e jogos, mantendo-se informado sobre cada equipe mesmo quando não as puder acompanhar.
- Promover reuniões com os profissionais do PFCAAD e palestras com alunos-atletas e pais.
- Auxiliar técnicos e assistentes na prática diária, sempre que necessário.
- Passar aos técnicos material afim para aprimoramento dos conhecimentos e atualização.
- Ter conhecimento dos resultados das equipes do projeto e avaliar a evolução das categorias, de acordo com os resultados dos jogos, observações diárias e avaliações individuais periódicas.
- Com base nos resultados do item anterior, propor alterações técnicas, pedagógicas ou táticas, caso julgue necessário.
- Manter-se disponível, por qualquer meio de comunicação, para quaisquer contatos referentes ao projeto e a suas funções.
- Comunicar ao coordenador de departamento toda e qualquer observação, sugestão ou crítica, visando à solução de problemas.
- Manter-se uniformizado em todos os eventos do projeto aos quais comparecer.
- Atualizar-se em relação ao contexto geral do voleibol na região e entre as instituições afins.
- Aprofundar o conhecimento sobre iniciativas semelhantes, adversários potencialmen-

te promissores, tanto entre os jogadores quanto entre os profissionais do meio.
- Elaborar, ao final da temporada, relatório geral sobre informações que concernem a suas funções.

TÉCNICO

É o responsável pela equipe que dirige, tanto pelos atletas como pelos assistentes. Deve ser formado em Educação Física ou Esporte e possuir o registro do Conselho, além de possuir especialização em voleibol.

São suas funções:

- Ser responsável, juntamente com os demais profissionais, de toda planificação do PFCAAD, dando sugestões e conhecendo todas suas nuances, mesmo que não sejam referentes à categoria que dirige.
- Conduzir o trabalho visando à formação integral do aluno-atleta e respeitando as fases de crescimento e desenvolvimento motor e psicológico dele.
- Planejar a temporada, elaborando objetivos de curto, médio e longo prazos e apresentando meios para alcançá-los.
- Prestar esclarecimentos aos coordenadores sempre que requisitado e manter os controles de frequência, resultados em competições e histórico de contusões atualizados.
- Delegar responsabilidades aos assistentes, sendo claro em suas intenções e traçando metas de resultados à atuação deles.
- Realizar as avaliações periódicas em data previamente estabelecida, entregando os resultados ao coordenador técnico dentro do prazo determinado por ele.
- Manter-se atualizado, estudando e procurando novidades na literatura sobre voleibol e todas as áreas afins (fisiologia, treinamento desportivo, psicologia desportiva, etc.).
- Planejar os treinos com antecedência e manter organizado o material de controle, para utilizá-lo ou apresentá-lo aos coordenadores sempre que requisitado.
- Estar uniformizado e asseado em treinos, eventos e jogos.
- Comportar-se dignamente, com educação e respeito durante treinos e jogos.
- Ser pontual, dedicado, disciplinado, organizado e coerente em suas decisões.
- Não permitir que alunos-atletas e pessoas alheias ao grupo batam bola ou utilizem a área de treinamento para atividades recreativas durante os treinos ou limpeza.
- Ser responsável pelos alunos-atletas durante todo o período em que eles estiverem à disposição para jogos ou treinos, ou seja, na apresentação, transporte para o jogo fora dos domínios da entidade, permanência no local do evento e retorno, até o momento em que retornam às suas casas.
- Organizar o planejamento semanal a cada quinta ou sexta-feira, fixando-o em local visível a todos.
- Motivar constantemente os alunos-atletas para treinos, jogos e para a formação contínua.
- Chegar com antecedência ao local de treinamento, a fim de prepará-lo para a sessão, separando o material a ser utilizado e organizando-os de acordo com o plano de treino.
- Antes dos treinos, deve sempre comunicar o grupo sobre os objetivos, o conteúdo e a duração da sessão. Ao final, deve fazer uma avaliação do que foi desenvolvido, cobrando rendimento daqueles que ficaram devendo maior dedicação.
- Promover reuniões antes dos jogos, resumindo os pontos táticos mais importantes, motivando o grupo e canalizando a atenção e a cooperação.
- Evitar conversas com pessoas alheias ao treino e uso de celular, concentrando-se apenas no rendimento de seus alunos-atletas.
- Cuidar para que os alunos-atletas mantenham comportamento adequado durante treinos, jogos e enquanto permanecem no local, antes ou após o evento.
- Durante os treinamentos, deve cobrar o máximo rendimento de seus alunos-atletas.

- Confirmar horários e programação do dia seguinte ao final de cada treino ou jogo.
- Discutir com a comissão técnica a partida ou o treino realizados e colher sugestões que possam aprimorar o rendimento ou a organização dos próximos eventos.
- Refletir sobre a própria atuação: escalação, substituições, postura e orientações.
- Respeitar as individualidades e procurar meios para aprimorar cada aluno-atleta e suprir as necessidades de cada um deles.
- Buscar sempre a homogeneidade e a excelência de trabalho, oferecendo horários extras e exercícios educativos ou formativos para solucionar as dificuldades de cada aluno-atleta.
- Nos treinos específicos para cada partida, deve utilizar relatórios estatísticos, análises dos adversários e filmagens como base para a aplicação prática.
- Ter completo domínio do plano tático que deseja adotar, das possíveis variações, das deficiências e aspectos positivos de cada passagem da equipe, para que possa, durante os treinamentos específicos, dirigir o grupo rumo à adaptação para o jogo.
- Manter-se junto ao grupo desde o aquecimento para a partida, cobrando concentração e não permitindo bate-papos e brincadeiras.
- Manter um comportamento equilibrado e uniforme durante os jogos, tanto em momentos fáceis como em difíceis.
- Após o jogo, avaliar rapidamente o rendimento da equipe, deixando para o dia seguinte uma análise mais profunda e individual.
- Consultar sempre a comissão técnica nas questões mais importantes, apesar de ser soberano para tomar decisões.
- Desenvolver a responsabilidade e a determinação nos alunos-atletas, capacitando-os a uma autonomia gradativa e cumulativa.
- Criar bom clima de relacionamento no grupo.
- Implantar regras de conduta e métodos que contribuam para firmar um padrão de comportamento uniforme, conduzindo à formação de um grupo disciplinado.
- Tomar decisões sempre em prol do grupo, mesmo que isso resulte em desafetos pessoais, seja com alunos-atletas ou membros da comissão técnica.
- Não permitir que alunos-atletas permaneçam sistematicamente antes ou após os treinos no ginásio ou nas dependências da entidade em atividades improdutivas. Nesse caso, deve estimulá-los a estudar, realizar lições de casa, leituras ou até mesmo atividades extras de treinamento.
- Ao final de cada temporada, elaborar um relatório das atividades desenvolvidas e dos resultados alcançados a ser entregue aos coordenadores.

ASSISTENTE-TÉCNICO

É recomendável que seja um profissional recém-formado em Educação Física ou Esporte, com intenções de progredir na área de treinamento esportivo.

É subordinado ao técnico e deste receberá funções durante os eventos, treinos e jogos, além de poder ser requisitado para trabalhos de análise estatística – o que requer conhecimentos básicos de informática –, que poderão ser feitos nas horas vagas. Deve ter conhecimentos consistentes de voleibol.

São suas funções:

- Ter conhecimento do PFCAAD como projeto único e interligado em suas diferentes etapas.
- Ter habilidade técnica específica, dominar fundamentos, sacar com precisão em séries contínuas, levantar para ataques, atacar bolas em treinos de defesa e ter noção de ritmo de trabalho específico.
- Assumir com segurança responsabilidades delegadas pelo técnico tanto em treinamentos quanto em jogos.
- Responsabilizar-se, orientado pelo técnico, por treinos individuais de correção.

- Discutir com o técnico alternativas técnicas, táticas e pedagógicas.
- Em treinos táticos, deve orientar a equipe reserva, principalmente em coletivos que antecedem jogos.
- Participar eventualmente dos exercícios no lugar de jogadores impossibilitados, preferencialmente em ações no fundo de quadra. Em coletivos específicos pode fazer o papel de adversário, representando em quadra as características de determinado jogador.
- Preparar todo o material necessário para a filmagem do jogo, assim como cuidar do computador que usará durante a partida.
- Comandar o aquecimento com bola pré-jogo, cobrando concentração geral do grupo para a partida e mantendo-o em estado de excelência.
- Durante os jogos, realizar as análises técnicas ou táticas pedidas pelo técnico e passar a este as informações que julgar pertinentes, em conversas breves, claras e objetivas.
- Na ausência do preparador físico, durante o jogo, orientar os reservas, mantendo-os em aquecimento permanente para que possam entrar na quadra em condições ideais, além de, após o jogo, dirigir o alongamento final e relaxamento.
- Analisar com o técnico o desempenho da equipe após os jogos.
- Após o jogo, passar a limpo as observações feitas durante a partida e entregá-las ao técnico.

PREPARADOR FÍSICO

Deve ser formado em Educação Física ou Esporte e ter especialização em Treinamento Desportivo. O conhecimento profundo sobre voleibol é prescindível, porém o preparador físico deve conhecer na teoria todas as características do esporte, para que os objetivos possam ser atingidos e a formação integral dentro do PFCAAD alcançada.

Caso seja possível, dois preparadores físicos devem fazer parte do PFCAAD, sendo um responsável pelas CI e pelas CCI e outro, pelas CCA, construindo, entretanto, uma linha única de trabalho.

São suas funções:

- Elaborar com os técnicos das diversas categorias o planejamento geral do PFCAAD.
- Planejar a área de preparação física específica para a categoria com a qual ele trabalha – sempre com base no plano plurianual maior do PFCAAD e com os técnicos das equipes envolvidas.
- Comandar os testes físicos iniciais, intermediários e finais de cada ciclo, assim como auxiliar na aplicação das demais avaliações – técnicas, de laboratório, médicas, etc.
- Preparar o material que vai utilizar nas sessões específicas com antecedência, assim como conservá-lo e guardá-lo ao final do treino.
- Comandar o aquecimento da equipe, mantendo o grupo concentrado e aquecido, tanto nos treinamentos quanto nos jogos.
- Acompanhar o treino técnico e tático, disponibilizando-se para qualquer ajuda aos treinadores e incentivando os alunos-atletas.
- Promover avaliações subjetivas de rendimento que possam servir a replanejamentos e ajustes na área.
- Promover, ao final da sessão, a volta à calma, com exercícios de realinhamento postural e relaxamento.
- Acompanhar os jogadores lesionados ao médico e ao fisioterapeuta, assim como administrar os eventuais exercícios recomendados por aqueles profissionais, além dos reforços articulares habituais.
- Elaborar o relatório final sobre sua área de atuação e entregá-lo ao coordenador técnico.

ALUNOS-ATLETAS

Os pretendentes a ingressar nas CI devem ser aceitos sem restrições. As escolinhas devem ser abertas à população ou receber inscrições de acordo com o regulamento da instituição em que o projeto estiver estabelecido.

Para as CCI, podem ser selecionados por meio de observações dos técnicos, durante testes de seleção abertos à população ou de acordo com o rendimento nas CI.

É importante que os alunos-atletas tenham responsabilidades bem estabelecidas e padronizadas, independentemente de idade ou qualquer outra diferenciação que possa equivocadamente determiná-los menos responsáveis por suas atitudes. Adotar normas de comportamento desde as CI cria um padrão de conduta para todos os integrantes do projeto.

São responsabilidades dos alunos-atletas:

- Apresentar, no início da temporada, um atestado médico que autorize a prática esportiva competitiva.
- Estar sempre nos horários determinados para treinar, prontos para iniciar o treinamento.
- Providenciar transporte próprio para chegar aos locais determinados para treino ou para o local de saída para jogos fora da entidade.
- Obedecer as normas estabelecidas pelo projeto e realizar as tarefas delegadas por técnicos, assistentes e demais profissionais, sob o risco de advertência, suspensão e até expulsão.
- Comparecer a todos os eventos marcados pela coordenação.
- Não se dedicar a atividades que atrapalhem seu rendimento esportivo.
- Cuidar de sua saúde, comunicando o técnico sobre todo e qualquer problema.
- Manter o peso corporal adequado, abstendo-se de alimentos que provoquem ganho de tecido adiposo ou dificuldade de treinamento.
- Manter uma dieta equilibrada e apropriada a atletas.
- Não se automedicar.
- Apresentar-se sempre asseado e bem vestido para treinos e jogos.
- Não se manifestar ofensivamente a qualquer colega, adversário ou arbitragem, mesmo quando estiver na torcida.
- Não apresentar comportamentos exacerbados como explosões de raiva, insultos, palavras de baixo calão ou gestos ofensivos e que deponham contra a boa educação em treinos, jogos ou eventos, incluindo a viagem de ida e volta quando fora da instituição.
- Demonstrar respeito e cordialidade com colegas, técnicos, adversários e funcionários da entidade.
- Mostrar disposição em cooperar em treinos e jogos, independentemente da condição de reserva, titular ou qualquer outra que seja.
- Não permanecer nos ginásios ou nas dependências da entidade dedicando-se a atividades improdutivas.
- Em caso de necessidade de tratamento, comparecer às sessões de fisioterapia nos horários e dias determinados.
- Apresentar rendimento escolar aceitável.

MÉDICO

É geralmente um ortopedista, pois a maior parte dos casos de contusão no voleibol é no sistema musculoesquelético. No entanto, o ideal é que ele tenha especialização em Medicina Desportiva e conhecimentos avançados em Crescimento e Desenvolvimento Humano.

É importante que o médico tenha experiência na área esportiva, pois aqueles que estão acostumados com atendimento em prontos-socorros e pessoas de saúde fragilizada e não atletas não consideram características que são próprias de esportistas, como recuperação mais acelerada, reações mais pontuais a medicamentos e tratamentos, resistência maior a quadros de dor, adaptação a recuperações em atividade – muitas vezes, o atleta consegue treinar e jogar, mesmo apresentando sintomas que levariam uma pessoa sedentária ao repouso.

Não é necessário que esteja em tempo integral dedicado ao departamento, nem mesmo ao clube. No entanto, precisa estar disponível por telefone para encaminhamentos urgentes e orientações pontuais aos demais profissionais em casos mais sérios que ocorram em sua ausência.

São suas funções:

- Comandar as avaliações médicas iniciais, observando, avaliando e encaminhando os pedidos laboratoriais e eventuais exames complementares.
- Passar aos treinadores e preparadores físicos, em linhas gerais, o que foi diagnosticado e quais as principais preocupações e cuidados a serem tomados durante a temporada.
- Diagnosticar e encaminhar casos de incapacidade esportiva a especialistas, além de orientar os pais sobre procedimentos diversos com o indivíduo.
- Com base em observações durante jogos e treinos, sugerir e orientar diretamente fisioterapeutas e preparadores físicos sobre procedimentos em geral.
- Prescrever tratamentos aos alunos-atletas contundidos, orientando fisioterapeutas, preparadores físicos e treinadores sobre cuidados e procedimentos para pronto restabelecimento daqueles.
- Prontificar-se a indicar prontos-socorros e hospitais, mesmo que esteja distante, para encaminhamento imediato e de qualidade em caso de acidente. Se possível, entrar em contato com colegas que possam tratar do caso de acordo com particularidades dos alunos-atletas conhecidas por ele.
- Estar presente sempre que possível aos jogos e, nos dias previamente acordados, aos treinos.
- Ouvir, ao final de treinos e jogos, as reclamações dos alunos-atletas e prescrever tratamentos e medicamentos em caso de necessidade.
- Participar das reuniões de final de temporada e contribuir com as avaliações de sua área para o balanço final do trabalho e perspectivas para a próxima temporada.

FISIOTERAPEUTA

É inquestionável a importância do fisioterapeuta num PFCAAD; no entanto, por saber da dificuldade de as iniciativas mais modestas contarem com esse profissional, sugerimos a busca por parcerias com faculdades ou estabelecimentos regionais para que se garanta a presença desse profissional diariamente.

É normal que dois e até três fisioterapeutas se revezem na função, em razão de ocupações desse profissional em outros locais.

São suas funções:

- Estar disponível na sala de fisioterapia durante os treinos, para atender a emergências e promover tratamentos rotineiros.
- Manter material e equipamentos em quantidade suficiente e em ordem, fazendo os pedidos de reposição ou conserto diretamente aos coordenadores.
- Manter atualizadas as fichas de controle de tratamentos e atendimentos.
- Entregar as fichas de controle ao coordenador técnico todo o final de mês.
- Promover acompanhamento fisioterapêutico constante, tanto na prevenção como na recuperação de contusões.
- Executar o trabalho em sintonia com o médico responsável e o técnico da equipe, passando a este último subsídios para adotar procedimentos que complementem a fisioterapia.
- Acompanhar a equipe sempre que possível em jogos e competições, ficando à disposição para atender qualquer eventualidade. Nesses casos, fica responsável por providenciar materiais como água, gelo, etc.
- Nos dias que antecedem jogos, o fisioterapeuta deve realizar tratamentos intensivos e obedecer a horários flexíveis após os treinos, a fim de recuperar os alunos-atletas.
- Ter bom relacionamento com os alunos-atletas e relatar ao técnico os tratamentos realizados, comunicando eventuais ausências de alunos-atletas às sessões agendadas.

- Elaborar um quadro visível a todos com os tratamentos regulares para alunos-atletas com problemas crônicos, que necessitam de cuidados diários e outro de casos de contusões que requeiram tratamentos durante determinado período.

PSICÓLOGO

Da mesma forma que foi considerado em relação ao fisioterapeuta, a inclusão do psicólogo desportivo às vezes só é conseguida por meio de acordos e parcerias.

São suas funções:

- Sempre que possível, acompanhar treinos e jogos, a fim de avaliar os comportamentos individuais coletivos.
- Desenvolver percepção, concentração, criatividade, decisão, motivação, autoconfiança, determinação, força de vontade, agressividade, controle de todos os tipos de estresse, responsabilidade social, liderança, união e comunicação.
- Orientar técnicos e preparadores físicos no planejamento de treinos que exijam do executante não somente a ativação de músculos e um punhado de neurônios e sinapses, criando metas nas tarefas em que as valências emocionais possam ser colocadas à prova.
- Promover sessões individuais e em grupo, sempre que julgar necessário, comunicando técnicos e alunos-atletas com antecedência.
- Indicar acompanhamento clínico psicológico individual, se julgar necessário.
- Acompanhar alunos-atletas contundidos, afastados ou em outras condições de isolamento e/ou dificuldade.
- Indicar leituras afins a coordenadores, técnicos, assistentes e preparadores físicos.
- Orientar pais e responsáveis sobre as diversas características da condição de aluno-atleta por meio de palestras e reuniões.
- Sempre que possível, manter um acompanhamento a alunos-atletas que tenham se desligado do grupo, dando-lhes assistência para lidar com a situação.

SECRETÁRIA

Responde diretamente ao coordenador de departamento.

Caso não haja ninguém que atenda exclusivamente o departamento responsável pelo projeto, recomenda-se que uma pessoa do setor administrativo, com acesso a telefone e internet, possa responsabilizar-se por contatos específicos com as entidades esportivas.

São suas funções:

- Cuidar da parte burocrática do departamento, trabalhando na elaboração de documentos, cartas, inscrições, atendendo telefonemas e organizando arquivos.
- Receber comunicados, telefonemas, e-mails e encaminhar aos coordenadores e/ou técnicos quando este(s) estiver(em) ausentes da instituição.
- Providenciar material administrativo necessário, além de xerox e fazer contatos com outros departamentos da instituição.

ALMOXARIFE

Deve ter conhecimentos básicos sobre eletricidade, encanamento e serviços gerais de reparação para sanar problemas que podem prejudicar tanto treinos técnicos quanto sessões de outras áreas. Responde diretamente ao coordenador de departamento.

Na ausência de um funcionário específico com essa função, cabe ao coordenador de departamento a organização do setor e ao técnico ou ao assistente técnico responsabilizar-se pela distribuição e cuidado com o material.

Vale também a iniciativa de distribuir tais funções aos alunos-atletas, promovendo rodízio entre eles, para que as necessidades em relação aos itens aqui constantes sejam sempre sanadas.

São funções do almoxarife:

- Cuidar de todo o material utilizado, deixando bolas calibradas e camisas de jogo e peças do uniforme limpas, passadas e em perfeitas condições de uso.
- Manter a sala de material limpa e organizada, de modo que qualquer outro profissional possa encontrar, na sua ausência, o que precisar.
- Consertar e reparar materiais e equipamentos de quadra, treino e jogo.
- Preparar a estrutura de treino e jogo (rede, postes, antenas, etc.).
- Relatar diariamente ao coordenador de departamento a necessidade de reposição de materiais prestes a acabar.
- Fazer compras emergenciais impedindo dificuldades e impossibilidades ao bom funcionamento do trabalho em geral.

CONSIDERAÇÕES EXTRAS E DE REFORÇO

- Àquele que idealiza um PFCAAD em condições mais modestas sugerimos que elenque todas as responsabilidades do coordenador de departamento, coordenador técnico, secretária e almoxarife, para que possa dar conta das questões administrativas e burocráticas indispensáveis à manutenção do projeto e ao andamento rotineiro junto às federações, ligas ou associações promotoras dos campeonatos, assim como dentro da própria instituição em que o projeto está instalado. Passa a ser de sua responsabilidade também a solução de questões relativas aos alunos-atletas, como escola e demais controles.
- Muitas vezes, apenas um ou dois profissionais compõem o grupo de trabalho. Nesse caso, as funções relativas a técnico, assistente e preparador físico precisam ser não apenas divididas, mas tratadas e abraçadas com competência e dedicação. Isso envolve não apenas disponibilidade de tempo para os treinos e jogos, mas capacitação para assumir com qualificação as atividades.
- As funções de médico e fisioterapeuta não devem ser exercidas pelos técnicos, pois exigem qualificação diferenciada. Todo e qualquer caso que possa envolver decisões relacionadas a essas áreas deve ser encaminhado ao profissional devido. Por esse motivo, é importante que o PFCAAD planeje formas de manter vínculos com hospitais, clínicas ou departamentos médicos e fisioterapêuticos da própria instituição em que o projeto está instalado.
- Os relatórios parciais e finais devem ser elaborados, arquivados e mantidos à disposição para consultas constantes e para os replanejamentos, mesmo que não haja uma coordenação administrativa ou técnica específica.

Seção 8

Controle do PFCAAD

Capítulo 1

Introdução

Um programa de controle amplo e geral registra a evolução individual, coletiva e integrada dentro da formação. Um PFCAAD deve ser devidamente documentado para que os períodos não se encerrem em si mesmos e seja possível a todos os profissionais ter acesso a dados e relatórios que possam servir constantemente de apoio para a continuidade dos trabalhos vindouros.

A instituição deve manter um arquivo de dados devidamente padronizado e cuidadosamente alimentado ao longo do tempo, assim como relatórios que apresentem o trabalho realizado e a devida avaliação quanto a métodos, resultados, etc. Independentemente de quem dirija o projeto, o acesso deve permitir que a peça mais importante do programa – o aluno-atleta – possa ser conduzida de maneira adequada à excelência a partir de registros do que já realizou, e com que nível de qualidade.

Este material compõe um arquivo que deve não apenas servir de relato, mas de constante consulta a cada replanejamento e reavaliação individual ou coletiva. Os profissionais podem assim constatar em que grau e velocidade ocorre o processo de desenvolvimento do aluno-atleta e contribuir com inferências pontuais não apenas em suas áreas específicas, mas também no PFCAAD de modo geral.

A aplicação de testes tem objetivos diversos e pode ainda servir para traçar o perfil do aluno-atleta, detectar talentos e motivá-los, seja para buscar melhores resultados ou para referendar esforços individuais.

Com essa finalidade, propomos a seguir um protocolo de controle que inclui:

1. Controles administrativos:
   A. Coleta de dados pessoais.
   B. Anamnese.
   C. Testes e avaliações específicos de outras áreas.
   D. Relatórios.
2. Controle de verificação evolutiva e de desempenho:
   A. Avaliação antropométrica.
   B. Avaliação técnica.
   C. Avaliação das capacidades físicas condicionais.

Os itens referentes ao controle de verificação evolutiva e de desempenho constituem os testes de campo e devem ser aplicados e elaborados sistematicamente, com diferenciações quanto à periodicidade em relação a cada categoria. Os testes devem ser inseridos em momentos apropriados para mensurar o estágio de desenvolvimento alcançado até então. Com base nesses resultados, é possível monitorar os progressos alcançados e, assim, dar continuidade ao trabalho ou replanejá-lo.

Entre os iniciantes, os testes podem ser aplicados quando a criança ingressar no projeto – considerando que há novas matrículas e desistências durante a temporada – e ao final do ano. Com as CCI, uma avaliação no início e outra no final do ano. Já nas CCA, convém padronizar as avaliações inicial e final para o mesmo período das demais equipes e dar certa flexibilidade ao agendamento dos testes intermediários, permitindo que os treinadores, de acordo com suas avaliações subjetivas, percebam a necessidade de mensurar algum componente, pois nessas faixas etárias leva-se em conta não apenas o PFCAAD como um todo, mas também as competições e os períodos de preparação específicos do treinamento esportivo de desempenho.

Em relação à C18/19, convém tecer algumas considerações quanto aos testes intermediários, pois não é recomendável que se proceda a retestes durante certas etapas do treinamento. Para agendar os testes intermediários é necessário consultar o planejamento e nunca inseri-los em períodos competitivos – quando a atenção está voltada a preparar a equipe para os jogos – ou mesmo em pré-competitivos – quando a principal preocupação é fornecer as melhores condições individuais e coletivas para que o grupo entre no próximo período em condições ideais. Eventualmente e apenas em caso de necessidade, as avaliações podem ser realizadas nessas etapas; do contrário, opte por realizá-las ao final de um ciclo competitivo – antes da transição – ou após o preparatório geral.

Outra consideração: alguns componentes alinhavados podem ser descartados das baterias intermediárias, pois são importantes apenas na etapa inicial; por exemplo, a resistência aeróbia, pois é natural que ela decaia com a temporada, por não ser prioritária entre os objetivos de treinamento nem utilizada na prática do jogo.

Em casos excepcionais, as avaliações podem ser realizadas em outros momentos, ou obedecer a outro cronograma, sobretudo em casos de alunos-atletas acidentados ou submetidos a cirurgias, que passam por recuperação.

As avaliações não devem ser aplicadas aleatoriamente, sem que tenham serventia ao planejamento geral ou específico. É fundamental que o técnico (ou outro profissional) proceda à testagem com absoluta certeza de sua importância e de como ela lhe servirá. De posse dos resultados, é necessário que eles sejam interpretados, comparados e sirvam como parâmetro para monitoração do trabalho realizado e elaboração dos planejamentos subsequentes.

Em segundo lugar, mas não menos importante, a bateria de testes deve ser precisa, profícua e enxuta. A escolha dos testes está relacionada aos indicadores que se deseja medir e não pode contar com medições que não condizem com a caracterização da modalidade esportiva e o desempenho.

A opção por um ou outro teste ou por este ou aquele protocolo sofre a interferência direta das condições espacial, pessoal e financeira da instituição que os realiza. Testes já padronizados, validados e largamente utilizados na comunidade esportiva oferecem a vantagem de poderem ser comparados a outros grupos e não depender de equívocos quanto a sua validade, assim como alguns que são realizados por equipes especializadas, em laboratórios ou com equipamentos sofisticados são mais fidedignos que outros de campo. No entanto, nem sempre eles estão ao alcance de projetos de formação continuada que não dispõem de tantos recursos financeiros. O ideal é que a avaliação idealizada seja compatível com as possibilidades da instituição e que ela possa ser realizada periodicamente. Gastar dinheiro com uma avaliação que não poderá ser repetida é perder, além de dinheiro, tempo.

Os testes técnicos, por sua vez, como aferem o grau de assimilação da aprendizagem da habilidade específica, devem ser realizados conforme a orientação que consta no item "Avaliação técnica", no Capítulo "Controle de verificação evolutiva e de desempenho".

Todo e qualquer teste ou bateria de testes a ser realizado precisa ser devidamente planejado não somente quanto à periodicidade, mas também quanto à sua logística. A realização dos testes envolverá todos os alunos-atletas e os profissionais que estiverem disponíveis, assim como poderá contar com outros prestadores de serviços. À organização do pessoal soma-se a organização do espaço, a reserva de locais que podem não ser de uso contumaz da equipe, a elaboração – ou disponibilização – de fichas individuais e preparação de material diverso – cadeiras, pranchetas, canetas, trenas, balanças, etc.

Ao planejar os testes, o responsável deve levar em conta o tempo disponível para sua realização e sua viabilidade no período idealizado. Às vezes é preferível optar por um sábado em que não haverá treinos ou jogos e que a instituição pode oferecer um ambiente mais favorável à sua realização. A organização deve levar em conta não apenas a realização dos testes em si para cálculo do tempo necessário para sua finalização. Deve-se considerar ainda a explicação geral sobre a importância dos testes, o aquecimento dos avaliandos para a bateria, assim como os períodos de intervalo entre as estações – para que haja um descanso regenerativo – e a explicação detalhada e preparação do avaliando para a realização de cada teste – mesmo que o aluno-atleta já os tenha praticado anteriormente.

A motivação e conscientização dos avaliandos sobre a importância dos testes é fundamental para que eles se empenhem o máximo possível a fim de registrar desempenhos compatíveis com suas reais possibilidades e condição atual – alguns pensam que seus resultados podem significar a perda da titularidade e até seu desligamento do projeto, enquanto outros não se aplicam o suficiente nos testes iniciais para se dedicarem mais nos intermediários ou finais e, assim, ter uma curva de evolução mais acentuada. Dispenda um tempo para explicar o objetivo dos testes, a importância de evoluir nos resultados.

Deve haver uma preparação cuidadosa também dos avaliadores, com explicações detalhadas dos procedimentos, dos possíveis equívocos e da maneira rigorosa de controlar os procedimentos e de registrar os resultados. Os protocolos dos testes devem ser seguidos à risca para serem considerados válidos e não haver resultados disparatados entre os avaliandos. Se os testes não forem realizados de acordo com os cuidados necessários, deverão ser repetidos.

Após a realização dos testes, o responsável compila os dados individuais e os agrupa por categoria, por gênero, por posição, por idade biológica, etc. em listas e em gráficos ou tabelas. Esses registros devem ficar à disposição dos profissionais do PFCAAD e servir para discussões diversas a serem feitas em uma reunião marcada especificamente para tratar do assunto e de base para replanejamentos emergenciais ou periódicos. É possível traçar comparações variadas com grupos de anos anteriores, outros universos ou entre as categorias do projeto, todas importantes como parâmetro de investigação.

Esses resultados devem ser apresentados ao grupo e a cada aluno-atleta. Convém transformá-los em gráficos e listas mais simplificados, que possam ser consultados com mais agilidade por eles. É importante que tenham também parâmetros – média, mediana, percentil – para comparar e projetar seus resultados aos do grupo e vislumbrar melhoras em seu rendimento.

Individualmente, chame cada aluno-atleta para comentar os resultados, o que se esperava e o que pode ser melhorado. Apoie-se em dados positivos, mas não deixe de comentar as possíveis razões de avaliações abaixo do esperado. Procure motivá-lo a alcançar melhores pontuações futuramente e indique caminhos para que isso ocorra. Lembre-se de que as metas devem se basear em parâmetros internos de motivação – como foi o atual teste em relação ao anterior –, que as médias colaboram como níveis observáveis a serem alcançados e que o desempenho de colegas não serve como medidas absolutas ou guia para superações.

A importância do controle transcende sua imediata utilização. Um PFCAAD é campo fértil à pesquisa e deve fomentar pesquisadores que busquem investigar e comparar métodos tanto em abordagens verticais quanto horizontais.

Mudanças de diretoria ou mesmo de comando técnico não podem significar ruptura de um processo que deve primar pela continuidade e no qual a garantia de sua eficiência baseia-se na gradativa progressão de cargas, correções de rumos e readaptações diversas.

Capítulo 2

Controles administrativos

COLETA DE DADOS PESSOAIS

A ficha com os dados pessoais básicos serve para que o coordenador de departamento ou a secretária possam consultá-la sempre que necessário, seja para manter contato com familiares ou obter informações que sirvam para a confecção de documentos de federação e afins. Por ser utilizada com essa finalidade, pode ser guardada em lugares separados do dossiê do aluno-atleta, desde que esses dados de identificação sejam copiados e anexados às demais informações de controle.

Entre outras informações que se julgar pertinentes, na ficha devem constar: nome, endereço, data de nascimento, filiação, nacionalidade, naturalidade, contatos telefônicos (habituais e de urgência), e-mail, instituições anteriores (clubes e escolas), escola e horários em que estuda, número de documentos importantes (cédula de identidade, CPF, título de eleitor, passaporte, etc.)

ANAMNESE

A anamnese sugerida (ver Anexos) apropria-se do termo utilizado na medicina, mas limita-se a colher dados relacionados a saúde e histórico pessoal e familiar que possam ser de alguma forma interessantes ao conhecimento geral do aluno-atleta e indicações como estatura dos pais, doenças preexistentes e outras informações que possam indicar potenciais problemas ou projeções.

Caso haja no PFCAAD um médico responsável que submeta o grupo a avaliações periódicas, essa anamnese pode ser elaborada e aplicada por ele. Algumas informações devem ser coletadas com os pais e inseridas posteriormente na ficha. Com base no exame inicial e na anamnese, o médico pode requisitar também exames complementares ou encaminhar o aluno-atleta a especialistas.

TESTES E AVALIAÇÕES ESPECÍFICOS DE OUTRAS ÁREAS

Outros profissionais do projeto podem também aplicar ou requisitar testes ou exames específicos a suas áreas, sejam rotineiros ou eventuais.

O médico pode requisitar alguns testes gerais ou de verificação pré-temporada ou, dependendo do caso, encaminhar o aluno-atleta a avaliações laboratoriais ou outros especialistas se notar a possibilidade de alguma carência ou enfermidade ou suspeitar de anomalias que prejudiquem ou venham a interferir no desenvolvimento, no crescimento ou na evolução do indivíduo. Os testes nutricionais podem também auxiliar o departamento médico no seu trabalho preventivo e evitar afastamentos por carências alimentares, anemias ou outros problemas relacionados à má alimentação.

Os testes antropométricos possuem uma variedade significativa de meios para identificar somatotipos, enquadrar indivíduos em categorias morfológicas, além de fórmulas – nem todas confiáveis – para detectar talentos, etc.*

O preparador físico tem a liberdade também para realizar testagens que monitorem constantemente seu trabalho. Avaliar se a prescrição de cargas está sendo conveniente à etapa da preparação pode impedir desvios de rumo e intensificar a preparação. O controle de dobras cutâneas e sobrepeso pode ter uma regularidade maior, caso haja suspeita de descompassos coletivos ou individuais.

Psicólogos podem aplicar questionários psicológicos ou sociométricos para traçar perfis individuais dos alunos-atletas. Recomendamos que esse tipo de trabalho seja realizado apenas por profissionais da área, adequadamente preparados para interpretar e utilizar os resultados de forma eficaz.

Alguns setores eventualmente participantes do projeto – fisiologistas, *coachings* ou outros frutos de parceria com entidades alheias ao projeto – podem requisitar alguns testes bem específicos que devem ser agendados e sempre revertidos ao PFCAAD. Há muitas entidades que pedem para realizar testes com o grupo, porém não retransmitem resultados para a comissão técnica.

RELATÓRIOS

São documentos que retratam a temporada encerrada. Devem constar relatos de todos os setores do PFCAAD e ser entregues ao coordenador de departamento até antes do replanejamento para os anos vindouros, a tempo de tomar-se conhecimento, estudá-los e repassá-los aos demais coordenadores e treinadores.

Eles devem ser específicos às diversas áreas e conter os seguintes registros:

A. Apresentação.
B. Planejamento anual geral.
C. Planejamento anual específico.
D. Periodização.
E. Cronograma.
F. Atividades diárias.
G. Controle de frequência.
H. Objetivos iniciais/comparação com os objetivos alcançados.
I. Considerações e conclusões.

Há certa liberdade para que cada profissional elabore seu relatório, mas eles devem seguir ao menos estes itens, com a finalidade de padronizá-los. Os relatórios podem inclusive ser inseridos no relatório geral do coordenador técnico, fazendo que haja apenas um documento a ser arquivado.

De qualquer forma, esse relatório deve constar de avaliações fidedignas de todas as inferências feitas pelos diferentes profissionais e a sincera avaliação dos resultados alcançados. O relatório não é manifestação de competência ou incompetência de quem o formula, mas um retrato fiel da temporada.

É de suma importância, também, que todos os alunos-atletas participantes tenham um espaço particular avaliativo de todas as áreas. É com base nesses dados, avaliações subjetivas e comentários gerais que os técnicos das categorias subsequentes planejarão o trabalho dos próximos anos, dando prosseguimento à formação de longo prazo do aluno-atleta. Sem essa base de comparação com o rendimento individual ao longo do tempo, a formação integral e gradativa fica prejudicada.

---

* Preferimos não adentrar neste último campo, pois a intenção deste PFCAAD é formar atletas com base em um trabalho amplo de excelência, venha ou não o indivíduo a se tornar atleta profissional. Caso haja interesse do leitor, recomendamos a consulta à bibliografia especializada recente – apesar de existirem vários estudos anteriores às maiores descobertas da genética e do avanço tecnológico deste século.

Capítulo 3

Controle de verificação evolutiva e de desempenho

AVALIAÇÃO ANTROPOMÉTRICA

Serve para acompanhar a evolução do crescimento e do desenvolvimento da criança, do púbere e do adolescente e como indicadora de possíveis desvios desses processos. Também permite acompanhar as fases de entrada na puberdade e estirão de crescimento, as mudanças do sistema esquelético, alterações das composições corporais e associar essas observações a mudanças de comportamento físico-motor, psicológico e fisiológico.

Com base em alguns cruzamentos de dados antropométricos e observações constantes na anamnese é possível levantar hipóteses em relação à saúde, ao desenvolvimento, ao ritmo de crescimento e até encaminhar alguns casos a especialistas.

Outras informações isoladas – porcentagem de gordura corporal, por exemplo – podem servir para a prescrição de treinamento, assim como complementação da interpretação de resultados em outros testes.

Os testes antropométricos devem ser anexados aos exames médicos, laboratoriais, anamneses e outras avaliações do tipo. O acompanhamento das variáveis pode ainda servir como banco de dados interessante a pesquisas, comparações de grupos diversos dentro de projetos mais amplos e mesmo médias de estudos com outras populações.

É importante que todas as medições antropométricas sejam realizadas com o mesmo material e, de preferência, pelos mesmos profissionais. Caso não seja possível, os mesmos protocolos devem ser rigorosamente obedecidos. Se, em última instância, isso não for possível, deve-se anotar nas avaliações que se trata de outro protocolo e detalhá-lo, além de sugerir comparação com os testes feitos anteriormente.

Optamos por sugerir apenas alguns indicadores constantes na literatura (assim como faremos na sequência do capítulo com outros controles), pois em razão da grande variedade de possibilidades, poderíamos nos estender demais.

Nos Anexos há uma sugestão de ficha de controle para esse fim.

O controle de indicadores antropométricos sugerido nesse PFCAAD consta da avaliação de:

1. Massa corporal:
   A. Peso corporal.
   B. Estatura.
   C. Altura troncocefálica.
   D. Comprimento de membros inferiores.
   E. Comprimento de membros superiores.
   F. Envergadura.
   G. Circunferência de braço, coxa e perna.
   H. Diâmetros de fêmur e úmero.
2. Composição corporal – dobras cutâneas.
   A. Tricipital.
   B. Bíceps.
   C. Subescapular.

D. Axilar.
E. Peitoral.
F. Suprailíaca.
G. Supraespinhal.
H. Abdominal.
I. Coxa.
J. Perna.

Massa corporal

Apesar de serem usualmente tomadas, essas medidas devem receber cuidados especiais em sua aferição. As medições de estatura e comprimento de membros, por exemplo, devem ser feitas com régua própria ou trena aprovada por institutos confiáveis. As circunferências e os diâmetros são sempre tomados dos membros do hemicorpo direito do avaliando.

A. Peso corporal: deve ser medido sempre em uma mesma balança, aprovada por institutos confiáveis e regulada periodicamente até as frações decimais de quilo. De preferência, deve ser utilizada apenas para esse fim e para o PFCAAD. O peso deve ser tomado sempre em horário previamente determinado – manhã, antes do treino, por exemplo. Evite medições posteriores ao treino, pois a perda de água por meio do suor pode alterar significativamente a medida. Anotações devem conter até a primeira casa decimal, como se segue: 56,4 kg, por exemplo.

B. Estatura: o avaliador deve posicionar-se adequadamente ou utilizar banquetas que lhe permitam enxergar a exata medida, evitando desvios para baixo ou para cima. As medições devem ser feitas, assim como do peso, em um mesmo horário do dia, e de preferência antes dos treinos. As anotações podem limitar-se aos centímetros redondos ou frações de 0,5 cm, ou seja, 194 cm ou 194,5 cm, por exemplo. O arredondamento se dá para a casa mais próxima: 194,2 cm = 194 cm; e 194,3 = 194,5. Não utilize réguas de desenho ou fitas métricas de costura, por sua baixa precisão.

C. Altura troncocefálica (distância entre o ponto mais alto da cabeça e o plano de apoio das espinhas isquiáticas): é medida em banco de aproximadamente 50 cm de altura, em que o avaliando senta-se e consegue encostar na fita métrica própria presa à parede – o zero deve estar na linha do assento –, deixando um ângulo de 90° entre tronco, coxas e pernas (estas soltas à frente, sem que os pés no chão projetem os joelhos para cima do nível do banco). As anotações limitam-se igualmente ao recomendado no item B: 94 cm ou 94,5, por exemplo.

D. Comprimento de membros inferiores: é aferido matematicamente a partir da diferença entre as duas medidas anteriores (estatura – altura troncocefálica = comprimento de MMII) e expresso da mesma forma que os anteriores: 100 cm ou 100,5 cm (nos casos exemplificados anteriormente).

E. Comprimento de membros superiores: a medida a ser tomada compreende a distância entre a articulação glenoumeral (imediatamente abaixo do acrômio) e o processo estiloide da ulna. Deve ser expressa igualmente aos anteriores (p. ex., 69,5 cm ou 70 cm).

F. Envergadura: a régua ou trena deve ser fixada à parede paralelamente ao chão, na altura dos ombros do avaliando. O avaliando, em pé: 1. encosta-se na parede e força as espáduas contra ela; 2. abre os braços abduzidos em cruz (paralelamente ao chão); 3. deixa a ponta de um dos dedos médios sobre o zero da régua. Essa posição deve ser ajustada pelo avaliador. A envergadura é a distância compreendida entre a ponta dos dois dedos médios. É expressa em centímetros, a exemplo das já citadas.

G. Circunferências de braço, coxa e perna: são tomadas em um ponto equidistante entre as extremidades ósseas com fita ou trena milimetrada e expressas até décimos de centímetro (p. ex., 46,3 cm). O avaliador precisa tomar o cuidado para não exercer demasiada pressão sobre a musculatura do avaliando nem deixar a fita solta, o que acaba fornecendo dados irreais.

- Braço: o avaliando fica em pé, com o membro superior flexionado de modo que o braço fique paralelo ao chão e em 90° com o antebraço. Ao sinal do avaliador, o braço é contraído isometricamente e a medida é tomada. A medição realizada dessa forma permite que ela seja utilizada para a determinação do somatotipo (caso deseje o avaliador). O ponto de medida situa-se entre o acrômio da escápula e o olécrano.
- Coxa: o avaliando senta-se em um banco de modo a apoiar somente os glúteos na cadeira (deixando as coxas livres para a medição), repousar os pés no chão e relaxar a musculatura do membro inferior. A medida é tomada em um ponto equidistante entre a articulação do quadril (dobra anterior do ato de sentar-se) e a borda superior da patela.
- Perna: na mesma posição anterior, o avaliando deve relaxar a musculatura da perna. A medida ocorre entre o joelho e o tornozelo, na maior circunferência da panturrilha.

H. Diâmetros de fêmur e úmero: as aferições de diâmetros ósseos requerem um paquímetro de resolução 1 mm, para que a medida seja fidedigna e expressa até os milímetros (p. ex., 16,2 cm).
- Úmero: o avaliando eleva o braço à altura do ombro e flexiona-o em 90° com o antebraço, aproximando o cotovelo do avaliador. A medida compreende a distância entre o epicôndilo medial e o lateral.
- Fêmur: o avaliando senta-se e apoia os pés no chão de modo a deixar as coxas em 90° com o tronco e com as pernas. A medida a ser tomada compreende a distância entre os côndilos medial e lateral do fêmur.

Composição corporal – dobras cutâneas

A aferição da composição corporal é altamente importante no controle do peso do aluno-atleta e, em particular, no monitoramento da massa gorda. Além dos efeitos diretamente relacionados à saúde, a condição de atleta exige hábitos saudáveis e controle alimentar. A busca pela formação integral não pode menosprezar esses cuidados. O sobrepeso é também prejudicial, em um esporte baseado em saltos e deslocamentos com mudanças abruptas de direção e frenagens, às articulações de modo geral e a todo o sistema musculoesquelético. De posse dos resultados, é possível prescrever treinos aeróbios e dietas alimentares para indivíduos com peso acima do recomendável. São imprescindíveis os dados obtidos nessa avaliação para a determinação da gordura corporal. A variação do peso corporal, em especial entre os alunos-atletas das CCA, não pode ser tomada como indicador definitivo exclusivo do acréscimo de massa gorda. O treinamento incrementa a massa muscular, o que invariavelmente aumenta o peso corporal. A relação ganho de peso × aumento da massa gorda só pode ser verificada se associada às medidas das dobras cutâneas.

As observações constantes a seguir podem servir como referência para a aplicação das medições, mas por conta da exatidão dos procedimentos para tomada das dobras cutâneas, sugerimos uma leitura mais precisa da literatura específica. Caso o técnico não tenha experiência na avaliação desses quesitos, um profissional mais acostumado evitará distorções significativas nas medições. Mesmo assim, é aconselhável que o avaliador seja sempre o mesmo.

Para a tomada de todas as medidas é necessário um compasso de dobras cutâneas com precisão de 1 mm e pressão constante de 10 g/mm². Realizar três medidas da mesma dobra diminui o risco de equívocos, mas recomenda-se que elas não sejam sucessivas. O melhor é promover um rodízio entre as regiões e depois retornar à primeira dobra, permitindo assim que a pele recupere espessura e textura. Depois de definir a preensão, aguarde em torno de três segundos antes de ler o adipômetro.

A medição a ser anotada na ficha é a intermediária – mediana –, eliminando-se a maior e a menor. Os valores são expressos em milímetros e as medidas devem ser sempre no hemicorpo direito do avaliando. Caso haja diferença de mais de 5% entre as medições, elas devem refeitas.

As medidas sugeridas a seguir podem ser obtidas com base em qualquer protocolo que venha a ser escolhido para o cálculo da porcentagem de gordura corporal. Dependendo da fórmula, alguns dados são utilizados e outros desprezados. Outras medidas, como circunferências e diâmetros, também podem entrar na fórmula matemática.

A. Tricipital: dobra vertical, tomada entre o ombro e o cotovelo, na linha média da parte superior e posterior do braço.
B. Bicipital: dobra vertical, tomada entre o ombro e a fossa coronoide, na linha média da parte superior e anterior do braço.
C. Subescapular: dobra oblíqua média, imediatamente abaixo da extremidade inferior da escápula.
D. Axilar: dobra vertical na linha axilar média no nível do processo xifoide no esterno.
E. Peitoral: dobra oblíqua entre a linha axilar anterior e o mamilo (homens) e a um terço da distância da linha axilar (mulheres).
F. Suprailíaca: dobra ligeiramente oblíqua, imediatamente acima do osso do quadril, no prolongamento imaginário da linha axilar.
G. Supraespinhal: dobra tomada em um ângulo de 45°, de 5 a 7 cm da espinha ilíaca anterossuperior.
H. Abdominal: dobra vertical, 2 cm ao lado do umbigo.
I. Coxa: dobra vertical, na face anterior da coxa, no ponto médio entre a articulação do quadril e a borda superior da patela.
J. Perna: dobra vertical no lado medial da perna no local de maior circunferência. O avaliando deve apoiar o pé em um banco, à frente do avaliador.

A partir da medição das dobras e da compilação dos resultados, é possível estabelecer a densidade corporal do indivíduo. Algumas fórmulas apresentam o resultado em g/cm^3, sendo possível transformar o resultado em percentual de gordura. Há várias fórmulas que podem ser utilizadas para esse fim, e a maior preocupação do responsável pelos registros e equação é optar por aquelas que são mais indicadas a determinadas populações.

A seguir, sugerimos a fórmula de Slaughter et al. (1988). Baseada em duas medidas (tricipital e subescapular), é indicada para jovens e possui diferenciações para pré-púberes, púberes e pós-púberes; homens ou mulheres; e etnias branca e negra.

- Para mulheres com $\Sigma > 35$ mm: %G = 0,546 Σ (tric + sub) + 9,7.
- Para mulheres com $\Sigma < 35$ mm: %G = 1,33 Σ (tric + sub) − 0,013 (Σtric + sub)^2 − 2,5.
- Para homens com $\Sigma > 35$ mm: %G = 0,783 Σ (tric + sub) + 1,6.
- Para homens com $\Sigma < 35$ mm: %G = 1,21 Σ (tric + sub) − 0,008 (Σtric + sub)^2 − índice.*

Outras avaliações

Há inúmeras outras informações antropométricas que podem ser inseridas na avaliação, conforme interesse dos profissionais do PF-CAAD. Entre elas, algumas possibilitam identificar o estágio de crescimento e desenvolvimento em que se encontra o indivíduo, como as que avaliam as características sexuais secundárias, a idade óssea ou a idade dentária. Realizadas em laboratórios, por profissionais especializados, servem também para, precisando a idade biológica, prescrever cargas e prevenir lesões.

Várias tabelas de características sexuais secundárias estão disponíveis na internet, e entre elas destacamos as da Organização Mundial da Saúde (OMS), que mostram a evolução de meninos e meninas durante a puberdade em um compêndio internacional de estudos sobre

---
* Índice:
- Pré-púberes caucasianos = 1,7. Pré-púberes negros = 3,5.
- Púberes caucasianos = 3,4. Púberes negros = 5,2.
- Pós-púberes caucasianos = 5,5. Pós-púberes negros = 6,8.

o tema. A idade óssea permite aferir se o indivíduo apresenta fise de crescimento, o que determina o estágio do crescimento ósseo e a possibilidade ou não de um possível acréscimo de estatura.

Há a possibilidade de determinação do somatotipo do indivíduo a partir das medições sugeridas anteriormente. A constituição morfológica é atribuída a partir de uma série de fórmulas que classificam o avaliando em três possíveis e permeáveis tipos: endomorfo, mesomorfo ou ectomorfo. Cada modalidade esportiva possui tendência a contar com determinado tipo, dependendo das características do esporte. Ao voleibol interessam particularmente indivíduos classificados entre meso e ectomorfos.

AVALIAÇÃO TÉCNICA

Apesar de não ser um procedimento comumente utilizado e pouco comum na bibliografia, a avaliação técnica é muito útil no PFCAAD como instrumento de aferição do rendimento individual e de mensuração da evolução da aprendizagem em cada categoria. A análise das avaliações possibilita ajustes no processo ensino-aprendizagem e eventuais adaptações metodológicas para que o aprendizado ocorra dentro do esperado e com a qualidade desejada.

Como já salientamos, uma das funções deste livro é fazer que cada categoria alcance determinado grau evolutivo, com os alunos-atletas apresentando nível técnico e o padrão de movimento esperado. Por essa razão, principalmente, a avaliação técnica é de fundamental importância para que os técnicos possam ser críticos, inclusive em relação ao próprio trabalho.

Cada categoria possui um rol de fundamentos que devem ser avaliados em três ocasiões:

1. Na primeira semana de treino da temporada (inicial).
2. No meio do ano (intermediária).
3. Antes do recesso de fim de ano (final).

Os fundamentos relacionados referem-se às habilidades que deverão ser ensinadas e/ou aperfeiçoadas durante um ciclo proposto e, ao final deste, ser aprendidas de forma satisfatória – com o padrão motor ideal assimilado – por todos os alunos-atletas. Em alguns casos, essa etapa não se concretiza em apenas um ano, mas também pode ocorrer antes do final da temporada. De qualquer forma, os resultados devem considerar o rendimento motor que o aluno-atleta apresenta no período em que foi submetido ao teste e considerá-lo em relação ao estágio específico em que ele deveria estar.

Os alunos-atletas ingressantes na Iniciantes 1 não devem ser submetidos à avaliação, o que acontecerá somente na Iniciantes 2, quando tiverem um arquivo motor suficiente para ser colocado à prova.

A avaliação técnica deve ser programada para ocorrer durante um período inteiro (manhã ou tarde).

É fundamental que todos os avaliadores conheçam os pormenores que serão observados e o padrão motor como um todo. Quanto mais o avaliador se familiarizar com os critérios e a dinâmica do teste, menos desgaste haverá para o avaliando e mais ágil se tornará o processo. No entanto, é necessário que não se avalie apressadamente, de forma a comprometer a validade das anotações. Também não se deve basear a avaliação em apenas uma ação, já que as variações em relação à chegada da bola (tempo, distância, altura, etc.) podem interferir no desempenho do avaliando que tem dificuldade para se adaptar a essas circunstâncias. A padronização da conceituação do que será observado conferirá a fidedignidade esperada à avaliação, portanto, deve haver um estudo prévio conjunto, durante o qual todas as dúvidas relativas aos critérios devem ser sanadas.

O PFCAAD oferece uma fórmula que, alimentada pelas observações individuais, resulta em uma nota geral de 0 a 10 ao aluno-atleta, conforme seu desempenho em todos os fundamentos.

A nota a ser dada ao avaliando refere-se ao padrão de cada fundamento, independentemente da faixa etária observada. O indivíduo que obtiver nota 10 em determinado fundamento não mais precisará passar pela avaliação dessa habilidade. Ou seja, à medida que o padrão motor for estabelecido, a reavaliação técnica torna-se irrelevante. Quando eles passam ao estágio de "treinamento", normalmente são eliminados da avaliação, pois a aferição de sua qualidade passa a ser desnecessária.

Há diferenças protocolares na testagem das C16/17 e C18/19. Estas serão avaliadas durante jogos em forma de coletivos ou amistosos, como será detalhado logo adiante.

Cabe aqui uma consideração importante: a finalidade maior da avaliação técnica é única e exclusivamente ter um instrumento que possa identificar de modo mais preciso se os objetivos técnicos foram alcançados. O teste serve também como motivação para o aluno-atleta, que buscará o aprimoramento técnico para alcançar um objetivo concreto.

É possível também proceder a diferentes leituras e chegar a importantes conclusões. Por exemplo, se a maioria dos alunos-atletas apresentam deficiência no posicionamento dos cotovelos para a realização do toque por cima, a autocrítica dos professores-treinadores deve recair sobre suas próprias atuações no processo de ensino-aprendizagem.

Os objetivos específicos da avaliação técnica são:

- Avaliar a aprendizagem e a evolução de cada aluno-atleta em sua categoria.
- Traçar parâmetros de evolução dentro do planejamento de longo prazo, de acordo com os objetivos traçados para cada categoria.
- Expressar em notas de 0 a 10 o rendimento do aluno-atleta na modalidade.

Nos Anexos encontram-se as fichas individuais de avaliação técnica, com a planilha para análise dos fundamentos em situação de jogo. As fichas individuais deverão ser anexadas aos controles de cada aluno-atleta e compor, em conjunto com as demais informações, seu dossiê particular.

Como registrar as observações nas planilhas específicas:

- Cada aluno-atleta tem uma planilha individual e será assistido por um avaliador.
- As planilhas relacionam os fundamentos a serem avaliados, com cinco pormenores descritivos do padrão técnico a serem observados.
- Cada ponto descritivo do fundamento é seguido por duas opções que podem ser assinaladas pelo avaliador: "sim" e "não".
- Deve-se circundar "sim" caso o aluno-atleta realize os quesitos propostos.
- O avaliador circunda "não" caso o aluno-atleta não os realize.
- A cada "sim" somam-se 2 pontos na nota final.
- O avaliador pode circundar "sim" e "não" se considerar o quesito realizado, sem, no entanto, apresentar excelência. Deve-se então anotar ao lado do quesito o porquê da indefinição. Nesse caso, o observado recebe 1 ponto na nota final do quesito.
- A avaliação da cortada e do bloqueio, em razão da complexidade de ambos, apresenta dez quesitos, em que cada "sim" vale 1 ponto na nota final. O "sim" e o "não" assinalados conjuntamente equivalem a 0,5 ponto.
- Os alunos devem realizar somente as avaliações indicadas na planilha para a sua faixa etária.

É interessante que o técnico insira, sempre que necessário, observações ao final de cada avaliação, para que ele possa identificar a dificuldade do aluno-atleta na execução do fundamento e buscar soluções para a correção dele na sequência do trabalho.

Para a C16/17 será incluída uma avaliação de jogo. Os fundamentos serão analisados em dois ou três coletivos, somando seis *sets*, dentro de uma semana normal de treinos. Será atribuída uma única nota a cada aluno-atleta, de acordo com seu rendimento em situação de disputa.

Os alunos-atletas da C18/19 serão avaliados apenas em situação de jogo, porém contra outras equipes. Nesse caso, serão também somados seis *sets* jogados completamente pelo aluno-atleta em ao menos duas partidas contra adversários diferentes, independentemente do placar. É conveniente que o técnico escolha equipes de nível técnico semelhante ao do próprio time.

Especificação dos fundamentos de acordo com as categorias

Os fundamentos a serem avaliados em cada categoria são os seguintes (entre parênteses, a etapa em que o fundamento deve ser avaliado. Caso nada conste, ele deve ser analisado nas três etapas)**:

Iniciantes 2:

- Toque por cima.
- Manchete.
- Saque por baixo.
- Manchete de costas (final).
- Cortada (final).
- Defesa (final).

Categoria 13 anos:

- Toque por cima.
- Manchete.
- Manchete de costas.
- Cortada.
- Defesa.
- Saque lateral (intermediária e final).
- Toque de costas (intermediária e final).
- Bloqueio (intermediária e final).
- Saque tipo tênis (final).

Categoria 14 anos:

- Cortada.
- Defesa.
- Toque de costas.
- Bloqueio.
- Saque tipo tênis.
- Manchete alta (intermediária e final).
- Toque lateral (intermediária e final).
- Saque viagem (final).
- Rolamento sobre as costas (final).
- Meio-rolamento (final).

Categoria 15 anos:

- Cortada.
- Defesa.
- Variação de toques (intermediária e final).
- Bloqueio.
- Manchete alta.
- Saque tipo tênis.
- Saque viagem.
- Rolamento sobre as costas.
- Meio-rolamento.
- Rolamento sobre o ombro (intermediária e final).

Categoria 16/17 anos:

- Variação de toques (inicial).
- Manchete alta (inicial).
- Cortada (inicial).
- Bloqueio (inicial).
- Saque viagem (inicial).
- Rolamento sobre as costas.
- Rolamento sobre o ombro.
- Mergulho lateral.
- Mergulho frontal.

** Esta relação tem como base o conteúdo técnico sugerido no PFCAAD para cada categoria. Caso haja alterações em relação ao início do processo de aprendizagem de determinado fundamento, este deve ser incluído nas avaliações periódicas. O ideal é que ele seja avaliado após algum tempo de prática, podendo, por essa razão, ser inserido apenas nas aferições intermediárias e/ou finais.

Protocolo para realização da avaliação técnica

Toque por cima de frente/manchete:

- Exercício em duplas, trocando passes entre si. Ambos serão avaliados em todas as situações apresentadas, tais como bolas que fogem do corpo, e a devida adaptação do avaliando para a dificuldade. Caso a bola caia, o reinício se dá com um lançando a bola para o outro.

Toque de costas:

- Mesma organização da tarefa anterior, porém o avaliando executa um toque para si antes de enviar a bola de costas ao companheiro. O reinício é igual ao recomendado no item anterior.

Toque lateral:

- Mesma organização e orientação do item anterior, com o envio da bola ao companheiro em toque lateral. O reinício é igual ao recomendado no primeiro item.

Variações de toque por cima:

- Nessa prova, um elemento da dupla realiza primeiro as ações, enquanto o outro somente o auxilia, lançando-lhe a bola para a execução.
- O avaliando tenta realizar os seguintes tipos de toque, nessa ordem:
  1. Toque de costas sem o toque prévio para si mesmo.
  2. Toque em suspensão de frente.
  3. Toque em suspensão lateral.
  4. Toque em suspensão de costas (com um toque prévio, em contato com o solo, para si mesmo).
  5. Toque em desequilíbrio, com meio-rolamento para trás.

- Cada movimento realizado com técnica adequada vale um "sim"; o movimento sem técnica refinada, porém realizado, vale "sim" + "não"; e a não realização da tarefa ou a execução sem técnica adequada, "não".

Manchete de costas:

- Um elemento da dupla lança a bola às costas do avaliando, a cerca de 3 m de distância, em uma altura suficiente para que este gire, desloque-se e tenha tempo de se colocar adequadamente para devolver a bola ao companheiro que a lançou.

Manchete alta:

- Um elemento da dupla lança a bola na altura do peito do avaliando e este executa a tarefa. O técnico estende o tempo de execução até que seja possível a avaliação completa de todos os pormenores técnicos, antes de trocar o avaliando. O executante alterna o lado em que recebe a bola a cada lançamento.

Saque por baixo/saque lateral/saque tipo tênis/saque viagem:

- Um grupo de três avaliandos na zona de saque realiza quantos saques forem necessários para que o observador os avalie.

Cortada:

- Um assistente lança bolas altas para a posição 4 (os canhotos o farão da posição 2 e, se necessário, separadamente) e o avaliando ataca para a quadra contrária. Organização semelhante à da avaliação do saque, em grupos de três, até que a avaliação seja completada. As bolas lançadas com defeito pelos assistentes não são consideradas para efeito de avaliação. Deve-se dar tempo para a completa recuperação entre uma cortada e outra.

Bloqueio:

- Dois assistentes posicionam-se sobre dois bancos ou mesas, distantes 2 m entre si, na posição 3 da quadra contrária ao bloqueador que será avaliado. Este se coloca à frente de um dos assistentes e inicia o deslocamento apenas após o lançamento do outro. O lançamento deve ser alto o suficiente para que o avaliando realize uma passada cruzada e chegue equilibrado à posição de bloqueio. A bola deve ser atacada reto e na altura das mãos do avaliando. O bloqueador repete a mesma tarefa para o outro lado. A organização será em grupos de três, com os avaliandos alternando-se após um deslocamento para cada lado. Eles realizam, a exemplo da cortada, quantos bloqueios forem necessários para que o observador os avalie. Convém lembrar que a avaliação deve ser ágil, para que o cansaço não prejudique o rendimento do executante. Quando houver diferença de execução entre um lado e outro, isso deve ser anotado com detalhes.

Defesa:

- Um assistente ataca da posição 3 para o avaliando, que está na posição 6, ambos na mesma quadra. O professor-treinador alterna a batida ora à esquerda, ora à direita do avaliando, obrigando-o a se deslocar aproximadamente 1,5 m. O avaliando realiza apenas a defesa para um dos lados e vai para o final da coluna; ao retornar ao início, realizará o deslocamento e a defesa para o outro lado. A bola deve ganhar altura e chegar de volta ao assistente. A cada defesa, o avaliando retorna ao final da coluna e dá lugar ao companheiro; em grupos de três, eles se revezam até que a avaliação se complete. Erros de ataque não são considerados para efeito de avaliação.

Rolamentos e mergulhos:

- Um assistente lança bolas ao avaliando, de modo que ele realize a tarefa *com possibilidade de executar o fundamento corretamente*, para ambos os lados. Não é necessário que o avaliando execute passadas para realizar os rolamentos; no entanto, o mergulho requer algumas passadas para alcançar a bola.
- Mesma organização do anterior, em grupos de três, até que a avaliação se complete.
- No caso dos rolamentos e dos mergulhos laterais, como o gesto motor precisa ser feito para ambos os lados, o avaliador deve levar em consideração a realização no geral. Por exemplo, se o avaliando executa com perfeição o rolamento para a direita, mas não consegue realizá-lo de forma adequada para a esquerda, o avaliador registra "sim" e "não" e, ao lado, faz uma observação relativa ao lado deficiente.

Apresentamos a seguir a relação dos fundamentos de jogo a serem observados nas CCA. Os parâmetros de avaliação serão apresentados na sequência.

- C16/17 anos e 18/19:
    – Saque.
    – Recepção.
    – Levantamento.
    – Ataque.
    – Bloqueio.
    – Defesa.
    – Contra-ataque.

Orientação específica para a avaliação de cada fundamento

Como já foi dito, é necessário rigor por parte dos avaliadores. Por isso, detalhamos os quesitos a serem observados e os critérios de avaliação para cada fundamento.

Os critérios de avaliação para as CCI e C15 seguem três padrões que podem ser resumidos da seguinte forma: o SIM corresponde ao movimento totalmente adequado ao padrão motor; o NÃO à descaracterização deste, por uma soma de equívocos ou de um equívoco que seja primordial à realização harmônica do fundamento; e o SIM/NÃO a desvios que muitas vezes não influem no resultado final da ação, mas acarretam dificuldades na aplicação do fundamento em circunstâncias mais difíceis.

Os fundamentos e os cinco quesitos (dez no caso da cortada e do bloqueio) estão relacionados em seguida. Os quesitos são constituídos por perguntas relativas à realização ou não dos movimentos em questão. De acordo com o desempenho do avaliando, o avaliador registra o resultado na ficha. Ao final, soma os pontos conseguidos e transforma o resultado em nota.

Vamos então aos fundamentos e os quesitos a serem observados na categoria Iniciantes 2, nas CCI e na C15.

A. Toque por cima – de frente.
B. Toque por cima – de costas.
C. Toque por cima – lateral.

1. O avaliando guarda posição básica adequada de espera e desloca-se adequadamente, posicionando-se sob a bola antes da chegada dela?
- SIM: a posição básica facilita o deslocamento a todos os tipos de bola que chegam ao avaliando; a escolha do tipo de passada e o ritmo imprimido são adequados; todos os segmentos estão em prontidão para realizar o toque.
- SIM/NÃO: a ausência de um dos requisitos acima dificulta o posicionamento do corpo antecipadamente, sem, porém, prejudicar o padrão como um todo. Por exemplo: na posição básica alta para bolas que antecipadamente pode-se notar que o avaliando não chegará em condições ideais; o deslocamento é feito com passadas equivocadas ou sem ritmo, atrasando a chegada do avaliando sob a bola. Em todos esses casos, não há uma descaracterização do movimento final, mas a ausência da preparação adequada não confere fluidez ao movimento.
- NÃO: a maioria dos itens não é realizada por desconhecimento ou por falta de habilidade, por questões motoras, físicas ou cognitivo-motoras (falta de análise e/ou antecipação).

2. O avaliando posiciona o corpo sob a bola e prepara-se adequadamente para a realização do toque?
- SIM: a chegada sob a bola se dá antes do toque, propiciando o posicionamento correto de todos os segmentos para realizá-lo.
- SIM/NÃO: o avaliando apresenta dificuldade ou desleixo para posicionar o corpo sob a bola, valendo-se da habilidade com as mãos para executar o toque na sequência.
- NÃO: a falta de posicionamento do corpo sob a bola ou a forma do toque prejudica a ação final de toque, com a bola assumindo trajetória inadequada (baixa, rasante) ou o avaliando cometendo infração (dois toques, condução).

3. O avaliando harmoniza a simetria e o sincronismo de braços e mãos no toque?
- SIM: braços, cotovelos e mãos posicionam-se simetricamente, oferecendo acomodação adequada à bola e condições ideais de execução do toque.
- SIM/NÃO: apresenta um desses desvios (cotovelos muito abertos ou fechados; polegares para cima; braços sem a flexão adequada para impulsionar a bola; mãos espalmadas), o que dificulta o toque na sequência, sem, contudo, influir na direção, altura e precisão do toque.
  – No caso do toque de costas, ele demonstra antecipadamente a intenção de levantar para trás.
  – Em relação ao toque lateral, as mãos não se colocam uma abaixo da outra, fazendo que o toque saia mais curto.
- NÃO: apresenta os desvios levantados no item acima, contudo eles influem diretamente na qualidade do toque.

4. O movimento de toque é feito com todos os segmentos em harmonia (mãos, braços, tronco e pernas)?
- SIM: a extensão de todos os segmentos é fluida e sincronizada, impulsionando a bola para o local desejado.
- SIM/NÃO: a falta de sincronismo dos segmentos provoca gestos isolados (só os braços impulsionam a bola; os braços permanecem flexionados após o toque; as pernas não se estendem com os braços), porém a bola sai das mãos do executante com precisão.
  - No caso do toque de costas, o quadril projeta-se antecipadamente para a frente, demonstrando a intenção de se levantar para trás.
  - Em relação ao toque lateral, os braços protagonizam a ação, enquanto o tronco permanece estático.
- NÃO: o quadril é projetado para trás; a cabeça é levada para baixo; os ombros contraem-se excessivamente; os braços mantêm-se flexionados; as pernas não se estendem; a extensão dos segmentos não se dá de forma coordenada.
  - No caso do toque de costas, somam-se os fatos de o quadril permanecer no prolongamento do corpo, a cabeça ser levada para baixo, ou os braços afastarem-se, interrompendo a fluidez da ação.
  - Em relação ao toque lateral, o tronco estático faz que o executante espalme a bola.
5. Após o toque, o executante complementa o movimento em direção ao local para o qual a bola foi enviada, com precisão?
- SIM: após o toque, os polegares, a palma das mãos, os braços estendidos, o tronco e o quadril seguem a direção tomada pela bola; nos levantamentos mais longos, uma ou duas passadas são dadas para a frente após o toque.
  - No toque de costas, os olhos e a cabeça acompanham a trajetória tomada pela bola, enquanto o quadril projeta-se para a frente.
  - No toque lateral, os braços estendem-se para o lado ao mesmo tempo em que o tronco flexiona-se e a cabeça acompanha a bola.
- SIM/NÃO: o corpo permanece estático, sem acompanhar a bola, não por desvio do padrão, mas por comodidade.
- NÃO: a falta de continuidade do movimento impede a correta realização do toque; o gesto técnico truncado e a ação equivocada não permitem que a força a ser imprimida ao toque seja suficiente; o corpo toma a direção contrária, afastando-se da bola.

Variações do toque por cima (15 anos)
Nesse caso, em todos os quesitos, o SIM equivale a realizar a tarefa com o gesto técnico ideal; o SIM/NÃO é assinalado quando o avaliando realiza a tarefa, porém com o gesto técnico apresentando desvios não grosseiros que, todavia, não impedem a precisão do toque; e o NÃO é a ausência da habilidade para realizar a tarefa ou a realização da mesma com movimentos grosseiros.

1. Realiza o toque de costas direto (sem toque prévio para si mesmo)?
2. Realiza o toque em suspensão de frente?
3. Realiza o toque em suspensão lateral (sem toque prévio para si mesmo)?
4. Realiza o toque em suspensão de costas (com um toque prévio do chão para si mesmo)?
5. Realiza o toque em desequilíbrio (com um toque prévio do chão para si mesmo), com meio-rolamento para trás?

Manchete normal, manchete alta e manchete de costas

1. O avaliando guarda posição básica adequada antes de realizar a manchete, desloca-se adequadamente e posiciona o corpo atrás da bola antes da chegada dela?
- SIM: a posição básica facilita o deslocamento a todos os tipos de bola que chegam ao avaliando; a escolha do tipo de passada e o

ritmo imprimido são apropriados; o corpo está adequadamente posicionado e relaxado à espera da bola.
- Para a manchete de costas, posiciona-se de modo a fazer o giro com facilidade e no tempo devido; desloca-se de acordo com a necessidade e chega com antecedência ao local de ação.
- SIM/NÃO: a ausência de um dos requisitos citados acima dificulta o posicionamento do corpo antecipadamente, sem, porém, prejudicar o padrão como um todo. Por exemplo: na posição básica alta para bolas que antecipadamente pode-se notar que não chegarão em condições ideais; o deslocamento é feito com passadas equivocadas ou sem ritmo, atrasando a chegada do avaliando ao local correto. Nesses casos, não há uma descaracterização do movimento final, mas a ausência da preparação adequada não confere fluidez ao movimento.
- NÃO: qualquer um dos itens não é realizado, ou por desconhecimento ou por falta de habilidade para realizá-lo, seja por questões motoras, físicas ou cognitivo-motoras (falta de leitura e/ou antecipação).

2. O avaliando posiciona o corpo corretamente, para que o contato com a bola seja realizado à frente dele?
- SIM: a chegada ao local correto dá-se antes do contato, propiciando equilíbrio e prontidão para a realização da manchete.
   - No caso da manchete alta, o avaliando tira o corpo da direção da bola no tempo devido, deixando apenas os antebraços na trajetória dela.
   - Na manchete de costas, o corpo posiciona-se de modo a deixar a bola distante o suficiente para ser puxada para trás; o executante deixa-a também alta o suficiente para que, com a flexão dos membros inferiores, ela se posicione à altura do quadril quando for mancheteada.
- SIM/NÃO: o avaliando apresenta dificuldade para posicionar o corpo atrás da bola, valendo-se de recursos extras para executar a manchete na sequência.
   - No caso da manchete alta, o avaliando apresenta dificuldade para realizar o movimento de deslocamento e retirada do corpo da reta da bola para um dos lados (assinalar na ficha de avaliação o lado correspondente).
   - Na manchete de costas, o executante precisa promover ajustes de última hora, seja com os pés, tronco ou braços, para alcançar a bola ou deixá-la no ponto ideal para contato, mas mesmo assim a envia ao alvo.
- NÃO: a falta de posicionamento do corpo atrás da bola prejudica a ação final da manchete: a bola chega acima ou abaixo do ponto ideal de contato com os antebraços, assumindo trajetória inadequada (baixa, rasante) ou obrigando o avaliando a utilizar somente os braços para impulsioná-la.
   - Para a manchete alta, a descoordenação das passadas impede que o posicionamento de espera adequado pela bola se realize.
   - No caso da manchete de costas, o contato é impreciso ou inexistente, por causa da ausência desse ajuste.

3. Afasta adequadamente as pernas, equilibrando-se e tendo mobilidade para pequenos ajustes de pés e braços?
- SIM: o avaliando mostra controle dos segmentos e consegue, por meio de passadas de ajuste, executar a manchete de acordo com o padrão motor. Pernas afastam-se lateralmente no momento do contato com a bola – o suficiente para dar equilíbrio –, mas sem exageros que o impeçam de realizar esses ajustes.
   - No caso da manchete alta, o executante se equilibra sobre uma das pernas e não deixa que a bola ultrapasse o plano do corpo; quando necessário, utiliza um saltito para alcançar as bolas mais altas ou longas.

- Manchete de costas: tanto pernas quanto tronco estão em consonância com o padrão motor, prontos para impulsionar a bola para trás.
- SIM/NÃO: afastamento lateral antecipado ao contato com a bola, o que impede o avaliando de levar o corpo ao encontro da bola, ou anteroposterior, que provoque desequilíbrio ao corpo. Esses dois desvios, no entanto, não atrapalham o movimento final e, apesar da deficiência, o avaliando tem relativo controle sobre a direção que a bola toma depois da ação.
  - Na manchete alta, o posicionamento às vezes é correto, às vezes não, levando-se em consideração os dois lados (assinalar o lado deficiente).
  - Não há constância no padrão da manchete de costas descrito acima, ora com os membros inferiores posicionando-se inadequadamente, ora o tronco.
- NÃO: afastamento lateral antecipado ao contato com a bola que impede o avaliando de levar o corpo ao encontro da bola, ou anteroposterior que provoque desequilíbrio ao corpo. Nesse caso, o domínio sobre a bola não existe e não há regularidade na sequência das ações, ora acertando, ora errando o alvo.
  - Na manchete alta, erros constantes provocados por desequilíbrio corporal ou apoio na perna incorreta. Por causa do posicionamento inadequado, o avaliando usa somente os braços para conduzir a bola.
  - Na manchete de costas, os erros no afastamento e flexão das pernas e/ou flexão do tronco prejudicam constantemente a qualidade do movimento.
4. O executante posiciona ombros, mãos e antebraços simetricamente, oferecendo plataforma de contato adequada?
- SIM: braços, cotovelos e mãos se posicionam simetricamente, oferecendo plataforma de contato e amortecimento adequados à bola.
- SIM/NÃO: o avaliando apresenta assimetria entre os segmentos, ou flexiona os cotovelos, ou não firma as mãos, ou não aproxima os ombros, ou não leva os polegares na direção do chão, ou não disponibiliza a parte mais macia dos antebraços para o contato com a bola. Nesse caso, os desvios não influem na direção, altura e precisão da manchete, mas bolas que chegam mais fortes ou longe do corpo nem sempre são impulsionadas corretamente, por causa dessas deficiências.
  - Na manchete alta, o executante não apresenta regularidade no movimento, fazendo que a bola saia muitas vezes para o alto ou para os lados.
  - Manchete de costas – além dos desvios citados acima, a bola bate às vezes nos punhos, às vezes próximo aos cotovelos, seja por falta de simetria ou de oferecimento da plataforma de contato, mas sem que o direcionamento seja afetado decisivamente.
- NÃO: apresenta os desvios levantados e eles influem na qualidade motora e na precisão do movimento.
  - Na manchete alta, apesar do posicionamento correto, o avaliando não consegue realizá-la porque os ombros não se posicionam adequadamente (permanecendo paralelos ao chão).
  - Não ocorre a recuperação na manchete de costas porque o contato se dá cada vez em um lugar diferente (punhos, um dos braços, mãos, etc.) por causa da plataforma irregular.
5. Toca a bola com os antebraços, finaliza o movimento e direciona o corpo para onde foi a bola com precisão?
- SIM: os antebraços impulsionam a bola, a extensão de todos os segmentos é fluida e sincronizada, dirigindo-a ao local desejado, sem que os braços realizem o movimento isoladamente.
  - No caso da manchete alta, os braços movimentam-se com fluidez para a direção

tomada pela bola e o executante está em equilíbrio.
- Na manchete de costas, o corpo todo se estende para impulsionar a bola, o tronco hiperestende-se e a cabeça acompanha a trajetória tomada pela bola.
- SIM/NÃO: a falta de sincronismo dos segmentos provoca gestos isolados (só os braços impulsionam a bola; os braços são flexionados após a manchete; as pernas não se estendem com os braços), os punhos tocam a bola; o corpo é lançado para trás ou para os lados em vez de acompanhar a bola, o quadril projeta-se para trás, porém a bola é enviada ao local desejado.
  - Na manchete alta, o executante tem dificuldades em se reequilibrar após a ação por causa de movimentos extras do corpo.
  - O movimento na manchete de costas não apresenta harmonia, ora com o tronco estendendo-se mais que as pernas, ora com estas predominando, ou a cabeça não acompanha o movimento, deixando a ação sem precisão constante.
- NÃO: apresenta os desvios citados anteriormente, com prejuízo da precisão e fluidez dos movimentos.

Saque por baixo e saque lateral

1. O avaliando prepara-se adequadamente para o saque?
- SIM: mantém os pés afastados corretamente e voltados para a quadra contrária, segura a bola na direção do braço de ataque – que está estendido atrás do corpo – e flexiona o tronco (gira, no caso do saque lateral).
- SIM/NÃO: um ou dois dos detalhes acima estão em desacordo com o padrão motor.
- NÃO: mais de dois dos detalhes anteriormente citados não são executados e a sequência do movimento fica prejudicada por causa disso.

2. Golpeia corretamente a bola?
- SIM: o executante desfere golpe seco e forte, com a mão aberta ou fechada, entre a parte de baixo e de trás da bola, sem soltá-la da outra mão.
  - No saque lateral, o lançamento correto permite o golpe.
- SIM/NÃO: apesar do golpe correto, falta ao avaliando força ou coordenação motora para fazer que ela passe a rede.
  - No caso do saque lateral, o lançamento inconstante faz que o golpe nem sempre ocorra da maneira correta.
- NÃO: o golpe na bola é equivocado: fraco; ou com o punho; ou lança a bola antes de golpeá-la; ou bate em partes erradas da bola (lado, só embaixo).

3. Executa o saque sem movimentos desnecessários?
- SIM: os segmentos envolvidos no movimento facilitam o golpe, de forma harmônica, sem giros de tronco ou de braços (no caso do saque lateral, somente ocorre o giro de tronco).
- SIM/NÃO: o avaliando apresenta movimentos de tronco ou braços a mais, que não influenciam na dinâmica do saque, mas deixam o padrão motor poluído.
- NÃO: movimentos exagerados de tronco e braços impedem que o saque seja realizado corretamente, ou a bola não ultrapasse a rede por causa desses excessos.

4. Os membros inferiores estendem-se e projetam o corpo à frente no momento do saque?
- SIM: o avaliando mostra fluidez no movimento e aproveita a extensão das pernas para auxiliar na batida à bola e no retorno à quadra.
  - No saque lateral, há o giro do tronco simultaneamente à extensão dos membros inferiores.
- SIM/NÃO: as pernas mantêm-se flexionadas, sem, porém, atrapalhar o resultado final do saque.

– Saque lateral: o movimento é interrompido, no entanto a bola toma seu caminho.
- NÃO: a não extensão das pernas impede que a bola passe a rede, pois falta ao avaliando força para impulsioná-la exclusivamente com o braço; o quadril é projetado para trás no momento do saque.
   – No saque lateral, o tronco não gira ou as pernas não se estendem com naturalidade.
5. O braço de ataque segue a trajetória tomada pela bola e a direção é correta?
- SIM: o avaliando continua naturalmente o movimento do braço em direção à trajetória da bola e esta vai ao local para o qual ele está de frente.
6. O tronco acompanha a trajetória da bola no saque lateral?
- SIM/NÃO: o movimento do braço (e do tronco no saque lateral) é interrompido após o golpe, no entanto a bola vai ao local correto; ou, apesar do movimento contínuo do braço (e do tronco no lateral), a bola ganha trajetória imprecisa várias vezes.
- NÃO: o movimento contínuo do braço inexiste e a bola não se dirige para o local esperado.

Saque tipo tênis

1. O avaliando posiciona-se corretamente para a preparação do saque e executa o lançamento apropriado?
- SIM: o avaliando mantém os pés afastados corretamente e voltados para a quadra contrária, lança a bola com altura suficiente para a preparação do golpe e na direção do braço de ataque.
- SIM/NÃO: o posicionamento do corpo está em desacordo com a necessidade para a realização subsequente do saque, porém o lançamento é correto.
- NÃO: o lançamento é equivocado (muito alto, baixo ou na direção errada) e não permite que o saque seja executado da maneira ideal.

2. Na preparação para o saque, o braço de ataque estende-se para trás acima da altura dos ombros e o tronco permanece ereto?
- SIM: biomecanicamente, o braço de ataque fornece condições ideais ao golpe e não há movimentos desnecessários de tronco.
- SIM/NÃO: o avaliando apresenta movimentos de tronco ou braços a mais, que não influenciam na dinâmica do saque, mas deixam o padrão motor poluído.
- NÃO: movimentos exagerados equivocados de tronco e braços impedem que o saque seja realizado corretamente; ou a bola não ultrapassa a rede por causa desses excessos.
3. O movimento coordenado e potente de braço permite o golpe correto na bola?
- SIM: o executante leva o braço de trás para a frente com velocidade, coordenando com a descida do braço contrário e imprimindo potência à bola; o avaliando não utiliza exageradamente o tronco.
- SIM/NÃO: o movimento de braços é correto, porém o avaliando não consegue o encaixe ideal a força desejada à bola.
- NÃO: o movimento exagerado de tronco ou descoordenado dos braços impede que o saque seja realizado corretamente.
4. A batida na bola é realizada com a mão espalmada e o punho firme, na altura ideal?
- SIM: a palma da mão ataca a bola, com o punho firme, no tempo correto, na altura ideal e com precisão.
- SIM/NÃO: o avaliando apresenta o punho sem a contração apropriada, mas todos os demais aspectos estão corretos.
- NÃO: o encaixe é equivocado, dando rotação (verificar se não é um desvio originado no uso do tronco) ou direção errada à bola; ou a altura de ataque à bola é abaixo do ideal.
5. O braço de ataque segue a trajetória tomada pela bola enquanto o corpo, após o golpe, é levado à frente?
- SIM: o avaliando não interrompe o movimento de braço após o golpe, fazendo-o seguir a direção tomada pela bola e completando o movimento de rotação sobre o

ombro; os pés mantêm-se fixos no chão durante o golpe.
- SIM/NÃO: o executante para o braço após o contato com a bola ou anda durante o saque, sem prejudicar o fundamento em si, mas limitando o efeito que se poderia dar à bola.
- NÃO: não mantém os pés fixos no chão durante o saque, o que prejudica o efeito e/ou a direção que se poderia dar à bola.

Saque viagem

1. O avaliando guarda posição básica e executa o lançamento com altura adequada para a preparação do movimento?
- SIM: mantém posição apropriada, o que facilita o lançamento; este é feito com altura suficiente – para preparar todos os segmentos necessários para a execução do saque – e além da linha de fundo.
- SIM/NÃO: o posicionamento do corpo antes do lançamento está em desacordo com as exigências do padrão, o que dificulta o lançamento e a preparação para a corrida, sem impedir, no entanto, o golpe na bola.
- NÃO: o lançamento é equivocado (muito alto, baixo, longe ou próximo ou na direção errada) e não permite que os movimentos sejam executados da maneira ideal.
2. O ritmo e a amplitude de passadas permitem o movimento correto de saque?
- SIM: o avaliando dá a primeira passada com o lançamento e coordena as demais de maneira a chegar à bola em condições de executar o saque da melhor maneira possível.
- SIM/NÃO: passadas são menores ou maiores que o desejado, o que faz que o salto não seja realizado conforme o padrão exigido, porém isso não resulta em saque incorreto.
- NÃO: o ritmo e a amplitude das passadas prejudicam a coordenação dos movimentos subsequentes e o saque perde potência e alcance.
3. O movimento de cortada é executado corretamente?

- SIM: o avaliando executa o movimento completo da cortada, aproveitando toda a alavancagem para imprimir força ao golpe.
- SIM/NÃO: todo o movimento é correto, mas o salto não se dá horizontalmente.
- NÃO: não há coordenação dos movimentos da cortada, o que prejudica o produto final.
4. Bate na bola corretamente, na altura ideal, e imprime rotação e direção à bola?
- SIM: o avaliando imprime potência, rotação e direção à bola, fazendo-a passar próxima à fita da rede.
- SIM/NÃO: o encaixe ocorre na altura adequada, porém a potência está abaixo do ideal ou a bola passa muito acima da rede.
- NÃO: o encaixe não é correto; ou o executante ataca a bola abaixo do ideal; ou a bola não cai na quadra contrária com regularidade.
5. A queda é realizada com suavidade e dentro da quadra?
- SIM: o avaliando amortece a queda, realizada dentro da quadra, e naturalmente caminha para a frente.
- SIM/NÃO: apesar do amortecimento correto, ele é interrompido, não permitindo que o executante prossiga com as passadas que o levarão à sequência do jogo.
- NÃO: não há amortecimento da queda; ou o avaliando aterrissa em uma das pernas, ou se desequilibra para trás depois do contato com o solo.

Cortada

1. O avaliando guarda a posição básica específica e desloca-se ritmadamente para a região onde será realizado o ataque?
- SIM: o avaliando aguarda o levantamento em posição adequada, fora da quadra e dá cadência às primeiras passadas.
- SIM/NÃO: a posição básica é inapropriada (desleixo ou posicionamento dentro da quadra), porém as primeiras passadas são cadenciadas.
- NÃO: não dá cadência às primeiras passadas, perdendo o ritmo do deslocamento.

2. Realiza as passadas na ordem e no tempo corretos?
- SIM: o avaliando realiza as passadas com amplitude adequada, colocando o pé esquerdo à frente do direito no breque, na última passada (ao contrário para os canhotos), e no tempo devido, de acordo com o levantamento.
- SIM/NÃO: as passadas são realizadas com amplitude inadequada, porém o tempo de bola é controlado na maioria das vezes (o pé esquerdo fica à frente do direito) no último apoio.
- NÃO: as passadas não são coordenadas e/ou o tempo de bola inexiste e/ou o último apoio é feito com os pés trocados.
3. Os membros inferiores e o tronco flexionam-se correta e instantaneamente ao breque, os calcanhares apoiam-se primeiro no chão, enquanto os braços são levados para trás?
- SIM: o avaliando freia a corrida com os calcanhares, flexiona o tronco e leva os braços estendidos para trás, com naturalidade. A preparação dos braços ocorre durante as últimas passadas.
- SIM/NÃO: o movimento não é natural, sendo fracionado: breque, depois ocorre a flexão do tronco e os braços são levados para trás em um terceiro momento.
- NÃO: ausência de qualquer um desses pormenores: o tronco não se flexiona, ou o breque na ponta dos pés ou os braços não são levados para trás.
4. O salto é realizado instantaneamente ao breque e para o alto?
- SIM: o avaliando executa a sequência de deslocamento, breque e salto de maneira coordenada com o tempo de bola, saltando para o alto.
- SIM/NÃO: o executante não consegue aproveitar todo o potencial de salto vertical por não frear a corrida ou por não realizar o salto imediatamente ao breque; no entanto, os movimentos subsequentes não ficam prejudicados.
- NÃO: o avaliando chega ao local antes (ou depois) da bola e precisa retardar (ou apressar) o salto, perdendo impulsão; ou salta para a frente, projetando-se para a frente; o tempo de bola é inexato nessa fase do movimento.
5. Os braços são trazidos estendidos para a frente e para o alto, para impulsionar o corpo, enquanto os membros inferiores estendem-se e o executante alcança a máxima altura possível no salto?
- SIM: o avaliando utiliza toda a transferência possível do movimento dos braços para ganho de impulsão e o faz de maneira coordenada com a extensão das pernas.
- SIM/NÃO: apesar de coordenar o movimento, não utiliza os braços tanto quanto poderia para ganho de impulsão.
- NÃO: o avaliando não coordena o movimento dos braços com a extensão das pernas ou não utiliza os braços para ganho de impulsão.
6. O tronco, os braços e as pernas são posicionados corretamente para a preparação do ataque?
- SIM: o avaliando deixa o tronco arqueado e ligeiramente rotacionado, as pernas para trás do quadril, o braço de ataque atrás do ombro em 90° com o antebraço, enquanto o outro braço aponta para a bola, à frente do corpo.
- SIM/NÃO: apresenta um ou dois dos pormenores acima deficientes; ou, apesar de apresentar todo o padrão exigido, não os utiliza da melhor maneira possível.
- NÃO: apresenta mais de dois desses pormenores deficientes, ou não coordena toda a preparação devida para o ataque.
7. O braço de ataque é trazido à frente, enquanto o outro braço desce e se flexiona à frente do corpo?
- SIM: o avaliando demonstra sincronismo e equilíbrio, trazendo o braço de trás no momento em que o outro desce.
- SIM/NÃO: coordena o movimento, porém em velocidade inadequada.

- NÃO: não coordena o movimento, desequilibrando o tronco e perdendo alcance ou coordenação.
8. O tronco e a cintura escapular executam o movimento adequado, para dar maior potência ao golpe, além de o braço de ataque ser trazido com vigor, finalizando o movimento de ataque?
- SIM: o avaliando utiliza toda a musculatura disponível para aplicar potência ao golpe: pernas, tronco, ombro e braço, coordenando o movimento.
- SIM/NÃO: coordena o movimento, porém o faz sem potência máxima.
- NÃO: não utiliza todos os segmentos disponíveis ou não coordena o movimento, desequilibrando o tronco, perdendo o tempo de bola e/ou potência. O tempo é inexato nesse momento.
9. O contato com a bola é feito à frente do corpo e o ataque é realizado com encaixe correto e com o punho flexionando-se e imprimindo direção à bola?
- SIM: o avaliando ataca a bola com a palma da mão e dedos, no tempo correto, com o braço estendido, na máxima altura possível e dando-lhe rotação e potência com a flexão de punho.
- SIM/NÃO: acerta o encaixe, com o braço estendido, porém a bola sai sem rotação ou sem potência de sua mão (assinalar na ficha de avaliação).
- NÃO: não acerta o tempo de bola nem o encaixe, atacando com o punho ou com os dedos, ou o contato com a bola não é no maior alcance possível (assinalar na ficha de avaliação).
10. A queda é realizada com suavidade e harmonia, sem desequilíbrio?
- SIM: a queda do avaliando é nas duas pernas e com equilíbrio.
- SIM/NÃO: cai com leve desequilíbrio para a frente, forçando-o a se reequilibrar.
- NÃO: o executante não tem controle sobre o corpo na queda e invade a outra quadra. Caso o desequilíbrio se dê por conta de o breque ser feito na ponta dos pés, deve-se anotar essa deficiência nos dois itens em que esse pormenor é avaliado.

Bloqueio

1. O avaliando mantém a posição básica alta adequada?
- SIM: aguarda o lançamento do treinador em estado de prontidão, com pernas e braços flexionados adequadamente.
- SIM/NÃO: a posição básica é inapropriada, por desleixo, mas executa o deslocamento subsequente de maneira correta.
- NÃO: não assume a posição básica, o que prejudica a movimentação subsequente, obrigando o executante a acelerar os passos.
2. Realiza o deslocamento adequado, com passadas ritmadas, e chega no tempo certo à região?
- SIM: o avaliando realiza as passadas cruzadas com amplitude e ritmo adequados, colocando-se de frente para o treinador no tempo devido.
- SIM/NÃO: as passadas são realizadas com amplitude inadequada, o que deixa o executante distante (mesmo que pouco) do treinador.
- NÃO: as passadas utilizadas não são cruzadas ou são descoordenadas, o que impede o avaliando de chegar ao local correto e no tempo devido.
3. Executa o breque adequadamente, interrompendo o deslocamento e saltando verticalmente?
- SIM: o avaliando freia o deslocamento com o apoio correto dos pés, prepara o salto simultaneamente ao breque e consegue saltar verticalmente, mantendo o corpo próximo à rede.
- SIM/NÃO: freia a corrida e salta verticalmente, porém não atinge a altura máxima possível; o movimento é realizado com dificuldade, necessitando de ajustes para a frenagem.
- NÃO: o avaliando não consegue frear a corrida adequadamente, o que faz que ele caia

além do local da impulsão ou fique longe da rede.
4. Braços e pernas estendem-se simultânea e imediatamente à frenagem da corrida?
- SIM: o avaliando estende pernas e braços imediatamente após o breque, utilizando-os corretamente para o máximo alcance possível.
- SIM/NÃO: o executante não coordena pernas e braços, apesar de ganhar alcance razoável.
- NÃO: não há coordenação de todos os movimentos no tempo devido, o que prejudica o movimento e/ou o alcance e/ou o equilíbrio.
5. Os braços permanecem próximos à rede e as mãos são dirigidas ao campo contrário, ao mesmo tempo em que o executante ganha alcance?
- SIM: o avaliando sustenta o corpo próximo à rede e, à medida que ganha altura, dirige os braços para junto da fita e as mãos para a quadra contrária.
- SIM/NÃO: invade o espaço aéreo contrário, mas com dois movimentos distintos: os braços se elevam verticalmente e, depois, são levados para a quadra adversária.
- NÃO: o avaliando mantém braços e mãos distantes da rede, sem invadir o espaço contrário; ou toca a rede na tentativa de levar as mãos à quadra contrária.
6. A cabeça posiciona-se por trás dos braços e o avaliando olha a bola?
- SIM: o avaliando aproxima os ombros, à frente do pescoço, deixando a cabeça afastada, e mantém os olhos abertos durante a ação.
- SIM/NÃO: o executante mantém a cabeça na posição correta, porém fecha os olhos durante a ação.
- NÃO: o executante abaixa a cabeça e/ou a coloca na mesma linha dos ombros.
7. O corpo todo se contrai e permanece imóvel para o impacto da bola?
- SIM: o avaliando mantém toda a musculatura contraída à espera da bola.
- SIM/NÃO: realiza pequenos movimentos extras de braços e mãos durante o bloqueio; ou deixa para contrair a musculatura apenas no instante do impacto.
- NÃO: o executante não contrai o tronco ou os ombros ou os braços ou as mãos (especificar na ficha de avaliação).
8. O tempo de salto é correto?
- SIM: o avaliando salta de forma que a bola chegue às suas mãos quando ele atingir o alcance máximo.
- SIM/NÃO: apresenta pequeno desajuste no tempo de bola, saltando antes ou depois (toca a bola, mas não da maneira mais eficaz).
- NÃO: não há domínio do tempo de bola (atrasa ou adianta o salto e o bloqueio é ineficiente).
9. Os braços são mantidos na posição correta até a finalização do movimento?
- SIM: o avaliando não recolhe os braços nem flexiona as mãos logo após o contato com a bola.
- SIM/NÃO: os braços permanecem na quadra contrária e firmes, mas o executante flexiona as mãos ao contato com a bola.
- NÃO: o avaliando recolhe os braços no momento do ataque (mesmo que não flexione as mãos); ou toca a rede no recolhimento dos braços.
10. A queda é equilibrada e nos dois pés?
- SIM: o avaliando aterrissa equilibrado sobre os dois pés.
- SIM/NÃO: cai com leve desequilíbrio para o lado, o que o força a se reequilibrar.
- NÃO: não tem controle sobre o corpo, tocando a rede ou invadindo a outra quadra ou caindo para o lado ou para trás exageradamente (caso o desequilíbrio se dê por conta do breque inadequado, deve-se anotar essa deficiência no item 3).

Defesa

1. Guarda posição básica adequada?
- SIM: o avaliando permanece em posição baixa e em estado de prontidão, aguardando a definição do local para o qual a bola vai ser dirigida.

- SIM/NÃO: mostra desleixo em relação à posição básica, no entanto consegue executar a ação subsequente de defesa na maioria das vezes.
- NÃO: não permanece em posição adequada nem se mostra pronto para executar os deslocamentos e movimentos necessários à execução da defesa.

2. Desloca-se para a bola no tempo correto e em equilíbrio para realizar a defesa?
- SIM: o avaliando escolhe as passadas apropriadas para se deslocar para a bola e as executa com precisão e equilíbrio, chegando ao local de defesa antes da bola.
- SIM/NÃO: executa as passadas corretamente, mas sem o ritmo ideal; chega em equilíbrio para executar a defesa, mas mostra desleixo no deslocamento (fazendo-o em posição alta ou chegando para a defesa com as pernas menos flexionadas que o devido).
- NÃO: não escolhe o deslocamento adequado; se desequilibra; ou chega à bola em posição que dificultará a realização da defesa.

3. As pernas afastam-se lateralmente e o corpo entra em desequilíbrio, de forma adequada para a colocação sob a bola?
- SIM: o avaliando posiciona-se atrás da bola, oferecendo os antebraços à bola, com as pernas afastadas o suficiente para dar equilíbrio à realização da defesa.
- SIM/NÃO: apesar de se colocar atrás da bola, o executante afasta as pernas antes da chegada da bola, mas mesmo assim realiza a defesa com precisão.
- NÃO: afasta as pernas antes da realização, o que prejudica a precisão da defesa; ou coloca-se de modo que a bola não chegue ao ponto ideal de contato (ela fica sobre o corpo, ou à frente dele, ou o ultrapassa).

4. A defesa é realizada com os antebraços, tronco e quadril em posição correta?
- SIM: o avaliando mantém a plataforma de contato e o tronco de modo a oferecer à bola a trajetória ideal e o amortecimento devido; o quadril projeta-se para trás da bola e o corpo volta-se para o alvo antes do contato com ela.
- SIM/NÃO: realiza movimentos desnecessários ou excessivos de tronco ou braços após ou durante a defesa, sem, contudo, prejudicar a direção imprimida à bola; consegue dirigir a bola, apesar de manter o quadril não exatamente atrás dela.
- NÃO: mantém os antebraços em posição que dificulta o contato com a bola (presos, ao lado do corpo, etc.); deixa o tronco ereto; ou não projeta o quadril para trás da bola, o que prejudica o produto final.

5. Os membros superiores dão amortecimento e direção à bola?
- SIM: a bola toca os antebraços e ganha altura e direção apropriadas.
- SIM/NÃO: apesar da direção tomada pela bola, o contato é feito com os punhos ou com um dos antebraços.
- NÃO: o contato com a bola é sem precisão e equivocado, em partes dos braços que não são indicadas.

Rolamento sobre o ombro e rolamentos sobre as costas

1. O avaliando guarda posição básica adequada e desloca-se para a bola com passadas apropriadas?
- SIM: permanece em posição baixa e em estado de prontidão, aguardando a definição do local para o qual a bola será dirigida, e escolhe o tipo de movimentação adequado.
- SIM/NÃO: mostra desleixo em relação à posição básica e/ou ao deslocamento, no entanto consegue executar a ação subsequente, por conta de facilidade motora.
- NÃO: não guarda posição adequada e não se mostra pronto para executar os deslocamentos que antecedem o rolamento; ou escolhe passadas inadequadas para chegar à bola.

2. Entra em desequilíbrio no momento correto, projeta o(s) braço(s) para a bola e deixa o joelho correspondente em posição que facilite a sequência do movimento?
- SIM: o avaliando realiza o afundo com amplitude, entrando em desequilíbrio no tem-

po e distância adequados, apoiando a perna correta ao lado (à frente no caso do rolamento sobre as costas), desequilibrando-se em direção à bola.
- SIM/NÃO: não executa os movimentos com fluidez; apesar de fazer o afundo, desequilibra-se e leva os braços em direção à bola.
- NÃO: interrompe o movimento de desequilíbrio, o que não o permite baixar o centro de gravidade; ou a colocação equivocada do joelho trava o direcionamento do corpo e, consequentemente, dos braços para a bola.

3. Os apoios são feitos corretamente e na ordem?
- SIM: o apoio do corpo no chão é realizado na ordem correta: glúteos, região lombar, costas, omoplata, braços estendidos e pés, no rolamento sobre o ombro; ou braço, lado do tronco e costas, no sobre as costas.
- SIM/NÃO: falta um dos apoios ou um deles é feito de maneira equivocada, sem que a fluidez do movimento seja prejudicada.
- NÃO: os apoios não ocorrem na ordem correta ou um deles interrompe o rolamento subsequente, o que prejudica ou impede a fluidez.

4. O rolamento é executado ritmada e harmoniosamente?
- SIM: todo o rolamento ocorre com ritmo e fluidez.
- SIM/NÃO: alguma etapa do rolamento (queda, giro sobre o eixo correspondente – coluna ou ombro –, pés no chão) interrompe a fluidez do movimento.
- NÃO: o avaliando não consegue realizar o rolamento com ritmo e harmonia.

5. O retorno à condição de jogo é feito o mais rápido possível?
- SIM: o avaliando retoma a posição em pé rapidamente, com naturalidade.
- SIM/NÃO: o executante tenta retomar a posição, mas tem dificuldade; ou não o faz por desleixo.
- NÃO: não consegue retornar à posição em pé com rapidez, precisando de apoios extras para isso.

Mergulho frontal e mergulho lateral

1. O avaliando guarda posição básica adequada e desloca-se para a bola com passadas apropriadas?
- SIM: permanece em posição baixa e em estado de prontidão, aguardando a definição do local para o qual a bola será dirigida, e escolhe o tipo de movimentação adequado.
- SIM/NÃO: mostra desleixo em relação à posição básica e/ou ao deslocamento, no entanto consegue executar a ação subsequente, por conta de facilidade motora.
- NÃO: guarda posição inadequada e não se mostra pronto para executar os deslocamentos que antecedem o mergulho; ou escolhe passadas inadequadas para chegar à bola.

2. Executa o salto no momento correto e com coordenação de movimentos?
- SIM: o avaliando realiza o salto com precisão na análise de tempo e espaço e com amplitude adequada.
- SIM/NÃO: o salto não é suficiente para chegar à bola, apesar de ocorrer no tempo certo.
- NÃO: demonstra dificuldade na análise do tempo correto para realizar o salto ou na coordenação dos movimentos para executá-lo.

3. Estende o(s) braço(s) e lança o corpo em direção à bola?
- SIM: o avaliando leva todo o corpo em direção à bola, mostrando claramente a intenção de primeiro recuperá-la e depois promover o apoio no solo.
- SIM/NÃO: apesar de recuperar a bola na fase aérea, faz o apoio no solo antecipadamente, mostrando receio em se machucar.
- NÃO: preocupa-se primeiro em apoiar-se no chão em vez de recuperar a bola.

4. Mantém todos os segmentos do corpo na posição correta durante a fase aérea e o corpo paralelo ao chão?
- SIM: executa a fase aérea, demonstrando domínio de todos os segmentos durante o voo.
- SIM/NÃO: executa a fase aérea, porém sem domínio total dos segmentos, o que faz que

se choque sem técnica contra o chão, mas sem risco de contusão.
- NÃO: o movimento não possui fase aérea ou não há coordenação dos segmentos durante o voo, o que pode às vezes provocar contusões.
5. Executa a aterrissagem de forma harmônica e suave, em condições de retornar ao jogo imediatamente?
- SIM: aterrissa com suavidade, utilizando todos os apoios na sequência correta, e está pronto para retornar à posição em pé.
- SIM/NÃO: aterrissa com dificuldade relativa, porém sem prejudicar a recuperação da bola; ou não promove o deslize necessário, interrompendo o movimento; ou não retorna à posição em pé imediatamente.
- NÃO: a queda é realizada de maneira espalhafatosa e sem coordenação, por causa de amortecimento equivocado (se o erro estiver na fase aérea, deve ser anotado no item 4) e o retorno à posição em pé é lento.

Avaliação dos elementos do jogo – C16/17 e C18/19

É importante que os alunos-atletas das CCA sejam avaliados em situações reais de jogo, já que a maioria dos fundamentos está devidamente fixada. Logicamente, a técnica adquirida anteriormente fundamentará a atuação dos alunos-atletas em jogo, mas são os elementos que devem ser avaliados, pois a aplicação do que foi aprendido até então é que passa a importar.

Para esse fim, foi idealizada a avaliação técnica simplificada de jogo. Para a C16/17, a obtenção dos dados em disputas oficiais foi preterida pelos coletivos realizados entre os próprios atletas pelo fato de as exigências poderem ser confrontadas entre si. Por causa da teórica homogeneidade do grupo, não há diferenças que possam interferir na aferição, seja para baixo ou para cima. Podemos considerar que um aluno-atleta servirá ao outro como parâmetro, o que aproximará os dados levantados a uma fidedignidade maior.

Durante dois ou três coletivos, em um total de seis *sets* normais, realizados em dias diferentes, é feita a observação estatística dos seguintes fundamentos: saque, recepção, levantamento, ataque, bloqueio, defesa e contra-ataque. Os coletivos devem ser realizados entre atletas infantojuvenis, contando, se necessário para se completar as equipes, com outros menores ou maiores, mas de nível técnico semelhante.

Já para a C18/19, a confrontação das habilidades contra um adversário, em condições de disputa, trará observações mais relevantes, já que o rendimento em situações de competição passa a ser mais importante nessa faixa etária que antecede o adulto. Recomenda-se que a avaliação seja feita sempre que possível contra equipes de mesmo nível técnico, pois haverá uma superestimação dos resultados caso o adversário seja mais fraco, ou uma subestimação no caso de oponentes mais fortes.

Alunos-atletas que participam de categorias superiores devem ser avaliados com os colegas de mesma idade cronológica.

É possível também, caso a análise estatística seja sistemática, que se utilizem dados dos coletivos (C16/17) ou dos jogos realizados e analisados durante os períodos indicados. Nesse caso, para promover a análise, é necessário que todos tenham oportunidade de participar dos jogos do início ao fim e sejam escolhidos adversários de condições técnico-táticas semelhantes.

É recomendável que as avaliações de jogo sejam realizadas a partir das seguintes orientações e organizações:

- Os coletivos podem ser filmados e o técnico avalia a partir da gravação.
- Os outros treinadores são convidados pelo técnico responsável pelo grupo a colaborar na avaliação. Nesse caso, os fundamentos são distribuídos aos avaliadores de acordo com a prática de cada um, podendo caber um ou dois para cada avaliador. Também é possível distribuir os atletas entre os avaliadores, ficando dois ou três avaliandos por treinador.

Elementos e critérios

Cada fundamento tem suas características próprias como elemento de jogo e deve ser analisado e avaliado conforme os benefícios ou prejuízos, absolutos e relativos, que sua realização acarreta à equipe. Sendo assim, usaremos quatro critérios para cada fundamento: A, B, C e D. Em termos gerais, o conceito A corresponde ao sucesso absoluto; o B, ao sucesso relativo; o C ao prejuízo relativo; e o D ao prejuízo absoluto.

As especificações a seguir devem ser seguidas por todos os avaliadores, sem considerações subjetivas como "mas o atleta se esforçou" ou "ele foi desleixado, apesar de ter acertado". É possível que haja eventualmente inevitáveis diferenças de interpretação, pois há uma linha tênue entre os critérios que algumas vezes deixa em dúvida os avaliadores. Por exemplo, uma recepção pode ser A ou B, dependendo de o quanto o levantador se esforça para se antecipar à chegada da bola a fim de acelerar o levantamento. Para minimizar as diferenças de avaliação, convém, sempre que possível, que os treinadores se reúnam para avaliar e troquem considerações. Com o tempo, essas variações se encaixarão em um ou em outro critério.

A seguir, elencamos os elementos de jogo a serem avaliados e seus respectivos critérios. Muitos deles podem apresentar mais do que as quatro divisões aqui sugeridas, dependendo da profundidade de análise pretendida. Porém, para efeito de padronização e simplificação da avaliação, optamos por esse modelo para o PFCAAD.

Saque

A divisão aqui adotada não confere ao primeiro critério o sucesso absoluto, como pode-se notar. O raciocínio para tal adoção é o de que o sacador conseguiu cumprir com sua missão, independentemente do resultado final da ação coletiva que foi facilitada por ele. No caso do conceito A, por exemplo, o sacador fez o papel dele, cabendo ao time sacramentar a facilidade conseguida com o saque.

A. *Ace*/obriga o adversário a passar a bola de graça/bola de xeque.
B. Recepção C, obriga o adversário a jogar pelas extremidades.
C. Recepção A ou B, o adversário tem as opções de levantamentos velozes.
D. Erro.

Recepção

Tem ligação direta com a possibilidade coletiva de se atacar com velocidade ou não.

A. Permite todas as possibilidades de levantamento, chegando às mãos do levantador (flexibilidade de 1 m do local ideal).
B. Permite ao levantador imprimir velocidade, porém arriscando. O passe o obriga a se deslocar do local ideal.
C. Dá ao levantador somente as opções de jogar com as extremidades.
D. Erro/bola de xeque/equipe é obrigada a passar a bola de graça.

Levantamento

Os parâmetros para o levantamento devem considerar apenas as recepções A e B, e são os seguintes:

A. Preciso, o levantamento dá ao atacante todas as opções e o coloca contra bloqueio simples, quebrado ou ausente.
B. Preciso, dá ao atacante todas as opções, mas coloca-o contra bloqueio duplo compacto.
C. Impreciso, faz que o atacante tenha opções limitadas ou precise promover adaptações corporais para atacar.
D. Erro de levantamento ou o atacante precisa passá-la de graça.

Ataque

Nessa avaliação escolhemos unificar o ataque e o contra-ataque para não ampliar tanto as análises, mas convém em análises próprias do jogo separá-los, pois eles guardam características próprias.

A. Ponto.
B. A bola volta ao próprio time em condições de contra-ataque (o adversário devolve direto ou passa de graça).
C. O adversário defende e tem a chance de contra-atacar.
D. Erro/o atacante é bloqueado/infração.

Bloqueio

Credita-se somente ao jogador que fez o bloqueio, aquele em que a bola tocou.

A. Ponto.
B. O bloqueio defensivo permite à equipe contra-atacar/o adversário, após ser bloqueado, devolve de graça a bola.
C. A bola volta para o adversário, que tem chance de contra-atacar.
D. Erro/infração (não considerar aqui o mérito do atacante em explorar o bloqueio; um erro de bloqueio corresponde à bola que fica entre o bloqueador e a rede, passa entre os braços afastados, toque na rede ou invasão).

Defesa

Os critérios são semelhantes aos da recepção, porém um pouco mais flexíveis. Nesse fundamento, é importante considerar o mérito do atacante e a possibilidade real de defesa.

A. Permite todas as possibilidades de levantamento, chegando às mãos do levantador (flexibilidade de 1 m do local ideal). Considerar movimentações de até 1,5 m para fora da zona ideal de direcionamento.
B. Permite ao levantador imprimir velocidade, porém arriscando. O passe o obriga a se deslocar do local ideal. Considerar a possibilidade de jogar com as extremidades em bolas altas diante de situações muito dificultosas para o defensor.
C. Dá ao levantador somente as opções de jogar com as extremidades. Considerar a bola que passa de graça para situações de extrema dificuldade para o defensor.
D. Erro/bola de xeque/a equipe é obrigada a passar a bola de graça.

Notas da avaliação

Com a intenção de criar um índice que possa conferir à avaliação do aluno-atleta uma ideia mais clara da qualidade motora geral, baseada na concepção da evolução integral e em função de cada elemento analisado, o PFCAAD adotou uma fórmula que transforma os resultados em uma única nota de 1 a 10. O objetivo dessa qualificação é motivar o aluno-atleta a evoluir em todos os fundamentos e, consequentemente, conseguir uma nota geral melhor. A formação técnica integral é valorizada com a adoção dessa estratégia.

O primeiro passo é transformar cada avaliação em uma nota parcial, que resultará em uma nota final, de acordo com a Tabela 1.

O segundo passo é tomar o total de ações em cada fundamento e considerá-lo como 100% das ações. Então, cada critério é transformado em porcentual e multiplicado pelo valor correspondente explicado na Tabela 1 e somado, conforme o exemplo a seguir.

Tabela 1 Notas parciais

Saque A = 4	Saque B = 3	Saque C = 1	Saque D = – 4
Recepção A = 4	Recepção B = 3	Recepção C = 1	Recepção D = – 4
Levantamento A = 4	Levantamento B = 3	Levantamento C = 0	Levantamento D = – 4
Ataque A = 4	Ataque B = 2	Ataque C = 1	Ataque D = – 4
Bloqueio A = 4	Bloqueio B = 3	Bloqueio C = 1	Bloqueio D = – 4
Defesa A = 4	Defesa B = 3	Defesa C = 2	Defesa D = – 4

Determinado jogador atacou 10 bolas – 3 A + 2 B + 3 C + 2 D. A operação para calcular a nota de ataque deste avaliando é a seguinte:

[30% de A (× 4)] + [20% de B (× 2)] + [30% de C (× 1)] + [20% de D (× –4)] = [120] + [40] + [30] + [–80] = 110.

De posse desse resultado (110), busca-se na Tabela 2 a nota final.

No caso do exemplo citado anteriormente, a nota de ataque do indivíduo seria (por aproximação) 6,5.

As notas devem ser arredondadas para o valor mais próximo e sempre para mais quando o resultado se situar exatamente entre uma nota e outra.

Tabela 2 Nota final

Índice	Nota final
400	10
360	9,5
320	9
280	8,5
240	8
200	7,5
160	7
120	6,5
80	6
40	5,5
0	5
–40	4,5
–80	4
–120	3,5
–160	3
–200	2,5
–240	2
–280	1,5
–320	1
–360	0,5
–400	0

AVALIAÇÃO DAS CAPACIDADES MOTORAS CONDICIONAIS

Ao contrário das avaliações técnicas, as referentes às capacidades motoras condicionais têm na bibliografia grande volume de trabalhos. Vários autores propõem protocolos distintos para variáveis igualmente diversas. Apesar de a abrangência desses testes muitas vezes não satisfazer a especificidade desejada, selecionamos alguns que avaliam valências importantes para o voleibol, de fácil aplicação e de validade comprovada. Procuramos ainda elencar ao menos uma ou duas sugestões que se enquadram nas premissas de validade, objetividade e especificidade.

A aplicação dos testes físicos deve servir primeiro ao monitoramento da preparação física, sem, no entanto, encerrar-se nesse propósito. As capacidades motoras condicionais associam-se às habilidades técnicas para compor um indissociável quadro físico-técnico à prática excelente do voleibol. Portanto, os resultados devem servir ainda ao aperfeiçoamento do processo de treinamento geral e à associação de todos os fatores determinantes do desempenho.

A escolha dos testes físicos baseia-se tanto na aplicabilidade sistemática quanto no custo acessível. Algumas opções disponíveis em laboratórios e que requerem equipamentos mais sofisticados oferecem resultados mais detalhados e precisos, mas nem sempre é possível o acesso a eles. Pensando nisso, o PFCAAD sugere opções de protocolos e testes de campo, que podem não alcançar a precisão, a padronização e a possibilidade de reprodução daqueles, mas são exequíveis, têm uma especificidade maior e exigem uma mobilização menor de pessoas e material. Procuramos ainda aferir as capacidades condicionais específicas relacionadas na Seção "Preparação Física", a saber:

1. Resistência:
    I. Aeróbia.
    II. Anaeróbia alática.
2. Força:
    I. Máxima.

II. Explosiva.
      A. Membros inferiores.
      B. Membros superiores.
3. Velocidade:
   I. De movimentos cíclicos.
   II. De movimentos acíclicos (agilidade).
4. Flexibilidade.

Resistência

Aeróbia

Os testes aeróbios remetem a valores que expressam potência – representada pelo VO_2 máximo – e capacidade – apontada pelo limiar anaeróbio. Essas duas verificações podem ser conseguidas com mais exatidão em laboratórios, onde os indivíduos são submetidos a avaliações sobre esteiras, com medição direta, acompanhamento especializado, além de interpretação, registro digitalizado e representação de ambos em gráficos. No entanto, essa opção é mais onerosa e depende das possibilidades do projeto. É importante que as avaliações laboratoriais sejam acompanhadas de uma interpretação médica que "traduza" também outros resultados para os treinadores.

Os testes aeróbios possibilitam aos técnicos dosar ou intensificar os treinos de acordo com os objetivos específicos e os resultados obtidos por cada aluno-atleta e assim individualizar as sessões. Contudo, a medição serve como base por um tempo não muito extenso, já que o VO_2 máximo altera-se substancialmente com o treinamento. É importante que o técnico ou o preparador físico levem em consideração que as avaliações anteriores podem representar estágios que não mais correspondem ao atual, intensificando as exigências dos mais assíduos e empenhados ou reconsiderando estímulos para os que voltam de contusões ou afastamentos. Por essa razão, recomenda-se que os testes de medição do VO_2 máximo e do limiar anaeróbio sejam feitos algumas semanas após o início da temporada, já que a evolução da capacidade aeróbia do indivíduo é significativa após os primeiros treinos.

Testes de medição da concentração de lactato no sangue também têm sido utilizados atualmente para avaliar a capacidade aeróbia com validade confirmada (Kiss, 2003). A aferição do limiar anaeróbio em testes de campo, no entanto, só é possível com a coleta sanguínea, em avaliações que exigem pessoal especializado e equipamentos sofisticados.

É por meio do controle da frequência cardíaca que o professor-treinador pode quantificar a intensidade do esforço, para que o aluno-atleta trabalhe dentro dos parâmetros individuais aferidos na avaliação. Levar o aluno-atleta a limites que ultrapassem os estabelecidos pelos testes é intoxicar sua musculatura e impedir que haja desenvolvimento da capacidade que se quer desenvolver.

Algumas orientações devem ser seguidas pelo avaliando para que os resultados expressem sua real condição atlética. Recomenda-se: repouso na noite anterior e esforço apenas habitual nos períodos que antecedem o teste; menos intensidade nos treinos do dia anterior; alimentação leve de fácil digestão pelo menos três horas antes do teste.

No caso da impossibilidade de dispor de uma avaliação laboratorial, Tricoli, Ugrinowitsch e Franchini *in* De Rose (2006, p. 77) recomendam o teste de Léger (1988). Composto por corridas intervaladas de ida e volta, serve bem ao propósito, principalmente por incluir deslocamentos contínuos com mudança de direção. Pode ser realizado na quadra de treinamento e avaliar até seis indivíduos ao mesmo tempo.

Teste de Léger

O teste de Léger consiste em percorrer várias vezes a distância de 20 m em intervalos regulares e a uma velocidade constante imposta por uma gravação que emite sinais sonoros em determinado tempo.

- Pode ser realizado na própria quadra (de preferência coberta) em que ocorrem os treinos.
- Os avaliandos devem chegar à linha sempre que soar o sinal e imediatamente retomar a

direção contrária, mantendo o ritmo até quando conseguir.
- As marcações no solo devem ser feitas preferencialmente com fita crepe e sinalizadas com cones que separarão as raias em que cada avaliando correrá.
- Duas linhas paralelas e separadas entre si por exatos 20 m (use trena aferida) e extensas o suficiente para que caiba número adequado de avaliandos (distantes ao menos 1 m entre si), que possam ser observados e controlados ao mesmo tempo pelos avaliadores, conforme a Figura 1.
- O aparelho de som e a mídia que contém a gravação específica para o teste (é possível consegui-lo em *sites* da internet) devem estar prontos para uso imediato, assim como os avaliadores a postos e com as planilhas de controle.
- Preparada a logística, os avaliandos são orientados e submetidos a um aquecimento geral no qual poderão percorrer o trajeto por até três vezes, tendo conhecimento da velocidade inicial imposta pela gravação.
- A largada é dada com os avaliandos posicionados com um dos pés sobre a linha de partida. Eles movimentam-se até a outra linha, procurando tocá-la ao sinal.
- Caso cheguem antes do tempo determinado, devem aguardar o sinal para reiniciar o percurso em direção à outra linha. Dificilmente haverá coincidência entre a chegada e o sinal nas primeiras tentativas, mas ela deve ser alcançada o mais rápido possível e mantida indefinidamente até a exaustão.
- O sinal sonoro é programado para manter-se constante durante 1 minuto, em uma velocidade de 8,5 km/h, aumentando a velocidade na ordem de 0,5 km/h a cada minuto subsequente.

O avaliador deve anotar cada distância de 20 m percorrida na ficha individual de controle (ver Anexos). O teste é interrompido quando o avaliando não conseguir chegar às linhas por duas vezes seguidas no tempo devido. A última anotação deve ser a vez derradeira em que o avaliando conseguiu completar o percurso no tempo devido antes das duas seguidas em que não conseguiu realizá-lo.

É possível promover o cálculo do VO_2 máximo (expresso em mL/kg/min) no teste de Léger a partir dos resultados absolutos (número de vezes que conseguiu percorrer os 20 m) que são anotados na ficha. Para isso, é necessário utilizar as fórmulas a seguir:

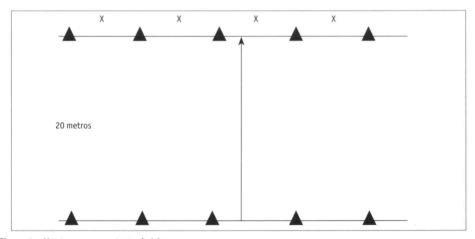

Figura 1   Montagem para o teste de Léger.

- Para indivíduos entre 6 e 17 anos: VO$_2$ máx = 31,025 + (3,238 × velocidade em km/h na última corrida completa) − (3,248 × idade em anos) + (0,1536 × velocidade × idade).
- Para indivíduos acima de 17 anos: VO$_2$ máx (mL/kg/min) = − 24,4 + (6 × velocidade em km/h na última corrida completa).

Anaeróbia

Os testes para a aferição dessa capacidade buscam avaliar ou a potência anaeróbia ou a capacidade anaeróbia, e a primeira medição é conseguida em avaliações de curta duração (no máximo 5 segundos), enquanto a segunda é obtida em protocolos que variam entre 30 e 90 segundos. Para o voleibol, em particular, são mais interessantes os que avaliam a potência anaeróbia, já que os estímulos do jogo, como já foi dito, baseiam-se em intervalos de curta duração, poucas repetições e tempo suficiente para a ressíntese do lactato. Contudo, a intensidade de um treinamento de voleibol exige do atleta a condição lática para suportar não só os treinos, mas o acúmulo das sessões e dos ralis mais prolongados, em que a eliminação dos substratos responsáveis pela fadiga muscular não se dá por completo.

A avaliação da capacidade anaeróbia pode ser conseguida diretamente da coleta de sangue após os esforços, o que requer pessoal especializado e recursos extras para medição da concentração de lactato na amostra sanguínea. Segundo Kiss (2003, p. 180), a metodologia e as variáveis diversas que influenciam na produção e na remoção do lactato não determinam de forma absoluta a capacidade anaeróbia. Contudo, a autora considera válida a utilização do método para a obtenção da concentração de lactato após corridas de curta duração.

Outros testes de campo bastante utilizados para a medição da capacidade anaeróbia, entre eles o RAST (*Running-based Anaerobic Sprint Test*) – composto por seis corridas de 35 m, com intervalos de 10 segundos –, conduzem à laticidade e ficam distantes de uma especificidade ao voleibol.

Diante dessas considerações, preferimos sugerir o teste de cinco corridas de 30 m que consta em Kiss (2003, p. 182-183). O teste requer a coleta de sangue para medição da concentração de lactato e consiste em cinco corridas de 30 m em velocidade máxima, com intervalos de 1 minuto entre elas. O acúmulo dos estímulos, apesar de a pausa para recuperação permitir a ressíntese quase completa de ATP-CP, faz que a concentração de lactato se eleve e forneça elementos para medir a capacidade anaeróbia do avaliando e, como afirma Kiss, distinguir os sistemas metabólicos do indivíduo e determinar a capacidade do metabolismo alático. A concentração de lactato é expressa em mM, e quanto mais alta a concentração, mais próximo à fadiga está o avaliando.

A potência anaeróbia pode ser avaliada por meio do teste de Wingate. Realizado em laboratório, em um cicloergômetro específico, o avaliando pedala em velocidade máxima por 30 segundos contra uma resistência preestabelecida de acordo com o peso corporal. O programa fornece a potência gerada pelo indivíduo a cada segundo ou a intervalos de 5 segundos. É possível também aferir o tempo gasto para atingir a potência máxima. O Wingate permite a testagem da potência anaeróbia de membros inferiores e superiores. Apresenta como desvantagem o fato de o ato motor de pedalar estar distante da especificidade dos gestos do voleibol.

Como é possível perceber, a avaliação da resistência anaeróbia é um tanto quanto difícil de ser aplicada em projetos sem muitos recursos financeiros. Todavia, ela é um importante indicador da condição individual de suportar certos estímulos durante os treinamentos.

Força

Teste de força máxima

A avaliação da força máxima é um expediente muito utilizado para a dosagem do treinamento em relação às cargas a serem administradas nas sessões de musculação. Ainda que muitos treinadores realizem essa avaliação a partir de uma repetição com o máximo possível de peso, optamos por aplicar o teste da capacidade submáxima – apesar da fidegnidade mais baixa em relação àquele – para calcular por meio desse resultado a capacidade de força máxima com a fórmula de Bryzcki (1993) citada por Tricoli, Ugrinowitsch e Franchini *in* De Rose (2006, p. 71). A desvantagem do primeiro é que a carga nem sempre é compatível com as possibilidades do avaliando, o que pode levá-lo a contusões ou a uma fadiga muscular em tentativas vãs enquanto tenta-se "encontrar" a quilagem exata.

O teste de força submáxima consiste em submeter o avaliando à repetição do movimento até a exaustão. O resultado (número de repetições completas) é convertido para obtenção da força máxima (expressa na fórmula de Brzycki como 1 RM – 1 repetição máxima):

1 RM = peso levantado / (1,0278 – 0,0278 × número de repetições)

São necessários, no entanto, no teste de força submáxima, alguns procedimentos que aumentam a fidedignidade do teste. Por exemplo, para calcular o peso a ser carregado pelo avaliando, convém levar em consideração a carga utilizada nos treinamentos habituais em séries de oito repetições. Considerando que o aluno-atleta consegue realizar cada série com esforço tal que na última repetição esteja próximo da fadiga, pode-se acrescentar 20% de peso ao exercício para a realização do teste. Por exemplo, se o indivíduo eleva 70 kg no supino reto nas séries com as características citadas acima, submeta-o ao teste nessa estação com 84 kg.

Quanto maior o número de repetições que o avaliando consegue realizar, menos fidedigno é o teste. Para que os resultados atinjam uma margem que garanta a fidedignidade da testagem, o número de repetições não deve passar de oito, sendo preferível que fique até em seis. Para que o número de repetições não exceda o razoável, não se pode impor uma carga muito leve. Caso isso ocorra, repita a estação da ocorrência em outro dia. Por exemplo, se um indivíduo realiza cinco repetições com 100 kg, o índice de força máxima (1 RM) calculada a partir da fórmula a seguir é de 113 kg; já outro que consiga repetir 25 vezes a ação motora com 70 kg, o 1 RM dele seria de 210 kg. Ou seja, o resultado sepulta o teste!

Outra vantagem desse teste é que podemos utilizá-lo não apenas a partir dos 17 anos, quando o treinamento em salas de musculação ganha importância e constância maior para a aquisição da força, mas também antes dessa idade, principalmente durante a puberdade, quando não se recomenda a realização de testes que levem o aluno-atleta a exercer força máxima com qualquer segmento.

A exemplo das considerações feitas a respeito da medição inicial da capacidade aeróbia, os testes de força máxima também devem ser realizados apenas após os primeiros treinos da temporada, pois os alunos-atletas apresentarão resultados significativamente diferentes algumas semanas depois de começar os treinos específicos. O ideal é que se avalie a força máxima somente na terceira semana de treino específico de musculação. Enquanto isso, o aluno-atleta poderá também fortalecer adequadamente a musculatura que ficou em repouso durante as férias para se submeter ao teste com mais segurança.

A força máxima obtida por meio da fórmula em cada estação servirá de parâmetro ao preparador físico para planejar os treinos e dosar as cargas de acordo com seus objetivos, compatíveis à condição do aluno-atleta, e adequá-las à sua idade biológica. A periodicidade das avaliações não precisa necessariamente seguir a das demais, já que elas podem ser necessárias para fases diferentes de preparação. Entretanto, para efeito de registro, conforme proposto por este livro, os testes realizados mais próximos às avaliações periódicas devem ser anexados ao histórico do atleta, com a anotação do período em que foram feitos.

Logística do teste

Preparação: preparar as estações com barras, anilhas e grampos a serem utilizados. As fichas (constantes nos Anexos) devem estar com os avaliadores.

Estações:

- Membros superiores:
  1. Supino reto.
  2. *Pulley* frontal.
  3. Desenvolvimento à frente.
  4. Remada.
  5. *Pulley* tríceps.
  6. Rosca direta bíceps.
- Membros inferiores:
  1. Cadeira flexora.
  2. Cadeira extensora.
  3. Adução.
  4. Abdução.
  5. *Leg calf*.
  6. *Leg press*.

Antes de iniciar a testagem, todos devem ser submetidos a um aquecimento dos grupos musculares a serem avaliados.

É imperioso que haja supervisão de pelo menos dois técnicos junto aos alunos-atletas na realização dos testes, pois haverá um momento em que eles não conseguirão realizar o movimento e precisarão de ajuda para reconduzir o peso ao lugar. Não se deve deixar pesos soltos, prendendo-os sempre com grampos.

- Execução: o avaliando executará o movimento com a carga submáxima (aproximada e subjetivamente determinada pelo treinador e pelo avaliando, com base nas sessões de treinamento anteriores) até a fadiga, contando-se as repetições completas. O peso determinado deve ser de aproximadamente 90% da carga máxima.
- Cuidados: para que a fadiga não interfira no resultado, deve haver um intervalo de aproximadamente 10 minutos entre as estações referentes aos grupos musculares semelhantes. Sendo assim, o mais indicado é que se alterne uma estação para membros superiores e outra para os inferiores, com base na ordem estabelecida anteriormente.

Força explosiva

No voleibol, a potência de membros inferiores e superiores é fundamental para o bom rendimento das principais habilidades específicas. Assim, escolhemos dois testes para medir a força explosiva desses grupos musculares, um para os membros inferiores e um para os superiores, buscando aproximá-los da especificidade dos movimentos de bloqueio, cortada e saque, guardando, porém, a possibilidade de comparação dos dados para verificação da evolução individual e para comparação entre os indivíduos.

Força explosiva de membros inferiores (impulsão vertical)

Os testes de impulsão vertical mais aplicados atualmente podem ser realizados sob aparatos tecnológicos sofisticados (plataformas eletrônicas de força com sensores que medem instantaneamente a potência do salto), porém, em razão do alto custo desses equipamentos, sugerimos testes de campo que, apesar de contarem com material mais simples, são mais acessíveis e perfeitamente válidos.

Teste de salto vertical

Buscando uma especificação maior aos movimentos do voleibol, incluímos três medições distintas a esse teste. A primeira exclui o uso dos braços e da corrida para a impulsão; a segunda inclui apenas a utilização dos braços; enquanto a terceira é precedida de corrida e movimentação de braços semelhante ao movimento realizado para a cortada. O teste é realizado em um mesmo local e as medidas são tomadas em sequência.

Logística

- Preparação: régua métrica apropriada fixada à parede perpendicularmente ao solo, de modo a ter até 4 m de alcance a partir do chão; caixa com pó de magnésio ou bastonetes de giz de cor contrastante à da parede; uma cadeira ou mesa sobre a qual o avaliador permanecerá para observar com mais precisão o local em que o avaliando tocar; e ficha de avaliação (ver Anexos).

Os alunos-atletas deverão estar devidamente aquecidos para a realização dos saltos e poderão realizar alguns experimentais, de acordo com o exercício proposto.

1. Antes do salto é tomada a medida de "alcance", com o avaliando estendendo o braço dominante lateralmente à superfície demarcada (os destros realizarão o teste tendo a parede ao seu lado direito e tocando-a com a mão direita, enquanto os canhotos se posicionarão de modo a deixar a parede à esquerda e tocá-la com a mão esquerda). O aluno-atleta inicia na posição em pé, de lado para a parede. Em seguida, flexiona os joelhos até chegar a 90°/100° e salta imediatamente, sem pausa nem auxílio dos braços (mantendo-os estendidos verticalmente), buscando alcançar a altura máxima. Resultado: após três tentativas (com pausa de 30 segundos entre elas), marca-se na ficha apenas o melhor resultado.

Repetir o mesmo procedimento (depois de todos realizarem o salto sem o auxílio dos membros superiores) para:

2. Salto sem corrida prévia, com o auxílio dos braços.
3. Salto com corrida prévia paralela à parede e com o auxílio dos braços (movimento idêntico à cortada – três passos, obrigatoriamente).

Com os resultados, é possível, além dos usos já comentados no início do capítulo, promover uma análise da correspondência entre os três testes. Os dados podem sugerir uma deficiência coordenativa na utilização dos braços ou da corrida prévia, já que ambos, tanto isolada quanto associadamente, devem promover um ganho até superior a 20% na impulsão quando incorporados à simples extensão dos membros inferiores.

Kiss (2003, p. 172) sugere uma fórmula que inclui o peso do indivíduo para cálculo do trabalho realizado. Com isso, é possível comparar com mais precisão os resultados a outras populações, além de permitir que se considere essa variável a outras medições individuais em tempos diferentes, quando o avaliando pode apresentar mudança de peso corporal.

$DVC = 2{,}21 \times \text{peso corporal} \times (\text{deslocamento vertical}^{1/2})$

onde: DVC – deslocamento vertical corrigido; peso corporal expresso em kg; deslocamento vertical expresso em m.

Força explosiva de membros superiores

Para medir essa variável escolhemos um teste reconhecido pela literatura especializada, o teste de arremesso de bola medicinal de 3 kg, proposto por Kiss (2003, p. 347) e Tricoli, Ugrinowitsch e Franchini *in* De Rose (2006, p. 71). Apesar de concentrar mais o movimento na musculatura extensora de braço, há influência dos peitorais e da porção anterior do deltoide, músculos importantes nos gestos motores de saque e cortada. Sendo assim, preferimos adotar apenas este do que adaptá-lo também a um movimento de lançamento sobre a cabeça, que, apesar de levar a uma especificação maior daqueles fundamentos, abriria a possibilidade de desvirtualização do gesto, com o auxílio de outros segmentos e até movimentação da cadeira.

Logística
- Material: cadeira, toalha ou faixa resistente, bola medicinal de 3 kg (sugerimos que a bola seja pesada antes de ser utilizada), trena, ficha de avaliação (ver Anexos).

Os avaliandos devem ser devidamente preparados com aquecimento específico de membros superiores e tronco.

- Preparação: o avaliando senta-se encostado na cadeira, com os pés no chão, e segura a bola junto ao peito com as duas mãos. Para evitar que o tronco seja utilizado no movimento de lançar a bola, o avaliador segura o avaliando com a faixa (ou toalha) presa logo abaixo das axilas (conforme Figura 2). A trena é presa ao solo e estendida em linha reta à frente do aluno-atleta (o zero corresponde ao limite anterior da cadeira).

- Execução: estendendo os braços à frente com a máxima potência, o avaliando arremessa a bola o mais distante possível sobre a trena demarcatória. De duas tentativas (com 30 segundos de intervalo entre elas), a melhor é anotada na ficha de controle.

Outras avaliações mais precisas podem ser utilizadas, desde que se disponha de suporte financeiro, pois são realizadas em laboratórios especializados e utilizam equipamentos sofisticados. É o caso dos testes de dinamometria isocinética. Além de determinar a força explosiva de diferentes segmentos, permitem, por meio de precisa análise de programas de computador, identificar diferenças entre os hemicorpos. Com base nesses resultados, a prescrição de treinamento promove o reequilíbrio com mais eficácia e objetividade.

Velocidade

Como pudemos ver na Seção "Preparação Física", a velocidade no voleibol manifesta-se de várias formas: de percepção e reação, de movimentos cíclicos (deslocamento), de membros superiores e de movimentos acíclicos (agilidade) e de força. Como a percepção e a reação estão diretamente ligadas à evolução do treinamento técnico e sua testagem, se não realizada em precisos equipamentos, leva a desvios-padrão que inviabilizam sua validade, optamos, então, por não realizá-la. Já a velocidade de membros superiores pode estar associada à força explosiva aferida nos testes sugeridos anteriormente, assim como a velocidade de força.

Sendo assim, escolhemos dois testes, um que avalia a velocidade de movimentos cíclicos e outro, a agilidade. No primeiro deles é promovida uma adaptação que o aproxima de outros testes com a mesma finalidade e o especifica mais ao voleibol.

Velocidade de movimentos cíclicos
Teste da corrida de 20 m (adaptado)
Há uma grande quantidade de testes de velocidade, com distâncias variadas e que, por esse motivo, guardam especificações diferentes de acordo com as modalidades esportivas. O teste de velocidade de deslocamento realizado em 20 m é, entre os disponíveis como válidos na literatura, em razão da distância, o que mais serve ao voleibol. Mesmo assim, os deslocamentos do voleibol nunca chegam a cobrir tal distância. Por essa razão, resolvemos incluir as aferições intermediárias do teste dos 30 m sugerido por Kiss (2003, p. 348) e Tricoli, Ugrinowitsch e Franchini *in* De Rose (2006, p. 75). Nessa adap-

Figura 2 Teste de arremesso de bola medicinal de 3 kg, de Kiss.

tação é possível aferir a capacidade de aceleração nas duas primeiras medidas e a de velocidade de deslocamento com o último dado.

É possível realizar esse teste com o auxílio de equipamentos (células fotoelétricas e programas de computador) que aferem a passagem do avaliando pelos pontos intermediários e final, além de determinar automaticamente a velocidade de deslocamento. Todavia, as instruções a seguir visam à realização desse teste de campo com o mínimo possível de material.

Logística
- Material: fita crepe, apito, cones, cronômetros, planilha de avaliação (ver Anexos).
- Preparação: na quadra habitual de treinamento, determinar com fita crepe uma linha de partida e outra de chegada a 20 m da primeira. Três outras linhas serão demarcadas: uma a 5 m da largada, outra a 10 m e uma terceira 1 m depois da chegada. Cones são colocados exatamente ao lado das linhas para melhor visualização do avaliando e dos avaliadores. Ver Figura 3. Três avaliadores vão se posicionar, um no prolongamento da linha dos 5 m, o segundo no prolongamento da linha dos 10 m e o terceiro, no da linha dos 20 m. Um quarto elemento será responsável por dar a largada.

Os avaliandos devem estar aquecidos e podem realizar até duas corridas para se acostumar com o teste.

- Orientações: o avaliando deve ser orientado a não interromper a corrida e passar a linha de chegada, desacelerando apenas após ultrapassar a linha dos 21 m.
- Execução: o avaliando permanece em pé, junto à linha de partida e, ao apito, inicia a corrida em velocidade máxima até ultrapassar a linha colocada a 21 m.
- Medição: serão feitas três tomadas de tempo, uma quando o avaliando passar pela linha dos 5 m; outra ao passar a linha dos 10 m; e a terceira, nos 20 m. O melhor resultado dos 20 m é registrado na ficha individual, com os resultados parciais *desta série*.

Obs.: não são os melhores resultados de cada parcial, mas os alcançados na melhor marca dos 20 m!

Os dados podem ser expressos em segundos e centésimos de segundo (p. ex., 4"35) ou em velocidade (m/seg), conforme a fórmula a seguir:

$V_1 = 5/t$
$V_2 = 10/t$
$V_3 = 20/t$
V_1 – velocidade ao cruzar a linha dos 5 m
V_2 – velocidade ao cruzar a linha dos 10 m
V_3 – velocidade ao cruzar a linha dos 20 m
t – tempo em segundos

Os resultados devem ser analisados separadamente, pois indicam a capacidade de aceleração, tão importante nas ações instantâneas defensivas e de bloqueio, e as de deslocamento, que complementam a decisão e a reação, possibilitando a chegada do aluno-atleta em condições ideais para a realização do fundamento em questão. Dependendo das deficiências encontradas, o treinamento pode ter uma ênfase maior no aprimoramento da aceleração ou da velocidade

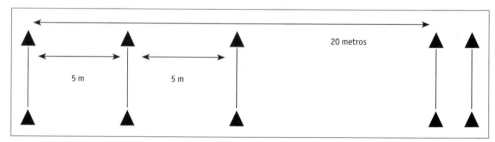

Figura 3   Teste da corrida de 20 m adaptado.

em si. Para o voleibolista, em particular, o ideal é que a V_1 se aproxime cada vez mais da V_2.

Velocidade de movimentos acíclicos

Entendemos que o teste de agilidade sugerido por Marins e Giannichi (1996) *apud* Kiss (2003, p. 343), denominado SEMO, de Johnson e Nelson (1979), por utilizar deslocamentos variados, tem alta especificidade para medir a velocidade de movimentos acíclicos, pois utiliza distâncias e formas de deslocamento semelhantes às adotadas no voleibol.

Teste de agilidade SEMO
Logística
- Material: fita crepe, quatro cones, apito, cronômetro e ficha de avaliação (ver Anexos).
- Devidamente aquecido, é permitido ao avaliando experimentar e memorizar o circuito proposto antes de ser avaliado.
- Preparação: montar com os cones um retângulo de 3,65 m × 5,80 m, conforme a Figura 4.
- Execução: o avaliando inicia o teste atrás da linha de partida no ponto A. Ao apito, desloca-se em velocidade máxima da seguinte maneira:
    - Lateralmente até o ponto B e contorna o cone por fora.
    - De costas até D e contorna o cone.
    - De frente até A e contorna o cone.
    - De costas até C e contorna o cone.
    - De frente até B e contorna o cone.
    - Lateralmente (lado diferente da primeira) até A e ultrapassa a linha de chegada (a mesma da partida).

Figura 4 Teste de agilidade SEMO.

- Considerações: as passadas laterais não podem ser cruzadas; caso o avaliando se atrapalhe na realização do teste, são dadas a ele quantas tentativas forem necessárias para que realize-o de acordo com o protocolo. Recomenda-se que nova tentativa só ocorra 2 minutos após a anterior.
- Medição: é registrado o melhor resultado de duas tentativas corretas. O registro é em segundos, até a segunda casa decimal (centésimos) (p. ex., 11"14).
- A interpretação dos resultados pode levar a reconsiderações em relação ao treinamento de algumas capacidades condicionais, como a velocidade de movimentos cíclicos, como também associar o aprimoramento da velocidade de movimentos acíclicos a elementos técnicos que envolvam movimentações específicas variadas. É bem possível que o aluno-atleta que obtém maus resultados no SEMO tenha dificuldades também com as capacidades coordenativas.

Flexibilidade

Vários são os grupos musculares e articulações envolvidos na prática do voleibol, mas a avaliação de cada um deles tomaria muito tempo e esbarraria em problemas de validação, já que é muito difícil isolar certas regiões para avaliá-las em termos de flexibilidade. Por isso, optamos pelo banco de Wells, um dos mais utilizados em várias modalidades esportivas, e que avalia a mobilidade articular e elasticidade de uma cadeia muscular muito importante na execução dos fundamentos do voleibol, a posterior de tronco e membros inferiores.

Banco de Wells
O teste do banco de Wells, também conhecido como teste de "sentar e alcançar", e indicado por vários autores, pode ser realizado em locais pouco espaçosos e requer um aparato que pode ser confeccionado em marcenarias ou adaptado. Construído em forma de cubo, o banco de Wells tem 30 cm de cada lado. Na ausência do banco, é possível utilizar uma superfície de 30 cm de

altura e 30 cm de profundidade. Para crianças, é recomendável utilizar uma superfície mais baixa, da altura de seus pés (cerca de 20 cm). Sobre o banco é colocada uma tábua na qual será fixada a régua métrica, de modo que o 23º centímetro seja exatamente sobre a superfície na qual o avaliando apoiará os pés. A fita métrica deve estar com a marca de 23 cm na linha vertical onde os avaliandos apoiarão os pés. Ou seja, antes desse limite a tábua com a fita registrará a medição inferior a 23 cm, caso ele não consiga alcançar a linha dos pés. Ver Figura 5.

Logística
- Material: banco de Wells ou equivalente, régua de 50 cm fixada ou pintada sobre uma tábua e ficha de avaliação (ver Anexos).
- O aquecimento é realizado com alongamentos da região a ser testada.
- Preparação: O avaliando senta-se no solo, de frente para o banco, e encosta os pés descalços na superfície vertical à sua frente; mantendo as pernas estendidas e unidas, flexiona o tronco o máximo possível e procura, com os braços estendidos e as mãos uma sobre a outra e igualmente estendidas, alcançar o ponto mais distante da régua. O avaliador deve cuidar para que os joelhos do avaliando mantenham-se em extensão.
- A centimetragem que o avaliando conseguir alcançar com a ponta dos dedos é o resultado a ser anotado. O melhor resultado de três flexões consecutivas é registrado em centímetros na ficha individual.
- Resultados abaixo dos 23 cm ou próximos a tal marca requerem especial atenção e devem servir como indicador de reforços específicos para o desenvolvimento da flexibilidade em geral.

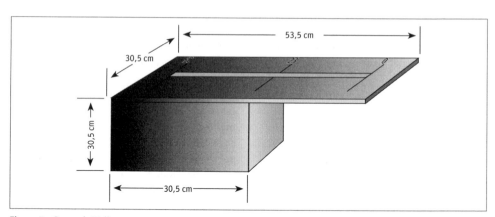

Figura 5 Banco de Wells.

Anexos

AVALIAÇÃO TÉCNICA

- Cada fundamento é avaliado isoladamente e é atribuída uma nota ao avaliando. A média de todas as habilidades específicas avaliadas resulta em uma nota geral.
- Fica a critério dos técnicos do PFCAAD agrupar os fundamentos em um bloco (ou até em menos folhas) ou deixá-los separados em fichas e depois juntá-las para formar a avaliação total de cada aluno-atleta.
- Seguem os modelos dos fundamentos que serão analisados.
- É recomendável que cada folha tenha um cabeçalho de identificação do avaliando.

Nome: _____ Idade: _____

Turma: _____ Data: _____ Nota geral: _____

TOQUE POR CIMA – DE FRENTE   NOTA: _____

Guarda posição básica e desloca-se adequadamente, posicionando-se sob a bola antes da chegada dela?
☐ SIM   ☐ NÃO

Posiciona o corpo sob a bola e prepara-se adequadamente para a realização do toque?
☐ SIM   ☐ NÃO

Harmoniza a simetria e o sincronismo de braços e mãos no toque?
☐ SIM   ☐ NÃO

O movimento de toque é feito com todos os segmentos em harmonia (mãos, braços, tronco e pernas)?
☐ SIM   ☐ NÃO

Após o toque, complementa o movimento em direção ao local para o qual a bola foi enviada com precisão?
☐ SIM   ☐ NÃO

TOQUE POR CIMA – DE COSTAS   NOTA: _____

Guarda posição básica e desloca-se adequadamente, posicionando-se sob a bola antes da chegada dela?
☐ SIM   ☐ NÃO

Posiciona o corpo sob a bola e prepara-se adequadamente para a realização do toque?
☐ SIM   ☐ NÃO

Harmoniza a simetria e o sincronismo de braços e mãos no toque?
☐ SIM   ☐ NÃO

O movimento de toque é feito com todos os segmentos em harmonia (mãos, braços, tronco e pernas)?
☐ SIM   ☐ NÃO

Após o toque, complementa o movimento em direção ao local para o qual a bola foi enviada com precisão?
☐ SIM   ☐ NÃO

TOQUE LATERAL   NOTA: _____

Guarda posição básica adequada antes de realizar o toque e se desloca adequadamente para a bola?
☐ SIM   ☐ NÃO

Antecipa o posicionamento sob a bola, colocando-se adequadamente para realizar o toque?
☐ SIM   ☐ NÃO

Posiciona braços e mãos corretamente no toque?
☐ SIM   ☐ NÃO

O movimento de toque é feito com todos os segmentos em harmonia (mãos, braços, tronco e pernas)?
☐ SIM   ☐ NÃO

Após o toque, complementa o movimento em direção ao local para o qual a bola foi enviada com precisão?
☐ SIM   ☐ NÃO

TOQUE POR CIMA – VARIAÇÕES   NOTA: _____

Realiza o toque de costas direto (sem toque prévio para si mesmo)?
☐ SIM   ☐ NÃO

Realiza o toque em suspensão de frente?
☐ SIM   ☐ NÃO

Realiza o toque em suspensão lateral (sem toque prévio para si mesmo)?
☐ SIM   ☐ NÃO

Realiza o toque em suspensão de costas (com um toque prévio do chão para si mesmo)?
☐ SIM   ☐ NÃO

Realiza o toque em desequilíbrio (com um toque prévio do chão para si mesmo) com meio-rolamento?
☐ SIM   ☐ NÃO

Nome: _____ Idade: _____

Turma: _____ Data: _____ Nota geral: _____

MANCHETE NORMAL   NOTA: _____

Posição básica e deslocamento adequados, posiciona o corpo de modo a ficar atrás da bola antes da chegada dela?
☐ SIM ☐ NÃO

Posiciona o corpo corretamente, para que o contato com a bola seja realizado à frente dele?
☐ SIM ☐ NÃO

Afasta adequadamente as pernas, equilibrando-se e tendo mobilidade para pequenos ajustes?
☐ SIM ☐ NÃO

Posiciona ombros, mãos e antebraços simetricamente, com plataforma de contato adequada?
☐ SIM ☐ NÃO

Toca a bola com os antebraços, finaliza o movimento e direciona o corpo para onde foi a bola com precisão?
☐ SIM ☐ NÃO

MANCHETE DE COSTAS   NOTA: _____

Posição básica e deslocamento adequados, tendo tempo para posicionar adequadamente o corpo em relação à bola?
☐ SIM ☐ NÃO

Posiciona o corpo corretamente, para que o contato com a bola seja realizado na altura e na distância ideais?
☐ SIM ☐ NÃO

Afasta adequadamente as pernas, equilibrando-se e tendo mobilidade para pequenos ajustes?
☐ SIM ☐ NÃO

Posiciona ombros, mãos e antebraços simetricamente, com plataforma de contato adequada?
☐ SIM ☐ NÃO

Toca a bola com os antebraços, finaliza o movimento de quadril, membros inferiores e superiores e direciona a bola para trás de si com precisão?
☐ SIM ☐ NÃO

MANCHETE ALTA (À ALTURA DOS OMBROS)   NOTA: _____

Posição básica e deslocamento adequados, posiciona o corpo atrás da bola antes da chegada dela?
☐ SIM ☐ NÃO

Posiciona o corpo corretamente, para que o contato com a bola seja realizado à frente dele?
☐ SIM ☐ NÃO

Afasta adequadamente as pernas, equilibrando-se e tendo mobilidade para pequenos ajustes de pés e braços?
☐ SIM ☐ NÃO

Posiciona ombros, mãos e antebraços simetricamente, oferecendo plataforma de contato adequada?
☐ SIM ☐ NÃO

Toca a bola com os antebraços, finaliza o movimento, direciona o corpo para onde foi a bola com precisão?
☐ SIM ☐ NAO

SAQUE POR BAIXO   NOTA: _____

Prepara-se adequadamente para o saque?
☐ SIM ☐ NÃO

Golpeia corretamente a bola?
☐ SIM ☐ NÃO

Executa o saque sem movimentos desnecessários?
☐ SIM ☐ NÃO

Os membros inferiores estendem-se e projetam o corpo à frente, no momento do saque?
☐ SIM ☐ NÃO

O braço de ataque segue a trajetória tomada pela bola e a direção é correta?
☐ SIM ☐ NÃO

Nome:		Idade:	
Turma:		Data:	Nota geral:

SAQUE LATERAL — NOTA: _____

Prepara-se adequadamente para o saque?
☐ SIM ☐ NÃO

Lança na altura necessária e golpeia corretamente a bola?
☐ SIM ☐ NÃO

Executa o saque sem movimentos desnecessários?
☐ SIM ☐ NÃO

Os membros inferiores estendem-se e projetam o corpo à frente, no momento do saque?
☐ SIM ☐ NÃO

O braço de ataque segue a trajetória tomada pela bola e a direção é correta?
☐ SIM ☐ NÃO

SAQUE TIPO TÊNIS — NOTA: _____

Posiciona-se corretamente para a preparação do saque e executa o lançamento apropriado?
☐ SIM ☐ NÃO

O braço de ataque estende-se para trás, acima da altura dos ombros, e o tronco permanece ereto?
☐ SIM ☐ NÃO

O braço golpeia a bola, num movimento coordenado e potente?
☐ SIM ☐ NÃO

A batida na bola é realizada com a mão espalmada e o punho firme, na altura ideal?
☐ SIM ☐ NÃO

O braço de ataque segue a trajetória tomada pela bola, enquanto o corpo, após o golpe, é levado à frente?
☐ SIM ☐ NÃO

SAQUE VIAGEM — NOTA: _____

Guarda posição básica e lança a bola com altura adequada para a preparação do movimento?
☐ SIM ☐ NÃO

Ritmo e amplitude de passadas permitem o movimento correto de saque?
☐ SIM ☐ NÃO

O movimento de cortada é executado corretamente?
☐ SIM ☐ NÃO

Bate na bola corretamente, na altura ideal, e imprime direção à bola?
☐ SIM ☐ NÃO

A queda é realizada com suavidade e dentro da quadra?
☐ SIM ☐ NÃO

Nome: _____   Idade: _____

Turma: _____   Data: _____   Nota geral: _____

CORTADA   NOTA: _____

Guarda a posição básica específica e desloca-se ritmadamente para a região onde será realizado o ataque?
☐ SIM ☐ NÃO

Realiza as passadas na ordem e no tempo corretos?
☐ SIM ☐ NÃO

Membros inferiores (MMII) e tronco flexionam-se correta e instantaneamente ao breque, enquanto os braços são levados para trás?
☐ SIM ☐ NÃO

O salto é realizado instantaneamente ao breque e para o alto?
☐ SIM ☐ NÃO

Os braços são trazidos estendidos para a frente e para o alto, a fim de impulsionar o corpo, enquanto os MMII estendem-se, e o executante alcança a máxima altura possível no salto?
☐ SIM ☐ NÃO

O braço de ataque e o contrário, tronco e pernas posicionam-se corretamente para a preparação do ataque?
☐ SIM ☐ NÃO

O braço de ataque é trazido à frente, enquanto o outro braço desce e se flexiona à frente do corpo?
☐ SIM ☐ NÃO

O tronco e a cintura escapular executam o movimento adequado, para dar maior potência ao golpe, além de o braço de ataque ser trazido com vigor, finalizando o movimento de ataque?
☐ SIM ☐ NÃO

O contato com a bola é feito à frente do corpo e o ataque é realizado com encaixe correto e com o punho se flexionando e imprimindo direção à bola?
☐ SIM ☐ NÃO

A queda é realizada com suavidade e harmonia, sem desequilíbrio?
☐ SIM ☐ NÃO

DEFESA   NOTA: _____

Guarda posição básica adequada?
☐ SIM ☐ NÃO

Desloca-se para a bola no tempo correto e em equilíbrio para realizar a defesa?
☐ SIM ☐ NÃO

As pernas afastam-se lateralmente e o corpo se desequilibra de forma adequada para a colocação sob a bola?
☐ SIM ☐ NÃO

A defesa é realizada com os braços, o tronco e o quadril em posição correta?
☐ SIM ☐ NÃO

Os braços dão amortecimento e direção à bola?
☐ SIM ☐ NÃO

Nome:	Idade:	
Turma:	Data:	Nota geral:

BLOQUEIO   NOTA: _____

Mantém a posição básica alta adequada?
☐ SIM   ☐ NÃO

Realiza o deslocamento adequado, com passadas ritmadas, e chega no tempo certo à região?
☐ SIM   ☐ NÃO

Executa o breque de maneira adequada, interrompendo o deslocamento e saltando verticalmente?
☐ SIM   ☐ NÃO

Os braços e pernas estendem-se simultânea e imediatamente à frenagem da corrida?
☐ SIM   ☐ NÃO

Os braços próximos à rede e as mãos são dirigidas ao campo contrário, ao mesmo tempo em que se ganha alcance?
☐ SIM   ☐ NÃO

A cabeça posiciona-se por trás dos braços e o avaliando olha a bola?
☐ SIM   ☐ NÃO

O corpo todo se contrai e permanece imóvel para o impacto da bola?
☐ SIM   ☐ NÃO

O tempo de salto é correto?
☐ SIM   ☐ NÃO

Os braços são mantidos na posição correta até a finalização do movimento?
☐ SIM   ☐ NÃO

A queda é equilibrada e nos dois pés?
☐ SIM   ☐ NÃO

ROLAMENTO SOBRE AS COSTAS   NOTA: _____

Guarda posição básica adequada e se desloca para a bola com passadas apropriadas?
☐ SIM   ☐ NÃO

Desequilibra-se no momento correto, projeta o(s) braço(s) para a bola e deixa o joelho correspondente em posição que facilite a sequência do movimento?
☐ SIM   ☐ NÃO

Os apoios são feitos corretamente e na ordem?
☐ SIM   ☐ NÃO

O rolamento em si é executado ritmada e harmoniosamente?
☐ SIM   ☐ NÃO

O retorno à condição de jogo é feito o mais rápido possível?
☐ SIM   ☐ NÃO

ROLAMENTO SOBRE O OMBRO   NOTA: _____

Guarda posição básica adequada e se desloca para a bola com passadas apropriadas?
☐ SIM   ☐ NÃO

Desequilibra-se no momento correto, projeta o(s) braço(s) para a bola e deixa o joelho correspondente em posição que facilite a sequência do movimento?
☐ SIM   ☐ NÃO

Os apoios são feitos corretamente e na ordem?
☐ SIM   ☐ NÃO

O rolamento em si é executado ritmada e harmoniosamente?
☐ SIM   ☐ NÃO

O retorno à condição de jogo é feito o mais rapidamente possível?
☐ SIM   ☐ NÃO

Nome:	Idade:	
Turma:	Data:	Nota geral:

MERGULHO LATERAL   NOTA: _____

Guarda posição básica adequada e se desloca para a bola com passadas apropriadas?
☐ SIM   ☐ NÃO

Executa o salto no momento correto e com coordenação de movimentos?
☐ SIM   ☐ NÃO

Estende o(s) braço(s) e lança o corpo em direção à bola?
☐ SIM   ☐ NÃO

Mantém todos os segmentos do corpo na posição correta durante a fase aérea e o corpo paralelo ao chão?
☐ SIM   ☐ NÃO

Executa a aterrissagem de forma harmônica e suave, em condições de retornar ao jogo imediatamente?
☐ SIM   ☐ NÃO

MERGULHO FRONTAL (EQUIPES MASCULINAS)   NOTA: _____

Guarda posição básica adequada e se desloca para a bola com passadas apropriadas?
☐ SIM   ☐ NÃO

Executa o salto no momento correto e com coordenação de movimentos?
☐ SIM   ☐ NÃO

Estende o(s) braço(s) e lança o corpo em direção à bola?
☐ SIM   ☐ NÃO

Mantém todos os segmentos do corpo na posição correta durante a fase aérea e o corpo paralelo ao chão?
☐ SIM   ☐ NÃO

Executa a aterrissagem de forma harmônica e suave, em condições de retornar ao jogo imediatamente?
☐ SIM   ☐ NÃO

FICHA DE AVALIAÇÃO TÉCNICA EM SITUAÇÃO DE JOGO
(16/17 ANOS E 18/19 ANOS)

Nome:

Turma: Data:

	\multicolumn{4}{c}{AÇÕES}	\multicolumn{4}{c}{%}	NOTA
	A	B	C	D	A	B	C	D	
SAQUE									
RECEPÇÃO									
LEVANTAMENTO									
ATAQUE									
BLOQUEIO									
DEFESA									

NOTA GERAL:

AVALIAÇÃO ANTROPOMÉTRICA

Nome: _____ Idade: _____

Turma: _____ Data: _____

Massa corporal

Peso corporal: _____
Estatura: _____
Altura troncocefálica: _____
Comprimento de membros inferiores: _____
Comprimento de membros superiores: _____
Envergadura: _____
Circunferência de braço: _____
Circunferência de coxa: _____
Circunferência de perna: _____
Diâmetro de fêmur: _____
Diâmetro de úmero: _____

Composição corporal – dobras cutâneas

Tricipital: _____
Bíceps: _____
Subescapular: _____
Axilar: _____
Peitoral: _____
Suprailíaca: _____
Supraespinhal: _____
Abdominal: _____
Coxa: _____
Perna: _____

Σ = _____ (Fórmula de Slaughter et al., 1988)

- Para mulheres com Σ > 35 mm: %G = 0,546 Σ (tric + sub) + 9,7
- Para mulheres com Σ < 35 mm: %G = 1,33 Σ (tric + sub) – 0,013 (Σ tric + sub)2 – 2,5
- Para homens com Σ > 35 mm: %G = 0,783 Σ (tric + sub) + 1,6
- Para homens com Σ < 35 mm: %G = 1,21 Σ (tric + sub) – 0,008 (Σ tric + sub)2 – índice*

  *Índice:
  Pré-púberes caucasianos = 1,7 / Pré-púberes negros = 3,5
  Púberes caucasianos = 3,4 / Púberes negros = 5,2
  Pós-púberes caucasianos = 5,5 / Pós-púberes negros = 6,8

AVALIAÇÃO FÍSICA

Nome: _____ Idade: _____
Turma: _____ Data: _____

1. Resistência aeróbia – teste de Léger
   Resultado: _____ (número de vezes que conseguiu percorrer os 20 m)
   VO_2 máximo: _____ mL/kg/min

2. Força máxima
   A. Membros superiores
      1. Supino reto: _____
      2. *Pulley* frontal: _____
      3. Desenvolvimento à frente: _____
      4. Remada: _____
      5. *Pulley* tríceps: _____
      6. Rosca direta bíceps: _____
   B. Membros inferiores
      1. Cadeira flexora: _____
      2. Cadeira extensora: _____
      3. Adução: _____
      4. Abdução: _____
      5. *Leg calf*: _____
      6. *Leg press*: _____

3. Força explosiva
   A. Membros inferiores (impulsão vertical)
      Salto sem o auxílio dos braços: _____ / DVC = _____ m
      Salto sem corrida prévia, com o auxílio dos braços: _____ / DVC = _____ m
      Salto com corrida prévia: _____ / DVC = _____ m
   B. Membros superiores (teste de arremesso de bola medicinal de 3 kg)
      Resultado: _____ m

4. Velocidade
   A. Velocidade de movimentos cíclicos (teste da corrida de 20 m – adaptado)
      - 5 m
      Resultado (tempo): _____ / Resultado (velocidade – v): _____ m/s
      - 10 m
      Resultado (tempo): _____ / Resultado (velocidade – v): _____ m/s
      - 20 m
      Resultado (tempo): _____ / Resultado (velocidade – v): _____ m/s
   A. Velocidade de movimentos acíclicos – teste de agilidade SEMO
      Resultado (tempo): _____

5. Flexibilidade – banco de Wells
   Resultado: _____ cm

Referências bibliográficas

1. Almeida LTP. Iniciação desportiva na escola – a aprendizagem dos esportes coletivos. Perspectivas em Educação Física Escolar – EDUFF. 1996;1(1):41-51.
2. American Sport Education Program. Ensinando voleibol para jovens. Barueri: Manole; 1999.
3. Barbanti VJ. Dicionário de educação física e esportes. Barueri: Manole; 2003.
4. Barbanti VJ. Formação de esportistas. Barueri: Manole; 2005.
5. Barbanti VJ. Teoria e prática do treinamento esportivo. São Paulo: Blücher; 1997.
6. Barbanti VJ. Treinamento físico: bases científicas. São Paulo: Balieiro; 1996.
7. Bizzocchi CE. Planejamento em esportes coletivos. In: De Rose Junior D. Modalidades esportivas coletivas. Rio de Janeiro: Guanabara Koogan; 2006. p. 90-112.
8. Bizzocchi C. O voleibol de alto nível – da iniciação à competição. 5. ed. Barueri: Editora Manole; 2016.
9. Bojikian JCM. Ensinando voleibol. São Paulo: Phorte; 1999.
10. Bompa TO. Periodização: teoria e metodologia do treinamento. São Paulo: Phorte; 1999.
11. Bompa TO. Treinamento total para jovens campeões. Barueri: Manole; 2002.
12. Bompa TO. Treinando atletas de desporto coletivo. São Paulo: Phorte; 2005.
13. Cool C, Marchesi A, Palacios J (orgs.). Desenvolvimento psicológico e educação. Porto Alegre: Artmed; 2004.
14. De Rose Junior D. Modalidades esportivas coletivas. Rio de Janeiro: Guanabara Koogan; 2006.
15. Durrwachter G. Voleibol: treinar jogando. Rio de Janeiro: Ao Livro Técnico; 1984.
16. Gallahue DL, Ozmun JC. Compreendendo o desenvolvimento motor: bebês, crianças, adolescentes e adultos. São Paulo: Phorte; 2005.
17. Gomes AC. Treinamento desportivo: estruturação e periodização. Porto Alegre: Artmed; 2009.
18. Kiss MAPD. Esporte e exercício: avaliação e prescrição. São Paulo: Roca; 2003.
19. Schmidt RA, Wrisberg AC. Aprendizagem e performance motora – uma abordagem da aprendizagem baseada na situação. Porto Alegre: Artmed; 2010.
20. Silva SP, Maia JAR. Classificação morfológica de voleibolistas do sexo feminino em escalões de formação. Revista Brasileira de Cineantropometria & Desenvolvimento Humano. 2003;5, ano 2(2):61-8.
21. Verkhoshanski YV. Treinamento desportivo. Porto Alegre: Artmed; 2001.
22. Weineck J. Biologia do esporte. Barueri: Manole; 2005.
23. Weineck J. Treinamento ideal. Barueri: Manole; 2003.

Índice remissivo

A

Abafa 257
Adolescência 429
Agressividade 427
Almoxarife 470
Alongamento 402
Alternando ritmo e tipo de saque 357
Alunos-atletas 467
Análise técnica do passador 354
Anamnese 478
Ansiedade 435
Aperfeiçoamento 9, 319
　da manchete normal e de suas variações 101
Aplicação do fundamento à realidade do jogo 16
Aprendizagem 8
Apresentação do fundamento 13
Assistente-técnico 466
Ataque de segunda 259
Automatização 15
Avaliação das capacidades motoras condicionais 504
Avaliação dos elementos do jogo – C16/17 e C18/19 501
　ataque 502
　bloqueio 503
　defesa 503
　levantamento 502
　recepção 502
　saque 502
Avaliação técnica 484, 515

B

Babyvôlei – 2 x 2 271
Banco de Wells 513, 514
Bloqueio 166
　coletivo 182
　defensivo 185
　em projeção 188
Bola(s)
　agarrada
　　de 2 x 2 270
　　de 1 x 1 270
　altas 162
　de fundo 162, 204
　de tempo 162, 202
　medicinal 377
Breque 150

C

Cadeias musculares 377
Capacidade(s)
　anaeróbia 507
　condicionais (ou condicionantes) 380
　coordenativas 378
　de adaptação a variações 378
　de concatenação de movimentos 378
　de diferenciação 378
　de equilíbrio 378
　de orientação 378
　de reação 378

de ritmo 378
físico-motoras envolvidas na prática do voleibol 377
Categoria(s)
   13 anos (pré-mirim) – C13 19
   14 anos (mirim) – C14 20
   15 anos (infantil) – C15 20
   16/17 anos (infantojuvenil) – C16/17 21
   18/19 anos (juvenil) – C18/19 22
   competitivas avançadas (CCA) 6, 20
   competitivas intermediárias (CCI) 6, 19
   iniciantes (CI) 6, 17
China 154, 203
Chutada
   de meio 162, 202
   de ponta 203
   de ponta ou saída 162
Ciclo(s)
   de treinamento 453
   plurianual 451, 453
   semanal 451, 455
Circuitos 400
Classificação das movimentações específicas 34
Coachings 479
Coleta de dados pessoais 478
Coletivos 361
Combinações de ataque 312
Composição corporal 482
Controle(s)
   administrativos 478
   de verificação evolutiva e de desempenho 480
   do PFCAAD 475
Coordenador
   de departamento 463
   técnico 464
Cortada 142
Cruzada + lateral simples 176
Cruzada + saltito 179

D
Deep runner 377
Defesa 208
   alta com uma das mãos 256
   baixa com um dos braços ou uma das mãos 256
   com as mãos espalmadas acima da cabeça 255
   com o pé 257

Desenvolvimento psicológico
   na puberdade e na adolescência 429
   nas categorias iniciantes 423
Deslocamentos 33
   do atacante de fundo 359
   do atacante para dentro da quadra 357
   específicos 400
Diagonais de Kabbat 377
Disputa de bloqueio vs. bloqueio 260
Distribuição do conteúdo técnico 17
Divisão
   dos fundamentos 12
   por categorias 5
Dobras cutâneas 482

E
Empurrada 254
Escola da Bola 379
Especialização 400
Especificações
   sobre os sistemas de jogo 278
   sobre os sistemas de recepção 290
Estágio
   elementar 9
   inicial 9
   maduro 9
Evitando exploradas 260
Evolução psicológica 423
Exercícios
   com complementação da formação defensiva e contra-ataque 361
   de precisão dos diferentes tipos de saque 360
   de saque vs. recepção 360
   educativos e formativos 15
Experimentação 14
Explorada 252

F
Facilitação neuromuscular proprioceptiva 377
Fatores psicológicos 356, 419
Ficha de avaliação
   antropométrica 523
   física 524
   técnica em situação de jogo (16/17 anos e 18/19 anos) 522
Fisiologistas 479

Fisioterapeuta 469
Fixação 15
Flexibilidade 401
Força 507
  explosiva 509
    de membros inferiores (impulsão vertical) 509
    de membros superiores 510
Frontal 177
Funções 461, 463

H
Habilidade(s)
  aberta 29
  cognitiva 29
  contínuas 29
  discretas 29
  fechada 29
  motora 29
  seriadas 29

I
Idade ideal 5
Importância do correto aprendizado e da utilização em jogo 14
Infiltração 358
Iniciantes 1 (9 a 10 anos) – I1 18
Iniciantes 2 (11 e 12 anos) – I2 18
Instalações 377

J
Jogo(s)
  adaptados nas CI 269
  amistosos 361
  de estafeta 400
  de saque + toque + manchete – 2 x 2 271
  de toque de 1 x 1 270
  de toque + manchete de 1 x 1 271
  de toque + manchete – 2 x 2 271
  oficiais 361
  pré-desportivos 268

L
Largada 253, 258
Lateral + saltito 180
Lateral simples + lateral simples 179

Levantamento(s) 69
  altos 310
  deslocamento para a bola e postura para o toque 70
  execução do levantamento 71
  posição básica inicial e deslocamento para a posição de levantamento 69
  posicionamento do corpo sob a bola e preparação para o levantamento 71
  pronta ação para o prosseguimento do jogo 72
  rápidos 310

M
Macrociclo 451, 453
Manchete 79, 105, 208
  alta 105
  alta (à altura dos ombros) 92
  com um dos braços 100
  de costas 88
  normal 79, 105
  seguida de rolamento sobre as costas 97
  seguida de rolamento sobre o ombro 98
Massa corporal 481
Material 377
Médico 468
Meia-força 254
Meias-bolas 162, 310
Mergulho 237
  frontal 242
  lateral 237
Mesociclos 451, 454
Metodologia 3
  estruturalista 16
  para aplicação dos sistemas de jogo 284
  para aplicação dos sistemas de recepção 295
  para aplicação dos sistemas ofensivos 313
  para aplicação do uso tático do saque 359
Microciclos 451, 455
Minitramp 377
Minivôlei 18, 272
Movimentações específicas 33

N
Notas da avaliação 503

O
Organização ideal para um PFCAAD 462

Orientação específica para a avaliação de cada
   fundamento 488
   bloqueio 497
   cortada 495
   defesa 498
   manchete normal, manchete alta e manchete de
      costas 490
   mergulho frontal e mergulho lateral 500
   rolamento sobre o ombro e rolamentos sobre as
      costas 499
   saque por baixo e saque lateral 493
   saque tipo tênis 494
   saque viagem 495
   toque por cima – de costas 489
   toque por cima – de frente 489
   toque por cima – lateral 489

P

Padrão motor 27
Passada 35
   cruzada 35
   galope 35
   lateral simples 35, 175
   mista 36
   normal 35
   saltito 35
Pega-pega 400
Peixinho 242
Periodização 451
Pilates 377
Planejamento 451
Plano diário 451, 457
Ponteiro-passador 359
Posição básica 31
   alta 31
   baixa 32
   média 31
Posicionamento em quadra para cortada
      153
Preparação
   física 375
   para a recepção 105
   psicológica 419
   técnica 25
Preparador físico 467
Princípios biomecânicos 27

Processo
   de ensino-aprendizagem 8
   metodológico 11
      do PFCAAD 13
   pedagógico 13
Programa de formação contínua 265
Programa de Formação Continuada de Atletas de Alto
      Desempenho (PFCAAD) 1
Proteção de ataque 363
Protocolo de controle 475
Protocolo para realização da avaliação técnica 487
   bloqueio 488
   cortada 487
   defesa 488
   manchete alta 487
   manchete de costas 487
   rolamentos e mergulhos 488
   saque por baixo/saque lateral/saque tipo tênis/saque
      viagem 487
   toque de costas 487
   toque lateral 487
   toque por cima de frente/manchete 487
   variações de toque por cima 487
Psicologia 419
Psicólogo 470
Puberdade 423, 429
Puxada 260

Q

Quedas 220
Queimada 400
Questionários psicológicos ou sociométricos 479

R

Recepção
   do saque 105
   em manchete 107
   em toque 255
Recuperação de bolas que voltam da rede 257
Recursos 251
   de ataque 252
   de bloqueio 260
   de defesa 255
   de levantamento 258
Reeducação postural global (RPG) 377
Relatórios 479

Resistência 380, 505
  aeróbia 381
  anaeróbia 383
    alática 383
    lática 383
  de saltos 387
  específica de jogo 389
Responsabilidades 461
Rolamentos 220
  meio-rolamento 226
  sobre as costas 221
  sobre o ombro 230

S

Sala de musculação 377
Saltito 179
Saque 115
  à direita ou à esquerda do passador 354
  à frente ou na altura do tórax 355
  chapado 134
  com rotação 106
    em suspensão ("viagem") 129
  diferente daquele normalmente utilizado pelo adversário 355
  flutuante 106
    em suspensão ("chapado") 134
  lateral 119
  longo ou curto 355
  por baixo 115
  tipo tênis 122
  viagem 129
Secretária 470
Sequência pedagógica 14
Simulação de ataque 259, 260
Sistemas
  defensivos 323
  de jogo 277
  de recepção 288
  ofensivos 308

T

Tapinha 256

Tática 265
  coletiva 357
  nas categorias competitivas 275
  nas categorias iniciantes 268
  do minivôlei 273
Técnico 465
Teste(s)
  antropométricos 479
  da corrida de 20 m (adaptado) 511
  de agilidade SEMO 513
  de força máxima 507
  de Léger 505
  de salto vertical 509
  e avaliações específicos de outras áreas 478
Toque
  com uma das mãos 64
  em suspensão 60
  lateral 53
  para trás (ou de costas) 48
  por cima 41
    para a frente 41
  seguido de rolamento 57
Trampolim acrobático 377
Treinamento 10
  básico 6
  de conexão 6
  de formação 6
  do toque por cima 67
  específico do levantador 75
  funcional 377

U

Uso tático do saque 347

V

Variações do bloqueio 182
Velocidade 397, 511
  de deslocamento 33
  de força 397
  de movimentos acíclicos 397
  de movimentos cíclicos 397, 511, 513
  de percepção e resposta 397, 401